Europäisierung des polnischen Strafrechts im Bereich der Geldwäsche

Europäische Hochschulschriften
Publications Universitaires Européennes
European University Studies

Reihe II
Rechtswissenschaft

Série II Series II
Droit
Law

Bd./Vol. 4528

PETER LANG
Frankfurt am Main · Berlin · Bern · Bruxelles · New York · Oxford · Wien

Joanna Długosz

Europäisierung des polnischen Strafrechts im Bereich der Geldwäsche

Unter vergleichender Berücksichtigung der deutschen Rechtslage

PETER LANG
Europäischer Verlag der Wissenschaften

Bibliografische Information der Deutschen Nationalbibliothek
Die Deutsche Nationalbibliothek verzeichnet diese Publikation in der Deutschen Nationalbibliografie; detaillierte bibliografische Daten sind im Internet über <http://www.d-nb.de> abrufbar.

Zugl.: Frankfurt (Oder), Europa-Univ., Diss., 2006

Gestaltung und Satz von
Tomasz Kossowski im LATEX-System

521
ISSN 0531-7312
ISBN 978-3-631-56108-9

www.peterlang.de

Meinen Eltern

Moim Rodzicom

Vorwort

Die vorliegende Arbeit wurde im Sommersemester 2006 von der Juristischen Fakultät der Europa Universität Viadrina in Frankfurt (Oder) als Dissertation angenommen. Rechtsprechung und Literatur konnten bis einschließlich September 2006 berücksichtigt werden. Ermöglicht wurde mir die Durchführung meines Promotionsprojektes dankenswerterweise durch ein Stipendium des *Bundesministeriums für Bildung und Forschung* im Rahmen des Programms *Europa Fellows II*.

Mein besonderer Dank gilt an erster Stelle meinem Doktorvater Herrn Professor Dr. *Jan C. Joerden* für das mir entgegengebrachte Vertrauen, für die konstruktive und wohlwollende Unterstützung sowie für die Freiräume, die er mir bei der Erstellung der Arbeit in inhaltlicher Hinsicht zugestanden hat. Durch seine fürsorgliche Betreuung sowie durch seine wertvollen Hinweise und Anregungen hat er wesentlich zum Gelingen der Arbeit beigetragen und die zügige Durchführung des Promotionsverfahrens beeinflusst.

Für die kurzfristige und sorgfältige Übernahme des Zweitgutachtens sowie für die wertvollen Anmerkungen hinsichtlich des polnischen Rechts möchte ich Herrn Professor Dr. hab. *Andrzej J. Szwarc* von der Adam-Mickiewicz-Universität in Poznań (Polen) herzlich danken.

Zu Dank verpflichtet bin ich auch Herrn Professor Dr. *Stefan Braum* von der Universität in Luxemburg für seine zügige Erstellung des Drittgutachtens.

Für die Vorbereitung der Arbeit für die Drucklegung möchte ich ganz besonders Herrn *Tomasz Kossowski* danken.

In Dankbarkeit für die vielfältige und umfassende Unterstützung nicht nur in der Entstehungszeit dieser Arbeit, sondern während meiner gesamten Ausbildung widme ich diese Dissertation meinen Eltern *Maria* und *Janusz Długosz.*

Frankfurt (Oder), im Herbst 2006 *Joanna Długosz*

Inhaltsverzeichnis

Abkürzungsverzeichnis

a. a. O.	am angegebenen Ort
Abs.	Absatz
a. F.	alte Fassung
Anm.	Anmerkung
AnwBl	Anwaltsblatt
AO	Abgabenordnung
Art.	Artikel
AT	Allgemeiner Teil
BayVerfSchG	Bayerisches Verfassungsschutzgesetz
BGBl.	Bundesgesetzblatt, I = Teil I, II = Teil II
BGH	Bundesgerichtshof
BGHSt	Entscheidungen des BGH in Strafsachen
BR-Drucksache	Bundesratsdrucksache
BRAO	Bundesrechtsanwaltsordnung
BRD	Bundesrepublik Deutschland
BT	Besonderer Teil
BT-Drucksache	Bundestagsdrucksache
BtMG	Betäubungsmittelgesetz
BVerfG	Bundesverfassungsgericht
BVerwG	Bundesverwaltungsgericht
bzw.	beziehungsweise
ca.	circa
CPKiNP	Czasopismo Prawa Karnego i Nauk Penalnych (*Zeitschrift des Strafrechts und der Strafrechtswissenschaften*)
ders.	derselbe
dies.	dieselbe
d.h.	das heißt

DM	Deutsche Mark
Dz. U.	Dziennik Ustaw (*Gesetzblatt*) zit. nach Jahr, Nummer und Position
Dz. Urz.	Dziennik Urzędowy (*Amtsblatt*) zit. nach Jahr, Nummer und Position
EABl.	Europäisches Amtsblatt
ebd.	ebenda
EG	Europäische Gemeinschaft(en)
EGV	Vertrag zur Gründung der Europäischen Gemeinschaft
EMRK	Europäische Menschenrechtskonvention
EPS	Europejski Przegląd Sądowy (*Europäische Gerichtsrundschau*)
etc.	et cetera
EU	Europäische Union
EuGH	Europäischer Gerichtshof
EuGMR	Europäischer Gerichtshof für Menschenrechte
EUV	Vertrag über die Europäische Union
EuZW	Europäische Zeitschrift für Wirtschaftsrecht
EWG	Europäische Wirtschaftsgemeinschaft
EWS	Europäisches Wirtschafts- und Steuerrecht
FATF	Financial Action Task Force
f., ff.	folgende, fortfolgende
FS	Festschrift
GA	Goltdammer's Archiv für Strafrecht
gem.	gemäß
Gesetz von 2000	Ustawa o przeciwdziałaniu wprowadzaniu do obrotu finansowego wartości majątkowych pochodzących z nielegalnych lub nieujawnionych źródeł oraz o przeciwdziałaniu terroryzmu (*Gesetz über die Verhinderung der Einführung der aus illegalen oder nicht ermittelbaren Quellen stammenden Vermögenswerte in den Finanzverkehr und der Finanzierung des Terrorismus*) vom 16.11.2000, Dz. U. (*Gesetzblatt*) 2000, Nr. 116, Pos. 1216 mit späteren Änderungen

GG	Grundgesetz
ggf.	gegebenenfalls
GüG	Grundstoffüberwachungsgesetz
GwG	Geldwäschegesetz
h. A.	herrschende Ansicht
h. M.	herrschende Meinung
hrsg.	herausgegeben
Hrsg.	Herausgeber
i. S.	im Sinne
i. V. m.	in Verbindung mit
JA	Juristische Ausbildung
JR	Juristische Rundschau
JuS	Juristische Schulung
JZ	Juristenzeitung
KC	Kodeks Cywilny (*Polnisches Zivilgesetzbuch*)
KK	Kodeks Karny (*Polnisches Strafgesetzbuch*)
Komm.	Kommentar
KP	Kodeks Pracy (*Polnisches Arbeitsgesetzbuch*)
KPK	Kodeks Postępowania Karnego (*Polnische Strafprozessordnung*)
KPW	Komisja Papierów Wartościowych (*Polnische Wertpapierkommission*)
KWG	Gesetz über das Kreditwesen
LG	Landgericht
LK	Leipziger Kommentar
lit.	Literum, -a
MDR	Monatsschrift für deutsches Recht
m. E.	meines Erachtens
MOG	Gesetz zur Durchführung der Gemeinsamen Marktorganisationen
MP	Monitor Prawniczy (*Juristischer Anzeiger*)
m. w. N.	mit weiteren Nachweisen

n. F.	neue Fassung
NJ	Neue Justiz
NJW	Neue Juristische Wochenschrift
Nr.	Nummer
NStZ	Neue Zeitschrift für Strafrecht
OLG	Oberlandesgericht
OKVBG	Gesetz zur Verbesserung der Bekämpfung der organisierten Kriminalität
OrgKG	Gesetz zur Bekämpfung des illegalen Rauschgifthandels und anderer Erscheinungsformen der Organisierten Kriminalität
OSN	Orzecznictwo Sądu Najwyższego (*Rechtsprechung des polnischen Obersten Gerichts*)
OSNKW	Orzecznictwo Sądu Najwyższego Izby Karnej i Wojskowej (*Rechtsprechung der Straf- und Militärkammer des polnischen Obersten Gerichts*)
OWiG	Gesetz über Ordnungswidrigkeiten
ÖBA	Österreichisches Bankarchiv
PiP	Państwo i Prawo (*Staat und Recht*)
PiŻ	Prawo i Życie (*Recht und Leben*)
Pkt.	Punkt
Pos.	Position
PPE	Przegląd Prawa Europejskiego (*Rundschau des Europarechts*)
PPK	Przegląd Prawa Karnego (*Strafrechtliche Rundschau*)
Prok. i Pr.	Prokuratura i Prawo (*Staatsanwaltschaft und Recht*)
PUG	Przegląd Ustawodawstwa Gospodarczego (*Rundschau der Wirtschaftsgesetzgebung*)
RdW	Recht der Wirtschaft
Rn.	Randnummer
RPEiS	Ruch Prawniczy, Ekonomiczny i Socjologiczny (*Juristische, Ökonomische und Soziologische Rundschau*)
Rs.	Rechtssache
S.	Satz; Seite(n)

SK	Systematischer Kommentar
Slg.	Sammlung der Rechtsprechung des Europäischen Gerichtshofes
sog.	sogenannte(r)
StGB	Strafgesetzbuch
StPO	Strafprozessordnung
StraFo	Strafverteidiger Forum
StV	Strafverteidiger
StVäG	Strafverfahrensänderungsgesetz
TK	Trybunał Konstytucyjny (*Polnischer Verfassungsgerichtshof*)
u. a.	unter anderem
UN	United Nations
usw.	und so weiter
VAVGE	Gesetz zur verbesserten Abschöpfung von Vermögensvorteilen aus Straftaten
VBG	Verbrechensbekämpfungsgesetz
vgl.	vergleiche
VO	Verordnung
VuR	Verbraucher und Recht
wistra	Zeitschrift für Wirtschafts- und Steuerstrafrecht
WM	Zeitschrift für Wirtschafts- und Bankrecht
z. B.	zum Beispiel
ZaöRV	Zeitschrift für ausländisches und öffentliches Recht und Völkerrecht
ZIS	Zeitschrift für Internationale Strafrechtsdogmatik
zit.	zitiert
ZNWPiA UG	Zeszyty Naukowe Wydziału Prawa i Administracji Uniwersytetu Gdańskiego (*Wissenschaftliche Hefte der Juristischen Fakultät der Danziger Universität*)
ZRP	Zeitschrift für Rechtspolitik
ZStW	Zeitschrift für die gesamte Strafrechtswissenschaft

Einleitung

§ 1. Problemstellung

Die Normgesetzgebung der Europäischen Gemeinschaften hat einen erheblichen Einfluss auf die Rechtsordnungen der einzelnen Mitgliedstaaten. Dieser Einfluss erstreckt sich auch auf diejenigen Rechtsgebiete, deren Normierung nicht zur Kompetenz des Gemeinschaftsgesetzgebers gehört. Als Folge der Europäisierung gilt es daher, die Entstehung neuer Rechtsgebiete – man spricht beispielsweise von der Entwicklung des europäischen Wirtschaftsrechts bzw. des europäischen Privatrechts – festzustellen, die zugleich durch die nationalen Normen und durch das gemeinschaftliche Rechtssystem beeinflusst werden. Bemerkenswert ist jedoch, dass das Strafrecht in diesem Zusammenhang eher als eine Ausnahme gilt. Ursprünglich wurde sogar angenommen, dass dieses Rechtsgebiet und das Gemeinschaftsrecht überhaupt keine Berührungspunkte haben. Seit langem herrscht nämlich die Theorie, dass das Strafrecht ein „Bollwerk der nationalen Souveränität" darstellt. Vom Gemeinschaftsrecht sollten dagegen ausschließlich die wirtschaftlichen Aspekte reguliert werden.

Die ersten Versuche einer Europäisierung des Strafrechts stießen daher auf heftige Kritik seitens der Mitgliedstaaten. Es wurde argumentiert, dass die Europäisierung auf diesem Gebiet zu einer übermäßigen Umgestaltung des nationalen Rechts durch das Gemeinschaftsrecht führen könne. Es darf jedoch nicht unberücksichtigt bleiben, dass die nationalen strafrechtlichen Regelungen und die Regelungen des Gemeinschaftsrechts sich schon seit langem an mehreren Stellen überschneiden. Zudem sind strafrechtliche Bezüge in mehreren Entscheidungen des EuGH zu finden. Die Europäisierung des Strafrechts gewinnt zudem immer mehr Befürworter. Die Schaffung des europäischen Binnenmarktes sowie die Öffnung der gemeinschaftlichen Grenzen nach Osten haben in erheblichem Maße zu einer gewissen „Europäisierung der Kriminalität" beigetragen, indem eine Reihe von grenzüberschreitenden Straftaten, sowie von Straftaten zum Nachteil der Gemeinschaft entstanden sind.

Die Osterweiterung der Europäischen Union im Mai 2004 hat daher ein Bedürfnis nach Diskussion über die Bedeutung des innerstaatlichen Strafrechts auf der europäischen Ebene ausgelöst. Es sind verschiedene Gesetzgebungsinitiativen entstanden – wie das Corpus Juris oder der Vertrag über eine Verfassung für Europa –, mit denen die Schaffung supranationaler strafrechtlicher Regelungen angestrebt wird. Die zunehmende Notwendigkeit solcher Regelungen auf der europäischen Ebene kann jedoch nicht zugleich als die Europäisierung des Strafrechts verstanden werden. Von einer Europäisierung kann nämlich nur dann die Rede sein, wenn die Gemeinschaftsnormgebung auf verschiedene Art und Weise die Entwicklung, den Inhalt, die Auslegung sowie die Anwendung des Strafrechts in den einzelnen Mitgliedstaaten beeinflusst. Den Gegenstand der Europäisierung bilden folglich die Normen der innerstaatlichen Rechtsordnungen. Der Prozess der Europäisierung bedeutet daher die Angleichung der nationalen Gesetzgebungen an das von Europa geforderte Recht. Zugleich bedeutet dies aber auch den Verzicht auf die bisherigen Formen der (bilateralen) zwischenstaatlichen Zusammenarbeit und die Schaffung europäischer Organe, deren Zuständigkeit sich auf das ganze Territorium der Gemeinschaft erstreckt. In diesem Zusammenhang ist die Europäisierung des Strafrechts zugleich als ein erster Schritt bei der Entwicklung eines Europäischen Strafrechts anzusehen.

Die Schaffung Europas ohne Binnengrenzen bedeutet zwar einerseits, dass für Wirtschaftsunternehmen neue Entwicklungsmöglichkeiten eingeräumt werden. Sie ermöglicht aber zugleich auch den kriminellen Vereinigungen, von der unterschiedlichen Ausgestaltung der mitgliedstaatlichen Rechtssysteme und den liberalisierten finanziellen und wirtschaftlichen Strukturen zu profitieren. Zudem muss hervorgehoben werden, dass insbesondere diejenige Nutzenziehung, die als Geldwäsche bezeichnet wird, häufig im Rahmen der Aktivitäten der organisierten Kriminalität auf dem Territorium verschiedener Länder erfolgt. Angesichts dieser wachsenden Aktivität verbrecherischer Organisationen werden daher auf der supranationalen Ebene verschiedene Maßnahmen ergriffen, die auf die Verhinderung und die Bekämpfung des Phänomens der Geldwäsche abzielen. Auch der in den Strafrechtsordnungen der jeweiligen Mitgliedstaaten enthaltene Geldwäschetatbestand soll den Schnittpunkt von legalem und illegalem Wirtschaftsverkehr freilegen und damit die Rekonstruktion von illegalen Transaktionen sowie das Eindringen in die Strukturen der organisierten Kriminalität ermöglichen. In diesem Zusammenhang wurde das Phänomen der Geldwäsche zum Gegenstand der gegenwärtigen – und nicht nur nationalen, sondern auch europäischen – Diskussion.

§ 2. Zielsetzung

Das Strafrecht hat sich bisher der Tendenz der Rechtsharmonisierung durch das Gemeinschaftsrecht weitgehend entzogen. Die ständig wachsende Notwendigkeit der gesetzlichen Normierung auch der strafrechtlichen Problematik auf der europäischen Ebene hat jedoch zum Erlass gemeinschaftsrechtlicher, die strafrechtliche Problematik erfassender Richtlinien geführt. Die Schaffung sekundären Rechts kann jedoch die Gesamtheit aller auf der supranationalen Ebene entstehenden strafrechtlichen Probleme allein nicht lösen. Um den Anforderungen der Rechtsharmonisierung nachzukommen, erscheint daher eine umfassende Umsetzung der europäischen Vorgaben unentbehrlich.

Die Umsetzung von Gemeinschaftsrecht in die Rechtsordnungen der Mitgliedstaaten kann allerdings allein eine umfassende Harmonisierung der nationalen Rechtssysteme mit dem europäischen Recht selbst nicht gewährleisten. Besondere Schwierigkeiten entstehen gerade auf dem Gebiet des Strafrechts, dessen Harmonisierung aufgrund der geltenden Rechtslage nur in einem begrenzten Maße möglich ist. Dies folgt bereits daraus, dass die Implementierung der europäischen Vorgaben – insbesondere der eine harmonisierende Funktion aufweisenden Richtlinien – in das nationale Recht zur ausschließlichen Kompetenz des nationalen Gesetzgebers gehört, was zu einer unterschiedlichen Erfassung der Straftatbestände mit grenzüberschreitendem Charakter und somit zu ihrer uneinheitlichen Auslegung führen kann, und zwar deswegen, weil die Strafrechtssysteme einzelner Mitgliedstaaten eine Reihe von wesentlichen Unterschieden aufweisen. Dem nationalen Gesetzgeber obliegt es daher, einerseits die Richtlinienvorgaben in das nationale Recht umfassend umzusetzen und andererseits diese gemeinschaftsrechtlichen Anforderungen vollständig in das jeweilige mitgliedstaatliche Strafrechtssystem einzupassen. Die im Rahmen dieser Untersuchung insbesondere zu behandelnde Frage, ob die aufgrund der gemeinschaftsrechtlichen Richtlinien angestrebte Europäisierung des polnischen Strafrechts überhaupt erfolgreich ist, wird daher nur aufgrund einer umfassenden Analyse der polnischen Geldwäschevorschrift (Art. 299 KK) zu beantworten sein.

Die europäischen Geldwäscherichtlinien[1], die ein wichtiges Instrument

---

[1] Gemeint ist hier die Richtlinie des Rates vom 10.06.1991 zur Verhinderung der Nutzung des Finanzsystems zum Zwecke der Geldwäsche (91/308/EWG), EABl. L 166 vom 28.06.1991, S. 77 ff. sowie die Richtlinie des Europäischen Parlaments und des Rates vom 04.12.2001 zur Änderung der Richtlinie 91/308/EWG des Rates zur Verhinderung der Nutzung des Finanzsystems zum Zwecke der Geldwäsche (2001/97/EG), EABl.

zur Bekämpfung der Geldwäsche auf der gemeinschaftsrechtlichen Ebene bilden, enthalten eine Reihe von Maßnahmen, die der Verhinderung der Erlangung von mit der Begehung einer Straftat verbundenen Vermögensvorteilen dienen. Nach der geltenden Rechtslage sind diese Richtlinien jedoch in den Mitgliedstaaten nicht unmittelbar anwendbar. Deshalb müssen sie in das nationale Recht umgesetzt werden. In diesem Zusammenhang bildet diese Implementierung eine der zentralen Grundlagen für eine effektive Bekämpfung der Geldwäsche. Den Gegenstand der nachfolgenden Überlegungen bildet daher die Frage, inwiefern dieses Ziel aufgrund der gegenwärtigen polnischen Rechtsordnung erreicht werden kann. Die Wirksamkeit der Anstrengungen zur Bekämpfung der Geldwäsche hängt nämlich wesentlich von der ständigen Koordinierung und der Harmonisierung der einzelstaatlichen Maßnahmen mit den europäischen Vorgaben bei der Umsetzung der Geldwäscherichtlinien ab[2].

§ 3. Gang der Untersuchung

Im *ersten Kapitel* der nachfolgenden Untersuchung werden die strafrechtlichen Bezüge der gemeinschaftlichen Rechtsordnung dargestellt. Ausgangspunkt bildet hier die Darstellung des Charakters der europäischen Regelungen, der Rechtsquellen und Grundprinzipien der Gemeinschaftsrechtsordnung sowie der Problematik der Einwirkung des Gemeinschaftsrechts auf die nationalen Rechtsordnungen. Ferner wird die Frage behandelt, ob den gemeinschaftlichen Organen die Gesetzgebungskompetenz in Strafsachen zukommt und ob die bisherigen gemeinschaftlichen Regelungen auf diesem Gebiet als strafrechtliche Vorschriften anerkannt werden können. Darüber hinaus wird untersucht, ob angesichts des Mangels an Strafvorschriften, die ein supranationales europäisches Strafrecht bilden können, die Europäisierung dieses Rechtsgebiets überhaupt möglich ist.

Das *zweite Kapitel* befasst sich mit dem Phänomen der Geldwäsche. Ein besonderer Schwerpunkt liegt hier auf der Einordnung und der allgemeinen Bewertung des Phänomens der Geldwäsche sowie auf der Darstellung der Argumente, die für dessen Bekämpfung sprechen. Da die Geldwäsche

---

L 344 vom 28.12.2001, S. 76 ff. als auch die Richtlinie des Europäischen Parlaments und des Rates vom 26.10.2005 zur Verhinderung der Nutzung des Finanzsystems zum Zwecke der Geldwäsche und der Terrorismusfinanzierung (2005/60/EG), EABl. L 309 vom 25.11.2005, S. 15 ff. Zu diesen Rechtsakten siehe näher Kapitel 3 § 2 Punkt I. 5. A. und D. sowie Punkt II. 3. der vorliegenden Untersuchung.

[2] Vgl. Erwägungsgründe zur Richtlinie des Rates vom 10.06.1991 zur Verhinderung der Nutzung des Finanzsystems zum Zwecke der Geldwäsche (91/308/EWG), EABl. L 166 vom 28.06.1991, S. 78.

üblicherweise keine einzelne Handlung, sondern ein komplizierter Vorgang ist, hängt ihr Ablauf von verschiedenen Faktoren und variablen Bedingungen ab. Um die Komplexität aller Handlungen zu erfassen, die im Rahmen dieses Phänomens vorgenommen werden, wird das von *Ackermann*[3] entwickelte Zielmodell der Geldwäsche ausführlich behandelt. Darüber hinaus wird das sog. Drei-Phasen-Modell der Aufteilung des Geldwäschevorganges dargestellt, dessen Zweck darin liegt, mögliche Angriffspunkte bei der Bekämpfung der Geldwäsche zu veranschaulichen. Weiterhin werden einzelne Methoden der Geldwäsche analysiert. Angesichts der Vielfalt der zur Verfügung stehenden Techniken, werden lediglich die am häufigsten vorkommenden Fallkonstellationen besprochen.

Weiterhin wird *im dritten Kapitel* die Entwicklung der Maßnahmen zur Verhinderung und Bekämpfung der Geldwäsche im polnischen und im deutschen Recht sowie auf der internationalen Ebene dargestellt. Den Untersuchungsgegenstand bilden in erster Linie verschiedene Arten von Maßnahmen, die aufgrund des nationalen Rechts gebildet werden können. Im Mittelpunkt steht hier die zu untersuchende Frage, ob die Mitgliedstaaten bei der Bildung dieser Maßnahmen autonom handeln können, oder ob diese nationale Autonomie wegen der Mitgliedschaft in der Europäischen Union bzw. durch verschiedene aus ratifizierten internationalen Übereinkommen entstehende Verpflichtungen eingeschränkt wird.

Im *vierten Kapitel* werden die polnischen Normierungen des Art. 299 KK[4] und des *Gesetzes von 2000*[5] in Bezug auf die Anforderungen der vorstehend erwähnten Geldwäscherichtlinien analysiert. Im Rahmen dieses Abschnitts wird untersucht, ob die Geldwäscherichtlinienvorgaben durch

---

[3] Vgl. *Ackermann,* Geldwäscherei, S. 10 ff.; siehe auch *Hoyer/Klos,* Regelungen, S. 11.

[4] Die deutsche Fassung der in dieser Arbeit zitierten Vorschriften des polnischen Strafgesetzbuchs entspricht grundsätzlich den von *Ewa Weigend* entwickelten Übersetzungsvorschlägen, vgl. *Weigend E.*, Das polnische Strafgesetzbuch/Kodeks Karny, Freiburg im Breisgau 1998. Nachträgliche Änderungen des Gesetzes sind allerdings berücksichtigt und ggf. ergänzend übersetzt. Zur deutschen Fassung des Art. 299 KK siehe auch Anhang Nr. 1.

[5] Vgl. Ustawa o przeciwdziałaniu wprowadzaniu do obrotu finansowego wartości majątkowych pochodzących z nielegalnych lub nieujawnionych źródeł oraz o przeciwdziałaniu terroryzmu (*Gesetz über die Verhinderung der Einführung der aus illegalen oder nicht ermittelbaren Quellen stammenden Vermögenswerte in den Finanzverkehr und der Finanzierung des Terrorismus*) vom 16.11.2000, Dz. U. (*Gesetzblatt*) 2000, Nr. 116, Pos. 1216 mit späteren Änderungen, insbesondere der Novellierung des Gesetzes vom 05.03.2004, Dz. U. (*Gesetzblatt*) 2004, Nr. 62, Pos. 577, die der Umsetzung der EG-Änderungsrichtlinie von 2001 diente (im Folgenden kurz: *Gesetz von 2000*). Näher siehe Kapitel 3 § 3 Punkt IV. 3. der vorliegenden Untersuchung sowie Anhang Nr. 4.

den polnischen Geldwäschetatbestand hinreichend berücksichtigt werden. Anhand einer umfassenden Analyse des Straftatbestands der polnischen Geldwäschevorschrift und dessen Vergleich mit den Richtlinienvorgaben wird geprüft, in welcher Weise (und ob überhaupt) der polnische Gesetzgeber diese Vorgaben in das nationale Strafrecht umgesetzt hat. Die Untersuchung knüpft dabei an die problematische Bestimmung der Rechtsgüter der Geldwäschevorschrift, des Täterkreises, der geldwäschetauglichen Vortaten, der Tatobjekte, der Tathandlungen sowie an die Erfassung des subjektiven Geldwäschetatbestands an. Bei jedem einzelnen Tatbestandsmerkmal wird der Harmonisierungsgrad mit den entsprechenden gemeinschaftsrechtlichen Anforderungen bestimmt.

Das *fünfte Kapitel* schließlich befasst sich mit rechtsstaatlichen Anfragen an die Geldwäscheregelungen. Dabei sind insbesondere zu erörtern: die Unbestimmtheit der Erfassung des Geldwäschetatbestands in objektiver Hinsicht, die Haftung auch bei bloßer Leichtfertigkeit sowie die Problematik der Geldwäschestrafbarkeit der Strafverteidiger. Die damit zusammenhängenden Probleme werden auch im Hinblick auf die diesbezügliche Diskussion in Deutschland behandelt.

Der letzte Abschnitt enthält Schlussfolgerungen zu den dargestellten Erwägungen. Im Ergebnis wird festgestellt, ob und inwieweit das polnische Strafrecht durch das Gemeinschaftsrecht im Bereich der Kriminalisierung der Geldwäsche beeinflusst ist.

Kapitel 1

Strafrecht in der Rechtsordnung der Europäischen Gemeinschaften

§ 1. Rechtsquellen und Grundprinzipien der Gemeinschaftsrechtsordnung

Im europäischen Gemeinschaftsrecht existiert ein ähnlicher Stufenbau der Rechtsnormen wie im innerstaatlichen Recht[6]. Die Quellen des Gemeinschaftsrechts werden in zwei Gruppen eingeteilt: in primäres und sekundäres Gemeinschaftsrecht, wobei zwischen den beiden Gruppen eine dem Rangverhältnis zwischen Grundgesetz und einfachem Gesetz vergleichbare Normenhierarchie besteht[7]. Das heißt, dass das sekundäre Gemeinschaftsrecht nur dann wirksam ist, wenn es im Einklang mit dem primären Gemeinschaftsrecht steht. Darüber hinaus darf das Sekundärrecht das Primärrecht niemals ausschließen; es kann aber das Primärrecht konkretisieren und soll in dessen Sinne ausgelegt werden. Weiterhin existieren ein begleitendes Gemeinschafsrecht, das alle in völkerrechtlichen Verträgen enthaltenen Vorschriften erfasst, sowie ein ungeschriebenes Gemeinschaftsrecht, das sowohl auf der primärrechtlichen als auch auf der sekundärrechtlichen Ebene gebildet werden kann.

I. Primäres Gemeinschaftsrecht

Das primäre Gemeinschaftsrecht besteht aus den drei Gründungsverträgen der Europäischen Gemeinschaft (EG-, EGKS-, und EAG- Verträge), einschließlich Anlagen, Anhängen, Protokollen (vgl. Art 311 EGV) und deren späteren Ergänzungen und Änderungen[8], sowie dem ungeschriebenen primären Gemeinschaftsrecht, d. h. den allgemeinen Rechtsgrundsätzen und dem Gewohnheitsrecht der Gemeinschaft. Das Primärrecht steht auf der

---

[6] Vgl. *Herdegen*, Europarecht, Rn. 160.

[7] Vgl. *Arndt*, Europarecht, S. 63; *Satzger*, Die Europäisierung, S. 24. Siehe ferner *Lisiecka*, Prawo wspólnotowe w porządku prawnym państw członkowskich, in: *Piontek* (Hrsg.), S. 222 ff.

[8] Vgl. *Bleckmann*, Europarecht, Rn. 526; *Breitenmoser/Husheer*, Europarecht, Band 1, Rn. 287; *Wiktorowicz*, Prawo UE 7-8/2004, S. 2.

höchsten Ebene und genießt damit laut Art. 7 I EGV innergemeinschaftlichen Vorrang[9].

Da die Gemeinschaftsverträge bis heute noch keinen Grundrechtskatalog[10] enthalten, hat der Europäische Gerichtshof zur Schließung dieser Lücken die allgemeinen Rechtsgrundsätze zu entwickeln, d. h. in den nationalen Rechtsordnungen zu finden und durch Rechtsvergleich zu ermitteln[11]. Die Anwendung der allgemeinen Rechtsgrundsätze ist in Art. 288 II EGV sowie in Art. 188 II EAGV ausdrücklich vorgesehen. Sie bilden mithin das ungeschriebene Primärrecht, das durch richterliche Rechtsfortbildung aus Zielen der Gemeinschaft und den gemeinsamen Verfassungsgrundlagen der Mitgliedstaaten hergeleitet wird[12].

Zum ungeschriebenen Primärrecht gehört weiterhin das Gewohnheitsrecht. Die Voraussetzungen für die Entstehung von Gewohnheitsrecht der Gemeinschaft entsprechen denen des Völkerrechts und bestehen in einer allgemeinen Rechtsüberzeugung und deren ständiger Übung[13].

II. Sekundäres Gemeinschaftsrecht

In der Normenhierarchie steht das sekundäre Recht unter dem Primärrecht. Darunter versteht man das von den Organen der Gemeinschaften nach Maßgabe des primären Gemeinschaftsrechts geschaffene bzw. abgeleitete Folgerecht[14]. Das sekundäre Gemeinschaftsrecht umfasst die Rechtsakte der Gemeinschaftsorgane, die aufgrund der Gemeinschaftsverträge oder aufgrund einer Ermächtigung durch einen anderen Rechtsakt erlassen worden sind[15]. Das sekundäre Gemeinschaftsrecht kann nach Art. 249 EGV in Form einer Verordnung, einer Richtlinie, einer Entscheidung oder einer Empfehlung bzw. Stellungnahme erlassen werden, wobei zwischen diesen Handlungsarten ein Rangverhältnis etwa in der Reihenfolge ihrer Aufzählung besteht[16]. Für

[9] Vgl. *Oppermann*, Europarecht, Rn. 474.

[10] Auf der Tagung in Köln hat der Europäische Rat beschlossen, eine Charta der Grundrechte der EU zu schaffen. Auf dem Gipfel von Nizza wurde der Entwurf proklamiert; abrufbar unter: www.europa.eu.int/comm/justice_home/unit/charte/pdf/charter_en.pdf.

[11] Vgl. *Satzger*, Die Europäisierung, S. 30.

[12] Vgl. *Breitenmoser/Husheer*, Europarecht, Band 1, Rn. 289.

[13] Vgl. *Arndt*, Europarecht, S. 64; *Oppermann*, Europarecht, Rn. 480; *Satzger*, Die Europäisierung, S. 29.

[14] Vgl. *Breitenmoser/Husheer*, Europarecht, Band 1, Rn. 292; *Wiktorowicz*, Prawo UE 7-8/2004, S. 2.

[15] Vgl. *Herdegen*, Europarecht, Rn. 175; *Oppermann*, Europarecht, Rn. 510; *Satzger*, Die Europäisierung, S. 24.

[16] Vgl. *Ihnen*, Grundzüge, S. 35.

alle fünf Rechtsakte gilt das Prinzip der begrenzten Einzelermächtigung[17]. Das bedeutet, dass die Gemeinschaftsorgane zum Erlass sekundären Gemeinschaftsrechts eines ausdrücklichen oder zumindest durch Auslegung nachweisbaren Rechts im primären Gemeinschaftsrecht bedürfen[18].

Die Aufzählung der Rechtsakte ist in Art. 249 EGV jedoch nicht abschließend. Die Gemeinschaftsorgane sind befugt, auch andere Rechtsakte außerhalb der in Art. 249 EGV genannten Handlungsformen zu erlassen. Dazu gehören im wesentlichen Organisations- und Gestaltungsakte oder Selbstverpflichtungserklärungen, wie beispielsweise Beschlüsse, Entschließungen, Aktionen oder Programme. Diese Rechtsakte werden als ungekennzeichnete Rechtshandlungen[19] oder als Akte *sui generis* bezeichnet[20].

III. Grundprinzipien der Gemeinschaftsrechtsordnung

Das Gemeinschaftsrechtssystem, das in weitem Umfang ein Ergebnis der Zusammenarbeit des EuGH mit anderen Gemeinschaftsorganen und den Mitgliedstaaten darstellt[21], basiert auf einigen wesentlichen Grundprinzipien. Diese Prinzipien werden nicht nur im Prozess der Fortentwicklung des Gemeinschaftsrechtssystems von Bedeutung sein, sondern auch bei der Einwirkung des gesamten Gemeinschaftsrechtssystems auf die jeweilige nationale Rechtsordnung, darunter auch auf das nationale Strafrecht.

1. Autonomie der Gemeinschafsrechtsordnung

Obwohl die Gründungsverträge der Europäischen Gemeinschaften zunächst völkerrechtliche Verträge waren, gilt das Gemeinschaftsrecht weder als Bestandteil des Völkerrechts noch als Bestandteil des Rechts der Mitgliedstaaten. Das Gemeinschaftsrecht, nationales Recht und Völkerrecht stellen somit selbstständige, autonome Rechtsordnungen dar. Dieser Grundsatz wurde durch den EuGH zum Ausdruck gebracht, indem er das Gemeinschaftsrecht als „aus einer autonomen Rechtsquelle fließendes Recht“[22] bezeichnete.

Diese Autonomie wird zwar einhellig angenommen, jedoch unterschiedlich begründet. Als entscheidendes Argument beruft man sich auf die sich

[17] Sog. „compétence d'attribution“; auch als Prinzip der Einzelzuständigkeit bezeichnet – so *Oppermann*, Europarecht, Rn. 511, 513.

[18] Vgl. *Arndt*, Europarecht, S. 65; *Breitenmoser/Husheer*, Europarecht, Band 1, Rn. 294.

[19] So z. B. *Breitenmoser/Husheer*, a. a. O., Rn. 314 f.

[20] So z. B. *Bleckmann*, Europarecht, Rn. 470; *Oppermann*, Europarecht, Rn. 577.

[21] Vgl. *Satzger*, Die Europäisierung, S. 33.

[22] Vgl. EuGH Slg. 1964, Rs. 6/64, 1270; Slg. 1978, Rs. 106/77, 643 f.

aus dem Gesamtzusammenhang der Gemeinschaftsverträge ergebende Struktur, die sich von sonstigen völkerrechtlichen Verträgen erheblich unterscheidet. Dieser Struktur wird ein Recht mit Doppelnatur zugewiesen, das gleichzeitig einen verfassungsrechtlichen und einen völkerrechtlichen Charakter aufweist.[23]

Dabei ist hervorzuheben, dass die Mitgliedstaaten auf die Gemeinschaftsorgane keine Rechte übertragen, sondern ihnen nur die Kompetenz zur Regulierung gewisser Rechtsgebiete überlassen haben. Der EuGH ist im Verhältnis zu den nationalen Gerichten kein Appellationsgericht. Seine Kompetenzen sind auf die Auslegung und Anwendung des Gemeinschaftsrechts begrenzt. Somit ist er nicht befugt, nationales Recht aufzuheben oder für nichtig zu erklären[24]. Für diese Eigenständigkeit der nationalen Rechtsordnungen hat sich der Europäische Gerichtshof für Menschenrechte mehrfach ausgesprochen: „Ein von innerstaatlichen Rechtsnormen ausgehender Gedankenvorgang kann gegenüber den vom Vertrag geschaffenen Rechtsnormen nicht durchgreifen“[25]. Hinzufügen ist allerdings, dass eine Gerichtsbarkeit des Europäischen Gerichtshofs in der dritten Säule nicht eröffnet ist[26].

2. Unmittelbare Anwendbarkeit des Gemeinschaftsrechts

Ein weiteres Prinzip der Gemeinschaftsrechtsordnung ist der Grundsatz der unmittelbaren Anwendbarkeit des Gemeinschaftsrechts[27]. Dieses Prinzip stellt zugleich eine Modifizierung der Autonomie der Gemeinschaftsrechtsordnung dar, indem das Primärrecht (d. h. die Gründungsverträge und die Verträge zur ihrer Ergänzung oder Änderung) und die gemäß Art. 249 II EGV auf seiner Grundlage erlassenen Verordnungen (Sekundärrecht) ohne jeden Transformations- bzw. Umsetzungsakt oder Anwendungs- bzw. Vollzugsbefehl nationaler Organe in den Mitgliedstaaten verbindliches Recht werden (sog. Durchgriffswirkung)[28]. Allein dadurch, dass ein Land Mitglied der Europäischen Gemeinschaften wird, werden das Primärrecht und seine

[23] Vgl. *Satzger*, Die Europäisierung, S. 37.

[24] Vgl. *Lasok*, Zarys, S. 164 f.; *Lecheler*, Einführung, S. 48 ff.

[25] Vgl. EuGH Slg. 1968, Rs. 13/68, 689.

[26] Vgl. *Nelles*, Die europäische „Wäsche von Erträgen aus Straftaten“, in: *Nelles* (Hrsg.), S. 113.

[27] Näher dazu siehe *Biernat*, Wykładnia prawa krajowego zgodnie z prawem Wspólnot Europejskich, in: *Mik* (Hrsg.), Implementacja, S. 140 ff.; *Lisiecka*, Prawo wspólnotowe w porządku prawnym państw członkowskich, in: *Piontek* (Hrsg.), S. 241 ff.

[28] Vgl. *Emmert*, Europarecht, § 15, Rn. 2 f.; *Lecheler*, Einführung, S. 51 f.; *Satzger*, Die Europäisierung, S. 38 f.

Verordnungen Teil der nationalen Rechtsordnung. Für das Wirksamwerden im innerstaatlichen Bereich benötigen sie nur ein Ratifikationsgesetz (vgl. Art. 59 Abs. 2 GG[29], Art. 91 Abs. 1 der polnischen Verfassung[30]).

Diese Durchgriffswirkung bedeutet weiterhin die tatsächliche Schaffung von Rechten und Pflichten für Dritte, nämlich für natürliche und juristische Personen in den Mitgliedstaaten, auf die sich jeder Bürger und jedes Unternehmen der Mitgliedstaaten berufen kann. Daraus ergibt sich die Folge, dass die aus dem Gemeinschaftsrecht abgeleiteten Rechte und Pflichten des Einzelnen von nationalen Gerichten und Behörden als verbindliches Recht beachtet werden müssen[31].

Problematisch wird es bei der unmittelbaren Anwendung von Richtlinien, die, anders als das Primärrecht und seine Verordnungen, nach Art. 249 III EGV ausdrücklich nur *für* die Mitgliedstaaten, nicht aber *in* den Mitgliedstaaten, also nicht für die natürlichen und juristischen Personen verbindlich sind. Art. 249 III EGV überlässt den Mitgliedstaaten die Auswahl „der Form und der Mittel" und wirkt nur „hinsichtlich des zu erreichenden Ziels" verbindlich[32]. Somit kann man davon ausgehen, dass die Richtlinien grundsätzlich nicht geeignet sind, unmittelbar angewendet zu werden. Da mithin die Richtlinien nur den Mitgliedstaat nicht aber das Individuum binden, kann sich weder der Staat gegenüber einem Individuum, noch ein Individuum gegenüber einem anderen Individuum im Verhältnis zweier Privater untereinander auf eine in das nationale Recht nicht umgesetzte Richtlinie berufen[33].

3. Vorrang der Gemeinschaftsrechts

Grundsätzlich wird der Vorrang des Gemeinschaftsrechts sowohl in der Rechtsprechung nationaler und europäischer Gerichte als auch in der Literatur allgemein akzeptiert. Er dient der Verwirklichung der in dem EG-Vertrag verankerten Ziele der Gemeinschaft. Bestritten wird jedoch, ob dieser Vorrang absolut ist, oder ob er durch das nationale Verfassungsrecht der Mitgliedstaaten begrenzt werden kann. Weiterhin besteht keine Einigkeit über die Art dieses Vorrangs.

[29] Grundgesetz für die Bundesrepublik Deutschland vom 23.05.1949, BGBl. I 1949, S. 1 ff. mit späteren Änderungen.

[30] Konstytucja Rzeczypospolitej Polskiej (*Verfassung der Republik Polen)* vom 02.04.1997, Dz. U. (*Gesetzblatt*) 1997, Nr. 78, Pos. 483.

[31] Vgl. *Emmert*, a. a. O., § 15, Rn. 2 f.; *Satzger*, Die Europäisierung, S. 39.

[32] Vgl. *Emmert*, a. a. O., § 15, Rn. 9 f.; *Lasok*, Zarys, S. 168 f.

[33] Vgl. *Satzger*, Die Europäisierung, S. 41.

A. Auffassung des Europäischen Gerichtshofs

Nach früherer Auffassung des EuGH ist der Vorrang des Gemeinschaftsrechts uneingeschränkt. Dies wurde aus dem Grundsatz der Effektivität des Gemeinschaftsrechts abgeleitet (Art. 10 EGV), aus dem folgt, dass die Ausübung des Gemeinschaftsrechts nicht unmöglich gemacht oder erschwert werden soll[34]. Diese Ansicht hat sich jedoch mit der neueren Rechtsprechung des EuGH geändert, indem der gemeinschaftsrechtliche Vorrang auf manchen Rechtsgebieten eingeschränkt wurde[35]. Im Verwaltungsverfahrens- und Verwaltungsprozessrecht kommt dem Gemeinschaftsrecht gegenüber dem nationalen Recht nur insoweit der Vorrang zu, als durch diese nationalen Verfahrensnormen die Anforderungen der Wahrung der Mindesteffektivität des Gemeinschaftsrechts und des Diskriminierungsverbots nicht erfüllt werden[36].

B. Auffassung des deutschen Bundesverfassungsgerichts

Uneingeschränkt anerkannt ist der Vorrang des Gemeinschaftsrechts gegenüber dem unterverfassungsrechtlichen deutschen Recht, insbesondere dem Strafrecht[37]. Problematisch wird dieser Vorrang nur auf der Ebene des nationalen Verfassungsrechts. Hier erfolgt nach der Rechtsprechung des BVerfG die Begrenzung des gemeinschaftsrechtlichen Vorrangs durch die Schranke der Integrationsermächtigung gem. Art. 23 des deutschen GG. Nach dem BVerfG liegt diese Grenze dort, „wo die Identität der geltenden Verfassungsordnung der Bundesrepublik Deutschland durch Einbruch in ihr Grundgefüge, in die sie konstituierenden Strukturen“ aufgegeben würde[38].

Ferner wird auch im Hinblick auf die Grundrechtsgewährleistung der Vorrangsanspruch des Gemeinschaftsrechts durch das BVerfG begrenzt. Das geschieht dann, wenn das Gemeinschaftsrecht gegen fundamentale Grundgesetzprinzipien verstößt und die im deutschen Recht verbriefte Wesensgehaltsgarantie der allgemein anerkannten Grundrechte nicht mehr gewährleistet ist[39].

---

[34] Vgl. *Schröder*, Europäische Richtlinien, S. 88; *Lecheler*, Einführung, S. 54 f.

[35] Zusammenfassend zu der Entwicklung der Auffassung des Europäischen Gerichtshofs siehe *Kornobis-Romanowska*, PPE 4/2004, S. 36 ff.; *Lisiecka*, Prawo wspólnotowe w porządku prawnym państw członkowskich, in: *Piontek* (Hrsg.), S. 231 ff.

[36] Vgl. EuGH Slg. 1999, Rs. 224/97, 2517. Siehe auch *Lecheler*, Einführung, S. 55.

[37] Vgl. BVerfGE 31, 173 f.; BVerfGE 22, 296.

[38] Vgl. BVerfGE 73, 375. Siehe auch *Streinz*, Europarecht, Rn. 208 ff.

[39] Vgl. *Emmert*, Europarecht, § 14, Rn. 16; *Lecheler*, Einführung, S.57 f.; *Satzger*, Die Europäisierung, S. 47 ff.

C. Auffassung des polnischen Verfassungsgerichtshofs

Der Vorrang des Gemeinschaftsrechts wird auch einhellig sowohl in der Rechtsprechung des polnischen Verfassungsgerichtshofs (TK) als auch im polnischen Schrifttum angenommen[40]. An dieser Stelle muss jedoch hervorgehoben werden, dass angesichts des Mangels entsprechender Vorschriften in der polnischen Verfassung, die den Vorrang des Gemeinschaftsrechts ausdrücklich begründen könnten, die sich auf internationale Verträge beziehenden Verfassungsnormen im Hinblick auf gemeinschaftsrechtliche Regelungen anwendbar sind[41]. Nach der polnischen Verfassung stellen internationale Verträge eine der Quellen des allgemein geltenden Rechts in der Republik Polen dar und werden nach der Verkündung im Gesetzblatt zum Bestandteil der Rechtsordnung. Somit sind sie unmittelbar anwendbar, es sei denn, ihre Anwendung wird vom Erlass eines Gesetzes abhängig gemacht (vgl. Art. 87 Abs. 1, Art. 91 Abs. 1 der polnischen Verfassung). Dementsprechend gehören die als internationale Verträge geltenden[42] Gründungsverträge der Europäischen Gemeinschaft (EG-, EGKS-, und EAG- Verträge), einschließlich Anlagen, Anhängen, Protokollen (vgl. Art 311 EGV) und deren späteren Ergänzungen und Änderungen, sowie das sekundäre Gemeinschaftsrecht[43]

---

[40] Vgl. Urteil des polnischen Verfassungsgerichtshofs vom 11.05.2005, K 18/04, Dz. U. (*Gesetzblatt*) 2005, Nr. 86, Pos. 744; Urteil des polnischen Verfassungsgerichtshofs vom 27.04.2005, K 1/05, Dz. U. (*Gesetzblatt*) 2005, Nr. 77, Pos. 680; abrufbar (in polnischer Sprache) unter: www.trybunal.gov.pl/omowienia/wstep_pl.htm. Zu der sog. „dem Gemeinschaftsrecht freundlichen" Auslegung des innerstaatlichen Rechts siehe auch frühere – d. h. vor dem Eintritt Polens in die EU ergangene – Entscheidungen des TK: K 24/04 vom 12.01.2005, Dz. U. (*Gesetzblatt*) 2005, Nr. 11, Pos. 89; K 15/04 vom 31.05.2004, Dz. U. (*Gesetzblatt*) 2004, Nr. 130, Pos. 1400; K 33/03 vom 21.04.2004, Dz. U. (*Gesetzblatt*) 2004, Nr. 109, Pos. 1160. Siehe ferner *Biernat*, Wykładnia prawa krajowego zgodnie z prawem Wspólnot Europejskich, in: *Mik* (Hrsg.), Implementacja, S. 132, 141; *Blachut/ Mikuli*, Uwagi o stosowaniu ustaw przez sądy w przypadku ich kolizji z prawem wspólnotowym, in: *Kruk/Wawrzyniak* (Hrsg.), S. 267; *Kornobis-Romanowska*, PPE 4/2004, S. 41 ff.; *Lang G.*, Studia Europejskie 2/2004, S. 33; *Lasok*, Zarys, S. 169 ff.; *Lisiecka*, Prawo wspólnotowe w porządku prawnym państw członkowskich, in: *Piontek* (Hrsg.), S. 218 f., 229 ff.; *Wiktorowicz*, Prawo UE 7-8/2004, S. 4; *Ziaja*, Jurysta 4/2004, S. 6. Abweichend zu dem Grundsatz des Vorrangs des Gemeinschaftsrechts als eines der Grundprinzipien der Gemeinschaftsrechtsordnung *Biernat*, PiP 11/2004, S. 21 ff. Zur „proeuropäischen" Rechtsprechung polnischer Gerichte vor dem Eintritt Polens in die EU siehe *Biernat*, Przegląd Sądowy 2/2005, S. 3 ff.

[41] Vgl. *Blachut/Mikuli*, Uwagi o stosowaniu ustaw przez sądy w przypadku ich kolizji z prawem wspólnotowym, in: *Kruk/Wawrzyniak* (Hrsg.), S. 269; *Lisiecka*, Prawo wspólnotowe w porządku prawnym państw członkowskich, in: *Piontek* (Hrsg.), S. 303.

[42] Vgl. *Mik*, Europejskie, S. 813; *Lisiecka*, a. a. O., S. 303 f.

[43] Vgl. Art. 91 Abs. 3 der polnischen Verfassung, wonach das durch eine internationale Organisation gesetzte Recht unmittelbar anwendbar ist und den Vorrang im Falle

zu der polnischen Rechtsordnung und genießen im Falle einer Kollision den Vorrang vor den nationalen Regelungen[44].

D. Art und Reichweite des Vorrangs

Die Feststellung des grundsätzlichen Vorrangs des Gemeinschaftsrechts gibt jedoch keine endgültige Antwort auf die Frage, wie sich die Rangordnung für das nationale Recht auswirkt. Das Erfordernis einer Vorrangigkeit des Gemeinschaftsrechts muss somit in der Praxis vollzogen werden. Es sind zwei Möglichkeiten vorhanden[45]. Entweder wird das dem Gemeinschaftsrecht zuwiderlaufende nationale Recht für nichtig erklärt und somit aufgehoben (sog. Geltungsvorrang) oder nationales Recht wird im Falle der Kollision nur für unanwendbar angesehen (sog. Anwendungsvorrang).

Der Lehre vom Geltungsvorrang wird heute überwiegend nicht mehr gefolgt, da die Nichtigkeitsfolge durch gemeinschaftsrechtliche Kollisionsnormen die Zuständigkeit der Gemeinschaften überschreiten würde[46]. Die Bejahung dieser Lehre würde bedeuten, dass zwischen dem nationalen Recht und dem Gemeinschaftsrecht ein normenhierarchisches Verhältnis existiert, was aber im Widerspruch zu dem Grundsatz der Autonomie der Gemeinschaftsrechtsordnung steht, wonach das nationale Recht und das Gemeinschaftsrecht selbstständige Rechtsordnungen darstellen. Somit wäre eine Nichtigkeitsfolge systemwidrig[47].

Weiterhin verstößt diese Lehre gegen das in Art. 5 Satz 3 EGV verbriefte Verhältnismäßigkeitsprinzip, wonach „alle Maßnahmen der Gemeinschaft nicht über das für die Erreichung der Ziele der Vertrags erforderliche Maß hinausgehen“ dürfen. Demzufolge ist der einhellig von der deutschen Recht-

---

einer Kollision mit Gesetzen genießt, soweit dies aus einem durch die Republik Polen ratifizierten internationalen Vertrag, der die internationale Organisation konstituiert, folgt.

[44] Umstritten ist jedoch der Vorrang des Gemeinschaftsrechts im Verhältnis zu den Regelungen der polnischen Verfassung. In der polnischen Literatur werden auch Stimmen erhoben, dass angesichts des Art. 8 der polnischen Verfassung – „Die Verfassung stellt das höchste Recht der Republik Polen dar“ – den verfassungsrechtlichen Vorschriften der absolute Vorrang zukommt. So auch Urteil des polnischen Verfassungsgerichtshofs (TK) vom 11.05.2005, K 18/04, Dz. U. (*Gesetzblatt*) 2005, Nr. 86, Pos. 744. Zusammenfassend zu dieser Problematik siehe *Biernat*, PiP 11/2004, S. 24 f.; *Blachut/Mikuli,* Uwagi o stosowaniu ustaw przez sądy w przypadku ich kolizji z prawem wspólnotowym, in: *Kruk/Wawrzyniak* (Hrsg.), S. 270 ff.; *Dzialocha*, PiP 11/2004, S. 28 ff.; *Lisiecka,* Prawo wspólnotowe w porządku prawnym państw członkowskich, in: *Piontek* (Hrsg.), S. 304 ff.; *Winczorek*, PiP 11/2004, S. 10 ff.; *Wróbel*, EPS 1/2006, S. 1.

[45] Vgl. *Oppermann,* Europarecht, Rn. 632; *Schröder*, Europäische Richtlinien, S. 89 f.

[46] Vgl. *Satzger*, Die Europäisierung, S. 55.

[47] Vgl. *Huber P. M.*, Recht, § 8, Rn. 6.

sprechung[48] und dem EuGH[49] vertretenen Lehre vom Anwendungsvorrang zu folgen. Eine vergleichbare Ansicht ist auch in der polnischen Literatur zu finden[50]. Sie besagt, dass im Falle einer Kollision mit dem Gemeinschaftsrecht die nationale Rechtsnorm vom EuGH nur im grenzüberschreitenden Verkehr für unanwendbar erklärt wird; für rein innerstaatliche Sachverhalte bleibt ihre Anwendung unberührt. Somit genießt das Gemeinschaftsrecht gegenüber dem nationalen Recht Vorrang in der Weise, dass eine nationale Rechtsnorm nicht anwendbar ist, soweit und solange sie dem Gemeinschaftsrecht entgegensteht[51].

§ 2. Gemeinschaftsstrafrecht

Die Frage nach einer Europäisierung des nationalen Strafrechts käme gar nicht in Betracht, wenn ein in jedem Mitgliedstaat unmittelbar wirkendes Gemeinschaftsstrafrecht von den Gemeinschaftsorganen geschaffen würde. Ein solches supranationales Strafrecht würde dann von den nationalen Strafrechtssystemen unabhängig, so dass in jedem Mitgliedstaat sowohl das nationale Strafrecht als auch das Gemeinschaftsstrafrecht berücksichtigt werden müssten. Die Frage, ob aufgrund des EG-Vertrages den Gemeinschaftsorganen eine Rechtssetzungskompetenz im Bereich des Strafrechts auf der Gemeinschaftsebene zusteht, ist allerdings heftig umstritten. In diesem Abschnitt soll daher untersucht werden, ob die Gemeinschaftsorgane zur Schaffung eines solchen supranationalen Strafrechts befugt sind und ob solche Strafrechtsnormen bereits existieren.

---

48 Vgl. BVerfGE 31, 174; 75, 244; 85, 204; BVerwGE 87, 158 ff.; BGHSt 37, 175.

49 Vgl. EuGH Slg. 1978, Rs. 106/77, 629; Slg. 1991, Rs. 184/89, 321.

50 Vgl. Urteil des polnischen Verfassungsgerichtshofs (TK) vom 11.05.2005, K 18/04, (*Gesetzblatt*) 2005, Nr. 86, Pos. 744. Siehe auch *Biernat*, Wykładnia prawa krajowego zgodnie z prawem Wspólnot Europejskich, in: *Mik* (Hrsg.), Implementacja, S. 141; *Lisiecka*, Prawo wspólnotowe w porządku prawnym państw członkowskich, in: *Piontek* (Hrsg.), S. 307; *Wiktorowicz*, Prawo UE 7-8/2004, S. 5.

51 In diesem Zusammenhang ist auch Art. I-6 des Vertrags über eine Verfassung für Europa erwähnenswert, wo der Grundsatz des Vorrangs des Gemeinschaftsrechts zum ersten Mal kodifiziert wurde. Laut dieser Vorschrift haben die Verfassung und das von den Organen der Union in Ausübung der der Union übertragenen Zuständigkeiten gesetzte Recht Vorrang vor dem Recht der Mitgliedstaaten. Als eine Begrünung dafür hat die Konferenz in den Erklärungen zu den Bestimmungen der Verfassung festgestellt, dass Artikel I-6 die geltende Rechtsprechung des Gerichtshofs der Europäischen Gemeinschaften und des Gerichts erster Instanz zum Ausdruck bringt. Vgl. dazu auch *Biernat*, PiP 11/2004, S. 25 ff.

I. Rechtssetzungskompetenz der gemeinschaftlichen Organe auf dem Gebiet des Strafrechts

1. Differenzierung zwischen dem Strafrecht im engeren Sinne (Kriminalstrafrecht) und Strafrecht im weiteren Sinne

Bevor man zu Erwägungen hinsichtlich der möglichen Rechtssetzungskompetenzen der Gemeinschaft im Bereich des Strafrechts kommt, muss zunächst zwischen dem Strafrecht im weiteren Sinne und dem Strafrecht im engeren Sinne (Kriminalstrafrecht) differenziert werden. Diese Abgrenzung bildet den Gegenstand intensiver Diskussionen über die strafrechtlichen Kompetenzen der Gemeinschaft. Denn es wird zum Teil angenommen, dass die Gemeinschaft nur für das Strafrecht im weiteren Sinne die Rechtssetzungskompetenz besitzt. Zuständig für das Kriminalstrafrecht wären dann nur die Mitgliedstaaten.

Es muss daher zuerst untersucht werden, ob die Unterscheidung von Strafrecht im weiteren Sinn und Kriminalstrafrecht überhaupt möglich ist. Diese Trennung wird schon deshalb kompliziert, weil weder das Gemeinschaftsrecht noch die Rechtssysteme der Mitgliedstaaten eine ausführliche Definition des Kriminalstrafrechts beinhalten. In den meisten nationalen Strafrechtssystemen wird jedoch grundsätzlich anerkannt, dass diejenigen Normen zu dem Kriminalstrafrecht gehören, die eine Freiheitsstrafe androhen, und solche, die als Rechtsfolge eine finanzielle Sanktion vorsehen, welche bei Nichtzahlung in eine Freiheitsstrafe umgewandelt werden kann[52]. Die finanzielle Sanktion dient hier also als ein Substitut der Freiheitsstrafe.

Einen Gegensatz hierzu bildet das Strafrecht im weiteren Sinne, bei dem die Rechtsfolge in Form der Freiheitsentziehung nur dem Ziel dient, die Zahlung von Geld zu erzwingen[53]. Die Strafe im weiteren Sinn stellt also nur eine präventive Maßnahme dar, der es am punitiven Sanktionscharakter fehlt. Ein weiterer Unterschied besteht darin, dass die Kriminalstrafen nur von nationalen Gerichten in einem dafür gesetzlich vorgesehenen Verfahren verhängt werden dürfen[54] und ihre Verhängung in ein Strafregister eingetragen werden muss. Für die Festsetzung der Strafen im weiteren Sinn sind dagegen die Verwaltungsbehörden zuständig.

Anhand der genannten Kriterien wäre also die begriffliche Trennung zwischen dem Strafrecht und dem Kriminalstrafrecht möglich. Welche konkre-

---

[52] Vgl. *Satzger*, Die Europäisierung, S. 77 ff.

[53] So z. B. im deutschen Ordnungswidrigkeitsrecht.

[54] In Deutschland vgl. Art. 92 GG.

ten Sanktionen aufgrund der Unterscheidung dem Kriminalstrafrecht zuzuweisen sind, bedarf indes weiterer Untersuchung.

2. Begriff der Rechtssetzungskompetenz

Die Rechtssetzungskompetenz (*jurisdiction to prescribe*) bedeutet, dass die Gemeinschaftsorgane eine Befugnis besitzen, supranationale Strafrechtsnormen unabhängig vom nationalen Gesetzgeber zu erlassen. Diese Normen werden in jedem Mitgliedstaat unmittelbar, d. h. ohne Dazwischentreten eines Aktes des nationalen Gesetzgebers, wirksam und begründen damit die Strafbarkeit Einzelner[55]. Laut Art. 249 II EGV könnte diese Unabhängigkeit vom nationalen Gesetzgeber nur durch den Erlass einer Verordnung erreicht werden.

Vom Begriff der Rechtssetzungskompetenz soll die sog. Ahndungskompetenz (*jurisdiction to enforce*) unterschieden werden. Die Ahndungskompetenz beinhaltet die Anwendung und den Vollzug der geschaffenen Gemeinschaftsrechtsnormen, wobei diese Kompetenzen ausschließlich den Mitgliedstaaten zustehen[56]. Demzufolge wäre, bei der Annahme eines existierenden supranationalen Strafrechts, der potentielle Täter durch ein nationales Gericht, aber aufgrund der EG-Normen zu verurteilen.

Von der Kompetenz zur Schaffung des EG-Strafrechts ist die Anweisungskompetenz der Gemeinschaft zu unterscheiden, die unmittelbar aus dem Grundsatz der Gemeinschaftstreue (vgl. Art. 10 EGV) hergeleitet wird. Im Rahmen dieser Kompetenz ist die Gemeinschaft durch Vorgaben in Form einer Richtlinie (vgl. Art. 249 III EGV) zur Beeinflussung der Ausgestaltung des nationalen Rechts und der Setzung nationaler Vorschriften durch den nationalen Gesetzgeber befugt[57]. In diesem Fall verbleibt die endgültige Entscheidung über eine Rechtsschaffung oder –änderung aber im Bereich der Kompetenzen des nationalen Gesetzgebers.

---

[55] So *Satzger*, Die Europäisierung, S. 90.

[56] Vgl. *Prengel*, Jurysta 6/2001, S. 19.

[57] Vgl. *Gentzik*, Die Europäisierung, S. 45 f.; *Satzger*, Die Europäisierung, S. 91; *Sieber*, Das strafrechtliche Sanktionensystem zum Schutz der europäischen Gemeinschaftsinteressen, in: *van Gerven/Zuleeg* (Hrsg.), S. 79; *ders.*, ZStW 103 (1991), S. 972; *Vogel*, Die Kompetenz der EG zur Einführung supranationaler Sanktionen, in: *Dannecker* (Hrsg.), S. 172. Vgl. ferner *Braum*, wistra 2006, S. 122 f. Zu Einwänden gegen die Anweisungskompetenz der Gemeinschaft siehe *Böse*, GA 2006, S. 212 ff. In diesem Zusammenhang ist u. a. das Argument, das Strafrecht sei der intergouvernmentalen Zusammenarbeit in der „dritten Säule“ zugeordnet und gerade nicht in das Gemeinschafsrecht (die „erste Säule“) integriert worden, erwähnenswert.

3. Meinungsstand bezüglich der Rechtssetzungskompetenz der Gemeinschaftsorgane

Wie oben bereits erwähnt wurde, ist die Normensetzung auf der Gemeinschaftsebene nur durch den Erlass einer Verordnung möglich (vgl. Art. 249 II EGV). Gemäß dem Prinzip der begrenzten Einzelermächtigung wird dabei eine im EG-Vertrag zum Ausdruck gebrachte oder im Wege einer anerkannten Auslegungsmethode nachweisbare Rechtsgrundlage vorausgesetzt[58]. Umstritten ist jedoch, welche Zuständigkeiten der Gemeinschaft vom EG-Vertrag im Bereich des Strafrechts zugewiesen werden, wie diese Zuständigkeiten auszulegen sind und welche Reichweite ihnen zukommt.

A. Kompetenz zum Erlass von Strafrecht im weiteren Sinne

In der Literatur wird die Kompetenz der Gemeinschaft zur Einführung punitiver supranationaler Sanktionen, insbesondere von Geldbußen, nur dort einhellig anerkannt, wo der EG-Vertrag selbst diese Sanktionen vorsieht (vgl. Art. 83, 110 EGV)[59]. In anderen Fällen werden hinsichtlich der Befugnis der Gemeinschaft zum Erlass von Sanktionsvorschriften, die in einem weiten, materiellen Sinne einen strafrechtlichen Charakter haben (sog. Verwaltungssanktionsvorschriften[60]), unterschiedliche Meinungen vertreten.

Eine Ansicht besagt[61], dass die Kompetenz der Gemeinschaft zur Normierung von Sanktionen selbst aus Art. 229 EGV abzuleiten sei, in dem von „Zwangsmaßnahmen" in den vom Rat erlassenen Verordnungen und von der Möglichkeit gesprochen wird, die Berechtigung zur Nachprüfung, Änderung und Verhängung dieser Zwangsmaßnahmen auf den Gerichtshof zu übertragen. Es ist jedoch weitgehend anerkannt[62], dass Art. 229 EGV – schon seinem Wortlaut nach – keine Ermächtigungsgrundlage und somit keine Kompetenznorm darstellt, sondern nur als eine allgemeine Berechtigungsgrundlage zur Anordnung von Sanktionen in Verordnungen angesehen werden kann.

---

[58] Vgl. *Satzger*, Die Europäisierung, S. 92.

[59] Vgl. *Maruszewska-Baranek*, Koncepcja europejskiego prawa karnego a problematyka prania brudnych pieniędzy – analiza zagadnienia, in: *Grabowska* (Hrsg.), S. 139 f.; *Satzger*, Die Europäisierung, S. 93.

[60] Vgl. *Vogel*, JZ 1995, S. 332.

[61] Vgl. *Winkler R.*, Die Rechtsnatur, S. 23; *Wohlfahrt/Everling/Glaesner/Sprung*, EWG-Komm., Art. 172, Rn. 2.

[62] Vgl. *Appel*, Kompetenzen der EG zur Überwachung und sanktionsrechtlichen Ausgestaltung des Lebensmittelsrechts, in: *Dannecker* (Hrsg.), S. 176; *Prengel*, Jurysta 6/2001, S. 19; *Vogel*, Die Kompetenz der EG zur Einführung supranationaler Sanktionen, in: *Dannecker* (Hrsg.), S. 176; *Zuleeg*, JZ 1992, S. 763.

Demgegenüber wird behauptet[63], dass die EG zum gegenwärtigen Zeitpunkt über die beiden ausdrücklich geregelten Fälle des Art. 83 Abs. 2 lit. a EGV und des Art. 110 Abs. 3 EGV hinaus keine Zuständigkeit für den Erlass strafrechtlicher Normen habe. Für diese Auffassung werden im wesentlichen zwei Argumente angeführt, und zwar die Systematik des EG-Vertrages und der strafrechtliche Souveränitätsvorbehalt der Mitgliedstaaten[64].

Zuerst wird das systematische Argument vorgetragen, dass nur in Art. 83 Abs. 2 lit. e EGV und in Art. 110 Abs. 3 EGV Geldbußen vorgesehen sind. Dieses Argument vermag jedoch nicht zu überzeugen, da es sich hier nur um eine Art der strafrechtlichen Sanktionen handelt, nämlich um Geldbußen. Überdies stellen die beiden Vorschriften einen Sonderfall von Sanktionen dar, indem sie nicht nur zur Setzung von Sanktionen, sondern auch zu ihrer Verhängung berechtigen.

Ein weiteres Argument, das sich auf den historischen Willen des Vertrags- und Gesetzgebers beim Abschluss der Römischen Verträge beruft und für die ausschließliche Kompetenz der Mitgliedstaaten zum Erlass strafrechtlicher Normen als Ausdruck der nationalen Souveränität spricht, lässt sich auch nicht überzeugend begründen. Zum einen hat der historische Wille bei der Normauslegung nur eine geringe Bedeutung[65]. Außerdem ist die historische Auslegung in diesem Fall keineswegs eindeutig. Nach dem Vertrag steht zwar die Rechtssetzungskompetenz im Straf- und Strafverfahrensrecht nur den Mitgliedstaaten zu; von einem absoluten Vorbehalt kann jedoch nicht die Rede sein, da bereits das in den Römischen Verträgen geregelte primäre Gemeinschaftsrecht dem Straf- und Strafverfahrensrecht Grenzen setzt[66]. Die Rechtssetzungskompetenzen ergeben sich zwar aus dem Primärrecht der Gemeinschaft, wo das Prinzip der Einzelermächtigung gilt; sie sind jedoch dynamisch ausgestaltet und auf Effektivität bezüglich der Sicherung der Funktionsfähigkeit der Gemeinschaft als Rechtsgemeinschaft hin angelegt, wo die Mitgliedstaaten sich verpflichtet haben, ihr nationales

[63] Vgl. *Bleckmann*, Die Überlagerung des nationalen Strafrechts durch das Europäische Gemeinschaftsrecht, in: Stree/Wessels – FS, S. 108; *Oehler*, Der europäische Binnenmarkt und sein wirtschaftsrechtlicher Schutz, in: Baumann – FS, S. 569 f.; *Oppermann*, Rn. 594; *Satzger*, Die Europäisierung, S. 93.

[64] Vgl. *Appel*, Kompetenzen der EG zur Überwachung und sanktionsrechtlichen Ausgestaltung des Lebensmittelsrechts, in: *Dannecker* (Hrsg.), S. 176; *Prengel*, Jurysta 6/2001, S. 19; *Sieber*, ZStW 103 (1991), S. 957, 969.

[65] Vgl. *Appel*, Kompetenzen der EG zur Überwachung und sanktionsrechtlichen Ausgestaltung des Lebensmittelsrechts, in: *Dannecker* (Hrsg.), S. 176.

[66] So dürfen z. B. die strafrechtlichen Normen nach dem Gemeinschaftsrecht nicht diskriminierend sein oder gegen die vom Gemeinschaftsrecht gewährleisteten Grundfreiheiten verstoßen, vgl. EuGH, Slg. 1989, Rs. 186/87, 221 f.

Recht in den Dienst der Integration zu stellen[67]. Es könnte der Konzeption der Rechtsgemeinschaft zuwiderlaufen, wenn ein so wesentliches Rechtsgebiet wie das Strafrecht ganz aus dem Anwendungsbereich des Gemeinschaftsrechts herauszunehmen wäre. Der Souveränitätsvorbehalt der Mitgliedstaaten ist somit keineswegs überzeugend.

Schließlich beruft sich eine vermittelnde Ansicht auf die Lehre vom *effet utile* und den *implied powers* und nimmt die Sanktionskompetenz der Gemeinschaftsorgane für einzelne Regelungsbereiche, für die eine ausdrücklich zugewiesene Kompetenz der Gemeinschaft besteht (vgl. z. B. Art. 34 Abs. 2, 37 Abs. 2 EGV für den Agrar- und Fischereibereich), dann an, wenn eine Regelung verständigerweise nicht möglich ist, ohne dass auch die Frage der Durchsetzung und Sanktionierung mitgeregelt wird. Dieser Auffassung zufolge ist also die Auslegung der jeweiligen Ermächtigungsnorm für die Zuständigkeit der Gemeinschaft für die Sanktionssetzung entscheidend. Es kommt bei der Auslegung der jeweiligen Kompetenznorm darauf an, ob sie ohne Sanktionsvorschriften auf Gemeinschaftsebene „nicht in vernünftiger und zweckmäßiger Weise zur Anwendung gelangen“[68] kann. Demzufolge wird der Gemeinschaft mit der Bejahung der Verordnungsermächtigung die Kompetenz zukommen, Sanktionsnormen zu erlassen. Denn wenn eine Norm einerseits zum Erlass materiellen Rechts berechtigt, andererseits der EG-Vertrag entsprechend des Art. 10 EGV effektive Sanktionen bei einer Verletzung des Gemeinschaftsrechts fordert, muss die Gemeinschaft auch für Sanktionsregelungen zuständig sein[69]. Daraus ergibt sich zwar keine allgemeine Sanktionskompetenz der Gemeinschaft, aber eine sachspezifische Annexkompetenz zur Normierung von Sanktionen als Regelfall überall dort, wo der Gemeinschaft vom Vertrag die materielle Kompetenz für einen Regelungsbereich zukommt.

a) Verstoß gegen das Demokratieprinzip?

Ein Teil der Lehre vertritt die Ansicht[70], dass die verfassungsrechtlichen Überlegungen hinsichtlich des Demokratie-, des Rechtsstaatsprinzips und des *nullum crimen sine lege*- Satzes einen ausreichenden Anlass für eine Begrenzung der Kompetenzen der Gemeinschaft zum Erlass von Sanktionen

[67] Vgl. *Appel*, a. a. O., S. 177; *Dannecker*, Jura 1998, S. 79 f.

[68] EuGH Slg. 1992, Rs. 240/90, 5383. Vgl. auch *Grzelak*, Wpływ prawa wspólnotowego na prawo karne państw członkowskich, in: *Biernat* (Hrsg.), S. 233 f.

[69] Vgl. *Appel*, Kompetenzen der EG zur Überwachung und sanktionsrechtlichen Ausgestaltung des Lebensmittelsrechts, in: *Dannecker* (Hrsg.), S. 178; *Böse*, Strafen, S. 61 ff.; *Prengel*, Jurysta 6/2001, S. 19; *Satzger*, Die Europäisierung, S. 93 f.

[70] Vgl. *Heitzer*, Punitive Sanktionen, S. 154 ff.; *Sieber*, ZStW 103 (1991), S. 969 ff.

bilden. Sie berufen sich auf Art. 24 Abs. 1 GG, der die Übertragung von Hoheitsrechten, ähnlich wie in anderen europäischen Rechtssystemen, an „unaufgebbare Bestandteile"[71] des nationalen Verfassungsgefüges bindet, zu dem vor allem Demokratie- und Rechtsstaatsprinzip gehören. Ob die EG diese Anforderungen erfüllt, wird in der neueren Diskussion wegen des Demokratiedefizits der Gemeinschaft, in der der Rat und die Kommission, nicht aber das Parlament die Rechtssetzungsorgane sind, bezweifelt[72]. Da in den Mitgliedstaaten eine starke Tendenz zur Anerkennung eines parlamentarischen Gesetzesvorbehalts zumindest für den Bereich des Strafrechts im engeren Sinne besteht[73], wird der Erlass von strafrechtlichen Regelungen durch den Rat als Verstoß gegen Grundprinzipien des demokratischen Staates angesehen und deswegen weitgehend kritisiert.

Es lässt sich aber nicht eindeutig entscheiden, ob diesem Vorbehalt auch das Strafrecht im weiteren Sinne unterliegt, und zwar deswegen, weil in den meisten Mitgliedstaaten eine geschlossene Systematik des Strafrechts im weiteren Sinne und eine entwickelte Dogmatik nicht existieren[74].

Bei der Untersuchung der Rechtsordnungen derjenigen Mitgliedstaaten, die über eine solche Systematik verfügen[75], lässt sich eine deutliche Tendenz feststellen, wonach der parlamentarische Gesetzesvorbehalt auf den gesamten Bereich des Strafrechts zu erstrecken ist. Dies ist damit zu begründen, dass bei Eingriffen in die Freiheit des Einzelnen ein starkes Bedürfnis nach demokratischer Legitimation gesehen wird. Die Anerkennung des Gesetzesvorbehalts lässt sich jedoch auf die Gemeinschaft mit ihrer derzeitigen Struktur nicht übertragen, da sich das Problem der fehlenden Beteiligung des Europäischen Parlaments an der Rechtssetzung strafrechtlicher Vorschriften stellt, was die Position des Parlaments und damit dessen demokratische Legitimationskraft im Vergleich mit den nationalen Parlamenten deutlich schwächt. Sowohl wegen der grundlegenden Strukturunterschiede zwischen der Gemeinschaft und den Mitgliedstaaten als auch wegen der verschiedenen Funktionen der nationalen Parlamente und des Europäischen Parlaments ist die vollständige Übertragung von Rechtssetzungskompetenzen auf das Europäische Parlament bedenklich. Somit lässt sich feststellen,

[71] Vgl. BVerfGE 58, 40.

[72] Vgl. *Oppermann*, Europarecht, Rn. 594; *Satzger*, Die Europäisierung, S. 122 ff.; *Sieber*, ZStW 103 (1991), S. 972 ff.; *Srebro*, Ochrona, S. 185.

[73] Vgl. *Gröblinghoff*, Die Verpflichtung, S. 118 ff.; *Heitzer*, Punitive Sanktionen, S. 158 ff.

[74] Vgl. *Heitzer*, Punitive Sanktionen, S. 158 f.

[75] Vgl. Art. 103 Abs. 1 GG; § 3 OWiG; Art. 76, 77 der italienischen Verfassung; Art. 18 Abs. 1 der österreichischen Verfassung; Art 29 Abs. 1 der portugiesischen Verfassung; Art. 34 der französischen Verfassung; Art. 25 der spanischen Verfassung.

dass, solange das institutionelle Gleichgewicht in der Gemeinschaft nicht zugunsten des Europäischen Parlaments verschoben und dieses nicht das Rechtssetzungsorgan wird, das sekundäre Gemeinschaftsrecht keine strafrechtlichen Regelungen enthalten darf[76].

b) Verstoß gegen den „nullum crimen sine lege"- Satz?

Es wird weiterhin die Auffassung vertreten, dass die Ermächtigungsgrundlagen des EG-Vertrages nicht ausreichend bestimmt seien, um aus ihnen die Kompetenz der Gemeinschaft zum Erlass von Sanktionsvorschriften zu entnehmen. Für den Erlass solcher Regelungen sei eine ausdrückliche Ermächtigungsgrundlage erforderlich, die über die nationalen Bestimmungen der Mitgliedstaaten hinausgehen könnte. In Betracht kommt hier der Grundsatz *nullum crimen sine lege*, der sowohl als Ausprägung des Gesetzlichkeits- und Bestimmtheitsprinzips in allen Mitgliedstaaten (vgl. z. B. Art. 103 Abs. 2 GG, Art. 42 Abs. 1 der polnischen Verfassung) gilt als auch in der Europäischen Menschenrechtskonvention[77] verankert ist. Da der Grundsatz in jedem Mitgliedstaat anerkannt wird, bedeutet das, dass in den jeweiligen nationalen Rechtssystemen eine parlamentarische Ermächtigungsgrundlage für den Erlass von Strafnormen vorhanden sein muss. Überträgt man diese Anforderungen auf die Gemeinschaft, so stellt sich heraus, dass zum Erlass strafrechtlicher, supranationaler Normen eine Ermächtigungsgrundlage im primären Gemeinschaftsrecht erforderlich wäre. Demnach müssten die Gesetzlichkeits- und Bestimmtheitsgrundsätze auch im Primärrecht der Gemeinschaft ihre Anwendung finden[78].

Diese These wird jedoch heftig bestritten. Zum einen wird deutlich gemacht, dass man das Verhältnis zwischen dem Primärrecht und dem Sekundärrecht der Gemeinschaft mit dem Verhältnis von Verfassungsrecht und Strafrecht auf nationaler Ebene nicht vergleichen kann. Da sich die Lage des Gemeinschaftsrechts grundlegend vom nationalen Recht unterscheidet, wird

---

[76] Vgl. *Heitzer*, Punitive Sanktionen, S. 156 f. In diesem Sinne auch BVerfGE 89, 185 f. An dieser Stelle muss jedoch erwähnt werden, dass das BVerfG in seiner Entscheidung zum Europäischen Haftbefehl ausdrücklich erklärt hat, dass den Anforderungen des Demokratieprinzips jedenfalls im Falle der mit den Art. 29 ff. EUV eröffneten Möglichkeit, den nationalen Gesetzgeber zum Erlass von Rechtsvorschriften zu verpflichten, Rechnung getragen wird, vgl. BVerfG NJW 2005, 2892 sowie *Böse*, GA 2006, S. 216 ff.

[77] Vgl. Art. 7 Abs. 1 EMRK.

[78] Vgl. *Appel*, Kompetenzen der EG zur Überwachung und sanktionsrechtlichen Ausgestaltung des Lebensmittelsrechts, in: *Dannecker* (Hrsg.), S. 183 f.; *Satzger*, Die Europäisierung, S. 110 ff.

die Anwendbarkeit des Bestimmtheitsgrundsatzes auf das Gemeinschaftsrecht ausgeschlossen.

Es kann weiterhin nicht außer Betracht bleiben, dass der Gemeinschaft keine originäre Rechtssetzungskompetenz im Sinne einer Alleinzuständigkeit zusteht, sondern die Kompetenzen von den mitgliedstaatlichen Befugnissen auf die Gemeinschaft abgeleitet werden[79]. Deswegen muss hier das gelten, was im nationalen Recht für eine Delegation der Strafrechtssetzungskompetenzen gilt. Es ist also eine ausdrücklich auf das Strafrecht verweisende Ermächtigungsvorschrift erforderlich[80].

Anderseits wird behauptet, dass die Europäische Gemeinschaft eine selbstständige zwischenstaatliche Einrichtung[81] darstellt, die durch die Mitgliedstaaten mit eigenständigen Hoheitsbefugnissen und Kompetenzen ausgestattet wurde. Der EG-Vertrag unterscheidet sich also von gewöhnlichen internationalen Verträgen, indem er eine selbstständige, objektive Rechtsordnung bildet[82]. Die Grundlage für die Ermächtigung der Gemeinschaft und für die Übertragung von Hoheitsrechten lässt sich aus den mitgliedstaatlichen Verfassungen ableiten[83]. Mit dieser Übertragung ist der Verzicht der Mitgliedstaaten auf ihren ausschließlichen Herrschaftsanspruch gemeint, mit dem Ziel, die Ausübung der Hoheitsgewalt durch die Europäische Gemeinschaft im innerstaatlichen Bereich zu ermöglichen[84]. Die Schaffung der zwischenstaatlichen Einrichtung hat zur Folge, dass die Mitgliedstaaten an der Willensbildung der Gemeinschaft und deren Organisations- und Verfahrensrecht beteiligt sind. Somit ist die Hoheitsgewalt der Gemeinschaft keine abgeleitete, sondern eine autonome Hoheitsgewalt und deswegen am Bestimmtheitsgrundsatz nicht zu messen. Das Fehlen einer ausdrücklichen Ermächtigungsgrundlage im Primärrecht der Gemeinschaft stellt demnach kein Hindernis für die Annahme der Kompetenz der Gemeinschaft zum Erlass von strafrechtlichen Sanktionsregelungen dar. Der *nullum crimen*-Satz steht also einer weit umfassenden Kompetenz der Gemeinschaft nicht entgegen.

---

[79] Vgl. *Appel*, Kompetenzen der EG zur Überwachung und sanktionsrechtlichen Ausgestaltung des Lebensmittelsrechts, in: *Dannecker* (Hrsg.), S. 183 f.; *Sieber*, ZStW 103 (1991), S. 970 f.

[80] Vgl. *Oehler*, Fragen zum Strafrecht der Europäischen Gemeinschaft, in: Jescheck - FS, S. 1403 ff.; *Sieber*, ZStW 103 (1991), S. 969 f.; *Spannowsky*, JZ 1994, S. 328 f.

[81] Vgl. BVerfGE 2, 377 f.

[82] Vgl. *Heitzer*, Punitive Sanktionen, S. 156; *Ipsen*, Europäisches Gemeinschaftsrecht, S. 70 ff.; *Oppermann*, Europarecht, Rn. 525.

[83] Vgl. z. B. Art. 23, 24 I GG; Art. 1 der französischen Verfassung; Art. 11 der italienischen Verfassung; Art. 25 der belgischen Verfassung; Art. 93 der spanischen Verfassung.

[84] Vgl. z. B. die deutsche Rechtsprechung: BVerfGE 59, 90; 68, 90; 73, 374.

B. Kompetenz zum Erlass von Kriminalstrafrecht

Mangels nationalen Souveränitätsverzichts der Mitgliedstaaten beim Abschluss von Verträgen wurde einhellig das Fehlen einer eigenen Kriminalstrafgewalt der Europäischen Gemeinschaft angenommen. Mithin liegt bei der Gemeinschaft nach h. A. keine Kompetenz vor, Kriminalstrafrecht zu setzen und anzuwenden[85].

In der neueren, rechtsstaatlich orientierten Diskussion der Kompetenzfrage haben sich vereinzelt aber Tendenzen entwickelt, die auf das Erfordernis staatlicher Legitimation von supranationalen Strafrechtsvorschriften auch im weiteren, materiellen Sinn verweisen und somit eine Kompetenz zum Erlass kriminalstrafrechtlicher Sanktionen auf die EG übertragen[86]. Diese Minderansicht stützt sich auf die oben erwähnte vermittelnde Auffassung, die die Befugnis zum Erlass von Kriminalstrafvorschriften davon ableitet, dass sich aus den als Ermächtigungsgrundlagen geltenden Normen keine Begrenzung nur auf Bußgeldvorschriften entnehmen lässt, so dass sich der strikte Ausschluss des Kriminalstrafrechts, angesichts der intensiven Tendenz zur fortschreitenden Integration, aus den gemeinschaftsrechtlichen Kompetenzen nicht aufrechterhalten lässt[87].

C. Auffassung der Rechtsprechung des EuGH

In der Rechtsprechung des EuGH[88] besteht weitgehend Einigkeit darüber, dass die Mitgliedstaaten beim Abschluss der Römischen Verträge der EG keine kriminalstrafrechtliche Kompetenz übertragen haben. Bezüglich der Schaffung von Strafsanktionsnormen hat die frühere Rechtsprechung[89] zwar die Mitgliedstaaten als „grundsätzlich zuständig" bezeichnet, aber in sei-

---

[85] Vgl. BGHSt 25, 195 f. Siehe auch *Bleckmann*, Die Überlagerung des nationalen Strafrechts durch das Europäische Gemeinschaftsrecht, in: Stree/Wessels – FS, S. 108; *Dannecker*, Strafrecht der Europäischen Gemeinschaft, in: *Eser/Huber B.* (Hrsg.), S. 40; *Gentzik*, Die Europäisierung, S. 41 f.; *Hefendehl*, ZIS 2006, S. 229; *Tiedemann*, NJW 1993, S. 23 f.; *Vogel*, JZ 1995, S. 332; *ders.*, Die Kompetenz der EG zur Einführung supranationaler Sanktionen, in: *Dannecker* (Hrsg.), S. 173; *Weigend T.*, ZStW 105 (1993), S. 779; *Winkler R.*, Die Rechtsnatur, S. 84.

[86] Vgl. *Appel*, Kompetenzen der EG zur Überwachung und sanktionsrechtlichen Ausgestaltung des Lebensmittelsrechts, in: *Dannecker* (Hrsg.), S. 183; *Böse*, Strafen, S. 61 ff.; *ders.*, GA 2006, S. 211 ff.; *Sieber*, ZStW 103 (1991), S. 969 ff.; *Vogel*, Die Kompetenz der EG zur Einführung supranationaler Sanktionen, in: *Dannecker* (Hrsg.), S. 180 ff.

[87] Vgl. *Böse*, GA 2006, S. 214 f.; *Gentzik*, Die Europäisierung, S. 41 f.; *Satzger*, Die Europäisierung, S. 93 f.

[88] Vgl. EuGH Slg. 1981, Rs. 203/80, 2618; Slg. 1989, Rs. 186/87, 221 f.

[89] Vgl. EuGH Slg. 1977, Rs. 8/77, 1495; Slg. 1981, Rs. 203/80, 2595; Slg. 1989, Rs. 186/87, 195.

nem Grundsatzurteil bezüglich der Sanktionsproblematik auf Gemeinschaftsebene hat der EuGH aufgrund der Art. 34 Abs. 2 und Art. 37 Abs. 3 EGV ausdrücklich die Kompetenz der Gemeinschaft erkannt, „alle Sanktionen verwaltungsrechtlicher Art einzuführen, die für wirksame Rechtsanwendung auf dem Gebiet der Agrarpolitik erforderlich sind“[90]. Der Ansicht des EuGH folgend verfügt also die Gemeinschaft nur dann über die Befugnis zur Einführung entsprechender Sanktionen auf dem Gebiet der Agrarpolitik, wenn deren Anwendung im Rahmen der nationalen Rechtssysteme die einheitliche Durchsetzung des Gemeinschaftsrechts nicht gewährleistet. Die Grundaussage dieser Entscheidung betrifft somit vor allem die Fragestellung, ob die Gemeinschaft befugt ist, selbst die Sanktionsnormen zur Durchsetzung des Gemeinschaftsrechts in einem Rechtsgebiet zu schaffen, in dem sie die Kompetenz besitzt. Aus dieser Entscheidung lässt sich jedoch nicht entnehmen, ob der EuGH sich auch für die Kompetenz der Gemeinschaft auf dem Gebiet des Strafrechts im weiteren Sinne oder sogar des Kriminalstrafrechts ausspricht.[91]

In späteren Urteilen des EuGH[92] zeigt sich jedoch eine gewisse Tendenz, wonach nicht die Gemeinschaft, sondern nur die Mitgliedstaaten die Kompetenz für den Erlass von strafrechtlichen Normen besitzen.

4. Ermächtigungsgrundlagen zur Schaffung strafrechtlicher Normen

Es soll nun zunächst untersucht werden, welche der im EG-Vertrag verankerten Rechtsgrundlagen geeignet sind, als Ermächtigungsnormen zur Anordnung von strafrechtlichen Sanktionen zu gelten.

In Betracht kommt Art. 229 EGV, der dem Rat die Möglichkeit verleiht, dem Europäischen Gerichtshof die Überprüfungs- und Entscheidungszuständigkeiten zu übertragen und somit seine Befugnisse zu erweitern. Aus dieser Vorschrift lässt sich jedoch eine Kompetenz zur Setzung von Bußgeld- oder Strafnormen nicht begründen. Sie kann nur als Interpretationsmaxime anderer Vorschriften dienen bzw. deren Regelungsgehalt implizieren[93]. Fraglich ist weiterhin, ob sich der Anwendungsbereich dieser Vorschrift ausschließlich auf die im primären Gemeinschaftsrecht ausdrücklich vorgesehenen Maßnahmen begrenzt, oder ob er einen weiteren Anwendungsbereich

90 Vgl. EuGH Slg. 1992, Rs. 240/90, 5383.

91 Vgl. *Satzger*, Die Europäisierung, S. 96.

92 Vgl. EuGH Slg. 1995, Rs. 387/95, 4663; Slg. 1998, Rs. 274/96, 7637; Slg. 1995, Rs. 476/93, 4125.

93 Vgl. *Oehler*, Fragen zum Strafrecht der Europäischen Gemeinschaft, in: Jescheck – FS, S. 1403 f.; *Schulz*, Europäisches Strafrecht, in: *Rengeling* (Hrsg.), S. 191 f.

aufweist. Aus dem Wortlaut der Art. 83 Abs. 2 lit. a und Art. 110 Abs. 3 EGV, wo die Bußgeldkompetenz der Gemeinschaft ausdrücklich geregelt ist, könnte sich, bei der Annahme des begrenzten Anwendungsbereiches des Art. 229 EGV, die Entbehrlichkeit dieser Vorschrift ergeben. Da davon jedoch nicht ausgegangen werden kann, ist anzunehmen, dass dieser Norm der Gedanke zugrunde liegt, dass es über die ausdrücklich geregelten Rechtsgrundlagen der Bußgeldkompetenz hinaus noch weitere Kompetenzen geben muss, die den Erlass von Sanktionsmaßnahmen als zulässig erscheinen lassen[94].

Eine ausdrückliche Befugnis zur Normierung von Sanktionen enthält der EG-Vertrag nämlich nur in zwei Fällen: in Art. 83 Abs. 2 lit. a und in Art. 110 Abs. 3 EGV. In dem ersten Fall ist die Kompetenz der Gemeinschaft auf die Durchsetzung der gemeinschaftlichen Wettbewerbspolitik begrenzt (vgl. Art. 83 Abs. 1 EGV), wobei der Formulierung der Vorschrift zu entnehmen ist, dass es sich abgesehen von Geldbußen und Zwangsgeldern auch um andere Sanktionen handeln kann[95]. Fraglich ist, ob sich die Kompetenz auf alle zur Verwirklichung der gemeinschaftsrechtlichen Wettbewerbspolitik dienenden, darunter auch die kriminalstrafrechtlichen, Sanktionen erstrecken kann. Aus dem Wortlaut des Art. 83 Abs. 2 lit. a EGV lässt sich von vornherein nicht ausschließen, dass diese Norm der Gemeinschaft auch die Kompetenz zur Schaffung von Kriminalstrafnormen zuweist. Dagegen spricht jedoch, dass die Kriminalstrafen in Art. 83 Abs. 2 lit. a EGV nicht ausdrücklich genannt werden, obwohl sie eine strengere Form der Sanktionen darstellen. Somit ist anzunehmen, dass nur die verwaltungsrechtlichen Sanktionen von dieser Vorschrift erfasst werden.

Die zweite ausdrückliche Bußgeldkompetenznorm stellt Art. 110 Abs. 3 EGV dar. Diese Regelung unterscheidet sich von Art. 83 Abs. 2 lit. a EGV dadurch, dass ausschließlich Geldbußen und Zwangsgelder als einzige mögliche Maßnahmen erwähnt werden, so dass andere strafrechtliche Sanktionen nicht in Betracht kommen dürfen.

Auf dem Gebiet der Verkehrspolitik kommen jedoch bezüglich der Sanktionsbefugnis drei weitere Vorschriften in Betracht, und zwar Art. 71 Abs. 1 lit. d, Art. 75 Abs. 3 und Art. 80 Abs. 2 EGV, wobei in allen diesen Ermächtigungsgrundlagen weder Geldbußen noch Zwangsgelder ausdrücklich genannt sind. Diese Regelungen sind so weit gefasst, dass sich aus deren Wortlaut keine Beschränkung hinsichtlich der Sanktionskompetenz herlei-

---

94 Vgl. *Pache*, Der Schutz, S. 306 ff.; *Satzger*, Die Europäisierung, S. 99 f.

95 Vgl. *Böse*, GA 2006, S. 220 f.; *Pache*, a. a. O., S. 311 f.; *Satzger*, a. a. O., S. 101.

ten lässt[96]. Es darf jedoch nicht unberücksichtigt bleiben, dass auf dieser Grundlage nur Vorschriften zur Durchführung des Art. 70 und des Art. 75 Abs. 1 EGV erlassen werden können.

Zur Verfolgung des Ziels einer gemeinsamen Agrarpolitik können laut Art. 34 Abs. 2 i. V .m. Art 37 Abs. 2 EGV „alle zur Durchführung des Art. 33 EGV erforderlichen Maßnahmen" in Form von Verordnungen, Richtlinien und Entscheidungen getroffen werden. Obwohl in Art. 34 Abs. 2 EGV eine beispielhafte Nennung von möglichen Maßnahmen vorhanden ist, werden hier strafrechtliche Sanktionen nicht erwähnt. Deswegen bleibt offen, welche Maßnahmen als geeignet und erforderlich zur Erreichung des Ziels der gemeinsamen Agrarpolitik anzusehen sein könnten. Man nimmt jedoch an, dass angesichts zahlreicher Unregelmäßigkeiten und Betrügereien im Bereich der gemeinsamen Landwirtschaft, die einen großen Teil der Ausgaben sowie einen wesentlichen Teil der Einnahmen des Gemeinschaftshaushalts umfasst, gemeinschaftliche Sanktionsvorschriften als erforderlich erscheinen und sogar zwingend notwendig sind, damit die Vorschriften des Agrarrechts beachtet und befolgt werden. Somit ist die Kompetenz der Gemeinschaft zur Setzung von gemeinschaftlichen Sanktionsnormen anhand von Art. 34 Abs. 2 i. V. m. Art 37 Abs. 2 EGV zu bejahen.

Als weitere Kompetenzgrundlagen der Gemeinschaft zur eigenen Rechtssetzung auf dem Gebiet des Sanktionsrechts sind Art. 94, 95 EGV zu nennen. Sie dienen dem Schutz der finanziellen Interessen der Gemeinschaft. Hier erstreckt sich diese Befugnis auf die Angleichung und Neuschaffung der mitgliedstaatlichen Sanktionsvorschriften, die das Funktionieren oder die Schaffung des Gemeinsamen Marktes oder Binnenmarktes sichern sollen[97].

Eine Ermächtigungsgrundlage zum Erlass von Maßnahmen zur Gewährleistung des Gleichstellungsgebots von Mann und Frau in Arbeits- und Beschäftigungsfragen kann sich aus Art. 141 Abs. 3 EGV ergeben. Genauso, wie bei Regelungen auf dem Gebiet der Verkehrspolitik ist diese Norm so weit gefasst, dass sich die Befugnis der Gemeinschaft zur Schaffung supranationaler Sanktionsnormen nicht von vornherein verneinen lässt.

Zum Schutz der finanziellen Interessen der Gemeinschaft wurde im Vertrag von Amsterdam Art. 280 EGV eingeführt. Er stellt eine Rechtssetzungskompetenz dar, erforderliche Maßnahmen „zur Verhütung und Bekämpfung von Betrügereien, die sich gegen finanzielle Interessen der Gemein-

[96] Vgl. *Pache*, a. a. O., S. 312 f.; *Satzger*, a. a. O., S. 102 f.
[97] Vgl. *Pache*, a. a. O., S. 326 ff.

schaft richten“ zu treffen. Daraus könnte sich ergeben, dass die Gemeinschaft sogar die Befugnis hat, Kriminalstrafnormen zu setzen. Dagegen spricht jedoch Satz 2 des Art. 280 Abs. 4 EGV, wonach „die Anwendung des Strafrechts der Mitgliedstaaten und ihre Rechtspflege von diesen Maßnahmen unberührt bleibt“. Die Bedeutung dieser Norm ist allerdings umstritten.

Zum einen wird die Ansicht vertreten, dass der Gemeinschaft Rechtssetzungskompetenzen auf dem kriminalstrafrechtlichen Gebiet dann zustehen, wenn die Mitgliedstaaten in einem bestimmten Bereich selbst keine strafrechtlichen Vorschriften gesetzt haben[98]. Diese Ansicht wird damit begründet, dass der Begriff „Maßnahmen“, der sowohl in Absatz 2 als auch in Absatz 4 verwendet wird, die gleiche Bedeutung hat. Da Absatz 2 von der Bekämpfung von Betrügereien spricht, sind hier auch kriminalstrafrechtliche Vorschriften gemeint.

Eine andere Auffassung interpretiert Absatz 4 Satz 2 nach dessen genauer Formulierung und kommt zu dem Ergebnis, dass der Begriff „Anwendung“ die Kompetenz der Gemeinschaft zum Erlass strafrechtlicher Normen nicht von vornherein ausschließt, sondern auf solche Fälle begrenzt, in denen sie mit dem nationalen Strafrecht nicht kollidiert. Es darf jedoch nicht unberücksichtigt bleiben, dass Absatz 4 Satz 2 nicht nur das nationale Strafrecht für anwendbar erklärt, sondern auch dessen Anwendung gewährleistet, indem sie diese Anwendung als „unberührt“ bezeichnet. Somit kann das Strafrecht nicht mehr als ein vom Gemeinschaftsrecht vollkommen isolierter Bereich betrachtet werden[99].

Es wird jedoch zu Recht eingewendet, dass eine solche Auslegung dieser Vorschrift nicht zu überzeugen vermag. Der Wille der Mitgliedstaaten zur Übertragung strafrechtlicher Kompetenzen und der damit verbundene Souveränitätsverzicht muss ausdrücklich und eindeutig zum Ausdruck gebracht werden. Aus der Formulierung des Art. 280 Abs. 4 EGV lässt sich jedoch diese Tendenz nicht entnehmen. Überdies hat der Gemeinschaftsgesetzgeber die Rechtssetzungskompetenz bewusst außerhalb der supranationalen Zuständigkeitsordnung der Gemeinschaft gelassen, indem er in dem Vertrag von Maastricht die Zusammenarbeit in Strafsachen der Dritten Säule zugewiesen hat[100].

---

[98] Vgl. *Satzger*, a. a. O., S. 139.

[99] Vgl. *Gentzik*, Die Europäisierung, S. 44 f.; *Satzger*, a. a. O., S. 140.

[100] Vgl. *Böse*, Strafen, S. 83; *Dannecker*, Jura 1998, S. 80; *Prengel*, Prawo UE 10/2004, S. 4; *Srebro*, Ochrona, S. 182 f.

Somit lässt sich anhand des Art. 280 EGV keine Befugnis der Gemeinschaft zum Erlass von kriminalstrafrechtlichen Normen begründen.

Schließlich ist noch Art. 308 EGV als mögliche Ermächtigungsnorm zu erwähnen. Gemäß dieser Vorschrift besitzt die Gemeinschaft beim Mangel entsprechender Kompetenz und, wenn es erforderlich erscheint, eine Befugnis zum Tätigwerden, „um im Rahmen des Gemeinsamen Marktes eines ihrer Ziele zu verwirklichen". Dabei ist zu berücksichtigen, dass Art. 308 EGV keine ausdrückliche Ermächtigungsgrundlage zur Setzung eines konkreten Rechtsaktes darstellt und somit nur dann eingreifen kann, wenn sich keine andere Sanktionskompetenz aus spezielleren Ermächtigungsvorschriften ergibt[101].

Folglich lässt sich festhalten, dass der EG-Vertrag jedenfalls einige Rechtsgrundlagen enthält, die als Ermächtigungsnormen zur Anordnung von strafrechtlichen Sanktionen gelten können. Hervorzuheben ist jedoch, dass diese Ermächtigungsgrundlagen keine Grundlage für die Verhängung von Strafen, sondern für die Gesetzgebung der Gemeinschaft bilden[102].

II. Strafrechtliche Regelungen im Gemeinschaftsrecht

Schließlich muss untersucht werden, ob ein unmittelbar wirksames Strafrecht auf der Gemeinschaftsebene bereits existiert.

1. Geldbußen, Zwangsgelder und andere Sanktionen im Gemeinschaftsrecht

Die große Anzahl von Betrügereien und anderen Unregelmäßigkeiten zum Nachteil der finanziellen Interessen der Gemeinschaft haben dazu geführt, dass die Einführung von Sanktionsnormen erforderlich erschien, damit die Effektivität der Anwendung des Gemeinschaftsrechts gewährleistet werden konnte. Zu den genannten Sanktionsvorschriften gehören zunächst Geldbußen und Zwangsgelder, die eine Form der Vermögensminderung darstellen. Die Geldbußen sind in mehreren Rechtsakten des Primärrechts ausdrücklich vorgesehen[103]. In Art. 83 Abs. 2 lit. a, 110 Abs. 3 EGV sind auch Zwangsgelder neben den Geldbußen als alternative Sanktion erwähnt. Die beiden Sanktionsarten unterscheiden sich dadurch, dass die Geldbuße, im Gegensatz zum Zwangsgeld, keinen gegenwärtigen oder künftigen Rechtsverstoß verhindert, sondern eine bereits begangene Rechtsverletzung

101 Vgl. *Pache*, Der Schutz, S. 333 ff.; *Satzger*, Die Europäisierung, S. 107.
102 So auch *Böse*, GA 2006, S. 219.
103 Vgl. z. B. Art. 58 § 4, 59 § 7, 64 EGKSV; Art. 83 Abs. 2 lit. a, 110 Abs. 3 EGV.

ahndet[104]. Weiterhin sind im gemeinschaftlichen Agrar- und Fischereirecht zwei Arten von Sanktionen, d. h. finanzielle Sanktionen und sonstige Rechtsverluste, zu finden. In die erste Gruppe von Sanktionen lassen sich z. B. der Kautionsverfall und Strafzuschläge einordnen, wobei die zweite Gruppe Subventionskürzungen und den Ausschluss von künftiger Subventionsgewährung bilden.

Durch die Sanktionen werden also unterschiedliche Rechtsverstöße erfasst. Da aber diese Sanktionen nicht durch die Gemeinschaftsorgane, sondern durch nationale Verwaltungsbehörden im Rahmen des indirekten Vollzugs des Gemeinschaftsrechts verhängt werden[105], stellt sich die Frage nach ihrer Rechtsnatur. In Betracht kommt eine verwaltungsrechtliche Sanktion oder ein „verdecktes Strafrecht“, also das Strafrecht im weiteren Sinne. Gegen die Zuordnung der Sanktionen zum Strafrecht könnte sprechen, dass sie nicht durch ein Gericht, sondern durch nationale Verwaltungsbehörden verhängt werden. Dieses Argument vermag jedoch nicht zu überzeugen. Für diese Unterscheidung sind die Natur der Sanktionen und der mit ihr verfolgte Zweck entscheidendes Kriterium. Die Sanktionen können entweder einen restitutiven, präventiven oder repressiven Charakter aufweisen[106]. Anhand dieses Abgrenzungskriteriums ist mit der herrschenden Lehre und unter Berücksichtigung der Vereinigungstheorie anzunehmen, dass es für den punitiven Charakter einer Sanktion und damit für ihre Zuordnung zum Strafrecht im weiteren Sinne ausreichend ist, wenn eine Regelung neben anderen, d. h. restitutiven oder präventiven Zwecken, auch einen repressiven Zweck verfolgt[107]. Somit hängt es von dem verfolgten Zweck der einzelnen Sanktion ab, ob diese einen punitven oder lediglich verwaltungsrechtlichen Charakter aufweist. Sanktionen, die aufgrund ihrer ausschließlich präventiven Zwecksetzung (wie z. B. Zwangsgelder) grundsätzlich nicht zum Strafrecht im

---

104 Vgl. *Satzger*, Die Europäisierung, S. 60 f.

105 Vgl. *Heitzer*, Punitive Sanktionen, S. 131 ff.

106 Vgl. näher *Böse*, Strafen, S. 48 ff.; *Heitzer*, Punitive Sanktionen, S. 38 ff.; *Jakobs*, Strafrecht AT, S. 5; *Oppermann*, Europarecht, Rn. 687; *Satzger*, Die Europäisierung, S. 69 ff.

107 Vgl. *Böse*, Strafen, S. 50 ff.; *Heitzer*, Punitive Sanktionen, S. 39; *Satzger*, Die Europäisierung, S. 70. Anders *Grzelak*, Wpływ prawa wspólnotowego na prawo karne państw członkowskich, in: *Biernat* (Hrsg.), S. 234 f. Vgl. auch die Rechtsprechung des Europäischen Gerichtshofs für Menschenrechte, nach dem für die Bejahung des strafrechtlichen Charakters einer Tat diese Tat vom nationalen Strafrecht umfasst werden und die Begehung dieser Tat mit einer Strafe bedroht werden muss, EuGMR Urteil vom 23.10.1984, Ref. 00000137; Urteil vom 23.11.1976, Ref. 00000063; abrufbar unter: www.echr.coe.int.

weiteren Sinne gezählt werden, sind nur im Falle einer besonders schweren Rechtsgutseinbuße als punitiv anzusehen[108].

2. Das Corpus Juris

Da das Strafrecht als Ausdruck nationaler Souveränität verstanden wird, hat es sich einer Vergemeinschaftung bis heute weitgehend entzogen. Trotz zahlreicher Versuche der Assimilierung, Harmonisierung und Zusammenarbeit auf strafrechtlichem Gebiet[109] entspricht die Entwicklung des europäischen Strafrechts nicht dem Stand der europäischen Integration, die nach der Bildung eines einheitlichen Rechtsgebietes und einheitlicher Verfolgungsorgane strebt[110].

Angesichts einer wachsenden Gefährdung durch die organisierte Kriminalität sowie der mangelnden Effektivität der bisherigen Methoden für deren Bekämpfung entstand die Notwendigkeit der übernationalen Zusammenarbeit sowie der Harmonisierung bzw. Angleichung von strafrechtlichen Vorschriften[111]. Einen wesentlichen Schritt auf dem Weg zur Europäisierung des Strafrechts, der möglicherweise als Anfang eines gesamteuropäischen Strafrechts gelten könnte, stellt das Corpus Juris strafrechtlicher Regelungen zum Schutz der finanziellen Interessen der Europäischen Union dar[112]. Das Corpus Juris verfolgt das Ziel, zunächst auf den strafrechtlichen Schutz der Finanzinteressen der Gemeinschaft beschränkt, in einem weitgehend vereinheitlichten europäischen Raum ein gerechteres, einfacheres und effizienteres Sanktionensystem zu schaffen[113]. Aus diesem Grunde erlangt

---

[108] Vgl. *Heitzer*, Punitive Sanktionen, S. 43; *Satzger H.*, Europäisierung, S. 72, 80 f.

[109] Vgl. z. B. die Diskussion über die Schaffung eines europäischen Modellstrafgesetzbuchs bei *Sieber*, JZ 1997, S. 369 ff.; *ders.*, ZStW 103 (1991), S. 978 f.; *Srebro*, Ochrona, S. 187, 195 f.; *Vogel*, JZ 1995, S. 331 ff.; *Waltoś/ Wąsek*, Palestra 11-12/1996, S. 9 ff.; *Wąsek*, Europejski modelowy kodeks karny, in: Daszkiewicz – FS, S. 147 ff.

[110] Vgl. *Namysłowska* (Hrsg.), Corpus Iuris, S. 19 ff.; *Hecker*, Europäisches Strafrecht, S. 499; *Otto*, Jura 2000, S. 98 f.; *Sieber*, Auf dem Weg zu einem europäischen Strafrecht, in: *Delmas-Marty* (Hrsg.), Corpus Juris, S. 2; *Srebro*, Ochrona, S. 184; *Szwarc A. J.*, Corpus Iuris z perspektywy polskiego prawa karnego, in: Waltoś – FS, S. 93 f.

[111] Vgl. *Maroń*, Integracja, S. 120; *Paprzycki L. K.*, Między standardem, S. 22 ff.; *Paprzycki L. K./Paprzycki R.*, Europejskie – wspólnotowe – prawo karne z polskiej perspektywy, in: Wąsek – FS, S. 470; *Srebro*, Ochrona, S. 184 f.

[112] Es wurden insgesamt drei Fassungen des Corpus Juris dem Europäischen Parlament vorgelegt (1997, 1999). Heute ist der Entwurf in der Fassung vom Jahre 2000 gültig. Ausführlich zur Entwicklungsphasen des Corpus Juris siehe *Braum*, Europäische Strafgesetzlichkeit, S. 186 ff.

[113] Vgl. *Delmas-Marty* (Hrsg.), Corpus Juris, S. 28; *Hecker*, Europäisches Strafrecht, S. 497; *Paprzycki L. K.*, Palestra 4/2000, S. 127; *Paprzycki L. K./Paprzycki R.*, Europejskie – wspólnotowe – prawo karne z polskiej perspektywy, in: Wąsek – FS, S. 475;

es in den meisten Mitgliedstaaten starke Unterstützung, wobei diese Unterstützung sich nicht nur auf die Wirtschaftskriminalität beschränkt, sondern alle grenzüberschreitenden strafrechtlichen Probleme umfasst.

Das Regelungswerk des Corpus Juris stützt sich auf sechs Grundprinzipien, zu denen das Gesetzlichkeitsprinzip, das Schuldprinzip, die Verhältnismäßigkeit der Strafe, das europäische Territorialitätsprinzip sowie die Grundsätze der richterlichen Rechtskontrolle und des kontradiktorischen Verfahrens gehören. Es enthält Regelungen eines Allgemeinen und eines Besonderen Teils, sowie prozessuale Vorschriften[114].

Mit dem Inkrafttreten des Corpus Juris würde eine unmittelbar neben den nationalen Strafrechtsordnungen geltende supranationale Strafrechtsordnung zustande kommen. Problematisch kann jedoch nicht nur eine richtige Übersetzung des Gesetzestextes in alle Sprachen der Mitgliedstaaten erscheinen, sondern auch die einheitliche Auslegung einzelner Vorschriften. Weiterhin ist nicht eindeutig entschieden, ob eine ausreichende Rechtsgrundlage für seine Umsetzung in die nationalen Rechtsordnungen existiert. Man könnte sich hier entweder auf den Art. 280 Abs. 4 EGV oder auf den Art. 34 EUV berufen, wonach ein entsprechender Vertrag zwischen den Mitgliedstaaten geschlossen werden könnte[115]. Diese Problematik weist jedoch bisher nur einen hypothetischen Charakter auf, da das Corpus Juris noch nicht in Kraft getreten ist. Im Hinblick auf das künftige Inkrafttreten des Corpus Juris und damit auf das Zustandekommen einer supranationalen Strafrechtsordnung ist im übrigen Art. III-271 des Verfassungsvertrags[116] erwähnenswert, wonach Mindestvorschriften zur Festlegung von Straftaten und Strafen im Bereich besonders schwerer Kriminalität mit grenzüberschreitender Dimension, darunter auch der Geldwäsche, durch Europäische Rahmengesetze festgelegt werden können.

Ob der Beitrag des Corpus Juris für die Weiterentwicklung des europäischen Strafrechts genutzt wird, bleibt im gegenwärtigen Zeitpunkt of-

Satzger, Die Europäisierung, S. 87 f.; *Srebro*, Ochrona, S. 189 ff.; *Zielińska*, PiP 1/2001, S. 46 ff.

114 Vgl. näher *Braum*, Europäische Strafgesetzlichkeit, S. 190 ff.; *Hecker*, Europäisches Strafrecht, S. 497 ff.; *Maroń*, Integracja, S. 120 ff.; *Paprzycki L. K.*, Prok. i Pr. 3/2000, S. 7 ff.; *ders.*, Palestra 4/2000, S. 127 ff.; *ders.*, Między standardem, S. 23 ff.; *Srebro*, Ochrona, S. 196 ff.; *Zielińska*, PiP 1/2001, S. 47 ff.

115 Vgl. *Sieber*, Auf dem Weg zu einem europäischen Strafrecht, in: *Delmas-Marty* (Hrsg.), Corpus Juris, S. 8; *Srebro*, Ochrona, S.193 ff.; *Szwarc A. J.*, Corpus Iuris z perspektywy polskiego prawa karnego, in: Waltoś - FS, S. 95.

116 Zum Verfassungsvertrag siehe ausführlich Kapitel 1 § 2 Punkt II. 4. der vorliegenden Untersuchung.

fen[117]. Das Inkrafttreten des Regelungswerkes würde den Anfang der Vereinheitlichung der nationalen Gesetzgebungen der Mitgliedstaaten bedeuten. Auf dem Gipfel in Tampere[118] haben zwar die Regierungschefs der Mitgliedstaaten das Prinzip der gegenseitigen Anerkennung justizieller Entscheidungen als eines der zentralen Prinzipien des Strafrechts anerkannt. Dieses Prinzip ist gleichberechtigt mit dem Subsidiaritätsprinzip, wonach die Harmonisierung nationaler Vorschriften nur dann vorzunehmen ist, wenn die Ziele der in Betracht gezogenen Maßnahmen auf der Ebene der Mitgliedstaaten nicht ausreichend erreicht werden können[119], also nur in Fällen, in denen das Eingreifen der Europäischen Gemeinschaft in besonderer Weise gerechtfertigt ist[120]. Zur Erreichung dieses Ziels erscheint jedoch eine umfassende Harmonisierung im Sinne eines Europäischen Strafgesetzbuchs nicht erforderlich[121]. Zweifelhaft erscheint in diesem Zusammenhang zudem, ob die Mitgliedstaaten angesichts eines solchen „Konkurrenzmodells vereinfachter Zuschreibung und administrativ geleiteter Intervention“[122] zu dem Verzicht auf nationale Souveränität, Tradition und Wertebewusstsein überhaupt bereit sind.

3. Das Grünbuch der EU-Kommission

Kurz zu erwähnen ist noch das durch die EU-Kommission am 11. Dezember 2001 vorgelegte Grünbuch zum strafrechtlichen Schutz der finanziellen Interessen der Europäischen Gemeinschaften und zur Schaffung einer Europäischen Staatsanwaltschaft[123]. Von Konzept her, zielt es auf die Schaffung eines europäischen Strafrechts sowie auf die Einrichtung einer supranationalen Strafverfolgungsbehörde ab, wobei die Kompetenzen der Strafverfolgungsbehörde sich ausschließlich auf den Schutz der finanziellen Interessen der Europäischen Union und somit nur auf einen bestimmten Strafta-

---

[117] Vgl. *Paprzycki L. K./Paprzycki R.*, Europejskie – wspólnotowe – prawo karne z polskiej perspektywy, in: Wąsek – FS, S. 470 f.; *Srebro*, Ochrona, S. 206 ff.

[118] Sondertagung des Europäischen Rates sowie der Staats- und Regierungschefs im Bereich „Justiz und Inneres“, Tampere, 16. - 19. Oktober 1999.

[119] Vgl. Art. 5 EGV. Vgl. auch *Srebro*, Ochrona, S. 188.

[120] Vgl. *Herdegen*, Europarecht, Rn. 101.

[121] Vgl. *Adamski*, Kilka uwag na temat harmonizacji prawa karnego materialnego w Unii Europejskiej, in: Kaczmarek – FS, S. 34; *Wasmeier*, ZStW 116 (2004), S. 321. Anders *Vogel*, GA 2003, S. 314 ff.

[122] Vgl. *Braum*, JZ 2000, S. 493 ff.; *ders.*, Europäische Strafgesetzlichkeit, S. 196 f.; *Otto*, Jura 2000, S. 98 f.

[123] Grünbuch zum strafrechtlichn Schutz der finanziellen Interessen der Europäischen Gemeinschaften und zur Schaffung einer Europäischen Staatsanwaltschaft vom 11.12.2001; abrufbar unter: http://europa.eu.int/eur-lex/de/com/gpr/2001/com2001_0715de01.pdf

tenkatalog beschränken sollen. Kernstück dieses Regelungswerkes bildet die Erhebung des Grundsatzes der gegenseitigen Anerkennung zum Leitprinzip des europäischen Ermittlungsverfahrens[124]. Das Grünbuch ist jedoch auf heftige Kritik gestoßen, so dass sein Inkrafttreten eher unwahrscheinlich erscheint[125].

4. Der Vertrag über eine Verfassung für Europa

Die aktuellste europäische Gesetzgebungsinitiative bildet der Vertrag über eine Verfassung für Europa (VVE)[126]. Ungeachtet dessen, dass die Ratifizierung des Verfassungsvertrags nach dessen Scheitern in der Volksabstimmung in Frankreich und in den Niederlanden in Frage gestellt wurde, ist kurz auf seine Vorschriften mit strafrechtlichen und strafverfahrensrechtlichen Bezügen einzugehen. Sie regeln die justizielle und polizeiliche Zusammenarbeit in Strafsachen. Auffallend ist dabei, dass der Verfassungsvertrag auf diesem Gebiet die bedeutendsten Änderungen im Vergleich zum bisherigen Stand des EU-Vertrages[127] herbeigeführt hat.

Zunächst muss hervorgehoben werden, dass mit diesem Regelungswerk, das allerdings keinen Rechtsakt im Sinne einer nationalstaatlichen Verfassung, sondern einen völkerrechtlichen, aus den bisherigen Verträgen und

---

[124] Näher dazu siehe z. B. *Paprzycki L. K./Paprzycki R.*, Europejskie – wspólnotowe – prawo karne z polskiej perspektywy, in: Wąsek – FS, S. 476 f.; *Hecker*, Europäisches Strafrecht, S. 500 f.

[125] Siehe dazu *Hecker*, Europäisches Strafrecht, S. 502; *Satzger*, StV 2003, S. 137 ff.; *Sommer*, StV 2003, S. 126 f.

[126] Die Einigung über die Europäische Verfassung erfolgte beim abschließenden Treffen der Regierungskonferenz am 18.06.2004 in Brüssel. Die Unterzeichnung durch die Staats- und Regierungschefs erfolgte am 29.10.2004 in Rom. Der Vertrag über eine Verfassung für Europa in der Fassung vom 29.10.2004, EABl. C 310 vom 16.12.2004, S. 1 ff.; abrufbar unter: http://europa.eu.int/constitution. Eine Synopse des VVE gegenüber den Bestimmungen des EUV bzw. EGV und der Grundrechte-Charta siehe *Streinz/Ohler/Herrmann*, Die neue Verfassung, S. 177 ff. Allgemein zum Verfassungsvertrag siehe *Beneyto-Pérez*, Für oder wider die Europäische Verfassung?, in: *Müller-Graf* (Hrsg.), S. 9 ff.; *Dauses*, Europablätter 2005, S. 44 ff.; *Einem*, Europarecht 2004, S. 202 ff.; *Epping*, JZ 2003, S. 821 ff.; *Nettesheim*, Europarecht 2004, S. 511 ff.; *Obwexer*, Europablätter 2004, S. 172 ff.; *Parzymies*, Sprawy Międzynarodowe 2/2003, S. 92 ff.; *Paprzycki L. K./Paprzycki R.*, Europejskie – wspólnotowe – prawo karne z polskiej perspektywy, in: Wąsek – FS, S. 473 f.; *Paszyński*, Wspólnoty Europejskie 7/2004, S. 12 ff.; *Puttler*, Europarecht 2004, S. 669 ff.; *Ruffert*, Europarecht 2004, S. 165 ff.; *Schwarze*, JZ 2005, S. 1130 ff.; *Sozański*, Jurysta 9-10/2003, S. 4 ff. Die Zusammenfassung wesentlicher Inhalte der Europäischen Verfassung siehe: Informationsblatt des Europäischen Parlaments, Sonderausgabe August 2004; abrufbar unter: www.europarl.de/index.php?psize=1024&rei=1&dok=150.

[127] Gemeint sind hier Art. 29-42 EUV.

der europäischen Grundrechtecharta zusammengesetzten Vertrag zwischen den Mitgliedstaaten darstellt, für die Ausgestaltung der Europäischen Union keine fundamentalen Änderungen verbunden sind[128]. Bemerkenswert ist jedoch die Aufhebung der bisher geltenden Pfeilerstruktur der drei Säulen sowie der Unterscheidung zwischen den Regelungen des EG-Vertrags und den Vorschriften der zweiten und dritten Säule.

Die strafrechtsbezogenen Regelungen befinden sich größtenteils im dritten Titel des Vertrags, der sich auf die internen Politikbereiche und Maßnahmen bezieht und den „Raum der Freiheit, der Sicherheit und des Rechts" regelt[129]. Seine Ziele, zu denen die Bindung an die Grundrechte sowie die Beachtung verschiedener Rechtsordnungen und Traditionen der Mitgliedstaaten gehören, werden in Art. III-257 VVE normiert. Gemäß Absatz 3 dieser Vorschrift steht der Union die Kompetenz zu, erforderlichenfalls eine Angleichung der nationalen strafrechtlichen Bestimmungen vorzunehmen, wenn dies zur Gewährleistung eines hohen Sicherheitsniveaus beiträgt. Diese Regelung ist insofern von Bedeutung, als sie die Antwort auf die Frage enthält, ob der Union eine Strafrechtssetzungskompetenz zukommt. Die Tendenz zur Zuweisung der Kompetenzen auf diesem Gebiet an den Unionsgesetzgeber ist auch in Art. III-271 VVE ersichtlich, der den Grundsatz enthält, dass die Harmonisierungsmaßnahmen im Bereich des materiellen Strafrechts durch Europäische Rahmengesetze[130] in Form von Mindestangleichungen zur Festlegung von Straftaten und Sanktionen in Bereichen besonders schwerer Kriminalität vorzunehmen sind. Darüber hinaus wird die Rechtsangleichungskompetenz der Union auf sämtliche Regelungsbereiche ausgedehnt, auf denen Harmonisierungsmaßnahmen bereits erfolgt sind (Art. III-271 Abs. 2 VVE). An dieser Stelle ist insbesondere die Zuweisung der Ermächtigung, die Strafmaße für bestimmte Straftaten vorzuschreiben, bemerkenswert. Hervorzuheben ist dabei jedoch, dass ein solcher Eingriff in die nationalen Sanktionssysteme unerwünschte Folgen nach sich ziehen

[128] Vgl. *Dlugosz J.*, Der Raum der Freiheit der Sicherheit und des Rechts im Vertrag über eine Verfassung für Europa, in: *Dlugosz J./Witkowski* (Hrsg.), S. 69; *Epping*, JZ 2003, S. 824 f.

[129] Ausführlich zu strafrechtlichen Regelungen im Verfassungsvertrag siehe *Bacigalupo*, ZStW 116 (2004), S. 326 ff.; *Böse*, Die polizeiliche und justizielle Zusammenarbeit in Strafsachen im Entwurf eines Vertrages über eine Verfassung für Europa, in: *Schwarze* (Hrsg.), S. 151 ff.; *Dlugosz J.*, Jurysta 11-12/2004, S. 5 ff.; *Hassemer*, ZStW 116 (2004), S. 304 ff.; *Kreß*, ZStW 116 (2004), S. 445 ff.; *Wasmeier*, ZStW 116 (2004), S. 320 ff.; *Weigend E.*, PiP 6/2005, S. 11 ff.; *Weigend T.*, ZStW 116 (2004), S. 275 ff.

[130] Darunter sind Gesetzgebungsakte zu verstehen, die für jeden Mitgliedstaat, an den sie gerichtet sind, hinsichtlich des zu erreichenden Ziels verbindlich sind, jedoch den innerstaatlichen Stellen die Wahl der Form und der Mittel überlassen, vgl. Art. I-33 Abs. 1 S. 3 VVE.

kann, indem die Mitgliedstaaten, unabhängig von ihren innerstaatlichen Regelungen den unionsrechtlichen Bestimmungen auf diesem Gebiet untergeordnet werden[131].

Während in Art. III-271 VVE lediglich eine Mindestangleichung der nationalen Strafrechtsysteme vorgesehen ist, räumt Art. III-415 Abs. 4 VVE die Möglichkeit zur Schaffung unmittelbar geltender europäischer (supranationaler) Straftatbestände in der Form eines Europäischen Gesetzes bzw. Rahmensgesetzes ein. Die in dieser Vorschrift normierte Zuständigkeit erstreckt sich jedoch ausschließlich auf die Betrugsbekämpfung. Zu betonen ist in diesem Zusammenhang der Wegfall der im EG-Vertrag enthaltenen Vorbehaltsklausel, die nach der geltenden Grundlage als eines der Hauptargumente gegen die Annahme der Strafsetzungskompetenz der Union dient[132].

Der Verfassungsvertrag regelt auch die justizielle Zusammenarbeit im strafprozessualen Bereich. Laut Art. III-270 Abs. 1 VVE erstreckt sich die justizielle Zusammenarbeit in Strafsachen auf den Grundsatz der gegenseitigen Anerkennung gerichtlicher Urteile und Entscheidungen[133] und umfasst die Angleichung der Rechtsvorschriften der Mitgliedstaaten in den in Art. III-271 Abs. 2 VVE bestimmten Bereichen. Darüber hinaus können zur Erleichterung dieser Anerkennung sowie der polizeilichen und justiziellen Zusammenarbeit in Strafsachen mit grenzüberschreitender Dimension durch Europäische Rahmengesetze Mindestvorschriften in den in dieser Vorschrift genannten Bereichen erlassen werden (Art. III-270 Abs. 2 VVE).

Einen weiteren Schritt in der Zuweisung strafprozessualer Kompetenzen an die Organe der Europäischen Union bildet die Stärkung der polizeilichen Zusammenarbeit (Art. III-275 VVE). Eingerichtet wurde die Europäische Staatsanwaltschaft. Ferner wurden die bereits bestehenden Einrichtungen Europol und Eurojust umgestaltet[134].

Daher ist festzustellen, dass der Verfassungsvertrag eine erhebliche

---

[131] Vgl. *Dlugosz J.*, Jurysta 11-12/2004, S. 7; *Weigend T.*, ZStW 116 (2004), S. 286.

[132] Gemeint ist hier die Formulierung aus Art. 280 Abs. 4 S. 2 EGV: „Die Anwendung des Strafrechts der Mitgliedstaaten und ihrer Strafrechtspflege bleiben... unberührt".

[133] Näher zur gegenseitigen Anerkennung siehe *Böse*, Die polizeiliche und justizielle Zusammenarbeit in Strafsachen im Entwurf eines Vertrages über eine Verfassung für Europa, in: *Schwarze* (Hrsg.), S. 154 ff.; *Dlugosz J.*, Der Raum der Freiheit der Sicherheit und des Rechts im Vertrag über eine Verfassung für Europa, in: *Dlugosz J./Witkowski* (Hrsg.), S. 72 f.; *Kreß*, ZStW 116 (2004), S. 462 ff.; *Wasmeier*, ZStW 116 (2004), S. 321 f.; *Weigend T.*, ZStW 116 (2004), S. 292 f.

[134] Näher dazu siehe *Böse*, Die polizeiliche und justizielle Zusammenarbeit in Strafsachen im Entwurf eines Vertrages über eine Verfassung für Europa, in: *Schwarze* (Hrsg.), S. 157 ff.; *Dlugosz J.*, Der Raum der Freiheit der Sicherheit und des Rechts im Vertrag über eine Verfassung für Europa, in: *Dlugosz J./Witkowski* (Hrsg.), S. 73 ff.;

Annäherung der strafrechtlichen Normen der Mitgliedstaaten herbeiführen könnte. Ersichtlich werden eine Zentralisierungstendenz sowie die Schwächung der Position der Mitgliedstaaten, insbesondere im Bereich der Festlegung und Ausübung der Unionszuständigkeiten. Aus dem bisher Gesagten folgt, dass der Verfassungsvertrag – von den in Art. I-11 VVE verankerten Grundprinzipien abgesehen – keine Einschränkungen der Strafrechtssetzungskompetenzen vorsieht. Damit ist jedoch die Gefahr verbunden, dass infolgedessen das gesamte internationale Strafrecht zum Gegenstand der europäischen Gesetzgebung wird[135].

Zusammenfassend lässt sich sagen, dass der Verfassungsvertrag einen Meilenstein auf dem Weg zur europäischen Einigung bilden sowie der weiteren Integration sowie der zunehmenden Identitätsbildung der Unionsbürger dienen könnte[136]. Infolge des negativen Ausfalls der Volksabstimmungen in Frankreich und in den Niederlanden ist jedoch die Zukunft dieses Regelungswerkes eher ungewiss[137].

§ 3. Europäisierung des nationalen Strafrechts

Da das Strafrecht enger als andere Rechtsbereiche mit der nationalen Souveränität verbunden ist, ergeben sich mit zunehmender wirtschaftlicher und politischer Integration Erfordernisse der Rechtsangleichung[138]. Zweifelsfrei erscheint es auf der Basis der Ausführungen dazu im vorangehenden Abschnitt zunächst, dass der Europäischen Gemeinschaft jedenfalls grundsätzlich keine Strafgewalt anvertraut worden ist. Gegen die Annahme der Strafrechtskompetenz des Gemeinschaftsgesetzgebers wird vor allem das rechtspolitische Argument angeführt, dass die Gesetzgebungskompetenz in allen

---

dies., Jurysta 11-12/2004, S. 8 f.; *Obwexer*, Europablätter 2004, S. 179; *Weigend E.*, PiP 6/2005, S. 23 ff.; *Weigend T.*, ZStW 116 (2004), S. 294 ff.

[135] Vgl. *Weigend T.*, ZStW 116 (2004), S. 292.

[136] Siehe näher *Trimbach/Beilke*, NJ 2005, S. 206 f.

[137] Volksabstimmung in Frankreich – 54,8% Nein-Stimmen; in den Niederlanden – 61,7% Nein-Stimmen. Trotz erfolgreicher Ratifizierung in einigen anderen Mitgliedstaaten, darunter auch in Deutschland, wurde bisher noch nicht entschieden, ob der Ratifizierungsprozess fortgesetzt werden soll. Nähere Informationen diesbezüglich sind abrufbar unter: http://europa.eu.int/constitution/ratification_en.htm. Zu Rechtsgrundlagen des Ratifizierungsprozesses sowie Alternativvorschlägen bei einem Scheitern des Entwurfs siehe *Biernat*, Problemy ratyfikacji traktatu konstytucyjnego, in: Piontek – FS, S. 79 ff.; *Trimbach/Beilke*, NJ 2005, S. 206 f.

[138] Vgl. *Adamski*, Kilka uwag na temat harmonizacji prawa karnego materialnego w Unii Europejskiej, in: Kaczmarek – FS, S. 23 ff.; *Dannecker*, JZ 1996, S. 896 ff.; *Oppermann*, Europarecht, Rn. 698, 1260; *Waltoś/Wąsek*, Palestra 11-12/1996, S. 10 ff. Zu gesamteuropäischen Wurzeln der Europäisierung des Strafrechts siehe *Bock*, ZIS 2006, S. 7 ff.

Mitgliedstaaten einem unmittelbar vom Volke legitimierten Gesetzgeber obliegt, was bei dem Gemeinschaftsgesetzgeber nicht der Fall ist. Darüber hinaus wurde früher die Auffassung vertreten, dass das nationale Strafrecht in keiner Hinsicht durch die gemeinschaftlichen Regelungen berührt wird, und zwar deshalb, weil der Gegenstand der europäischen Verträge mit dem Strafrecht nichts zu tun habe[139]. Darauf deuteten auch frühere Entscheidungen des Europäischen Gerichtshofs hin[140]. Es hat sich jedoch herausgestellt, dass das Prinzip des Vorrangs des Gemeinschaftsrechts auch das Strafrecht beeinflusst. Zu untersuchen ist deshalb der Umfang und die Reichweite der Einwirkungen der Gemeinschaftsrechtsordnung auf das nationale Strafrecht.

I. Strafrecht – ein „Bollwerk" der Staatssouveränität?

In früheren Zeiten war die Strafgerichtsbarkeit durch ihre weitgehende Unabhängigkeit von einem Gemeinwesen charakterisiert[141]. Heute wird jedoch allgemein anerkannt, dass das Strafrecht einen unmittelbaren Reflex und einen besonders hervorstechenden Aspekt der staatlichen Souveränität[142] darstellt. Demzufolge hätte eine Übertragung strafrechtlicher Kompetenzen auf den Gemeinschaftsgesetzgeber einer ausdrücklichen Regelung in den primärrechtlichen Gemeinschaftsregelungen bedurft[143]. Unbestreitbar ist zunächst, dass eine solche Übertragung von Hoheitsrechten auf die Gemeinschaft auch aus der Sicht des nationalen Rechts durchaus möglich und zulässig wäre. Das ergibt sich beispielsweise aus Art. 24 Abs. 1 GG. Eine

139 Beim Eintritt in die Europäischen Gemeinschaften im Jahre 1971 hat sich die britische Regierung geäußert, dass „das Gemeinschaftsrecht keinen materiellen Einfluss auf das britische Strafrecht haben wird", vgl. *Guldenmund/Harding/Sherlock*, The European Community and Criminal Law, in: *Fennel* (Hrsg.), S. 107. Siehe auch *Böse*, GA 2006, S. 213 f.

140 Vgl. EuGH Slg. 1981, Rs. 203/80, 2595.

141 Vgl. *Willoweit*, Deutsche Verfassungsgeschichte, S. 86; *Satzger*, Die Europäisierung, S. 157 f.

142 Vgl. *Adamski*, Kilka uwag na temat harmonizacji prawa karnego materialnego w Unii Europejskiej, in: Kaczmarek - FS, S. 25 f.; *Cieślak*, ZNWPiA UG 7/1979, S. 73; *Grzelak*, Wpływ prawa wspólnotowego na prawo karne państw członkowskich, in: *Biernat* (Hrsg.), S. 229; *Johannes*, ZStW 83 (1971), S. 542; *Nelles*, Die europäische „Wäsche von Erträgen aus Straftaten", in: *Nelles* (Hrsg.), S. 109; *Paligaro*, Grenzen der Strafrechtsvereinheitlichung in Europa, in: *Schünemann/Gonzales* (Hrsg.), S. 382 ff.; *Satzger*, Die Europäisierung, S. 135; *Srebro*, Ochrona, S. 184 f.; *Tiedemann*, Wettbewerb, S. 10; *ders.*, Die Europäisierung des Strafrechts, in: *Kreutzer/Scheuing./Sieber* (Hrsg.), S. 134; *Waltoś/Wąsek*, Palestra 11-12/1996, S. 10.

143 Vgl. *Böse*, GA 2006, S. 212 f.; *Bruns*, Der strafrechtliche Schutz, S. 89 f.; *Jescheck*, ZStW 65 (1953), S. 476 ff.; *Schulz*, Europäisches Strafrecht, in: *Rengeling* (Hrsg.), S. 189; *Tiedemann*, GA 1969, S. 330.

solche ausdrückliche Erklärung lässt sich allerdings aus dem EG-Vertrag nicht entnehmen.

Es wäre jedoch mit der Idee der europäischen Integration nicht vereinbar, ein so wichtiges Rechtsgebiet wie das Strafrecht aus dem Anwendungsbereich des Gemeinschaftsrechts auszuschließen. Unbestreitbar erscheint zunächst, dass die Zuständigkeit für das Strafrecht den Mitgliedstaaten der Gemeinschaft obliegt. Das Gemeinschaftsrecht setzt jedoch dieser Zuständigkeit gewisse Schranken. So dürfen innerstaatliche Regelungen weder zur Diskriminierung einer Person führen noch die vom Gemeinschaftsrecht gewährleisteten Grundfreiheiten beeinträchtigen[144]. Vielmehr sind die als Rechtssubjekte in der gemeinschaftlichen Rechtsordnung anerkannten Mitgliedstaaten verpflichtet, ihr nationales Recht in den Dienst der europäischen Integration zu stellen[145]. Mit der Übertragung ihrer Hoheitsgewalt auf die Gemeinschaft setzen die Mitgliedstaaten den Vorgang der Integration fort und treiben die europäische Einigung immer weiter voran[146]. Damit würde zum einen die Wirksamkeit des europäischen Gemeinschaftsrechts erweitert, zum anderen stellte dies einen nächsten Schritt zur Erreichung des Endziels der europäischen Integration dar, nämlich des Zusammenschlusses der europäischen Völker in einer politischen Union.

Betrachtet man die unterschiedliche Ausgestaltung der strafrechtlichen Regelungen in den Mitgliedstaaten, so liegt der Gedanke nahe, dass die Wirksamkeit des Gemeinschaftsrechts in den einzelnen Mitgliedstaaten unterschiedlich ausfällt oder unzulänglich gewährleistet ist. Als die einzige mögliche Lösung dieses Problems käme die Angleichung des nationalen Strafrechts an die europäischen Vorgaben in Betracht. Die allgemeine Rechtsgrundlage für eine solche Angleichung der Rechtsvorschriften ist in Art. 94, 95 EGV zu finden. Zunächst taucht jedoch die Frage auf, ob nicht durch eine solche Angleichung die Souveränität der einzelnen Mitgliedstaaten unangemessen beeinträchtigt wird.

Zum einen wird etwa von *Johannes* die Auffassung vertreten[147], dass die Angleichung des Strafrechts keinen Souveränitätsverlust darstelle und die Übertragung der Strafgewalt kein Zeichen für das Ende der nationalen Souveränität sei. Dafür wird angeführt, dass jeder an der Angleichung beteiligte Staat keine Befugnisse abgibt, sondern zu den bestehenden neue

[144] Vgl. EuGH Slg. 1989, Rs. 186/87, 221 f.; Slg. 1981, Rs. 203/80, 2618.

[145] Vgl. *Satzger*, Die Europäisierung, S. 158.

[146] Vgl. *Zuleeg*, Die Europäische Gemeinschaft als Integrationsverband, in: Carstens – FS, S. 289 ff.

[147] Vgl. *Johannes*, ZStW 83 (1971), S. 550 ff.; *Waltoś/Wąsek*, Palestra 11-12/1996, S. 12.

erhält. Demnach stellt eine Reihe von internationalen Übereinkommen, die die Vertragsstaaten befugen, die dort definierten Delikte unabhängig vom Tatort und der Staatsangehörigkeit des Täters zu verfolgen, keinen Souveränitätsverlust für die Vertragsstaaten, sondern genau das Gegenteil dar. Im Falle der Verfolgung eines Ausländers, der in einem anderen Vertragsstaat eine Straftat begangen hat, werden dem Tatortstaat neue, übernationale Befugnisse gegeben, die er vorher nicht hatte. Da die Anerkennung der vollstreckten, ausländischen Verurteilung auf dem souveränen Beschluss der beteiligten Staaten beruht, den sie immer durch die Änderung ihrer Regelungen revidieren könnten, werden die Souveränitätsrechte dieser Staaten durch die Anwendung des Strafrechts eines der Vertragsstaaten auch nicht beeinträchtigt. Die Mitgliedstaaten haben deshalb die „Verfügungsgewalt“[148] über die Gemeinschaft inne[149]. Das heißt, dass die Gesamtheit der Mitgliedstaaten über der Gemeinschaft steht und ihr Wille die höchste Autorität darstellt.

Dieser Auffassung wird jedoch z. B. von *Bruns* entgegengehalten[150], dass es sich hier nicht um eine Angleichung mittels nationaler Übereinkommen, sondern um die Begründung alleiniger strafrechtlicher Kompetenz der Gemeinschaft, teilweise durch die vertragliche Übertragung nationaler Kompetenzen auf den Gemeinschaftsgesetzgeber, teilweise durch die Schaffung neuer Kompetenzen aufgrund des EG-Vertrags handelt. Mithin käme hier nicht der Souveränitätsverlust, sondern der freiwillige Souveränitätsverzicht in Betracht.

Die oben dargestellten Auffassungen schließen sich meines Erachtens nicht unbedingt aus. Beide führen zu demselben Ergebnis, indem sie die Beeinträchtigung nationaler Souveränität im Falle der Rechtsangleichung verneinen. Der Unterschied liegt nur in der Begründung der Theorien. Während *Johannes* seine Ansicht damit begründet, dass der wahre Souveränitätsverlust nicht die allgemeine, sondern die ausschließliche Verfolgungszuständigkeit des Heimatstaates bedeutet, was jedoch bei der Strafrechtsangleichung nicht der Fall ist, und zwar deshalb, weil die Mitgliedstaaten nur teilweise und vor allem selbst ihre Souveränitätsrechte auf die Gemeinschaft übertragen haben[151], wird in der zweiten Auffassung hervorgehoben, dass die Begründung neuer Materien und die Schaffung neuer Kompetenzen für die Gemeinschaft aus sich heraus schon keinen Souveränitätsverlust

---

148 Formulierung nach *Carstens*, ZaöRV 21 (1961), S. 3.

149 Vgl. *Zuleeg M.*, Die Europäische Gemeinschaft als Integrationsverband, in: Carstens – FS, S. 300.

150 Vgl. *Bruns*, Der strafrechtliche Schutz, S. 89 f.

151 Vgl. *Johannes*, ZStW 83 (1971), S. 553.

darstellt. Fälle, in denen die Übertragung von Kompetenzen auf den Gemeinschaftsgesetzgeber aufgrund des EG-Vertrages vorkommt, sind dieser Ansicht entsprechend auch kein Beispiel des Souveränitätsverlustes, sondern werden als freiwilliger Souveränitätsverzicht bezeichnet, da es sich hier nicht um die Angleichung der nationalen Strafrechte per nationaler Übereinkommen handelte, sondern um die Begründung einer gemeinschaftsrechtlichen Strafgewalt durch ein internationales Abkommen der Mitgliedstaaten[152].

II. Schutz der nationalen Sanktionsbestimmungen durch die Gemeinschaftsrechtsordnung

Bei der Anwendung der gemeinschaftsrechtlichen Regelungen, insbesondere bei den Sanktionsbestimmungen, stellt sich die Frage, ob auch das allgemeine nationale Sanktionsrecht hinsichtlich der Verwaltungssanktionen in den Mitgliedstaaten anzuwenden ist. Da die Geldbuße als eine gemeinschaftsrechtliche Verwaltungssanktion anzusehen ist und ihr Wesen am ehesten der Geldbuße des Ordnungswidrigkeitenrechts entspricht, wird in Bezug auf den Vollzug der gemeinschaftsrechtlichen Sanktionsvorschriften in Deutschland auf die analoge Anwendung des Gesetzes über Ordnungswidrigkeiten[153] verwiesen[154]. Laut § 2 OWiG gilt dieses Gesetz nur für Ordnungswidrigkeiten nach Bundesrecht und Landesrecht, so dass für eine direkte Anwendung des OWiG eine Gesetzesänderung notwendig wäre[155].

In Polen dagegen existieren bereits der Begriff einer Ordnungswidrigkeit im Sinne des deutschen OWiG und somit ein entsprechendes Gesetz nicht. Nach dem polnischen Übertretungsgesetzbuch[156], das im Falle des Vollzugs einer Verwaltungssanktion analog anzuwenden ist, steht die Befugnis

---

[152] Vgl. *Bruns*, Der strafrechtliche Schutz, S. 89.

[153] Gesetz über Ordnungswidrigkeiten (OWiG) vom 19.02.1987, BGBl I 1987, S. 602 ff. mit späteren Änderungen.

[154] Vgl. *Böse*, Strafen, S. 396; *Tiedemann*, NJW 1993, S. 49; *ders.*, NJW 1990, S. 2233.

[155] *Tiedemann*, NJW 1993, S. 49.

[156] Ustawa Kodeks Wykroczeń (*Gesetz: Das Übertretungsgesetzbuch*) vom 20.05.1970, Dz. U. (*Gesetzblatt*) 1971, Nr. 12, Pos. 114 mit späteren Änderungen. Hervorzuheben ist jedoch, dass in der Literatur keine Einigkeit bei der Übersetzung des Begriffs „Kodeks Wykroczeń" in die deutsche Rechtssprache besteht. Während in den meisten Rechtswörterbüchern der Begriff „wykroczenia" als „Ordnungswidrigkeiten" übersetzt wird, verwenden die Autoren der einzigen zugänglichen zweisprachigen Ausgabe dieses Gesetzes den Begriff „Übertretungen" (vgl. *Wojdalska/Wolf* (Hrsg.), Das Übertretungsgesetzbuch der Republik Polen, Frankfurt/Oder 2001). Da dieser Begriff im polnischen Regelungswerk einen ganz anderen Sinn als im deutschen OWiG aufweist (vgl. § 1 des deutschen OWiG und Art. 1 des polnischen ÜbertretungsGB), scheint es

zum Vollzug der Sanktionsvorschriften nur dem Gericht der ersten Instanz zu (vgl. Art. 9 § 1 des polnischen Übertretungsverfahrensgesetzbuchs[157]). Demzufolge kommt nach dem polnischen Recht die Zuständigkeit einer polnischen Verwaltungsbehörde, gewisse Handlungen mit einer Verwaltungssanktion, insbesondere mit einer Geldbuße, zu ahnden, nicht in Betracht.

1. Nationales Verwaltungsrecht und gemeinschaftsrechtlicher Vorrang

Bei einem Mangel entsprechender gemeinschaftsrechtlicher Verfahrensvorschriften hinsichtlich der Verwaltungssanktionen wird beim Vollzug des Gemeinschaftsrechts durch die Mitgliedstaaten auf das innerstaatliche Verfahrensrecht verwiesen. Es wird insoweit von einer verfahrensmäßigen Autonomie der Mitgliedstaaten gesprochen, die auch damit begründet wird, dass das primäre Gemeinschaftsrecht keine eigenen Verfahrensvorschriften beinhaltet, die eine einheitliche Durchsetzung der aus den gemeinschaftsrechtlichen Regelungen erwachsenden Rechte regeln[158]. Es darf jedoch nicht unberücksichtigt bleiben, dass dem Gemeinschaftsrecht, soweit es das Verwaltungsverfahren und das materielle Recht selbst regelt, der Anwendungsvorrang zukommt und infolgedessen das nationale Recht verdrängt wird[159]. Dem Vorrang des Gemeinschaftsrechts unterliegen auch solche innerstaatlichen Vorschriften, die den gleichen Inhalt wie die gemeinschaftsrechtlichen Normen haben[160].

2. Nationales Verwaltungsrecht und gemeinschaftsrechtliche Rechtsgrundsätze

Es stellt sich weiterhin die Frage, ob die gemeinschaftsrechtlichen Rechtsgrundsätze, insbesondere die Grundsätze der Rechtssicherheit, des Vertrauensschutzes, der Gesetzmäßigkeit der Verwaltung, der Verhältnismäßigkeit,

---

geboten, dies auch durch eine terminologische Unterscheidung zu betonen. Aus diesem Grunde wird in dieser Arbeit der Ausdruck „Übertretungen" verwendet.

[157] Ustawa Kodeks postępowania w sprawach o wykroczenia (*Gesetz: Das Übertretungsverfahrensgesetzbuch*) vom 24.08.2001, Dz. U. (*Gesetzblatt*), Nr. 106, Pos. 1148 mit späteren Änderungen. Bislang in deutscher Fassung nicht zugänglich.

[158] Vgl. *Böse*, Strafen, S. 397; *Koch*, Einwirkungen, S. 26.

[159] Vgl. *Gräbitz*, NJW 1989, S. 1780; *Streinz*, Der Einfluss des Europäischen Verwaltungsrechts auf das Verwaltungsrecht der Mitgliedstaaten, in: *Schweitzer* (Hrsg.), S. 264 f.

[160] Vgl. z. B. §§ 3, 4 I des deutschen OWiG im Vergleich mit dem gemeinschaftlichen Legalitätsgrundsatz, dem Bestimmtheitsgebot, Analogie- und Rückwirkungsverbot oder §§ 31 ff. des deutschen OWiG im Vergleich mit dem Art. 1 II, S. 2, Art. 3 VO (EG, EURATOM) 2988/95 zum Schutz der finanziellen Interessen der Gemeinschaften.

sowie der Anspruch auf rechtliches Gehör[161], nur als Maßstab für das Gemeinschaftsrecht anzusehen sind, oder ob sie auch auf das innerstaatliche Recht einwirken, indem sie aufgrund des Vorrangs des Gemeinschaftsrechts das nationale Verfahrensrecht verdrängen. Einer solchen Ansicht wird entgegengehalten, dass diese ungeschriebenen Prinzipien keine konkreten verwaltungsrechtlichen Regelungen darstellen und somit für die Auslegung und Anwendung des kodifizierten Gemeinschaftsrechts nicht geeignet sind.[162] Der EuGH hat bisher auch diese Auffassung vertreten, indem er dem Gemeinschaftsgesetzgeber die Aufgabe zugewiesen hat, entsprechende gemeinschaftsrechtliche Vorschriften zu erlassen, anstatt das nationale Recht durch aus gemeinschaftsrechtlichen Rechtsgrundsätzen abgeleitete Regelungen zu ersetzen[163]. Somit werden die nationalen Verwaltungsnormen durch die Grundsätze des gemeinschaftsrechtlichen Verfahrensrechts nicht verdrängt, so dass bei einem Mangel entsprechender gemeinschaftsrechtlicher Verfahrensvorschriften die innerstaatlichen Verfahrensregelungen anzuwenden sind.

Fraglich ist jedoch, ob dieser Grundsatz auch im Falle eines Widerspruchs zwischen den aus dem Gemeinschaftsrecht erwachsenden Rechtsfolgen und den Rechtsfolgen, die sich aus den nationalen Verfahrensvorschriften ergeben, Anwendung findet. Der EuGH hat die Anwendung der nationalen Verfahrensnormen in solchen Fällen grundsätzlich bejaht, jedoch mit dem Vorbehalt, dass sie die Tragweite und Wirksamkeit der gemeinschaftsrechtlichen Sanktionen, insbesondere in Bezug auf ihre abschreckende Wirkung, nicht dadurch beeinträchtigen, dass sie dessen Verwirklichung praktisch unmöglich machen[164]. Die Anwendung der nationalen Verfahrensnormen wird in mehreren Verfahren auch damit begründet, dass sie einen Anwendungsfall der im Gemeinschaftsrecht grundlegend verankerten allgemeinen Rechtsgrundsätze darstellen[165]. Mithin werden die allgemeinen Rechtsgrundsätze dem primären Gemeinschaftsrecht gleichgestellt[166] und

---

[161] Vgl. z. B. EuGH Slg. 1971, Rs. 59/59, 109; Slg. 1978, Rs. 10/78, 1915; Slg. 1983, Rs. 322/81, 3461; Slg. 1991, Rs. 199/90, 5545. Vgl. auch *Böse*, Strafen, S. 398; *Gräbitz*, NJW 1989, S. 1782.

[162] Vgl. *Böse*, Strafen, S. 399.

[163] Vgl. EuGH Slg. 1980, Rs. 130/79, 1880; Slg. 1983, Rs. 205-215/82, 2633; Slg. 1988, Rs. 210/87, 6177.

[164] Vgl. EuGH Slg. 1990, Rs. 5/89, 3437; Slg. 1990, Rs. 142/87, 959; Slg. 1993, Rs. 290/91, 2981. Vgl. auch *Böse*, Strafen, S. 400 f.

[165] Vgl. EuGH Slg. 1983, Rs, 205-215, 2633; Slg. 1990, Rs. 5/89, 3437.

[166] Vgl. *Huber P. M.*, Recht, S. 97; *Oppermann*, Europarecht, Rn. 488.

als Beurteilungsmaßstab für die Zulässigkeit nationaler Verfahrensregeln herangezogen[167].

III. Einfluss des Gemeinschaftsrechts auf das nationale Strafrecht

Der Einfluss des Gemeinschaftsrechts auf das nationale Strafrecht ist durch zwei Aspekte charakterisiert. Dem Prinzip des Vorrangs des Gemeinschaftsrechts entsprechend kann zum einen in manchen Fällen das innerstaatliche Recht nicht zur Anwendung kommen. Demzufolge wird im Falle einer Kollision zwischen den gemeinschaftlichen Regelungen und dem nationalen Recht das letztere als unanwendbar angesehen[168]. Zum anderen besteht eine positive Verpflichtung der Mitgliedstaaten, auf der nationalen Ebene ein solches Recht zu schaffen, das mit den gemeinschaftlichen Vorgaben in Übereinstimmung steht[169].

1. Einfluss des Gemeinschaftsrechts durch die Anwendung des Prinzips des Vorrangs

Das Prinzip des Vorrangs des Gemeinschaftsrechts wird auch im Bezug auf das Strafrecht berücksichtigt. Wie vorstehend erwähnt, wird in der Literatur die Auffassung vertreten, dass dieses Prinzip keine Beeinträchtigung der nationalen Souveränität darstelle[170]. Dafür wird das Argument vorgetragen, dass das mögliche Zustandekommen des gemeinschaftlichen Strafrechts infolge der Wirkung dieses Prinzips die nationale Souveränität nicht beschränken könne, da es Ausdruck des einmütigen, gemeinsamen Willens aller Mitgliedstaaten sei.

Das Prinzip des Vorrangs des Gemeinschaftsrechts gegenüber dem innerstaatlichen Recht zieht viele Verpflichtungen der Mitgliedstaaten nach sich. Da der Gemeinschaft die Zuständigkeit fehlt, Angriffe auf ihre schutzwürdigen Interessen wirksam abzuwehren, sind die Mitgliedstaaten verpflichtet, durch ihre Verfolgungsorgane die Verstöße gegen das Gemeinschaftsrecht aufzudecken und gemäß dem Prinzip der Verhältnismäßigkeit vor nationalen Gerichten zu verfolgen. Weiterhin haben die Mitgliedstaaten den Grundsatz

---

[167] Vgl. *Böse*, Strafen, S. 401 f.; *Koch*, Einwirkungen, S. 36; *Streinz*, Der Einfluss des Europäischen Verwaltungsrechts auf das Verwaltungsrecht der Mitgliedstaaten, in: *Schweitzer* (Hrsg.), S. 276 f.

[168] Vgl. EuGH Slg. 1978, Rs. 106/77, 629.

[169] Vgl. *Guldenmund/Harding/Sherlock*, The European Community and Criminal Law, in: *Fennel* (Hrsg.), S. 108.

[170] Vgl. *Amin Shakir*, Comparative Law Review 6/1996, S. 75; *Grzelak*, Wpływ prawa wspólnotowego na prawo karne państw członkowskich, in: *Biernat* (Hrsg.), S. 236.

der Gemeinschaftstreue (vgl. Art. 10 EGV) und das Prinzip der Effektivität zu beachten, indem sie alle geeigneten Maßnahmen treffen, die zur Erfüllung von Verpflichtungen und zur Sicherung der vollen Wirksamkeit des Gemeinschaftsrechts dienen[171]. Die Mitgliedstaaten sind daher verpflichtet, die Funktionsfähigkeit der Gemeinschaft und die Handlungsfähigkeit ihrer Organe im innerstaatlichen Raum sicherzustellen[172].

Nicht unerwähnt bleiben darf das Prinzip der Nichtdiskriminierung bei der Ahndung von Verstößen gegen das nationale Recht und das Recht der Gemeinschaft[173]. Schließlich soll noch das Prinzip der Transparenz hervorgehoben werden, das eine Beschränkung des nationalen Gesetzgebers darstellt, indem es gewährleistet, dass die Gesetzgebung einzelner Mitgliedstaaten den Bezug auf das Gemeinschaftsrecht ausdrücklich erwähnt, wenn die Folge der richterlichen Entscheidung aus den gemeinschaftlichen Regelungen abzuleiten ist[174].

2. Einfluss des Gemeinschaftsrechts auf das strafrechtliche Verfahren in den Mitgliedstaaten

Im strafrechtlichen Verfahren ist der Richter verpflichtet, nur solche Maßnahmen in Betracht zu ziehen, die die Wirksamkeit und einheitliche Anwendung des Gemeinschaftsrechts gewährleisten können. Alle Grundsätze, die sich auf den Vorrang des Gemeinschaftsrechts gegenüber dem nationalen Recht beziehen, betreffen somit nicht nur das materielle, sondern auch das Prozessrecht. Dem Grundsatz der einheitlichen Anwendung des Gemeinschaftsrechts entsprechend kommt den nationalen Gerichten die Verpflichtung zu, nur diejenigen Verfahrensvorschriften zu berücksichtigen, die den gemeinschaftlichen Vorgaben nicht widersprechen. Im Falle des Verstoßes

[171] Siehe *Satzger*, der in Art. 10 EGV eine Loyalitätspflicht der Mitgliedstaaten sieht und ihn als Grundlage eines gemeinschaftsrechtlichen Rahmens für das deutsche Strafrecht nennt, vgl. *Satzger*, Die Europäisierung, S. 329 ff. Siehe ferner *Pache*, Der Schutz, S. 241.

[172] Vgl. *Grabitz/Hilf*, Komm. zur EU, Art. 5, Rn. 7; *Satzger*, Die Europäisierung, S. 330 f.

[173] Vgl. EuGH Slg. 1984, Rs. 14/83,1981; Slg. 1989, Rs. 186/87, 195.

[174] Vgl. z. B. Richtlinie des Rates vom 28.01.1991 betreffend die tierseuchenrechtlichen Vorschriften für die Vermarktung von Tieren und anderen Erzeugnissen der Aquakultur (91/67/EWG), EABl. L 46 vom 19.02.1991, S. 18; Art. 29: „Wenn die Mitgliedstaaten die in Absatz 2 genannten Vorschriften erlassen, nehmen diese Vorschriften selbst auf diese Richtlinie Bezug oder werden sie bei ihrer amtlichen Verpflichtung von einer entsprechenden Bezugnahme begleitet. Die Einzelheiten dieser Bezugnahme regeln die Mitgliedstaaten."

gegen das Gemeinschaftsrecht muss also der Richter die Anwendung des innerstaatlichen Rechts unterlassen[175].

Die damit verbundene Problematik der Rückwirkung der Rechtsanwendung tauchte im Fall *Kirk*[176] auf, wo das nationale Verfahrensrecht im Zeitpunkt der Verfahrenseinleitung mit den gemeinschaftlichen Vorschriften unvereinbar war. Erst später wurde aufgrund einer neu erlassenen Verordnung das nationale Verfahren dem Gemeinschaftsrecht angepasst. Die Entscheidung des Europäischen Gerichtshofs in diesem Fall gibt eine Antwort auf die oft entstehende Frage der Wirksamkeit der nationalen Strafsanktionen, die aufgrund einer innerstaatlichen, jedoch mit dem Gemeinschaftsrecht unvereinbaren Regelung angeordnet werden. Aus diesem Urteil folgt eindeutig, dass eine solche Rückwirkung nicht zur nachträglichen Rechtfertigung nationaler strafrechtlicher Maßnahmen führen kann, die Sanktionen für eine im Zeitpunkt der Begehung nicht strafbare Handlung verhängen[177]. Vielmehr lässt sich das Verbot der Rückwirkung von Strafrechtsnormen schon aus Art. 7 EMRK[178] entnehmen und gehört zu den allgemeinen Grundsätzen des Gemeinschaftsrechts.

3. Einfluss des Gemeinschaftsrechts auf die Rechte des Verdächtigen und des Angeklagten

In diesem Zusammenhang ist näher auf die Problematik der Grundrechte im Gemeinschaftsrecht einzugehen. Da diese Problematik sehr umfassend ist, erscheint es geboten, sich nur auf einzelne Aspekte zu konzentrieren.

Unbestreitbar ist zunächst, dass die Grundrechte, deren Beachtung der Europäische Gerichtshof gewährleistet, zu den grundlegenden Prinzipien des Gemeinschaftsrechts gehören[179]. Diese Auffassung stützt sich auf mehrere Entscheidungen des Europäischen Gerichtshofs[180], wonach die Anwendung und Anordnung von Maßnahmen, die sowohl gegen die im Gemeinschaftsrecht als auch gegen die im Verfassungsrecht der Mitgliedstaaten

[175] Vgl. EuGH Slg. 1982, Rs. 21/82, 381; Slg. 1980, Rs. 131/79, 1585.

[176] Vgl. EuGH Slg. 1984, Rs. 63/83, 2689.

[177] Vlg. auch *Hummer/Simma/Vedder*, Europarecht, S. 443; *Streinz*, Europarecht, Rn. 361.

[178] Europäische Menschenrechtskonvention (Convention for Protection of Human Rights and Fundamental Freedoms) vom 04.11.1950; abgedruckt in BGBl. II 1952, S. 685 ff.

[179] Vgl. *Grzelak*, Wpływ prawa wspólnotowego na prawo karne państw członkowskich, in: *Biernat* (Hrsg.), S. 244 f.

[180] Vgl. z. B. EuGH Slg. 1969, Rs. 26/69, 419; Slg. 1974, Rs. 4/73, 491.

gewährleisteten Menschenrechte verstoßen, durch die Gemeinschaft nicht akzeptiert werden.

Diese Tendenz zeigt sich etwa im Fall *Kremzow v. Austria*[181], wo der EuGH sich zu der Problematik der Grundrechte und seiner Zuständigkeit in diesem Bereich geäußert hat. Im Vordergrund stand hier die Frage, ob die Verhängung einer Freiheitsstrafe einen Verstoß gegen den Grundsatz des freien Personenverkehrs darstellt und somit in die Rechte des Betroffenen eingreift. Der EuGH hat diese Frage verneint. Zwar sind die Gemeinschaftsgrundrechte als Mindeststandard für den nationalen Verwaltungsvollzug anerkannt; sie wurden jedoch vom EuGH für unverbindlich erklärt, wenn und soweit der konkrete Fall nicht im Anwendungsbereich der Gemeinschaftsrechts liegt[182]. Da in diesem Falle die Lage des Betroffenen keinen Bezug zu einer der durch die Freizügigkeitsbestimmungen des EG-Vertrages geregelten Situation aufwies, war der Freiheitsentzug gerechtfertigt.

Im Fall *R. v. Secretary of State for Home Affairs, ex parte Mario Santillo*[183] tauchte die Problematik der Verweigerung des Berufungsrechts gegen einen Verwaltungsbeschluss auf. Der Angeklagte wurde in Großbritannien wegen mehrerer Straftaten, darunter auch wegen Totschlag, zu einer Freiheitsstrafe verurteilt. Da er ein Bürger eines anderen Mitgliedstaates war, sollte er aufgrund des britischen Einwanderungsgesetzes nach der Verbüßung dieser Strafe aus Großbritannien ausgewiesen werden. Gleichzeitig wurde ihm das Recht zur Berufungseinlegung verweigert. Die Grundsätze der Gemeinschaftsrechtsordnung gewährleisten zwar jedem Bürger der Gemeinschaft einerseits den gleichen Zugang zu Berufungsmöglichkeiten gegen Verwaltungsbeschlüsse und andererseits verpflichten sie alle Mitgliedstaaten, ihren Bürgern solche Berufungsmöglichkeiten zur Verfügung zu stellen. Dieser Fall war jedoch insofern problematisch, als eine entsprechende EG-Richtlinie durch Großbritannien nicht in das nationale Recht umgesetzt wurde. In der Entscheidung des EuGH wurde jedoch eindeutig hervorgehoben, dass selbst die Tatsache einer Verurteilung keinen ausreichenden Grund für die Ausweisung der Bürger anderer Mitgliedstaaten darstellen kann. Die Wirkung des Gemeinschaftsrechts beschränkt sich daher nicht nur auf die Rechtsgrundsätze, sondern umfasst auch die Umstände, unter denen der Richter den Angeklagten in seinen durch die Gemeinschaft garantierten Grundrechten beschränken konnte[184].

---

[181] Vgl. EuGH Slg. 1997, Rs. 299/95, 2629.

[182] Vgl. *Streinz*, Europarecht, Rn. 368.

[183] EuGH Slg. 1980, Rs. 131/79, 1585.

[184] Vgl. auch *Grzelak*, Wpływ prawa wspólnotowego na prawo karne państw członkowskich, in: *Biernat* (Hrsg.), S. 245.

4. Einfluss des Gemeinschaftsrechts auf die Geltung und Auslegung des nationalen Strafrechts

Nicht ausgeschlossen ist weiterhin die Möglichkeit, dass innerstaatliche Vorschriften aufgrund entsprechender gemeinschaftsrechtlicher Regelungen geändert werden müssen oder gar unanwendbar bleiben[185]. Ein Beispiel dafür bildet der Fall *Regina v. Robert Tymen*[186], in dem gegen den Betroffenen aufgrund eines nationalen Rechtsaktes eine Strafe wegen vorschriftswidriger Verwahrung von Fischkonserven verhängt wurde. In seiner Klage behauptete der Betroffene jedoch, dass die Regelung dieser Problematik zur ausschließlichen Kompetenz der Gemeinschaftsorgane gehört, so dass der nationale (in diesem Falle der britische) Gesetzgeber für den Erlass von innerstaatlichen Vorschriften in diesem Fall nicht zuständig war. Die Entscheidung des EuGH war eindeutig. Die Schaffung von nationalen Normen im Bereich der Verwahrung von Meeresvorräten bedürfe einer vorherigen Stellungnahme der Europäischen Kommission. Weil diese Voraussetzung nicht erfüllt wurde, sei die Verhängung der Strafe als ungültig anzusehen. Indem also das innerstaatliche Urteil anhand einer Entscheidung des EuGH für unwirksam erklärt wurde, wurde in die Zuständigkeit des nationalen Gerichts eingegriffen[187].

Durch die Anerkennung der unmittelbaren Geltung einer gemeinschaftsrechtlichen Richtlinie kann das nationale Strafrecht auch modifiziert werden. Dies wäre zum Beispiel dann der Fall, wenn die Richtlinie eine mildere Bestrafung vorsieht, oder wenn sie Taten zulässt, die nach dem innerstaatlichen Strafrecht unter Strafe gestellt werden. Denkbar sind auch Fälle, in denen ein in einem nationalen Gesetz verwendeter Begriff nicht in seinem ursprünglichen Sinn verstanden wird, sondern einen gemeinschaftsrechtlichen Bedeutungsgehalt erlangt[188], oder wenn ein einer Behörde durch ein innerstaatliches Gesetz eingeräumtes Ermessen reduziert wird[189].

Es stellt sich folglich die Frage nach der Reichweite der Anwendung des Gemeinschaftsrechts im Falle eines Konflikts mit dem nationalen Recht. Aus dem Prinzip des Anwendungsvorrangs des Gemeinschaftsrechts und dem Effektivitätsgrundsatz (sog. *effet utile*) folgt, dass Mitgliedstaaten grundsätzlich dazu gezwungen sind, das nationale Recht gemeinschaftsrechtskonform

---

185 Vgl. *Dine*, Criminal Law Review 2/1993, S. 249.
186 Vgl. EuGH Slg. 1981, Rs. 269/80, 3079.
187 Vgl. auch EuGH Slg. 1980, Rs. 57/79, 2171; Slg. 1991, Rs. 292/89, 745.
188 Vgl. EuGH Slg. 1982, Rs. 270/81, 2771.
189 Vgl. EuGH Slg. 1983, Rs. 205/82, 2633.

auszulegen und im Lichte des Gemeinschaftsrechts fortzubilden[190]. Gemeinschaftsrechtliche Regelungen können also eine Schranke für die Auslegung des nationalen Rechts bilden, was schon der früheren Rechtsprechung des EuGH zu entnehmen war[191]. Das Bestreben bei der Auslegung des innerstaatlichen Rechts im Einklang mit dem Gemeinschaftsrecht folgt dem Ziel, bereits durch die entsprechende Auslegung des nationalen Rechts eine Kollision mit Gemeinschaftsrechtsnormen zu vermeiden, um zugleich das innerstaatliche Recht anzuwenden und im Ergebnis eine gleichmäßige Rechtsanwendung in den Mitgliedstaaten sichern zu können.[192]

Die allgemein anerkannte richtlinienkonforme Auslegung des nationalen Rechts wurde erst mit zwei Entscheidungen des EuGH – *von Colson und Kamann*[193] und *Harz*[194] – zur Pflicht der Mitgliedstaaten. Aus diesen Entscheidungen folgt, dass „die sich aus einer Richtlinie ergebende Verpflichtung der Mitgliedstaaten, das in dieser vorgesehene Ziel zu erreichen, sowie die Pflicht der Mitgliedstaaten gemäß Art. 5 EGV (neu: Art. 10 EGV), alle zur Erfüllung dieser Verpflichtung geeigneten Maßnahmen allgemeiner oder besonderer Art zu treffen, allen Trägern der öffentlichen Gewalt in den Mitgliedstaaten obliegen. Daraus folgt, dass das nationale Gericht bei der Anwendung des nationalen Rechts dieses innerstaatliche Recht im Lichte des Wortlauts und Zwecks der Richtlinie auszulegen hat“[195].

Zudem muss hervorgehoben werden, dass kein Grund ersichtlich ist, die Grundsätze dieser Entscheidungen nicht auch auf das sonstige Primär- und Sekundärrecht zu übertragen[196]. Eine primärrechtskonforme Auslegung ist auch dann gegeben, wenn zur Bestimmung eines Regelungsgehaltes einer nationalen Norm auf die Direktiven des Primärrechts geblickt und jene Auslegungsalternative gewählt wird, die mit den Wertungen des Gemeinschaftsrechts am weitesten übereinstimmt[197]. Dies entspricht auch der Rechtspre-

---

[190] Vgl. *Dannecker*, Strafrecht der Europäischen Gemeinschaft, in: *Eser/Huber B.* (Hrsg.), S. 17.

[191] Vgl. EuGH Slg. 1976, Rs. 111/75, 657; Slg. 1982, Rs. 270/81, 2771.

[192] Vgl. *Biernat*, Wykładnia prawa krajowego zgodnie z prawem Wspólnot Europejskich, in: *Mik* (Hrsg.), Implementacja, S. 123 ff.; *Dine*, Criminal Law Review 2/1993, S. 249; *Satzger*, Die Europäisierung, S. 520. Siehe auch EuGH Slg. 1979, Rs. 34/79, 3795; Slg. 1986, Rs. 121/85, 1007; Slg. 1988, Rs. 157/86, 673.

[193] Vgl. EuGH Slg. 1984, Rs. 14/93, 1891.

[194] Vgl. EuGH Slg. 1984, Rs. 79/83, 1921.

[195] Vgl. auch *Biernat*, Wykładnia prawa krajowego zgodnie z prawem Wspólnot Europejskich, in: *Mik* (Hrsg.), Implementacja, S. 124 ff.; *Huber P. M.*, Recht, S. 139; *Satzger*, Die Europäisierung, S. 518 ff.

[196] Vgl. *Huber P. M.*, Recht, S. 136 ff.; *Jarass*, Europarecht 1991, S. 223; *Satzger*, Die Europäisierung, S. 519.

[197] Vgl. *Huber P. M.*, Recht, S. 136.

chung des EuGH, der in seiner Entscheidung *Murphy*[198] seine Ausführungen zur richtlinienkonformen Auslegung auf die primärrechtskonforme Auslegung übertragen hat[199].

Der praktisch häufigere Fall einer gemeinschaftsrechtskonformen Auslegung des innerstaatlichen Rechts betrifft jedoch die sekundärrechtskonforme und besonders die richtlinienkonforme Auslegung. Dabei muss jedoch eine Reihe von Bedingungen erfüllt werden.

Die Gemeinschaftsnorm, in deren Lichte die Auslegung stattfinden soll, darf erstens nicht unmittelbar anwendbar sein. Da die Richtlinien auf die Umsetzung in die nationalen Rechtsordnungen der Mitgliedstaaten angewiesen sind (vgl. Art. 249 III EGV), so dass ihnen keine unmittelbare Geltung zukommt, wäre diese Voraussetzung grundsätzlich immer erfüllt[200]. Die einzige denkbare Möglichkeit der unmittelbaren Anwendung der Richtlinie wäre dann vorhanden, wenn die Richtlinie präzise und vorbehaltslose Normen darstellte, aufgrund deren dem Einzelnen Rechte gegenüber dem Staat zugewiesen werden könnten[201]. Darüber hinaus muss das nationale Gesetz auslegungsfähig sein, d. h. es muss möglich sein, den Wortlaut eindeutig und mit dem Regelungsgehalt der Richtlinie in Übereinstimmung zu bringen[202]. Folglich wird vorausgesetzt, dass die Umsetzungsfrist bereits abgelaufen ist. Das ist deswegen wichtig, weil vor diesem Zeitpunkt der nationale Gesetzgeber durch die Richtlinie nicht gebunden ist.

Somit kann man verallgemeinernd mit der ganz herrschenden Lehre[203] und der Rechtsprechung des EuGH[204] von einer Verpflichtung zur gemeinschaftsrechtskonformen Auslegung sprechen, die nicht nur die zur Umsetzung der jeweiligen Richtlinie erlassenen Vorschriften, sondern das gesamte nationale Recht erfasst. Diese Verpflichtung findet jedoch ihre Grenzen in den allgemeinen Rechtsgrundsätzen, die Teil des Gemeinschaftsrechts sind;

---

198 Vgl. EuGH Slg. 1988, Rs. 157/86, 673.

199 Vgl. *Biernat*, Wykładnia prawa krajowego zgodnie z prawem Wspólnot Europejskich, in: *Mik* (Hrsg.), Implementacja, S. 127 f.; *Satzger*, Die Europäisierung, S. 519.

200 Vgl. *Biernat*, Wykładnia prawa krajowego zgodnie z prawem Wspólnot Europejskich, in: *Mik* (Hrsg.), Implementacja, S. 140 ff.; *Dannecker*, Strafrecht der Europäischen Gemeinschaft, in: *Eser/Huber B.* (Hrsg.), S. 17; *Huber P. M.*, Recht, S. 136 f.

201 Vgl. EuGH Slg. 1982, Rs. 8/81, 53.

202 Vgl. *Huber P. M.*, Recht, S. 137.

203 Vgl. *Bach*, JZ 1990, S. 1112; *Götz V.*, NJW 1992, S. 1854; *Jarass*, Europarecht 1991, S. 220.

204 Vgl. EuGH Slg. 1990, Rs. 106/89, 4135; Slg. 1993, Rs. 334/92, 6911; Slg. 1994, Rs. 91/02, 3325.

insbesondere in dem Grundsatz der Rechtssicherheit und im Rückwirkungsverbot[205].

5. Einfluss des Gemeinschaftsrechts auf die Art der angewandten und auferlegten Strafen – das Prinzip der Verhältnismäßigkeit

Das Prinzip der Verhältnismäßigkeit gehört nach der Rechtsprechung des EuGH[206] zu den allgemeinen Grundsätzen des Gemeinschaftsrechts und ist in Art. 5 Satz 3 des EGV ausdrücklich niedergelegt. Nach diesem Prinzip sind die auferlegten Maßnahmen der Gemeinschaft nur dann rechtmäßig, wenn sie zur Erreichung der verfolgten Ziele geeignet und erforderlich sind. Dabei ist, wenn mehrere geeignete Maßnahmen zur Auswahl stehen, die am wenigsten belastende zu wählen; ferner müssen die auferlegten Belastungen im angemessenen Verhältnis zu den angestrebten Zielen stehen[207].

Es wird zwar einhellig anerkannt, dass die Strafgewalt nur den Mitgliedstaaten anvertraut ist. Diese Auffassung lässt sich aus mehreren Urteilen des EuGH entnehmen. Im Fall *Casati*[208] zeigte sich jedoch eine gewisse Tendenz, auch das Strafrecht durch gemeinschaftsrechtliche Vorgaben zu regeln. In diesem Urteil wurde der Gemeinschaft die Aufgabe zuerkannt, auf dem Gebiet des Strafrechts gewisse Beschränkungen unter Beachtung des Prinzips der Verhältnismäßigkeit in Bezug auf Verwaltungsmaßnahmen und Strafen zu bilden. Dementsprechend darf das Verfahren nicht die Grundfreiheiten des Einzelnen beeinträchtigen, die Verwaltungsmaßnahmen und Strafen sollen verhältnismäßig sein und dürfen nicht über das hinausgehen, was erforderlich ist.

§ 4. Ergebnis

Somit lässt sich insgesamt feststellen, dass das Gemeinschaftsrecht einen erheblichen Einfluss auf das nationale Strafrecht hat. Das folgt aus dem Grundsatz des Vorrangs des Gemeinschaftsrechts, in dem sich alle Mitgliedstaaten verpflichtet haben, das nationale Recht bei einer Kollision mit den gemeinschaftsrechtlichen Regelungen außer Anwendung zu lassen. Widerspricht das nationale Recht dem Gemeinschaftsrecht, so wird es von diesem verdrängt, wobei hinzuzufügen ist, dass der Vorrang sich nicht nur auf das primäre Gemeinschaftsrecht erstreckt, sondern das ganze gemein-

---

[205] Vgl. EuGH Slg. 1987, Rs. 80/86, 3986. Vgl. auch *Zuleeg*, JZ 1992, S. 765.
[206] Vgl. EuGH Slg. 1989, Rs. 265/87, 2237.
[207] Vgl. *Huber P. M.*, Recht, S. 317.
[208] Vgl. EuGH Slg. 1981, Rs. 203/80, 2595. Siehe auch *Srebro*, Ochrona, S. 184.

schaftliche Rechtssystem umfasst. Demzufolge sind nationale Gerichte dazu verpflichtet, im Falle einer fehlenden Übereinstimmung die gemeinschaftlichen Regelungen anzuwenden und die Anwendung des innerstaatlichen Rechts zu unterlassen. Das Wesen dieses Grundsatzes besteht somit in der Gewährleistung einer einheitlichen und somit effektiven Anwendung (sog. *effet utile*) der gemeinschaftsrechtlichen Vorschriften auf dem ganzen Territorium der Gemeinschaft. Die Bestimmung der präzisen Rangordnung zwischen den beiden Rechtssystemen bildet nämlich auch die Funktion dieses Grundsatzes. Auch für den Betroffenen kann seine Berücksichtigung in manchen Fällen besonders vorteilhaft sein. Eine solche Situation kann dann entstehen, wenn das Gemeinschaftsrecht eine mildere Bestrafung für dieselbe Tat im Vergleich zu der innerstaatlichen Regelung vorsieht. Der Betroffene kann sich dann ausschließlich auf die gemeinschaftsrechtlichen Regelungen berufen und somit die Anwendung des nationalen Rechts beschränken oder gar ausschließen.[209] Der Anwendungsvorrang soll jedoch nicht als ein absolut geltender verstanden werden. Vielmehr sollen das Gemeinschafts- und das nationale Recht als zwei abgesonderte, jedoch koordinierte Rechtssysteme begriffen werden, die einander ergänzen und verstärken.

Ferner darf jedoch nicht außer Betracht bleiben, dass angesichts der zahlreichen terminologischen Unklarheiten und Ungenauigkeiten bei der Formulierung der innerstaatlichen und gemeinschaftsrechtlichen Vorschriften die bloße Möglichkeit der Gemeinschaftsrechtsanwendung nicht immer als ausreichend erscheint. Ein Beispiel dafür bildet die strafrechtliche Verfolgung bei der Verletzung des Gemeinschaftsrechts. In einem solchen Falle kommen doch nicht gemeinschaftsrechtliche, sondern die entsprechenden nationalen Vorschriften zur Anwendung. Denkbar ist beispielsweise die Bekämpfung von Betrügereien gegen die Gemeinschaft, indem das Vergehen des Betruges in den Vorschriften des jeweiligen nationalen Strafrechts und nicht im Gemeinschaftsrecht definiert ist.

---

209 Vgl. *Grzelak*, Wpływ prawa wspólnotowego na prawo karne państw członkowskich, in: *Biernat* (Hrsg.), S. 248 ff.

Kapitel 2

Das Phänomen der Geldwäsche

Die Geldwäsche ist ein kriminelles Phänomen, das insbesondere überall dort auftritt, wo enorme Geldmengen illegal erwirtschaftet werden, die dann üblicherweise als Schwarzgeld bezeichnet werden. Davon zu unterscheiden ist das zwar redlich erworbene, aber steuerlich nicht deklarierte Geld (z. B. Ärztehonorar, Provision usw.), das zwar anders (legal) erlangt wurde, aber für die Geldwäsche auch in Betracht kommt (sog. graues Geld)[210]. Das Phänomen der Geldwäsche weist somit nicht nur einen strafrechtlichen, sondern auch einen gesellschaftlichen und psychologischen Charakter auf.

Bevor eine strafrechtliche Untersuchung der Geldwäscheproblematik, deren Bekämpfung ohne Zweifel einen der Schwerpunkte der gegenwärtigen Kriminalpolitik bildet[211], vorgenommen werden kann, ist es geboten, die allgemeine Einordnung des Phänomens der Geldwäsche zu erörtern. Die Geldwäsche stellt jedoch insoweit eine eigenartige Straftat dar, als sie nicht rein strafrechtlich zu betrachten ist, sondern einen wirtschaftlich-finanziellen Charakter aufweist. Zuerst muss erwähnt werden, dass der gegenwärtige Prozess der finanziellen Integration auf der gesamten europäischen Ebene, zu der auch die Rechtsharmonisierung im Bereich der Geldwäsche zählt, die Konsequenz der wirtschaftlichen Integration Europas darstellt, die in 60er Jahren des 20. Jahrhunderts in Westeuropa angefangen hat.

Im Assoziierungsvertrag, der am 16. Dezember 1991 zwischen der Republik Polen und den Europäischen Gemeinschaften unterzeichnet wurde[212],

---

[210] Vgl. *Hajduk*, Nowe ujęcie przepisów Art. 299 k.k. penalizującego wprowadzanie do obrotu pieniędzy pochodzących z nielegalnych źródeł, in: *Bojarski T./Skrętowicz* (Hrsg.), S. 42; *Siska*, Die Geldwäscherei, S. 13.

[211] Vgl. *Weigend E./Wróbel*, ZStW 1996 (108), S. 416.

[212] Beschluss des Rates und der Kommission vom 13.12.1991 über den Abschluß des Europa-Abkommens zwischen den Europäischen Gemeinschaften und ihren Mitgliedstaaten einerseits und der Repubklik Polen andererseits (93/743/EWG), EABl. L 348 vom 31.12.1993, S. 1 ff. Zur polnischen Fassung siehe Dz. U. (*Gesetzblatt*) 1994, Nr. 11, Pos. 38. Vgl. auch *Przyborowska-Klimczak/Skrzydlo-Tefelska*, Dokumenty, S. 312 ff.

wurde die Harmonisierung des polnischen Rechts mit den gemeinschaftsrechtlichen Regelungen zur Voraussetzung der künftigen Integration Polens in die Europäische Union gemacht. Eine besondere Rolle bei der Schaffung eines integrierten, europäischen Marktes wird in diesem Vertrag dem Bankrecht beigemessen. Dem Prinzip der Subsidiarität entsprechend ist die Rechtsharmonisierung jedoch nur dann erforderlich, wenn die wirksame Schaffung rechtlicher Bekämpfungsmittel außerhalb der Möglichkeiten des einzelnen Mitgliedstaates liegt[213]. So einen Fall bildet zum Beispiel die Bekämpfung der Geldwäsche, die seit Ende der achtziger Jahre zu einem der größten internationalen Kriminalitätsprobleme zählt.

Als eine der Folgen des Systemwechsels in den ehemaligen sozialistischen Staaten ist die Entwicklung der organisierten Kriminalität zu nennen, die eine Quelle der enormen Gewinne und der auf die Verschleierung der ursprünglichen Herkunft des Geldes und dessen Einführung in den legalen Wirtschaftsverkehr gerichteten Tätigkeiten darstellt[214]. Dabei ist jedoch zu erwähnen, dass die heutigen, auf der grenzüberschreitenden Ebene begangenen Straftaten nicht mehr mit dem Erzielen eines einmaligen finanziellen Gewinns aufhören, sondern eine Grundlage für weitere kriminelle Handlungen, insbesondere für mehrere illegale finanzielle Transaktionen darstellen, z. B. als Beteiligung an Unternehmen mit hohem Bargeldumlauf (Spielkasinos, Lotteriegesellschaften, Restaurant- und Supermarktketten usw.)[215]. Diese Tätigkeiten ermöglichen ein weiteres Waschen größerer Mengen der aus Verbrechen stammenden Vermögenswerte. Weiterhin wird die Entfernung zwischen dem Ort des Erwerbs der illegalen Geldmittel und dem Ort ihrer Einführung in den legalen Wirtschaftsverkehr immer größer. Somit sind völlig neuartige Problemfelder zu erschließen.

Die „schmutzigen" Gelder kommen dementsprechend aus illegalen Quellen, insbesondere aus verschiedenen Formen der organisierten Kriminalität. Die finanziellen Mittel werden auch aus dem sog. zweiten Wirtschaftsverkehr[216] geschöpft, zu dem zahlreiche Steuer- und Zollbetrügereien, Fälschungen oder die Korruption zählen. Nicht zu unterschätzen ist dabei auch die Rolle des Bargeldes, denn gerade bei illegalen Geschäften gewährt die Bezahlung mit Banknoten die größtmögliche Anonymität[217].

---

213 Vgl. *Jasiński*, Pranie, S. 7.

214 Vgl. *Buczkowski/Wojtaszek*, Pranie, S. 26 f.; *Forthauser*, Geldwäscherei, S. 3; *Jasiński*, Pranie, S. 7; *Prengel*, Środki, S. 86 ff.

215 Vgl. *Bukovc*, Die Bekämpfung, S. 6; *Burr*, Geldwäsche, S. 9; *Lang V./Schwarz/Kipp*, Regelungen, S. 74; *Prengel*, Środki, S. 87; *Wąsowski*, Pranie, S. 3.

216 Vgl. *Pływaczewski*, Pranie, S. 13.

217 Vgl. *Häde*, EuZW 1991, S. 553; *Oswald*, Die Implementation, S. 7.

Das endgültige Ziel verschiedener Tätigkeiten, die als „Geldwäsche“ bezeichnet werden, ist es also, dem aus verschiedenen verbrecherischen Tätigkeiten erworbenen Geld einen legalen Status zu verschaffen[218]. Um dieses Ziel zu erreichen, müssen die Geldmittel von ihrer ursprünglichen, kriminellen Herkunft gewaschen werden, d. h. die wahre Herkunft des Vermögens muss verborgen bzw. jede Auffälligkeit von den kriminellen Gewinnen entfernt werden[219]. Das Wesen der Geldwäsche besteht somit in der Bildung „einer falschen Rechtfertigung“ ihres Ursprungs[220]. Da das Phänomen der Geldwäsche in einem engen Zusammenhang mit der Gefahr der organisierten Kriminalität steht, ist es mit der Internationalität der Transaktionen und der Einschaltung des Bankensystems verbunden[221]. Internationalität bedeutet hier, dass die Ausführung der zur Geldwäsche dienenden Handlungen meistens auf der internationalen Ebene geschieht, was die Strafverfolgung und die Kontrolle seitens einzelner Mitgliedstaaten erheblich erschwert. Dabei werden auch das Fehlen der grenzüberschreitenden Rechtshilfe und die mangelnde Zusammenarbeit der Staatsbehörden verschiedener Länder ausgenutzt. Das andere Merkmal der Geldwäsche ist mit der zentralen Rolle der Banken in Geld- und Kreditangelegenheiten verbunden[222]. Nur das Bankensystem ist in der Lage, größere Geldmengen unauffällig zu überweisen und damit die „Reinigung“ der Geldmittel zu erleichtern. Das Phänomen der Geldwäsche kommt also vor allem im Bank- und Versicherungssystem, auf dem Kapitalmarkt und in der sog. Unterhaltungsindustrie vor, d. h. dort, wo Glücks- und Falschspiele eine Rolle spielen. Weitere Schwerpunkte liegen im illegalen Handel mit Waffen, Immobilien, Kunstwerken und Fahrzeugen[223]. Daneben wird auch das Element der systematischen Tarnung

---

[218] Vgl. *Banach*, Przestępstwo prania brudnych pieniędzy w świetle prawa europejskiego a uregulowania krajowe, in: *Bogunia* (Hrsg.), S. 11; *Buczkowski/Wojtaszek*, Pranie, S. 21; *Hajduk*, Nowe ujęcie przepisów Art. 299 k.k. penalizującego wprowadzanie do obrotu pieniędzy pochodzących z nielegalnych źródeł, in: *Bojarski T./ Skrętowicz* (Hrsg.), S. 43; *Hafner*, Im Schatten, S. 9; *Höreth*, Die Bekämpfung, S. 9; *Lang V./Schwarz/Kipp*, Regelungen, S. 74.

[219] Vgl. *Bukovc*, Die Bekämpfung, S. 6; *Kern*, Geldwäsche, S. 17.

[220] Vgl. *van Duyne*, Pranie pieniędzy – ocena spowitego mgłą zjawiska, in: *Pływaczewski* (Hrsg.), Proceder, S. 140.

[221] Vgl. *Fabel*, Geldwäsche, S. 30 f.; *Forthauser*, Geldwäscherei, S. 11 f.; *Hafner*, Im Schatten, S. 10.

[222] Vgl. *Bottermann*, Untersuchung, S. 3; *Forthauser*, Geldwäscherei, S. 12; *Jasiński*, Przeciw szarej strefie, S. 30 f.; *ders.*, Prok. i Pr. 4/2000, S. 41; *Lang V./Schwarz/Kipp*, Regelungen, S. 94; *Oswald*, Die Implementation, S. 8; *Prengel*, Bezpieczny Bank 1-2/2001, S. 107; *Siska*, Die Geldwäscherei, S. 28 f.

[223] Vgl. *Buczkowski/Wojtaszek*, Pranie, S. 28; *Burr*, Geldwäsche, S. 7; *Hajduk*, Nowe ujęcie przepisów Art. 299 k.k. penalizującego wprowadzanie do obrotu pieniędzy pocho-

der ursprünglichen Herkunft von Vermögenswerten vor den Einziehungs- und Steuerbehörden genannt[224].

Das Tatobjekt der Handlung bilden alle Arten von finanziellen Mitteln oder anderen Vermögenswerten (insbesondere Bar- oder Buchgeld), die mittelbar oder unmittelbar aus einer Straftat hervorgegangen oder zu ihrer Ausführung bestimmt sind[225]. Die Handlung der Wäsche zielt darauf ab, durch verschiedene Operationen, insbesondere durch Investitionen oder sonstige Veranlagung der Vermögenswerte, den illegalen Ursprung oder die Zweckbestimmung der unerlaubt erworbenen Geldmittel zu verdecken, wodurch diese Geldmittel bei möglichst niedrigem Entdeckungsrisiko als rechtsmäßige Einkünfte erscheinen und in den legalen Wirtschaftsverkehr eingeführt werden können[226]. Somit fallen unter diese Definition auch die Geldmittel, die die Begehung einer Straftat finanziell unterstützen oder deren Vorbereitung dienen. Damit, dass die Geldwäsche nur im Zusammenhang mit einer anderen Straftat, d. h. der Haupttat, ausgeführt werden kann, ist zudem ihre Akzessorität angedeutet[227].

Ein weiteres Problem, das bei der strafrechtlichen Ermittlung der Geldwäsche auftaucht, ist, dass die einzelnen Handlungen, die diese Straftat bilden, sich nicht von gewöhnlichen, im Rahmen der Marktwirtschaft vorgenommenen Tätigkeiten unterscheiden, so dass die Vorgänge der Geldwäsche als legale Wirtschaftsvorgänge getarnt werden[228].

Somit ist zu prüfen, ob die generelle Beurteilung der Geldwäsche in Polen, Deutschland und in der Europäischen Union übereinstimmt, oder ob wesentliche Abweichungen diesbezüglich bestehen. Zu untersuchen ist zunächst ist der Begriff der Geldwäsche.

---

dzących z nielegalnych źródeł, in: *Bojarski T./ Skrętowicz* (Hrsg.), S. 43; *Hoyer/Klos*, Regelungen, S. 2, 9; *Höreth*, Die Bekämpfung, S. 6; *Prengel*, Środki, S. 85 f.

224 Vgl. *Ackermann*, Geldwäscherei, S. 71; *Fabel*, Geldwäsche, S. 7.

225 Vgl. *Buczkowski/Wojtaszek*, Pranie, S. 21; *Fabel*, Geldwäsche, S. 9; *Forthauser*, Geldwäscherei, S. 6; *Höreth*, Die Bekämpfung, S. 9; *Kern*, Geldwäsche, S. 17; *Leip*, Der Straftatbestand, S. 4.

226 Vgl. *Basse-Simonsohn*, Geldwäschereibekämpfung, S. 11; *Burr*, Geldwäsche, S. 8; *Fabel*, Geldwäsche, S. 9; *Jasiński*, Pranie, S. 12; *Kern*, Geldwäsche, S. 17; *Leip*, Der Straftatbestand, S. 4; *Plywaczewski*, Pranie, S. 33.

227 Vgl. *Fabel*, Geldwäsche, S. 9; *Höreth*, Die Bekämpfung, S. 9; *Leip*, Der Straftatbestand, S. 4.

228 Vgl. *Buczkowski/Wojtaszek*, Pranie, S. 26; *Fabel*, Geldwäsche, S. 30; *Hafner*, Im Schatten, S. 9; *Jasiński*, Przeciw szarej strefie, S. 29; *Sieber*, Organisierte Kriminalität in der Bundesrepublik Deutschland, in: *Sieber* (Hrsg.), S. 74.

§ 1. Der Begriff der Geldwäsche

Wie bereits erwähnt, bildet die Geldwäsche oft ein Element der Tätigkeiten verschiedener krimineller Organisationen. In diesem Zusammenhang erscheint die Einführung eines Straftatbestandes der Geldwäsche für die wirksame Bekämpfung der organisierten Kriminalität unentbehrlich[229]. Um sich also mit der Geldwäscheproblematik näher beschäftigen zu können, ist zunächst ein Überblick über das Phänomen der organisierten Kriminalität erforderlich.

I. Der Begriff und die Rolle der organisierten Kriminalität

Obwohl die organisierte Kriminalität eine ernstzunehmende Bedrohung darstellt, wurde noch keine klare und wissenschaftlich befriedigende Definition dieses Phänomens gefunden[230]. Ohne eine allgemein anerkannte Begriffsbestimmung besteht die Gefahr, dass der Begriff je nach Notwendigkeit und Interessenlage verwendet und definiert wird[231].

Allgemein anerkannt wird die Definition der „gemeinsamen Richtlinie der Justizminister/senatoren und Innenminister/senatoren der Länder über die Zusammenarbeit von Staatsanwaltschaften und Polizei bei der Verfolgung der organisierten Kriminalität", die zumindest Anhaltspunkte[232] darüber enthält, was unter der organisierten Kriminalität zu verstehen ist. Laut dieser Definition ist die organisierte Kriminalität die von Gewinn- und Machtstreben getragene, planmäßige Begehung von Straftaten, die einzeln oder in ihrer Gesamtheit von erheblicher Bedeutung sind, sofern sie von mehr als zwei Beteiligten verübt werden, die hierzu auf längere Zeit, oder unbestimmte Dauer arbeitsteilig

[229] Vgl. *Forthauser*, Geldwäscherei, S. 4 f.; *Hajduk*, Nowe ujęcie przepisów Art. 299 k.k. penalizującego wprowadzanie do obrotu pieniędzy pochodzących z nielegalnych źródeł, in: *Bojarski T./Skrętowicz* (Hrsg.), S. 43; *Hetzer*, wistra 1993, S. 286; *Leip*, Der Straftatbestand, S. 3; *Werner*, Bekämpfung, S. 9.

[230] Vgl. *Buczkowski/Wojtaszek*, Pranie, S. 27; *Czapliński*, Wybrane regulacje dotyczące Obszaru Bezpieczeństwa, Wolności i Sprawiedliwości, in: *Barcz* (Hrsg.), S. 1134; *Filipkowski*, Zwalczanie, S. 32 f.; *Gentzik*, Die Europäisierung, S. 35; *Höreth*, Die Bekämpfung, S. 4; *Klippl*, Geldwäscherei, S. 3 f.; *Klemme*, Das Verhältnis, S. 3; *Lang V./Schwarz/Kipp*, Regelungen, S. 64 f.; *Maruszewska-Baranek*, Koncepcja europejskiego prawa karnego a problematyka prania brudnych pieniędzy – analiza zagadnienia, in: *Grabowska* (Hrsg.), S. 155; *Ostendorf H.*, JZ 1991, S. 63; *Sieber*, Organisierte Kriminalität in der Bundesrepublik Deutschland, in: *Sieber* (Hrsg.), S. 44, 47 f.; *Spiske*, Pecunia olet?, S. 31; *Zielińska*, Korpus przestępstw europejskich, in: Piontek – FS, S. 572 f. Ähnlich *Prengel*, Środki, S. 88 ff.; *Werner*, Bekämpfung, S. 9.

[231] Vgl. *Filipkowski*, Zwalczanie, S. 33; *Klippl*, Geldwäscherei, S. 3.

[232] So *Klippl*, Geldwäscherei, S. 3.

— unter Verwendung gewerblicher oder geschäftsähnlicher Strukturen
— unter Anwendung von Gewalt oder anderer zur Einschüchterung geeigneter Mittel oder
— unter Einflussnahme auf Politik, öffentliche Verwaltung, Justiz und Wirtschaft zusammenwirken[233].

Diese Richtlinie entspricht im wesentlichen der Definition des Europäischen Rates, welcher in seinem Bericht über die Aktivitäten der organisierten Kriminalität in der Europäischen Union im Jahre 1995 folgende Kriterien zur Beschreibung der organisierten Kriminalität genannt hat:

— Zusammenarbeit von mehr als zwei Personen über einen längeren Zeitraum zur Begehung von schweren Straftaten;
— jede Person hat ihren Aufgabenbereich;
— Anwendung einer gewissen Disziplin und Kontrolle;
— Vorgehen auf internationaler Ebene;
— Anwendung von Gewalt oder ähnlicher zur Erschütterung geeigneter Mittel;
— Beteiligung an Geldwäsche;
— Einschaltung gewerblicher oder geschäftsähnlicher Strukturen;
— Gewinnstreben und Einflussnahme auf Politik, Medien, öffentliche Verwaltung, Justizbehörden oder die Wirtschaft[234].

Die kriminellen Organisationen, die sowohl die Planung und Logistik der Tat mit deren Ausführung koordinieren, als auch die Verwertung der Beute und deren Legalisierung, sind somit ein internationales Problem mit zahlreichen Facetten[235].

Das Hauptziel der organisierten Kriminalität ist mithin die Erlangung größtmöglichen Gewinns mit geringstmöglichem Einsatz bei gleichzeitig niedrigem Entdeckungsrisiko[236]. Die Gewinne bilden weiterhin die Grundlage für die Finanzierung neuer Straftaten und für Investitionen in die legale Wirtschaft[237]. Die riesigen Geldmengen, die die Organisation hauptsächlich durch die Ausführung von Straftaten erwirtschaftet, stellen mithin sowohl

---

[233] Diese Definition ist auch im Bayerischen Verfassungsschutzgesetz zu finden, vgl. Art. 1 Abs. 3 BayVerfSchG.

[234] Vgl. Union Europeen Conceil, Note de la Présidence au Comité K.4, n doc. préc.: 10555/ 96 ENTFOPOL 155, S. 81.

[235] Vgl. *Häde*, EuZW 1991, S. 553; *Höreth*, Die Bekämpfung, S. 4; *Prengel*, Środki, S. 90 f.; *Wöß*, Geldwäscherei, S. 6.

[236] Vgl. *Burr*, Geldwäsche, S. 7 f.; *Filipkowski*, Zwalczanie, S. 37; *Hetzer*, NJW 1993, S. 3298; *Hoyer/Klos*, Regelungen, S. 4; *Jasiński*, Przeciw szarej strefie, S. 26; *Klippl*, Geldwäscherei, S. 4; *Suendorf*, Geldwäsche, S. 45.

[237] Vgl. *Hoyer/Klos*, Regelungen, S. 4.

die Ursache, als auch den Antrieb für den Ausbau der Betätigungsfelder verbrecherischer Zusammenschlüsse dar[238].

Darüber hinaus ergibt sich aus der Notwendigkeit der Einführung der Gewinne in den legalen Wirtschaftsverkehr die Gefahr einer enormen Anschubfinanzierung für viele Geschäfte. Somit können die kriminellen Organisationen durch die Beteiligung oder den Kauf von legalen Unternehmen auf den legalen Märkten ganze Wirtschaftszweige direkt oder indirekt kontrollieren und somit die Unterwanderung von Politik und Wirtschaft bewirken[239]. Daher lässt sich formulieren, dass die organisierte Kriminalität den Charakter eines Wirtschaftsunternehmens aufweist, das sich mit der professionellen und bürokratisch gesteuerten Deliktsbegehung beschäftigt und somit die Fortsetzung der freien Marktwirtschaft mit anderen Mitteln darstellt[240].

Die enormen Gewinne müssen natürlich weiter „gewaschen“ werden; d. h. die illegale Herkunft des Geldes muss verborgen werden, um diesem den Anschein eines redlich erlangten Gewinnes zu verschaffen, wobei die Begehung von Straftaten nur ein zu diesem Zweck brauchbares Instrument darstellt[241]. In diesem Zusammenhang wird die Geldwäsche zu einem wichtigen Indikator organisierter Kriminalität[242].

II. Die Begriffsbestimmung der Geldwäsche

Einen Ausgangspunkt der Untersuchung der Geldwäscheproblematik bildet weiterhin die Definition der Geldwäsche. Eine durchgehend einheitliche Bezeichnung für dieses Phänomen existiert bislang nicht[243]. Während man in

[238] Vgl. *Gentzik*, Die Europäisierung, S. 36; *Wöß*, Geldwäscherei, S. 5.

[239] Vgl. *Forthauser*, Geldwäscherei, S. 3 f.; *Hoyer/Klos*, Regelungen, S. 4; *Klemme*, Das Verhältnis, S. 3 f.; *Klippl*, Geldwäscherei, S. 5; *Werner*, Bekämpfung, S. 9.

[240] Vgl. *Burr*, Geldwäsche, S. 8; *Jasiński*, Przeciw szarej strefie, S. 24; *Prengel*, Środki, S. 84; *Wöß*, Geldwäscherei, S. 5 f.

[241] Vgl. *Hetzer*, NJW 1993, S. 3298; *Klippl*, Geldwäscherei, S. 5; *Leip*, Der Straftatbestand, S. 5; *Prengel*, Środki, S. 87; *Siska*, Die Geldwäscherei, S. 21.

[242] Vgl. *Banach*, Przestępstwo prania brudnych pieniędzy w świetle prawa europejskiego a uregulowania krajowe, in: *Bogunia* (Hrsg.), S. 14; *Flatten*, Zur Strafbarkeit von Bankangestellten, S. 2 f.; *Klichling* (Hrsg.), Die Praxis der Gewinnabschöpfung, S. 22; *Ligeti*, Strafrecht und strafrechtliche Zusammenarbeit, S. 332 f.; *Pływaczewski*, Zum gegenwärtigen Stand der Bekämpfung der Geldwäsche in Polen, in: *Hirsch* u. a. (Hrsg.), S. 145; *Spreizer*, VuR 2006, S. 7.

[243] Vgl. *Basse-Simonsohn*, Geldwäschereibekämpfung, S. 7; *Bukovc*, Die Bekämpfung, S. 5; *Häde*, EuZW 1991, S. 553; *Wöß*, Geldwäscherei, S. 5, Fn. 5.

Deutschland von der „Geldwäsche“ spricht[244], kommt in Österreich und in der Schweiz der Begriff „Geldwäscherei“ zur Anwendung[245].

Der Begriff der Geldwäsche ist in der Strafrechtswissenschaft ein relativ neuer Begriff, der ein ziemlich junges Phänomen umschreibt. Es wird angenommen, dass er seinen Ursprung in den vierziger und fünfziger Jahren des vorigen Jahrhunderts in den USA hat, wo die Mafia die illegal erworbenen Gelder in die legalen von ihr kontrollieren Geschäfte, vorwiegend in Waschsalons, investierte und somit das schmutzige Geld in saubere Einkünfte verwandelte[246].

Frühere Versuche der Definition dieses Phänomens haben es nur mit den aus dem Drogenhandel erworbenen finanziellen Mitteln assoziiert (sog. *drug money*)[247]. Heutzutage weichen zwar die bereits existierenden Begriffsbestimmungen voneinander ab, im Kern beziehen sie sich aber auf mittelbar oder unmittelbar aus einer Straftat herrührende Geldmittel, deren illegale Herkunft oder Verwendung zu illegalen Zwecken verborgen sein muss, so dass der Anschein erweckt werden kann, dass sie aus einer legalen Quelle stammen[248]. Eine einheitliche Definition, die alle gegenwärtigen und künftigen Aspekte der Geldwäsche aus rechtlicher Sicht hinreichend umfassen könnte, ist jedoch wegen der Vielfältigkeit ihrer Erscheinungsformen nur bedingt möglich[249].

1. Deutsche Fassung

Bis Anfang der neunziger Jahre des vorigen Jahrhunderts wurde die Problematik der Geldwäsche hauptsächlich durch internationale Vereinbarungen behandelt. Erst seit der Verabschiedung der EG-Geldwäscherichtlinie[250] und der damit verbundenen Verpflichtung zu deren Umsetzung bildet die Problematik den Gegenstand gesetzlicher Regelungen des nationalen und somit auch des deutschen Gesetzgebers[251]. Der deutsche Gesetzgeber zielt dar-

[244] Vgl. § 261 des deutschen StGB.

[245] Vgl. § 165 des österreichischen StGB und § 305 *bis* des schweizerischen StGB.

[246] Vgl. *Bersler*, Interpol, S. 282; *Hajduk*, Nowe ujęcie przepisów Art. 299 k.k. penalizującego wprowadzanie do obrotu pieniędzy pochodzących z nielegalnych źródeł, in: *Bojarski T./Skrętowicz* (Hrsg.), S. 42; *Klimek*, Jurysta 11-12/2002, S. 26; *Lang V./ Schwarz/Kipp*, Regelungen, S. 75.

[247] Vgl. *Buczkowski/Wojtaszek*, Pranie pieniędzy, S. 22.

[248] Vgl. *Häde*, EuZW 1991, S. 553; *Wöß*, Geldwäscherei, S. 2.

[249] Vgl. *Forthauser*, Geldwäscherei, S. 4; *Werner*, Bekämpfung, S. 12; *Wöß*, Geldwäscherei, S. 2.

[250] Richtlinie des Rates vom 10.06.1991 zur Verhinderung der Nutzung des Finanzsystems zum Zwecke der Geldwäsche (91/308/EWG), EABl. L 166 vom 28.06.1991, S. 77 ff.

[251] Vgl. *Hauser-Gerharter*, ÖBA 1993, S. 473; *Leip*, Der Straftatbestand, S. 3.

auf ab, der organisierten Kriminalität die aus verbrecherischen Tätigkeiten erworbenen Gewinne zu entziehen, wobei davon ausgegangen wird, dass das Hauptziel des organisierten Verbrechens allein das Streben nach dem Gewinn bildet[252].

Die Bildung der Definition der Geldwäsche kann daher auf zwei verschiedenen Arten und mit zwei verschiedenen Zielsetzungen erfolgen. In diesem Zusammenhang kann man von einer Geldwäsche im strafrechtlichen Sinne und von einer Geldwäsche im wirtschaftlichen bzw. kriminologischen Sinne sprechen[253].

A. Geldwäsche im strafrechtlichen Sinne

Die Geldwäsche im strafrechtlichen Sinne umfasst nicht die gesamte Wäsche von Vermögenswerten, sondern jeden isoliert betrachteten Einzelakt dieses Phänomens, der eine strafbare Handlung darstellt[254]. Somit hängt die Erfassung dieser Problematik in diesem Sinne von der Formulierung und dem Wortsinn der Straftatbestände der jeweiligen nationalen Strafgesetzgebung ab.

Eine Grundlage für die Begriffsbestimmung der Geldwäsche in Deutschland bildet die Definition des Bundeskriminalamtes, nach der unter Geldwäsche das Umwandeln von illegal erlangten Gewinnen in scheinbar rechtmäßige Gewinne zu verstehen ist, wobei mit gezielten und planmäßigen Verschleierungsmethoden eine Aufdeckung der Herkunft der Vermögenswerte verhindert oder erschwert werden soll[255].

Eine gesetzliche Definition der Geldwäsche im strafrechtlichen Sinn wurde erstmals im Jahre 1992 unternommen, indem ein entsprechender Straftatbestand (§ 261 StGB) durch das Gesetz zur Bekämpfung des illegalen Rauschgifthandels und anderer Erscheinungsformen der organisierten Kriminalität[256] in das deutsche Strafgesetzbuch[257] aufgenommen wurde[258]. Diese Norm setzt die Verpflichtungen aus der Konvention der Vereinten

[252] Vgl. *Klemme*, Das Verhältnis, S. 5.

[253] Vgl. *Klippl*, Geldwäscherei, S. 11; *Prengel*, Środki, S. 100.

[254] Vgl. *Klippl*, Geldwäscherei, S. 11.

[255] Vgl. *Rebscher/Vahlenkamp*, Organisierte Kriminalität, S. 110.

[256] Gesetz zur Bekämpfung des illegalen Rauschgifthandels und anderer Erscheinungsformen der organisierten Kriminalität (OrgKG) vom 15.07.1992, BGBl I 1992, S. 1302 ff.

[257] Strafgesetzbuch vom 15.05.1871, RGBl. S. 127 ff. in der Fassung der Bekanntmachung vom 10.03.1987, BGBl. I 1987, S. 954 ff. mit späteren Änderungen. Zur heute geltenden Fassung des § 261 StGB siehe Anhang Nr. 2.

[258] Eine erste Verurteilung wegen Geldwäsche aufgrund § 261 StGB erfolgte am

Nationen gegen den unerlaubten Verkehr mit Suchtstoffen und psychotropen Stoffen von 1988 einerseits sowie der EG-Richtlinie zur Verhinderung der Nutzung des Finanzsystems zum Zwecke der Geldwäsche von 1991 andererseits zur Schaffung eines Straftatbestandes gegen die Geldwäsche in geltendes Recht um[259]. Dieser Vorschrift entsprechend wird die Geldwäsche als Verbergung, Verschleierung der Herkunft, Vereitelung oder Gefährdung der Ermittlung der Herkunft, des Auffindens, des Verfalls, der Entziehung oder der Sicherstellung eines aus einer im Absatz 1, Satz 2 dieser Norm genannten rechtswidrigen Tat herrührenden Gegenstandes verstanden.

Parallel dazu wurde das Geldwäschegesetz[260] erlassen. Es verfolgt das Ziel, den Ermittlungsbehörden Anhaltspunkte für geldwäscheverdächtige Transaktionen verfügbar zu machen, indem die Behörden im Rahmen ihrer Ermittlungstätigkeit auf Unterlagen zugreifen können, die im Zusammenhang mit Finanztransaktionen stehen, und enthält keine Definition der Geldwäsche an sich[261]. Zu beachten ist jedoch, dass die Wirksamkeit der Strafandrohung des § 261 StGB sehr vom Inhalt des Geldwäschegesetzes abhängt[262].

B. Geldwäsche im wirtschaftlichen bzw. kriminologischen Sinne

Im Gegensatz zu der Geldwäsche im strafrechtlichen Sinne ist die Definition der Geldwäsche im wirtschaftlichen bzw. kriminologischen Sinne viel weitreichender, da sie den gesamten Ablauf einer möglichen Wäsche umschreibt[263].

Nach dieser Definition wird die Geldwäsche als ein Prozess verstanden, durch den Erlöse, die aus kriminellen Tätigkeiten stammen, transportiert, transformiert, überwiesen, konvertiert oder mit legalen Geschäften vermischt werden, und zwar mit dem Ziel, den wahren Ursprung, die Beschaffenheit, die Verfügung über oder das Eigentum an solchen Erlösen ohne nennenswerte Verluste zu verschleiern oder zu verheimlichen[264]. Das Ziel der

---

12.01.1994 durch das Amtsgericht Essen, vgl. AG Essen Urteil vom 12.01.1994 – 37, Ls. 122/93.

[259] Vgl. *Flatten*, Zur Strafbarkeit von Bankangestellten, S. 1.

[260] Gesetz über das Aufspüren von Gewinnen aus schweren Straftaten (Geldwäschegesetz – GwG) vom 25.10.1993, BGBl. I 1993, S. 1770 ff.

[261] Vgl. *Bockelmann*, Das Geldwäschegesetz, S. 19; *Hetzer*, NJW 1993, S. 3300; *Remmers*, Die Entwicklung, S. 45.

[262] Vgl. *Hetzer*, wistra 1993, S. 286.

[263] Vgl. *Klippl*, Geldwäscherei, S. 11; *Prengel*, Środki, S. 100.

[264] Vgl. *Hoyer/Klos*, Regelungen, S. 8; *Lang V./Schwarz/Kipp*, Regelungen, S. 75; *Wöß*, Geldwäscherei, S. 3.

Geldwäsche ist es mithin, die Geldmittel, die aus illegalen Aktivitäten stammen oder damit in Verbindung stehen, gesetzmäßig erscheinen zu lassen[265]. Somit werden solche Handlungen mit dem Begriff „Geldwäsche" umschrieben, die eine freie Verfügung über illegal erlangte Gewinne ermöglichen sollen[266].

2. Polnische Fassung

Das Phänomen der Geldwäsche gehört in Polen zu denjenigen Erscheinungsformen sozialwidrigen Verhaltens, die erst als Folge des Systemwechsels des Jahres 1989 entstanden sind, und zwar deshalb, weil im früheren System des Staatsozialismus kein freier Umlauf des Geldes und damit keine unauffällige Verschiebung größerer Geldmengen möglich waren[267]. Die Pönalisierung der Geldwäsche in Polen bedeutet somit einen Eingriff des Staates in einen ganz neu entstandenen Bereich des wirtschaftlichen Lebens[268].

Seit 1992 werden in Polen Versuche unternommen, selbständige gesetzliche Maßnahmen zur Bekämpfung der Geldwäsche zu entwickeln. Als Ergebnis dieser Bemühungen ist erstens das am 12.10.1994 erlassene *Gesetz über den Schutz des Wirtschaftsverkehrs von 1994*[269] zu nennen. Vor dem Erlass des Gesetzes enthielt das polnische Strafrecht keine Regelung der Geldwäscheproblematik[270]. Art. 5 dieses Gesetzes enthält die Definition der Geldwäsche, wobei in dieser Vorschrift, anders als in der deutschen Regelung, nur bestimmte Vermögensgegenstände, d. h. Zahlungsmittel, Wertpapiere, Devisen und Devisenwerte, in Betracht kommen. Überdies ist in der Formulierung dieser Norm eine früher vertretene Tendenz zum Ausdruck gebracht worden, vor allem solche illegal erworbenen Vermögensgegenstände in dem Straftatbestand zu nennen, die aus illegalen Betäubungsmittelgeschäften stammen[271]. Darüber hinaus werden von diesem Gesetz auch solche rechtswidrig erlangten Geldmittel erfasst, die mit Geld-, Papierfälschung, Lösegelderpressung oder mit Waffenhandel verbunden sind.

265 Vgl. *Hoyer/Klos*, Regelungen, S. 9; *Wöß*, Geldwäscherei, S. 3.

266 Vgl. *Klippl*, Geldwäscherei, S. 1.

267 Vgl. *Pływaczewski*, Pranie, S. 13, Fn. 2; *Weigend E./Wróbel*, ZStW 108 (1996), S. 416.

268 Vgl. *Banach*, Przestępstwo prania brudnych pieniędzy w świetle prawa europejskiego a uregulowania krajowe, in: *Bogunia* (Hrsg.), S. 11; *Weigend E./Wróbel*, ZStW 108 (1996), S. 416.

269 Vgl. Ustawa o ochronie obrotu gospodarczego (*Gesetz über den Schutz des Wirtschaftsverkehrs*) vom 12.10.1994, Dz. U. (*Gesetzblatt*) 1994, Nr. 126, Pos. 615.

270 Vgl. *Jasiński*, Pranie, S. 24; *Weigend E./Wróbel*, ZStW 1996 (108), S. 418.

271 Vgl. Art. 5 § 1 des *Gesetzes über den Schutz des Wirtschaftsverkehrs von 1994*.

Angesichts der nicht ausreichend wirksamen Geldflusskontrolle wurde die Definition der Geldwäsche mit der Reform des polnischen Strafrechts erweitert, indem eine ganz neue Vorschrift (Art. 299) in das polnische Strafgesetzbuch[272] eingeführt wurde. Der heute geltende Begriff der Geldwäsche existiert in der Fassung des im Jahre 2000 erlassenen *Gesetzes über die Verhinderung der Einführung der aus illegalen oder nicht ermittelbaren Quellen stammenden Vermögenswerte in den Finanzverkehr und der Finanzierung des Terrorismus* [273].

Die heutige Definition der Geldwäsche im polnischen Strafrecht erfasst die Annahme, die Überweisung, die Ausfuhr ins Ausland oder die Hilfe bei der Übertragung des Eigentums oder des Besitzes von Geldmitteln, Wertpapieren oder anderen Devisenwerten, Vermögensrechten oder beweglichem oder unbeweglichem Vermögen, die aus Vorteilen herrühren, die in Verbindung mit der Begehung einer verbotenen Tat erlangt wurden. Unter Strafe ist auch die Vornahme von Handlungen gestellt, die die Feststellung der kriminellen Herkunft oder die Lokalisierung, die Aufdeckung, die Beschlagnahme oder die Anordnung des Verfalls der Geldmittel, Wertpapiere oder anderen Devisenwerte, Vermögensrechte oder des beweglichen oder unbeweglichen Vermögens vereiteln oder erheblich erschweren[274].

3. Internationale Verträge

Wie bereits erwähnt, beschränkt sich die Geldwäscheproblematik nicht nur auf den innerstaatlichen Bereich. Deswegen war es geboten, gewisse Handlungen auf der internationalen Ebene zu unternehmen, um die Bekämpfungsmaßnahmen gegen die Geldwäsche zu bestimmen bzw. zu vereinheitlichen. Zum Hauptziel wurde der Erlass von rechtlichen Regelungen, die durch möglichst viele Länder angenommen werden könnten. Gleichzeitig wurde das Phänomen der Geldwäsche in den nationalen Strafrechtsordnungen vieler Länder unter Strafe gestellt. Die Bekämpfung dieses Phänomens stellt zudem eines der wirksamsten Mittel gegen die organisierte Kriminalität dar.

---

272 Vgl. Ustawa Kodeks Karny (*Gesetz: Das polnische Strafgesetzbuch*) vom 06.06.1997, Dz. U. *(Gesetzblatt)* 1997, Nr. 88, Pos. 553 mit späteren Änderungen.

273 Vgl. Art. 43 des *Gesetzes von 2000*. Näher dazu siehe Fn. 5 sowie Kapitel 3 § 3 Punkt IV. 3. der vorliegenden Untersuchung. Vgl. auch *Górniok*, Przegląd Sądowy 4/2002, S. 26 ff. In diesem Zusammenhang ist auch Art. 1 Abs. 1 lit. f der Novellierung des *Gesetzes von 2000* (vgl. Fn. 5) zu erwähnen, der eine Definition der Einführung der aus illegalen oder nicht ermittelbaren Quellen stammenden Vermögenswerte normiert, wobei diese Definition völlig dem in Art. 1 Abs. 2 und 3 der dritten Geldwäscherichtlinie definierten Begriff einer Geldwäsche entspricht.

274 Vgl. Art. 299 § 1 KK.

Entsprechende Maßnahmen diesbezüglich bedürfen jedoch internationaler Koordinierung und Zusammenarbeit[275].

Die ersten diese Problematik betreffenden Regelungen wurden in der Wiener Konvention der Vereinten Nationen gegen den unerlaubten Verkehr mit Suchtstoffen und psychotropen Stoffen[276] formuliert. In Art. 3 dieser Konvention wurde der Begriff dieses Phänomens definiert, wonach unter Geldwäsche Folgendes verstanden wird:

— das Umwandeln oder Übertragen von Vermögensgegenständen in der Kenntnis, dass diese Vermögensgegenstände aus einer oder mehreren in Übereinstimmung mit den in diesem Übereinkommen umschriebenen Straftaten oder aus der Teilnahme an einer oder mehreren dieser Straftaten stammen, zu dem Zweck, den unerlaubten Ursprung der Vermögensgegenstände zu verbergen oder zu verschleiern oder einer an der Begehung einer oder mehrerer solcher Straftaten beteiligten Person behilflich zu sein, sich den rechtlichen Folgen ihres Handelns zu entziehen;
— das Verbergen oder Verschleiern der wahren Beschaffenheit, des Ursprungs, des Ortes oder der Bewegung der Vermögensgegenstände, der Verfügung darüber oder der Rechte oder des Eigentums daran in der Kenntnis, dass diese Vermögensgegenstände aus einer oder mehreren in Übereinstimmung mit den in diesem Übereinkommen umschriebenen Straftaten oder aus der Teilnahme an einer oder mehreren dieser Straftaten stammen;
— vorbehaltlich der Verfassungsgrundsätze und der Grundzüge der Rechtsordnung der Vertragsstaaten der Erwerb, der Besitz oder die Verwendung von Vermögensgegenständen, wenn der Betreffende bei Erhalt weiß, dass diese Vermögensgegenstände aus einer oder mehreren in Übereinstimmung mit den in diesem Übereinkommen umschriebenen Straftaten oder aus der Teilnahme an einer oder mehreren dieser Straftaten stammen.

Aus dieser Formulierung lässt sich jedoch noch keine juristisch befriedigende Definition entnehmen. Hier werden nur verschiedene Arten von möglichen Tathandlungen der Geldwäsche aufgelistet, die einzeln betrachtet als Vorgabe für nationale Geldwäschevorschriften dienen sollen[277]. Deswe-

---

[275] Vgl. *Braum*, Europäische Strafgesetzlichkeit, S. 536 f.; *Hetzer*, wistra 1993, S. 287.

[276] Wiener Konvention der Vereinten Nationen gegen den unerlaubten Verkehr mit Suchtstoffen und psychotropen Stoffen vom 20.12.1988; abgedruckt bei *Körner*, Betäubungsmittelgesetz, Anhang B3, S. 998 ff.

[277] Vgl. *Fabel*, Geldwäsche, S. 7.

gen wurden aufgrund der intensiven internationalen Zusammenarbeit weitere Rechtsakte erlassen, die den Anwendungsbereich des Geldwäschebegriffs erheblich erweitert haben, indem sie auf die bisherige Verbindung des Phänomens der Geldwäsche mit der Drogenkriminalität verzichten[278]. Charakteristisch für diese Definitionen ist jedoch, dass sie keinen Bezug der Geldwäsche zur organisierten Kriminalität herstellen[279].

4. Die dritte Geldwäscherichtlinie der EU

Die aktuellste und zugleich heute geltende Fassung der Geldwäschedefinition enthält Art. 1 Abs. 2 der Richtlinie des Europäischen Parlaments und des Rates zur Verhinderung der Nutzung des Finanzsystems zum Zwecke der Geldwäsche und der Terrorismusfinanzierung von 2005 (sog. dritte Geldwäscherichtlinie[280]).

Dieser Vorschrift entsprechend versteht man unter dem Begriff der Geldwäsche Folgendes:

a) den Umtausch oder Transfer von Vermögensgegenständen in Kenntnis der Tatsache, dass diese Vermögensgegenstände aus einer kriminellen Tätigkeit oder der Teilnahme an solcher Tätigkeit stammen, zum Zwecke der Verheimlichung oder der Verschleierung des illegalen Ursprungs der Vermögensgegenstände oder der Unterstützung von Personen, die an einer solchen Tätigkeit beteiligt sind, damit diese den Rechtsfolgen ihrer Tat entgehen;
b) die Verheimlichung oder Verschleierung der wahren Natur, Herkunft, Lage, Verfügung oder Bewegung von Vermögensgegenständen oder von Rechten oder Eigentum an Vermögensgegenständen in Kenntnis der Tatsache, dass diese Gegenstände aus einer kriminellen Tätigkeit oder aus der Teilnahme an einer solchen Tätigkeit stammen;
c) den Erwerb, den Besitz oder die Verwendung von Vermögensgegenständen, wenn dem Betreffenden bei der Übernahme dieser Vermögensge-

[278] Vgl. Empfehlungen der Finanzeinsatzgruppe zur Bekämpfung der Geldwäscherei, Paris, 7. Februar 1990 (sog. FATF); Konvention des Europarates Nr. 141 über das Waschen, das Aufspüren, die Beschlagnahme und die Einziehung von Erträgen aus Straftaten vom 8. November 1990 (sog. Straßburger Konvention). Siehe ferner The President's Commission on Organized Crime, Interim Report to the President and the Attorney General, The Cash Connection: Organized Crime, Financial Instructions and Money Laundering (14.03.1984).

[279] Vgl. *Werner*, Bekämpfung, S. 12; anders *Forthauser*, Geldwäscherei, S. 3.

[280] Vgl. Richtlinie des Europäischen Parlaments und des Rates vom 26.10.2005 zur Verhinderung der Nutzung des Finanzsystems zum Zwecke der Geldwäsche und der Terrorismusfinanzierung (2005/60/EG), EABl. L 309 vom 25.11.2005, S. 15 ff. Siehe dazu Anhang Nr. 3.

genstände bekannt war, dass diese Gegenstände aus einer kriminellen Tätigkeit oder aus der Teilnahme an einer solchen Tätigkeit stammen;

d) die Beteiligung an einer der in den vorstehenden Buchstaben aufgeführten Handlungen, Zusammenschlüsse zur Ausführung einer solchen Handlung, Versuche einer solchen Handlung, Beihilfe, Anstiftung oder Beratung zur Ausführung einer solchen Handlung oder Erleichterung ihrer Ausführung.

Zu erwähnen ist dabei, dass laut Absatz 5 dieser Vorschrift anhand objektiver Tatumstände festgelegt werden kann, ob Kenntnis, Vorsatz oder Zweck vorliegen, die ein Merkmal der oben genannten Handlungen sein müssen.

Bemerkenswert ist auch, dass der Tatbestand der Geldwäsche auch dann erfüllt ist, wenn die Tätigkeiten, die den zu waschenden Vermögensgegenständen zugrunde liegen, in der Hoheitsgewalt eines anderen Mitgliedstaates oder eines Drittlandes vorgenommen wurden.

Da die dritte Geldwäscherichtlinie auch darauf abzielt, den internationalen Terrorismus wirksam zu bekämpfen, wurde ihr Geltungsbereich gegenüber der bisherigen Geldwäscherichtlinie[281] erweitert und auf die Finanzierung des Terrorismus ausgedehnt. Somit soll in die Definition der Geldwäsche auch der Fall aufgenommen werden, dass die aus Straftaten herrührenden oder auf legalem Wege erlangten finanziellen Mittel ganz oder teilweise zur Terrorismusfinanzierung eingesetzt werden (vgl. Art. 1 Abs. 4).

Demnach lässt sich feststellen, dass eine weitgehende Übereinstimmung bei der Einordnung der Geldwäscheproblematik im deutschen und im polnischen Strafrecht vorliegt. In beiden Strafrechtssystemen ist die Geldwäsche als Transformation illegaler Gelder in Vermögenswerte mit dem Zweck, den Anschein eines legalen Erwerbs zu verschaffen, definiert[282]. Darüber hinaus entspricht diese Geldwäschedefinition im Wesentlichen dem Verständnis des Begriffs auf der internationalen und der europäischen Ebene[283].

[281] Vgl. Richtlinie des Europäischen Parlaments und des Rates vom 04.12.2001 zur Änderung der Richtlinie 91/308/EWG des Rates zur Verhinderung der Nutzung des Finanzsystems zum Zwecke der Geldwäsche (2001/97/EG), EABl. L 344 vom 28.12.2001, S. 76 ff.

[282] Vgl. *Bogensberger*, ÖBA 1992, S. 1051; *Hoyer/Klos*, Regelungen, S. 8 f.; *Prengel*, Jurysta 6/2003, S. 15; *Stefański R. A.*, Przestępstwo „prania pieniędzy“ w polskim prawie karnym, in: Górniok – FS, S. 162.

[283] Vgl. Art. 3 Abs. 1 b und c i) der Wiener Konvention der Vereinten Nationen gegen den unerlaubten Verkehr mit Suchtstoffen und psychotropen Stoffen vom 20.12.1988; Art. 1 der Richtlinie des Rates vom 10. Juni 1991 zur Verhinderung der Nutzung des Finanzsystems zum Zwecke der Geldwäsche; Art. 1 C der Richtlinie des Europäischen

§ 2. Ziele der Geldwäsche

Die hier zu besprechenden Handlungsmodelle dienen dazu, die Erscheinungsformen der Geldwäsche darzustellen und die Komplexität aller Handlungen zu verstehen, die im Rahmen der Geldwäsche vorgenommen werden und mit einiger Regelmäßigkeit auftreten, um dadurch die Tatbestandsmerkmale dieser Straftat identifizieren zu können[284].

Das von *Ackermann*[285] entwickelte Zielmodell knüpft an verschiedene Ziele der Geldwäsche an. Anhand dieses Modells lassen sich folgende Ziele des Phänomens festhalten: Integration, Investition, Steuerumgehung und Verbrechensfinanzierung. Nach diesem Modell werden zur Verwirklichung dieser Ziele entsprechende Handlungsmöglichkeiten und die zur Verfügung stehenden Unterstützungsfaktoren bestimmt. Im Rahmen des Zielmodells unterscheidet man drei Zielgruppen, d. h. Hauptziele, Sekundärziele und Nebenziele. Damit dürfen die Ziele des Geldwäschers selbst nicht verwechselt werden, zu denen vor allem das persönliche Gewinnstreben gehört.

I. Hauptziele

Vor allem geht es um die Vereitelung der Beschlagnahme der aus illegalen Aktivitäten stammenden Geldmittel durch die Verfolgungsbehörden und daher um die Verheimlichung der kriminellen Herkunft der Vermögenswerte[286]. Dies geschieht oft durch verschiedene Arten von komplizierten Finanzgeschäften, bei denen eine Vielzahl von verwirrenden Transaktionen durchgeführt wird.

Ein weiteres Ziel liegt in der Schaffung von Verfügungsmöglichkeiten über die Vermögenswerte. Damit soll die jederzeitige Zugriffsmöglichkeit auf die Geldmittel und deren gewinnbringende Weiterverarbeitung ermöglicht werden; insbesondere im Rahmen weiterer komplizierter Finanzgeschäfte. Um dies zu erreichen, muss das durch eine Straftat erworbene Vermögen vor der Auffindung durch staatliche Verfolgungsbehörden geschützt werden.[287]

Parlaments und des Rates vom 04.12.2001 zur Änderung der Richtlinie 91/308/EWG des Rates zur Verhinderung der Nutzung des Finanzsystems zum Zwecke der Geldwäsche; Art. 1 Abs. 2 der Richtlinie des Europäischen Parlaments und des Rates vom 26.10.2005 zur Verhinderung der Nutzung des Finanzsystems zum Zwecke der Geldwäsche und der Terrorismusfinanzierung.

284 Vgl. *Prengel*, Środki, S. 143.

285 Vgl. auch andere Handlungsmodelle bei *Ackermann*, Geldwäscherei, S. 10 ff. Siehe auch *Hoyer/Klos*, Regelungen, S. 11; *Oswald*, Die Implementation, S. 15.

286 Vgl. *Bottermann*, Untersuchung, S. 4; *Klemme*, Das Verhältnis, S. 6; *Prengel*, RPEiS 3/2000, S. 79; *ders.*, Środki, S. 145.

287 Vgl. *Klippl*, Geldwäscherei, S. 1 f.; *Prengel*, Środki, S. 145.

II. Sekundärziele

Zu den Sekundärzielen gehört vor allem die Einführung der verbrecherisch erlangten Geldmittel in den legalen Wirtschaftsverkehr und deren langfristige Verarbeitung, bis ihr illegaler Ursprung verschleiert ist. Die Integration in die legale Wirtschaft erfolgt in zwei Phasen.

Die erste Phase (sog. Umwandlung) umfasst die Umwandlung der erworbenen Vermögenswerte, meistens Bargeldbestände, in die auf dem Markt zur Verfügung stehenden leicht handhabbaren Aktiva, wie Buchforderungen und Bankkonten, um diese weiterhin in den legalen Finanzkreislauf überleiten zu können. In der zweiten Phase (sog. Tarnung) dagegen handelt es sich um die Verschleierung des kriminellen Ursprungs des Vermögens[288]. Zu diesem Zweck werden die Vermögenswerte üblicherweise in kleinere Beträge aufgeteilt (sog. *smurfing*) und bei Banken, Geldwechselstuben, Spielkasinos usw. untergebracht[289].

Ein weiteres Sekundärziel bilden die Investitionen. Wenn die Vermögenswerte den Anschein eines legalen Erwerbs erwecken, ist es notwendig, sie gewinnbringend in die Wirtschaft einzubringen, so dass der Eindruck entsteht, sie sind auf dem Wege rechtmäßiger und nachvollziehbarer Finanzgeschäfte entstanden[290]. Die wirtschaftlichen Tätigkeiten müssen unauffällig geschehen, was nur dann gelingen kann, wenn das eingesetzte Geld als versteuert gilt oder die Steuerbehörden dessen Nichtversteuerung nicht nachweisen können[291].

Mit der erfolgreichen Vermeidung der Besteuerung der illegal erlangten Erlöse und dem Erwecken des Eindrucks von legal erwirtschafteten Erlösen wird das dritte Ziel der Geldwäsche erreicht, nämlich die Umgehung der Besteuerung.

Neben den Investitionen existiert die Notwendigkeit der Finanzierung weiterer Verbrechen. Die Verwertung der gewaschenen Geldmittel für die

---

[288] Vgl. *Prengel*, RPEiS 3/2000, S. 79 f.; *ders.*, Środki, S. 146; *Wöß*, Geldwäscherei, S. 45.

[289] Vgl. *Banach*, Przestępstwo prania brudnych pieniędzy w świetle prawa europejskiego a uregulowania krajowe, in: *Bogunia* (Hrsg.), S. 12; *Hoyer/Klos*, Regelungen, S. 12; *Klippl*, Geldwäscherei, S. 7.

[290] Vgl. *Ackermann*, Geldwäscherei, S. 31 f. Vgl. auch *Hoyer/Klos*, Regelungen, S. 13; *Prengel*, Środki, S. 146.

[291] Vgl. *Hoyer/Klos*, Regelungen, S. 13 f.; *Prengel*, RPEiS 3/2000, S. 80; *ders.*, Środki, S. 146.

finanzielle Unterstützung weiterer krimineller Handlungen bildet also das letzte Ziel des Geldwäschevorganges[292].

III. Nebenziele

Ein Nebenziel der Geldwäsche besteht vor allem in der Verhinderung der Verfolgung des Vortäters. Bei den Vermögensverschiebungen hinterlässt der Täter in Banken bzw. Finanzinstituten gewisse Papierspuren in Form von Buchungen, Unterlagen usw. (sog. *paper trail*)[293]. Da die Finanzinstitute nicht nur verpflichtet sind, ab einem gewissen, in einschlägigen Rechtsvorschriften konkret bestimmten Geldbeitrag jede Transaktion zu registrieren, sondern auch die Verfolgungsbehörden über alle auffälligen Vorgänge zu informieren, besteht die Gefahr der Überführung des Täters. Deswegen sollen die Papierspuren zwischen den einzelnen Umwandlungsgeschäften unterbrochen bzw. vermieden werden. Überdies unterliegen die Finanzinstitute in der Regel einer engen gesetzlich verankerten Aufsicht, was die Möglichkeit der Entdeckung von Geldwäschern zusätzlich erweitert[294]. Aus diesem Grunde müssen diese Spuren in einer möglichst frühen Phase getarnt werden, um die Verfolgung des Täters zu vereiteln.

§ 3. Phasen der Geldwäsche

Wie oben bereits erwähnt stellt die Geldwäsche in der Regel keine einzelne Handlung und keinen bloßen Austausch eines Vermögensgegenstandes in einen anderen, sondern einen komplizierten Vorgang dar. Ihr Ablauf hängt von verschiedenen Faktoren und variablen Bedingungen ab, so dass jeder Fall der Geldwäsche für sich gesehen einzigartig ist[295]. Für ein besseres Verständnis dieses Phänomens und zum Zwecke seiner Untersuchung kann man es in drei aufeinander folgende Phasen unterteilen[296]. Der Zweck dieser Aufteilung liegt darin, mögliche Angriffspunkte bei der Bekämpfung der

---

[292] Vgl. *Prengel*, RPEiS 3/2000, S. 79 f.; *ders.*, Środki, S. 146.

[293] Vgl. *Klippl*, Geldwäscherei, S. 1; *Oswald*, Die Implementation, S. 8; *Prengel*, RPEiS 3/2000, S. 80; *ders.*, Środki, S. 146.

[294] Vgl. *Wöß*, Geldwäscherei, S. 44 f.

[295] Vgl. *Wöß*, Geldwäscherei, S. 19.

[296] Es sind auch andere Methoden der Aufteilung des Geldwäscheablaufs denkbar: das Zwei-Phasen-Modell, das Kreislaufmodell und das Zyklus-Modell, vgl. dazu *Bernasconi*, Finanzunterwelt, S. 29 ff.; *Fabel*, Geldwäsche, S. 9 ff.; *Hoyer/Klos*, Regelungen, S. 10; *Höreth*, Die Bekämpfung, S. 10 ff.; *Klemme*, Das Verhältnis, S. 6; *Klippl*, Geldwäscherei, S. 2; *Lang V./Schwarz/Kipp*, Regelungen, S. 86 f.; *Leip*, Der Straftatbestand, S. 7 f.; *Mazur*, CPKiNP 1/2006, S. 139 f.; *Oswald*, Die Implementation, S. 10 ff.; *Plywaczewski*, Pranie, S. 36 ff.; *Zünd*, Jahrbuch für Controlling und Rechnungswesen 1991, S. 253 ff. An dieser Stelle ist es jedoch nicht erforderlich, eine ausführliche mehrstufige Einordnung

Geldwäsche zu veranschaulichen, wobei sich dieser dreistufige Vorgang sich nicht auf nationale Ebene begrenzt, sondern sich auch auf grenzüberschreitender Ebene vollzieht[297].

Der Vorgang der Geldwäsche vollzieht sich im allgemeinen in drei Phasen, die als Platzierung, Verteilung und Integration bezeichnet werden[298]. Die Aufteilung ist jedoch variabel; so können die Phasen sowohl einzeln als auch gemeinsam auftreten, genauso wie sie sich oft überschneiden und ineinander übergehen[299].

I. Platzierung (sog. placement stage)

Die erste Phase umfasst die Umwandlung der hohen, aus einer Straftat herrührenden Bargeldbeiträge in leicht fungible Finanzinstrumente, so dass der Anschein erweckt wird, dass sie aus einer legalen Quelle stammen und damit in den regulären Geldkreislauf eingebracht werden können[300]. Das Hauptproblem, das hier auftaucht, ist die physische Beseitigung dieser großen Geldmengen, die aus der kriminellen Tätigkeit herrühren und deren Umwandlung in Buchgeld[301]. Der Vorgang geschieht in der Regel an einem anderen Ort als dem der Tatbegehung, so dass die Gelder dann oft in einem anderen Land platziert werden. Da der Besitz großer Geldsummen

---

typischer Geldwäschevorgänge vorzunehmen, insbesondere weil das Drei-Phasen-Modell weitaus übersichtlicher, sachgemäßer und am weitesten verbreitet ist.

[297] Vgl. *Klemme*, Das Verhältnis, S. 6; *Wöß*, Geldwäscherei, S. 16 f.

[298] Vgl. *Basse-Simonsohn*, Geldwäschereibekämpfung, S. 20 ff.; *Buczkowski/Wojtaszek*, Pranie, S. 45 f.; *Glebovskiy*, Wirtschaftskriminalität, S. 38 ff.; *Glimore*, Brudne pieniądze, S. 36 f.; *Hafner*, Im Schatten, S. 10 ff.; *Hoyer/Klos*, Regelungen, S. 9 ff.; *Jasiński*, Pranie, S. 62 ff.; *Klippl*, Geldwäscherei, S. 6; *Lang V./Schwarz/Kipp*, Regelungen, S. 86; *Mazur*, CPKiNP 1/2006, S. 137 ff.; *Prengel*, Środki, S. 129 ff.; *Siska*, Die Geldwäscherei, S. 29; *Spreizer*, VuR 2006, S. 7 f.; *Wąsowski*, Pranie, S. 12 ff.; *Wójcik*, Pranie, S. 94 f.; *Wöß*, Geldwäscherei, S. 16 ff.

[299] Vgl. *Basse-Simonsohn*, Geldwäschereibekämpfung, S. 20; *Buczkowski/Wojtaszek*, Pranie, S. 45; *Hoyer/Klos*, Regelungen, S. 9; *Lang V./Schwarz/Kipp*, Regelungen, S. 86; *Mazur*, CPKiNP 1/2006, S. 137; *Oswald*, Die Implementation, S. 12; *Spreizer*, VuR 2006, S. 8; *Wöß*, Geldwäscherei, S. 19.

[300] Vgl. *Banach*, Przestępstwo prania brudnych pieniędzy w świetle prawa europejskiego a uregulowania krajowe, in: *Bogunia* (Hrsg.), S. 12; *Flatten*, Zur Strafbarkeit von Bankangestellten, S. 4 ff.; *Hoyer/Klos*, Regelungen, S. 9; *Höreth*, Die Bekämpfung, S. 11; *Jasiński*, Pranie, S. 64; *Mazur*, CPKiNP 1/2006, S. 138; *Oswald*, Die Implementation, S. 11; *Pieth*, Was ist Geldwäsche?, S. 31; *Siska*, Die Geldwäscherei, S. 29; *Werner*, Bekämpfung, S. 13; *Spreizer*, VuR 2006, S. 7 f.; *Wójcik*, Gazeta Sądowa 12/2000, S. 40; *ders.*, Pranie, S. 94; *Wöß*, Geldwäscherei, S. 17.

[301] Vgl. *Basse-Simonsohn*, Geldwäschereibekämpfung, S. 20; *Glebovskiy*, Wirtschaftskriminalität, S. 40; *Lang V./Schwarz/Kipp*, Regelungen, S. 87; *Mazur*, CPKiNP 1/2006, S. 138.

verdächtig sein kann, werden zu diesem Zweck die Gelder in kleinere Mengen aufgeteilt und in das Finanzsystem und damit auch in den Finanzkreislauf eingeschleust, was durch die Unterbringung in Banken, Geldwechselstuben, Spielkasinos, Münzhandlungen, Versicherungen oder bei Wertpapiermaklern, also überall dort, wo das Aufkommen größerer Bargeldmengen nachvollziehbar und erklärbar ist, sowie durch die Versendung der Geldbeträge ins Ausland, geschieht.[302]

Eine erfolgreiche Platzierung von Bargeld hat üblicherweise zur Folge, dass die Behörden nicht in der Lage sind, den Vorgang der Geldwäsche zu entdecken, obwohl er in dieser Phase am auffälligsten und die Erkennbarkeit am erfolgversprechendsten sowie die Papierspur noch vorhanden sind[303]. Der wesentliche Ansatzpunkt zur Geldwäschebekämpfung schon in dieser Phase liegt jedoch darin, dass die Tätigkeiten in der zweiten und dritten Phase sich kaum von legalen Transaktionen unterscheiden lassen.

II. Verteilung (sog. layering stage)

Nach der erfolgreichen Unterbringung der Gelder im Finanzkreislauf müssen die auf ihre kriminelle Herkunft hinweisenden Spuren verwischt werden, so dass eine Zurückverfolgung fast unmöglich gemacht wird[304]. Diese Stufe dient also der Unkenntlichmachung des kriminellen Ursprungs des Erlöses und der Sicherung der Anonymität der Geldwäscher[305]. Zu diesem Zweck wird eine große Menge verwirrender und grenzüberschreitender Transaktionen durchgeführt, so dass das Geld eine Vielzahl von Schichten mehrerer Banken durchläuft. Der Zusammenhang mit der Straftat oder den Tätern wird dadurch nicht mehr erkennbar. Hiermit beginnt erst der eigentliche

[302] Vgl. *Buczkowski/Wojtaszek*, Pranie, S. 45; *Glimore*, Brudne pieniądze, S. 36; *Klippl*, Geldwäscherei, S. 7; *Lang V./Schwarz/Kipp*, Regelungen, S. 88; *Prengel*, Środki, S. 130 ff.; *Siska*, Die Geldwäscherei, S. 29; *Werner*, Bekämpfung, S. 13; *Wöß*, Geldwäscherei, S. 17 f.

[303] Vgl. *Filipkowski*, Zwalczanie, S. 64; *Kilchling*, Unrechtsmäßige Gewinne und ihre Bekämpfung in Deutschland, in: *Militello/Arnold/Paoli* (Hrsg.), S. 242; *Spreizer*, VuR 2006, S. 8.

[304] Vgl. *Hafner*, Im Schatten, S. 11 f., *Hoyer/Klos*, Regelungen, S. 12; *Klippl*, Geldwäscherei, S. 8; *Glebovskiy*, Wirtschaftskriminalität, S. 41; *Lang V./Schwarz/Kipp*, Regelungen, S. 89; *Oswald*, Die Implementation, S. 11; *Pieth*, Was ist Geldwäsche?, S. 31; *Wójcik*, Pranie, S. 94 f.; *Wöß*, Geldwäscherei, S. 18.

[305] Vgl. *Banach*, Przestępstwo prania brudnych pieniędzy w świetle prawa europejskiego a uregulowania krajowe, in: *Bogunia* (Hrsg.), S. 12; *Filipkowski*, Zwalczanie, S. 68; *Hajduk*, Nowe ujęcie przepisów Art. 299 k.k. penalizującego wprowadzanie do obrotu pieniędzy pochodzących z nielegalnych źródeł, in: *Bojarski T./Skrętowicz* (Hrsg.), S. 43 f.; *Höreth*, Die Bekämpfung, S. 11; *Mazur*, CPKiNP 1/2006, S. 138 f.; *Siska*, Die Geldwäscherei, S. 30; *Wójcik*, Gazeta Sądowa 12/2000, S. 40.

Prozess der Geldwäsche, wobei Kettentransfers möglichst über Grenzen hinweg oder mehrfache Transaktionen von Geldern über zahlreiche Bankkonten für diesen Vorgang charakteristisch sind.

Außerdem wird ein Netz von Sitzgesellschaften aufgebaut, womit die wahren Eigentumsverhältnisse an Firmenvermögen verschleiert werden können[306]. Um die Papierspuren (sog. *paper trail)* zu unterbrechen oder zu verschleiern, werden oft Mittelsmänner oder sog. *shell companies* engagiert[307]. Somit stellt diese Phase ein Verwirrspiel mit den Verfolgungsbehörden und Finanzinstituten dar. Je komplizierter die Streuung der illegal erworbenen Erlöse ist, desto schwieriger sind deren Verfolgbarkeit und damit die Möglichkeit ihrer Entdeckung und der Nachvollziehung ihres Weges.

III. Integration (sog. integration stage)

Der letzte Schritt in dem Geldwäschevorgang ist die Wiedereinführung und die „Legalisierung" der ursprünglich verbrecherisch erzielten Gewinne in den regulären Finanzkreislauf[308]. In dieser Phase werden also die Gelder in den Wirtschaftskreislauf zurückgeleitet, um als legal erworben zu erscheinen und damit den Anschein eines vermeintlich versteuerten Erlöses zu erwecken[309]. Das Ziel dieses Vorgangs liegt in der Vermischung der gewaschenen Gelder mit anderen, aus legalen wirtschaftlichen Tätigkeiten herrührenden Gewinnen. Dies geschieht oft durch die Gründung oder den Erwerb neuer Unternehmen, sowie durch langfristige Investitionen[310]. Der Umstand, dass die Unterscheidung der legal und der illegal erlangten Erlöse auf dieser Stufe kaum möglich ist, macht die Verfolgung dieser Taten besonders kompliziert.

---

306 Vgl. *Klippl*, Geldwäscherei, S. 8 f.

307 Vgl. *Buczkowski/Wojtaszek*, Pranie, S. 45; *Filipkowski*, Zwalczanie, S. 70; *Lang V./Schwarz/Kipp*, Regelungen, S. 89; *Prengel*, Środki, S. 132 f.; *Werner*, Bekämpfung, S. 14.

308 Vgl. *Banach*, Przestępstwo prania brudnych pieniędzy w świetle prawa europejskiego a uregulowania krajowe, in: *Bogunia* (Hrsg.), S. 12; *Flatten*, Zur Strafbarkeit von Bankangestellten, S. 7; *Hajduk*, Nowe ujęcie przepisów Art. 299 k.k. penalizującego wprowadzanie do obrotu pieniędzy pochodzących z nielegalnych źródeł, in: *Bojarski T./Skrętowicz* (Hrsg.), S. 44; *Hoyer/Klos*, Regelungen, S. 12; *Höreth*, Die Bekämpfung, S. 11; *Klippl*, Geldwäscherei, S. 9; *Mazur*, CPKiNP 1/2006, S. 139; *Pieth*, Was ist Geldwäsche?, S. 31; *Prengel*, Środki, S. 133; *Werner*, Bekämpfung, S. 14; *Spreizer*, VuR 2006, S. 8; Wöß, Geldwäscherei, S. 18 f.

309 Vgl. *Filipkowski*, Zwalczanie, S. 71; *Glebovskiy*, Wirtschaftskriminalität, S. 42; *Lang V./Schwarz/Kipp*, Regelungen, S. 90; *Oswald*, Die Implementation, S. 11; *Wójcik*, Gazeta Sądowa 12/2000, S. 40 f.

310 Vgl. *Basse-Simonsohn*, Geldwäschereibekämpfung, S. 21; *Hoyer/Klos*, Regelungen, S. 13; *Lang V./Schwarz/Kipp*, Regelungen, S. 90; *Prengel*, Środki, S. 133; *Siska*, Die Geldwäscherei, S. 32.

Mit dem gewaschenen Geld können weitere Geschäfte und Investitionen legaler oder krimineller Art finanziert werden. Mit dem Erreichen dieser Phase ist die Geldwäsche als erfolgreich zu betrachten.

§ 4. Methoden der Geldwäsche

Die Methoden der Geldwäsche sind vielfältig und ständig in der Entwicklung. Da jeder Fall der Geldwäsche für sich gesehen einzigartig ist, ist die Entscheidung, welche Methode zur Anwendung kommt, von Umständen des konkreten Falles abhängig. Zudem stellt nicht jede Verwendung illegaler Gewinne zugleich einen Fall der Geldwäsche dar[311]. Die freie Wirtschaft bietet jedoch eine Vielzahl von Möglichkeiten, die Vermögenswerte zu transformieren. Angesichts der Vielfalt der zur Verfügung stehenden Methoden lässt sich ihre genaue Anzahl nur schwer einschätzen. Deswegen werden hier nur die am häufigsten vorkommenden Fallkonstellationen dargestellt[312].

I. Methoden in der Phase der Platzierung

In der Phase der Platzierung werden die illegal erlangten Barmittel in die legale Wirtschaft eingeführt[313]. Da der Besitz von Transaktionen mit hohen Bargeldbeträgen weltweit verdächtig sind, werden große Mengen des zu waschenden Bargelds in kleine Geldsummen aufgeteilt und auf verschiedene Konten zu unterschiedlichen Zeitpunkten eingezahlt (sog. *smurfing*), so dass die Summe für eine Meldepflicht bei Banken nicht erreicht wird und die Geschäfte ohne Identifizierung getätigt werden können[314]. Auf diese Weise wird das Bargeld in Buchgeld umgewandelt, was ein vornehmliches Ziel der Geldwäscher ist[315]. Gleichzeitig mit der Umwandlung von Bargeld erfolgt der Erwerb von Inhaberpapieren (vor allem Bankschecks; sog. *ca-*

[311] Vgl. *Fabel*, Geldwäsche, S. 14; *Mazur*, CPKiNP 1/2006, S. 141.

[312] Vgl. auch FATF-Bericht über Geldwäsche-Typologien 2002-2003, Nr. 9; abrufbar unter: www.bafin.de/rundschreiben/91_2003/030310_anl.pdf.

[313] Vgl. die vorangehenden Ausführungen.

[314] Vgl. *Basse-Simonsohn*, Geldwäschereibekämpfung, S. 30; *Buczkowski/Wojtaszek*, Pranie, S. 50; *Fabel*, Geldwäsche, S. 19; *Filipkowski*, Zwalczanie, S. 64 f.; *Glimore*, Brudne pieniądze, S. 39; *Hajduk*, Nowe ujęcie przepisów Art. 299 k.k. penalizującego wprowadzanie do obrotu pieniędzy pochodzących z nielegalnych źródeł, in: *Bojarski T./Skrętowicz* (Hrsg.), S. 43; *Hoyer/Klos*, Regelungen, S. 14; *Höreth*, Die Bekämpfung, S. 29; *Jasiński*, Pranie, S. 69; *Kern*, Geldwäsche, S. 25; *Lang V./Schwarz/Kipp*, Regelungen, S. 92 f.; *Mazur*, CPKiNP 1/2006, S. 142; *Prengel*, Bezpieczny Bank 1-2/2001, S. 111 f.; *Wąsowski*, Pranie, S. 27 f.; *Werner*, Bekämpfung, S. 13; *Wöß*, Geldwäscherei, S. 35.

[315] Vgl. *Lang V./Schwarz/Kipp*, Regelungen, S. 88.

shier's checks)[316]. Nach der Einzahlung werden die Gelder wiederholt auf mehreren Konten an verschiedenen Orten hintergelegt bis das ganze Geld wieder auf ein Konto des Geldwäschers transferiert wird[317]. Der Zweck dieses aufwändigen Vorgehens besteht vor allem in einem erhöhten Geheimnisschutz.

Der Vorteil dieser Methode liegt darin, dass die einzelnen Transaktionen mit den geringen Beträgen meistens unauffällig sind und es kaum möglich ist, sie als eine Gesamtoperation nachzuweisen. Den Nachteil bildet jedoch die Notwendigkeit vieler Helfer, die die Einzahlungen vornehmen, sowie die Tatsache, dass diese Methode relativ zeitaufwändig ist.

Auch der Erwerb von Unternehmen (sog. *front companies*), wo die Bargeldgeschäfte leicht abgewickelt werden können, ermöglicht das Waschen der schmutzigen Gelder. Die Unternehmen werden entweder zur Vereinfachung des Einwechselns oder zur nachträglichen Verschleierung eingesetzt.[318] In Betracht kommen hier beispielsweise Restaurants, Kasinos, Supermärkte, Juwelierläden. Das schmutzige Geld wird auf den Konten hinterlegt und über fingierte Buchungen den Steuerbehörden als legal erworbener Umsatz erklärt, so dass nach Bezahlung der gesetzlichen Steuer das Geld als sauber anzusehen ist. Die Branchen, in denen investiert wird, sind vor allem dadurch gekennzeichnet, dass sie nicht nur der unmittelbaren Ausführung der Geldwäsche dienen, sondern die Gelegenheit zu anderen, illegalen Geschäften und zu wiederholter Geldwäsche eröffnen[319].

Eine andere beliebte Methode besteht in der Schaffung einer überzeugenden Erklärung für den hohen Bargeldanfall. In diesem Fall werden die hohen Bargeldsummen durch die Vortäuschung legaler Geschäfte oder durch Investitionen in legal arbeitende Unternehmen, in denen viel mit Bargeld gearbeitet wird, verschleiert (sog. *blending*), so dass die Preisbildung und das Aufkommen größerer Bargeldbestände nachvollziehbar und erklärbar sind (z. B. Gaststätten, Kasinos, Kaufhausketten, Supermarktketten, Gebrauchtwagenhandel)[320].

---

316 Vgl. *Fabel*, Geldwäsche, S. 19; *Hoyer/Klos*, Regelungen, S. 17; *Höreth*, Die Bekämpfung, S. 28; *Kern*, Geldwäsche, S. 26 f.; *Prengel*, Bezpieczny Bank 1-2/2001, S. 111 f.; *Wąsowski*, Pranie, S. 29.

317 Vgl. *Fabel*, Geldwäsche, S. 21; *Höreth*, Die Bekämpfung, S. 28 f.

318 Vgl. *Bottermann*, Untersuchung, S. 3; *Buczkowski/Wojtaszek*, Pranie, S. 51; *Fabel*, Geldwäsche, S. 25; *Hoyer/Klos*, Regelungen, S. 18; *Höreth*, Die Bekämpfung, S. 29 f.; *Wöß*, Geldwäscherei, S. 30.

319 Vgl. *Fabel*, Geldwäsche, S. 26.

320 Vgl. *Filipkowski*, Zwalczanie, S. 67; *Glimore*, Brudne pieniądze, S. 48; *Hoyer/Klos*, Regelungen, S. 14; *Jasiński*, Pranie, S. 70 f.; *Kern*, Geldwäsche, S. 29; *Lang V./*

Weiterhin lässt sich schmutziges Geld über Transaktionen auf einem Markt mit undurchsichtiger Preisbildung ziemlich einfach waschen. In Betracht kommen hier sowohl Geschäfte mit Sachwerten wie wertvollem Schmuck, Kunstgegenständen, Antiquitäten und Immobilien, deren reale Preise nur sehr schwer zu bewerten sind, als auch der Ankauf von billigen Handelswaren zu extrem überhöhnten Preisen[321].

Auch der Handel mit Devisen stellt eine Methode der Geldwäsche dar. Charakteristisch ist, dass sich die Transaktionen in diesem Fall oft nur auf dem Papier abspielen, so dass der Nachweis des illegalen Ursprungs der Gelder unmöglich gemacht wird.[322]

In dieser Phase sind auch die häufig vorkommenden Fälle der Korruption von Bankangestellten erwähnenswert. Die Mitarbeiter verschiedener Bank- oder Finanzinstitute verkaufen häufig ihre Kenntnisse des Finanzverkehrs und Zugangsmöglichkeiten an die Geldwäscher. Um die Gefahr der Kontaktaufnahme mit einem potentiellen Mitarbeiter zu umgehen, können zudem die Geldwäscher bestimmte, entsprechend ausgebildete Personen aus den eigenen Reihen als Experten in verschiedene Finanzinstitute einschleusen[323].

II. Methoden in der Phase der Verteilung

Diese Phase fängt üblicherweise mit der Einschleusung der zu waschenden Gelder in den legalen Finanzkreislauf an. Da hier versucht wird, den kriminellen Ursprung des Erlöses zu tarnen, werden die Vermögenswerte zum Gegenstand verschiedener verwirrender Finanztransaktionen. Zu diesem Zweck wird die Verwendung der neuesten technologischen Systeme und Entwicklungen, insbesondere der Zahlungs- und Überweisungstechnologien durch die Geldwäscher allgemein üblich[324]. In Betracht kommen hier die elektronische Geldbörse, Bankgeschäfte im Internet und sog. Direktgeschäfte. Der Vorteil der Verwendung der neusten Technologien liegt in der Schnelligkeit der Transaktionen über mehrere Länder hinweg und der ständigen

Schwarz/Kipp, Regelungen, S. 93; *Mazur*, CPKiNP 1/2006, S. 142 f.; *Prengel*, Bezpieczny Bank 1-2/2001, S. 108; *Wąsowski*, Pranie, S. 28 f.

[321] Vgl. *Fabel*, Geldwäsche, S. 18; *Hoyer/Klos*, Regelungen, S. 15; *Höreth*, Die Bekämpfung, S. 31; *Kern*, Geldwäsche, S. 27; *Lang V./Schwarz/Kipp*, Regelungen, S. 104.

[322] Vgl. *Buczkowski/Wojtaszek*, Pranie, S. 50 f.; *Jasiński*, Pranie, S. 73; *Kern*, Geldwäsche, S. 34; *Wąsowski*, Pranie, S. 29; *Wöß*, Geldwäscherei, S. 42 f.

[323] Vgl. *Filipkowski*, Zwalczanie, S. 66 f.; *Lang V./Schwarz/Kipp*, Regelungen, S. 97 ff.; *Wöß*, Geldwäscherei, S. 37; *Wójcik*, Gazeta Sądowa 12/2000, S. 41.

[324] Vgl. FATF-Bericht über Geldwäsche-Typologien 2002-2003, Nr. 9; abrufbar unter: www.bafin.de/ rundschreiben/91_2003/030310_anl.pdf. Vgl. auch *Basse-Simonsohn*, Geldwäschereibekämpfung, S. 54; *Hafner*, Im Schatten, S. 9; *Mazur*, CPKiNP 1/2006, S. 145 f.

Möglichkeit für anonymes Handeln, sowie in der komplizierten Nachvollziehbarkeit der Zahlungen[325].

Elektronische Börsen (sog. vorausbezahlte Karten) sind Wertkarten ohne kundenbezogene Daten, auf denen Geldbeiträge elektronisch gespeichert werden, um damit Transaktionen durchzuführen. Im Gegensatz zu Kreditkarten müssen sie vor ihrem Einsatz mit einer bestimmten Geldsumme aufgeladen werden; sie lassen jedoch keine Identifizierung des Karteninhabers oder des Nutzers zu[326]. Da die elektronischen Börsen vor allem als Substitut des Bargelds dienen und somit anonyme Zahlungen ermöglichen, stellen sie für die Geldwäscher ein geeignetes Mittel dar, das Hinterlassen von Papierspuren zu vermeiden.

Das Geldwäscherisiko besteht auch beim Direktgeschäft (sog. *direct banking*), wo der Kontakt zwischen dem Bankangestellten und dem Kunden vermindert ist, indem die Kommunikation ohne die Notwendigkeit der Präsenz ausschließlich elektronisch oder auf postalischem Wege verläuft[327].

Als weltweit öffentliches und anonymes Kommunikationsmittel, das keiner Überwachungs- oder Kontrollinstitution unterliegt, erleichtert auch das Internet die Geldwäscheprozesse. Dies geschieht zum einen durch die Verwendung von elektronischem Geld oder von Netzgeld (sog. *cybermoney*), das auf der Festplatte eines PC oder auf dem Chip einer Plastikkarte gespeichert ist; zum anderen durch das Verschwinden räumlicher Distanzen und die Schnelligkeit der Ausführung zahlreicher Transaktionen im Internet bei gleichzeitiger Unmöglichkeit der Identifizierung einer real handelnden Person[328]. Somit können sowohl im nationalen als auch im internationalen Zahlungsverkehr größere Geldmengen transferiert werden.

Die Überweisung kann auch durch einen Finanztransferdienstleister erfolgen[329]. Damit sind solche Firmen gemeint, deren Angebot sich vorwiegend an diejenigen Personen richtet, die über kein Bankkonto verfügen. Die Firmen bekommen von ihren Kunden Bargeldsummen, die sie gegen Zahlung einer Kommission an entsprechende Begünstigte überweisen. Bei einer solchen Tätigkeit ist die Geldwäschegefahr relativ groß, insbesondere

---

[325] Vgl. *Hoyer/Klos*, Regelungen, S. 22; *Höreth*, Die Bekämpfung, S. 29; *Lang V./ Schwarz/Kipp*, Regelungen, S. 40 f.; *Mazur*, CPKiNP 1/2006, S. 146; *Prengel*, Bezpieczny Bank 1-2/2001, S. 108; *Wąsowski*, Pranie, S. 31, 39; *Wöß*, Geldwäscherei, S. 36.

[326] Vgl. *Hoyer/Klos*, Regelungen, S. 22 f.; *Wąsowski*, Pranie, S. 39.

[327] Vgl. *Basse-Simonsohn*, Geldwäschereibekämpfung, S. 55 f.; *Hoyer/Klos*, Regelungen, S. 24.

[328] Vgl. *Basse-Simonsohn*, Geldwäschereibekämpfung, S. 55; *Hoyer/Klos*, Regelungen, S. 24 ff.

[329] Vgl. *Hoyer/Klos*, Regelungen, S. 20.

deswegen, weil diese Tätigkeit kaum kontrollierbar ist und oft unter falscher Identität durchgeführt werden kann.

III. Methoden in der Phase der Integration

Die letzte Phase des Geldwäschevorganges dient der „Legalisierung“ und Rückeinführung der bereits gewaschenen Gelder. Mit der Bargeldeinzahlung auf ein Konto oder ein Sparbuch bei einer Bank wird das Bargeld in Buchgeld umgewandelt. In diesem Fall werden die schmutzigen Gelder oft durch eine Scheinfirma (sog. *shell company*) eingeschleust. Scheinfirmen sind Gesellschaften, deren einzige Funktion im Durchschleusen von Geldern liegt[330]. Für diese Methode müssen jedoch die Geldwäscher über wenigstens zwei Unternehmen verfügen. Im ersten Schritt wird eine „Briefkastenfirma“ gegründet, die das schmutzige Geld in einem Offshore-Zentrum (sog. *offshore centre*) hinterlegt. Die Offshore- Zentren bzw. Steueroasen[331] sind ausländische Finanzinstitute und Banken, bei denen Diskretion und Anonymität gewährleistet werden, keine staatliche Bankenaufsicht und keine wirksame Finanzkontrolle, insbesondere keine gesetzlichen Registrierungspflichten über die Höhe der Finanzgeschäfte, vorhanden sind (sog. *regulatory havens, company havens*), sowie eine einfache Möglichkeit besteht, beliebige Firmen zu gründen. Die Offshore-Zentren sind jedoch kein Beispiel für einen Schwarzmarkt; vielmehr handelt es sich hier um einen wesentlichen Teil des legalen Finanzmarktes. Die Transaktionen, die auf diesem Markt durchgeführt werden, dürfen allerdings den Inlandmarkt des jeweiligen Offshore-Landes nicht berühren.[332]

Danach wird der zweiten Firma, die ein legales Unternehmen darstellt, aus einer Filiale derselben Bank eine Kreditsumme überwiesen, so dass der Geldwäscher sein gewaschenes Geld in einer legal versteuerbaren Form wiedererhält. Im Endeffekt leiht man sich also sein eigenes Guthaben (sog. *loan-back*-System)[333]. Um den Erfolg dieser komplizierten Transaktionen

---

[330] Vgl. *Ackermann*, Geldwäscherei, S. 58; *Höreth*, Die Bekämpfung, S. 17; *Kern*, Geldwäsche, S. 31; *Werner*, Bekämpfung, S. 14.

[331] Beispiele hierfür sind etwa: Miami, Luxemburg, Monaco, die Kanarischen Inseln und schweizerische Finanzzentren wie Zürich, Genf und Lugano. Siehe auch eine Karte des Bundesnachrichtendienstes über die wichtigsten Offshore-Zentren; abgedruckt bei *Hoyer/Klos*, Regelungen, S. 592 f.

[332] Vgl. *Basse-Simonsohn*, Geldwäschereibekämpfung, S. 42 ff.; *Filipkowski*, PUG 12/2004, S. 14 ff.; *Glebovskiy*, Wirtschaftskriminalität, S. 45 ff.; *Hoyer/Klos*, Regelungen, S. 18 f.; *Höreth*, Die Bekämpfung, S. 17; *Kern*, Geldwäsche, S. 30 f.; *Lang V./ Schwarz/Kipp*, Regelungen, S. 104 ff.; *Prengel*, Bezpieczny Bank 1-2/2001, S. 110; *Wąsowski*, Pranie, S. 35 ff.; *Werner*, Bekämpfung, S. 14; *Wöß*, Geldwäscherei, S. 31 f.

[333] Vgl. *Buczkowski/Wojtaszek*, Pranie, S. 52; *Filipkowski*, Zwalczanie, S. 72; *Flat-*

zu gewährleisten, versucht man in den Kreis der rechts- und steuerberatenden Berufe einzudringen, indem man sich bei deren Durchführung einer Vielzahl von Mitarbeitern aus der legalen Wirtschaftswelt wie Rechtsanwälten, Steuer- und Wirtschaftsberatern, Treuhändern und Bankfachleuten bedient[334].

Eine andere Variante dieser Methode besteht in der Verwendung sog. fundierter Anleihen, die durch Einlagen gesichert sind[335]. Es handelt sich hier vor allem um Darlehen oder Kredite, die durch in der Regel nur auf dem Papier existierende Emissionen gesichert werden[336]. In diesem Fall erfolgt die Kreditvergabe ohne Beteiligung der Offshore-Zentren direkt von einem Unternehmen an das andere. Vorausgesetzt wird jedoch, dass der Geldwäscher über beide Firmen disponieren kann[337]. Andererseits können mehrere Offshore-Banken in verschiedenen Ländern in den Prozess einbezogen werden, damit die illegale Herkunft des zu waschenden Geldes infolge der mehrmaligen Überweisung unnachweisbar bleibt.

Ähnlich funktioniert die Methode mit vorgetäuschten Rechnungen (sog. *double invoicing*)[338]. Hier werden auch mehrere Firmen einbezogen, wobei der Geldwäscher über mindestens eine von den Firmen, in der Regel über eine Briefkastenfirma, verfügen kann. Durch diese Firma werden dem Partnerunternehmen vorgetäuschte Rechnungen für fingierte Handelsgeschäfte oder für Transaktionen von Gütern oder Dienstleistungen zu absichtlich überhöhten Preisen ausgestellt. Das Geld, das dafür gezahlt wird, wird meistens auf einem Konto in einer ausländischen Bank hintergelegt, wo es durch weitere fingierte Transaktionen zurückgeholt werden kann. Auf diese Weise kommt es nicht nur zur Steuerumgehung, sondern auch zur Einschleusung der schmutzigen Gelder in ein legal arbeitendes Unternehmen.

Abschließend ist noch mal zu betonen, dass die genaue Anzahl von möglichen Varianten der Erscheinungsformen der Geldwäsche unbekannt

---

ten, Zur Strafbarkeit von Bankangestellten, S. 7; *Jasiński*, Pranie, S. 79 f.; *Kern*, Geldwäsche, S. 34 f.; *Klippl*, Geldwäscherei, S. 9; *Mazur*, CPKiNP 1/2006, S. 147; *Oswald*, Die Implementation, S. 12; *Werner*, Bekämpfung, S. 14; *Wójcik*, Pranie, S. 97; *Wöß*, Geldwäscherei, S. 32.

334 Vgl. *Fabel*, Geldwäsche, S. 22 f.; *Hoyer/Klos*, Regelungen, S. 29; *Basse-Simonsohn*, Geldwäschereibekämpfung, S. 52 f.; *Lang V./Schwarz/Kipp*, Regelungen, S. 113 f.

335 Vgl. *Fabel*, Geldwäsche, S. 22 f.; *Filipkowski*, Zwalczanie, S. 72; *Hoyer/Klos*, Regelungen, S. 17.

336 Vgl. *Lang V./Schwarz/Kipp*, Regelungen, S. 96.

337 Vgl. *Wöß*, Geldwäscherei, S. 32.

338 Vgl. *Ackermann*, Geldwäscherei, S. 68 f.; *Fabel*, Geldwäsche, S. 27 f.; *Glimore*, Brudne pieniądze, S. 50; *Hoyer/Klos*, Regelungen, S. 18; *Wöß*, Geldwäscherei, S. 33.

bleiben wird. Überdies ist davon auszugehen, dass die Geldwäscher ständig neue Methoden entwickeln, indem sie alle für die Geldwäsche geeigneten Mittel einsetzen; vor allem die neuesten Technologien, die ungeahnte Möglichkeiten für Geldwäscher eröffnen[339].

[339] Vgl. *Basse-Simonsohn*, Geldwäschereibekämpfung, S. 57; *Bottermann*, Untersuchung, S. 3; *Filipkowski*, Zwalczanie, S. 74 ff.; *Glebovskiy*, Wirtschaftskriminalität, S. 52, 127 f.; *Höreth*, Die Bekämpfung, S. 25.

Kapitel 3

Maßnahmen zur Verhinderung und Bekämpfung der Geldwäsche

§ 1. Arten der Maßnahmen

Die Gefahr der Geldwäsche liegt in ihren möglichen Folgen für Staat, Wirtschaft und Gesellschaft[340]. Die Möglichkeit, riesige Gewinne in relativ kurzer Zeit zu erzielen, motiviert viele zur Begehung der hiermit zusammenhängenden Straftaten. Im Laufe der mit der Geldwäsche verbundenen Tätigkeiten werden oft Staatsgrenzen überwunden, was zur Folge hat, dass sich der Geldwäschevorgang nicht nur auf dem Territorium eines Landes abspielt, sondern auch auf internationaler Ebene präsent ist. Alleingänge einzelner Länder bei der Geldwäschebekämpfung haben daher eine nur sehr eingeschränkte Wirkung. Das weltweite Ausmaß der Geldwäsche, die ohne Zweifel auch eine Verknüpfung zwischen der organisierten Kriminalität und der legalen Wirtschaft darstellt, wird immer deutlicher. Es lässt sich jedoch schwer einschätzen, da es diesbezüglich keine offiziellen Statistiken gibt.[341]

Wegen des grenzüberschreitenden Charakters der Geldwäsche[342] sind nicht nur national, sondern auch international abgestimmte Gegenmaßnahmen strafrechtlicher und nichtstrafrechtlicher Art erforderlich, die möglichst viele Länder umfassen und ein wirksames Instrument zur Bekämpfung dieses Phänomens sein können. Diese Regelungen sollten darauf abzielen, so-

---

[340] Vgl. *Bogensberger*, Rechtliche Maßnahmen der EU zur Bekämpfung der Geldwäsche, in: *Bogensberger* (Hrsg.), S. 111; *Gentzik*, Die Europäisierung, S. 37; *Pływaczewski/Filipkowski*, Wybrane inicjatytwy międzynarodowe w zakresie przeciwdziałania praniu brudnych pieniędzy, in: *Adamski* (Hrsg.), S. 361.

[341] Vgl. *Bogensberger*, Rechtliche Maßnahmen der EU zur Bekämpfung der Geldwäsche, in: *Bogensberger* (Hrsg.), S. 112; *Filipkowski*, Zwalczanie, S. 57; *Gentzik*, Die Europäisierung, S. 37; *Ligeti*, Strafrecht und strafrechtliche Zusammenarbeit, S. 327, 331.

[342] Vgl. *Bogensberger*, Rechtliche Maßnahmen der EU zur Bekämpfung der Geldwäsche, in: *Bogensberger* (Hrsg.), S. 111 ff.; *Bukovc*, Die Bekämpfung, S. 27; *Kern*, Geldwäsche, S. 79; *Findeisen*, Prok. i Pr. 6/1995, S. 46; *Hajduk*, Nowe ujęcie przepisów Art. 299 k.k. penalizującego wprowadzanie do obrotu pieniędzy pochodzących z nielegalnych źródeł, in: *Bojarski T./Skrętowicz* (Hrsg.), S. 44; *Jasiński*, PUG 10/2000, S. 18 f.; *Klippl*, Geldwäsche, S. 14; *Werner*, Bekämpfung, S. 38.

wohl die legale Wirtschaft vor Unterwanderung durch die aus kriminellen Tätigkeiten herrührenden Vermögenswerte zu schützen als auch der Ausdehnung der Kriminalität vorzubeugen[343]. Regional begrenzte Maßnahmen, die sich auf die Bekämpfung dieses Phänomens beziehen, können daher nur selten erfolgreich sein.

I. Strafrechtliche Maßnahmen

Zum einen müssen Vorkehrungen getroffen werden, die die Erfassung der Taten durch einen einheitlichen Straftatbestand der Geldwäsche ermöglichen. Da nationale Maßnahmen nur begrenzte Wirkung haben, ist es geboten, entsprechende Regelungen auf der internationalen, gemeinschaftsrechtlichen Ebene zu erlassen, die den Begriff der Geldwäsche vereinheitlichen können und zugleich Maßstäbe für die nationalen Gesetzgeber setzen[344]. Dadurch werden auch die Mitgliedstaaten der EU zur Schaffung von Geldwäschestraftatbeständen verpflichtet[345]. Nicht ohne Bedeutung sind weiterhin strafverfahrensrechtliche Regelungen, die die Beschlagnahme der illegal erworbenen Vermögenswerte und die internationale Zusammenarbeit in der Strafverfolgung sowie andere für die Geldwäschebekämpfung relevante Vorschriften umfassen.

II. Andere Maßnahmen

Weiterhin sind im Banken- und Finanzbereich solche Maßnahmen zu treffen, die den Kredit- und Finanzinstituten die Erfüllung umfangreicher Kontroll-, Registrierungs- und Meldepflichten in Bezug auf geldwäscheverdächtige Tätigkeiten ermöglichen bzw. erleichtern[346]. Darüber hinaus kommen solche Maßnahmen in Betracht, die nur indirekt zur Bekämpfung der Geldwäsche verwendet werden können, wie z. B. Maßnahmen zur Kontrolle des Kapitaldurchflusses. Ferner sind hier auch interne Vorschriften der Bank- und Finanzinstitutionen gemeint.

---

343 Vgl. *Gentzik*, Die Europäisierung, S. 37.
344 Vgl. *Jasiński*, Prok. i Pr. 4/2000, S. 41.
345 Vgl. *Gentzik*, Die Europäisierung, S. 37; *Jasiński*, Prok. i Pr. 4/2000, S. 42.
346 Vgl. *Jasiński*, Prok. i Pr. 4/2000, S. 42; *Kern*, Geldwäsche, S. 79; *Leip*, Der Straftatbestand, S. 32.

§ 2. Einschränkung der nationalen Autonomie der Mitgliedstaaten bei der Entwicklung der internationalen Maßnahmen

Mit der Schaffung von international verbindlichen Maßnahmen gegen die Geldwäsche haben sich sowohl internationale Organisationen als auch die Europäische Gemeinschaft befasst, indem eine Reihe von verbindlichen Abkommen, Richtlinien und Empfehlungen erlassen wurde. Die Bemühungen zur Verhinderung und zur Bekämpfung der Geldwäsche wurden seitens der Europäischen Gemeinschaften in letzter Zeit intensiviert. Seit dem Erlass der Geldwäscherichtlinie[347], also seit 1991, wurden etwa 100 Rechtsakte hinsichtlich dieser Problematik erlassen, was auf die besondere Bedeutung dieses Problems hinweist[348]. Zudem wurde sowohl mit den neuen Mitgliedsländern – noch vor ihrem Beitritt – als auch mit anderen Drittstaaten eine Reihe von Abkommen geschlossen, die sich auf den Kampf gegen die Geldwäsche beziehen und der Koordinierung der internationalen Zusammenarbeit auf diesem Gebiet dienen. Auffallend sind jedoch drei Besonderheiten, die diese *Geldwäscheacquis* charakterisieren[349]. In erster Linie geht es um die Einführung der Strafbarkeit der Geldwäsche, ferner kommt es auf die Festlegung der Verpflichtungen an, die den Finanzinstituten sowie anderen durch die Tätigkeiten potentieller Geldwäscher gefährdeten Institutionen auferlegt werden. Schließlich handelt es sich um die internationale strafrechtliche Zusammenarbeit im Bereich der Bekämpfung der Geldwäsche. Es erscheint daher angezeigt, sich einen Überblick über das gesamte System der gemeinschaftsrechtlichen Bestimmungen und die internationale Rechtsentwicklung bezüglich dieses Phänomens zu verschaffen[350].

---

[347] Richtlinie des Rates vom 10.06.1991 zur Verhinderung der Nutzung des Finanzsystems zum Zwecke der Geldwäsche (91/308/EWG), EABl. L 166 vom 28.06.1991, S. 77 ff.

[348] Vgl. *Bogensberger*, Rechtliche Maßnahmen der EU zur Bekämpfung der Geldwäsche, in: *Bogensberger* (Hrsg.), S. 113 f.; *Braum*, Europäische Strafgesetzlichkeit, S. 537; *Jasiński*, Prok. i Pr. 4/2000, S. 41; *Ligeti*, Strafrecht und strafrechtliche Zusammenarbeit, S. 327 ff.

[349] Näher dazu siehe *Ligeti*, Strafrecht und strafrechtliche Zusammenarbeit, S. 328 ff.

[350] Einen Überblick über die wichtigsten internationalen Initiativen im Bereich der Geldwäschebekämpfung vgl. bei *Prengel*, Bezpieczny Bank 3-4/2004, S. 199 ff.

I. Frühere Regulierungen

1. Die Grundsatzerklärung der Zentralbankpräsidenten zur Verhütung des Missbrauchs des Bankensystems für die Geldwäsche von 1988

Die Grundsatzerklärung zur Verhütung des Missbrauchs des Bankensystems für die Geldwäsche[351] wurde durch den Baseler Ausschuss für Bankbestimmungen und -überwachung (sog. *Cooke-Commitee*[352]), der der Bank für Internationalen Zahlungsausgleich (BIZ) angehört, verabschiedet und ist an das Bankgewerbe und andere Finanzinstitute gerichtet. Motivation für die Verabschiedung der Erklärung war die Sorge des Ausschusses, dass die Banken und andere Finanzinstitute ohne ihr Wissen zu Zwecken der Geldwäsche missbraucht werden und die Bankenaufsichtsbehörden dem nicht entgegenwirken können (Einleitung Punkt 1)[353]. Infolge der unfreiwilligen Zusammenarbeit der Banken mit Straftätern haben die Banken nicht nur finanzielle Verluste verzeichnet, sondern sich einen negativen Ruf erworben, der ihre Stabilität und das öffentliche Vertrauen in Frage stellte. Angesichts dieser Gefährdung wurde die Förderung ethischer Grundsätze bei der Geschäftsführung durch Bankangestellte und die Wahrung der finanziellen Stabilität zu den wichtigsten Aufgaben der Bankenaufsichtsbehörden erhoben (Einleitung Punkt 3, 4)[354].

Es wurde ferner festgelegt, dass es zu den Aufgaben der Geschäftspolitik eines Finanzinstituts gehört, sich vor Transaktionen mit verbrecherischem Hintergrund selbst zu schützen – dabei insbesondere vor Geldwäschevorgängen – und zu deren Aufdeckung und Bekämpfung beizutragen (Einleitung Punkt 2)[355]. Zu Maßnahmen, die von dem Ausschuss empfohlen wurden, gehören vor allem die Bankkundenidentifikation (Abschnitt II), die Empfehlung, sich von verdächtigen Geschäften fernzuhalten (Abschnitt III), sowie die Zusammenarbeit mit den Bank- und Strafverfolgungsbehörden (Abschnitt IV)[356].

---

351 Statement on Prevention of Criminal Use of the Banking System for the Purpose of Money Laundering of 12 December 1988; im vollen Wortlaut abgedruckt bei *Ortner*, Das Bankgeheimnis, S. 32 ff.

352 Der Ausschuss vereinigt Vertreter der Zentralbanken sowie der Aufsichtsbehörden der Länder der Zehnergruppe (Belgien, Deutschland, Frankreich, Großbritannien, Italien, Japan, Kanada, Niederlande, Schweden, Schweiz, USA und Luxemburg).

353 Vgl. *Hoyer/Klos*, Regelungen, S. 36; *Plywaczewski*, Pranie, S. 122; *Prengel*, Środki, S. 209; *Werner*, Bekämpfung, S. 45; *Wójcik*, Pranie, S. 134; *Wöß*, Geldwäscherei, S. 53.

354 Vgl. *Hoyer/Klos*, Regelungen, S. 36; *Plywaczewski*, Pranie, S. 123; *Sawicki*, Prokurator, 2/2006, S. 66; *Werner*, Bekämpfung, S. 45; *Wöß*, Geldwäscherei, S. 54.

355 Vgl. *Hoyer/Klos*, Regelungen, S. 36; *Wöß*, Geldwäscherei, S. 53.

356 Vgl. *Fabel*, Geldwäsche, S. 46; *Laskowska*, Pranie brudnych pieniędzy – możli-

Der Nachteil dieser Erklärung liegt in den fehlenden Konkretisierungen sowie im Mangel an neuen Ansatzpunkten. Sie weist nur einen unverbindlichen Charakter auf und gilt nur als eine allgemeine Erklärung[357]. Man darf ihre Bedeutung jedoch nicht unterschätzen; sie ist für die nationale Gesetzgebung richtungsweisend, indem sie von vielen Ländern übernommen und an deren Banken übermittelt wurde[358]. Trotz der formalen Unverbindlichkeit stellt sie einen wichtigen Ausgangspunkt im Kampf gegen die Geldwäsche dar.

2. Die Empfehlungen der Financial Action Task Force (FATF) von 1990

Ein weiteres Beispiel der internationalen Kooperation auf dem Gebiet der Bekämpfung der Geldwäsche bilden die Bemühungen der Gruppe G-7. Auf dem Weltwirtschaftsgipfel im Jahre 1989 in Paris haben die Staatschefs der führenden Industriestaaten[359] und der Präsident der EG-Kommission eine Expertengruppe mit der Bezeichnung *Financial Action Task Force* (FATF) eingesetzt, mit dem Auftrag, sich mit dem Problem des Missbrauchs der Finanzsysteme zum Zwecke der Geldwäsche, zunächst nur im Bereich der Drogenkriminalität, und mit der Entwicklung präventiver Maßnahmen auf diesem Gebiet zu befassen[360]. Die FATF ist zum Mittelpunkt der internationalen Bekämpfung der Geldwäsche geworden[361]. Zu ihrem Aufgabenkreis gehört die Beobachtung der Entwicklungen und der technischen Neuerungen auf dem Gebiet der Geldwäsche, die Untersuchung der Gegenmaßnahmen, die Überwachung der Durchführung der Umsetzung ihrer Empfehlungen in

wość przeciwdziałania w Polsce, in: *Hofmański* (Hrsg.), S. 108; *Ligeti*, Strafrecht und strafrechtliche Zusammenarbeit, S. 330; *Prengel*, Środki, S. 209; *Werner*, Bekämpfung, S. 45 f.

[357] Vgl. *Niemierka/Smykla*, Przeciwdziałanie, S. 35; *Prengel*, PUG 11/2001, S. 27 f.; *Werner*, Bekämpfung, S. 46; *Wöß*, Geldwäscherei, S. 52.

[358] Vgl. *Niemierka/Smykla*, Przeciwdziałanie, S. 35; *Werner*, Bekämpfung, S. 46; *Wójcik*, Pranie, S. 134; *Wöß*, Geldwäscherei, S. 52.

[359] Gemeint sind: Japan, Deutschland, Frankreich, Großbritannien, Italien, USA und Kanada. Mittlerweile besteht die FAFT aus 27 Ländern.

[360] Vgl. *Buczkowski/Wojtaszek*, Pranie, S. 33; *Bukovc*, Die Bekämpfung, S. 30 f.; *Forthauser*, Geldwäscherei, S. 97; *Gentzik*, Die Europäisierung, S. 37 f.; *Kern*, Geldwäsche, S. 86; *Klippl*, Geldwäsche, S. 16; *Niemierka/Smykla*, Przeciwdziałanie, S. 40; *Pływaczewski*, PiP 8/2002, S. 46; *Prengel*, PPK 22/2003, S. 71; *ders.*, Środki, S. 221; *Werner*, Bekämpfung, S. 46 f.; *Wójcik*, Pranie, S. 135; *Wöß*, Geldwäscherei, S. 59 f.

[361] Vgl. *Findeisen*, Prok. i Pr. 6/1995, S. 46; *Gentzik*, Die Europäisierung, S. 38; *Gilmore*, Brudne pieniądze, S. 88; *Hoyer/Klos*, Regelungen, S. 38; *Jasiński*, PUG 10/2000, S. 18; *Maruszewska-Baranek*, Koncepcja europejskiego prawa karnego a problematyka prania brudnych pieniędzy – analiza zagadnienia, in: *Grabowska* (Hrsg.), S. 137; *Niemierka/ Smykla*, Przeciwdziałanie, S. 40; *Prengel*, PPK 22/2003, S. 73; *Wöß*, Geldwäscherei, S. 64.

die nationale Gesetzgebung nicht nur ihrer Mitgliedstaaten, sondern auch von Drittstaaten, sowie die Unterstützung der internationalen Zusammenarbeit in diesem Bereich[362].

Im April 1990 wurden in dem von der FATF veröffentlichten Bericht 40 völkerrechtlich unverbindliche Empfehlungen[363] (sog. *soft law*[364]) vorgestellt, die dazu beitragen, die Geldwäsche weltweit zu bekämpfen, indem sie alle wesentlichen Aspekte des Phänomens abdecken und in möglichst vielen Ländern umgesetzt werden sollen[365]. Angesichts der wachsenden Gefährdung durch den Terrorismus und der Entwicklung neuer Methoden und Techniken der Geldwäsche wurden im Zeitraum 2002-2003 die Empfehlungen erheblich überarbeitet[366]. In der Kombination mit acht neuen Sonderempfehlungen zur Terrorismusfinanzierung, die die 40 Empfehlungen ergänzen, wurden neue umfassende und verschärfte internationale Rahmenregeln zur Bekämpfung der Geldwäsche und der Finanzierung des Terrorismus geschaffen. Die überarbeiteten Empfehlungen beziehen sich auf die Wiener Drogenkonvention von 1988 und die Palermo-Konvention von 2000 über die Transnationale Organisierte Kriminalität und fordern, die Geldwäsche unter Strafe zu stellen (Empfehlung Nr. 1), indem alle Länder aufgerufen werden, alle Anstrengungen zu unternehmen, um ihre nationale Gesetzgebung im Bereich der Bekämpfung der Geldwäsche und der Terrorismusfinanzierung mit diesen neuen Empfehlungen in Einklang zu bringen. Die wichtigsten Veränderungen, die verabschiedet wurden, umfassen vor allem eine detaillierte Auflistung der Verbrechen, die den Geldwäschedelikten zugrunde liegen sollen (Empfehlung Nr. 1, Definition im Glossar), eine Ausweitung der Auskunftspflichten über die Kunden für Finanzinstitutionen (Empfehlung Nr. 5), die Ausdehnung der Maßnahmen zur Bekämpfung der Geldwäsche auf bestimmte Berufe und andere Sektoren über den Bankensektor hinaus

---

362 Vgl. *Bojarski J.*, Przestępstwa gospodarcze, S. 91; *Buczkowski/Wojtaszek*, Pranie, S. 34; *Bukovc*, Die Bekämpfung, S. 31; *Hoyer/Klos*, Regelungen, S. 38 f., 42 f.; *Lang V./Schwarz/Kipp*, Regelungen, S. 153; *Oswald*, Die Implementation, S. 33; *Prengel*, PPK 22/2003, S. 72 f.; *Remmers*, Die Entwicklung, S. 21; *Wójcik*, Pranie, S. 136.

363 Im vollen Wortlaut abgedruckt bei *Hoyer/Klos*, Regelungen, S. 551 ff.; *Siska*, Die Geldwäscherei, S. 262 ff.

364 Vgl. *Klippl*, Geldwäsche, S. 14 f.; *Ligeti*, Strafrecht und strafrechtliche Zusammenarbeit, S. 328 f.; *Maruszewska*, Pranie „brudnych“ pieniędzy, ustawodawstwo europejskie a polskie inicjatywy, in: *Mik* (Hrsg.), Europeizacja, S. 372; *Prengel*, PPK 22/2003, S. 74.

365 Vgl. *Forthauser*, Geldwäscherei, S. 97; *Gilmore*, Brudne pieniądze, S. 93 ff.; *Hoyer/Klos*, Regelungen, S. 39; *Prengel*, PPK 22/2003, S. 74 ff.; *ders.*, PUG 11/2001, S. 28; *Siska*, Die Geldwäscherei, S. 107; *Zakrzewski/Jasiński*, RPEiS 1/1995, S. 32.

366 Zu den überarbeiteten 40 Empfehlungen siehe www.oecd.org/fatf/aboutFATF-_en.htm.

(Empfehlung Nr. 12) sowie die Ausweitung vieler Antigeldwäsche-Erfordernisse, mit dem Ziel, die Finanzierung von terroristischen Organisationen zu bekämpfen (Empfehlung Nr. 17 ff.).

Die 40 Empfehlungen setzen daher einen neuen Mindeststandard für alle Mitgliedsländer, der die effektive Umsetzung der aus den Empfehlungen resultierenden Maßnahmen ermöglicht und die Überwachung der Beachtung der Rechtsvorschriften im Bereich der Geldwäsche sichert[367]. Trotz mangelnder Rechtsverbindlichkeit kommt den Empfehlungen in der Praxis erhebliche Bedeutung zu, insbesondere im Hinblick auf ihre Aktualität. Ihre Umsetzung scheint auch sehr erfolgreich zu sein, da alle Mitgliedstaaten der FATF die Geldwäsche zum Straftatbestand gemacht haben; außerdem sind viele Elemente der Empfehlungen in die EG-Richtlinie des Rates vom 10. Juni 1991 zur Verhinderung der Nutzung des Finanzsystems zum Zwecke der Geldwäsche eingeflossen[368].

3. Regulierungen durch die Vereinten Nationen

Die Aktivitäten der Vereinten Nationen auf dem Gebiet der Geldwäschebekämpfung lassen sich bis in die frühen 60er Jahre zurückverfolgen.

A. Das Einheitsübereinkommen über Suchtstoffe von 1961

Das erste Übereinkommen, dessen Regelungen die Geldwäscheproblematik berücksichtigen, stellt das in New York unterzeichnete Einheitsübereinkommen über Suchstoffe von 1961 dar[369]. Einen Grund für den Abschluss dieses Übereinkommens bildete sowohl die Gesundheit der Menschheit als auch die soziale und wirtschaftliche Gefahr, die durch die Verwendung von Suchtgiften entsteht, sowie die mangelnde Effektivität der bisherigen internationalen Drogenkontrolle[370]. Das Übereinkommen befasste sich mit der Finanzierung des Drogenhandels, indem es alle finanziellen Transaktionen, die in Verbindung mit dem Drogenhandel stehen, unter Strafe stellte[371]. Da das

[367] Vgl. *Hoyer/Klos*, Regelungen, S. 38 f., 41 f.; *Ligeti*, Strafrecht und strafrechtliche Zusammenarbeit, S. 330; *Pływaczewski*, Pranie, S. 126; *Prengel*, PPK 22/2003, S. 79 f.; *Werner*, Bekämpfung, S. 50; *Wójcik*, Gazeta Sądowa 12/2000, S. 42.

[368] Vgl. *Fabel*, Geldwäsche, S. 47; *Gentzik*, Die Europäisierung, S. 38; *Hoyer/Klos*, Regelungen, S. 39; *Klippl*, Geldwäsche, S. 17; *Lang V./Schwarz/Kipp*, Regelungen, S. 154; *Leip*, Der Straftatbestand, S. 33.

[369] The UN Single Convention on Narcotic Drugs of 30 March 1961; abgedruckt in BGBl. II 1973, S. 1353 ff.

[370] Vgl. Präambel dieses Übereinkommens. Siehe auch *Gilmore*, Brudne pieniądze, S. 58; *Prengel*, Środki, S. 232; *Wöß*, Geldwäscherei, S. 92 f.

[371] Vgl. Art. 26 Abs. 2 dieses Übereinkommens.

Übereinkommen die Geldwäscheproblematik jedoch nur in einem geringen Ausmaß berührt, hat es auch auf diesem Gebiet nicht viel bewirkt[372]. Es ist allerdings als erster Ansatzpunkt in der Geldwäschebekämpfung zu betrachten.

B. Die Konvention über psychotrope Stoffe von 1971

Ein weiteres Beispiel für die Entwicklung von Maßnahmen zur internationalen Bekämpfung der Geldwäsche bildet die Konvention über psychotrope Stoffe von 1971[373]. Von ihrer Formulierung, Zielsetzung und ihrem formalem Aufbau aus betrachtet, weist sie viele Ähnlichkeiten mit dem Einheitsübereinkommen über Suchtstoffe von 1961 auf[374]. Die Konvention zielt darauf ab, den Missbrauch psychotroper Substanzen zu verhindern und den daraus resultierenden Verkehr zu verhüten und zu bekämpfen[375]. Auf die Geldwäscheproblematik bezieht sich die Konvention jedoch eher am Rande, indem sie die Vertragsparteien dazu verpflichtet, alle vorsätzlich vorgenommenen Vorbereitungshandlungen und Finanzoperationen, die in Zusammenhang mit Betäubungsmitteldelikten stehen, als strafbare Handlungen einzustufen[376].

C. Die Konvention gegen den unerlaubten Verkehr mit Suchtstoffen und psychotropen Stoffen von 1988 (sog. Wiener Drogenkonvention)

Anknüpfend an die vorherigen Konventionen und zu ihrer Ergänzung wurde in Wien im Jahre 1988 die Konvention gegen den unerlaubten Verkehr mit Suchtstoffen und psychotropen Stoffen (sog. Wiener Drogenkonvention)[377] verabschiedet. Sie entstand unter dem Eindruck des zunehmenden Drogenmissbrauchs und steigender finanzieller Gewinne der kriminellen Rauschgiftorganisationen[378]. Zweck dieser Konvention war der Kampf gegen die verschiedenen Erscheinungsformen des illegalen Drogenhandels, der inzwischen ein internationales Ausmaß aufwies, sowie die Beschränkung von An-

[372] Vgl. *Prengel*, Środki, S. 234; *Wöß*, Geldwäscherei, S. 100.

[373] The UN Convention on Psychotropic Substances of 21 February 1971; abgedruckt in BGBl. II 1976, S. 1477 ff.

[374] Vgl. die Präambeln beider Rechtsakte.

[375] Vgl. *Prengel*, Środki, S. 235; *ders.*, PUG 11/2001, S. 28, *Wöß*, Geldwäscherei, S. 101.

[376] Vgl. Art. 22 Abs. 2 dieser Konvention.

[377] The UN Convention Against Illicit Traffic in Narcotic Drugs and Psychotropic Substances of 20 December 1988; abgedruckt bei *Körner*, Betäubungsmittelgesetz, Anhang B3, S. 998 ff.

[378] Vgl. *Buczkowski/Wojtaszek*, Pranie, S. 32; *Kaufmann*, Die Bedeutung, S. 41; *Oswald*, Die Implementation, S. 31.

gebot und Nachfrage für Suchtstoffe und psychotrope Stoffe[379]. Als erstes internationales Übereinkommen betont die Konvention, dass ein wesentlicher Teil des Drogenhandels stark mit dem Waschen der illegal erzielten Vermögenswerte verbunden ist und verpflichtet die Vertragsstaaten, einen gesetzlichen Geldwäschestraftatbestand zu erlassen[380]. Insofern werden die Vertragsstaaten aufgefordert, alle erforderlichen rechtlichen und administrativen Maßnahmen zu ergreifen, indem sie nicht nur die Produktion, den Handel und den Besitz von Rauschgift, sondern auch alle damit in Zusammenhang stehenden Handlungen unter Strafe stellen; darunter auch das Waschen von Gewinnen aus illegalen Geschäften mit Betäubungsmitteln[381].

Art. 3 Abs. 1 lit. b ii dieser Konvention enthält die Definition der Geldwäsche, die als eine Modelldefinition betrachtet wurde und anderen Übereinkommen als Muster diente[382]. Die Konvention zielt darauf ab, alle wesentlichen Aspekte des Drogenhandels abzudecken und enthält viele konkreten Hinweise für die Vertragsstaaten in bisher nicht erfassten Problembereichen, wie der Auslieferungsmöglichkeit von Drogenhändlern, der Beschlagnahme von Vermögenswerten aus Drogenstraftaten sowie der gegenseitigen Rechtshilfe und Zusammenarbeit der Vertragsstaaten bei der Ermittlung von Drogendelikten[383].

Somit stellt die Konvention ein wirksames Instrument in der Bekäm-

[379] Vgl. *Bukovc*, Die Bekämpfung, S. 27; *Fabel*, Geldwäsche, S. 46; *Hajduk*, Nowe ujęcie przepisów Art. 299 k.k. penalizującego wprowadzanie do obrotu pieniędzy pochodzących z nielegalnych źródeł, in: *Bojarski T./Skrętowicz* (Hrsg.), S. 44; *Hoyer/Klos*, Regelungen, S. 36 f.; *Kern*, Geldwäsche, S. 80; *Ligeti*, Strafrecht und strafrechtliche Zusammenarbeit, S. 339; *Oswald*, Die Implementation, S. 32; *Prengel*, Środki, S. 237 f.; *Remmers*, Die Entwicklung, S. 20; *Siska*, Die Geldwäscherei, S. 105; *Werner*, Bekämpfung, S. 40; *Wójcik*, Pranie, S. 134 f.; *Wöß*, Geldwäscherei, S. 105 ff.

[380] Vgl. *Bojarski J.*, Przestępstwa gospodarcze, S. 89; *Buczkowski/Wojtaszek*, Pranie, S. 33; *Carl*, wistra 1991, S. 289; *Fabel*, Geldwäsche, S. 46; *Filipkowski*, Zwalczanie, S. 121; *Findeisen*, Prok. i Pr. 6/1995, S. 51; *Gentzik*, Die Europäisierung, S. 38 f.; *Gilmore*, Brudne pieniądze, S. 62; *Häde*, EuZW 1991, S. 554; *Klemme*, Das Verhältnis, S. 8; *Leip*, Der Straftatbestand, S. 32; *Prengel*, Środki, S. 238; *Wilk*, Radca Prawny 2/2002, S. 66; *Wöß*, Geldwäscherei, S. 115.

[381] Vgl. Art. 3 der Konvention. Siehe auch *Bukovc*, Die Bekämpfung, S. 27; *Kern*, Geldwäsche, S. 80 f.; *Werner*, Bekämpfung, S. 40 f. Zur Bergündung der Geldwäschestrafbarkeit siehe *Ligeti*, Strafrecht und strafrechtliche Zusammenarbeit, S. 338.

[382] Vgl. etwa die EG-Richtlinie des Rates vom 10.06.1991 zur Verhinderung der Nutzung des Finanzsystems zum Zwecke der Geldwäsche, Erwägungsgrund 9.

[383] Vgl. *Bogensberger*, ÖBA 1992, S. 1053; *Bukovc*, Die Bekämpfung, S. 28; *Gilmore*, Brudne pieniądze, S. 65 ff.; *Hoyer/Klos*, Regelungen, S. 37; *Kern*, Geldwäsche, S. 81; *Klippl*, Geldwäsche, S. 14 f.; *Niemierka/Smykla*, Przeciwdziałanie, S. 36 f.; *Pływaczewski*, PiP 8/2002, S. 45; *Siska*, Die Geldwäscherei, S. 106 f.; *Werner*, Bekämpfung, S. 41; *Wilk*, Radca Prawny 2/2002, S. 66; *Wójcik*, Pranie, S. 135; *Wöß*, Geldwäscherei, S. 115 ff.

pfung der Geldwäsche dar und wird als Mindeststandard in diesem Bereich betrachtet. Sie enthält den ersten vollständigen Maßnahmenkatalog zur Bekämpfung dieses Phänomens. Aus diesem Grunde wird sie als „Mutterkonvention“ der europäischen Geldwäschebekämpfung angesehen[384]. Von Nachteil ist jedoch, dass sie sich nur auf den Drogenhandel und die daraus erworbenen Vermögenswerte bezieht.

D. Die Konvention über transnationale organisierte Kriminalität von 2000 (sog. Palermo-Konvention)

Eine weitere Initiative der Vereinten Nationen gegen die Tätigkeiten der organisierten Kriminalität, darunter auch gegen die Geldwäsche, bildet die Konvention gegen die transnationale organisierte Kriminalität[385]. Sie wurde im Jahre 2000 in Palermo verabschiedet und ist in den Mitgliedsländern der Vereinten Nationen auf breite Zustimmung gestoßen. Die bei der Tagung anwesenden Länder haben sich das Ziel gesetzt, den Kampf gegen die Aktivitäten krimineller Vereinigungen zu verstärken und die international tätige organisierte Kriminalität mit transnationalen rechtlichen Maßnahmen zu bekämpfen, was einen großen Schritt im Vergleich zu der Wiener Konvention darstellt, in der nur die Drogenkriminalität erfasst wurde[386]. In dieser Konvention verpflichten sich die Vertragsstaaten, ihre nationale Gesetzgebung so zu harmonisieren, dass die Mitgliedschaft in einer kriminellen Vereinigung, Geldwäsche, Korruption und Behinderung der Justiz zu Straftatbeständen deklariert werden. Außerdem enthält die Konvention neue verbindliche Regelungen hinsichtlich der Rechtshilfe, Strafverfolgung und Auslieferung. Überdies wurden der Konvention zwei Zusatzprotokolle angefügt, die dazu beitragen sollen, den Menschenschmuggel und die neuen Formen der Sklaverei weltweit zu ächten. Hervorzuheben ist allerdings, dass die Konvention keinen großen Fortschritt im Kampf gegen die Geldwäsche gebracht hat. Sie berührt nur allgemeine Aspekte der Geldwäsche, gibt aber keine konkreten Vorgaben und keine neuen Ansatzpunkte im Hinblick auf deren Bekämpfung. Es ist zwar ein großer Fortschritt, dass die Geldwäsche überall als Verbrechen anerkannt wurde und dass sie auf internationaler Ebene verfolgt werden kann; von großem Nachteil ist jedoch, dass in der

[384] Vgl. *Ambos*, ZStW 114 (2002), S. 237; *Winkler K.*, Strafbarkeit des Strafverteidigers, S. 299.

[385] The UN Convention against Transnational Organized Crime of 13 December 2000; abrufbar unter: www.untreaty.un.org/English/notpubl/18-12E/doc.

[386] Vgl. *Filipkowski*, Zwalczanie, S. 131 f.; *Prengel*, Środki, S. 244; *Wójcik*, Pranie, S. 140 ff.

Konvention eine neue Definition der Geldwäsche fehlt. So kann sie nur als Minimalstandard der Verbrechensbekämpfung betrachtet werden.[387]

E. Das Übereinkommen gegen Korruption von 2003

Auf der Konferenz von Merida (Mexiko), die vom 9.-11. Dezember 2003 stattfand, wurde das Übereinkommen der Vereinten Nationen gegen Korruption[388] zur Unterzeichnung aufgelegt. Dieses Übereinkommen wurde am 31. Oktober 2003 auf der 58. Generalversammlung der Vereinten Nationen verabschiedet.

Bereits in ihrer Resolution von Dezember 2000[389] hat die Generalversammlung erkannt, dass wirkungsvolles internationales Rechtsmittel gegen die Korruption, unabhängig von der Konvention gegen übernational organisierte Verbrechen von 2000 wünschenswert wäre. Daher wurde ein allen Mitgliedern offen stehender Ad-hoc-Ausschuss eingesetzt und beauftragt, ein wirksames internationales Rechtsinstrument gegen Korruption auszuarbeiten. Von Januar 2002 bis Oktober 2003 verhandelte der Ausschuss über das Übereinkommen.

Das Übereinkommen sieht in allen Bereichen der Gemeinschaftszuständigkeit anspruchsvolle Präventivmaßnahmen und Maßnahmen zur technischen Hilfe vor. Dabei handelt es sich um Maßnahmen zur Verhinderung und Bekämpfung der Geldwäsche, um Rechnungsführungsnormen im Privatsektor sowie um Normen im Bereich der Transparenz und des gleichen Zugangs aller Bewerber zu öffentlichen Bau-, Liefer- und Dienstleistungsaufträgen.

Im Mittelpunkt dieses Übereinkommens stehen die Verhinderung der Korruption sowie die Kriminalisierung der korruptionsanfälligen Taten, wenn diese nach inländischem Gesetz keine Straftat darstellen. Das Übereinkommen geht über das vorhergehende hinaus und stellt unter Strafe nicht nur grundlegende Formen von Korruption wie Bestechung, Unterschlagung und Hinterziehung, sondern behandelt auch jede andere rechtswidrige Verwendung von Vermögensgegenständen durch einen Amtsträger, Einflussnahme, Amtsmissbrauch und unrechtmäßige Bereicherung. Die Handlungen, die

[387] Vgl. *Niemierka/Smykla*, Przeciwdziałanie, S. 40; *Prengel*, S. 246 f. Siehe auch Süddeutsche Zeitung vom 14. und 16. Dezember 2000.

[388] The UN Convention against Corruption of 9-11 December 2003; abrufbar unter: www.unodoc.org/unodoc/eng/convention_corruption_merida_html

[389] The UN Resolution 55/61 on International Legal Instruments against Corruption of 4 December 2000; abrufbar unter: http://daccessdds.un.org/doc/UNDOC/GEN/N00/563/05/PDF/N0056305.pdf.

zur Unterstützung der Korruption dienen, einschließlich der Geldwäsche, werden auch erfasst. Im Privatsektor stellt das Übereinkommen die widerrechtliche Aneignung von Vermögensgegenständen und die Korruption unter Strafe. Als korruptionstaugliche Straftaten gelten daher auch das Waschen von Erträgen aus illegalen Handlungen, Hehlerei, sowie die Behinderung der Gerichtstätigkeit.

Darüber hinaus haben sich alle Vertragsstaaten damit einverstanden erklärt, bei jedem Aspekt des Kampfes gegen Korruption, einschließlich der Verhinderung der Taten, der Untersuchung der Delikte und der Verfolgung der Täter sowie der gegenseitigen Rechtshilfe zusammenzuarbeiten. Die Vertragsstaaten können bei Bedarf auch Strafverfahren übertragen, gemeinsame Ermittlungen anstellen und spezielle Ermittlungsverfahren wie beispielsweise die elektronische Überwachung einsetzen.

Das Übereinkommen markiert einen wesentlichen Schritt in der internationalen Zusammenarbeit gegen Korruption. Es soll die Wirksamkeit des Kampfes gegen die Korruption erhöhen, die verantwortungsvolle Staatsführung fördern und die internationale Zusammenarbeit und technische Hilfe in diesem Bereich unterstützen.

Zu erwähnen ist schließlich, dass das Niveau der Unterstützung, die das Übereinkommen erreicht hat, gemessen an der Zahl der Länder, die bereits unterzeichnet haben (106 Länder bis April 2004), ein akutes Bewusstsein von der Schwierigkeit des Problems der Korruption sowie eine bemerkenswerte politische Verpflichtung zur Bekämpfung dieses Phänomens zeigt.

4. Regulierungen durch den Europarat

Die strafrechtlichen Angelegenheiten haben im Rahmen der Tätigkeiten des Europarates von Anfang an eine wesentliche Rolle gespielt[390]. Zu diesem Zweck wurde im Jahre 1957 der europäische Ausschuss für Strafrechtsprobleme (sog. ECCP) ins Leben gerufen. Die Entwicklung und der grenzüberschreitende Charakter der Geldwäsche haben zu intensiven Tätigkeiten seitens des Europarates auf diesem Gebiet geführt, so dass in den letzen Jahren viele Maßnahmen ergriffen wurden, die sich auf die Bekämpfung der Geldwäsche beziehen.

390 Vgl. *Vogler*, Jura 1992, S. 576.

A. Die Empfehlung des Rates zu Maßnahmen gegen den Transfer und die Sicherung von Geldmitteln, die aus Delikten herrühren, von 1980

Im Rahmen der ersten Tätigkeiten, die mit der Geldwäscheproblematik in Verbindung standen, hat das Expertensonderkomitee[391] eine Empfehlung gegeben, die als die Empfehlung des Rates an die Mitgliedstaaten über Maßnahmen gegen den Transfer und die Sicherung von Geldmitteln, die aus Delikten herrühren[392], gelten sollte. Von Nachteil an dieser Empfehlung ist die Annahme, dass ausschließlich den Banken eine wichtige präventive Rolle bei der Geldwäschebekämpfung zukommt[393]. Die Empfehlung bezieht sich nämlich nur auf Banken, indem sie vor allem bankrechtliche Maßnahmen zur Identifizierung von Kunden und zur Einführung interner Sicherungsmaßnahmen beinhaltet und keine strafrechtlichen Vorgaben bezüglich der Geldwäsche enthält, so dass andere Berufsgruppen – wie etwa Treuhänder, Steuer- und Finanzberater – die der Gefahr ausgesetzt sind, zu Geldwäschezwecken ausgenutzt zu werden, gar nicht erfasst sind[394]. Indem jedoch die Empfehlung keinen völkerrechtlich verbindlichen Charakter hat, kommt ihr zudem keine wesentliche Bedeutung zu.

B. Die Konvention des Europarates Nr. 141 über das Waschen, das Aufspüren, die Beschlagnahme und die Einziehung von Erträgen aus Straftaten von 1990 (sog. Straßburger Konvention)

Die Konvention des Rates Nr. 141 über das Waschen, das Aufspüren, die Beschlagnahme und die Einziehung von Erträgen aus Straftaten[395] stellt den Höhepunkt der Bemühungen des Europarates dar, auf dem Gebiet des Strafrechts zu einer europäischen Harmonisierung innerstaatlicher strafrechtlicher Vorschriften beizutragen[396]. Das Hauptziel dieser Konvention liegt in der Schaffung einer vertraglichen Grundlage für die umfassende internatio-

[391] Sog. European Committee on Crime Problems (CDCP).

[392] Recommendation No. R (80) 10 of the Committee of Ministers of the Council of Europe to Member States on Measures against the Transfer and the Safeguarding of Funds of Criminal Origin; adopted by the Committee of Ministers on 27 June 1980; abrufbar unter: www.coe.int/T/E/Legal_affairs/Legal_cooperation/Combating_economic_crime/5_Money_laundering/Instruments/Rec%20N%C2%B0%20(80)10%20ENG.pdf

[393] Vgl. *Werner*, Bekämpfung, S. 39; *Wójcik*, Pranie, S. 133.

[394] Vgl. *Kaufmann*, Die Bedeutung, S. 39 f.; *Kern*, Geldwäsche, S. 83, *Werner*, Bekämpfung, S. 39; *Wöß*, Geldwäscherei, S. 138.

[395] Convention on Laundering, Search, Seizure and Confiscation of the Proceeds from Crime of 8 November 1990, Council of Europe, ETS No. 141; abrufbar unter: http://conventions.coe.int/ Treaty/EN/Treaties/Html/ 141.htm.

[396] So *Bukovc*, Die Bekämpfung, S. 28 f.; *Prengel*, Środki, S. 220; *Wöß*, Geldwäscherei, S. 165. Vgl. auch *Bojarski J.*, Przestępstwa gospodarcze, S. 92.

nale Kooperation und Rechtshilfe im Bereich der grenzüberschreitenden Ermittlung, Einziehung und vorläufigen Sicherstellung von Gegenständen und Erlösen aus kriminellen Handlungen, sowie in der Ergänzung und Ausweitung des Anwendungsbereiches der bereits existierenden Konventionen des Europarates[397]. Weiterhin enthält sie eine Verpflichtung der Vertragsstaaten, die Geldwäsche strafrechtlich zu ahnden, was die Wirksamkeit der Geldwäschebekämpfung erhöhen soll, sowie alle Maßnahmen zu ergreifen, die die Möglichkeit zur Ermittlung von der Beschlagnahme unterliegenden Vermögenswerten und zur Verhinderung aller mit diesen Vermögenswerten verbundenen Geschäfte schaffen.

Inhaltlich steht die Konvention weitgehend mit der Wiener Konvention im Einklang; allerdings mit dem Unterschied, dass sie noch einen Schritt weiter geht als ihr Vorbild, indem sie sich nicht nur auf Betäubungsmitteldelikte bezieht, sondern alle strafbaren Handlungen erfasst, darunter auch die im Ausland begangenen Straftaten. Insofern beschränkt sich das Übereinkommen nicht nur auf die Drogenkriminalität, sondern wurde allgemein auf die Bekämpfung der internationalen Schwerkriminalität ausgedehnt.[398] Der Anwendungsbereich der Konvention wird somit auch auf das Waschen von Erträgen erweitert, die aus anderen verbrecherischen Tätigkeiten stammen; etwa aus dem illegalen Waffengeschäft, aus dem Menschenhandel, der Korruption, der Hehlerei, der Geldfälschung oder dem Handel mit nuklearen Stoffen sowie aus terroristischen Aktivitäten[399].

---

[397] Vgl. *Banach*, Przestępstwo prania brudnych pieniędzy w świetle prawa europejskiego a uregulowania krajowe, in: *Bogunia* (Hrsg.), S. 15 f.; *Gilmore*, Brudne pieniądze, S. 129 f.; *Grotz*, JR 1991, S. 182; *Hoyer/Klos*, Regelungen, S. 37; *Kern*, Geldwäsche, S. 83; *Klippl*, Geldwäsche, S. 15; *Ligeti*, Strafrecht und strafrechtliche Zusammenarbeit, S. 339; *Marek*, Komentarz do konwencji w sprawie prania dochodów pochodzących z przestępstwa, ich ujawniania, zajmowania i konfiskaty, in: *Zielińska* (Hrsg.), S. 561; *Niemierka/Smykla*, Przeciwdziałanie, S. 47; *Prengel*, Środki, S. 215; *Skorupka*, Prok. i Pr. 6/2004, S. 57; *Vogler*, Jura 1992, S. 591; *Wojciechowska*, Nowe regulacje prawne wspierające zwalczanie i zapobieganie praniu pieniędzy, in: Kubicki – FS, S. 477; *Wöß*, Geldwäscherei, S. 145.

[398] Vgl. Art. 6 der Konvention. Siehe ferner *Bukovc*, Die Bekämpfung, S. 29; *Fabel*, Geldwäsche, S. 47; *Forthauser*, Geldwäscherei, S. 95; *Gilmore*, Brudne pieniądze, S. 130; *Grotz*, JR 1991, S. 182; *Hoyer/Klos*, Regelungen, S. 38; *Kaufmann*, Die Bedeutung, S. 44; *Kern*, Geldwäsche, S. 83 f.; *Leip*, Der Straftatbestand, S. 34; *Ligeti*, Strafrecht und strafrechtliche Zusammenarbeit, S. 340 ff.; *Marek*, Komentarz do konwencji w sprawie prania dochodów pochodzących z przestępstwa, ich ujawniania, zajmowania i konfiskaty, in: *Zielińska* (Hrsg.), S. 562; *Oswald*, Die Implementation, S. 34; *Pływaczewski*, Pranie, S. 118 f.; *Prengel*, Środki, S. 217 f.; *Remmers*, Die Entwicklung, S. 22; *Siska*, Die Geldwäscherei, S. 108; *Skorupka*, Prok. i Pr. 6/2004, S. 57; *Werner*, Bekämpfung, S. 51; *Wójcik*, Pranie, S. 137 f.

[399] Vgl. *Bukovc*, Die Bekämpfung, S. 29; *Grotz*, JR 1991, S. 182 f.; *Pływaczewski*, PiP 8/2002, S. 48; *ders.*, Pranie, S. 119.

Die Bedeutung dieser Konvention liegt darin, dass sie umfassende Leitlinien und Prinzipien hinsichtlich aller Verfahrensstufen von der ursprünglichen Ermittlung bis zum Vollzug der Gewinnabschöpfung, sowie in Bezug auf die internationale Zusammenarbeit zur Verfügung stellt. Zum einen wird das Universalitätsprinzip normiert, demgemäß es unberücksichtigt bleibt, ob die betreffende Straftat in die Gerichtsbarkeit einer bestimmten Vertragspartei fällt[400]. In Art. 6 Abs. 3 lit. a befasst sich die Konvention weiterhin auch mit der fahrlässigen Geldwäsche, indem den Vertragsstaaten unverbindliche Hinweise gegeben werden, sie sollten die Einführung eines solchen Fahrlässigkeitstatbestandes künftig einbeziehen[401]. Darüber hinaus werden die Vertragsstaaten zur gegenseitigen Unterstützung bei der Ermittlung von Gegenständen und anderen Vermögenswerten, die der Beschlagnahme unterliegen, verpflichtet[402].

Wegen ihrer präziseren und komplexen Formulierung sowie der ausführlichen Bestimmungen bezüglich Verfolgung und Einziehung der aus illegalen Tätigkeiten herrührenden Vermögenswerte, kommt der Konvention eine große Bedeutung zu; insbesondere für die Praxis. Hervorzuheben ist, dass sie nicht nur auf den Kreis der Mitgliedstaaten des Europarates begrenzt wurde; laut Art. 37 können auch die Nichtmitgliedstaaten dem Übereinkommen beitreten.

C. Die Konvention des Europarates Nr. 198 über Geldwäsche, Terrorismusfinanzierung sowie Ermittlung, Beschlagnahme und Einziehung von Erträgen aus Straftaten von 2005 (sog. Warschauer Konvention)

Angesichts dessen, dass die Finanzierung des Terrorismus nicht nur im Rahmen von illegalen Handlungen wie beispielsweise durch die Geldwäsche, sondern auch durch legale Tätigkeiten erfolgt, hat der Europarat beschlossen, seine Konvention von 1990 (sog. Straßburger Konvention) zu aktualisieren.

Die neue Konvention des Europarates Nr. 198 über Geldwäsche, Terrorismusfinanzierung sowie Ermittlung, Beschlagnahme und Einziehung von Erträgen aus Straftaten[403] ist als das erste internationale Übereinkommen

400 Vgl. Art. 6 Abs. 2 lit. a der Konvention.

401 Vgl. *Ambos*, ZStW 114 (2002), S. 239; *ders.*, JZ 2002, S. 73; *Filipkowski*, Zwalczanie, S. 125; *Gilmore*, Brudne pieniądze, S. 133 f.; *Kaufmann*, Die Bedeutung, S. 44; *Ligeti*, Strafrecht und strafrechtliche Zusammenarbeit, S. 346; *Werner*, Bekämpfung, S. 51.

402 Vgl. Art. 8 der Konvention.

403 Convention on Laundering, Search, Seizure and Confiscation of the Proceeds from Crime and on the Financing of Terrorism of 16 May 2005, Council of Europe, ETS No. 198; abrufbar unter: http://conventions.coe.int/treaty/EN/treaties/Html/198.htm. Diese Konvention – zusammen mit der Konvention des Europarates zur Terroris-

anzusehen, das sowohl auf die Prävention als auch auf die Kontrolle der Geldwäsche sowie der Finanzierung des Terrorismus abzielt. Sie regt an, dass die 46 Mitgliedstaaten des Europarates vergleichbar strenge Vorschriften zur Verhinderung und Bekämpfung der Geldwäsche einführen, wie sie bereits in der EU gelten (vgl. Art. 9).

Kernstück dieses Regelungswerks bildet die Abdeckung sämtlicher Aspekte der Terrorismusbekämpfungsstrategie sowie die Schaffung eines wirksamen Instruments in dem Kampf gegen die Terrorismusfinanzierung. Dies soll in erster Linie durch die Ermöglichung eines schnellen Zugangs zu Finanzdaten oder Informationen über den Vermögensstand krimineller, insbesondere terroristischer, Organisationen erfolgen. Die neue Konvention leistet somit einen wesentlichen Beitrag zur Terrorismusbekämpfung, darunter auch zur Geldwäschebekämpfung, indem sie eine Reihe von präventiven und repressiven Maßnahmen gegen die Finanzierung dieses Phänomens vorsieht und darauf hinwirkt, dass dessen logistische Zellen keine Finanzoasen in Europa mehr finden[404].

5. Regulierungen durch den Rat der Europäischen Union

A. Die Richtlinie des Rates zur Verhinderung der Nutzung des Finanzsystems zum Zwecke der Geldwäsche von 1991

Da die Geldwäsche längst zu einem internationalen Problem geworden ist, gab es im internationalen Bereich viele Anstrengungen, dieses Phänomen und zugleich die damit im engen Zusammenhang stehende organisierte Kriminalität zu bekämpfen. Eines der wichtigsten Instrumente zur Verhinderung dieses Phänomens auf europäischer Ebene und zugleich ihr Kernstück[405] stellt die Richtlinie des Rates zur Verhinderung der Nutzung des Finanzsystems zum Zwecke der Geldwäsche von 1991[406] dar. Mit der Schaffung der Geldwäscherichtlinie hat der Gemeinschaftsgesetzgeber den internationalen Gesetzesinitiativen Rechnung getragen, die seit Anfang der 80er

---

musprävention sowie der Europarats-Konvention gegen Menschenhandel – wurde am 16. und 17. Mai 2005 während des Gipfels der Staats- und Regierungschefs der Europarates den Mitgliedsländer zur Unterzeichnung vorgelegt.

[404] Siehe die Pressemitteilung der Europäischen Kommission IP/05/1166 vom 21. September 2005; abrufbar unter: http://europa.eu.int/rapid/pressReleasesAction.

[405] Vgl. *Bogensberger*, Rechtliche Maßnahmen der EU zur Bekämpfung der Geldwäsche, in: *Bogensberger* (Hrsg.), S. 114; *Gentzik*, Die Europäisierung, S. 37; *Gilmore*, Brudne pieniądze, S. 155; *Ligeti*, Strafrecht und strafrechtliche Zusammenarbeit, S. 333.

[406] Siehe Fn. 347.

Jahre zur Bekämpfung der Geldwäsche und der damit zusammenhängenden Straftaten angeregt wurden[407].

Ausgangsüberlegung für die Schaffung dieser Richtlinie war die Sorge um die Stabilität und Solidität der Kredit- und Finanzinstitute sowie um den drohenden Verlust ihres Ansehens und des Vertrauens der Öffentlichkeit[408]. Der Handlungsbedarf der Gemeinschaft wurde damit begründet, dass die Maßnahmen, die nur auf nationaler Ebene getroffen werden, also ohne internationale Zusammenarbeit, nur eine begrenzte Wirkung hinsichtlich der Geldwäschebekämpfung haben können, was von Geldwäschern zur Schaffung illegaler Wirtschaftsstrukturen ausgenutzt werden kann. Ansonsten war das Ergreifen innerstaatlicher Maßnahmen ohne internationale Kooperation mit der Schaffung eines Binnenmarktes unvereinbar[409]. Ferner wurde in der Präambel betont, dass das Waschen der aus illegalen Aktivitäten stammenden Erlöse mit der organisierten Kriminalität in einem engen Zusammenhang steht und ihre Zunahme beeinflusst. Die Bekämpfung der Geldwäsche wurde somit als eines der wirksamsten Mittel gegen diese Kriminalitätsform erkannt.

Die Geldwäscherichtlinie setzt sich das Ziel, vor allem eine präventive Aufgabe zu erfüllen, indem der Aspekt des Schutzes der Finanzsysteme in der Europäischen Union im Vordergrund steht[410]. Demnach soll die Verhinderung der Nutzung des Finanzsystems zum Zwecke der Geldwäsche ohne die Behinderung des freien Kapitalverkehrs und der freien Erbringung von Finanzdienstleistungen erfolgen. So fordert Art. 2 der Richtlinie die Mitgliedstaaten auf, dafür zu sorgen, dass Geldwäsche im Sinne dieser Richtlinie untersagt wird[411]. Der Schutz des Finanzsystems wird auf zwei Ebenen in

---

[407] Vgl. *Wägenbaur*, EuZW 1994, S. 711.

[408] Vgl. *Bukovc*, Die Bekämpfung, S. 23; *Carl*, EWS 1991, S. 341; *ders.*, wistra 1991, S. 280; *Filipkowski*, Zwalczanie, S. 125; *Hetzer*, Europablätter 2005, S. 85; *Hoyer/Klos*, Regelungen, S. 60; *Ligeti*, Strafrecht und strafrechtliche Zusammenarbeit, S. 340; *Nelles*, Die europäische „Wäsche von Erträgen aus Straftaten", in: *Nelles* (Hrsg.), S. 116; *Niemierka/Smykla*, Przeciwdziałanie, S. 52 f.; *Werner*, Bekämpfung, S. 53.

[409] Vgl. *Carl*, EWS 1991, S. 341; *ders.*, wistra 1991, S. 289; *Gilmore*, Brudne pieniądze, S. 156; *Hoyer/Klos*, Regelungen, S. 60; *Remmers*, Die Entwicklung, S. 22.

[410] Vgl. *Banach*, Przestępstwo prania brudnych pieniędzy w świetle prawa europejskiego a uregulowania krajowe, in: *Bogunia* (Hrsg.), S. 18; *Gentzik*, Die Europäisierung, S. 39.

[411] Da es nicht vorgegeben wurde, in welcher Form und mit welchen Mitteln dieses Untersagen erfolgen soll, könnte man diese Formulierung als eine Vorgabe an die Mitgliedstaaten verstehen, den Straftatbestand der Geldwäsche in die nationalen Strafgesetzbücher aufzunehmen. Einen solchen Wortlaut hatte auch die ursprüngliche Fassung dieses Artikels. Wegen des Widerspruchs der meisten Mitgliedstaaten wurde jedoch die Formulierung des Art. 2 geändert. Die fehlende Kriminalisierungspflicht wurde allerdings

Betracht gezogen. Zum einen werden die Personen bestraft, die auf Seiten des Vortäters tätig werden; zum anderen werden auch solche Personen mit Strafe bedroht, deren Tätigkeit sich zwar auf die legale Wirtschaft erstreckt, die jedoch durch die Annahme illegalen Geldes mit dem Waschen kriminell erlangter Vermögenswerte zu tun hatten[412]. Der Zweck dieser doppelten Strafandrohung ist es, die Geldwäsche und die legale Wirtschaft voneinander zu trennen[413].

Kennzeichnend für diese Richtlinie ist deren internationale Orientierung, die sich sowohl in Bezug auf deren Abstimmung mit anderen internationalen Übereinkommen zeigt, als auch in der Formulierung der Definition der erweiterten Geldwäsche, die ursprünglich der in der Wiener Drogenkonvention enthaltenen Definition entnommen wurde. Besondere Aufmerksamkeit verdient dabei die Beseitigung der Anonymität der potentiellen Geldwäscher und die Durchbrechung des Bankgeheimnisses. Überdies wurden vollständige Regelungen über die Maßnahmen bezüglich anderer Berufsarten und Unternehmenskategorien aufgenommen, deren Tätigkeiten besonders geeignet sind, für Zwecke der Geldwäsche genutzt zu werden. Zur Koordinierung der nationalen Durchführungsmaßnahmen wurde ein sog. Kontaktausschuss berufen.

a) Ermächtigungsgrundlage zum Erlass von Geldwäscherichtlinien

Es ist davon auszugehen, dass die Geldwäscherichtlinie eine binnenmarktbezogene Maßnahme darstellt[414], deren Hauptzweck in dem Schutz der Finanzinteressen der Europäischen Gemeinschaft liegt. Insofern wäre die gemeinschaftsrechtliche Grundlage für den Erlass dieser Richtlinie Art. 47

---

durch eine völkerrechtliche Erklärung der Mitgliedstaaten ersetzt, in der sich die Mitgliedstaaten verpflichtet haben, bis zum 31.12.1992 alle erforderlichen Maßnahmen zu ergreifen, um entsprechende Strafvorschriften zu erlassen; siehe Erklärung der im Rat vereinigten Vertreter der Regierungen der Mitgliedstaaten, EABl. L 166/83 vom 28.06.1991. Vgl. dazu auch *Banach*, Przestępstwo prania brudnych pieniędzy w świetle prawa europejskiego a uregulowania krajowe, in: *Bogunia* (Hrsg.), S. 18 f.; *Bogensberger W.*, Rechtliche Maßnahmen der EU zur Bekämpfung der Geldwäsche, in: *Bogensberger* (Hrsg.), S. 115; *Bukovc*, Die Bekämpfung, S. 24; *Carl*, EWS 1991, S. 342; *ders.*, wistra 1991, S. 289 f.; *Fabel*, Geldwäsche, S. 48; *Häde*, EuZW 1991, S. 555; *Hoyer/Klos*, Regelungen, S. 65 f.; *Klippl*, Geldwäsche, S. 23; *Ligeti*, Strafrecht und strafrechtliche Zusammenarbeit, S. 334; *Prengel*, Prawo UE 6/2001, S. 14 f.; *ders.*, Środki, S. 253 ff.; *Remmers*, Die Entwicklung, S. 25 f., *Tiedemann*, NJW 1993, S. 26.

[412] Vgl. *Gentzik*, Die Europäisierung, S. 40.

[413] So *Gentzik*, Die Europäisierung, S. 40.

[414] Vgl. *Gentzik*, Die Europäisierung, S. 39 f.; *Maruszewska-Baranek*, Koncepcja europejskiego prawa karnego a problematyka prania brudnych penięjdzy – analiza zagadnienia, in: *Grabowska* (Hrsg.), S. 152; *Prengel*, Bezpieczny Bank 3-4/2004, S. 202.

Abs. 2 S. 1 EGV und Art. 95 Abs. 1 S. 2 EGV. Die erstgenannte Norm befugt die Gemeinschaft zur Koordinierung nationaler Rechts- und Verwaltungsvorschriften hinsichtlich der Aufnahme und Ausübung selbstständiger Tätigkeiten. Aufgrund dieser Regelung können erforderliche Maßnahmen getroffen werden, die die Gefährdung der Funktionsfähigkeit der Finanzinstitute durch die Geldwäsche bekämpfen[415]. Ein Beispiel für eine solche Gefährdung bildet die Kontrolle von Finanzinstituten durch kriminelle Organisationen infolge der Einschleusung illegaler Erlöse in das Finanzgewerbe.

Laut Art. 95 Abs. 1 S. 2 EGV erstreckt sich die Kompetenz der Gemeinschaft auf die Angleichung und Neuschaffung der mitgliedstaatlichen Rechtsvorschriften, die das Funktionieren oder die Schaffung des Gemeinsamen Marktes oder Binnenmarktes sichern sollen. Kernstück dieser Vorschrift ist also die Gewährleistung der Funktionsfähigkeit des Binnenmarktes. Mithin können aufgrund dieser Vorschrift entsprechende Maßnahmen ergriffen werden, die dem umfassenden Schutz des Binnenmarktes dienen, also auch die Bekämpfung der Geldwäsche zum Inhalt haben[416].

b) Überblick über den Inhalt der Geldwäscherichtlinie

Die Geldwäscherichtlinie enthält eine Vielzahl von Regelungen, die eine verbesserte Kontrolle des Finanzgewerbes vorsehen. Überdies versucht sie auf die bisherigen nationalen Rechtssysteme, die den Geldwäschern die Anonymität für die Ausführung ihrer Tätigkeiten gewährleisten, Einfluss auszuüben.

aa) Normadressaten der Richtlinie

Art. 1 der Richtlinie bezieht sich auf den Kreis der Adressaten und erfasst alle Arten von offiziellen Kredit- und Finanzinstituten einschließlich der Versicherungsunternehmen sowie deren Zweigniederlassungen, indem sie vollständige Definitionen dieser Hauptadressaten durch den Verweis auf andere EG-Richtlinien[417] enthält. Dem Art. 1 der Richtlinie zur Koordinierung der Rechts- und Verwaltungsvorschriften über die Aufnahme und Ausübung

[415] Vgl. *Gentzik*, Die Europäisierung, S. 47; *Häde*, EuZW 1991, S. 554; *Kaufmann*, Die Bedeutung, S. 46; *Prengel*, Środki, S. 248 f.

[416] Siehe dazu auch *Braum*, Europäische Strafgesetzlichkeit, S. 382 ff.

[417] Kreditinstitute: Richtlinie des Rates vom 12.12.1977 zur Koordinierung der Rechts- und Verwaltungsvorschriften über die Aufnahme und Ausübung der Tätigkeit der Kreditinstitute (77/780/EWG), EABl. L 322 vom 17.12.1977, S. 30 ff.; zuletzt geändert durch die Richtlinie des Rates vom 15.12.1989 (89/646/EWG), EABl. L 386 vom 30.12.1989, S. 1 ff.

der Tätigkeit der Kreditinstitute entsprechend wird ein Kreditinstitut als ein Unternehmen bezeichnet, dessen Tätigkeit darin besteht, Anlagen oder andere rückzahlbare Gelder des Publikums entgegenzunehmen, um Kredite für eigene Rechnung zu gewähren. Dagegen wird das Finanzinstitut im Anhang zu Art. 2 der Richtlinie zur Koordinierung der Rechts- und Verwaltungsvorschriften über die Aufnahme und Ausübung der Tätigkeit der Kreditinstitute definiert, indem es als ein anderes Unternehmen als ein Kreditinstitut bezeichnet wird, das bestimmte, in diesem Anhang aufgeführte Tätigkeiten ausübt. Ferner werden auch Versicherungsunternehmen erfasst, soweit sie eine aus den in der Richtlinie zur Koordinierung der Rechts- und Verwaltungsvorschriften über die Aufnahme und Ausübung der Direktversicherung (Lebensversicherung) aufgezählten Tätigkeiten ausführen.[418]

Die Bestimmungen der Richtlinie beziehen sich aber auch auf andere Berufe und Unternehmenskategorien. So werden von dieser Regelung auch die nichtoffiziellen Finanzinstitute betroffen, wie z. B. Spielkasinos, Geldwechsel-, Autowaschanlagen und Postunternehmen sowie Berufe, die im großen Ausmaß mit Fremd- und Treuhandgeld zu tun haben, wie Notare, Rechtsanwälte und Steuerberater. Sie stellen zwar keine Kredit- oder Finanzinstitute dar; sind aber wegen der Ausübung bestimmter Tätigkeiten besonders geeignet, zum Zwecke der Geldwäsche genutzt zu werden (vgl. Art. 12 der Richtlinie). Aus dieser Formulierung lässt sich allerdings nicht entnehmen, dass es sich um ihre Haupttätigkeiten handeln muss.

In Art. 12, der die Mitgliedstaaten dazu verpflichtet, für die Ausdehnung der Bestimmungen dieser Richtlinie auf die nichtoffiziellen Finanzinstitute im Ganzen oder zum Teil zu sorgen, wurde zum Ausdruck gebracht, dass die von der Geldwäsche ausgehende Gefährdung nicht nur das Finanzsystem anbetrifft, sondern sich auch auf sämtliche Wirtschaftszweige erstreckt. Wegen der Vielfältigkeit der voneinander abweichenden Verhaltenspflichten für einzelne Branchen in den Mitgliedstaaten wurde jedoch die endgültige Entscheidung, bei welchen Unternehmenskategorien und Berufen die Gefahr der Geldwäsche besteht und welche Teile der Richtlinie einer ausgedehnten Anwendung zugeführt werden sollen, vom Gemeinschaftsgesetzgeber nicht

---

Finanzinstitute: Richtlinie des Rates vom 05.03.1979 zur Koordinierung der Rechts- und Verwaltungsvorschriften über die Aufnahme und Ausübung der Direktversicherung (Lebensversicherung) (79/267/EWG), EABl. L 63 vom 13.03.1979, S. 1 ff.; zuletzt geändert durch die Richtlinie des Rates vom 08.11.1990 (90/619/EWG), EABl. L 330 vom 29.11.1990, S. 50 ff.

[418] Zu der Frage, warum gerade Kredit- und Finanzinstitute das ursprüngliche Hauptziel der in der Geldwäscherichtlinie normierten präventiven Maßnahmen darstellten, siehe *Ligeti*, Strafrecht und strafrechtliche Zusammenarbeit, S. 349.

übernommen und in der Richtlinie nicht präzisiert, sondern dem Ermessen des nationalen Gesetzgebers überlassen.[419]

bb) Definition der Geldwäsche

Ferner enthält die Richtlinie eine erweiterte Definition der Geldwäsche (Art. 1, Gedankenstrich 3 der Richtlinie). Ihr Wortlaut stimmt fast wörtlich mit dem Begriff der Geldwäsche aus dem Art. 3 Abs. 1 lit. b der Wiener Drogenkonvention überein. Er wurde jedoch um zwei Aspekte erweitert, indem die Geldwäsche nicht nur im Zusammenhang mit der Drogenkriminalität betrachtet wird, sondern alle kriminellen Tätigkeiten betrifft. Ferner umfasst der Handlungsbereich auch die Vortaten, d. h. den Erwerb, den Besitz und die Verwendung der entsprechenden Mittel.[420] Der neuen Regelung zufolge ist die Geldwäsche eine vorsätzlich begangene Handlung, die sich auf den Umtausch oder Transfer von Vermögensgegenständen[421] bezieht und in Kenntnis der Tatsache, dass diese Vermögensgegenstände aus einer kriminellen Tätigkeit oder der Teilnahme an einer solchen Tätigkeit stammen, bzw. zum Zwecke der Verheimlichung oder Verschleierung des illegalen Ursprungs der Vermögensgegenstände oder der Unterstützung von Personen, die an einer solchen Tätigkeit beteiligt sind, damit diese den Rechtsfolgen ihrer Tat entgehen, vorgenommen wird. Sie umfasst weiterhin den Erwerb, den Besitz oder die Verwendung von entsprechenden Vermögensgegenständen, sowie das Verheimlichen oder Verschleiern der wahren Natur, Herkunft, Lage, Verfügung oder Bewegung von Vermögensgegenständen oder des tatsächlichen Eigentums an Vermögensgegenständen oder entsprechender Rechte in Kenntnis der Tatsache, dass diese Gegenstände aus einer kriminellen Tätigkeit oder aus der Teilnahme an einer solchen Tätigkeit stammen. Der Erwerb, der Besitz oder die Verwendung von Vermögensgegenständen gilt ebenfalls als Geldwäsche, wenn dem Betreffenden bei der Übernahme dieser Vermögensgegenstände bekannt war, dass diese Gegenstände aus einer kriminellen Tätigkeit oder aus der Teilnahme an einer solchen Tätigkeit stammen. Überdies werden der Geldwäsche verschiedene Formen der Beteiligung zugeordnet, indem auch die Beihilfe, Anstiftung oder Beratung zur Ausführung einer solchen Handlung oder die Erleichterung ihrer Ausführung unter diesen Begriff fällt.

---

[419] Vgl. *Hoyer/Klos*, Regelungen, S. 64; *Ligeti*, Strafrecht und strafrechtliche Zusammenarbeit, S. 350; *Wägenbaur*, EuZW 1994, S. 711 f.; *Wöß*, Geldwäscherei, S. 184.

[420] Vgl. *Hoyer/Klos*, Regelungen, S. 64; *Prengel*, Środki, S. 251 ff.; *Remmers*, Die Entwicklung, S. 25.

[421] Die Definition der Vermögensgegenstände befindet sich in derselben Norm.

Hervorzuheben ist schließlich, dass eine Geldwäsche auch dann als gegeben angenommen wird, wenn die Tätigkeiten, die sich auf die zu waschenden Vermögensgegenständen beziehen, im Hoheitsgebiet eines anderen Mitgliedstaates oder eines Drittstaates vorgenommen werden.

cc) Identifizierungspflichten

Was die Identifizierung beim Knüpfen von Geschäftsbeziehungen betrifft, haben die Mitgliedstaaten dafür zu sorgen, dass die Kredit- und Finanzinstitute von ihren Kunden die Bekanntgabe ihrer Identität durch ein beweiskräftiges Dokument verlangen (sog. Identitätspflicht; Art. 3 Abs. 1 der Richtlinie). Die Regelung betrifft den Normalfall, wenn der künftige Kunde selbst gegenüber einer Bank auftritt, insbesondere wenn er ein Konto eröffnet oder ihm Vermögensverwahrungsleistungen angeboten werden. Somit handelt es sich hier um eine Identitätsprüfung, die grundsätzlich nur für Kunden, die mit ihrem Kreditinstitut eine auf Dauer angelegte Beziehung aufnehmen, vorgesehen ist.[422]

Kernstück dieser Regelung, die eine der zentralen Bestimmungen der Geldwäscherichtlinie darstellt[423], ist es zu verhindern, dass der Geldwäscher die Anonymität für seine kriminellen Tätigkeiten ausnutzen kann. Aus diesem Grunde soll auch bei allen Transaktionen mit nicht unter Absatz 1 fallenden Kunden, also mit Gelegenheitskunden, bei denen sich der Betrag auf 15.000 ECU[424] beläuft oder diese Summe überschreitet, sowie in Fällen, bei denen ein Verdacht auf Geldwäsche besteht, selbst wenn der Betrag der Transaktion unter dem Schwellenwert liegt, die Identität festgestellt und registriert werden (Art. 3 Abs. 2 und Abs. 6), wobei es keine Rolle spielt, ob die Transaktion in einem Vorgang erfolgt oder in mehrere Teilbeiträge, zwischen denen eine Verbindung zu bestehen scheint, aufgespaltet wird[425].

Aus der Richtlinie lässt sich jedoch nicht ableiten, welche Identifikations-

---

[422] Vgl. *Carl*, wistra 1991, S. 290; *Hoyer/Klos*, Regelungen, S. 67 f.; *Kern*, Geldwäsche, S. 89 f.; *Klippl*, Geldwäsche, S. 24; *Ligeti*, Strafrecht und strafrechtliche Zusammenarbeit, S. 353; *Wöß*, Geldwäscherei, S. 205 ff.

[423] So *Bukovc*, Die Bekämpfung, S. 25.

[424] Zur Änderung der Währung siehe die Ausführungen zur Richtlinie des Rates vom 04.10.2001 zur Änderung der Richtlinie 91/308/EWG des Rates zur Verhinderung der Nutzung des Finanzsystems zum Zwecke der Geldwäsche (2001/97/EG) im Kapitel 3 § 2 Punkt I. 5. D. der vorliegenden Untersuchung.

[425] Vgl. *Bukovc*, Die Bekämpfung, S. 24; *Gilmore*, Brudne pieniądze, S.158; *Hoyer/ Klos*, Regelungen, S. 71; *Kern*, Geldwäsche, S. 90; *Ligeti*, Strafrecht und strafrechtliche Zusammenarbeit, S. 353. Anders *Klippl*, deren Meinung zufolge die Transaktionssummen mehrerer Vorgänge von den Bestimmungen dieser Richtlinie nicht erfasst werden, vgl. *Klippl*, Geldwäsche, S. 24.

merkmale gemeint sind, damit die Identifizierung einer Person möglich wäre, und welches Dokument als beweiskräftig einzustufen ist. Als Mindestanforderung gelten die Bekanntgabe des Namens sowie des Geburtsdatums. Ob weitere persönliche Daten gefordert werden können, lässt sich mit Art. 3 jedoch nicht beantworten. Da sich diese Frage jedenfalls nicht eindeutig beantworten lässt, ist anzunehmen, dass es sich um Dokumente handelt, die von staatlichen Behörden ausgestellt werden und die erforderlichen Daten beinhalten.[426] Die Verweigerung der Identitätsbekanntgabe führt grundsätzlich dazu, dass das Konto nicht eröffnet bzw. die Transaktion nicht durchgeführt werden darf.

Darüber hinaus werden im Rahmen dieser Regelung auch die wirtschaftlichen Eigentümer erfasst, die oftmals nicht im eigenen Namen handeln. Art. 3 Abs. 5 verpflichtet die Kredit- und Finanzinstitute, bei Verdacht auf Vorschieben von Strohmännern, d. h. im Falle von Zweifeln, ob die Kunden im eigenen Namen handeln, sowie erst recht bei der Gewissheit, dass dies nicht der Fall ist, angemessene Maßnahmen zu treffen, die die Ermittlung der tatsächlichen Identität der Person, in deren Namen dieser Kunde handelt (des Hintermannes), ermöglichen. Die Formulierung dieser Bestimmung deutet darauf hin, dass es sich hier um etwas anderes als die Feststellung der Identität handelt. Es besteht nämlich offenkundig ein Unterschied zwischen der Handlung der Ermittlung der Identität und dem Erfolg in Form der Identitätsfeststellung. Dieser Abgrenzung liegt der Gedanke zugrunde, dass es nicht immer möglich ist, die Identität des wirtschaftlichen Eigentümers festzustellen, was sich auch der Formulierung des Erwägungsgrundes Nr. 11[427] entnehmen lässt. Der Gefahr einer anonymen Durchführung der Transaktion muss jedoch begegnet werden. Darauf zielt Art. 3 der Richtlinie ab. Aus diesem Grund ist anzunehmen, dass zur Durchführung von Geschäften über 15.000 ECU[428] die Identität zumindest einer natürlichen Person (z. B. des Strohmannes oder des Treuhänders) festgestellt werden muss.

Mit der Identitätsprüfungspflicht kommt den Kredit- und Finanzinstituten eine bedeutsame Funktion im Kampf gegen die Geldwäsche zu. Keine Pflicht zur Feststellung der Identität der Kunden besteht jedoch, wenn der Kunde ein anderes Kredit- oder Finanzinstitut ist, das ebenfalls unter die Regelungen dieser Richtlinie fällt (Art. 3 Abs. 7). Dahinter steht der Gedanke, dass diejenigen Kredit- und Finanzinstitute, die den gleichen An-

[426] Vgl. *Ligeti*, Strafrecht und strafrechtliche Zusammenarbeit, S. 356 f.; *Wöß*, Geldwäscherei, S. 215 f.

[427] „Die entsprechenden Vorschriften müssen soweit möglich auch für die wirtschaftlichen Eigentümer gelten".

[428] Vgl. Fn. 424.

forderungen unterstellt wurden, sich nicht gegenseitig zu überprüfen brauchen. Grundsätzlich fallen jedoch unter die Bestimmungen der Richtlinie alle Transaktionen; Ausnahmeregelungen sind lediglich für bestimmte Versicherungsverträge vorgesehen (Art. 3 Abs. 3 und Abs. 4). Da die genannte Bestimmung die Aufhebung der Anonymität vorsieht, ist sie auf erhebliche Kritik gestoßen[429]. Es entsteht zugleich die Frage, ob der Gemeinschaft die Kompetenz zur Auferlegung solcher Verpflichtungen überhaupt zusteht[430].

dd) Überprüfungs- und Aufzeichnungspflichten

Laut Art. 5 der Geldwäscherichtlinie werden die Mitgliedstaaten aufgefordert, dafür zu sorgen, dass die Kredit- und Finanzinstitute die Geschäfte und Transaktionen besonders sorgfältig prüfen, bei deren Art es ihres Erachtens besonders nahe liegt, dass sie mit einer Geldwäsche zusammenhängen könnten. Diese Bestimmung der Richtlinie stützt sich deutlich auf die FATF-Empfehlungen, nach denen auf die Notwendigkeit einer besonderen Prüfung aller „ungewöhnlichen" Geschäfte hingewiesen wird[431].

Dies erfordert zum einen die ständige Unterrichtung und Schulung von Mitarbeitern der Kredit- und Finanzinstitute (Art. 11 der Richtlinie), zum anderen die Untersuchung von verdächtigen Transaktionen, deren Ergebnisse in Form einer Aufzeichnung der zuständigen Behörde zur Verfügung gestellt werden müssen. Da im Falle eines Verdachts einer Geldwäsche die Kredit- und Finanzinstitute stets zur Identitätsprüfung verpflichtet sind (vgl. Art. 3 Abs. 6 der Richtlinie), kommt dieser Norm eine besondere Bedeutung zu, soweit sie konkret angibt, wann es der Art einer Transaktion nach besonders nahe liegt, dass sie mit einer Geldwäsche zusammenhängen könnte.

ee) Registrierungs- und Aufbewahrungspflichten

Die Verpflichtung zur Identitätsprüfung wird nur dann ihre Aufgabe erfüllen, wenn die von den Kredit- und Finanzinstituten gesammelten Daten

---

[429] Zur Begründung der Aufhebung der Anonymität siehe Erwägungsgründe zu der Geldwäscherichtlinie: „Um zu verhindern, dass Geldwäscher die Anonymität für ihre kriminellen Tätigkeiten ausnutzen, muss sichergestellt werden, dass die Kredit- und Finanzinstitute von ihren Kunden die Bekanntgabe ihrer Identität verlangen (...)." Kritisch dazu *Carl*, wistra 1991, S. 292; *Höreth*, Bekämpfung, S. 42; *Siska*, Die Geldwäscherei, S. 110 ff.

[430] Zu dieser Problematik siehe *Barfuß*, RdW 1996, S. 106; *Bukovc*, Die Bekämpfung, S. 25.

[431] Siehe FATF-Empfehlung Nr. 15. Vgl. ferner *Findeisen*, Prok. i Pr. 6/1995, S. 59; *Werner*, Bekämpfung, S. 55.

in entsprechender Form gespeichert werden, um sie dann den zuständigen Behörden zur Verfügung stellen zu können[432]. Deswegen wurden die Mitgliedstaaten verpflichtet, dafür zu sorgen, dass die Kredit- und Finanzinstitute Kopien oder Aufzeichnungen von den Identitätsdokumenten sowie Belege und Aufzeichnungen von Transaktionen in Form von Originaldokumenten oder von Kopien vorhalten (Registrierungspflicht) und diese Unterlagen zu Beweiszwecken für ein mögliches Geldwäscheverfahren noch mindestens fünf Jahre aufbewahren (Aufbewahrungspflicht, Art. 4 der Richtlinie). Die Erfüllung dieser Pflichten soll den Kredit- und Finanzinstituten die sich aus Art. 6 der Geldwäscherichtlinie ergebende Zusammenarbeit mit den nationalen Behörden erleichtern.

ff) Zusammenarbeit mit Behörden

In den Art. 6 bis 8 der Geldwäscherichtlinie werden die Bestimmungen für eine umfangreiche Zusammenarbeit der Kredit- und Finanzinstitute und deren Aufsichtsorgane mit den für die Bekämpfung der Geldwäsche zuständigen Behörden festgelegt, wobei nur innerstaatliche Behörden in Betracht kommen (vgl. Art. 6 Abs. 2).

Das Gebot zur Zusammenarbeit beschränkt sich auf zwei konkrete Pflichten. Art. 6 sieht eine Verpflichtung für die Mitgliedstaaten vor, dafür zu sorgen, dass die Kredit- und Finanzinstitute sowie deren leitendes Personal und Angestellte die zuständigen Behörden ohne besonderes Verlangen zum einen über alle Tatsachen informieren, die ein Indiz für eine Geldwäsche darstellen könnten (sog. Unterrichtungspflicht bzw. *proaktive* Meldepflicht); zum anderen diesen Behörden alle erforderlichen Auskünfte[433] im Einklang mit dem Verfahren, die aufgrund dieser Richtlinie festgelegt sind, erteilen (sog. Auskunftspflicht bzw. *retroaktive* Meldepflicht). Weiterhin enthält Art. 7 eine Meldepflicht, die sich auf die Kenntnis und den Verdacht der Geldwäsche bezieht (sog. Verdachtsmodell[434]).

Der Unterrichtungspflicht zufolge werden die Kredit- und Finanzinstitute dazu angehalten, mit besonderer Aufmerksamkeit alle Geschäftsvorfälle zu beobachten, die mit der Geldwäsche zusammenhängen könnten. Das wird auch im Erwägungsgrund Nr. 15 der Präambel eindeutig zum Ausdruck

---

[432] Vgl. *Ligeti*, Strafrecht und strafrechtliche Zusammenarbeit, S. 356; *Wöß*, Geldwäscherei, S. 234.

[433] Typische erforderliche Auskünfte sind z. B.: Informationen zur Identifizierung eines verdächtigen Bankkunden, Daten über bestimmte Finanzoperationen eines Kunden oder über seine wirtschaftlichen Tätigkeiten. Vgl. ferner *Wöß*, Geldwäscherei, S. 246.

[434] Näher siehe *Ligeti*, Strafrecht und strafrechtliche Zusammenarbeit, S. 357.

gebracht. Die Erfüllung dieser Verpflichtung muss im Sinne des Art. 5 dieser Richtlinie erfolgen, der den Kredit- und Finanzinstituten eine besonders sorgfältige Prüfung jeder verdächtigen Finanzoperation auferlegt[435]. Grundsätzlich dürfen die erlangten Informationen nur zur Geldwäschebekämpfung verwendet werden. Dennoch können sie auch für andere Zwecke verwendet werden, wenn dies die Mitgliedstaaten so vorsehen und zulassen (Art. 6 Abs. 3). Denkbar ist zum Beispiel die Mitteilung an Steuerbehörden[436]. Dieser Bestimmung liegt der Gedanke zugrunde, dass dadurch die Verwertung der Informationen in Bezug auf andere Vergehen, insbesondere auf die Hinterziehung von Steuern, möglich wird[437].

Die Fortführung der Sorgfaltsverpflichtungen der Kredit- und Finanzinstituten sowie die tragende Säule der präventiven Maßnahmen zur Geldwäschebekämpfung[438] ist in Art. 7 der Richtlinie verankert. Demnach haben die Mitgliedstaaten dafür zu sorgen, dass die Kredit- und Finanzinstitute Transaktionen, von denen sie wissen oder vermuten, dass sie mit einem Geldwäschevorfall zusammenhängen könnten, nicht vornehmen, bevor sie die zuständigen Behörden informiert haben. Die Behörden können dann die Finanzoperation mittels einer nach ihren nationalen Regelungen erteilten Weisung verhindern (Art. 7). Nur in Ausnahmefällen, d. h. wenn der Verzicht auf eine Transaktion nicht möglich ist oder falls dadurch die Verfolgung des Nutznießers einer mutmaßlichen Geldwäsche behindert werden könnte, darf die Transaktion doch ausgeführt werden; dann aber nur unter der Bedingung, dass die Institute unmittelbar nach deren Vornahme die nötigen Informationen an die Behörden übermitteln (Art. 7 S. 3). Diese Anordnung räumt den Instituten die Möglichkeit ein, in Einzelfällen flexibel zu reagieren und den Verdacht bei einem der Geldwäsche verdächtigen Kunden entstehen zu lassen.

Des Weiteren sieht Art. 8 der Geldwäscherichtlinie vor, dass die Kredit- und Finanzinstitute, ihr leitendes Personal und ihre Angestellten den betreffenden Kunden oder eine dritte Person nicht davon benachrichtigen[439], dass Auskünfte gemäß Art. 6 oder Art. 7 dieser Richtlinie weitergegeben oder Ermittlungen hinsichtlich der Geldwäsche durchgeführt werden. Mit der Benachrichtigung ist eine bewusste und gewollte Mitteilung sowie eine Information, die aus einer sorgfaltswidrigen Handlung eines Bankange-

---

[435] Vgl. Kapitel 3 § 2 Punkt I. 5. A. b) dd) der vorliegenden Untersuchung.

[436] Vgl. *Klippl*, Geldwäsche, S. 28.

[437] Vgl. *Wöß*, Geldwäscherei, S. 251.

[438] So *Ligeti*, Strafrecht und strafrechtliche Zusammenarbeit, S. 357.

[439] Vgl. auch Erwägungsgrund Nr. 15 der Präambel, wo von der Alarmierung des betroffenen Kunden die Rede ist.

stellten resultiert[440], an einen verdächtigen Kunden oder an einen Dritten gemeint[441].

gg) Durchbrechung des Bankgeheimnisses

Die Meldepflicht ist nur dann sinnvoll, wenn die Kredit- und Finanzinstitute sowie deren Personal und Angestellte durch die Erstattung von Meldungen keine negativen Folgen zu befürchten haben[442]. Eine geeignete Regelung und zugleich eine Schutzklausel diesbezüglich schafft Art. 9 der Richtlinie. Danach gilt die Mitteilung von verdächtigen Finanzoperationen nicht als Verletzung einer vertraglich oder durch Rechts- oder Verwaltungsvorschriften geregelten Bekanntmachungsbeschränkung[443] und zieht für das Kredit- oder Finanzinstitut, sein leitendes Personal sowie seine Angestellten keinerlei nachteilige zivil- oder strafrechtliche Folgen nach sich.

Insofern werden Mitarbeiter eines Kredit- oder Bankinstituts davor geschützt, verantwortlich gemacht zu werden, wenn sie gutgläubig entsprechende Mitteilungen von verdächtigen Transaktionen machen, die jedoch auf einem später als nicht haltbar erwiesenen Verdacht beruhen. Hintergrund für die Schaffung einer solchen Schutzklausel war die Möglichkeit der Untersagung von Transaktionen (Art. 7), weil dadurch hohe Schadenssummen entstehen können. Ferner soll das Personal der Kredit- und Finanzinstitute ermutigt werden, mit den zuständigen Behörden zusammenzuarbeiten.[444] Trotzdem stellt die Durchbrechung des Bankgeheimnisses den am stärksten umstrittenen Bestandteil der Richtlinie dar[445].

hh) Innerstaatliche Amtshilfe

Die innerstaatliche Amtshilfe wird in Art. 10 der Geldwäscherichtlinie behandelt. Sie bezieht in erster Linie die Bank- bzw. Versicherungsaufsichtsbehörden in die Geldwäschebekämpfung mit ein und gestattet für sie ebenfalls die Einführung einer Meldepflicht, wenn sie auf Tatsachen stoßen, die auf eine Geldwäsche hindeuten.

---

[440] Zu dieser Art von Handlungen gehören z. B.: das Mithören von Gesprächen, die Möglichkeit, einen Einblick in die Dokumente zu nehmen usw.

[441] Vgl. *Häde*, EuZW 1991, S. 556; *Wöß*, Geldwäscherei, S. 258.

[442] Vgl. *Bukovc*, Die Bekämpfung, S. 25; *Häde*, EuZW 1991, S. 556; *Ligeti*, Strafrecht und strafrechtliche Zusammenarbeit, S. 358; *Wöß*, Geldwäscherei, S. 259.

[443] Diese Umschreibung ersetzt den Begriff des Bankgeheimnisses, der im Gemeinschaftsrecht als einheitlicher Rechtsbegriff ohnehin nicht existiert.

[444] Vgl. *Findeisen*, Prok. i Pr. 6/1995, S. 57; *Klippl*, Geldwäsche, S. 29; *Wöß*, Geldwäscherei, S. 259.

[445] So *Wöß*, Geldwäscherei, S. 242.

ii) Interne Maßnahmen

Darüber hinaus verpflichtet Art. 11 der Geldwäscherichtlinie die Mitgliedstaaten, dafür Sorge zu tragen, dass die Kredit- und Finanzinstitute auch intern auf neue Aufgaben und Verpflichtungen vorbereitet werden, indem geeignete interne Kontroll- und Mitteilungsverfahren eingeführt sowie geeignete interne Schulungsmaßnahmen zur Fortbildung ihres Personals, die im Zusammenhang mit der Vorbeugung und Verhinderung der Geldwäsche nötig sind, ergriffen werden sollen. Diese Bestimmung stützt sich auf die Befürchtung, dass die in dieser Richtlinie vorgesehenen Maßnahmen wirkungslos bleiben könnten.

jj) Innergemeinschaftliche Abstimmung

Weiterhin wird die Kommission durch Art. 13 der Geldwäscherichtlinie verpflichtet, einen beratenden Kontaktausschuss[446] einzurichten, der sich aus bestimmten von den Mitgliedstaaten zu benennenden Personen sowie Vertretern der Kommission zusammensetzt und mit bestimmten Aufgaben betraut wurde. Seine Aufgaben bestehen vor allem in der Koordinierung der Anwendung der Richtlinie, indem konkrete Probleme bei dieser Anwendung geklärt werden. Überdies gehört zu seinen Aufgaben die Erleichterung eines abgestimmten Vorgehens im Falle der strengeren oder zusätzlichen, auf der einzelstaatlichen Ebene erlassenen Bedingungen oder Pflichten, die Beratung der Kommission über notwendige Änderungen oder Anpassungen der Richtlinie sowie die Prüfung der eventuellen Einbeziehung von Berufs- oder Unternehmenskategorien in den Anwendungsbereich des Art. 12 der Richtlinie, wenn diese in einem Mitgliedstaat nachweislich zum Zwecke der Geldwäsche genutzt worden sind.

c) Umsetzung der Geldwäscherichtlinie in nationales Recht

Laut Art. 16 der Richtlinie haben sich alle Mitgliedstaaten verpflichtet, vor dem 01. Januar 1993 alle erforderlichen Rechtsvorschriften zur Umsetzung der Richtlinie in nationales Recht zu erlassen. Diese Verpflichtung ergibt sich aus Art. 249 EGV. Die Mitgliedstaaten werden auch aufgefordert, alle geeigneten Maßnahmen zu ergreifen, die eine vollständige Anwendung aller Bestimmungen dieser Richtlinie sicherstellen, sowie Verstöße gegen die aufgrund dieser Richtlinie erlassenen Vorschriften zu ahnden (Art. 14).

Falls die Vorgaben dieser Richtlinie nicht ausreichend für eine wirksame Bekämpfung der Geldwäsche erscheinen, überlässt ferner Art. 15 den Mit-

---

[446] Vgl. auch Erwägungsgrund Nr. 20 der Präambel.

gliedstaaten bei der Umsetzung einen weiten Handlungsspielraum, indem er den Erlass oder das Beibehalten strengerer oder bereits existierender Vorschriften auf dem unter die Richtlinie fallenden Gebiet zulässt, wenn dies zur wirksameren Verhinderung der Geldwäsche beitragen kann.

In Berichten der Europäischen Kommission über die Umsetzung der Richtlinie[447] wird der Stand der Umsetzung als zufriedenstellend bezeichnet. Alle Mitgliedstaaten haben die Richtlinie in nationales Recht umgesetzt. In den Schlussfolgerungen des Berichts von 1998 wird jedoch auf die Notwendigkeit hingewiesen, den Geltungsbereich der Geldwäscherichtlinie zu aktualisieren und zu erweitern.

In Deutschland erfolgte die Umsetzung der Geldwäscherichtlinie durch zwei Gesetze; nämlich durch das Gesetz zur Bekämpfung des illegalen Rauschgifthandels und anderer Erscheinungsformen der Organisierten Kriminalität[448] sowie durch das sog. Geldwäschegesetz[449]. Infolge der Umsetzung wurde der neue Tatbestand „Geldwäsche“ als § 261 des deutschen StGB in den Abschnitt „Begünstigung und Hehlerei“ des Strafgesetzbuches aufgenommen.

d) Bewertung der Geldwäscherichtlinie

Die Richtlinie füllt eine Lücke im System des Gemeinschaftsrechts, indem sie einen vollständigen Maßnahmenkatalog beinhaltet, der eine Grundlage für den Finanzbereich darstellt. Darüber hinaus macht sie relativ konkrete Vorgaben hinsichtlich der Geldwäschebekämpfung und Geldwäscheverhinderung, die den Gestaltungsspielraum des nationalen Gesetzgebers erheblich einschränken[450]. Vom Konzept her sollen über diese Regelung durch bindende Vorgabe von repressiven und präventiven Maßnahmen diejenigen privaten Unternehmen bestimmt werden, denen die größten Möglichkeiten zur Verfügung stehen, im Kampf gegen die Geldwäsche durch die Wahrnehmung ihrer Verantwortung eine vorbeugende Rolle zu übernehmen; nämlich die Kredit- und Finanzinstitute[451]. Bedauerlich bleibt jedoch, dass viele Bestimmungen unklare Begriffe enthalten, wodurch ihre Anwendbarkeit eingeschränkt wird. Von großem Nachteil ist weiterhin, dass die Richtlinie weder

---

[447] Vgl. Berichte der Europäischen Kommission über die Umsetzung der Richtlinie 91/308/EWG vom 03.03.1995 und vom 01.07.1998; im Amtsblatt nicht veröffentlicht.

[448] Gesetz zur Bekämpfung des illegalen Rauschgifthandels und anderer Erscheinungsformen der Organisierten Kriminalität vom 15.07.1992, BGBl. I 1992, S. 1302 ff.

[449] Gesetz über das Aufspüren von Gewinnen aus schweren Straftaten vom 25.10.1993, BGBl. I 1993, S. 1770 ff. Siehe dazu Anhang Nr. 5.

[450] Vgl. *Werner*, Bekämpfung, S. 57.

[451] Vgl. *Findeisen*, wistra 1997, S. 122.

Regelungen über die internationale Amtshilfe enthält noch zu dem Problem, wie mit den in einem Ermittlungsverfahren eingezogenen Vermögenswerten zu verfahren ist. Insgesamt stellt die Richtlinie einen Kompromiss zwischen dem Rat und den involvierten Lobbies der Bankenkreise dar. Mit Kompromissen ist jedoch eine wirksame Bekämpfung der Geldwäsche kaum möglich[452].

Trotz aller Kritik[453] scheint es doch klar zu sein, dass die Richtlinie zumindest als ein Mindeststandard für den Kampf gegen die Geldwäsche gelten kann und einen Ausgangspunkt für weitere Regelungen in diesem Bereich auf der internationalen Ebene darstellt.

B. Gemeinsame Maßnahme betreffend Geldwäsche, die Ermittlung, das Einfrieren, die Beschlagnahme und die Einziehung von Tatwerkzeugen und Erträgen aus Straftaten von 1998 und der Rahmenbeschluss des Rates über Geldwäsche sowie Ermittlung, Einfrieren, Beschlagnahme und Einziehung von Tatwerkzeugen und Erträgen aus Straftaten von 2001

Die Gemeinsame Maßnahme betreffend Geldwäsche, die Ermittlung, das Einfrieren, die Beschlagnahme und die Einziehung von Tatwerkzeugen und Erträgen aus Straftaten[454] und der sie zum Teil ergänzende Rahmenbeschluss des Rates über Geldwäsche sowie Ermittlung, Einfrieren, Beschlagnahme und Einziehung von Tatwerkzeugen und Erträgen aus Straftaten[455] berufen sich auf die Straßburger Konvention von 1990 und verpflichten die Mitgliedstaaten bei der Schaffung der nationalen Geldwäschestraftatbestände im Einklang mit Art. 6 dieser Konvention, das Waschen von Erträgen aus allen schweren Straftaten strafrechtlich zu ahnden (Art. 1 Abs. 1 b der Gemeinsamen Maßnahme; Art. 1 Abs. 1 b des Rahmenbeschlusses), wobei die Definition der schweren Straftat dem nationalen Gesetzgeber überlassen wird[456]. Für die Einstufung einer Handlung als schwere Straftat ist das Ausmaß der Strafandrohung entscheidend. So reichen Höchststrafen von

---

[452] So *Wöß*, Geldwäscherei, S. 274.

[453] Siehe insbesondere bei *Carl*, der die Richtlinie als „eine Kapitulation vor der Lobby der Kreditwirtschaft" ansieht, vgl. *Carl*, wistra 1991, S. 292. Siehe ferner *Wöß*, Geldwäscherei, S. 273 ff.

[454] Gemeinsame Maßnahme vom 03.12.1998 betreffend Geldwäsche, die Ermittlung, das Einfrieren, die Beschlagnahme und die Einziehung von Tatwerkzeugen und Erträgen aus Straftaten (98/699/JI), EABl. L 133 vom 09.12.1998, S. 1 ff.

[455] Rahmenbeschluss des Rates vom 26.06.2001 über Geldwäsche sowie Ermittlung, Einfrieren, Beschlagnahme und Einziehung von Tatwerkzeugen und Erträgen aus Straftaten (2001/500/JI), EABl. L 182 vom 05.07.2001, S. 1 ff.

[456] Die Verpflichtung zur strafrechtlichen Ahndung der Geldwäsche beinhaltet auch Art. 2 des Zweiten Protokolls zum Übereinkommen vom 26.07.1997 über den Schutz

mehr als sechs Monaten Freiheitsstrafe aus, wenn nationale Rechtssysteme Mindeststrafen vorsehen; sonst reichen die Höchststrafen von mehr als einem Jahr Freiheitsstrafe aus. Infolge dieser Regelung werden praktisch alle nicht unbedeutenden vermögensreduzierenden Delikte zu Vortaten der Geldwäsche[457]. Somit wurde der Katalog der geldwäscherelevanten kriminellen Vortaten erheblich ausgedehnt.

Darüber hinaus zielen beide Rechtsakte darauf ab, eine effektivere justizielle Zusammenarbeit zwischen den Mitgliedstaaten bei der Ermittlung, beim Einfrieren, bei der Beschlagnahme und bei der Einziehung von Tatwerkzeugen und Erträgen aus Straftaten zu sichern, indem die Koordinierung zwischen den Strafverfolgungsbehörden verbessert und die miteinander vereinbarten Verfahren effizienter werden sollen. Damit soll ein Europäisches Justizielles Netz befasst werden, in dessen Rahmen jeder Mitgliedstaat einen Leitfaden ausarbeitet, der Angaben über Auskunftsstellen und über die Art der Unterstützung enthält, die er in dem in beiden Rechtsakten behandelten Bereich gewährt (Gemeinsame Maßnahme, Art. 2), wobei alle Ersuchen anderer Mitgliedstaaten mit derselben Priorität behandelt werden müssen wie im innerstaatlichen Verfahren (Rahmenbeschluss, Art. 4). Ferner verpflichtet der Rahmenbeschluss (Art. 3) die Mitgliedstaaten zu Wertersatzstrafen, d. h. zur Entziehung von Erträgen aus Straftaten bzw. auch zur Entziehung von Vermögensgegenständen, deren Wert dem Wert dieser Erträge entspricht, sofern er mindestens 4.000 € beträgt.

C. Beschluss des Rates über Vereinbarungen für die Zusammenarbeit zwischen den zentralen Meldestellen der Mitgliedstaaten beim Austausch von Informationen von 2000

Durch den Beschluss des Rates über Vereinbarungen für die Zusammenarbeit zwischen den zentralen Meldestellen der Mitgliedsstaaten beim Austausch von Informationen[458] wird den Mitgliedstaaten auferlegt, zentrale Meldestellen zur Entgegennahme von Finanzoperationen zum Zwecke der Geldwäschebekämpfung einzurichten oder zu benennen (Art. 1 Abs. 1 des Beschlusses). Die Verdachtsmeldungen sind von Kredit- und Finanzinstitu-

---

der finanziellen Interessen der Europäischen Gemeinschaft, EABl. C 221 vom 19.07.1997, S. 12 ff.

457 Vgl. *Bogensberger*, Rechtliche Maßnahmen der EU zur Bekämpfung der Geldwäsche, in: *Bogensberger* (Hrsg.), S. 118. Kritisch dazu *Ligeti*, Strafrecht und strafrechtliche Zusammenarbeit, S. 342 f.

458 Beschluss des Rates vom 17.10.2000 über Vereinbarungen für die Zusammenarbeit zwischen den zentralen Meldestellen der Mitgliedstaaten beim Austausch von Informationen (2000/642/JI), EABl. L 271 vom 24.10.2000, S. 4 ff.

ten an diese besonderen Behörden[459] zu richten, wobei es den Mitgliedstaaten freisteht, in welcher Form diese Behörden eingerichtet werden. Denkbar sind etwa Verwaltungsbehörden, Polizeibehörden oder sonstige Sonderformen[460]. Die zentralen Meldestellen setzen sich das Ziel, die von Kredit- und Finanzinstituten erlangten Informationen über alle Tatsachen, die ein Indiz für eine Geldwäsche sein könnten, zu sammeln und zu analysieren sowie strafrechtsrelevante Meldungen an die jeweiligen Strafverfolgungsbehörden weiterzuleiten (Art. 5 Abs. 3 des Beschlusses).

Weiterhin haben die Mitgliedstaaten für den Austausch aller verfügbaren Informationen zwischen den zentralen Meldestellen zu sorgen, wenn diese Informationen bei der Bearbeitung oder Analyse von Informationen oder bei Ermittlungen, die Finanztransaktionen im Zusammenhang mit der Geldwäsche und die beteiligten natürlichen und juristischen Personen betreffen, relevant sein könnten (Art. 1 Abs. 2 des Beschlusses). Die Verpflichtung zur Weitergabe von Informationen trifft eine zentrale Meldestelle jedoch dann nicht, wenn das laufende strafrechtliche Ermittlungen im ersuchten Mitgliedstaat stören könnte oder in einem Missverhältnis zu legitimen Interessen einer natürlichen oder juristischen Person oder des betreffenden Mitgliedstaates sowie seinen Grundprinzipien stünde (Art. 4 Abs. 3 des Beschlusses).

Somit wurde mit diesem Beschluss innerhalb der Europäischen Gemeinschaft ein System des grenzüberschreitenden Informationsaustausches eingerichtet. Hervorzuheben ist jedoch, dass für die Sicherung der Kommunikationswege die Mitgliedstaaten zu sorgen haben.

D. Änderungsrichtlinie zur Geldwäscherichtlinie von 2001

Die Geldwäscherichtlinie von 1991 war zweifellos ein Meilenstein für die Rechtsentwicklung in der Europäischen Gemeinschaft[461]. Da die Geldwäsche ein sich langfristig evolvierendes Phänomen darstellt, müssen die internationalen Rechtsinstrumente für deren Bekämpfung ständig aktualisiert werden. Demzufolge besteht die Notwendigkeit einer ständig neuen Ausarbeitung von Geldwäscheregelungen, um neue Aspekte, neue Methoden und

[459] Sie werden meistens als „Financial Intelligence Units“ (FIUs) bezeichnet. Näher dazu vgl. *Hoyer/Klos*, Regelungen, S. 89 f.; *Jasiński*, PUG 10/2000, S. 20 f.; *Pływaczewski*, PiP 8/2002, S. 50 f.

[460] Ein so großer Ermessensspielraum wird durch die sehr weite Fassung der Definition der zentralen nationalen Meldestelle ermöglicht, vgl. Art. 2 des Beschlusses.

[461] So *Bogensberger*, Rechtliche Maßnahmen der EU zur Bekämpfung der Geldwäsche, in: *Bogensberger* (Hrsg.), S. 119.

Techniken des Waschens von Vermögenswerten zu berücksichtigen, so dass der Finanzsektor sowie andere gefährdete Tätigkeiten vor den negativen Folgen der aus illegalen Quellen herrührenden Erträge geschützt werden können.

Unter Berücksichtigung entsprechender Entschließungen des Europäischen Parlaments wurde der Rat im Jahre 1996 mit der Aufgabe der Bearbeitung der geltenden Geldwäscherichtlinie beauftragt. Von diesem Hintergrund hat die Kommission im Jahre 1999 eine Änderung der Geldwäscherichtlinie[462] vorgeschlagen. Dieser Vorschlag umfasste Änderungen in zweierlei Hinsicht[463].

Zum einen erstreckte er sich auf die Ausweitung des Vortatenkatalogs, der sich nach der neuen Fassung nicht nur auf Erlöse aus dem Drogenhandel, sondern generell auf Erlöse aus der organisierten Kriminalität beziehen soll. Damit ist sowohl eine Erleichterung der Anmeldung verdächtiger Transaktionen sowie der internationalen Zusammenarbeit auf diesem Gebiet angestrebt. Angesichts der ungleichen Rechtslage in den Mitgliedstaaten sollen ferner auch missbrauchsanfällige Tätigkeiten und geldwäschegefährdete Berufe[464] außerhalb des Finanzsektors von der Geldwäscherichtlinie erfasst und in deren Pflichtensystem und Bestimmungen einbezogen werden. Gemeint waren vor allem Rechtsanwälte und Wirtschaftsprüfer, die häufig zum Vertuschen des Ursprungs illegal erworbener Gelder benutzt oder zur Mitwirkung an der Geldwäsche gezwungen werden[465]. Wegen der Notwendigkeit der Sicherung einer uneingeschränkten Vertretung und Verteidigung von Mandanten in gerichtlichen Verfahren sollte jedoch für selbstständige Juristen und Notare im Rahmen der Geldwäscherichtlinie ein Sondersystem eingeführt werden, in dessen Anwendungsbereich nur ein sehr eingeschränkter Teil der anwaltlichen Tätigkeiten fällt[466]. Gemeint sind nämlich

---

[462] Vorschlag der Kommission vom 19.06.1999 für eine Richtlinie des Europäischen Parlaments und des Rates zur Änderung der Richtlinie 91/308/EWG des Rates zur Verhinderung der Nutzung des Finanzsystems zum Zwecke der Geldwäsche, EABl. C 177 E vom 27.06.2000, S. 14 ff.

[463] Vgl. *Wegner*, NJW 2002, S. 794.

[464] Nach diesem Vorschlag sollen folgende Berufsgruppen in den Anwendungsbereich der Geldwäscherichtlinie einbezogen werden: externe Buchsachverständige und Abschlussprüfer, Immobilienmakler, Notare und andere selbstständige Juristen im Rahmen von bestimmten Finanz- und Unternehmenstransaktionen, Händler mit hochwertigen Gütern, Geldtransportunternehmen und Kasinos, aber keine Steuerberater.

[465] Vgl. *Johnigk*, Anwaltstätigkeit und 2. EU-Geldwäscherichtlinie, in: *Bogensberger* (Hrsg.), S. 89 ff.; *Ligeti*, Strafrecht und strafrechtliche Zusammenarbeit, S. 352 f.

[466] Ausführlich zu der Auswirkungen der Änderungsrichtlinie siehe *Wegner*, NJW 2002, S. 794 ff.

solche Aktivitäten, bei denen die Gefahr des Missbrauchs zum Zwecke der Geldwäsche relativ hoch ist. Gleichzeitig sollen die selbstständigen Juristen und Notare von der Identifizierungs- und Meldepflicht, bei einer Tätigkeit, die mit der Vertretung oder Verteidigung ihres Mandanten zusammenhängt oder im Rahmen einer Rechtsberatung aufgenommen wird, befreit werden. Dieser Vorschlag ist jedoch auf heftige Kritik gestoßen[467].

Eine Grundlage für den weiteren Ablauf des Rechtssetzungsprozesses bildet der Gemeinsame Standpunkt des Rates zur Änderung der Richtlinie zur Verhinderung der Nutzung des Finanzsystems zum Zwecke der Geldwäsche[468]. Im Hinblick auf die Bestimmungen des Vortatenkatalogs geht der Gemeinsame Standpunkt noch einen Schritt weiter als der Kommissionsvorschlag, indem er alle verbrecherischen Tätigkeiten, die mit der organisierten Kriminalität sowie mit der Beeinträchtigung finanzieller Interessen der Gemeinschaft zusammenhängen können, als mögliche Vortaten einstuft. Ferner erweitert er den Katalog der in den Wirkungsbereich der Richtlinie aufgenommenen Tätigkeiten, indem er in erster Linie die an Finanz- oder Unternehmenstransaktionen beteiligten Steuerberater hinzunimmt sowie weitere Detailregelungen diesbezüglich einführt[469]. Nach dem Terrorangriff vom 11. September 2001 wurden die gesetzgeberischen Anstrengungen im Bereich der Geldwäsche zum zentralen Thema. Als Ergebnis dieser Aktivitäten wurde im Jahre 2001 die Änderungsrichtlinie zur Geldwäscherichtlinie[470] angenommen.

Die in dieser Richtlinie enthaltenen Änderungen erstrecken sich allerdings nur auf drei Gebiete. Zum einen wurde die Kriminalisierung dieses

[467] Siehe dazu die Stellungnahme des Wirtschafts- und Sozialausschusses vom 27.01.2000 zu dem Vorschlag für eine Richtlinie des Europäischen Parlaments und des Rates zur Änderung der Richtlinie 91/308/EWG des Rates vom 10. Juni 1991 zur Verhinderung der Nutzung des Finanzsystems zum Zwecke der Geldwäsche (EABl. C 75 vom 15.03.2000, S. 22 ff.), der seine Kritik an der Erweiterung des Vortatenkatalogs erläuterte, sowie den Standpunkt des Europäischen Parlaments vom 05.06.2000 zum Kommissionsvorschlag (abrufbar unter: www.europaparl.eu.int), nach dessen Ansicht auch die Steuerberater, Wirtschaftsprüfer, Kunsthändler, Versteigerer, Zoll- und Steuerbeamten in den Anwendungsbereich der Geldwäscherichtlinie fallen sollen.

[468] Gemeinsamer Standpunkt des Rates Nr. 5/2001 vom 30.11.2000 im Hinblick auf den Erlass einer Richtlinie des Europäischen Parlaments und des Rates zur Änderung der Richtlinie 91/308/EWG des Rates zur Verhinderung der Nutzung des Finanzsystems zum Zwecke der Geldwäsche, EABl. C 36 vom 02.02.2001, S. 24 ff.

[469] Vgl. *Bogensberger*, Rechtliche Maßnahmen der EU zur Bekämpfung der Geldwäsche, in: *Bogensberger* (Hrsg.), S. 126 ff.; *Johnigk*, Anwaltstätigkeit und 2. EU-Geldwäscherichtlinie, in: *Bogensberger* (Hrsg.), S. 93 ff.

[470] Richtlinie des Rates vom 04.10.2001 zur Änderung der Richtlinie 91/308/EWG des Rates zur Verhinderung der Nutzung des Finanzsystems zum Zwecke der Geldwäsche (2001/97/EG), EABl. L 344 vom 28.12.2001, S. 76 ff.

Phänomens, insbesondere im Bezug auf die Definition der Geldwäsche neu gefasst, zum zweiten wurde der Katalog der den Verpflichtungen dieser Richtlinie unterliegenden Personen und Institute erweitert, schließlich wurden auch die Rechtsvorschriften über den Informationsaustausch und dessen Kontrolle präzisiert.

Die Definition der Geldwäsche wurde durch eine neue Fassung des Begriffs der kriminellen Tätigkeit geändert. Die kriminelle Tätigkeit, die eine Grundlage für das Waschen der illegal erlangten Vermögenswerte darstellt, wurde als jede Form der kriminellen Beteiligung an der Begehung einer schweren Tat bezeichnet, wobei Art. 1 E der geänderten Geldwäscherichtlinie ebenfalls definiert, welche Vortaten der Geldwäsche sich als schwere Taten einstufen lassen. Von großem Belang ist, dass auch die Bestechung als eine der möglichen Vortaten der Geldwäsche bezeichnet wurde. Mit diesem Begriff ist nicht nur das Angebot und die Gewährung eines Vorteils gegenüber einem Amtsträger gemeint, sondern auch die Unterstellung einer Person zum Zwecke ihrer künftigen Ausnutzung und der Verfügung über sie[471]. Denn beides kann sich nachteilig auf die finanziellen Interessen der Europäischen Gemeinschaft auswirken. Die so formulierte Definition erfasst somit nicht nur Amtsträger, sondern auch Privatpersonen, die für fremde Rechnung handeln.

Weitere Änderungen betreffen die Ausweitung des Katalogs der den Verpflichtungen dieser Richtlinie unterliegenden Personen und Institute[472]. Im Hintergrund dieser Änderung stand der Gedanke, dass nicht nur die dem Finanzsektor angehörenden Personen, sondern auch diejenigen, die andere bargeldintensive Tätigkeiten ausüben, für Geldwäscher interessant sein können[473]. Somit fallen in den Wirkungsbereich der Richtlinie auch die Abschlussprüfer, Buchprüfer, Steuerberater, Immobilienmakler, Personen, die mit hochwertigen Gütern handeln, sowie Kasinos, Versteigerer, Notare und andere selbstständige Angehörige von Rechtsberufen (Art. 2a der Richtlinie). Alle hier genannten Personen werden bei der Ausübung ihrer beruflichen Tätigkeit grundsätzlich allen Verpflichtungen der Geldwäscherichtlinie unterworfen. Für die selbständigen Rechtsberufe wurde jedoch im Bereich der Meldepflicht ein Sondersystem eingeführt (Art. 6 Abs. 3), das inhaltlich mit dem Wortlaut des Gemeinsamen Standpunkts des Rates von 2000 in Einklang steht und ein Ausdruck des besonders schützenswerten Mandats-

[471] Vgl. *Jasiński*, PUG 9/2002, S. 12; *Zielińska*, Korpus przestępstw europejskich, in: Piontek – FS, S. 580 f.

[472] Zu kompetenzrechtlichen Bedenken bezüglich dieser Änderung siehe *Gentzik*, Die Europäisierung, S. 53 ff.

[473] Vgl. *Wegner*, NJW 2002, S. 795.

und Vertrauensverhältnisses darstellt[474]. Damit der beruflichen Schweigepflicht Rechnung getragen werden kann, wird den Mitgliedstaaten zum einen die Entscheidung überlassen, ob die selbstständigen Rechtsberufe die Meldung von Tatsachen, die ein Indiz für eine Geldwäsche sein könnten, an die Strafverfolgungsbehörden oder statt dessen an eine geeignete Selbstverwaltungseinrichtung (z. B. an die Anwaltskammer) vornehmen sollen. Zum anderen wird den Mitgliedstaaten im Rahmen dieser Bestimmung die Möglichkeit eingeräumt, die selbstständigen Berufe wie Rechtsanwälte, Abschlussprüfer, externe Buchprüfer und Steuerberater von der in Art. 6 Abs. 1 der Richtlinie vorgesehenen Verpflichtung unter bestimmten Voraussetzungen ganz zu befreien.

Überdies wurde die bisher geltende Regelung aufrechterhalten, der zufolge die Bestimmungen dieser Richtlinie ganz oder teilweise auf Berufe und Unternehmenskategorien ausgedehnt werden, die zwar keine Institute und Personen im Sinne des Art. 2a sind, jedoch Tätigkeiten ausüben, die besonders geeignet sind, zum Zwecke der Geldwäsche genutzt zu werden (Art. 12).

Die neue Erfassung von Tätigkeiten, die den Bestimmungen dieser Richtlinie unterworfen sind, führt dazu, dass der Schutz nicht nur des Banken- und Finanzsystems, sondern auch des ganzen Wirtschaftssystems in den Mitgliedstaaten einheitlich gewährt wird, indem Angehörige der genannten Berufe in verschiedenen Phasen der Geldwäsche das Phänomen identifizieren und bekämpfen können. So kann die Geldwäsche von Maklergesellschaften schon in der Phase der Platzierung, von Banken in der Phase der Unterbringung und von Notaren in der Phase der Integration identifiziert werden.[475]

Die in Art. 3 der bisher geltenden Geldwäscherichtlinie behandelten Identifizierungspflichten wurden in der neuen Fassung erheblich erweitert. Zum einen wurde festgelegt, dass die Identität der Kunden von Kasinos nur beim Kauf oder Verkauf von Spielmarken im Wert von mindestens 1.000 € festzustellen ist (Art. 3 Abs. 5). Ferner werden im Rahmen dieser Regelung weitere Änderungen eingeführt, die auch die wirtschaftlichen Eigentümer erfassen. In der bisherigen Fassung dieser Norm handelte es sich um die Feststellung eines Hintermannes bei Verdacht auf Vorschieben eines Strohmannes, der nicht in eigenem Namen handelt. Da es jedoch für typische Strohmanngeschäfte kennzeichnend ist, dass zwar in eigenem Namen, aber für fremde Rechnung gehandelt wird, war diese Bestimmung

[474] So *Wegner*, NJW 2002, S. 796.
[475] Vgl. *Jasiński*, PUG 9/2002, S. 13.

missglückt[476]. Aus diesem Grunde wurde in die neue Fassung das Erfordernis einer Identitätsfeststellung des Hintermannes aufgenommen, wenn es zweifelhaft erscheint, ob der Kunde für eigene Rechnung handelt (Art. 3 Abs. 7). Unverändert im Vergleich zur Geldwäscherichtlinie von 1991 bleibt das Erfordernis der Identifizierung von Kunden im Falle der Anknüpfung von Geschäftsbeziehungen, insbesondere wenn ein Sparkonto oder ein anderes Konto eröffnet wird oder Vermögensverwahrungsleistungen angeboten werden (Art. 3 Abs. 1), sowie die Verpflichtung zur Identitätsfeststellung bei allen Transaktionen, deren Betrag sich auf 15.000 € oder mehr beläuft (Art. 3 Abs. 2).

Ein sehr wichtiges Problem bildet die Erweiterung der Pflicht zur Feststellung der Identität im Falle der physischen Abwesenheit von Kunden. Den Bestimmungen des Art. 3 Abs. 11 der geänderten Geldwäscherichtlinie entsprechend haben die Mitgliedstaaten dafür zu sorgen, dass die dieser Richtlinie unterliegenden Institute und Personen spezifische und angemessene Maßnahmen treffen, die die Möglichkeit einräumen, das bei Ferngeschäften entstandene erhöhte Geldwäscherisiko auszugleichen. Zu diesen Maßnahmen gehört beispielsweise die Forderung der Vorlage zusätzlicher Dokumente oder das Ergreifen ergänzender Maßnahmen zur Überprüfung oder Bestätigung der vorgelegten Dokumente.

Darüber hinaus wird den Mitgliedstaaten, neben der Verpflichtung der zuständigen Behörden zur Einführung von geeigneten internen Kontroll- und Mitteilungsverfahren sowie zum Ergreifen von geeigneten internen Schulungsmaßnahmen zur Fortbildung ihres Personals, auferlegt, dafür zu sorgen, dass die Aufsichtsorgane, deren Aufgabe in der Überwachung der Aktien-, Devisen- und Finanzderivatmärkte besteht, die für die Geldwäschebekämpfung zuständigen Behörden unterrichten, wenn sie auf Tatsachen stoßen, die ein Indiz für eine Geldwäsche sein könnten (Art. 10). Schließlich sollen die Mitgliedstaaten gewährleisten, dass die dieser Richtlinie unterliegenden Personen und Institute den Zugang zu aktuellen Informationen über die Praktiken der Geldwäscher sowie über Indizien, an denen sich verdächtige Transaktionen erkennen lassen, erhalten (Art. 11 Abs. 2).

Aus alledem folgt, dass die Änderungsrichtlinie zur Geldwäscherichtlinie einen weiteren Fortschritt in Bezug auf die Geldwäschebekämpfung darstellt, indem sie einige ganz neue, bisher nicht aufgeführte Aspekte dieses Phänomens erläutert. Der Wirkungsbereich der Verpflichtungen, denen bisher nur Kredit- und Finanzinstitute unterlagen, wurde in der neuen Fassung

[476] Vgl. *Carl*, wistra 1991, S. 290; *Klippl*, Geldwäsche, S. 25.

dieser Richtlinie auf andere Berufe ausgedehnt. Mithin wurde das Ziel erreicht, auch diejenigen Bereiche zu erfassen, auf die sich die Geldwäsche verstärkt erstreckt. Darüber hinaus wurde der Vortatenkatalog erheblich erweitert, so dass den Mitgliedstaaten ein weitreichender Ermessensspielraum bei der Normierung von Straftaten verbleibt. Von Nachteil ist jedoch, dass keine konkreten Vorgaben hinsichtlich der Vereinheitlichung der internationalen Zusammenarbeit im Bereich der Geldwäschebekämpfung und –prävention gemacht wurden. Bedenken ergeben sich auch daraus, dass durch die Neufassung das Vertrauensverhältnis zwischen dem Rechtsanwalt und dem Mandant, das verfassungsrechtlichen und einfachgesetzlichen Schutz und ein daraus abgeleitetes Recht des Mandanten auf ein faires Verfahren genießt, tangiert ist[477].

Die Darstellung der internationalen Regelungen auf dem Gebiet der Geldwäschebekämpfung hat gezeigt, dass verschiedene Institutionen die Notwendigkeit des Kampfes mit diesem Phänomen sowie mit dem damit verbundenen Problem der organisierten Kriminalität als eine ihrer relevantesten Aufgaben erkannt haben. Von den Betäubungsmitteldelikten ausgehend wurde das Ausmaß der internationalen Übereinkommen allgemein auf die Schwerkriminalität ausgedehnt. Hervorzuheben ist weiterhin, dass sowohl die Bestimmungen der Vereinten Nationen als auch die der Europäischen Gemeinschaft einen großen Einfluss auf die Gesetzgebung der jeweiligen Mitgliedstaaten ausgeübt haben, indem sie den nationalen Gesetzgeber dazu bewogen haben, die Geldwäsche strafrechtlich zu ahnden und sie in den nationalen Rechtssystemen als Straftatbestand einzustufen.

II. Aktuelle Initiativen

Die Möglichkeiten zur Geldwäschebekämpfung wurden jedoch noch nicht vollständig ausgeschöpft. Das zeigen neue Initiativen, die in den letzten Jahren auf der internationalen Ebene eingebracht werden.

1. Das Corpus Juris

Obwohl das Corpus Juris immer noch ein Projekt darstellt und damit keinen rechtsverbindlichen Charakter aufweist, erscheint es geboten, insbesondere im Hinblick auf dessen Hauptziel, das in erster Linie den Schutz der Finanzinteressen der Europäischen Gemeinschaft betrifft, manche seiner Regelungen, die die Geldwäscheproblematik berühren, zu erwähnen.

---

[477] Näher dazu siehe *Burger*, wistra 2002, S. 7 f.

In Art. 6 Abs. 1 des Corpus Juris wird der Tatbestand der Geldwäsche erläutert. Die Formulierung dieser Vorschrift, insbesondere in Bezug auf die Tathandlung, deutet jedoch auf deren grundsätzliche Übereinstimmung mit dem Wortlaut des Art. 1 Abs. 1 der Geldwäscherichtlinie von 1991 hin, was auch von den Autoren dieses Projektes beabsichtigt wurde[478]. Den einzig relevanten Unterschied bildet die unter Aspekten der Gesetzesbestimmtheit sachgerechte Beschränkung des Vortatenkatalogs auf die in Art. 1 bis Art. 6 des Corpus Juris genannten Straftaten. Somit erstreckt sich der Anwendungsbereich nur auf Objekte und Gegenstände, die unmittelbar durch die Katalogtaten erlangt wurden, sowie auf die Erträge aus einer ersten wirtschaftlichen Umwandlung dieser Gegenstände.[479]

In Bezug auf den Geldwäschetatbestand, der ebenfalls als Mittel zur Bekämpfung der organisierten Kriminalität bezeichnet wird[480], ist weiterhin Art. 8 des Corpus Juris erwähnenswert. Diese Bestimmung legt zum einen die Definition einer kriminellen Vereinigung fest; zum anderen stellt sie deren Bildung zum Schaden der Gemeinschaft unter Strafe.

2. Die Verordnung des Europäischen Parlaments und des Rates über die Überwachung von Barmitteln, die in die Gemeinschaft oder aus der Gemeinschaft verbracht werden, von 2005

Kurz zu erwähnen ist weiterhin die Verordnung des Europäischen Parlaments und des Rates über die Überwachung von Barmitteln, die in die Gemeinschaft oder aus der Gemeinschaft verbracht werden[481]. Gemäß den Bestimmungen der Verordnung muss jede natürliche Person, die in das Zollgebiet der Europäischen Union einreist bzw. aus diesem Gebiet ausreist und Barmittel[482] in Höhe von mindestens 10.000 Euro mit sich führt, diese beim

[478] Vgl. *Delmas-Marty* (Hrsg.), Corpus Juris, S. 38.

[479] Vgl. *Otto*, Anmerkungen zu den Tatbeständen des Besonderen Teils, in: *Huber B.* (Hrsg.), S. 161; *ders.*, Jura 2000, S. 103.

[480] So *Otto*, Anmerkungen zu den Tatbeständen des Besonderen Teils, in: *Huber B.* (Hrsg.), S. 159.

[481] Verordnung des Europäischen Parlaments und des Rates vom 26.10.2005 über die Überwachung von Barmitteln, die in die Gemeinschaft oder aus der Gemeinschaft verbracht werden (1889/2005/EG), EABl. L 309 vom 25.11.2005, S. 9 ff.

[482] Damit sind neben Bargeld (Banknoten und Münzen) auch andere Zahlungsmittel wie Schecks, Solawechsel und Zahlungsanweisungen usw. gemeint. Erwähnenswert ist allerdings, dass im Vorschlag zu dieser Verordnung jegliche „flüssigen Mittel" erfasst wurden, d. h. alle vertretbaren Vermögenswerte wie Bargeld, Reise- und Postchecks, Wertpapiere, Schuldscheine sowie andere Geldinstrumente, die dem Umtausch vom Bargeld dienen, vgl. dazu Vorschlag vom 25.06.2002 für eine Verordnung des Europäischen Parlaments und des Rates über die Verhinderung der Geldwäsche durch Zusammenarbeit im Zollwesen, EABl. C 227E/34 vom 24.09.2002, S. 1 ff.

Grenzübergang dem Zoll anmelden, und zwar unabhängig davon, wer deren Eigentümer ist (Art. 3). Die Anmeldung muss richtige und vollständige Informationen enthalten und mussl zum Zeitpunkt des Grenzübertritts abgegeben werden. Wenn die Höhe der Barmittel zwar unterhalb der in dieser Verordnung festgesetzten Schwelle liegt, aber dabei ein Verdacht entsteht, dass sie zum Zwecke der Geldwäsche benutzt werden sollen, so werden die bei der Anmeldung erlangten Informationen durch die zuständigen Behörden[483] des Mitgliedstaates, über den die betroffene Person in das Zollgebiet der Union eingereist bzw. aus diesem Gebiet ausgereist ist, aufgezeichnet und verarbeitet (Art. 5 Abs. 2). Gibt es Hinweise darauf, dass die Barmittel im Zusammenhang mit dem Erlös aus einem Betrug oder einer sonstigen rechtswidrigen Handlung zum Nachteil der finanziellen Interessen der Union stehen, so werden die genannten Informationen auch der Kommission übermittelt. Die Überwachung der Anmeldepflicht wird von den Zollbehörden ausgeübt, indem sie mit operativen Befugnissen versehen werden, verdächtige Personen, ihr Gepäck und ihr Verkehrsmittel zu kontrollieren sowie zu entscheiden, ob die dabei entdeckten Mittel auf dem Verwaltungsweg einbehalten werden (Art. 4). Diese Befugnisse werden in Art. 9 um die Möglichkeit der Verhängung einer Sanktion wegen des Fehlens einer Anmeldung ergänzt, wobei die Mitgliedstaaten spätestens bis zum 15. Juni 2007 festzulegen haben, welche Sanktionen bei Verletzung der Anmeldepflicht verhängt werden. In Art. 7 werden ferner besondere Fälle des Informationsaustausches mit Drittstaaten im Rahmen der gegenseitigen Amtshilfe geregelt, wenn dies für die Durchführung dieser Verordnung von besonderem Interesse ist.

Hervorzuheben ist abschließend noch der Grundgedanke dieser Verordnung, der auf der Erkenntnis beruht, dass beträchtliche Vermögenswerte zweifelhaften Ursprungs in das bzw. aus dem Unionsgebiet verbracht werden, ohne durch den bestehenden Aufspürungsmechanismus aufgegriffen zu werden[484].

---

[483] Dieser Begriff umfasst nicht nur die betroffenen Zollbehörden, sondern auch andere Behörden, die von den Mitgliedstaaten zur Anwendung dieser Verordnung ermächtigt sind, und zwar insbesondere die in Art. 22 Abs. 1 der dritten Geldwäscherichtlinie genannten Behörden, vgl. Art. 2 Pkt. 1, Art. 5 der Verordnung.

[484] Vgl. *Ligeti*, Strafrecht und strafrechtliche Zusammenarbeit, S. 360.

3. Die Richtlinie des Europäischen Parlaments und des Rates zur Verhinderung der Nutzung des Finanzsystems zum Zwecke der Geldwäsche und der Terrorismusfinanzierung von 2005

Da der Kampf gegen Geldwäsche und Terrorismusfinanzierung für die europäische Kommission die höchste Priorität darstellt[485], hat die Kommission am 30. Juni 2004 einen Vorschlag zur Neufassung der Richtlinie zur Verhinderung der Nutzung des Finanzsystems zum Zwecke der Geldwäsche[486] erarbeitet. Der Vorschlag wurde dem Europäischen Parlament und dem Ministerrat im Mitentscheidungsverfahren zur Annahme vorgelegt. Mitte Oktober 2004 wurde er an den Rat und das Europäische Parlament übermittelt. Angesichts der ständig wachsenden Terrorismusgefährdung wurde der Entwurf auf Ratsebene intensiv verhandelt. Die politische Einigung im ECOFIN[487] wurde am 7. Dezember 2004 von den Finanzministern der 25 Mitgliedstaaten gebilligt und am 26. Mai 2005 durch das Europäische Parlament mit geringfügigen Änderungen angenommen. Der Rat hat nun der aktuellen Fassung der dritten Geldwäscherichtlinie am 07. Juni 2005 zugestimmt, so dass die zweite Lesung im Europäischen Parlament oder Rat nicht erforderlich war. Schließlich wurde die neue Richtlinie (sog. dritte Geldwäscherichtlinie[488]) am 26.10.2005 durch das Europäische Parlament und den Rat angenommen. Sie muss nun von den Mitgliedstaaten umgesetzt werden. Laut Art. 45 sollen sie dieser Verpflichtung spätestens bis zum 15.12.2007 nachkommen.

Angesichts der Notwendigkeit einer wirksamen Bekämpfung des internationalen Terrorismus wurde der Geltungsbereich der dritten Geldwäscherichtlinie gegenüber der bisherigen Geldwäscherichtlinie von 2001 erweitert und auf die Finanzierung des Terrorismus ausgedehnt. Somit werden von

---

485 Siehe die Rede vom Binnenmarktkommissar Frits Bolkestein; abrufbar unter: http://europa.eu.int/rapid/PressRealasesAction.do?reference=IP/04/832&language=de &guiLanguage=en. Vgl. auch *Hetzer*, Europablätter 2005, S. 84; *Prengel*, Prawo UE 9/2004, S. 16 ff.; *ders.*, Bezpieczny Bank 3-4/2004, S. 197; *Sommer*, StraFo 2005, S. 328.

486 Vorschlag der Europäischen Kommission vom 30.06.2004 für eine Richtlinie des Europäischen Parlaments und Rates zur Verhinderung der Nutzung des Finanzsystems zum Zwecke der Geldwäsche einschließlich der Finanzierung des Terrorismus, 2004/0137 (COD); abrufbar unter: http://europa.eu.int/comm/internal_market/company/financial-crime/docs/com-2004-448_de.pdf. Zu den dem Richtlinienvorschlag zugrunde liegenden Gedanken sowie zu einzelnen Bestimmungen siehe *Prengel*, Bezpieczny Bank 3-4/2004, S. 195 ff.

487 Der Rat der EU-Wirtschafts- und Finanzminister.

488 Richtlinie des Europäischen Parlaments und des Rates vom 26.10.2005 zur Verhinderung der Nutzung des Finanzsystems zum Zwecke der Geldwäsche und der Terrorismusfinanzierung (2005/60/EG), EABl. L 309 vom 25.11.2005, S. 15 ff. Siehe dazu Anhang Nr. 3.

dieser Richtlinie nicht nur Vermögensgegenstände erfasst, die aus einer kriminellen Tätigkeit oder der Teilnahme an einer solchen erworben wurden (Art. 1 Abs. 2 lit. a-d), sondern auch solche finanziellen Mittel, die zwar rechtmäßig erworben wurden, aber mit der Absicht oder in Kenntnis dessen, dass diese ganz oder teilweise für terroristische Zwecke verwendet werden (Art. 1 Abs. 4). Mit dieser Regelung soll die durch die Geldwäscherichtlinie von 2001 eingeführte Geldwäschedefinition aktualisiert und ergänzt werden[489].

Art. 1 der dritten Geldwäscherichtlinie enthält daher eine neue Definition der Geldwäsche, die auch die Terrorismusfinanzierung mit aus Straftaten herrührenden oder auf legalem Wege erlangten Vermögensgegenständen umfasst[490]. Die Finanzierung des Terrorismus war in der bisher (noch) geltenden Richtlinie zwar ausdrücklich nicht genannt; man konnte jedoch annehmen, dass alle Straftaten, die mit einer derartigen Tätigkeit im Zusammenhang stehen, vom Begriff einer „schweren Straftat"[491] umfasst werden können[492]. Mit dieser Ausdehnung soll die neue Richtlinie den im Jahre 2003 überarbeiteten 40 Empfehlungen der FATF-Gruppe – die als internationaler Standard im Bereich der Geldwäsche- und Terrorismusbekämpfung[493] gelten und in allen Mitgliedstaaten einheitlich Anwendung finden – angepasst werden. Ferner sollen neue Berufsgruppen, wie Dienstleister für Trusts und Gesellschaften, verpflichtet werden, einen begründeten Geldwäscheverdacht anzuzeigen. Weiterhin wurde der Anwendungsbereich der vorgeschlagenen Richtlinie auf alle Personen ausgedehnt, die gegen Barzahlung in Höhe von mindestens 15.000 € mit Gütern handeln (Art. 2 Abs. 1 lit. e). Diese neue Regelung bedeutet daher eine Herausforderung insbesondere für mittelständische Unternehmen[494].

Neu eingeführt wurde ferner die Regelung des Art. 2 Abs. 2, wonach den Mitgliedstaaten freigestellt wurde, die Richtlinienbestimmungen auf solche natürlichen und juristischen Personen nicht anzuwenden, die ihre Tätigkeit nur gelegentlich oder in sehr begrenztem Umfang ausüben und bei denen das Risiko eines Missbrauchs durch Geldwäsche oder der Terrorismusfinan-

489 Vgl. *Prengel*, Prawo UE 9/2004, S. 17; *Schriever/Tomars*, AnwBl 2004, S. 637; *Spreizer*, VuR 2006, S. 7 ff.

490 Bedenken zu der Ausweitung der Geldwäschedefinition vgl. bei *Höche*, WM 2005, S. 9 f., 14. Siehe auch *Sommer*, StraFo 2005, S. 328 f.

491 Vgl. Art. 1 E der Geldwäscherichtlinie von 2001.

492 Vgl. *Hetzer*, Europablätter 2005, S. 84.

493 Im Anschluss an die Ereignisse des 11. September 2001 ist die Zuständigkeit der FATF auch auf die Bekämpfung der Terrorismusfinanzierung erweitert worden.

494 Vgl. *Sommer*, StraFo 2005, S. 329.

zierung folglich nur gering ist[495]. Erweitert wurde weiterhin der Vortatenkatalog (vgl. Art. 3 Nr. 5).

Darüber hinaus enthält dieses Regelungswerk detaillierte Vorgaben im Bereich der Identitätsfeststellung von Kunden und führt, den FATF-Empfehlungen entsprechend, ein risikoorientiertes Konzept ein (Art. 8). Demnach müssen die dieser Richtlinie unterliegenden Institute und Personen ihre Bemühungen in erster Linie auf risikoreiche Fälle richten (Art. 7). Dies bedeutet weiterhin eine Kooperation im gemeinsamen Kampf gegen Geldwäsche, indem verschiedene Maßnahmen ergriffen werden müssen, mit denen die Identität der Kunden festgestellt, Verdachtsmeldungen vorgenommen und Präventivsysteme innerhalb ihrer Einrichtungen aufgebaut werden[496]. Sollten die unter diese Richtlinie fallenden Institute oder Personen nicht in der Lage sein, den in diesem Rechtsakt aufgezählten Verpflichtungen nachzukommen, so haben die Mitgliedstaaten dafür zu sogen, dass sie keine Transaktion über ein Bankkonto abwickeln und auch keine Geschäftsbeziehung begründen oder beenden dürfen (Art. 9 Abs. 5). Eine erhöhte Sorgfaltspflicht ist allerdings dann zu beachten, wenn der Kunde bei der Identifizierung nicht physisch anwesend ist (Art. 13 Abs. 2). Hinzuzufügen ist jedoch, dass den Mitgliedstaaten die Möglichkeit eröffnet wurde, den dieser Richtlinie unterliegenden Instituten und Personen zu gestatten, auf die Identifizierung ihrer Kunden zu verzichten, falls ein geringes Risiko der Geldwäsche besteht (Art. 11 Abs. 2 und 5)[497]. Gesondert werden auch grenzüberschreitende Korrespondenzbeziehungen zwischen Kreditinstituten sowie der Umgang mit politisch exponierten Personen[498] geregelt. Art. 14 bis 19 regeln weiterhin die Einschaltung dritter Personen in die Kundenidentifizierung sowie die Feststellung des wirtschaftlich Berechtigten.

Demnach ist es festzustellen, dass diese Richtlinie eine Erhöhung der Verpflichtungen im Rahmen der Identifizierung und der Feststellung des

---

[495] Vgl. dazu insbesondere Art. 4 der Richtlinie der Kommission vom 01.08.2006 mit Durchführungsbestimmungen für die Richtlinie 2005/60/EG des Europäischen Parlaments und des Rates hinsichtlich der Begriffsbestimmung von „politisch exponierte Personen" und der Festlegung der technischen Kriterien für vereinfachte Sorgfaltspflichten sowie für die Befreiung in Fällen, in denen nur gelegentlich oder in sehr eingeschränktem Umfang Finanzgeschäfte getätigt werden (2006/70/EG), EABl. L 214 vom 04.08.2006, S. 29 ff.

[496] Siehe Pressemitteilungen der Europäischen Kommission vom 26.05.2005 sowie vom 07.06.2005; abrufbar unter: http://europa.eu.int/rapid/pressReleases. Näher dazu *Höche*, WM 2005, S. 10 f.

[497] Vgl. dazu Art. 3 der in der Fn. 495 erwähnten Richtlinie der Kommission vom 01.08.2006.

[498] Zur Definition siehe Art. 3 Nr. 8 der dritten Geldwäscherichtlinie sowie Art. 2 der in der Fn. 495 erwähnten Richtlinie der Kommission vom 01.08.2006.

wirtschaftlich Berechtigten enthält. Diese Änderung führt ebenfalls auf der nationalen Ebene zur weiteren Erhöhung der Verpflichtungen und der Anforderungen im Rahmen der Identifizierungspflichten. Um die Beachtung aller vorgenannten Verpflichtungen sowie die wirksame Bekämpfung der Geldwäsche zu gewährleisten, ist in jedem Mitgliedstaat eine zentrale Meldestelle einzurichten (Art. 21), wobei für Notare sowie andere selbstständige Angehörige von Rechtsberufen eine einschlägige Selbstverwaltungseinrichtung benannt werden kann, die anstatt der zentralen Meldestelle als Erste zu benachrichtigen ist (Art. 23 Abs. 1). Darüber hinaus enthält die neue Geldwäscherichtlinie Vorschriften bezüglich der Aufbewahrung von Aufzeichnungen, Belegen und statistischen Daten, bezüglich des internen Verfahrens, der Schulungen sowie der Rückmeldung, der Aufsicht und der Durchführungsmaßnahmen[499].

Abschließend ist noch zu erwähnen, dass auch die neue Geldwäscherichtlinie schon nach eigenem Bekunden nur einen Mindeststandard im Bereich der Geldwäschebekämpfung darstellt. Laut Art. 5 können die Mitgliedstaaten strengere Rechtsvorschriften zur Verhinderung der Geldwäsche oder der Terrorismusfinanzierung auf dem unter diese Richtlinie fallenden Gebiet erlassen oder beibehalten.

Durch die neue Richtlinie werden die Bestimmungen der bereits geltenden Geldwäscherichtlinie von 2001 aufgehoben und an aktuelle Gegebenheiten angepasst (vgl. Art. 44). Die Annahme der neuen Richtlinie erleichtert damit im erheblichen Maße den Kampf gegen die Finanzierung des Terrorismus und die organisierte Krimianalität, indem das vorhandene Instrumentarium zur Geldwäschebekämpfung nochmals verschärft wird. Zugleich wird damit verhindert, dass die Stabilität und die Reputation des Finanzsektors und des Binnenmarktes Nachteile erleiden[500]. Zugleich muss darauf aufmerksam gemacht werden, dass neben strafrechtlichen Regulierungen auch Präventivmaßnahmen für das Finanzsystem erforderlich sind[501].

Offen bleibt jedoch die Frage, ob die unter die Bestimmungen der neuen Richtlinie fallenden Finanzdienstleister und Unternehmen vorbereitet sind, den neuen Verpflichtungen Rechnung zu tragen. Darüber hinaus darf nicht übersehen werden, dass der grenzüberschreitende Charakter der Geldwäsche

---

[499] Vgl. Kapitel IV bis VII der dritten Geldwäscherichtlinie.

[500] Skeptisch zu der Ausdehnung des Anwendungsbereichs der dritten Geldwäscherichtlinie auf weitere Berufsgruppen *Sommer*, AnwBl 2005, S. 52.

[501] Vgl. *Hetzer*, Europablätter 2005, S. 85; *Prengel*, Bezpieczny Bank 3-4/2004, S. 212.

und der Finanzierung terroristischer Handlungen auch die Drittländer dazu veranlassen soll, die Unionsstandards auf diesem Gebiet anzuwenden[502].

4. Der Vertrag über eine Verfassung für Europa

Kurz zu erwähnen ist abschließend noch der bisher nicht ratifizierte Vertrag über eine Verfassung für Europa[503]. Aus den bereits im *Kapitel 1* angestellten Erwägungen[504] folgt, dass er eine Reihe von Vorschriften mit strafrechtlichen und strafverfahrensrechtlichen Bezügen enthält. Im Hinblick auf den Geldwäschetatbestand ist insbesondere Art. III-271 Abs. 1 von Belang. In dieser Vorschrift wird der Tatbestand der Geldwäsche als einer der Kriminalitätsbereiche[505] normiert, bezüglich dessen dem Gemeinschaftsgesetzgeber die Kompetenz zusteht, die Harmonisierungsmaßnahmen durch Europäische Rahmengesetze in Form von Mindestvorschriften zur Festlegung von Straftaten und Sanktionen in Bereichen besonders schwerer Kriminalität mit grenzüberschreitender Dimension vorzunehmen.

§ 3. Maßnahmen im polnischen Recht

Die Bekämpfung der Geldwäsche bildet in Polen einen der wichtigsten Schwerpunkte der gegenwärtigen Kriminalpolitik[506]. Wie bereits erwähnt, stellt das Phänomen der Geldwäsche eine relativ neue Erscheinungsform sozialwidrigen Verhaltens dar, die erst im Zusammenhang mit der Systemtransformation, dem Privatisierungsprozess sowie der Umgestaltung der staatlichen und wirtschaftlichen Strukturen in Polen aufgetreten ist[507]. Bemerkenswert ist jedoch, dass die Reaktion des polnischen Gesetzgebers auf diesen neu entstandenen Bereich des wirtschaftlichen Lebens zügig erfolgt ist; die ersten Gesetzgebungsinitiativen, die die Harmonisierung des polnischen Rechts mit den europäischen Vorgaben im Bereich der Bekämpfung

---

[502] So auch *Hetzer*, Europablätter 2005, S. 85.

[503] Vertrag über eine Verfassung für Europa vom 29.10.2004, EABl. C 310 vom 16.12.2004, S. 1 ff.; abrufbar unter: http://ue.eu.int/igcpdf/de/04/cg00/cg00087.de04.pdf.

[504] Siehe Kapitel 1 § 2 Punkt II. 4. der vorliegenden Untersuchung.

[505] Dazu zählen alle in Art. 29 EUV sowie im Projekt des Corpus Juris aufgezählten Bereiche, ergänzt um die Computerkriminalität.

[506] Vgl. *Weigend E./Wróbel*, ZStW 108 (1996), S. 416; *Zawłocki*, Obowiązek, MP 8/2004, S. 363.

[507] Vgl. *Filipkowski*, Zwalczanie, S. 91 f.; *Pływaczewski*, Zum gegenwärtigen Stand der Bekämpfung der Geldwäsche in Polen, in: *Hirsch* u. a. (Hrsg.), S. 145, 152 f.; *Schroeder*, Jahrbuch für Ostrecht 1995, S. 271; *Weigend E./Wróbel*, ZStW 108 (1996), S. 416 f.; *Zakrzewski/Jasiński*, RPEiS 1/1995, S. 31, 33 ff. Ferner siehe auch *Ligeti*, Strafrecht und strafrechtliche Zusammenarbeit, S. 331.

der Geldwäsche zum Ziel hatten, wurden schon Ende der achtziger Jahre ergriffen[508].

Die Beitrittsverhandlungen der Regierung der Republik Polen mit der Europäischen Union vor dem Eintritt Polens in die gemeinschaftlichen Strukturen im Mai 2004 wurden von zahlreichen Aktivitäten seitens des polnischen Gesetzgebers hinsichtlich der Anpassung des polnischen Rechtssystems an die gemeinschaftsrechtlichen Voraussetzungen unterstützt, wobei es sich auf dem Gebiet des Strafrechts vor allem um den Bereich des Schutzes der gemeinschaftlichen Wirtschaftsinteressen handelte, zu denen auch der Schutz vor dem Waschen der Erträge aus Straftaten zählt. In dem Assoziierungsvertrag, der am 21. Dezember 1991 zwischen der Republik Polen und den Europäischen Gemeinschaften in Brüssel unterzeichnet wurde[509], hat sich Polen zur Harmonisierung seiner Rechtsordnung auch im Bereich des Bankrechts sowie der Finanzdienstleistungen verpflichtet (Art. 68). Gemäß Art. 85 dieses Vertrages anerkennen die Parteien die Notwendigkeit der Vornahme aller Anstrengungen und der Zusammenarbeit zum Zwecke der Vorbeugung gegen die Ausnutzung ihrer Finanzsysteme zur Legalisierung der aus verbrecherischer Tätigkeit stammenden Erträge, insbesondere aus den mit dem Rauschgifthandel zusammenhängenden Straftaten. Es wird weiterhin bestimmt, dass die Zusammenarbeit auf diesem Gebiet technische und administrative Hilfe zum Zwecke der Schaffung entsprechender Normen gegen die Geldwäsche umfassen wird, die gleichrangig mit denen sind, die durch die Europäische Gemeinschaft und andere internationale Gremien, insbesondere durch die FATF, angenommen wurden.

Im Fokus der nachfolgenden Abschnitte steht deshalb die Analyse des Entwicklungsprozesses der polnischen Regelungen, die die Problematik der Verhinderung und Bekämpfung der Geldwäsche umfassen. Anders als im deutschen Recht wurden in Polen die ersten Versuche einer gesetzgeberischen Erfassung dieses Phänomens und der Schaffung von Geldwäscheverhinderungsmaßnahmen erst einmal auf dem Gebiet des Bank-, Wertpapier und Devisenrechts vorgenommen; auf strafrechtliche Maßnahmen wurde erst in zweiter Linie zurückgegriffen[510].

---

508 Siehe dazu z. B. *Zielińska*, PiP 1/2001, S. 41 ff.

509 Vgl. Fn. 212. Siehe ferner *Kunicka-Michalska*, Pranie, S. 41 f.; *Maruszewska*, Pranie „brudnych" pieniędzy, ustawodawstwo europejskie a polskie inicjatywy, in: *Mik* (Hrsg.), Europeizacja, S. 380 f.; *Niemierka/Smykla*, Przeciwdziałanie, S. 55 f.

510 Vgl. *Jasiński*, PUG 4/2002, S. 2; *Kunicka-Michalska*, Pranie, S. 43 f. Anders *Weigend E./Wróbel*, die die Auffassung vertreten, dass das Strafrecht nicht die „ultima ratio", sondern die „prima ratio" der staatlichen Einflussnahme auf wirtschaftliche

I. Regelungen im Bankrecht

Zunächst ist hier auf zeitlich zum Teil schon etwas vor den strafrechtlichen Maßnahmen liegende Regelungen zu dieser Thematik hinzuweisen, die eher indirekt der Gewinnabschöpfung von aus illegalen oder nicht ermittelbaren Quellen stammenden Vermögensvorteilen dienen. Dazu zählen vor allem die Vorschriften des Bank-, Wertpapier- und Devisenrechts.

1. Das Gesetz über die Einkünfte von natürlichen Personen von 1991

Die erste Initiative des polnischen Gesetzgebers zur Verhinderung des Phänomens der Geldwäsche stellt das *Gesetz über die Einkünfte von natürlichen Personen*[511] dar. Zur zentralen Bestimmung dieses Gesetzes auf dem Gebiet der Bekämpfung der Geldwäsche wurde Art. 30 Abs. 1 Nr. 7, dessen Kernstück die Wiederherstellung der repressiven Besteuerung der Einkünfte aus nicht ermittelbaren Einnahmequellen ist. Diese Norm räumt die Möglichkeit der Auferlegung einer pauschalen 75 %-igen Einkommenssteuer ein, also des höchsten zulässigen Steuersatzes, und zwar bei den Einkünften, die aus nicht ermittelbaren Quellen stammen oder die gegenüber den nachgewiesenen Einkünften als übermäßig erscheinen. Diese Einkommenssteuer kann somit auch solchen Personen auferlegt werden, die beträchtliche Ausgaben vornehmen und zugleich außerstande sind, die Herkunft der Gelder nachzuweisen[512]. Vorausgesetzt wird jedoch, dass die anfallenden Einkünfte vorher durch das Finanzamt aufgedeckt werden müssen, was einen Schwachpunkt dieses Gesetz im Hinblick auf die Beweisschwierigkeiten bei illegaler Herkunft der Vermögenswerte darstellt[513].

Über das Regelungswerk soll der Schutz des Finanzsystems vor der Ein-

---

Phänomene darstellt, und von einem zeitlichen Vorsprung des Strafrechts vor anderen Regelungen sprechen, vgl. *Weigand E./Wróbel*, ZStW 108 (1996), S. 417.

[511] Ustawa o podatku dochodowym od osób fizycznych (*Gesetz über die Einkünfte von natürlichen Personen*) vom 26.07.1991, Dz. U. (*Gesetzblatt*) 1991, Nr. 90, Pos. 416 mit späteren Änderungen, insbesondere Dz. U. (*Gesetzblatt*) 2000, Nr. 14, Pos. 176.

[512] Vgl. *Huba*, Prok. i Pr. 11/1996, S. 10; *Jasiński*, PUG 4/2002, S. 2; *Pływaczewski*, Zum gegenwärtigen Stand der Bekämpfung der Geldwäsche in Polen, in: *Hirsch* u. a. (Hrsg.), S. 148; *Wąsowski*, Pranie, S. 59; *Wójcik*, Przeciwdziałanie, S. 185; *Wilk*, Radca Prawny 2/2002, S. 70; *Wyrzykowska*, Prok. i Pr. 11-12/1999, S. 104 f.; *Zakrzewski/Jasiński*, Instrumenty przeciwdziałania praniu pieniędzy w polskim systemie finansowania ich ocena, in: *Pływaczewski* (Hrsg.), Proceder, S. 49 f., *dies.*, RPEiS 1/1995, S. 35.

[513] In diesem Zusammenhang ist jedoch die Verfassungsmäßigkeit einer solchen Nachweispflicht hinsichtlich der Herkunft der Geldmittel äußerst problematisch. Bedenken entstehen insbesondere im Hinblick auf einen möglichen Eingriff in die Eigentumsgarantie (vgl. Art. 14 Abs. 1 GG; Art. 64 Abs. 1 der polnischen Verfassung).

schleusung von illegal erworbenen und nicht ermittelbaren Vermögenswerten sowie vor deren Verbergung vor der Besteuerung gewährleistet werden[514]. Diesem Gesetz kam jedoch wenig Bedeutung zu; vor allem, weil es nur in einem geringen Ausmaß die Geldwäscheproblematik berührt hat. Wegen seiner praktischen Unbrauchbarkeit hat es auf diesem Gebiet nicht viel bewirkt[515]. Es ist jedoch als ein erster Ansatzpunkt seitens des polnischen Gesetzgebers bei der Geldwäschebekämpfung anzusehen.

2. Die Novellierung des Gesetzes über das Bankrecht von 1992

Weitere Regelungen hinsichtlich der Verhinderung der Geldwäsche wurden durch die Novellierung[516] des *Gesetzes über das Bankrecht*[517] eingeführt. Laut Art. 100 Abs. 5 Nr. 2 und 3 dieses Gesetzes wurde dem Präsidenten der Polnischen Nationalbank im Rahmen seiner Aufsichtstätigkeiten die Verpflichtung auferlegt, für alle Banken bindende Regelungen hinsichtlich der Handlungsregeln beim Abschluss von Verträgen in Bezug auf die Eröffnung und das Führen von Bankkonten und bei anderen Dienstleistungen seitens der Banken aufzustellen, sowie hinsichtlich von Regeln, die sich auf die Benachrichtigung anderer Staatsorgane im Falle einer Feststellung von Umständen beziehen, die darauf hinweisen, dass die in der Bank deponierten Geldmittel oder andere Vermögenswerte aus verbrecherischer Tätigkeit oder aus der Beteiligung an einer solchen Tätigkeit stammen, bzw. deren Herkunft, Zustand oder Bestimmung darauf hindeutet, dass sie aus den mit einer Straftat zusammenhängenden Gründen verborgen werden sollen. Die von dem Präsidenten der Polnischen Nationalbank aufzustellenden Regeln sollten sich weiterhin auf die Handlungsregeln bei Bareinzahlungen beziehen, die einen für die Registrierungspflicht von Einzahlungen und somit für die Verwahrung der zu diesem Zwecke ausgefertigten Dokumente festgelegten Betrag überschreiten.

Diese Regelung ist unter den Rechtssystemen in Europa als eine der ersten Lösungen im Banksektor zur Verhinderung der Geldwäsche einzustufen und entwickelt die ersten rechtlichen Voraussetzungen für Bankgeschäfte in diesem Bereich[518].

---

[514] Vgl. *Pływaczewski*, Zum gegenwärtigen Stand der Bekämpfung der Geldwäsche in Polen, in: *Hirsch* u. a. (Hrsg.), S. 148; *Wilk*, Radca Prawny 2/2002, S. 70.

[515] Vgl. *Wójcik*, Gazeta Sądowa 1/2001, S. 56.

[516] Die Novellierung des *Gesetzes über das Bankrecht* vom 14.02.1992, Dz. U. (*Gesetzblatt*) 1992, Nr. 72, Pos. 359.

[517] Ustawa prawo bankowe (*Gesetz über das Bankrecht*) vom 31.01.1989, Dz. U. (*Gesetzblatt*) 1989, Nr. 4, Pos. 21.

[518] Vgl. *Jaskolski*, Wirtschaftsstrafrecht, S. 365 f.; *Niemierka/Smykla*, Przeciw-

3. Die Verordnung des Präsidenten der Polnischen Nationalbank von 1992

Eine Konkretisierung der vorgenannten Regelung umfasst die *Verordnung des Präsidenten der Polnischen Nationalbank Nr. 16/92 von 1992*[519]. Kernstück dieses Regelungswerkes bildet die Einführung der Kontrolle der ersten Phase des Geldwäschevorganges, nämlich der Unterbringung der Geldmittel im Finanzkreislauf sowie die Einschränkung des bisher unbeaufsichtigten Zahlungsverkehrs mittels der Einführung der Identifizierungspflichten von Bankkunden, die Bankgeschäfte realisieren, deren Wert eine bestimmte Summe übersteigt[520].

§ 1 der Verordnung enthält die für das polnische Recht erste gesetzliche Definition der Geldwäsche. Laut dieser Definition ist das Vorliegen dieses Phänomens dann anzunehmen, wenn die aufgedeckten Umstände darauf hinweisen, dass die in einer Bank angelegten Geldmittel oder andere Vermögenswerte aus einer Straftat oder einer Beteiligung an ihrer Begehung stammen oder dass deren Herkunft, Zustand oder Bestimmung aus den mit dieser Straftat zusammenhängenden Gründen verheimlicht werden sollen. Diese Formulierung entspricht der Definition der Geldwäsche aus der Geldwäscherichtlinie von 1991[521].

Gemäß dieser Verordnung werden die Banken weiterhin verpflichtet, bei Bankgeschäften – insbesondere bei Bartransaktionen – die Identität der

---

działanie, S. 81; *Pływaczewski*, Zum gegenwärtigen Stand der Bekämpfung der Geldwäsche in Polen, in: *Hirsch* u. a. (Hrsg.), S. 149; *ders.*, Rola i zadania Narodowego Banku Polskiego oraz systemu bankowego w procesie zwalczania procederu prania pieniędzy w Polsce, in: *Pływaczewski* (Hrsg.), Proceder, S. 90 f.; *Wójcik*, Pranie, S. 173; *ders.*, Gazeta Sądowa 1/2001, S. 56; *Wyrzykowska*, Prok. i Pr. 11-12/1999, S. 93.

[519] Zarządzenie Prezesa Narodowego Banku Polskiego w sprawie zasad postępowania banków w razie ujawnienia okoliczności wskazujących na lokowanie w bankach środków pieniężnych i innych wartości majątkowych pochodzących lub mających związek z przestępstwem oraz przy dokonywaniu wpłat gotówkowych przekraczających określoną kwotę (*Verordnung des Präsidenten der Polnischen Nationalbank über die Regeln bezüglich der Aufdeckung von Umständen, die auf die Anlage von aus einer Straftat stammenden oder mit ihr zusammenhängenden Geldmitteln und anderen Vermögenswerten in einer Bank hinweisen, sowie über die Regeln bei den einen bestimmten Betrag übersteigenden Bareinzahlungen)* Nr. 16/92 vom 01.12.1992, Dz. Urz. NBP (*Amtsblatt der Polnischen Nationalbank*) 1992, Nr. 9, Pos. 20.

[520] Vgl. *Huba*, Prok. i Pr. 11/1996, S. 11; *Laskowska*, Pranie brudnych pieniędzy – możliwości przeciwdziałania w Polsce, in: *Hofmański* (Hrsg.), S. 121; *Sawicki*, Prokurator, 2/2006, S. 66 f.; *Wójcik*, Przeciwdziałanie, S. 164 f.; *Zakrzewski/Jasiński*, Instrumenty przeciwdziałania praniu pieniędzy w polskim systemie finansowania ich ocena, in: *Pływaczewski* (Hrsg.), Proceder, S. 50.

[521] Vgl. Art. 1 Gedankenstrich 3 der Richtlinie des Rates vom 10.06.1991 zur Verhinderung der Nutzung des Finanzsystems zum Zwecke der Geldwäsche (91/308/EWG), EABl. L 166 vom 28.06.1991, S. 77 ff.

Kunden festzustellen und diesbezügliche Informationen mit den entsprechenden Buchführungsunterlagen fünf Jahre aufzubewahren (§ 2). Diese Verpflichtung betrifft jedoch nur die Bankgeschäfte, die der Realisierung von Rechtsgeschäften dienen. Diese Rechtsgeschäfte müssen sich aber auf die Verfügung über Rechte beziehen, deren Wert einen Betrag von 200 Mio. Złoty[522] oder dessen Gegenwert in fremden Währungen übersteigt (§ 3). Damit wird eine gewisse Tendenz des polnischen Gesetzgebers zum Ausdruck gebracht, die Banktransaktionen in Form von Bareinzahlungen großer, den Wert von 200 Mio. Złoty übersteigender Geldsummen als geldwäscheverdächtig zu qualifizieren[523]. Zum Zweck der Erfüllung der in § 2 enthaltenen Verpflichtung wird den Banken auferlegt, entsprechende Bankregister der Bankgeschäfte[524] zu führen (§ 4), wodurch die Möglichkeit der schnellen Identifizierung ihrer Kunden gegeben ist. Die in § 4 der Verordnung aufgezählten Daten sowie alle mit dem Funktionieren der in § 6 der Verordnung genannten bankinternen Programme zusammenhängenden Informationen sind weiterhin den berechtigten Mitarbeitern der polnischen Nationalbank zugänglich zu machen (§ 7). Von erheblicher Bedeutung ist schließlich § 5 der Verordnung, der die Banken verpflichtet, im Falle eines begründeten Verdachts einer Geldwäsche und des gleichzeitigen Vorliegens der gesetzlichen Tatbestandsmerkmale die zuständige Staatsanwaltschaft davon zu informieren. Bemerkenswert ist allerdings die Wirkung dieser Vorschrift im Hinblick auf die Regelungen über den Schutz des Bankgeheimnisses[525]. Eine weitere aus der Verordnung resultierende Verpflichtung betrifft die Bildung und die Realisierung von bankinternen, der Verhinderung der Geldwäsche dienenden Programmen (§ 6), womit die Ausarbeitung von organisatori-

---

522 Dies entspricht dem heutigen Wert von 20.000 Złoty. Nach der Herabsetzung des Nennbetrages des Geldes im Jahre 1997 wurden alte 10.000 Złoty gegen einen neuen Złoty umgetauscht.

523 Vgl. *Stępień T./Stępień K.*, Przestępstwa, S. 52 f.; *Wójcik*, Przeciwdziałanie, S. 166 f.

524 In dem Register wurden eingetragen: die Identität und die Anschrift der Person, in deren Namen die Banktransaktion durchgeführt wird; die Identität und die Anschrift der Person, die Einzahlungen persönlich vornimmt; die Identität und die Anschrift der Begünstigten; die mit der Banktransaktion verbundenen Kontonummern, soweit sie vorhanden sind; die Art der Banktransaktion; die Bezeichnung der an der Banktransaktion beteiligten Banken; das Datum der Durchführung der Banktransaktion; der Betrag dieser Transaktion sowie die Angaben der Person, die diese Daten registriert hat.

525 Näher dazu vgl. *Banach*, Przestępstwo prania brudnych pieniędzy w świetle prawa europejskiego a uregulowania krajowe, in: *Bogunia* (Hrsg.), S. 24; *Jasiński*, Przegląd Policyjny 1/1997, S. 24 f.; *Laskowska*, Pranie brudnych pieniędzy – możliwości przeciwdziałania w Polsce, in: *Hofmański* (Hrsg.), S. 122; *Pływaczewski*, Zum gegenwärtigen Stand der Bekämpfung der Geldwäsche in Polen, in: *Hirsch* u. a. (Hrsg.), S. 151; *ders.*, PUG 12/1994, S. 27; *Wąsowski*, Pranie, S. 140 ff.; *Wójcik*, Przeciwdziałanie, S. 164.

schen Grundlagen, insbesondere die Schulung des Bankpersonals, gemeint ist.

Trotz gewisser Mängel[526] ist die nicht zu unterschätzende Rolle dieser Verordnung auf dem Gebiet der Verhinderung der Geldwäsche zu betonen, die vor allem in der Einführung der Zusammenarbeit zwischen dem Präsidenten der Polnischen Nationalbank und dem Bankpersonal einerseits und den für die Strafverfolgung zuständigen Behörden andererseits zu sehen ist, wodurch das polnische Banksystem, insbesondere die Finanzorgane, in den internationalen Kampf gegen die Geldwäsche einbezogen wurde[527]. Hervorzuheben ist allerdings, dass die Verordnungsvorschriften in einem weitgehenden Einklang mit den FATF-Empfehlungen[528] sowie mit den Vorgaben der bereits erwähnten Geldwäscherichtlinie von 1991 stehen.

Die praktische Bedeutung dieses Rechtsaktes war auf der nationalen Ebene jedoch mangels entsprechender Normen im polnischen materiellen Strafrecht eher gering. Die in der damaligen Fassung des polnischen Strafgesetzbuches normierten Straftaten der Hehlerei (Art. 215 KK a. F.), der Strafvereitelung (Art. 252 KK a. F.) und der Beteiligung an einer organisierten kriminellen Gruppe oder Vereinigung (Art. 276 KK a. F.) waren für die wirksame Verfolgung des Phänomens der Geldwäsche unzureichend.

4. Die Verordnung des Präsidenten der Polnischen Nationalbank von 1994

Zu erwähnen ist weiterhin die *Verordnung des Präsidenten der Polnischen Nationalbank Nr. C/2/I/94 von 1994*[529]. Die Verordnung, die als eine Er-

---

526 Außer Betracht blieben z. B. die Handhabung mehrerer Transaktionen, zwischen denen ein erkennbarer Zusammenhang besteht, sowie die Möglichkeit der Banken, sich im Falle eines begründeten Geldwäscheverdachts, der Durchführung von Bankgeschäften zu enthalten. Nicht eindeutig war auch die Formulierung in § 5: „begründeter Verdacht". Weiterhin war fraglich, ob die Fassung des § 2 sich nur auf die Bareinzahlungen beziehen sollte oder ob auch die bargeldlosen Bankgeschäfte erfasst wurden. Siehe dazu auch *Filipkowski*, Zwalczanie, S. 93 ff.; *Wójcik*, Przeciwdziałanie, S. 164 ff.; *ders.*, Pranie, S. 174 ff.; *Zakrzewski/Jasiński*, Instrumenty przeciwdziałania praniu pieniędzy w polskim systemie finansowania ich ocena, in: *Pływaczewski* (Hrsg.), Proceder, S. 51 ff.

527 Vgl. *Jasiński*, PUG 4/2002, S. 2; *Huba*, Prok. i Pr. 11/1996, S. 11; *Laskowska*, Pranie brudnych pieniędzy – możliwości przeciwdziałania w Polsce, in: *Hofmański* (Hrsg.), S. 121; *Wąsowski*, Pranie, S. 59; *Wyrzykowska*, Prok. i Pr. 11-12/1999, S. 94; *Zakrzewski/Jasiński*, Instrumenty przeciwdziałania praniu pieniędzy w polskim systemie finansowania ich ocena, in: *Pływaczewski* (Hrsg.), Proceder, S. 50, 53; *dies.*, RPEiS 1/1995, S. 36.

528 Vgl. die Empfehlungen Nr. 9-29.

529 Zarządzenie Prezesa Narodowego Banku Polskiego w sprawie przeciwdziałania wykorzystaniu działalności jednostek organizacyjnych NBP do wykonywania czynności mających na celu ukrycie pochodzenia środków pieniężnych z przestępstwa lub mają-

gänzung der *Verordnung Nr. 16/92* konzipiert wurde, weist einen internen Charakter auf und beinhaltet neue Verpflichtungen, die auf die wirksamere Kontrolle der Einführung von Geldmitteln in den legalen Wirtschaftsverkehr gerichtet sind. Zu den wichtigsten zählen die Verpflichtung zur Registrierung der Umtauschoperationen sowie mehrerer Transaktionen, zwischen denen ein erkennbarer Zusammenhang besteht. Im Falle eines begründeten Geldwäscheverdachts oder der Verweigerung der Vorlage des Personalausweises wurde weiterhin die Möglichkeit eingeräumt, sich der Durchführung von Bankgeschäften zu enthalten.

Geändert wurde weiterhin die Definition der Geldwäsche, die nach der neuen Fassung als die Vornahme von Bareinzahlung und Umtausch von Geldmitteln, die aus einer Straftat herrühren oder mit ihr zusammenhängen, zum Zwecke ihrer Verheimlichung, erfasst wurde.

5. Die Novellierung des Gesetzes über das Bankrecht von 1997

Die nächste Annäherung an das europäische Recht in diesem Bereich[530] und zugleich die Erweiterung der Regelungen des *Gesetzes über das Bankrecht von 1992*[531] stellt die *Novellierung des Gesetzes über das Bankrecht von 1997*[532] dar, insbesondere die Art. 105 bis 108. Mit diesem Regelungswerk wurde die Kriminalisierung der Geldwäsche[533] eingeführt sowie die *Verordnung des Präsidenten der Polnischen Nationalbank Nr. 16/92* ersetzt.

Da die Vorbeugung und Verhinderung der Geldwäsche häufig zu einer erheblichen Einschränkung des rechtlich geschützten Bankgeheimnisses führen, werden in Art. 104 des Gesetzes die Banken sowie deren Angestellte verpflichtet, das Bankgeheimnis zu bewahren. Die Vorschrift nennt weiter-

---

cych związek z przestępstwem (*Verordnung des Präsidenten der Polnischen Nationalbank über die Vorbeugung gegenüber der Ausnutzung der Organisationseinheiten der polnischen Nationalbank zum Zwecke der Ausübung von zur Verheimlichung der Herkunft der aus einer Straftat stammenden oder mit ihr zusammenhängenden Geldmittel dienenden Tätigkeiten*) Nr. C/2/I/94 vom 17.01.1994.

[530] So *Niemierka/Smykla*, Przeciwdziałanie, S. 85; *Weigend E./Zielińska*, Osteuropa Recht 2001, S. 281; *Wójcik*, przeciwdziałanie, S. 170; *ders.*, Pranie, S. 179; *Zielińska*, PiP 1/2001, S. 42.

[531] Siehe Fn. 516 und 517.

[532] Nowelizacja ustawy prawo bankowe (*Novellierung des Gesetzes über das Bankrecht*) vom 29.08.1997, Dz. U. (*Gesetzblatt*) 1997, Nr. 140, Pos. 939 mit späteren Änderungen.

[533] Die Kriminalisierung der Geldwäsche wurde mit dem Inkrafttreten des polnischen Strafgesetzbuches am 01.09.1998 eingeführt, vgl. Ustawa Kodeks Karny (*Gesetz: Das Strafgesetzbuch*) vom 06.06.1997, Dz. U. (*Gesetzblatt*) 1997, Nr. 88, Pos. 553 mit späteren Änderungen.

hin die Informationen, auf die sich das Bankgeheimnis bezieht. In Art. 105 werden ferner die Institutionen aufgezählt, die im Falle eines Geldwäscheverdachts von der Bank zu benachrichtigen sind, und zwar ohne Rücksicht darauf, ob die erteilten Informationen ein Bankgeheimnis darstellen.

Entsprechend den Zwecken dieses Gesetzes werden den Banken gewisse Verpflichtungen auferlegt, konkrete rechtlich relevante Tätigkeiten vorzunehmen, die der Verhinderung der Ausnutzung der Banken zum Zwecke des Waschens illegaler Erträge oder der Verheimlichung verbrecherischer Tätigkeiten dienen sollen (Art. 106 Abs. 1). Indem sich diese Vorschrift auf Art. 299 KK beruft, weist sie sowohl einen strafrechtlichen als auch einen finanzrechtlichen Charakter auf[534]. Sollte ein Bankangestellter der Pflicht aus Art. 106 Abs. 1 nicht nachkommen, wird er – von der Strafbarkeit gemäß Art. 299 KK abgesehen – mit einer Ordnungsstrafe belegt (Art. 107).

Somit werden die Banken im Falle einer geldwäscheverdächtigen Transaktion verpflichtet, Strafanzeige zu erstatten (Art. 106 Abs. 2). Diese Regelung stellt eine Spezialvorschrift (*lex specialis*) gegenüber den Regelungen des polnischen Strafverfahrensrechts dar und bildet somit die rechtliche Grundlage für die Strafanzeige in den bereits erwähnten Fällen[535]. Es muss allerdings hervorgehoben werden, dass laut Art. 304 § 1 KPK[536] jedermann, der von der Begehung einer von Amts wegen zu verfolgenden Straftat Kenntnis erlangt hat, die soziale Pflicht[537] hat, dies dem Staatsanwalt oder der Polizei anzuzeigen[538]. In einem solchen Falle ist der Staatsanwalt befugt,

[534] Vgl. *Kunicka-Michalska*, Pranie, S. 60; *Wójcik*, Przeciwdziałanie, S. 170.

[535] So *Niemierka/Smykla*, Przeciwdziałanie, S. 86.

[536] Ustawa Kodeks Postępowania Karnego (*Gesetz: Die Strafprozessordnung*) vom 06.06.1997, Dz. U. (*Gesetzblatt*) 1997, Nr. 89, Pos. 555 mit späteren Änderungen.

[537] Diese Pflicht, die im deutschen Strafrecht so nicht vorhanden ist, weist allerdings in Polen nur einen gesellschaftlichen, moralischen Charakter auf (sog. *lex imperfecta*). Diese Vorschrift bildet somit keine Rechtsgrundlage, deren Nichtbeachtung strafrechtlich zu ahnden wäre. In einem solchen Fall kommen nur gesellschaftliche Sanktionen in Betracht, vgl. *Hofmański/Sadzik/Zgryzek*, KPK-Kommentar, Art. 304, Rn. 2. Eine Ausnahme davon, dass eine soziale Pflicht mit Hilfe von Rechtsmitteln nicht zu erzwingen ist, stellt Art. 240 KK dar, der die Nichtanzeige der strafbaren Vorbereitung, des Versuchs oder der Vollendung der in dieser Vorschrift aufgezählten Straftaten unter Strafe stellt, vgl. *Grzegorczyk/Tylman*, Polskie postępowanie karne, S. 611. Siehe auch die ähnliche Regelung des § 138 StGB im deutschen Recht.

[538] Die gleiche Verpflichtung trifft jede Staats- und Selbstverwaltungsinstitution, die im Zusammenhang mit ihrer Tätigkeit von der Begehung solcher Straftaten Kenntnis erlangt hat, vgl. Art. 304 § 2 KPK. In diesem Fall ist die Verpflichtung jedoch obligatorisch. Ein Amtsträger, der dieser Pflicht nicht nachkommt, kann wegen Amtsmissbrauch gemäß Art. 231 KK bestraft werden. Ihre Nichtbeachtung kann überdies zur Anwendung von Art. 19 KPK führen, wonach bei der Feststellung einer ernsten Verfehlung in der Tätigkeit einer Staats-, Selbstverwaltungs- oder Sozialinstitution – insbesonde-

nicht nur Informationen über den Umsatz sowie über den Kontostand des Betroffenen zu verlangen, sondern auch die Auszahlung der Geldmittel aus dem Konto des Betroffenen für drei Monate auszusetzen (Art. 106 Abs. 3). Diese Norm steht in enger Verbindung mit Art. 105 des Gesetzes, wonach auf Antrag des Staatsanwalts, des Gerichts oder einer in Abs. 2 der Vorschrift genannten berechtigten Person das Bankgeheimnis im Zusammenhang mit einem anhängigen Beweisverfahren wegen Geldwäsche aufgehoben werden kann. Ferner ist die Bank verpflichtet, entsprechende Bankregister der Bankgeschäfte, die einen bestimmten Betrag übersteigen, sowie von Daten bezüglich der die Einzahlungen persönlich vornehmenden Personen und der dadurch Begünstigten zu führen (Art. 106 Abs. 4). Alle Einzelheiten der diesbezüglichen Regulierungen sollten durch die Bankenaufsichtkommission erarbeitet werden (Art. 106 Abs. 5).

Eine wichtige Schutzklausel für die Banken im Falle einer vorgenommenen Geldwäscheanzeigeerstattung, die sich auf einen sich später als nicht haltbar erweisenden Verdacht bezieht, stellt Art. 108 des Gesetzes zur Verfügung. Dieser Vorschrift zufolge ist die Schadenshaftung einer Bank ausgeschlossen, wenn die Erfüllung der Verpflichtung zur Anzeigeerstattung im guten Glauben vorgenommen wurde. Demnach ist das Risiko der Vornahme rechtswidriger Handlungen in diesem Zusammenhang nicht von der Bank, sondern von den Bankkunden zu tragen[539]. Wenn sich aber, beim gleichzeitigen gutgläubigen Handeln der Bank, herausstellt, dass die verdächtige Transaktion weder eine Straftat darstellt noch zur Verheimlichung verbrecherischer Tätigkeiten dient, wird die polnische Staatskasse mit dem im Zusammenhang mit der Unterbrechung der Bankgeschäfte entstandenen Schaden belastet. Damit soll das Bankpersonal ermutigt werden, mit den zuständigen Behörden zusammenzuarbeiten. Diese Regelung hat für die Praxis jedoch andere als die intendierten Auswirkungen hervorgebracht, indem alle nach Meinung der Banken unklaren Geldüberweisungen bis auf weiteres gestoppt wurden[540].

---

re einer solchen, die zur Begehung einer Straftat beiträgt – das zur Aufsicht über diese Organisationseinheit berufene Organ – bei Bedarf auch das Kontrollorgan – durch das Gericht oder im Vorverfahren durch den Staatsanwalt zu benachrichtigen ist, vgl. *Grzegorczyk*, KPK-Kommentar, S. 764; *Hofmański/Sadzik/Zgryzek*, KPK-Kommentar, Art. 304, Rn. 8 ff.

[539] Vgl. *Kunicka-Michalska*, Pranie, S. 60; *Wójcik*, Przeciwdziałanie, S. 177; *ders.*, Pranie, S. 188.

[540] Vgl. *Weigend E./Zielińska*, Osteuropa Recht 2001, S. 281; *Wyrzykowska*, Prok. i Pr. 11-12/1999, S. 101.

6. Der Beschluss der Bankenaufsichtskommission von 1998

Weitere Änderungen hinsichtlich der Vorbeugung und Verhinderung der Geldwäsche enthält der *Beschluss der Bankenaufsichtskommission Nr. 4/98 von 1998*[541]. Durch diesen Beschluss, der den ersten polnischen Rechtsakt darstellt, in dessen Titel die Geldwäsche wörtlich genannt wird, werden sowohl die *Verordnung des Präsidenten der Polnischen Nationalbank Nr. 16/92* als auch das *Gesetz über das Bankrecht von 1997* korrigiert und ergänzt. Der Beschluss befasst sich allerdings nicht mit der Definition der Geldwäsche; § 1 besagt nur, dass unter diesem Begriff eine Straftat zu verstehen ist, die näher in anderen Rechtsvorschriften bezeichnet wird.

Eine erhebliche Änderung haben hier die Erhöhung des Betrags der Bareinzahlungen und die damit zusammenhängende Registrierungspflicht erfahren. Während die *Verordnung des Präsidenten der Polnischen Nationalbank Nr. 16/92* die Banken zur Feststellung der Identität der Kunden bei Banktransaktionen in Form von Bareinzahlungen von Geldsummen, die den Wert von 200 Mio. Złoty übersteigen, verpflichtete, wird in diesem Beschluss der zur Registrierung verpflichtende Betrag auf eine Höhe von 10.000 ECU festgelegt (§ 2). Den Grund für diese Modifizierung bildete die Tatsache, dass der im Jahre 1992 bestimmte Betrag zu niedrig war, was zu einer unnötigen Überforderung der Bankangestellten führte und nicht die gewünschten Folgen brachte[542]. Die bis dahin geltende *Verordnung des Präsidenten der Polnischen Nationalbank Nr. 16/92* hatte nämlich den Banken die Verpflichtung auferlegt, alle über der bestimmten Summe liegenden Bareinzahlungen zu registrieren, selbst dann, wenn keine Bedenken hinsichtlich ihrer Legalität vorhanden waren.

Diese Änderung darf jedoch nicht zu überschätzt werden. Trotz der erheblichen Erhöhung des zur Registrierung verpflichtenden Betrages konnte jeder potentielle Straftäter diese Vorschrift umgehen, indem die gewünschte Geldsumme durch mehrere Transaktionen eingezahlt wurde. Als positiv ist

[541] Uchwała Komisji Nadzoru Bankowego w sprawie trybu postępowania banków w przypadkach prania pieniędzy oraz ustalenia wysokości kwoty i warunków prowadzenia rejestru wpłat gotówkowych powyżej określonej kwoty oraz danych o osobach dokonujących wpłaty i na rzecz których wpłata została dokonana *(Beschluss der Bankenaufsichtkommission über die Verfahrensweise der Banken im Falle einer Geldwäsche, sowie über die Bestimmung der Höhe des Betrages und die Grundlagen der Führung von Bankregistern mit Bareinzahlungen über einen bestimmten Betrag, sowie die Grundlagen der Führung von Bankregistern mit Daten bezüglich der die Einzahlungen persönlich vornehmenden Personen und der dadurch Begünstigten)* Nr. 4/98 vom 30.06.1998, Dz. Urz. NBP (*Amtsblatt der Polnischen Nationalbank*) 1998, Nr. 18, Pos. 40.

[542] Vgl. *Niemierka/Smykla*, Przeciwdziałanie, S. 88; *Wyrzykowska*, Prok. i Pr. 11-12/1999, S. 102.

sie nur im Hinblick auf die Beseitigung der bisherigen Situation zu bewerten, in der eine riesige Anzahl von Banktransaktionen obligatorisch der Registrierungspflicht unterlag, ohne sie näher unter dem Gesichtspunkt ihrer Legalität analysieren zu müssen.

In § 2 Abs. 5 des Beschlusses sind weitere Transaktionsarten genannt, die neben den Bareinzahlungen der Registrierungspflicht unterliegen. Gemäß dieser Vorschrift sind durch diese Verpflichtung auch der Umtausch von Wertpapieren oder von Geldmitteln fremder Währung in die polnische Währung und der Umtausch polnischer Währung in Wertpapiere oder in eine fremde Währung sowie die Vermittlung dieser Transaktionen erfasst. Vorausgesetzt wird jedoch, dass der Wert dieser Transaktionen den in § 2 Abs. 1 bestimmten Betrag übersteigen muss.

Weiterhin wurden die Bankzentralen verpflichtet, neben den durch die einzelnen Banken geführten Bankregistern vertrauliche Sammelregister der Einzahlungen zu führen, die durch berechtigte Personen systematisch zu analysieren sind (§ 2 Abs. 2 und § 4 Abs. 3). Verlängert wurde ferner die Aufbewahrungsfrist der Bankregister sowie aller damit zusammenhängender Buchungsunterlagen. Gemäß § 2 Abs. 6 des Beschlusses beträgt diese Frist fünf Jahre, gerechnet ab dem ersten Tag des Jahres, in welchem die letzte Eintragung durchgeführt wurde.

Eine erhebliche Erweiterung der Registrierungspflicht ist in § 2 Abs. 5 des Beschlusses verankert, wonach dieser Verpflichtung alle diejenigen Bankgeschäfte unterliegen, deren Umstände darauf hinweisen, dass die Geldmittel, ohne Rücksicht auf den Wert der Bankgeschäfte und ihren Charakter, mit einem Geldwäschevorgang verbunden sind oder daraus herrühren. Diese Regelung dient der Erleichterung der Arbeit der Banken, indem von Bankangestellten nicht mehr verlangt wird, den rechtlichen Charakter der Bankgeschäfte im Hinblick auf das mögliche Vorliegen der Tatbestandsmerkmale des Art. 299 KK einzuschätzen, was bisher durch die *Verordnung Nr. 16/92* vorausgesetzt wurde. Laut § 5 des Beschlusses ist die Staatsanwaltschaft schon dann vertraulich zu benachrichtigen, wenn ein begründeter Verdacht besteht, dass das Bankgeschäft in einem Zusammenhang mit der Geldwäsche steht. Gleichzeitig ist auch der Generalinspekteur der Bankenaufsicht über die Strafanzeige und über den Gang des Verfolgungsverfahrens vertraulich zu informieren (§ 5 Abs. 2 und 3).

Zusammenfassend lässt sich sagen, dass dieser Beschluss als eine wichtige Ergänzung der bankrechtlichen Regulationen auf dem Gebiet der Geldwäschevorbeugung gelten kann. Neben der Erweiterung der Registrierungspflicht wurden durch die Abschaffung der in § 2 der *Verordnung Nr. 16/92* enthaltenen Formulierung „insbesondere bei Bartransaktionen" Bedenken hinsichtlich der Auslegung des Begriffes der der Registrierungspflicht unterliegenden Bankgeschäfte beseitigt. Von Nachteil ist jedoch, dass keine Möglichkeit einer Befreiung von der Registrierungspflicht unter konkreten Umständen vorgesehen wurde[543].

7. Das Gesetz über die Wirtschaftstätigkeit von 1999

Als ein weiterer Schritt im Kampf gegen die Geldwäsche ist das *Gesetz über die Wirtschaftstätigkeit von 1999*[544] zu nennen. Art. 13 des Gesetzes verpflichtet die Unternehmer, ihre Wirtschaftstätigkeiten über ein Bankkonto zu realisieren, wenn die Vertragspartei ein anderer Unternehmer ist und der Wert dieser Transaktion 3.000 Euro überschreitet. Diese Regelung gilt auch dann, wenn der Wert einer Transaktion zwischen mehreren Unternehmern 1.000 Euro und die Summe der im vorherigen Monat entstandenen Forderungen und Verbindlichkeiten 10.000 Euro überschritten hat. Die Nichtbeachtung dieser Verpflichtung wird mit einer Geldstrafe geahndet (Art. 66).[545]

Durch dieses Regelungswerk wurde laut Art. 99 die in diesem Bereich bisher geltende Novellierung des *Gesetzes über die Wirtschaftstätigkeit von 1988*[546] durch *das Gesetz über die Änderung der die Grundsätze der Besteuerung regulierenden Gesetze und anderer Gesetze von 1993*[547] aufgehoben. Schon die Vorschriften dieses bisher geltenden Gesetzes (Art. 25 e-h) führten eine Geldstrafe für jeden Unternehmer ein, der bei der Ausführung seiner Wirtschaftstätigkeiten über kein Bankkonto verfügte oder die Forderungen und Verbindlichkeiten, deren Wert den in Art. 3 Abs. 3 Nr. 1 des *Gesetzes von 1993* bestimmten Betrag überschritt, nicht über das Bankkonto realisierte bzw. den Verpflichtungen aus Art. 3 Abs. 3 Nr. 2-4 des *Gesetzes von 1993* nicht nachkam.

---

543 Denkbar wäre hier die Möglichkeit der Einzelbefreiung von der Registrierungspflicht bei solchen Banktransaktionen, bei denen das Risiko- und Missbrauchspotential der Bank niedrig ausgeprägt ist.

544 Ustawa o działalności gospodarczej (*Gesetz über die Wirtschaftstätigkeit*) vom 19.11.1999, Dz. U. (*Gesetzblatt*) 1999, Nr. 101, Pos. 1178 mit späteren Änderungen.

545 Vgl. näher *Jaskolski*, Wirtschaftsstrafrecht, S. 387 f.

546 Ustawa o działalności gospodarczej (*Gesetz über die Wirtschaftstätigkeit*) vom 23.12.1988, Dz. U. (*Gesetzblatt*) 1988, Nr. 41, Pos. 324.

547 Ustawa o zmianie ustaw regulujących zasady opodatkowania i niektórych innych ustaw (*Gesetz über die Änderung der die Grundsätze der Besteuerung regulierenden Gesetze und anderer Gesetze*) vom 16.12.1993, Dz. U. (*Gesetzblatt*) 1993, Nr. 134, Pos. 646.

Das vorrangige Ziel der sich aus den besprochenen Regulationen ergebenden Verpflichtungen zur Eröffnung und Benutzung von Bankkonten liegt in der Schaffung einer gewissen Transparenz und Kontrolle des Geldverkehrs, sowie in der Begrenzung des baren Zahlungsverkehrs, der für die Geldwäsche am meisten anfällig ist, und somit in einer Bevorzugung des bargeldlosen Zahlungsverkehrs[548].

II. Regelungen im Wertpapierrecht

Neben dem Erlass von bankrechtlichen, der Vorbeugung von Geldwäsche dienenden Vorschriften erfolgten rechtliche Initiativen auf dem Gebiet des Wertpapierrechts.

1. Der Beschluss der Wertpapierkommission von 1995

Zu nennen ist insbesondere der *Beschluss der Wertpapierkommission Nr. 396 von 1995* über die Verfahrensweise der die Maklerfirmen führenden Personen im Falle eines begründeten Verdachts, dass die Geldmittel ihrer Kunden aus einer Straftat herrühren oder mit ihr zusammenhängen[549]. Dieser Beschluss stützt sich auf die oben ausführlich beschriebene *Verordnung des Präsidenten der Polnischen Nationalbank Nr. 16/92* sowie auf Art. 7 des *Gesetzes über den Wertpapierhandel und die Treuhandfonds von 1991*[550] und zielt darauf ab, den Wertpapierhandel vor einer Ausnutzung zu den in Art. 5 Abs. 2 des *Gesetzes über den Schutz der Wirtschaftsverkehrs von 1994*[551] genannten Zwecken[552] zu schützen. Zumindest stellt er für die

---

[548] Vgl. *Huba*, Prok. i Pr. 11/1996, S. 10; *Jaskolski*, Wirtschaftsstrafrecht, S. 388; *Kunicka-Michalska*, Pranie, S. 63 f.; *Pływaczewski*, Zum gegenwärtigen Stand der Bekämpfung der Geldwäsche in Polen, in: *Hirsch* u. a. (Hrsg.), S. 148; *Wójcik*, Pranie, S. 199 f.; *Zakrzewski/Jasiński*, RPEiS 1/1995, S. 36 f.

[549] Uchwała Komisji Papierów Wartościowych (*Beschluss der Wertpapierkommission*) Nr. 396 vom 09.11.1995, Dz. Urz. KPW (*Amtsblatt der Wertpapierkommission*) 1995, Nr. 6, Pos. 197.

[550] Ustawa o publicznym obrocie papierami wartościowymi i funduszach powierniczych (*Gesetz über den öffentlichen Wertpapierhandel und Treuhandfonds*) vom 22.03.1991, Dz. U. (*Gesetzblatt*) 1994, Nr. 58, Pos. 239.

[551] Ustawa o ochronie obrotu gospodarczego (*Gesetz über den Schutz des Wirtschaftsverkehrs*) vom 12.10.1994, Dz. U. (*Gesetzblatt*) 1994, Nr. 126, Pos. 615. Näher dazu siehe Kapitel 3 § 3 Punkt IV. 1. der vorliegenden Untersuchung.

[552] Art. 5 Abs. 2 des Gesetzes lautet: „Wer entgegen den Rechtsvorschriften eine große Menge von Bargeld oder Devisenwerten annimmt oder die Geldmittel oder Devisenwerte unter Umständen annimmt, die einen begründeten Verdacht erwecken, dass sie aus einer kriminellen Tätigkeit stammen, oder Dienste erbringt, um ihre kriminelle Herkunft zu verheimlichen oder sie vor Beschlagnahme zu sichern, wird mit Freiheitsstrafe bis zu 3 Jahren bestraft". Vgl. näher *Schroeder*, Jahrbuch für Ostrecht 1995, S. 271 ff.

Maklerfirmen im Falle des Vorliegens eines begründeten Verdachts, dass die Geldmittel der Kunden aus einer Straftat herrühren oder mit ihr zusammenhängen, eine Abbildung der Regelungen aus der *Verordnung Nr. 16/92* dar. Da jedoch die Beschlüsse nicht als allgemein bindende Rechtsquellen gelten[553], ist dieses Regelungswerk nur als eine Empfehlung der Wertpapierkommission zu betrachten, und ihm kommt daher eher wenig Bedeutung zu.

2. Das Gesetz über den öffentlichen Wertpapierhandel von 1997

Zu erwähnen ist weiterhin das *Gesetz über den öffentlichen Wertpapierhandel von 1997*[554], dessen Vorschriften sich zum Teil auf die Sicherung der Maklerfirmen vor der Gefahr der Ausnutzung zum Zwecke der Geldwäsche sowie vor der Gefahr der Finanzierung der Maklerfirmen durch Verbrechergruppen beziehen[555].

III. Regelungen im Devisenrecht

Obwohl der Devisenverkehr eine durchaus geeignete Gelegenheit für das Waschen illegal erlangter Erträge darstellt, sind im polnischen Devisenrecht kaum Rechtsvorschriften vorhanden, die sich mit dieser Problematik befassen.

1. Das Gesetz über das Devisenrecht von 2002

Als einziges Regelungswerk auf diesem Gebiet, dem eine präventive Funktion zukommt[556], ist das *Gesetz über das Devisenrecht von 2002*[557] zu nennen.

Dieses Gesetz verpflichtet die Residenten[558] zur Anmeldung ihres Vermögens im Ausland sowie des Verlustes dieses Vermögens bei der polnischen

---

553 Vgl. Art. 87 der polnischen Verfassung. Siehe auch *Filipkowski*, Zwalczanie, S. 99.

554 Ustawa o obrocie papierami wartościowymi (*Gesetz über den Wertpapierhandel*) vom 21.08.1997, Dz. U. (*Gesetzblatt*) 1997, Nr. 118, Pos. 754.

555 Vgl. z. B. Art. 40 Abs. 1 Pkt. 7 des Gesetzes, wonach für die Genehmigung der Führung von Maklergeschäften die Vorlage von Informationen über die Höhe des eigenen Kapitals und seiner Herkunftsquelle vorausgesetzt ist. Erwähnenswert ist auch Art. 29 Abs. 3, wonach die Zahlung für die erworbenen, zum öffentlichen Handel mit Wertpapieren nicht zugelassenen Aktien eines Maklerbüros nicht aus einem Darlehen, einem Kredit oder aus nicht dokumentierten Quellen herrühren darf.

556 So *Wyrzykowska*, Prok. i Pr. 11-12/1999, S. 105.

557 Ustawa prawo dewizowe (*Gesetz über das Devisenrecht*) vom 27.07.2002, Dz. U. (*Gesetzblatt*) 2002, Nr. 141, Pos. 1178.

558 Zur Definition siehe Art. 2 Abs. 1 Pkt. 1 des Gesetzes. Dieser Begriff wird auch mit dem Wort „Gebietsansässiger“ übersetzt. Siehe die deutsche Übersetzung dieses Gesetzes in: *Polnische Wirtschaftsgesetze*, S. 391 ff.

Nationalbank und die Nicht-Residenten[559] zur entsprechenden Anmeldung ihres inländischen Vermögens. Ferner sind die mit Devisen verbundenen Tätigkeiten der Residenten, d. h. die Geldüberweisung ins Ausland sowie die Abrechnung mit einem Nicht-Residenten, deren Wert 10.000 € übersteigt, über die Vermittlung einer Bank auszuüben (Art. 25). Weitere Regulierungen, die den Devisenumlauf vor dem Zufluss „schmutziger" Gelder schützen sollen, enthält Art. 26 dieses Gesetzes, wonach die Residenten verpflichtet sind, der Bank die Grundlage der Geldüberweisung oder der Abrechnung mitzuteilen.

IV. Regelungen im Strafrecht

Bis zum Inkrafttreten des aktuell geltenden Gesetzbuches am 01.09.1998 enthielt das polnische Strafrecht keine Vorschrift, die die Geldwäsche kriminalisierte. Dies schloss jedoch nicht aus, dass ähnliche Verhaltensweisen aufgrund anderer Vorschriften des KK sowie aufgrund von Vorschriften anderer Gesetze bestraft werden konnten.

1. Das Gesetz über den Schutz des Wirtschaftsverkehrs und die Änderung einiger Vorschriften des Strafrechts von 1994

Die Kriminalisierung eines großen Bereichs der modernen Wirtschaftskriminalität wurde durch das *Gesetz über den Schutz des Wirtschaftsverkehrs und die Änderung einiger Vorschriften des Strafrechts von 1994*[560] eingeführt. Es stellte eine verspätete Reaktion auf die ständig wachsende Gefährdung des Bank- und Finanzsektors seitens der organisierten Kriminalität dar[561]. Art. 5 dieses Gesetzes regelt den Tatbestand der Geldwäsche, was dem internationalen Kampf gegen die organisierte Kriminalität entsprach[562], wobei die Kriminalisierung dieses Phänomens nur auf vier Straftatkategorien, welche die sog. Vortaten bildeten, beschränkt wurde[563].

---

559 Zur Definition siehe Art. 2 Abs. 1 Pkt. 2 des Gesetzes. Dieser Begriff wird auch mit dem Wort „Gebietsfremder" übersetzt. Siehe die deutsche Übersetzung dieses Gesetzes in: *Polnische Wirtschaftsgesetze*, S. 391 ff.

560 Vgl. Fn. 551.

561 So *Wójcik*, Przeciwdziałanie, S. 178; *ders.*, Pranie, S. 190. Ähnlich *Garbarczyk*, Przestępczość, S. 118; *Jaskolski*, Wirtschaftsstrafrecht, S. 30 f.; *Tobis*, RPEiS 1/1995, S. 26.

562 So *Schroeder*, Jahrbuch für Ostrecht 1995, S. 273. Vgl. auch *Garbarczyk*, Przestępczość, S. 124; *Kunicka-Michalska*, Pranie, S. 44; *Maruszewska*, Pranie „brudnych" pieniędzy, ustawodawstwo europejskie a polskie inicjatywy, in: *Mik* (Hrsg.), Europeizacja, S. 381.

563 Gemeint sind: Betäubungsmitteldelikte, Geld- und Wertpapierfälschung, Lösegelderpressung sowie strafbarer Waffenhandel.

Gemäß Art. 5 dieses Gesetzes wird das Verhalten desjenigen unter Strafe gestellt, der zum Zweck der Einführung in den legalen Verkehr Zahlungsmittel, Wertpapiere oder Devisen, die aus Aktivitäten der organisierten Kriminalität herrühren, die mit dem Verkehr mit Betäubungsmitteln oder psychotropen Stoffen, mit Geld- oder Wertpapierfälschung, mit Lösegelderpressung oder mit Waffenhandel verbunden sind, annimmt, Eigentum oder Besitz an ihnen überträgt, sie ins Ausland überweist oder ausführt oder andere Handlungen vornimmt[564], die die Feststellung ihrer kriminellen Herkunft, ihrer Auffindung oder ihren Verfall vereiteln können (Art. 5 § 1). Damit wurde der Begriff der Geldwäsche, der sich bisher auf die aus den lediglich im Rahmen der Geschäftstätigkeit verbotenen Taten herrührenden Vermögenswerte erstreckte, erheblich ausgedehnt.

Durch diese Regelung wurden jedoch, anders als in der korrespondierenden deutschen Norm (§ 261 StGB)[565], nur bestimmte, aus der organisierten Kriminalität herrührende Vermögensgegenstände als Tatobjekte erfasst. Eine weitere Abweichung gegenüber der seinerzeit geltenden deutschen Vorschrift besteht darin, dass nach dieser Rechtsgrundlage wegen Geldwäsche auch derjenige zu bestrafen ist, der die in Art. 5 § 1 des Gesetzes aufgeführten Vortaten selbst begangen hat[566]. Die Gefahr einer Doppelbestrafung ist jedoch in diesem Falle nicht gegeben, da es sich bei der Vortat und bei der Geldwäsche um zwei deutlich voneinander getrennte Taten handelt. Ohne Bedeutung bleibt jedoch, ob der Vortäter rechtskräftig verurteilt wurde. Die Annahme, dass die Strafbarkeit wegen Geldwäsche von der Bestra-

---

[564] Darunter sind z. B. der Transfer von Konsumgütern, die Bewertung von Gegenständen unter ihrem oder über ihrem Wert, *smurfing*, Glückspiele usw. zu verstehen.

[565] Vgl. Kapitel 4 § 3 Punkt III. der vorliegenden Untersuchung.

[566] Der deutsche Gesetzgeber hat zwar inzwischen die Bezugnahme auf die Tat „eines anderen" in § 261 StGB gestrichen; statt dessen hat er aber zur Vermeidung einer weiteren Bestrafung wegen Geldwäsche die Konkurrenzregelung des § 261 Abs. 9 S. 2 StGB eingefügt, wonach wegen Geldwäsche nicht zu bestrafen ist, wer wegen Beteiligung an der Vortat strafbar ist. Diese Klausel kommt jedoch nur bei nachgewiesener Vortatbeteiligung und dementsprechender Bestrafung wegen dieser Vortatbeteiligung zur Anwendung. Entfällt die Strafbarkeit wegen Vortatbeteiligung, ist die Vorschrift des § 261 Abs. 9 S. 2 nicht anwendbar und die Geldwäschehandlung durch den Vortatbeteiligten bleibt strafbar. Mit der Umgestaltung der Vorschrift hat der deutsche Gesetzgeber die Fälle der Geldwäsche als mitbestrafte Nachtat einer der in § 261 Abs. 1 bis 5 genannten Vortaten eingeordnet, wobei die Strafe für die Anschlusstat kaum höher sein kann als die Strafe aus der Katalogtat (vgl. § 257 Abs. 2 StGB). Von einer mitbestraften Nachtat ist dann auszugehen, wenn durch die Nachtat kein gegenüber der Vortat neues Rechtsgut verletzt, sondern nur das mit der Vortat angegriffene erneut beeinträchtigt wird. Vgl. dazu *Joerden*, Fremd- und Eigenreferenz bei den Anschlussdelikten Begünstigung, Strafvereitelung, Hehlerei und Geldwäsche, in: Lampe – FS, S. 771 ff.

fung des Vortäters abhängt und somit nur einen akzessorischen Charakter aufweist, lässt sich jedenfalls nicht begründen.[567]

Weiterhin wird bestraft, wer entgegen den einschlägigen Rechtsvorschriften große Mengen von Bargeld oder von Devisenwerten in bar annimmt oder Geld oder Devisenwerte unter Umständen annimmt, die den begründeten Verdacht rechtfertigen, dass diese aus Aktivitäten der organisierten Kriminalität stammen, oder wer bei der Verheimlichung ihrer kriminellen Herkunft oder bei der Sicherung gegenüber ihrer Entziehung Hilfe leistet (Art. 5 § 2).

Die erste Alternative dieser Vorschrift betrifft die Beeinträchtigung des bargeldlosen Zahlungsverkehrs und beruft sich auf das bereits erwähnte *Gesetz über die Wirtschaftstätigkeit von 1988*[568], wonach jeder Unternehmer verpflichtet wurde, bei der Ausführung seiner Wirtschaftstätigkeiten über ein Bankkonto zu verfügen und die Forderungen und Verbindlichkeiten, deren Wert einen bestimmten Betrag überschreitet, über dieses Bankkonto zu realisieren[569], sowie auf die *Verordnung des Präsidenten der Polnischen Nationalbank Nr. 16/92*[570].

Problematisch erscheint in diesem Zusammenhang die Formulierung „große Mengen von Bargeld". Laut *Weigend/ Wróbel*[571] ist sie sowohl qualitativ (hohe Geldbeträge) als auch quantitativ (große Anzahl von Münzen oder Scheinen) zu verstehen. Bemerkenswert ist weiter, dass die illegale Herkunft des Geldes nicht zu den Tatbestandsmerkmalen der Geldwäsche gehört; der Täter macht sich danach auch dann strafbar, wenn er legal erlangtes Geld entgegen den einschlägigen Rechtsvorschriften annimmt.

Nicht eindeutig ist in diesem Zusammenhang auch der Ausdruck „kriminelle Herkunft". Fraglich ist, ob dadurch jede verbrecherische Tätigkeit erfasst wird oder ob die Herkunft des Geldes oder der Devisenwerte mit der organisierten Kriminalität zusammenhängen muss. Die sprachliche Formu-

---

567 Vgl. *Stefański R. A.*, Przestępstwo „prania pieniędzy" w polskim prawie karnym, in: Górniok – FS, S. 170 f.; *Weigend E./Wróbel*, ZStW 108 (1996), S. 424 f. Näher dazu siehe Kapitel 4 § 3 Punkt II. 2. A. der vorliegenden Untersuchung.

568 Vgl. Fn. 546.

569 Vgl. näher Kapitel 3 § 3 Punkt I. 7. der vorliegenden Untersuchung.

570 Vgl. näher Kapitel 3 § 3 Punkt I. 3. der vorliegenden Untersuchung.

571 Vgl. *Weigend E./Wróbel*, ZStW 108 (1996), S. 425 f. Ähnlich *Pracki*, Obrót, S. 47 f.; *Stefański J. T.*, Palestra 7-8/1997, S. 44 ff. Abweichend *Buczkowski/Wojtaszek*, Pranie, S. 157 f.; *Huba*, Prok. i Pr. 11/1996, S. 18; *Stefański R. A.*, Przestępstwo „prania pieniędzy" w polskim prawie karnym, in: Górniok – FS, S. 172 f.; *Wyrzykowska*, Prok. i Pr. 11-12/1999, S. 96; *Zakrzewski/Jasiński*, RPEiS 1/1995, S. 39.

lierung dieser Vorschrift lässt jedoch keine Bedenken darüber aufkommen, dass es hier um jede Art verbrecherischen Handelns gehen kann[572].

Eine Qualifizierung der vorgenannten Vorschriften stellt § 3 dar, wonach die Begehung der in §§ 1 oder 2 bezeichneten Taten in der Abstimmung mit Dritten oder zum Erzielen von erheblichen Vermögensvorteilen mit einer strengeren Strafe bedroht ist, wobei der Begriff eines erheblichen Vermögensvorteils entsprechend Art. 115 § 5 KK[573] zu bewerten ist[574].

§ 4 dieser Norm nennt die Fälle, in denen der Täter trotz der Begehung der in §§ 1-3 bezeichneten Taten straffrei bleibt. Es kann hier zur Straffreiheit kommen, wenn Informationen über Mittäter der Straftat und über die Umstände ihrer Begehung an ein Strafverfolgungsorgan freiwillig übermittelt werden und falls dadurch die Begehung einer anderen Straftat verhindert wird. Für einen Täter, der sich bemüht hat, solche Informationen oder Umstände zu übermitteln, ist die außerordentliche Strafmilderung vorgesehen.[575]

Schließlich ist gemäß Art. 5 § 5 des Gesetzes im Falle der Verurteilung wegen einer der in §§ 1-3 bezeichneten Straftaten der Verfall der unmittelbar oder mittelbar aus diesen Straftaten stammenden Gegenstände einschließlich der Zahlungsmittel, Wertpapiere und Devisenwerte anzuordnen. Auch wenn die Gegenstände nicht im Eigentum des Täters stehen, kann das Gericht ihren Verfall anordnen.

Somit lässt sich feststellen, dass das primär geschützte Rechtsgut dieser Norm der Wirtschaftsverkehr ist, was insbesondere aus der Formulierung des § 1 folgt, wonach als subjektives Tatbestandselement vorausgesetzt wird, dass der Täter zum Zweck der Einführung „schmutziger" Gelder in den legalen Wirtschaftsverkehr handelt[576]. Weiterhin zielt diese Regelung auf den

---

[572] Vgl. *Huba*, Prok. i Pr. 11/1996, S. 19; *Stefański J. T.*, Palestra 7-8/1997, S. 45; *Stefański R. A.*, Przestępstwo „prania pieniędzy" w polskim prawie karnym, in: Górniok – FS, S. 173; *Wójcik*, Pranie, S. 193. Anders *Pracki*, Obrót, S. 49 f.

[573] Art. 115 § 5 KK lautet: „Vermögen bedeutenden Wertes ist Vermögen, dessen Wert das Zweihundertfache des zur Zeit der Begehung der verbotenen Tat verbindlichen monatlichen Mindestlohns überschreitet".

[574] Ähnlich *Buczkowski/Wojtaszek*, Pranie, S. 160. Anders *Huba*, Prok. i Pr. 11/1996, S. 19.

[575] Erwähnenswert ist hier, dass diese Vorschrift eine Art der Kronzeugenregelung darstellt, vgl. *Huba*, Prok. i Pr. 11/1996, S. 20; *Pracki*, Obrót, S. 50 ff.; *Schroeder*, Jahrbuch für Ostrecht 1995, S. 274; *Weigend E./Wróbel*, ZStW 108 (1996), S. 427; *Wyrzykowska*, Prok. i Pr. 11-12/1999, S. 96; *Zakrzewski/Jasiński*, RPEiS 1/1995, S. 38 f.

[576] Vgl. *Buczkowski/Wojtaszek*, Pranie, S. 149 f.; *Huba*, Prok. i Pr. 11/1996, S. 11; *Stefański R. A.*, Przestępstwo „prania pieniędzy" w polskim prawie karnym, in: Górniok – FS, S. 164; *Weigend E./Wróbel*, ZStW 108 (1996), S. 419.

Schutz der Rechtspflege. Dies wird dadurch zum Ausdruck gebracht, dass auch solche Tathandlungen wie die Vereitelung der Ermittlung der kriminellen Herkunft, der Auffindung oder des Verfalls des unrechtsmäßig erworbenen Geldes bzw. die dazu geleistete Hilfe unter Strafe gestellt werden[577]. Ferner dürfte auch der Schutz der durch die jeweilige Vortat beeinträchtigten Rechtsgüter bezweckt sein[578].

Abschließend ist bei der Verurteilung wegen einer in Art. 5 des Gesetzes bezeichneten Straftat noch die Möglichkeit der Bemessung einer als Nebenstrafe zu verhängenden Geldstrafe in Höhe von bis zu 5.000.000 neuer Złoty zu erwähnen (Art. 11).

Das Gesetz ist auf heftige Kritik gestoßen[579]. Bedenklich erscheint zum einen die Einschränkung des Anwendungsbereiches der Geldwäschevorschrift lediglich auf einige Erscheinungsformen der organisierten Kriminalität. Damit verbunden sind auch Schwierigkeiten hinsichtlich der Beweisaufnahme, da die in Art. 5 § 1 bezeichneten Straftaten nur mit direktem Vorsatz begangen werden können. Von Nachteil ist ferner die Formulierung des ersten Absatzes dieser Norm als einer Straftat mit überschießender Innentendenz, wo beim Vorsatz bezüglich aller objektiven Tatbestandsmerkmale verlangt wird, dass der Täter zum Zwecke der Einführung der illegal erworbenen Zahlungsmittel, Wertpapiere oder Devisenwerte in den legalen Verkehr handelt (sog. *dolus coloratus*). Das Handeln allein zu einem anderen Zweck, z. B. zur Verheimlichung deliktisch erlangter Erträge oder zur Ausfuhr von Devisenwerten ins Ausland, schließt also die mögliche Strafbarkeit wegen Geldwäsche aus. Dies führt zur erheblichen Beweisschwierigkeiten sowie zur Einschränkung des Anwendungsbereichs der Geldwäschenorm. Überdies

---

[577] Vgl. *Buczkowski/Wojtaszek*, Pranie, S. 150; *Stefański J. T.*, Palestra 7-8/1997, S. 39; *Weigend E./Wróbel*, ZStW 108 (1996), S. 419. Kritisch dazu *Stefański R. A.*, nach dessen Ansicht der Schutz der Rechtspflege das Rechtsgut aller strafrechtlichen Vorschriften darstellt, vgl. *Stefański R. A.*, Przestępstwo „prania pieniędzy“ w polskim prawie karnym, in: Górniok - FS, S. 164.

[578] Vgl. *Stefański R. A.*, Przestępstwo „prania pieniędzy“ w polskim prawie karnym, in: Górniok - FS, S. 164; *Weigend E.*/Wróbel, ZStW 108 (1996), S. 420 f.

[579] Vgl. *Banach*, Przestępstwo prania brudnych pieniędzy w świetle prawa europejskiego a uregulowania krajowe, in: *Bogunia* (Hrsg.), S. 24 f.; *Bojarski J.*, Przestępstwa gospodarcze, S. 99 f.; *Filipkowski*, Zwalczanie, S. 96; *Hajduk*, Nowe ujęcie przepisów Art. 299 K.K. penalizującego wprowadzanie do obrotu pieniędzy pochodzących z nielegalnych źródeł, in: *Bojarski T./Skrętowicz* (Hrsg.), S. 45; *Jasiński*, Przegląd Policyjny 1/1997, S. 19; *Jaskolski*, Wirtschaftsstrafrecht, S. 366; *Maruszewska*, Pranie „brudnych“ pieniędzy, ustawodawstwo europejskie a polskie inicjatywy, in: *Mik* (Hrsg.), Europeizacja, S. 381 f.; *Pływaczewski*, Zum gegenwärtigen Stand der Bekämpfung der Geldwäsche in Polen, in: *Hirsch* u. a. (Hrsg.), S. 158; *Wąsowski*, Pranie, S. 60; *Wyrzykowska*, Prok. i Pr. 11-12/1999, S. 95 f.; *Zakrzewski/Jasiński*, RPEiS 1/1995, S. 39 f.

verwendet der Gesetzgeber den Begriff der organisierten Kriminalität, ohne ihn gesetzlich näher zu definieren[580].

2. Art. 299 des polnischen Strafgesetzbuchs von 1997

Angesichts der sich ständig in der Entwicklung befindenden Bedingungen sowie Voraussetzungen seitens der Europäischen Union konnte die Normierung neuer Straftatbestände, die eine Verfolgung der neuen Erscheinungsformen der Wirtschaftsverbrechen ermöglichen konnten, kaum Schritt halten. Aus diesem Grunde konnte ein die Geldwäsche unter Strafe stellender Straftatbestand erst im Jahre 1997 in das polnische Strafbesetzbuch eingeführt werden (Art. 299)[581]. Die Vorschrift stellt eine Zusammenfügung der Vorschriften der *Verordnung des Präsidenten der Polnischen Nationalbank Nr. 16/92*[582] und des *Gesetzes über den Schutz des Wirtschaftsverkehrs und die Änderung einiger Vorschriften des Strafrechts von 1994* dar[583]. Vor der Einführung dieser Norm enthielt das polnische Strafgesetzbuch keine ausdrückliche Regelung des Phänomens der Geldwäsche. Die entsprechenden Vorgänge konnten nur mittels der allgemeinen Tatbestände der Beihilfe (Art. 18 § 2 KK), der Hehlerei (Art. 215, 216 KK a. F.), der Begünstigung (Art. 252 KK a. F.) und der Vereitelung der Vollstreckung oder des Verfalls (Art. 258 KK a. F.) erfasst werden[584]. Diese Tatbestände erwiesen sich jedoch für die Erfassung der Erscheinungsformen der Geldwäsche als zu eng,

---

[580] Vgl. näher *Banach*, Przestępstwo prania brudnych pieniędzy w świetle prawa europejskiego a uregulowania krajowe, in: *Bogunia* (Hrsg.), S. 25 f.; *Bojarski J.*, Przestępstwa gospodarcze, S. 99; *Buczkowski/Wojtaszek*, Pranie, S. 153 f.; *Filipkowski*, Zwalczanie, S. 96; *Hajduk*, Nowe ujęcie przepisów Art. 299 K.K. penalizującego wprowadzanie do obrotu pieniędzy pochodzących z nielegalnych źródeł, in: *Bojarski T./Skrętowicz* (Hrsg.), S. 45; *Huba*, Prok. i Pr. 11/1996, S. 15 f.; *Jaskolski*, Wirtschaftsstrafrecht, S. 366; *Niemierka/Smykla*, Przeciwdziałanie, S. 83 f.; *Pracki*, Obrót, S. 45; *Schroeder*, Jahrbuch für Ostrecht 1995, S. 274; *Stefański J. T.*, Palestra 7-8/1997, S. 39 f.; *Stefański R. A.*, Przestępstwo „prania pieniędzy" w polskim prawie karnym, in: Górniok – FS, S. 169 f.; *Weigend E./Wróbel*, ZStW 108 (1996), S. 421 ff.; *Wyrzykowska*, Prok. i Pr. 11-12/1999, S. 96; *Zakrzewski/Jasiński*, RPEiS 1/1995, S. 39.

[581] Ustawa Kodeks Karny (*Gesetz: Das Strafgesetzbuch*) vom 06.06.1997, Dz. U. (*Gesetzblatt*) 1997, Nr. 88, Pos. 553 mit späteren Änderungen. Zu Art. 299 KK siehe auch Anhang Nr. 1.

[582] Vgl. Kapitel 3 § 3 Punkt I. 3. der vorliegenden Untersuchung.

[583] Vgl. Kapitel 3 § 3 Punkt IV. 1. der vorliegenden Untersuchung.

[584] Vgl. *Plywaczewski*, Zum gegenwärtigen Stand der Bekämpfung der Geldwäsche in Polen, in: *Hirsch* u. a. (Hrsg.), S. 153 ff.; *Weigend E./Wróbel*, ZStW 108 (1996), S. 418; *Zakrzewski/Jasiński*, RPEiS 1/1995, S. 37.

insbesondere im Hinblick auf ihre jeweiligen Schutzgüter[585]. Ein weiterer erheblicher Unterschied, der die Schaffung eines eigenständigen Tatbestands der Geldwäsche mit erhöhter Strafandrohung begründete, bestand darin, dass die Geldwäsche bei Vortaten in Betracht kommt, deren Unrechtsgehalt wesentlich höher ist als der Unrechtsgehalt der Hehlerei[586].

Die gesetzliche Grundlage der Kriminalisierung der Geldwäsche, die den Art. 5 des *Gesetzes über den Schutz des Wirtschaftsverkehrs und die Änderung einiger Vorschriften des Strafrechts von 1994* ersetzt, trennt die wirtschaftlichen Betrugstatbestände von der Gruppe der Straftaten zum Nachteil des Gläubigers ab[587]. Ihr vorrangiges Ziel bildet die Vereitelung der Möglichkeiten für die Verbrecher, aus ihren kriminellen Tätigkeiten Gewinne zu ziehen. Art. 299 KK bezeichnet grundsätzlich zwei Arten dieser Straftaten. Einerseits handelt es sich um die Geldwäsche (§§ 1, 2, 5, 6), andererseits um die Nichtbeachtung der mit der Verhinderung dieses Vorgangs verbundenen finanzrechtlichen Verpflichtungen seitens der Bankangestellten oder Mitarbeiter eines Finanz- oder Kreditinstituts (§§ 3, 4)[588].

Das primär geschützte Rechtsgut dieser Norm, genauso wie in Art. 5 des *Gesetzes über den Schutz des Wirtschaftsverkehrs und die Änderung einiger Vorschriften des Strafrechts von 1994*, bildet der Wirtschaftsverkehr. Darauf deutet vor allem die Stellung dieser Vorschrift im polnischen Strafgesetzbuch unter den Straftaten gegen den Wirtschaftsverkehr hin. Als weitere durch diese Norm geschützte Rechtsgüter sind die Rechtspflege und die durch die jeweilige Vortat beeinträchtigten Rechtsgüter zu nennen, was ebenfalls den Grundsätzen des bereits erwähnten Gesetzes entspricht.[589]

Eine der wichtigsten Änderungen im Vergleich zu der Fassung des Geldwäschetatbestandes im *Gesetz über den Schutz des Wirtschaftsverkehrs und die Änderung einiger Vorschriften des Strafrechts von 1994* stellt die Auf-

585 Vgl. *Górniok*, Podstawy karania za tzw. pranie pieniędzy w obowiązujących i projektowanych przepisach polskiego prawa karnego, in: *Pływaczewski* (Hrsg.), Proceder, S. 37 ff.

586 Vgl. *Weigend E./Wróbel*, ZStW 108 (1996), S. 420. In der polnischen Literatur wird auch die Ansicht vertreten, dass es sich bei der Geldwäsche um eine besondere Art der Hehlerei handelt, vgl. *Kaucz/Myrna*, Zakres penalizacji prania brudnych pieniędzy w Polsce, in: *Bogunia* (Hrsg.), S. 18.

587 Vgl. *Górniok*, Straftaten gegen den Wirtschaftsverkehr, in: *Wolf* (Hrsg.), S. 516.

588 Vgl. *Szmaj*, Prawo Bankowe 2/1999, S. 90; *Wąsowski*, Pranie, S. 61 f.; *Wyrzykowska*, Prok. i Pr. 11-12/1999, S. 97.

589 Vgl. *Hajduk*, Nowe ujęcie przepisów Art. 299 K.K. penalizującego wprowadzanie do obrotu pieniędzy pochodzących z nielegalnych źródeł, in: *Bojarski T./Skrętowicz* (Hrsg.), S. 46; *Jasiński*, Pranie, S. 27; *Stępień T./Stępień K.*, Przestępstwa, S. 49; *Zakrzewski*, MP 12/1997, S. 486; *Zawlocki*, MP 8/2004, S. 367.

hebung jeder Beschränkung der Vortaten dar. Die in Art. 299 § 1 KK aufgezählten Vortaten weisen lediglich beispielhaften Charakter auf[590]. Somit bildet Art. 299 § 1 KK nur die Grundlage dafür, den Geldwäscher zu bestrafen.

Erweitert wurde auch der Katalog der Gegenstände dieser Straftat, indem nicht nur Geldmittel, Wertpapiere und Devisenwerte, sondern auch Vermögensrechte und bewegliches oder unbewegliches Vermögen, die mit dem Finanzkreislauf zwar nur indirekt verbunden sind, jedoch zum Zwecke der Geldwäsche benutzt werden können, einbezogen wurden. Infolgedessen entspricht die Erfassung des Wesens des komplizierten Phänomens der Geldwäsche, während dessen mehrere Finanzoperationen durchgeführt werden, in größerem Ausmaß der verbrecherischen Realität[591].

Eine nächste Erweiterung des Anwendungsbereiches dieser Norm liegt darin, dass nicht nur die Vereitelung, sondern auch die erhebliche Erschwerung der Feststellung der kriminellen Herkunft der in § 1 genannten Gegenstände der Geldwäsche, ihrer Lokalisierung, ihrer Aufdeckung, ihrer Beschlagnahme oder der Anordnung ihres Verfalls erfasst werden. Überdies ist die Voraussetzung der Herkunft der Geldmittel aus der organisierten Kriminalität in dieser Vorschrift nicht mehr enthalten, was sowohl ihr Funktionieren in der Praxis wesentlich erleichtert als auch ihren Anwendungsbereich erweitert hat[592].

Die einzige Einschränkung, die durch Art. 299 KK im Vergleich zu dem *Gesetz über den Schutz des Wirtschaftsverkehrs und die Änderung einiger Vorschriften des Strafrechts von 1994* eingeführt wurde, betrifft die Erfassung der Person des Täters. Während nach der früher geltenden Grundlage

---

590 Vgl. *Garbarczyk*, Przestępczość, S. 143 f.; *Górniok*, Przestępstwa gospodarcze. Komentarz, S. 49; *dies.*, Straftaten gegen den Wirtschaftsverkehr, in: *Wolf* (Hrsg.), S. 516; *Hajduk*, Nowe ujęcie przepisów Art. 299 K.K. penalizującego wprowadzanie do obrotu pieniędzy pochodzących z nielegalnych źródeł, in: *Bojarski T./ Skrętowicz* (Hrsg.), S. 48; *Jasiński*, Pranie, S. 29; *Maruszewska*, Pranie „brudnych" pieniędzy, ustawodawstwo europejskie a polskie inicjatywy, in: *Mik* (Hrsg.), Europeizacja, S. 383; *Pracki*, Przestępstwa gospodarcze, S. 154 f.; *Prengel*, Środki, S. 319 ff.; *Szmaj*, Prawo Bankowe 2/1999, S. 91; *Weigend E./Zielińska*, Osteuropa Recht 2001, S. 281; *Wyrzykowska*, Prok. i Pr. 11-12/1999, S. 98.

591 Vgl. *Garbarczyk*, Przestępczość, S. 143; *Górniok*, Zmiany, S. 129; *Jasiński*, Pranie, S. 28 ff.; *Pracki*, Przestępstwa gospodarcze, S. 152; *Szmaj*, Prawo Bankowe 2/1999, S. 91; *Wyrzykowska*, Prok. i Pr. 11-12/1999, S. 97 f.

592 Vgl. *Garbarczyk*, Przestępczość, S. 144; *Górniok*, Przestępstwa gospodarcze. Komentarz, S. 48; *dies.*, Zmiany, S. 129; *Jasiński*, Pranie, S. 28; *Maruszewska*, Pranie „brudnych" pieniędzy, ustawodawstwo europejskie a polskie inicjatywy, in: *Mik* (Hrsg.), Europeizacja, S. 383; *Pracki*, Przestępstwa gospodarcze, S. 155; *Szmaj*, Prawo Bankowe 2/1999, S. 91.

wegen Geldwäsche auch derjenige zu bestrafen war, der die aufgeführten Vortaten selbst begangen hat, sieht die neue Bestimmung vor, dass die Vortat durch andere Personen[593] als die Person des Geldwäschers begangen worden sein muss (§ 1)[594].

Ein weiterer Unterschied ist die Aufhebung der Fassung dieser Straftat als einer Straftat mit überschießender Innentendenz. Somit wird nicht mehr vorausgesetzt, dass der Täter zum Zweck der Einführung „schmutziger" Gelder in den legalen Wirtschaftsverkehr handelt; das Handeln mit Eventualvorsatz reicht vielmehr aus. Die illegale Herkunft der Geldmittel muss jedoch dem Täter bewusst sein[595].

Nach § 2 ist der Täter eine in einer Bank- oder Finanz- oder Kreditinstitution angestellte Person, welche bei der Ausführung ihrer Zuständigkeiten den Geldwäschevorgang unterstützt, wobei die Strafandrohung für einen Bankangestellten oder Mitarbeiter eines Finanz- oder Kreditinstituts der Strafandrohung für den Täter aus § 1 angeglichen wurde. Der Grund für diese Neuregelung besteht darin, dass der Gesetzgeber den strafrechtlichen Schutz der Finanzdienstleistungen für sehr bedeutsam hält[596].

Gemäß § 3[597] handelt tatbestandsmäßig, wer es pflichtwidrig unterlässt, die zuständige Behörde unverzüglich über die Durchführung einer finanziellen Operation, die den begründeten Verdacht der Geldwäsche erweckt,

---

593 In der ursprünglichen Fassung dieser Vorschrift wurde die Formulierung „durch andere Personen" verwendet, was eindeutig darauf hingewiesen hat, dass es sich bei der Begehung der Vortat um die Tat von mindestens zwei Tätern handeln musste. Die Regelung wurde jedoch mit dem *Gesetz über die Verhinderung der Einführung der aus illegalen oder nicht ermittelbaren Quellen stammenden Vermögenswerte in den Finanzverkehr und der Finanzierung des Terrorismus* vom 16.11.2000, Dz. U. (*Gesetzblatt*) 2000, Nr. 116, Pos. 1216 (Art. 43) umgestaltet, indem auf diese Einschränkung verzichtet wurde, vgl. näher Kapitel 3 § 3 Punkt IV. 3. der vorliegenden Untersuchung.

594 Die Änderung bedeutete z. B., dass ein Drogenhändler nur wegen Drogenhandel, nicht jedoch wegen des Waschens des aus diesem Handel erworbenen Erlöses zu bestrafen ist. Diese Einschränkung wurde jedoch bei weiteren Änderungen dieser Norm aufgehoben; darunter auch in der heutigen Fassung des Art. 299 KK. Näher zu der ursprünglichen Fassung *Jaskolski*, Wirtschaftsstrafrecht, S. 376 f.

595 Vgl. *Górniok*, Zmiany, S. 129; *Pracki*, Przestępstwa gospodarcze, S. 153; *Szmaj*, Prawo Bankowe 2/1999, S. 90 f.; *Wyrzykowska*, Prok. i Pr. 11-12/1999, S. 98.

596 Vgl. *Wyrzykowska*, Prok. i Pr. 11-12/1999, S. 99. Kritisch zur geltenden Fassung dieser Regelung siehe *Bojarski J.*, Przepisy polskiego prawa karnego dotyczące odpowiedzialności pracowników instytucji finansowych za pranie pieniędzy, in: *Adamski* (Hrsg.), S. 340 ff.

597 Die Formulierung dieser Vorschrift wird von manchen Autoren als fehlerhaft bezeichnet, insbesondere im Hinblick auf die Beschreibung der mit finanziellen Operationen verbundenen Merkmale, vgl. *Maruszewska*, Pranie „brudnych" pieniędzy, ustawodawstwo europejskie a polskie inicjatywy, in: *Mik* (Hrsg.), Europeizacja, S. 384.

zu benachrichtigen. Inhalt der aus dieser Regulierung resultierenden Verpflichtung ist es, die Finanzinstitutionen über finanzielle Operationen zu informieren, die einen begründeten Verdacht erwecken, dass es sich bei der Herkunftsquelle um eine kriminelle Tätigkeit handelt.

In § 4 dagegen besteht das Verhalten des Täters darin, dass er es pflichtwidrig unterlässt, eine präventive Aufsicht gegen die Geldwäsche zu organisieren[598]. Der Zweck dieser beiden in dieser Fassung des KK erstmalig auftauchenden Regelungen ist die Sicherung der Beachtung der finanzrechtlichen Normen, die die Finanz- und Kreditinstitute zur Zusammenarbeit auf dem Gebiet der Verhinderung der Geldwäsche verpflichten[599]. Demzufolge weisen sie den Charakter eines Amtsdeliktes auf[600]. Die Vorschrift sieht ferner auch qualifizierte Formen der Geldwäsche vor, indem die Begehung der Straftat nach Verabredung mit anderen Personen (§ 5) oder bei Erlangung eines bedeutenden Vermögensvorteils[601] (§ 6) mit einer strengeren Strafe bedroht ist.

Laut § 7 des Art. 299 KK ist das Gericht bei der Verurteilung wegen Straftaten im Sinne der §§ 1 bis 4 verpflichtet, den Verfall von unmittelbar oder mittelbar aus einer Straftat stammenden Gegenständen anzuordnen; selbst dann, wenn diese Gegenstände nicht im Eigentum des Täters stehen, was den Erfordernissen der Straßburger Konvention von 1990 im Hinblick auf die Sanktion des Sachverfalls entspricht.

Ähnlich wie in der deutschen Regelung ist in § 8 die Befreiung von der Bestrafung vorgesehen, falls der Täter dem für die Strafverfolgung zuständigen Organ Angaben über die an der Begehung der Straftat beteiligten Personen und über die Umstände ihrer Begehung macht und wenn dadurch die Begehung einer anderen Straftat verhindert wurde. Hat sich der Täter nur bemüht, solche Informationen zu geben, wendet das Gericht die au-

---

598 Vgl. *Górniok*, Straftaten gegen den Wirtschaftsverkehr, in: *Wolf* (Hrsg.), S. 516; *dies.*, Zmiany, S. 133; *Jasiński*, Pranie, S. 44 f.

599 Vgl. *Górniok*, Przestępstwa gospodarcze. Komentarz, S. 51; *Jasiński*, Pranie, S. 40; *Wójcik*, Przeciwdziałanie, S. 181 f.; *ders.*, Pranie, S. 195; *Wyrzykowska*, Prok. i Pr. 11-12/1999, S. 99; *Zakrzewski*, MP 12/1997, S. 486.

600 Vgl. *Zakrzewski*, MP 12/1997, S. 487.

601 Die Beurteilung der Bedeutung dieses Merkmals ist in der polnischen Literatur heftig umstritten, vgl. näher *Bojarski J.*, Przestępstwa gospodarcze, S. 117 f.; *Górniok*, Zmiany, S. 134; *Hajduk*, Nowe ujęcie przepisów Art. 299 K.K. penalizującego wprowadzanie do obrotu pieniędzy pochodzących z nielegalnych źródeł, in: *Bojarski T./Skrętowicz* (Hrsg.), S. 50 f.; *Jasiński*, Pranie, S. 48; *Kaucz/Myrna*, Zakres penalizacji prania brudnych pieniędzy w Polsce, in: *Bogunia* (Hrsg.), S. 25; *Marek*, Komentarz do KK, Art. 299, S. 614; *Pracki*, Przestępstwa gospodarcze, S. 158.

ßerordentliche Strafmilderung an[602]. In diesem Zusammenhang erscheint es jedoch nicht eindeutig, worauf sich die Formulierung „eine andere Straftat" bezieht. Während einige Autoren annehmen, dass es sich hier nur um eine Straftat handelt, aus der die „schmutzigen" Gelder herrühren[603], wird von anderen die Ansicht vertreten, dass durch diese Bezeichnung auch die Vortaten der Geldwäsche erfasst werden[604].

Zusammenfassend lässt sich feststellen, dass durch die deutlichere Fassung des Geldwäschetatbestands in Art. 299 KK die bis dahin existierende Lücke geschlossen sowie die Bekämpfung der organisierten Kriminalität verbessert wurden. Darüber hinaus ist diese Norm als ein weiterer Schritt auf dem Wege der Erfüllung des Art. 85 des Assoziierungsvertrages[605] einzustufen und sollte das polnische Recht in Übereinstimmung mit internationalen Verträgen bringen[606]. Bedauerlich ist jedoch die Nichteinführung der Möglichkeit der Einziehung von Erträgen, wie sie mit der durch Polen nicht ratifizierten Konvention des Rates Nr. 141 über das Waschen, das Aufspüren, die Beschlagnahme und die Einziehung von Erträgen aus Straftaten von 1990 gefordert wurde[607].

Darüber hinaus erscheint einerseits die umstrittene Interpretation des beispielsweisen Katalogs der Vortaten, andererseits die Nichtbestrafung der Leichtfertigkeit bei der Geldwäsche bedenklich[608].

---

602 Diese Regelung stellt, ähnlich wie § 4 des *Gesetzes über den Schutz des Wirtschaftsverkehrs und die Änderung einiger Vorschriften des Strafrechts von 1994*, eine Art der Kronzeugenregelung dar.

603 Vgl. *Wróbel*, in: *Zoll* (Hrsg.), S. 361.

604 Vgl. *Hajduk*, Nowe ujęcie przepisów Art. 299 K.K. penalizującego wprowadzanie do obrotu pieniędzy pochodzących z nielegalnych źródeł, in: *Bojarski T./Skrętowicz* (Hrsg.), S. 51; *Jasiński*, Pranie, S. 50 f.

605 Vgl. Fn. 509.

606 Vgl. *Górniok*, Przestępstwa gospodarcze. Komentarz, S. 47; *Jasiński*, Pranie, S. 30 f.; *Niemierka/Smykla*, Przeciwdziałanie, S. 85; *Weigend E./Wróbel*, ZStW 108 (1996), S. 418 f.

607 Vgl. Kapitel 3 § 2 Punkt I. 4. B. der vorliegenden Untersuchung.

608 Vgl. *Górniok*, Straftaten gegen den Wirtschaftsverkehr, in: *Wolf* (Hrsg.), S. 516; *Hajduk*, Nowe ujęcie przepisów Art. 299 K.K. penalizującego wprowadzanie do obrotu pieniędzy pochodzących z nielegalnych źródeł, in: *Bojarski T./Skrętowicz* (Hrsg.), S. 52; *Prengel*, Środki, S. 341 ff.

3. Das Gesetz über die Verhinderung der Einführung der aus illegalen oder nicht ermittelbaren Quellen stammenden Vermögenswerte in den Finanzverkehr und der Finanzierung des Terrorismus von 2000

Zu den neuesten Initiativen auf dem Gebiet der Geldwäschebekämpfung, die die heute geltende Fassung der Vorschriften in diesem Bereich sowie des Art. 299 KK enthält, gehört das *Gesetz über die Verhinderung der Einführung der aus illegalen oder nicht ermittelbaren Quellen stammenden Vermögenswerte in den Finanzverkehr und der Finanzierung des Terrorismus von 2000*[609]. Mit diesem Gesetz soll die Umsetzung der Regelungen der Geldwäscherichtlinie von 1991 sowie der Bestimmungen der Wiener Konvention von 1988 und der Straßburger Konvention von 1990[610] realisiert werden.

Den vorrangigen Zweck dieses Regelungswerks bildet, neben den in dem Titel dieses Gesetzes aufgeführten Zielen, die Bestimmung der Verpflichtungen der sich am Finanzverkehr beteiligenden Institutionen, für welche der Begriff der sog. verpflichteten Institutionen[611] eingeführt wurde, und zwar im Bereich der Sammlung und Übermittlung von Informationen (Art. 1).

Ferner wurde mit diesem Gesetz ein neues Staatsorgan geschaffen; der *Generalinspekteur der Finanzinformation*[612] (Art. 3 Abs. 1). Zu seinen Aufgaben gehören u. a. die Untersuchung der Durchführung von geldwäscheverdächtigen Transaktionen, die Durchführung des Verfahrens, das den Transaktionsabbruch oder die Kontensperrung bezweckt, die Übermittlung entsprechender Informationen an die verpflichteten Institutionen über Personen und Institutionen, bei denen ein begründeter Verdacht vorliegt, dass die von ihnen ausgeführten Tätigkeiten in einem Zusammenhang mit Terroranschlägen stehen können, die Bearbeitung und Übermittlung entsprechender, einen Verdacht der Begehung einer Straftat begründender Dokumente an zuständige Strafverfolgungsorgane sowie die Anregung und die Aufnahme anderer Verhinderungstätigkeiten im Bereich der Ausnutzung des polnischen Finanzverkehrs zum Zwecke der Legalisierung der aus illegalen oder nicht ermittelbaren Quellen stammenden Vermögenswerte, insbesondere der Schulung des zuständigen Personals auf diesem Gebiet sowie die Zusammenarbeit mit ausländischen Institutionen, welche im Bereich der Verhinderung der

---

609 Vgl. Fn. 5

610 Vgl. *Wąsowski*, Pranie, S. 63 f.; *Wojciechowska*, Nowe regulacje prawne wspierające zwalczanie i zapobieganie praniu pieniędzy, in: Kubicki – FS, S. 476 f.; *Wójcik*, Gazeta Sądowa 1/2001, S. 57.

611 Zur Definition einer verpflichteten Institution siehe Art. 2 Abs. 1 des *Gesetzes von 2000*.

612 In der polnischen Orginalfassung: *Generalny Inspektor Informacji Finansowej*.

Einführung der aus illegalen oder nicht ermittelbaren Quellen stammenden Vermögenswerte in den Finanzverkehr und der Finanzierung des Terrorismus tätig sind (Art. 4). Die Rolle des *Generalinspekteurs*, der als eine polnische Behörde zur Entgegennahme von Finanzinformationen zum Zwecke der Geldwäschebekämpfung im Sinne von *Financial Intelligence Units* (FIUs) einzustufen ist, besteht somit in der Analyse der erlangten Informationen, ihrer Überprüfung sowie ihrer Aufbereitung für die Übermittlung an die zuständige Strafverfolgungsbehörde[613].

Den sog. verpflichteten Institutionen wurde eine Reihe von Verpflichtungen auferlegt. Art. 8 Abs. 1 dieses Gesetzes enthält eine an sie gerichtete Verpflichtung zur Registrierung ihrer Kunden, die ein Geschäft, dessen Wert 15.000 Euro übersteigt, durchführen, wobei sowohl eine Transaktion, als auch mehrere Transaktionen, zwischen denen ein erkennbarer Zusammenhang besteht, erfasst werden[614]. Zu erwähnen ist allerdings, dass die Vermittlung im Immobilienverkehr und im Umlauf der elektronischen Zahlungsmittel sowie die Tätigkeiten von Rechtsanwälten, Rechtsberatern, ausländischen Juristen, Wirtschaftsprüfern und Steuerberatern außer Betracht bleiben.

Der Registrierungspflicht unterliegen auch alle Transaktionen, deren Umstände darauf hinweisen, dass die Vermögenswerte aus illegalen oder nicht ermittelbaren Quellen stammen können, ohne Rücksicht auf den Wert dieser Transaktionen und ihren Charakter (Art. 8 Abs. 3). Die entsprechenden Register dieser Geschäfte sollen fünf Jahre aufbewahrt und auf Verlangen des *Generalinspekteurs* ihm jederzeit vorgelegt werden (Art. 8 Abs. 4, Art. 11 Abs. 1, Art. 13a).

Das Gesetz schafft weiterhin eine gesetzliche Grundlage für die Kundenidentifizierung (Art. 9) sowie für die Möglichkeit der Verzögerung einer verdächtigen Transaktion und der Sperrung einer Rechnung bei einem begründeten Geldwäscheverdacht (Art. 16-20c).

Überdies wurde das Bankgeheimnis, das eine wesentliche Grundlage der Beziehungen zwischen einer Bank und ihren Kunden bildet, erheblich ein-

[613] Vgl. *Buczkowski/Wojtaszek*, Pranie pieniędzy, S. 197 f.; *Hajduk*, Nowe ujęcie przepisów Art. 299 K.K. penalizującego wprowadzanie do obrotu pieniędzy pochodzących z nielegalnych źródeł, in: *Bojarski T./Skrętowicz* (Hrsg.), S. 55; *Jasiński*, PUG 4/2002, S. 4; *Kaucz/Myrna*, Zakres penalizacji prania brudnych pieniędzy w Polsce, in: *Bogunia* (Hrsg.), S. 28 f.; *Klimek*, Jurysta 11-12/2002, S. 26; *Kolasiński*, Prokurator 1/2002, S. 74; *Niemierka/Smykla*, Przeciwdziałanie, S. 100 ff.; *Sawicki*, Prokurator, 2/2006, S. 68; *Wilk*, Radca Prawny 2/2002, S. 69 f.

[614] Vgl. z. B. *Kunicka-Michalska*, Pranie, S. 53; *Niemierka/Smykla*, Przeciwdziałanie, S. 107 f.

geschränkt, indem einem breiten Kreis von sog. verpflichteten Institutionen die Befugnis zum Einholen von Informationen vom *Generalinspekteur* zugewiesen wurde (Art. 29, 33)[615].

Die Nichtbeachtung der in diesem Regelungswerk genannten Verpflichtungen durch die Finanzinstitutionen kann strafrechtlich geahndet werden (Art. 35-37a). Kernstück dieser strafrechtlichen Regelungen bildet der Schutz des bereits existierenden Systems der Verhinderung der Geldwäsche[616]. Hervorgehoben wird jedoch, dass die durch diese Regelungen bestimmten Strafen viel niedriger sind als diejenigen im Art. 299 § 2 KK. Da die Strafe aufgrund einer strengeren Vorschrift zu verhängen ist, erscheint Art. 35 des Gesetzes unentbehrlich[617].

Von erheblicher Bedeutung im Hinblick auf die strafrechtliche Erfassung der Problematik der Geldwäschebekämpfung erscheint weiterhin Art. 43 des Gesetzes, der einige Änderungen der Vorschrift des Art. 299 §§ 1, 2 und 7 KK einführt. Diese Neuregelung lässt sich mit den erheblichen Schwierigkeiten bezüglich der praktischen Wahrnehmung dieser Norm durch die Strafverfolgungsorgane erklären[618]. In § 1 des Art. 299 KK wurde der beispielsweise Katalog der Vortaten, die die Grundlage für eine Geldwäsche bilden, ganz aufgehoben. Verzichtet wurde auf die bisherige Aufzählung der unter diese Norm fallenden Straftaten. Somit erfasst die neue Fassung dieser Vorschrift jede verbotene Tat, infolge deren ein Vermögensvorteil erlangt wurde. Damit wird eine erhebliche Erweiterung der Kriminalisierung der Geldwäsche zum Ausdruck gebracht. Eine weitere Änderung im Rahmen dieser Vorschrift bildet der Verzicht auf die Beschränkung hinsichtlich der Erfassung der Person des Täters. Indem die bisherige Voraussetzung der Begehung einer Vortat durch andere Personen als die Person des Geldwäschers aufgehoben wurde, ist nach der neuen Rechtslage wegen Geldwäsche auch derjenige zu bestrafen, der die Vortat selbst begangen hat. Da dieses Phänomen häufig im engen Zusammenhang mit der organisierten Kriminalität steht, ist diese Änderung im Hinblick auf die Möglichkeit der Bestrafung der die Ausführung dieser Straftat leitenden Personen und somit der Aufdeckung der komplizierten Geldwäschestrukturen besonders begrüßenswert[619].

---

615 Näher zur Problematik der Offenbarung des Bankgeheimnisses siehe *Sawicki*, Prokurator, 2/2006, S. 75 ff.

616 Vgl. *Kolasiński*, Prokurator 1/2002, S. 77 f.; *Kunicka-Michalska*, Pranie, S. 54 ff.; *Wojciechowska*, Nowe regulacje prawne wspierające zwalczanie i zapobieganie praniu pieniędzy, in: Kubicki – FS, S. 482 f.; *Zawłocki*, MP 9/2004, S. 402 ff.

617 Vgl. *Bojarski J.*, Przepisy polskiego prawa karnego dotyczące odpowiedzialności pracowników instytucji finansowych za pranie pieniędzy, in: *Adamski* (Hrsg.), S. 353 ff.

618 Vgl. *Wójcik*, Przeciwdziałanie, S. 182; *ders.*, Pranie, S. 196.

619 Vgl. *Buczkowski/Wojtaszek*, Pranie, S. 195; *Hajduk*, Nowe ujęcie przepisów

Die Novellierung des § 2 des Art. 299 KK betrifft die Erweiterung des Täterkreises, indem nicht nur Bankangestellte oder Mitarbeiter eines Finanz- oder Kreditinstituts, sondern auch andere Institutionen, die nach dem geltenden Recht zur Registrierung von Transaktionen und den sie ausführenden Personen verpflichtet sind, erfasst werden. Mit der Ausdehnung des verpflichteten Personenkreises auf neue Berufsgruppen wird die Vereitelung der Verwendung des Personals der sog. verpflichteten Institutionen zum Zwecke der Mitwirkung an der Geldwäscheausführung angestrebt[620].

Die wichtigste Änderung betrifft den § 7 des Art. 299 KK. Infolge der Novellierung wurde der Anwendungsbereich dieser Vorschrift auf die aus der Straftat herrührenden Vorteile oder ihren Gegenwert ausgedehnt; selbst dann, wenn diese nicht im Eigentum des Täters stehen. Der in dieser Norm vorgesehene Verfall wird jedoch im Ganzen oder teilweise dann nicht angeordnet, wenn der Gegenstand, der Vorteil oder der Gegenwert des Vorteils dem Benachteiligten oder einer anderen Person zurückgegeben wird.

Trotz aller Kritik[621] bezüglich der Effektivität des Regelungswerkes ist hervorzuheben, dass die Änderungen folgerichtig zur Schaffung eines mit europäischen Standards im Einklang stehenden Systems führen, mit Hilfe dessen die Bekämpfung nicht nur des Phänomens der Geldwäsche, sondern auch der organisierten Kriminalität möglich wird.

Durch die präventiv ausgerichteten Neuregelungen werden alle Finanzinstitutionen erfasst, deren Tätigkeitsbereich dazu geeignet ist, die tatsächlichen Quellen der sich in ihrem Besitz befindenden Geldmittel zu verschleiern[622]. Erhebliche Nachteile bilden jedoch das Fehlen einer neuen Fassung der Definition der Geldwäsche, der zu breit gefasste Aufgabenbereich des

---

Art. 299 K.K. penalizującego wprowadzanie do obrotu pieniędzy pochodzących z nielegalnych źródeł, in: *Bojarski T./Skrętowicz* (Hrsg.), S. 53, 57; *Marek*, Komentarz do KK, Art. 299, S. 611.

[620] Vgl. *Buczkowski/Wojtaszek*, Pranie, S. 195; *Hajduk*, Nowe ujęcie przepisów Art. 299 K.K. penalizującego wprowadzanie do obrotu pieniędzy pochodzących z nielegalnych źródeł, in: *Bojarski T./Skrętowicz* (Hrsg.), S. 57; *Wojciechowska*, Nowe regulacje prawne wspierające zwalczanie i zapobieganie praniu pieniędzy, in: Kubicki – FS, S. 484. Kritisch dazu *Bojarski J.*, Przepisy polskiego prawa karnego dotyczące odpowiedzialności pracowników instytucji finansowych za pranie pieniędzy, in: *Adamski* (Hrsg.), S. 342 ff.

[621] Vgl. *Jasiński*, PUG 4/2002, S. 5; *Klimek* Jurysta 11-12/2002, S. 26 f.; *Kunicka-Michalska*, Pranie, S. 57 ff.; *Wojciechowska*, Nowe regulacje prawne wspierające zwalczanie i zapobieganie praniu pieniędzy, in: Kubicki – FS, S. 485; *Wąsowski*, Pranie, S. 67 f.; *Wójcik*, Gazeta Sądowa 1/2001, S. 57 f.

[622] So *Weigend E./Zielińska*, Osteuropa Recht 2001, S. 282. Vgl. ferner *Kunicka-Michalska*, Pranie, S. 52, 54; *Niemierka/Smykla*, Przeciwdziałanie, S. 98 ff.

Generalinspekteurs der Finanzinformation sowie, im Hinblick auf die Beeinträchtigung des Bankgeheimnisses und des damit verbundenen Eigentumsrechts, das System der Registrierung der Transaktionen.

Die Analyse der polnischen Vorschriften im Bereich der Verhinderung und Bekämpfung der Geldwäsche zeigt ihre ständige Weiterentwicklung[623], wobei drei Gruppen der geltenden Regulierungen zu unterscheiden sind[624]. Die erste Gruppe bilden die Normen, die auf die Kundenidentifizierung, die Registrierung von Transaktionen sowie auf die Aufbewahrung von Dokumenten und Beweismitteln gerichtet sind. Zur zweiten Gruppe gehören dagegen die Vorschriften, die die Zusammenarbeit der Finanzinstitutionen und der Strafverfolgungsbehörden zum Inhalt haben[625]. Weiterhin sind strafrechtliche Regelungen sowie Regelungen hinsichtlich der Sicherstellung von Befugnissen der Strafverfolgungsbehörden zu nennen. Die letzte Gruppe umfasst die strafrechtlichen Maßnahmen der Übernahme der Vermögensvorteile, die aus der Straftat der Geldwäsche erlangt wurden, im Wege eines Verfalls oder einer Beschlagnahme durch den Staat.

Es wird jedoch eingewandt, dass die polnischen Regelungen eher in der Phase ihrer Schaffung und ihres Inkrafttretens große Hoffnung geweckt haben; die Realität falsifiziert jedoch nicht selten ihre praktische Brauchbarkeit für die Bekämpfung und Verhinderung des Phänomens der Geldwäsche[626]. Mithin besteht ein dringender Bedarf an einer gesetzlichen Erweiterung des Anwendungsbereiches des polnischen Strafgesetzbuches sowie einzelner Vorschriften im Bereich des Bank- und Finanzrechts. In diesem Zusammenhang erscheint die bisher mangelnde Berücksichtigung der engen Verbindung zwischen der organisierten Kriminalität und dem Phänomen der Geldwäsche, wodurch die Effektivität der zur Verfügung stehenden rechtlichen Maßnahmen erheblich beeinträchtigt wird, besonders bemerkenswert. Weitere Änderungen auf diesem Gebiet sind somit unentbehrlich. Gemeint ist in erster Linie die Schaffung innerstaatlicher Vorschriften, die in Anbetracht der wachsenden Gefährdung durch den Terrorismus und der ständigen Entwicklung neuer Methoden und Techniken der Geldwäsche mit den neusten internationalen Initiativen auf diesem Gebiet, insbesondere mit den im

---

[623] Vgl. *Hajduk*, Nowe ujęcie przepisów Art. 299 K.K. penalizującego wprowadzanie do obrotu pieniędzy pochodzących z nielegalnych źródeł, in: *Bojarski T./Skrętowicz* (Hrsg.), S. 56; *Jasiński*, PUG 4/2002, S. 12; *Weigend E./Zielińska*, Osteuropa Recht 2001, S. 287.

[624] Vgl. *Jasiński*, PUG 4/2002, S. 11 f.

[625] Vgl. z. B. § 5 *der Verordnung des Präsidenten der Polnischen Nationalbank Nr. 16/92*; Art. 106 Abs. 3 des *Gesetzes über das Bankrecht von 1997*.

[626] Vgl. *Wójcik*, Przeciwdziałanie, S. 185; *Zakrzewski/Jasiński*, RPEiS 1/1995, S. 40 ff.

Zeitraum 2002-2003 erheblich überarbeiteten FAFT-Empfehlungen sowie mit der weiteren Novellierung der Geldwäscherichtlinie von 1991 in Einklang stehen sollten. Die Geldwäscheänderungsrichtlinie von 2001 wurde jedoch erst mit der letzten Änderung des *Gesetzes über die Verhinderung der Einführung der aus illegalen oder nicht ermittelbaren Quellen stammenden Vermögenswerte in den Finanzverkehr und der Finanzierung des Terrorismus* im Jahre 2004 in nationales Recht umgesetzt. Der Grund für diese Verzögerung seitens des polnischen Gesetzgebers und infolge dessen für die mangelnde Effektivität der polnischen gesetzlichen Maßnahmen zur Verhinderung und Bekämpfung der Geldwäsche ist nicht nur darin zu sehen, dass die Geldwäsche eine relativ neue Erscheinungsform sozialwidrigen Verhaltens darstellt und erst seit 1997 strafrechtlich geahndet wird, sondern auch in dem bisherigen Fehlen der Verpflichtung des polnischen Gesetzgebers, solche Verhaltensweisen unter Strafe zu stellen. Die Auferlegung einer solchen Verpflichtung trat jedoch mit dem Eintritt Polens in die EU im Mai 2004 in Kraft; einerseits in Form der Verpflichtung zur Umsetzung der gemeinschaftlichen Rechtsakte in das nationale Recht, andererseits als eine Verpflichtung zur Zusammenarbeit und der Mitwirkung an der Schaffung grenzüberschreitender Maßnahmen zur Verhinderung der Geldwäsche. Darauf, ob diese Verpflichtungen als erfüllt anzusehen sind, wird noch im Einzelnen im *Kapitel 4* einzugehen sein.

§ 4. Maßnahmen im deutschen Recht

Trotz lebhafter Diskussionen über das Phänomen der Geldwäsche auf der internationalen Ebene sowie der Behandlung dieses Themas durch internationale Vereinbarungen blieb es in Deutschland längere Zeit um das Thema still[627]. Wegen der Furcht vor der Macht rechtswidrig erlangten akkumulierten Kapitals sowie wegen der Chance des direkten Zugriffs auf Hintermänner kam aber in letzter Zeit das Gesetzgebungsverfahren in Gang, indem eine Reihe von Regelungen in das deutsche Recht eingeführt wurde, die einerseits der Bekämpfung und der Verhinderung des Phänomens der Geldwäsche sowie der Verbesserung der Gewinnabschöpfung[628], andererseits aber der Umsetzung der internationalen Vorgaben dienen sollen.

---

[627] Vgl. *Arzt*, NStZ 1990, S. 1 f.; *Hausner-Gerharter*, ÖBA 1993, S. 473; *Höreth*, Bekämpfung, S. 48; *Spiske*, Pecunia olet?, S. 39.

[628] Vgl. §§ 73 ff. StGB, die zwar nicht primär zur Bekämpfung der Geldwäsche geschaffen wurden, aber gleichwohl als ein geeignetes Instrument dienen, um die aus Straftaten herrührenden Vermögenswerte dem Täter zu entziehen, vgl. dazu etwa *Spreizer*, Die Bekämpfung der Geldwäsche vor dem Hintergrund der dritten EU-Richtlinie zur Geldwäschebekämpfung, VuR 2006, S. 9 ff.

Um die gesetzlichen Abwehrmaßnahmen im Kampf gegen die Geldwäsche wirksam einzurichten, erschien es sogar notwendig, in die Privatsphäre des einzelnen Bürgers einzugreifen[629]. Diese Notwendigkeit zur Einführung eines Straftatbestandes gegen die Geldwäsche entstand einerseits infolge verschiedener Initiativen anderer Staaten auf diesem Gebiet[630]; andererseits, weil die bis dahin existierenden Normen des deutschen Strafgesetzbuches keine ausreichende Rechtsgrundlage für den Kampf gegen dieses Phänomen enthielten[631].

I. Das Gesetz zur Bekämpfung des illegalen Rauschgifthandels und anderer Erscheinungsformen der organisierten Kriminalität von 1992

Da das Gewinnstreben als eine Triebfeder und zugleich als eine Existenzgrundlage der organisierten Kriminalität zu betrachten ist und der illegale Rauschgifthandel eines von deren Hauptbetätigungsfeldern darstellt, wurde die Entziehung der finanziellen Grundlagen und damit des Betriebskapitals zum zentralen Thema im Kampf gegen dieses Phänomen und somit auch gegen die Geldwäsche[632]. Als erste Initiative in diesem Kampf ist die Einsetzung der Arbeitsgruppe „Waschen von Gewinnen aus illegalem Betäubungsmittelhandel – Abschöpfung der Gewinne aus Straftaten" durch den Beschluss der Bundesregierung im Jahre 1988 zu nennen. Durch die Arbeitsgruppe wurde eine Empfehlung ausgearbeitet, als deren Folge im Jahre 1989 der Geldwäschetatbestand in das Betäubungsmittelgesetz eingeführt wurde[633].

Als Ergebnis weiterer Anstrengungen wurde im Jahre 1992 das Gesetz zur Bekämpfung des illegalen Rauschgifthandels und anderer Erscheinungsformen der organisierten Kriminalität[634] erlassen. Motivation für dieses Regelungswerk bildete der bedrohliche Anstieg des illegalen Rauschgifthandels sowie die damit zusammenhängende Verbreitung der organisierten Kri-

---

[629] Vgl. *Carl/Klos*, ÖBA 1994, S. 710; *Pieth*, Kriminalistik 1994, S. 444.

[630] Als Vorreiter des systematischen Kampfes gegen die Geldwäsche sind die Vereinigten Staaten zu nennen, vgl. *Lang V./Schwarz/Kipp*, Regelungen, S. 151.

[631] Vgl. *Carl/Klos*, ÖBA 1994, S. 711; *Hetzer*, wistra 1993, S. 286.

[632] Vgl. *Hetzer*, NJW 1993, S. 3298; *Hoyer/Klos*, Regelungen, S. 177; *Höreth*, Bekämpfung, S. 50; *Kilchling*, Unrechtmäßige Gewinne und ihre Bekämpfung in Deutschland, in: *Militello/Arnold/Paoli* (Hrsg.), S. 241 ff.; *Remmers*, Die Entwicklung, S. 30; *Zachert*, Erfahrungen mit der Bekämpfung der Geldwäsche in Deutschland, in: *Sieber* (Hrsg.), S. 188 f.

[633] Vgl. § 29 I BtMG.

[634] Gesetz zur Bekämpfung des illegalen Rauschgifthandels und anderer Erscheinungsformen der Organisierten Kriminalität (OrgKG) vom 15.07.1992, BGBl. I 1992, S. 1302 ff.

minalität, die als Herausforderung für Staat und Gesellschaft bezeichnet wurde[635]. Der Zweck dieses Gesetzes liegt darin, durch die Schaffung neuer Regelungen das Abschöpfen von Gewinnen aus der organisierten Kriminalität zu ermöglichen und zu erleichtern, sowie durch strengere Strafandrohung und eine angemessene Bestrafung die Abschreckungswirkung zu verschärfen[636]. Mit dem Zugriff auf die Tatgewinne wird weiterhin die Möglichkeit geschaffen, den Tätern auch das Kapital entziehen zu können, das zur Begehung weiterer Straftaten dienen könnte. Kernstück dieses Gesetzes ist somit die Einführung bzw. der Ausbau einer entsprechenden Verbesserung der Geldwäschebekämpfung und der Gewinnabschöpfung dienender verfahrensrechtlicher Maßnahmen.

Im materiellen Strafrecht wurden die neue Rechtsfolge der Vermögensstrafe (§ 43a StGB[637]) und die Sonderregelung für den Verfall von Vermögensgegenständen im Bereich der organisierten Kriminalität (§ 73 d StGB) normiert sowie ein allgemeiner Straftatbestand (§ 261 StGB), der die Geldwäsche, also die Überführung illegaler Vermögensgegenstände aus dem illegalen in den legalen Wirtschaftsverkehr, als strafbare Handlung qualifiziert, in den Abschnitt „Begünstigung und Hehlerei“ des Strafgesetzbuches eingefügt[638]. Mit der Einführung der Vermögensstrafe wurde es den Gerichten ermöglicht, in besonders schweren Fällen der organisierten Kriminalität dem Täter den auf verbrecherische Weise erlangten Gewinn seiner Tat zu entziehen, indem neben einer lebenslangen oder zeitigen Strafe von mehr als zwei Jahren auf Zahlung eines Geldbetrages erkannt wird, wobei die Höhe des Geldbetrages nicht, wie bisher üblich, nach einem Tagessatzsystem berechnet wird, sondern durch den Wert des Vermögens des Täters begrenzt ist. Somit bezog sich die Vermögensstrafe nicht nur auf das illegal erworbene, sondern auch auf das legal erworbene Vermögen des Täters. Der Zweck dieser Norm lag also darin, den illegalen Finanzkreislauf zu durchbrechen und

---

[635] Vgl. *Carl/Klos*, ÖBA 1994, S. 710; *Hetzer*, wistra 1993, S. 288; *Höreth*, Bekämpfung, S. 50; *Spiske*, Pecunia olet?, S. 32 f., 42;

[636] Vgl. *Bottermann*, Untersuchung, S. 6; *Hetzer*, NJW 1993, S. 3298; *Hoyer/Klos*, Regelungen, S. 177; *Höreth*, Bekämpfung, S. 50 f.; *Remmers*, Die Entwicklung, S. 30 f.

[637] Zu erwähnen ist allerdings, dass diese Vorschrift vom Bundesverfassungsgericht als mit Art. 103 Abs. 3 GG unvereinbar und damit nichtig erklärt wurde, und zwar mit der Begründung, dass sie einen intensiven Grundrechtseingriff zulässt, vgl. dazu BVerfGE 105, 135 ff. Siehe auch Entscheidung des Bundesverfassungsgerichts vom 20.03.2003 – 2 BvR 794/95, BGBl. I 2002, S. 1340.

[638] Vgl. *Bottermann*, Untersuchung, S. 6; *Carl/Klos J*, ÖBA 1994, S. 710; *Findeisen*, wistra 1997, S. 121; *Häde*, EuZW 1991, S. 556; *Hausner-Gerharter*, ÖBA 1993, S. 473 f.; *Hoyer/Klos*, Regelungen, S. 177 f.; *Oswald*, Die Implementation, S. 46; *Schroeder*, Die Geldwäsche als Straftat gegen die Durchsetzung des Strafrechts, in: *Hirsch* (Hrsg.), S. 165; *Spiske*, Pecunia olet?, S. 39; *Remmers*, Die Entwicklung, S. 31 f.

die Ineffektivität des bisherigen Gewinnabschöpfungsrechts zu beseitigen[639]. Allerdings wurde die Regelung des § 43a StGB vom Bundesverfassungsgericht inzwischen wegen Verfassungswidrigkeit für nichtig erklärt und damit aufgehoben[640].

Die andere, den erweiterten Verfall einführende Maßnahme (§ 73d StGB) soll Lücken in der strafrechtlichen Gewinnabschöpfung schließen[641], indem die Vermögensgegenstände, deren rechtmäßiger Erwerb nicht festgestellt werden kann, bei denen aber die große Wahrscheinlichkeit besteht, dass sie aus einer Straftat herrühren, für verfallen erklärt werden können. Im Vordergrund steht hier die generalpräventive Wirkung, die dem Täter die Hoffnung nehmen soll, aus der Straftat Gewinn erzielen zu können[642].

Angesichts der fortschreitenden Professionalisierung der Täter wurde im Bereich des Strafverfahrensrechts den Strafverfolgungsbehörden die Möglichkeit eingeräumt, durch die Schaffung und Verbesserung der Ermittlungsmaßnahmen in den Kernbereich der kriminellen Organisationen vorzudringen und die Strukturen der organisierten Kriminalität zu erkennen und zu bekämpfen. Weiterhin wurde es auch ermöglicht, die Haupttäter und andere Tatbeteiligte zu überführen, indem gesetzliche Grundlagen für die Ermittlungsmaßnahmen der Rasterfahndung, d. h. des maschinellen Datenabgleichs zwischen Ermittlungsbehörden und nicht-öffentlichen Stellen, die zur Aufklärung der aufgezählten Straftaten führen könnten, sowie des Einsatzes akustischer und optischer Überwachungsgeräte und Regelungen über die polizeiliche Beobachtung geschaffen wurden[643]. Zugleich wurden die Regelungen hinsichtlich des Schutzes von Zeugen durch die Ermöglichung der Geheimhaltung der Identität und des Aufenthaltsorts eines gefährdeten Zeugen ausgebaut und verbessert.

Das vorrangige Ziel dieses Gesetzes liegt in der Bekämpfung der organisierten Kriminalität, allerdings nicht nur im Bereich des Rauschgifthandels, sondern auch auf anderen Gebieten, wie z. B. der Geldfälschung und der

---

639 Vgl. *Remmers*, Die Entwicklung, S. 31.

640 Vgl. Fn. 637.

641 Vgl. *Hoyer/Klos*, Regelungen, S. 178; *Kilchling*, Unrechtmäßige Gewinne und ihre Bekämpfung in Deutschland, in: *Militello/Arnold/Paoli* (Hrsg.), S. 251 f.; *Remmers*, Die Entwicklung, S. 37 ff. Siehe auch BGH NJW 1995, 470.

642 Vgl. *Hausner-Gerharter*, ÖBA 1993, S. 474; *Remmers*, Die Entwicklung, S. 38.

643 Vgl. *Hausner-Gerharter*, ÖBA 1993, S. 474; *Hoyer/Klos*, Regelungen, S. 178; *Höreth*, Bekämpfung, S. 50 f.; *Oswald*, Die Implementation, S. 46; *Remmers*, Die Entwicklung, S. 31, 44 f.

Prostitution[644]. Erwähnenswert ist jedoch, dass der Gesetzgeber den Begriff der organisierten Kriminalität nicht in das Gesetz aufgenommen hat; zwar taucht er in dessen Überschrift auf, wird jedoch sonst im Gesetzestext *expressis verbis* nicht genannt, was mit der Vermeidung einer möglichen Begrenzung des Anwendungsbereiches des § 261 StGB begründet wird[645]. Weitere Ziele des Gesetzes bestehen in der Aufspürung deliktisch erlangter Gewinne, der Entziehung illegalen Vermögens und der Bestrafung des Geldwäschers[646].

Der neu geschaffene Geldwäschestraftatbestand schließt folglich die bereits existierenden Strafbarkeitslücken, indem er nicht nur über die bisher vorgesehenen Gesetzesentwürfe hinausgeht, sondern zugleich die auf diesem Gebiet typischen Beweisschwierigkeiten berücksichtigt[647]. Zugleich wird mit diesen Bestimmungen die Geldwäsche als ein Vergehen eingestuft. Von Nachteil ist jedoch, dass das Gesetz insgesamt zu einseitig ist, da es nur den illegalen Drogenhandel, nicht aber den eigentlichen Drogenabhängigen erfasst[648].

II. Das Geldwäschegesetz von 1993

Dem Straftatbestand der Geldwäsche kommt jedoch nur dann volle Wirksamkeit zu, wenn auch die Maßnahmen im Bereich des Verfahrensrechts ausgebaut und verbessert werden, um die in den legalen Wirtschaftsverkehr einfließenden illegal erworbenen Gewinne effektiver entdecken und damit das Phänomen der Geldwäsche wirksamer bekämpfen zu können[649]. Diese Maßnahmen sollen in dem Geldwäschegesetz[650] ihre gesetzliche Grundlage finden, durch das der Straftatbestand der Geldwäsche ergänzt und vor allem für die Kreditwirtschaft und die Finanzinstitute sowie deren Kunden neue Pflichten und somit neue Funktionen geschaffen werden, die vorwiegend in

644 Vgl. *Hausner-Gerharter*, ÖBA 1993, S. 473; *Höreth*, Bekämpfung, S. 51 f.; *Remmers*, Die Entwicklung, S. 30. Kritisch dazu *Hund*, ZRP 1996, S. 163 ff.

645 Vgl. *Spiske*, Pecunia olet?, S. 32 ff.

646 Vgl. *Findeisen*, wistra 1997, S. 121.

647 Vgl. *Carl/Klos*, ÖBA 1994, S. 711.

648 Vgl. *Höreth*, Die Bekämpfung, S. 51; *Spiske*, Pecunia olet?, S. 39.

649 Vgl. *Höreth*, Die Bekämpfung, S. 52; *Pieth*, Kriminalistik 1994, S. 444.

650 Das Geldwäschegesetz (GwG) vom 25.10.1993, BGBl. I 1993, S. 1770 ff. Allerdings sollte es ursprünglich die aussagekräftigere Bezeichnung „Gewinnaufspürungsgesetz" tragen, siehe dazu *Hetzer*, wistra 1993, S. 290; *Höreth*, Die Bekämpfung, S. 53; *Lang V./Schwarz/Kipp*, Regelungen, S. 155 f.; *Remmers*, Die Entwicklung, S. 45 f.; *Siska*, Die Geldwäscherei, S. 203. Siehe auch Anhang Nr. 5.

der Zuweisung der Kompetenz zur Qualifizierung einer Finanztransaktion als Geldwäsche bestehen[651].

Ausgangspunkt für dieses Regelungswerk war die Feststellung, dass die zum Zwecke der Geldwäsche genutzten Finanzinstitute in vielen Fällen die wirkliche, d. h. die illegale Herkunft der von ihnen verwalteten Gelder erkennen können, was die Erschwerung der Geldwäsche und das Erkennen von Strukturen der organisierten Kriminalität erheblich vereinfachen kann[652]. Andererseits erscheint es jedoch bedenklich, dass mit diesem Gesetz den meistens kriminalistisch nicht ausgebildeten Mitarbeitern dieser Finanzinstitute die Möglichkeit eingeräumt wurde, auf Unterlagen zugreifen zu können, die Finanztransaktionen und die daran Beteiligten dokumentieren[653]. Es besteht nämlich die Gefahr nicht nur der falschen Qualifizierung von Finanztransaktionen, sondern auch einer problematischen Begrenzung der Geldwäsche auf bestimmte Vortaten oder die Unterscheidung zwischen der Geldwäsche und dem Schwarzgeld aus Steuerverstößen[654]. Überdies können entsprechende Vorgänge zu früh und übermäßig gemeldet werden, wodurch die Strafverfolgungsbehörden in große Verlegenheit geraten können[655]. Aus diesem Grunde ist diese Übertragung von Identifizierungs-, Aufzeichnungs-, Aufbewahrungs- und Anzeigepflichten, die bisher zur ausschließlichen Befugnis der Strafverfolgungsbehörden gehörten, und somit die Vorverlagerung der Strafverfolgung auf private Institutionen auf erhebliche Kritik gestoßen[656]. Das Geldwäschegesetz ist an die Institute und Unternehmen selbst, nicht jedoch direkt an deren Mitarbeiter gerichtet, was sich sowohl aus der Formulierung des § 2 Abs. 1 GwG als auch aus dem Wortlaut anderer in diesem Gesetz aufgeführten Pflichten ergibt[657]. Dies bedeutet, dass die aus dem Gesetz folgenden Verpflichtungen sich ausschließlich auf die dort explizit genannten Institute, nicht jedoch unmittelbar auf ihre Mitarbeiter, beziehen. Das Geldwäschegesetz stellt ferner kein Strafgesetz

---

651 Vgl. *Hauser-Gerharter*, ÖBA 1993, S. 474: *Plywaczewski*, PUG 12/1994, S. 23.

652 Vgl. *Hetzer*, wistra 1993, S. 290; *Werner*, Die Bekämpfung der Geldwäsche in Deutschland, in: *Kahlert* (Hrsg.), S. 90.

653 Vgl. *Hauser-Gerharter*, ÖBA 1993, S. 474; *Hetzer*, NJW 1993, S. 3300.

654 Vgl. *Carl/Klos*, ÖBA 1994, S. 715; *Werner*, Die Bekämpfung der Geldwäsche in Deutschland, in: *Kahlert* (Hrsg.), S. 91.

655 Vgl. *Pieth*, Kriminalistik 1994, S. 446.

656 Vgl. *Hauser-Gerharter*, ÖBA 1993, S. 473; *Pieth*, Kriminalistik 1994, S. 446; *Werner*, Die Bekämpfung der Geldwäsche in Deutschland, in: *Kahlert* (Hrsg.), S. 91 f.

657 Vgl. *Carl/Klos*, ÖBA 1994, S. 712; *Lang V./Schwarz/Kipp*, Regelungen, S. 291 f.; *Werner*, Die Bekämpfung der Geldwäsche in Deutschland, in: *Kahlert* (Hrsg.), S. 88.

dar; vielmehr ist es von seinem Regelungsgehalt dem Gewerberecht und damit dem Wirtschaftsverwaltungsrecht zuzuordnen[658].

Mit dem Inkrafttreten dieses Regelungswerkes soll zugleich die Umsetzung der erwähnten Geldwäscherichtlinie des Rates vom 10. Juni 1991 zur Verhinderung der Nutzung des Finanzsystems zum Zwecke der Geldwäsche im Bereich der Gewinnaufspürung in Deutschland erfolgen. Überdies ist es als eine Ergänzung der aus § 154 Abs. 2 AO[659] resultierenden Pflichten zur Feststellung der Identität von Verfügungsberechtigten bei der Eröffnung von Konten, Depots und bei der Vergabe von Schließfächern sowie zum Festhalten entsprechender Angaben in geeigneter Form anzusehen.

1. Identifizierungspflichten

Der Geldwäscherichtlinie von 1991 entsprechend wird den Mitgliedstaaten auferlegt, Identifizierungspflichten für Institute bei der Anknüpfung von Geschäftsbeziehungen einzuführen, insbesondere wenn sie ein Sparkonto oder ein anderes Konto eröffnen oder Vermögensverwahrungsleistungen anbieten.

Da das Geldwäschegesetz sich an die Wirtschaft im weitesten Sinne wendet[660], sind – entsprechend der ursprünglichen Fassung dieses Gesetzes – als „Institute" nicht nur Kredit- und Finanzinstitute sowie die Deutsche Bundespost[661] (§ 1 Abs. 4 GwG) zu verstehen, sondern auch sonstige Gewerbetreibende[662], Personen, die fremdes Vermögen entgeltlich verwalten[663], Spielbanken (§ 3 GwG) und ferner Versicherungsunternehmen (§ 4 GwG). Nur Privatpersonen werden keinen Pflichten unterworfen. Die Identifizierungspflichten sind jedoch je nach Normadressaten formuliert und nicht im gleichen Umfang erfasst.

§ 2 GwG benennt solche allgemeinen Identifizierungspflichten für die in § 1 Abs. 4 GwG definierten Institute. Laut § 2 Abs. 1 GwG hat ein Institut

658 Vgl. *Löwe-Krahl*, wistra 1994, S. 121; *Suendorf*, Geldwäsche, S. 276; *Werner*, Die Bekämpfung der Geldwäsche in Deutschland, in: *Kahlert* (Hrsg.), S. 88.

659 Abgabenordnung (AO) vom 16.03.1976, BGBl. I 1976, S. 613 ff. mit späteren Änderungen.

660 So *Werner*, Bekämpfung, S. 66.

661 Vgl. aber Kapitel 3 § 4 Punkt V. der vorliegenden Untersuchung.

662 Gewerbetreibende sind alle Personen, die eine erlaubte, private, auf Gewinnerzielung gerichtete und fortgesetzt ausgeübte Tätigkeit unternehmen, in der traditionell Barzahlungen häufig vorkommen, z. B.: Gebrauchtwagenhändler, Edelmetallhändler, Pfandleiher usw.

663 Darunter fallen z. B.: Rechtsanwälte, Notare, Wirtschaftsprüfer, Buchprüfer, Steuerberater, wenn diese für ihre Mandanten Konten führen.

im Sinne von § 1 Abs. 4 GwG bei der Annahme oder Abgabe von Bargeld, Wertpapieren im Sinne des § 1 Abs. 1 des Depotgesetzes oder Edelmetallen im Wert von 20.000 DM[664] oder mehr zuvor denjenigen anhand eines amtlichen Ausweises zu identifizieren, der ihm gegenüber auftritt. Gemeint sind die dem Institut gegenüber auftretenden Personen, d. h. diejenigen, die physisch im Zeitpunkt der Durchführung der Transaktion anwesend sind, wobei unter Annahme jede Form der physischen Gewahrsambegründung und unter Abgabe jede erkennbare Gewahrsamaufgabe zu verstehen ist[665]. Durch die Verweisung auf § 1 Abs. 1 des Depotgesetzes sind Identifizierungen bei Scheck- und Wechseleinrichtungen ausgenommen. Um die Umgehung der Identifizierungspflicht zu verhindern, ist diese Regelung auch bei der Stückelung des in dieser Vorschrift vorgesehenen Wertes in kleinere Beträge anwendbar, sofern tatsächliche Anhaltspunkte vorliegen, dass zwischen ihnen eine Verbindung besteht (sog. *smurfing*). Eine solche Situation liegt beispielsweise dann vor, wenn sich eine erkennbare Anzahl von Transaktionen innerhalb eines Zeitraumes durch ihre Gleichartigkeit im Hinblick auf den Geschäftsabschluss, den Geschäftsgegenstand oder die Geschäftsabwicklung auszeichnet[666]. Aus praktischer Sicht ist diese Vorschrift jedoch nicht handhabbar. Zum einen, weil sie nur auf die Besitzerlangung oder Verschaffung der beschriebenen Werte abstellt; zum anderen, weil sie ohne Beachtung lässt, ob bei einer Auszahlung oder Abhebung ein Kundenkonto eingeschaltet wird, dessen Inhaber ordnungsgemäß identifiziert wurde[667].

Überdies hat der deutsche Gesetzgeber mit dieser Regelung den Schwellenwert der Geldwäscherichtlinie von 1991 (15.000 ECU, d. h. ca. 30.000 DM) weit unterschritten, was jedoch keinen Verstoß gegen das Gemein-

---

[664] Dieser Wert wurde inzwischen auf 30.000 DM erhöht, vgl. Art. 3 Abs. 2 des Gesetzes zur Verbesserung der Bekämpfung der organisierten Kriminalität von 1998 (näher siehe Kapitel 3 § 4 Punkt VI. dieser Untersuchung). Allerdings wurde durch das Sechste Euro-Einführungsgesetz die Angabe „30.000 DM“ durch die Angabe „15.000 Euro“ ersetzt, vgl. Art. 22 Abs. 1 des Sechsten Euro-Einführungsgesetzes vom 03.12.2001, BGBl. I 2001, S. 3306 ff. Weitere Änderungen dieser Vorschrift – jedoch nicht in Bezug auf den vorgenannten Wert – sind im Geldwäschebekämpfungsgesetz von 2002 (näher siehe Kapitel 3 § 4 Punkt VII. dieser Untersuchung) sowie im Gesetz zur Modernisierung des Investmentwesens und zur Besteuerung von Investmentvermögen (Investmentmodernisierungsgesetz) vom 15.12.2003, BGBl. I 2003, S. 2676 ff. erfolgt.

[665] Vgl. *Körner/Dach*, Geldwäsche, S. 91; *Lang V./Schwarz/Kipp*, Regelungen, S. 377 f.; *Oswald*, Die Implementation, S. 93; *Suendorf*, Geldwäsche, S. 284 f.; *Werner*, Bekämpfung, S. 117.

[666] Vgl. *Löwe-Krahl*, wistra 1994, S. 122; *Hoyer/Klos*, Regelungen, S. 257 f.; *Oswald*, Die Implementation, S. 96.

[667] Vgl. *Löwe-Krahl*, wistra 1994, S. 122.

schaftsrecht darstellt, da durch diese Richtlinie auch schärfere Regelungen ermöglicht werden[668].

Darüber hinaus sind Gewerbetreibende, die in Ausübung ihres Gewerbes handeln, Vermögensverwalter und Spielbanken zu dieser Identifizierung nur bei der Annahme von Bargeld verpflichtet (§ 3 Abs. 1 GwG). Für Versicherungsunternehmen gelten entsprechend der erwähnten Geldwäscherichtlinie Sonderbestimmungen (§ 4 GwG)[669].

Was die in § 2 und § 3 genannten Beträge betrifft, wird durch § 5 GwG der Bundesminister des Inneren ermächtigt, sie im Einvernehmen mit dem Bundesminister der Finanzen durch eine Rechtsverordnung im Falle einer Änderung den in Art. 3 Abs. 2 und 3 der Geldwäscherichtlinie genannten Bezugswerten anzupassen.

Den Identifizierungspflichten kommen zweierlei Funktionen zu. Zum einen sollen sie eine Art der Abschreckung für den potentiellen Geldwäscher darstellen, Geld durch Kredit- und Finanzinstitute zu transferieren, indem die persönliche und dokumentenmäßige Identifizierung (vgl. § 1 Abs. 5 GwG) der auftretenden Personen nachvollziehbar festgehalten wird; zum anderen soll die Identifizierung die Rückverfolgung der Papierspur gewährleisten[670].

2. Verdachtsidentifizierungspflichten

Eine Verdachtsidentifizierungspflicht wird weiterhin in § 6 GwG normiert. Laut dieser Vorschrift ist die Identifizierungspflicht auch unabhängig von der Höhe und der Art der Finanztransaktion anzunehmen. Dies betrifft auch die Fälle, in denen die in § 2 GwG genannten Schwellenbeträge nicht erreicht werden. Dabei wird jedoch vorausgesetzt, dass durch ein Institut oder eine Spielbank Tatsachen festgestellt sein müssen, die darauf schließen lassen, dass die vereinbarte Finanztransaktion einer Geldwäsche nach § 261 StGB dient oder im Fall ihrer Durchführung dienen würde. Der Geldwäscheverdacht kann sich einerseits auf das Verhalten des zu Identifizierenden, andererseits auf die Art der Durchführung der Transaktion beziehen; das Erkennen sämtlicher Tatbestandsmerkmale der in § 261 StGB genannten Vortaten ist somit nicht erforderlich[671]. Demnach muss der Geld-

---

668 Vgl. Art. 15 der Geldwäscherichtlinie von 1991.

669 Vgl. *Carl/Klos*, ÖBA 1994, S. 713; *Körner/Dach*, Geldwäsche, S. 107 f.; *Plywaczewski*, PUG 12/1994, S. 24; *Siska*, Die Geldwäscherei, S. 204; *Suendorf*, Geldwäsche, S. 282.

670 Vgl. *Lang V./Schwarz/Kipp*, Regelungen, S. 416; *Suendorf*, Geldwäsche, S. 279.

671 Vgl. *Gradowski/Ziegler*, Geldwäsche, S. 105.

wäscheverdacht seine Grundlage in der Feststellung von Tatsachen haben, die dafür sprechen könnten, dass die Finanztransaktion die Herkunft illegal erworbener Gewinne verdeckt oder deren Einschleusung in den legalen Finanzverkehr bezweckt; eine bloße Vermutung ohne konkreten Hintergrund reicht nicht aus und kann keine Tatsachen ersetzen[672]. Diese Vorschrift dient somit der Ergänzung der in § 11 des Gesetzes geregelten Mitteilungspflicht in Verdachtsfällen. Erwähnenswert ist jedoch, dass von der Identifizierung von Transaktionen ganz abgesehen wird, wenn die Transaktionen zwischen Institutionen untereinander durchgeführt werden (§ 2 Abs. 3 GwG) sowie bei der Benutzung von Nachttresoren (§ 2 Abs. 4 GwG). Ferner kann auf eine Identifizierung bei regelmäßigen Abhebungen und Einzahlungen von Unternehmen auf ihre eigenen Konten (§ 2 Abs. 4 GwG), bei gewerblichen Geldbeförderungsunternehmen (§ 3 Abs. 2, § 7 GwG), sowie auch dann, wenn der zu Identifizierende bei dem zur Identifizierung Verpflichteten persönlich bekannt ist und bei früherer Gelegenheit identifiziert wurde (§ 7 GwG), verzichtet werden. In diesen Fällen muss jedoch der Geschäftsvorfall an sich aufgezeichnet werden.

Darüber hinaus ist der wirtschaftlich Berechtigte verpflichtet, im Falle einer Identifizierungspflicht gem. § 2 bis § 4 GwG und § 6 GwG durch eine Befragung des zu Identifizierenden festzustellen, ob er auf eigene oder fremde Rechnung als Treuhänder oder Vertreter handelt, und den Namen und die Anschrift des Vertretenen festzuhalten (§ 8 GwG). Durch diese eine Erkundigungs- und Feststellungspflicht regelnde Vorschrift soll den Strohmanngeschäften entgegengewirkt und derjenige erkennbar werden, in dessen wirtschaftlichem oder rechtlichem Namen die Transaktion vorgenommen wird[673].

3. Aufzeichnungs- und Aufbewahrungspflichten

Neben den Identifizierungspflichten sind in dem Geldwäschegesetz auch Aufzeichnungs- und Aufbewahrungspflichten geregelt (§ 9 GwG). Sie verpflichten dazu, die gewonnenen Feststellungen, soweit möglich, durch eine Kopie der zur Feststellung der Identität vorgelegten Dokumente aufzuzeichnen. Diese Aufzeichnungen müssen mindestens sechs Jahre aufbewahrt wer-

---

672 Vgl. *Gradowski/Ziegler*, Geldwäsche, S. 105; *Hertweck*, Kriminalistik 1996, S. 23; *Körner/Dach*, Geldwäsche, S. 54 f.; *Oswald*, Die Implementation S. 86; *Werner*, Bekämpfung, S. 133.

673 Vgl. *Carl/Klos*, ÖBA 1994, S. 714; *Hoyer/Klos*, Regelungen, S. 268; *Körner/Dach*, Geldwäsche, S. 119; *Löwe-Krahl*, wistra 1994, S. 124; *Oswald*, Die Implementation, S. 99; *Werner*, Die Bekämpfung der Geldwäsche in Deutschland, in: *Kahlert* (Hrsg.), S. 90.

den und für einen Zugriff der Strafverfolgungsbehörden zur Verfügung stehen. Ziel dieser Regelungen ist es, den Strafverfolgungsbehörden im Rahmen von Strafverfahren wegen Geldwäsche und der in § 261 StGB geregelten Vortaten Hinweise und Beweise zur Verfügung zu stellen, indem die Papierspur des Geldwäschers festgehalten wird[674]. In Umsetzung des Art. 6 Abs. 3 der Geldwäscherichtlinie von 1991 wird in § 10 GwG weiterhin die Heranziehung und Verwendung der aufgrund der Identifizierungspflicht angelegten Aufzeichnungen auf die Verfolgung einer Straftat aus § 261 StGB und der in § 261 Abs. 1 Nr. 1 bis Nr. 3 StGB genannten Vortaten beschränkt. Eine Erweiterung der Nutzungsmöglichkeiten dieser Aufzeichnungen in steuerstrafrechtlicher Hinsicht bildet Absatz 2, der deren Verwendung in Besteuerungsverfahren zulässt, soweit das Strafverfahren wegen Geldwäsche oder einer Straftat aus § 261 Abs. 1 StGB mit einer rechtskräftigen Verurteilung abgeschlossen ist.

4. Verdachtsanzeigepflichten

Kernstück und zugleich das Kardinalproblem[675] dieses Gesetzes bildet die in § 11 GwG geregelte Pflicht der Institute und Spielbanken zur Anzeige von begründeten Verdachtsfällen der Geldwäsche. Dieser Regelung zufolge hat ein Institut oder eine Spielbank bei der Feststellung von Tatsachen[676], die darauf schließen lassen, dass eine Finanztransaktion einer Geldwäsche nach § 261 StGB dient oder im Falle ihrer Durchführung dienen würde, diese unverzüglich mündlich, fernmündlich, fernschriftlich oder durch elektronische Datenübermittlung den zuständigen Strafverfolgungsbehörden anzuzeigen. Somit ist auch in dieser Vorschrift die Feststellung von Tatsachen vorausgesetzt, die den Verdacht der Geldwäsche nach § 261 StGB begründen. Wegen der ständigen Entwicklung der Erscheinungsformen der Geldwäsche hat der Gesetzgeber auf die nähere Bestimmung der Merkmale einer geldwäscheverdächtigen Finanztransaktion verzichtet[677]. Jeder Einzelfall ist somit isoliert zu betrachten.

Verdachtsanzeigen nach § 11 GwG, die nicht nur als ein bloßer Hinweis, sondern als Meldungen, die von den Strafverfolgungsbehörden als

---

[674] Vgl. *Carl/Klos*, ÖBA 1994, S. 714; *Hoyer/Klos*, Regelungen, S. 270 f.; *Suendorf*, Geldwäsche, S. 289.

[675] So *Carl/Klos*, ÖBA 1994, S. 715.

[676] Darunter sind alle Auffälligkeiten bei der Abwicklung von Transaktionen bzw. alle Abweichungen vom gewöhnlichen Geschäftsgebaren der Wirtschaftsbeteiligten zu verstehen, sofern in ihnen ein Bezug zu Geldwäscheaktivitäten erkennbar ist.

[677] Vgl. *Hoyer/Klos*, Regelungen, S. 272 f.; *Körner/Dach*, Geldwäsche, S. 55 f.; *Löwe-Krahl*, wistra 1994, S. 125; *Oswald*, Die Implementation, S. 86.

eine Strafanzeige zu behandeln sind, dürfen aber nicht anonym sein; eine zunächst formlose Anzeige muss in schriftlicher Form nachgeholt werden[678]. Die beabsichtigte Finanztransaktion darf jedoch frühestens dann durchgeführt werden, wenn dem Institut die Zustimmung der Staatsanwaltschaft übermittelt ist, oder wenn der zweite Werktag nach dem Abgangstag der Anzeige verstrichen ist, ohne dass die Durchführung der Transaktion strafprozessual untersagt worden ist (sog. Stillhaltepflicht[679]). Dadurch soll die Gelegenheit sowohl zur Prüfung der festgestellten und gemeldeten Tatsachen im Hinblick auf deren Eignung für die Einleitung eines Ermittlungsverfahrens im Sinne der StPO, als auch zur vorläufigen Sicherstellung des Geldes durch Beschlagnahme (gem. §§ 111 ff. StPO) geschaffen werden[680]. Es darf jedoch nicht unberücksichtigt bleiben, dass die Zustimmung der Staatsanwaltschaft keine Legalisierungswirkung für die ausgeführte Transaktion hat und der Bank nur zeigen soll, dass selbst unter den erweiterten Erkenntnismöglichkeiten der Strafverfolgungsbehörde bislang kein dringender Tatverdacht besteht[681].

Ist ein Aufschub der Finanztransaktion nicht möglich, so ist deren Durchführung auch ohne Zustimmung der Staatsanwaltschaft zulässig (sog. Eilfallregelung). Ein Eilfall liegt schon dann vor, wenn der Kunde die unverzügliche Durchführung der Transaktion ausdrücklich wünscht[682]. Die Anzeige ist jedoch unverzüglich nach der Durchführung der Transaktion nachzuholen (§ 11 Abs. 1 S. 3 GwG)[683]. Da jedoch eine verzögerte Ausführung einer geldwäscheverdächtigen Finanztransaktion zu einem „Warneffekt" führen kann[684], wurde in § 11 Abs. 3 GwG bestimmt, dass die Auftraggeber der verdächtigten Transaktion oder andere als staatliche Stellen nicht über eine Anzeige nach § 11 Abs. 1 und Abs. 2 GwG oder über ein daraufhin eingeleitetes Ermittlungsverfahren informiert werden dürfen.

---

678 Vgl. *Hoyer/Klos*, Regelungen, S. 273; *Körner/Dach*, Geldwäsche, S. 60.

679 Vgl. *Hetzer*, wistra 1993, S. 292 f.; *Pieth*, Kriminalistik 1994, S. 442; Werner, Bekämpfung, S. 65.

680 Vgl. *Hoyer/Klos*, Regelungen, S. 272; *Lütke*, wistra 2001, S. 88; *Oswald*, Die Implementation, S. 89; *Werner*, Die Bekämpfung der Geldwäsche in Deutschland, in: *Kahlert* (Hrsg.), S. 91.

681 Vgl. *Oswald*, Die Implementation, S. 90; *Werner*, Bekämpfung, S. 152.

682 Vgl. *Gradowski/Ziegler*, Geldwäsche, S. 98; *Körner/Dach*, Geldwäsche, S. 62, 129; *Suendorf*, Geldwäsche, S. 292.

683 Kritisch zu dieser Regulation *Glebovskiy*, nach dessen Ansicht sich aus dem Gesetztestext nicht entnehmen lässt, unter welchen Umständen eine Transaktion keinen Aufschub duldet, so dass im Erbegnis jede Transaktion als dringend erklärt werden kann, vgl. *Glebovskiy*, Wirtschaftskriminalität, S. 119 f.

684 Vgl. *Gradowsk/Ziegler*, Geldwäsche, S. 98; *Oswald*, Die Implementation, S. 91; *Werner*, Bekämpfung, S. 153.

Mit dieser Regelung soll verhindert werden, dass von Geldwäschern Maßnahmen ergriffen werden, um sich und ihre Verbrechensgewinne dem Zugriff der staatlichen Strafverfolgungsorgane zu entziehen[685].

Zusammenfassend lässt sich festhalten, dass der Zweck dieser Regelung in der Abschreckung der potentiellen Geldwäscher sowie in der aktiven Mitwirkungspflicht besteht, über die den Strafverfolgungsbehörden Anhaltspunkte für Ermittlungen zugänglich gemacht werden, die diese über eigene Beobachtung nicht erhalten können[686]. Darüber hinaus wird in § 12 GwG eine Freistellung von jeglicher rechtlicher Verantwortlichkeit geregelt, so dass niemand wegen der Anzeige von Tatsachen, die auf eine Straftat aus § 261 StGB schließen lassen, verantwortlich gemacht werden kann; es sei denn, die Anzeige ist vorsätzlich oder grob fahrlässig unwahr erstattet worden. Denkbar sind einerseits die strafrechtliche Verantwortung wegen Vortäuschung einer Straftat nach § 145 d StGB oder wegen falscher Verdächtigung nach § 164 StGB; andererseits zivilrechtliche Ansprüche wie z. B. aufgrund von Schäden, die auf eine Verzögerung der Transaktion zurückzuführen sind[687].

5. Weitere Bestimmungen

Um eine möglichst umfassende Kontrolle zu gewährleisten, wird durch §§ 13, 16 GwG den für die Durchführung dieses Gesetzes zuständigen Behörden die Pflicht auferlegt, die im Rahmen der ihnen zugewiesenen Aufgaben festgestellten Tatsachen, die auf eine Straftat nach § 261 StGB schließen lassen, unverzüglich den zuständigen Strafverfolgungsbehörden anzuzeigen.

In § 14 GwG werden interne Sicherungsmaßnahmen besprochen. Danach müssen bestimmte Unternehmen oder Personen entsprechende, d. h. fachliche, organisatorische und personelle Vorkehrungen dagegen treffen, dass sie zur Geldwäsche missbraucht werden können. Diese Bestimmung zielt einerseits darauf ab, den Missbrauch an sich legaler Tätigkeiten zur Einschleusung von illegal erworbenen Vermögenswerten in den legalen Wirtschaftsverkehr durch geeignete Präventionsmaßnahmen zu verhindern oder mindestens zu erschweren; andererseits die Zusammenarbeit mit den Behörden zu

---

[685] Vgl. *Oswald*, Die Implementation, S. 91; *Suendorf*, Geldwäsche, S. 292; *Werner*, Bekämpfung, S. 154.

[686] Vgl. *Körner/Dach*, Geldwäsche, S. 53; *Oswald*, Die Implementation, S. 85; *Suendorf*, Geldwäsche, S. 289.

[687] In Betracht kommen hier beispielsweise Ansprüche aus § 675 i. V. m. §§ 662 ff. BGB; §§ 676a ff. BGB. Vgl. ferner *Hoyer/Klos*, Regelungen, S. 278; *Körner/Dach*, Geldwäsche, S. 55, 70 f.; *Lütke*, wistra 2001, S. 88; *Suendorf*, Geldwäsche, S. 298.

erleichtern[688]. Umstritten ist jedoch, ob diese Vorschrift einen präventiven oder einen repressiven Charakter aufweist[689]. Darüber hinaus haben alle nach § 14 Abs. 1 Nr. 1 bis 6 GwG zu internen Sicherungsmaßnahmen Verpflichteten dafür Sorge zu tragen, dass auch ihre Zweigstellen im Ausland sowie die von ihnen abhängigen Unternehmen, die mit ihnen unter einheitlicher Leitung zusammengefasst sind, die aus dem Geldwäschegesetz resultierenden Pflichten einhalten (§ 15 GwG). Nicht einbezogen ist jedoch die Pflicht zur Erstattung einer Verdachtsanzeige nach § 11 GwG.

Weiterhin werden in § 16 GwG die für die Durchführung des Geldwäschegesetzes zuständigen Behörden bestimmt. Laut dieser Vorschrift kommen der Bundesfinanzminister, das Aufsichtsamt für das Kreditwesen, das Aufsichtsamt für das Versicherungswesen oder die jeweils nach Bundes- oder Landesrecht zuständige Stelle in Betracht.

Schließlich werden in § 17 GwG Bußgeldvorgaben geregelt, indem Verstöße gegen die Identifizierungs-, Aufzeichnungs- und Aufbewahrungspflicht sowie die Mitteilungspflicht als Ordnungswidrigkeiten eingestuft und mit einer Geldbuße bis zu 200.000 DM[690] bedroht werden, und zwar unabhängig davon, ob tatsächlich ein Fall der Geldwäsche vorliegt[691].

Das Geldwäschegesetz zielt darauf ab, das Aufspüren von Gewinnen aus schweren Straftaten und die Nachvollziehbarkeit von Transaktionen zu erleichtern, die Geldwäsche zu erschweren und das Erkennen von Strukturen der organisierten Kriminalität zu ermöglichen, wodurch eine bessere Möglichkeit der Verbrechensbekämpfung geschaffen wird[692]. Da das Erzielen hoher Gewinne und deren Weiterverwendung eines der Hauptziele des

---

688 Vgl. *Hoyer/Klos*, Regelungen, S. 282; *Werner*, Die Bekämpfung der Geldwäsche in Deutschland, in: *Kahlert* (Hrsg.), S. 91.

689 Näher dazu siehe *Findeisen*, wistra 1997, S. 123 ff.; *Suendorf*, Geldwäsche, S. 277 f.

690 Dieser Wert wurde inzwischen durch die Angabe „hunderttausend Euro" ersetzt, vgl. Art. 22 Abs. 5 des Sechsten Euro-Einführungsgesetzes vom 03.12.2001 (BGBl. I 2001, S. 3306 ff.). Weitere Änderungen dieser Vorschrift – jedoch nicht in Bezug auf die Höhe der vorgesehenen Geldbuße – sind im Geldwäschebekämpfungsgesetz von 2002 (näher siehe Kapitel 3 § 4 Punkt VII. der vorliegenden Untersuchung) erfolgt.

691 Um eine effektive Bekämpfung der Geldwäsche zu gewährleisten, werden in weiteren Artikeln das Gesetz über die Einrichtung eines Bundeskriminalpolizeiamtes vom 29.06.1979, BGBl. I 1979, S. 704 ff. (Art. 2 GwG), das Finanzverwaltungsgesetz vom 30.08.1971, BGBl. I 1971, S. 1426 ff. (Art. 3 GwG) und das Gesetz über das Kreditwesen vom 30.06.1993, BGBl. I 1993, S. 1082 ff. (Art. 4 GwG) geändert.

692 Vgl. *Hetzer*, NJW 1993, S. 3300; *ders.*, wistra 1993, S. 290; *Hoyer/Klos*, Regelungen, S. 178; *Löwe-Krahl*, wistra 1994, S. 124; *Oswald*, Die Implementation, S. 108; *Siska*, Die Geldwäscherei, S. 203; *Suendorf*, Geldwäsche, S. 276; *Werner*, Bekämpfung, S. 67 f.; *ders.*, Die Bekämpfung der Geldwäsche in Deutschland, in: *Kahlert* (Hrsg.), S. 88, 90.

organisierten Verbrechens darstellt und mit dem Geldswäscheproblem im engen Zusammenhang steht, soll mit dem Geldwäschegesetz die effektivere Bekämpfung dieses Phänomens, insbesondere der Rauschgiftkriminalität angestrebt werden, indem die illegal erworbenen Gewinne aufgespürt und beschlagnahmt werden sollen[693]. Überdies sind auch präventive Ziele zu nennen, und zwar sind die durch Geldwäsche gefährdete Solidität und Stabilität der Finanz- und Kreditinstitute und das Ansehen des Finanzsystems selbst zu wahren[694]. Seine Aufgabe liegt jedoch vor allem darin, den Strafverfolgungsbehörden Anhaltspunkte zu liefern, um Geldwäschetransaktionen auf die Spur zu kommen und die nachträgliche Rekonstruktion von Finanzgeschäften zu ermöglichen[695]. Der Anwendungsbereich dieses Gesetzes beschränkt sich jedoch nicht nur auf die Bekämpfung der organisierten Kriminalität mittels der mit dem Gesetz zur Bekämpfung des illegalen Rauschgifthandels und anderer Erscheinungsformen der organisierten Kriminalität von 1992 (OrgKG) eingeführten Instituten, sondern umfasst alle unter § 261 StGB fallende Fälle. Mithin entsteht ein enger funktionaler Zusammenhang zwischen diesem Gesetz und dem materiellen Strafrecht, der darin besteht, dass das Geldwäschegesetz durch die Aufspürung der Gewinne das erforderliche Ermittlungsinstrumentarium für die Anwendung der Rechtsinstitute aus den Geldwäscheparagraphen und somit zur effektiven Bekämpfung dieses Phänomens bildet[696]. Trotz aller Kritik[697] ist hervor-

---

693 Vgl. *Hetzer*, wistra 1993, S. 290; *Suendorf*, Geldwäsche, S. 276; *Werner*, Bekämpfung, S. 67; *ders.*, Die Bekämpfung der Geldwäsche in Deutschland, in: *Kahlert* (Hrsg.), S. 90.

694 Vgl. *Findeisen*, wistra 1997, S. 121; *Suendorf*, Geldwäsche, S. 276; *Zachert*, Erfahrungen mit der Bekämpfung der Geldwäsche in Deutschland, in: *Sieber* (Hrsg.), S. 194.

695 Vgl dazu. *Bottermann*, Untersuchung, S. 7; *Findeisen*, wistra 1997, S. 122; *Hetzer*, NJW 1993, S. 3300; *Höreth*, Die Bekämpfung, S. 53; *Löwe-Krahl*, wistra 1994, S. 121; *Werner*, Die Bekämpfung der Geldwäsche in Deutschland, in: *Kahlert* (Hrsg.), S. 90.

696 Vgl. *Findeisen*, wistra 1997, S. 122; *Hetzer*, NJW 1993, S. 3300; *ders.*, wistra 1993, S. 290; *Werner*, Bekämpfung, S. 68. Es ist allerdings zuzugeben, dass laut *Barton* diesem Gesetz die Funktion eines „Ausführungsgesetzes" zukommt, vgl. *Barton*, StV 1993, S. 161.

697 Diese Kritik stützt sich vor allem auf drei wesentliche Punkte. Zum einen wird hervorgehoben, dass das Hauptziel dieses Gesetzes, über die Anzeigepflicht gem. § 11 des GwG die Möglichkeit zur möglichst frühzeitigen Benachrichtigung der Ermittlungsbehörden über alle verdächtigen Geldwäschevorgänge zu eröffnen, nicht erreicht wurde. Ein weiterer Schwachpunkt liegt darin, dass das GwG keine hinreichende Möglichkeit einräumt, auf die auf verbrecherische Weise erlangten Vermögenswerte wirksam zuzugreifen. Weitere Kritik betraf die ursprüngliche Formulierung des § 261 StGB in Bezug auf die Möglichkeit einer Bestrafung wegen Geldwäsche, wenn die mittäterschaftliche Beteiligung an der Vortat nicht auszuschließen war. Dieser Schwachpunkt wurde jedoch durch das Urteil des BGH vom 21.06.1995 – 2 StR 157/95 und später durch die Gesetzesänderung im Wesentlichen beseitigt, vgl. BGH NStZ 1995, 500 (sog. Postpendenzfeststellung). Zur

zuheben, dass dieses Gesetz eine neue Form der Verbrechensbekämpfung darstellt, indem ein gesamter Wirtschaftszweig und somit der private Bereich zur aktiven Mithilfe verpflichtet wird[698]. Von Nachteil ist jedoch, dass es maßgeblich von dem Interessenkonflikt zwischen dem freien Wirtschaftsverkehr auf der einen und einer effektiven Strafverfolgung auf der anderen Seite geprägt ist[699]. Überdies ist aus der praktischen Sicht eine große Diskrepanz zwischen der Anzahl der vorgenommenen Identifizierungen seitens der Finanzinstitute und der Anzahl der Anfragen der Ermittlungsbehörden festzustellen[700]. Einerseits werden den Banken umfassende Identifizierungs-, Dokumentations- und Aufbewahrungspflichten auferlegt mit dem Ziel, Ermittlungsbehörden Ansatzpunkte für Ermittlungen zu verschaffen; andererseits kommt es zu Anfragen seitens der Ermittlungsbehörden bezüglich der verdächtigen Vorgänge nur in wenigen Fällen. Diese Abweichung bringt erhebliche Nachteile insbesondere für die Banken, für die die Erfüllung der vorgenannten Pflichten mit einem erheblichen personellen und sachlichen Aufwand verbunden ist. Überdies wird das Hauptziel dieses Gesetzes nicht erreicht, indem eine effektivere Bekämpfung der Geldwäsche nicht nur nicht erleichtert sondern sogar im Wesentlichen erschwert wird.

III. Das Verbrechensbekämpfungsgesetz von 1994

Das Geldwäschegesetz wurde in relativ kurzer Zeit durch das Verbrechensbekämpfungsgesetz geändert[701]. Vorrangiges Ziel dieses Regelungswerkes war die Aktualisierung und die Ergänzung des Strafgesetzbuches, der Strafprozessordnung und anderer Gesetze sowie die Fortentwicklung gesetzlicher Grundlagen im Bereich der Bekämpfung der organisierten Kriminalität[702]. Dementsprechend wurden auf dem Gebiet der Geldwäschebekämpfung und Gewinnabschöpfung neue gesetzgeberische Maßnahmen getroffen[703].

Zum einen wurde der durch das Gesetz zur Bekämpfung des illegalen Rauschgifthandels und anderer Erscheinungsformen der organisierten Kriminalität von 1992 eingefügte Straftatbestand der Geldwäsche (§ 261 StGB) in geringfügigen Teilbereichen geändert, indem Absatz 1 dieser Vorschrift

kritischen Bewertung des GwG siehe näher *Hertweck*, Kriminalistik 1996, S. 25 f.; *Hetzer*, JR 1999, S. 142 f.

698 Vgl. *Findeisen*, wistra 1997, S. 123; *Hertweck*, Kriminalistik 1996, S. 22; *Werner*, Die Bekämpfung der Geldwäsche in Deutschland, in: *Kahlert* (Hrsg.), S. 91. Vgl. ferner BT-Drucksache 12/2704, S. 17.

699 Vgl. *Hetzer*, wistra 1993, S. 293; *Oswald*, Die Implementation, S. 52.

700 Vgl. *Hertweck*, Kriminalistik 1996, S. 24.

701 Verbrechensbekämpfungsgesetz (VBG) vom 28.10.1994, BGBl. I 1994, S. 3186 ff.

702 Vgl. *Oswald*, Die Implementation, S. 55; *Remmers*, Die Entwicklung, S. 48 f.

703 Vgl. *Hoyer/Klos*, Regelungen, S. 179 f.

neu gefasst wurde, was zu einer Erweiterung des Katalogs der Vortaten einer Geldwäsche führte[704].

Auch in der Strafprozessordnung wurden mit diesem Gesetz einige Vorschriften novelliert. Zu den wichtigsten Änderungen zählt die Erweiterung der Befugnis zum Einsatz der Überwachungsmöglichkeiten des Bundesnachrichtendienstes beim internationalen Fernmeldeverkehr auf bestimmte Bereiche der grenzüberschreitenden Kriminalität[705] im Falle des Erkennens von Gefahren. Erwähnenswert ist dabei, dass die bei der Ausübung der Überwachungsbefugnisse angefallenen Erkenntnisse unter bestimmten Voraussetzungen den Strafverfolgungsbehörden mitgeteilt werden können.

Da die wichtigsten Änderungsvorschläge, d. h. die Einführung der Strafbarkeit der fahrlässigen Geldwäsche sowie die Herabsetzung des Schwellenbetrages auf 15.000 DM in §§ 2 ff. des Geldwäschegesetzes abgelehnt wurden, kommt diesem Gesetz eine nur geringe Bedeutung zu. Es ist lediglich als ein nächster Schritt im Prozess der Fortentwicklung der zur Bekämpfung der Geldwäsche geeigneten gesetzgeberischen Maßnahmen anzusehen.

IV. Das Begleitgesetz zum Gesetz zur Umsetzung von EG-Richtlinien zur Harmonisierung bank- und wertpapieraufsichtsrechtlicher Vorschriften von 1997

Dieses Gesetz[706], das als eine Ergänzung des Gesetzes zur Umsetzung von EG-Richtlinien zur Harmonisierung bank- und wertpapieraufsichtsrechtlicher Vorschriften[707] konzipiert wurde, enthält neben Änderungen anderer Gesetze eine Reihe von Änderungen des Geldwäschegesetzes von 1993 (vgl. Art. 9). So werden die im Art. 1 § 1 Abs. 2 GwG verwendeten Begriffe eines Finanzinstituts durch die Begriffe eines Finanzdienstleistungsinstituts und eines Finanzunternehmens sowie eines Kreditinstituts im Sinne des § 1 des

704 Vgl. *Kreß*, wistra 1998, S. 121; *Oswald*, Die Implementation, S. 78 f.; *Remmers*, Die Entwicklung, S. 58 f. Weitere geringfügige Modifizierungen des Straftatbestandes des § 261 StGB wurden durch das Gesetz zur Überwachung des Verkehrs mit den Grundstoffen, die für die unerlaubte Herstellung von Betäubungsmitteln missbraucht werden können (Grundstoffüberwachungsgesetz – GÜG) vom 7.10.1994, BGBl. I 1994, S. 2835 ff., eingeführt.

705 Damit sind vor allem der Handel mit Betäubungsmitteln und Kriegswaffen, im Ausland begangene Geldfälschungen sowie internationale Geldwäsche gemeint.

706 Begleitgesetz zum Gesetz zur Umsetzung von EG-Richtlinien zur Harmonisierung bank- und wertpapieraufsichtsrechtlicher Vorschriften vom 22.10.1997, BGBl. I 1997, S. 2567 ff.

707 Gesetz zur Umsetzung von EG-Richtlinien zur Harmonisierung bank- und wertpapieraufsichtsrechtlicher Vorschriften vom 22.10.1997, BGBl. I 1997, S. 2518 ff.

Gesetzes über das Kreditwesen[708] ersetzt, wobei auf die erneute Aufzählung dieser Begriffe und auf die Legaldefinition des Adressatenkreises im Geldwäschegesetz verzichtet und statt dessen auf die Definitionen des Kreditwesensgesetzes verwiesen wurde. Mit einer solchen Formulierung wurde sowohl die ständige Notwendigkeit der Anpassung des Geldwäschegesetzes an das bereits aktualisierte Gesetz über das Kreditwesen vermieden, als auch eine dynamische Fortschreibung des jeweiligen Begriffes bei künftigen Novellierungen des Kreditwesensgesetzes garantiert[709].

Weiterhin werden die Regelungen des § 14 GwG im Bereich der Verpflichtungen zum Ergreifen interner Sicherungsmaßnahmen gegen die Geldwäsche im Lichte der durch das bereits erwähnte Kreditwesengesetz neuen Terminologie neu formuliert. Überdies wurde im Rahmen dieser Vorschrift für Unternehmen mit unterschiedlich ausgeprägtem Risiko- und Missbrauchspotential die Möglichkeit einer Einzelfallbefreiung von diesen Verpflichtungen eingeräumt.

Neu gefasst wurde auch Art. 16 Nr. 2 GwG. Mit dieser Änderung wurde die Zuständigkeit des Bundesaufsichtsamtes für das Kreditwesen zur Überwachung der Einhaltung der Verpflichtungen aus dem Geldwäschegesetz über die Kreditinstitute auf die Finanzdienstleistungsinstitute, d. h. auf die Wechselstuben und Finanztransfergeschäfte, ausgedehnt, womit eine erhebliche Verbesserung der Bekämpfung der Geldwäsche angestrebt wurde[710].

V. Das Begleitgesetz zum Telekommunikationsgesetz von 1997

Weitere Änderungen des Geldwäschegesetzes enthält das Begleitgesetz zum Telekommunikationsgesetz[711]. Von Bedeutung ist Art. 22 dieser Vorschrift, laut der der Begriff „Deutsche Bundespost“[712] in § 1 Abs. 4 GwG durch die Formulierung „und ein Finanzinstitut“ ersetzt und in § 14 Abs. 1 Nr. 8 GwG gestrichen wird. Der Grund für diese Änderung bestand vor allem darin, dass weder die Deutsche Post AG noch die Deutsche Telekom AG in eigener Verantwortung Transaktionen durchführen oder Dienstleistungen erbringen, die in den Geltungsbereich des Geldwäschegesetzes einbezogen

[708] Gesetz über das Kreditwesen vom 22.01.1996, BGBl. I 1996, S. 64 ff.

[709] Vgl. *Hoyer/Klos*, Regelungen, S. 180, 242.

[710] Vgl. *Hoyer/Klos*, Regelungen, S. 181, 284 ff.

[711] Begleitgesetz zum Telekommunikationsgesetz vom 17.12.1997, BGBl. I 1997, S. 3108 ff.

[712] Unter diesen Begriff fielen neben der Deutschen Postbank AG auch die Deutsche Telekom AG und die Deutsche Post AG als formell unmittelbare Adressaten des Geldwäschegesetzes.

werden müssten[713]. Somit blieb infolge dieser Novellierung allein die Deutsche Postbank AG[714] im Kreis der Adressaten des Geldwäschegesetzes.

VI. Das Gesetz zur Verbesserung der Bekämpfung der organisierten Kriminalität von 1998

Im Mai 1998 wurde durch das Gesetz zur Verbesserung der Bekämpfung der organisierten Kriminalität[715] der Geldwäschetatbestand zum wiederholten Male geändert. Von dieser Novellierung waren auch verschiedene strafprozessuale und andere Vorschriften sowie Art. 13 GG betroffen. Das vorrangige Ziel dieses Gesetzes bestand in der Umsetzung der aus dem bisherigen geldwäscherechtlichen Instrumentarium herrührenden Erkenntnisse und damit in der effektiveren Gewährleistung einer besseren Geldwäschebekämpfung[716]. Die Entstehung dieses Regelungswerkes war langwierig und von kontroversen Diskussionen geprägt[717].

1. Änderungen des Geldwäschetatbestandes (§ 261 StGB)

Da der Erfolg bei der Bekämpfung der organisierten Kriminalität vor allem davon abhängt, ob es künftig gelingen wird, dem organisierten Verbrechen seine kriminellen Gewinne zu entziehen, wurde es erforderlich, weitere wesentliche Erscheinungsformen dieses Phänomens in den Vortatenkatalog der Geldwäsche aufzunehmen, wobei an dem Konzept des abschließenden Vortatenkatalogs festgehalten wurde[718]. So wurde § 261 Abs. 1 S. 2 Nr. 2 StGB um die nicht gewerbs- und bandenmäßige Bestechung (§ 334 StGB) sowie um die Bestechlichkeit (§ 332 StGB) ergänzt. In § 261 Abs. 1 S. 2 Nr. 3 StGB wurden der gewerbsmäßige, gewaltsame oder bandenmäßige Schmuggel (§ 373 AO) und die gewerbsmäßige Steuerhehlerei (§ 374 AO), jeweils

---

[713] Vgl. *Hoyer/Klos*, Regelungen, S. 182, 247.

[714] Dies ergibt sich aus der Tatsache, dass der Deutschen Postbank AG die Eigenschaft eines Kreditinstituts zugewiesen ist, vgl. auch die Gesetzesbegründung zum Begleitgesetz zum Telekommunikationsgesetz, vgl. BT-Drucksache 13/7143.

[715] Gesetz zur Verbesserung der Bekämpfung der organisierten Kriminalität (OKVBG) vom 04.05.1998, BGBl. I 1998, S. 845 ff.

[716] Vgl. *Lang V./Schwarz/Kipp*, Regelungen, S. 156.

[717] Vgl. *Kreß*, wistra 1998, S. 122 f.; *Lang V./Schwarz/Kipp*, Regelungen, S. 157.

[718] Vgl. *Hoyer/Klos*, Regelungen, S. 183; *Hund*, ZRP 1997, S. 180 f.; *Kilchling*, Unrechtmäßige Gewinne und ihre Bekämpfung in Deutschland, in: *Militello/Arnold/Paoli* (Hrsg.), S. 245 f.; *Lang V./Schwarz/Kipp*, Regelungen, S. 186 ff.; *Remmers*, Die Entwicklung, S. 60.

auch in Verbindung mit § 12 Abs. 1 des Gesetzes zur Durchführung der Gemeinsamen Marktorganisationen (MOG)[719] aufgenommen.

Weiterhin wurde die bisherige Nummer 3 des § 261 Abs. 1 S. 2 StGB zur Nummer 4 und um weitere neben den bisher enthaltenen, gewerbsmäßig oder von einem Mitglied einer Bande, die sich zur fortsetzten Begehung solcher Straftaten verbunden hat, begangene Vergehen ergänzt. Mit der Einführung des alternativen Vorliegens dieser Merkmale, was den Tatnachweis erheblich erleichtert, soll dem Umstand Rechnung getragen werden, dass eine bandenmäßige Begehung bei verschiedenen Vortaten der Geldwäsche kaum vorkommt[720]. Zu erwähnen ist jedoch, dass die Steuerhinterziehung in den neuen Vortatenkatalog des Geldwäschetatbestandes nicht aufgenommen worden ist[721].

Darüber hinaus schafft die Neuregelung eine erhebliche Beweiserleichterung, indem der an der Vortat als Täter oder Mittäter Beteiligte nunmehr auch als Geldwäscher einzustufen ist. Nach der bisherigen Rechtslage war nämlich die Verurteilung in Fällen, in denen sich bezüglich der Vortat keine hinreichend konkreten Feststellungen treffen lassen, problematisch[722]. Somit wird der Anwendungsbereich des § 261 StGB auf die Geldwäschehandlungen des Vortäters ausgedehnt. In diesem Sinne wurde auch § 261 Abs. 9 StGB modifiziert, indem mit dem neu eingefügten Satz 2 ein persönlicher Strafausschließungsgrund für den Fall der vorzeitigen Vortatstrafbarkeit aufgenommen wurde, demzufolge wegen Geldwäsche nicht bestraft wird, wer wegen Beteiligung an der Vortat (sog. Selbstwäsche[723]) strafbar ist. Damit wird zum einen auf den Hilfstatbestandscharakter dieser Vorschrift hingewiesen; zum anderen dem Grundsatz der Straffreiheit von Selbstbegünstigungshandlungen entsprechend eine Doppelbestrafung in Fällen verhindert, in denen der Vortäter Geldwäschehandlungen vornimmt[724]. Mit der Ausdehnung der Strafbarkeit aus § 261 StGB auf den Vortäter steht das deutsche Strafrecht im Einklang mit dem in der Europa-

---

[719] Gesetz zur Durchführung der Gemeinsamen Marktorganisationen und der Direkteinzahlungen (MOG) vom 31.08.1972, BGBl. I 1972, S. 1617 mit späteren Änderungen.

[720] Vgl. *Hetzer*, JR 1999, S. 143; *Hoyer/Klos*, Regelungen, S. 183; *Lang V./ Schwarz/Kipp*, Regelungen, S. 188 f.

[721] Kritisch dazu z. B. *Hetzer*, JR 1999, S. 142 f.; *Kreß*, wistra 1998, S. 124.

[722] Vgl. *Hoyer/Klos*, Regelungen, S. 183 f.; *Hund*, ZRP 1997, S. 181; *Kreß*, wistra 1998, S. 125; *Remmers*, Die Entwicklung, S. 75 ff. Siehe auch BGH NStZ 1995, 500.

[723] Vgl. *Kilchling*, Unrechtmäßige Gewinne und ihre Bekämpfung in Deutschland, in: *Militello/Arnold/Paoli* (Hrsg.), S. 246.

[724] Vgl. *Hetzer*, JR 1999, S. 142; *Kilchling*, Unrechtmäßige Gewinne und ihre Bekämpfung in Deutschland, in: *Militello/Arnold/Paoli* (Hrsg.), S. 246.

ratkonvention von 1990[725] vorausgesetzten Grundsatz, wonach die Ausnahme des Vortäters von der Strafbarkeit als eine Ausnahmeregelung zu konzipieren ist (vgl. Art. 6 Abs. 2b).

Weiterhin regelt § 261 Abs. 8 StGB die Strafbarkeit der Geldwäsche für den Fall, in dem die Vortat im Ausland begangen wird, sofern die Vortat auch dort mit Strafe bedroht ist. Damit wird die Internationalisierungsklausel dieser Vorschrift neu bestimmt[726]. Der Grund für die Modifizierung dieser Regelung bildete ihre problematische und damit umstrittene Auslegung. Zum einen war es nicht hinreichend bestimmt, ob der in § 261 Abs. 1 S. 2 StGB enumerativ aufgelistete Vortatenkatalog ebenfalls für die im Ausland begangenen Taten galt, d. h. ob eine ausländische Tat also nur dann als eine Vortat im Sinne von § 261 StGB anzunehmen war, wenn sie die Tatbestandsmerkmale einer Katalogtat verwirklicht und auch im Ausland unter Strafe gestellt wurde, oder ob die Art der im Ausland begangenen Vortaten in keiner Weise beschränkt war[727]. Mit der Neuregelung wurde jedoch klargestellt, dass den in § 261 Abs. 1, 2 und 5 StGB bezeichneten Gegenständen solche gleichstehen, die aus einer im Ausland begangenen Straftat der in § 261 Abs. 1 StGB näher bezeichneten Art herrühren, wenn die Tat auch am Tatort mit Strafe bedroht ist. Demnach ist bei Auslandsstraftaten eine ausdrückliche Bezugnahme auf den Vortatenkatalog anzunehmen.

Darüber hinaus wurden die Strafrahmen für die nach Absatz 1 und 2 des § 261 StGB begangenen Taten modifiziert, indem die Geldstrafe abgeschafft und eine Mindeststrafe von 3 Monaten bestimmt wurde. Die Höchststrafe (bis zu fünf Jahren) blieb unverändert.

2. Änderungen der Strafprozessordnung

Mit dem Gesetz zur Verbesserung der Bekämpfung der organisierten Kriminalität wurde eine Reihe von Änderungen im Bereich der Strafprozessordnung aufgenommen. Im Vordergrund dieser Änderungen standen die geldwäschespezifischen Ermittlungsschwierigkeiten.

Zu den wichtigsten zählt die Erweiterung der strafprozessualen Ermittlungsinstrumentarien durch die Aufnahme des Geldwäschetatbestandes in den Katalog der zur Telefonüberwachung (§ 100a StPO) bzw. der zur aku-

[725] Konvention des Rates Nr. 141 über das Waschen, das Aufspüren, die Beschlagnahme und die Einziehung von Erträgen aus Straftaten von 1990 (sog. Straßburger Konvention), vgl. näher Kapitel 3 § 2 Punkt I. 4. B. dieser Untersuchung.

[726] So *Klemme*, Das Verhältnis, S. 17.

[727] Vgl. *Hund*, ZRP 1997, S. 181; *Klemme*, Das Verhältnis, S. 17; *Lang V./ Schwarz/Kipp*, Regelungen, S. 190 ff.

stischen Wohnraumüberwachung[728] (100c StPO) berechtigenden Straftatbestände. Demzufolge sind die Telefonüberwachung und die akustische Überwachung von Wohnräumen bei Verdacht einer Geldwäsche zulässig, wodurch eine bessere Möglichkeit eingeräumt wird, internationale Geldwäschestrukturen aufzudecken und insbesondere die Verbindung zwischen dem Vortäter und dem Geldwäscher zu belegen[729].

Überdies wurden für die vorläufige Sicherstellung eines verdächtigen Geldbetrages weniger strenge Voraussetzungen formuliert, wobei mit der Sicherstellung der Verfall, die Einziehung (§ 111b StPO) oder die Vermögensstrafe (§ 111p StPO) gemeint sind. Durch die Absenkung der Eingriffsschwelle in diesen beiden Vorschriften wurde eine erhebliche Beweiserleichterung eingeführt, indem auf die Voraussetzung des Vorliegens dringender Gründe für die Annahme des späteren Verfalls oder der Einziehung oder für die Annnahme, dass eine Vermögensstrafe verhängt wird, verzichtet wurde. Stattdessen wurde angenommen, dass während der ersten sechs Monate nach der Sicherstellung einfache Gründe für die Beschlagnahme von Gegenständen bzw. des gesamten Vermögens (§ 111b Abs. 1, § 111p Abs. 1 StPO) ausreichen. Somit wurde die Voraussetzung aus dem Bereich des dringenden Tatverdachts auf das Niveau des einfachen Tatverdachts abgesenkt[730]. Über diese Regelung soll ein effektiverer Zugriff auf die betreffenden Vermögenswerte geschaffen werden, mit dem Ziel, deren Verschiebung und Verschleuderung zu verhindern; ferner soll auch die Möglichkeit geschaffen werden, auf kriminell erworbene Vermögenswerte zuzugreifen, ohne dass eine Vortat im Sinne des § 261 Abs. 1 StGB, aus der das Vermögen herrührt, in diesem Stadium im einzelnen festgestellt werden muss[731].

3. Änderungen des Geldwäschegesetzes

Art. 3 des Gesetzes zur Verbesserung der Bekämpfung der organisierten Kriminalität enthält Änderungen des Geldwäschegesetzes von 1993. Mit dieser Vorschrift wurde der Schwellenwert für die Identifizierungspflicht nach dem

---

[728] Gemeint ist damit der Einsatz technischer Mittel zum Abhören und Aufzeichnen des nichtöffentlich gesprochenen Wortes in einer Wohnung. Dagegen ist die Anfertigung von Lichtbildern und Bildaufnahmen in einer Wohnung nicht erlaubt, vgl. BT-Drucksache 13/8651, S. 13.

[729] Vgl. *Hetzer*, JR 1999, S. 143.

[730] Siehe BT-Drucksache 13/8651, S. 6. Vgl. ferner *Hetzer*, JR 1999, S. 146; *Hund*, ZRP 1997, S. 181; *Kreß*, wistra 1998, S. 125; *Remmers*, Die Entwicklung, S. 84 ff.

[731] Vgl. *Hetzer*, JR 1999, S. 146; *Hoyer/Klos*, Regelungen, S. 184, 209, 301 f.; *Kreß*, wistra 1998, S. 125; *Lang V./Schwarz/Kipp*, Regelungen, S. 248; *Remmers*, Die Entwicklung, S. 78. Kritisch dazu *Hund*, ZRP 1997, S. 181.

Geldwäschegesetz von 20.000 DM auf die nach der Geldwäscherichtlinie zulässige Höhe von 30.000 DM (ca. 15.000 ECU) angehoben. Im Vordergrund dieser Änderung steht der Gedanke, dass mit den niedrigeren Schwellenwerten des für die Identifizierungspflicht maßgeblichen Betrags keine höheren Erfolge zu erzielen sind[732]. Nicht ohne Bedeutung bleibt weiterhin, dass die Heraufsetzung des Schwellenwertes zu einer merklichen Entlastung der Kreditwirtschaft führt, indem die erforderlichen Dokumentsammlungen bei Bartransaktionen reduziert werden[733].

Laut der bisher geltenden Fassung des § 4 GwG bestand eine Identifizierungspflicht nur bei Lebensversicherungsverträgen. Neu ist die Ausdehnung dieser Pflicht auf Unfallversicherungsverträge mit Prämienrückgewähr (vgl. § 4 Abs. 1 S. 1 GwG), was aus rechtstatsächlichen Gründen geboten war[734]. Hierbei geht es um Unfallversicherungen, die mit einer Lebensversicherung kombiniert werden. Geldwäscherelevant ist dies insofern, als bei dieser Versicherungsform die Prämie vom Versicherungsnehmer nach Ablauf der Versicherungszeit unter konkreten Umständen zurückerlangt werden kann, so dass mit der Möglichkeit einer Geldwäsche zu rechnen ist.

Von Bedeutung ist auch die neue Regelung des Absatzes 4 dieser Norm, wonach die Identifizierungspflicht unter bestimmten Voraussetzungen entfällt oder als erfüllt gilt. Nach der alten Fassung war dies nur dann anzunehmen, wenn der Versicherer bei Vertragsabschluss festgestellt hat, dass die Prämienzahlung über ein Konto des Versicherungsnehmers abzuwickeln ist. Da in der Praxis von dieser Regelung die meisten Versicherungsabschlüsse erfasst wurden, mussten die Versicherungsunternehmen nur in wenigen Fällen selbst die Identifizierung ihrer Kunden durchführen[735]. Nach der Neuregelung gilt allerdings diese Identifizierungspflicht als erfüllt, wenn der Versicherungsnehmer dem Versicherungsunternehmen eine Einzugsermächtigung zum Einzug der Prämie gibt. Diese Einschränkung wird damit begründet, dass es den Versicherungsunternehmen unmöglich ist, zu überprüfen, ob die Überweisung durch den Versicherungsnehmer tatsächlich von dem angegebenen Konto erfolgt ist[736].

Zugleich wird in der neuen Fassung des § 14 GwG die Verpflichtung zur Schaffung interner Maßnahmen gegen die Geldwäsche und zur Bestel-

---

[732] Vgl. *Gradowski/Ziegler*, Geldwäsche, S. 128; *Hetzer*, JR 1999, S. 145; *Hoyer/ Klos*, Regelungen, S. 185, 257; *Kreß*, wistra 1998, S. 129.

[733] Vgl. *Hetzer*, JR 1999, S. 145; *Hoyer/Klos*, Regelungen, S. 185, 209 f., 257; *Lang V./ Schwarz/Kipp*, Regelungen, S. 374.

[734] So *Hoyer/Klos*, Regelungen, S. 188.

[735] Vgl. *Hetzer*, JR 1999, S. 144; *Suendorf*, Geldwäsche, S. 282.

[736] Vgl. *Hoyer/Klos*, Regelungen, S. 188.

lung von Geldwäschebeauftragten auf die Versicherungsunternehmen beschränkt, die Lebensversicherungsverträge und Unfallversicherungsverträge mit Prämienrückgewähr anbieten.

Weiterhin wurde § 10 Abs. 2 GwG neu geregelt. Mit der Neuregelung hat der Gesetzgeber den Zeitpunkt der Übermittlung der steuerrelevanten Erkenntnisse aus Schwellenwertidentifizierungen und Verdachtsanzeigen an die Finanzbehörden vorverlegt und somit sein bisheriges Prinzip der Ausgrenzung von Finanzbehörden nicht mehr aufrechterhalten. Während die frühere Vorschrift eine solche Übermittlung im Steuerstrafverfahren ganz ausschloss und im Besteuerungsverfahren erst nach rechtskräftiger Verurteilung wegen Geldwäsche zuließ, wurde nach der neuen Rechtslage die Einleitung des Strafverfahrens zum frühestmöglichen Zeitpunkt der Weitergabemöglichkeiten. Mit der Aufhebung des bisherigen Verwertungsverbots sowohl im Besteuerungs- als auch im Steuerstrafverfahren soll vermieden werden, dass die wirksame Abschöpfung des illegalen Vermögens im Wege der Besteuerung unmöglich gemacht wird, da die meisten relevanten Fakten nach rechtskräftigen Strafurteilen nur noch schwer nachweisbar sind. Dabei wird auch dem Grundsatz Rechnung getragen, dass die gleichmäßige und vollständige Erfassung der auf verbrecherische Weise erlangten Vermögensgegenstände auch ein Gebot der Steuergerechtigkeit darstellt.[737]

Darüber hinaus wurde mit § 11 Abs. 5 S. 2 GwG eine klarstellende Regelung dahingehend geschaffen, dass die Geldwäscheverdachtsanzeigen auch zur Verfolgung von Steuerstraftaten verwendet werden dürfen. Bei der bisherigen Fassung dieser Vorschrift war nämlich umstritten, ob die Verdachtsanzeigen nur zum Zwecke des Besteuerungsverfahrens benutzt werden können, oder ob man aufgrund solcher Verdachtsanzeigen auch Steuerstraftaten verfolgen kann. Diese Novellierung wurde damit begründet, dass die vielfach professionellen Organisationen verschiedene Techniken anwenden, die nicht nur der Geldwäsche, sondern auch der Steuerhinterziehung dienen. Demzufolge soll die neue Fassung dieser Vorschrift dazu beitragen, dass einerseits die Aufdeckung von Steuerdelikten und die Enttarnung der Geldwäschekartelle, andererseits das Erlangen weiterer Geldwäscheermittlungen bereits vor dem rechtskräftigen Abschluss des Strafverfahrens wegen Geldwäsche oder der zugrunde liegenden Vortat ermöglicht werden[738].

Überdies wurde der Satz 1 dieser Norm geändert, der in der bisher gelten-

---

[737] Vgl. *Hoyer/Klos*, Regelungen, S. 186, 279 f.; *Kreß*, wistra 1998, S. 128; *Suendorf*, Geldwäsche, S. 297.

[738] Vgl. *Hetzer*, JR 1999, S. 145; *Hoyer/Klos*, Regelungen, S. 186; *Suendorf*, Geldwäsche, S. 298.

den Fassung die Verwertung des Inhalts der Verdachtsanzeigen für andere Zwecke als diejenigen der Verfolgung der Geldwäsche und der Geldwäschevortaten im Falle der Zuständigkeit eines Strafrichters nach § 25 GVG verbot. Dies resultierte daraus, dass die Verwertung der Verdachtsanzeige nur für solche Fälle der Geldwäsche zulässig war, in denen nicht lediglich der Strafrichter zuständig war, also die Straferwartung von weniger als zwei Jahren anzunehmen war. Angesichts der Schwierigkeiten mit der richtigen Prognoseentscheidung über die Straferwartung wurde in der Neufassung die Verwertung von Erkenntnissen auf alle Straftaten ausgedehnt; entscheidend ist nunmehr, dass die betreffende Straftat im Höchstmaß mit einer Freiheitsstrafe von mehr als drei Jahren bedroht ist. Somit führen sowohl § 10 Abs. 2 als auch § 11 Abs. 5 GwG zu einer Ausweitung der Weitergabemöglichkeiten von Schwellenwertidentifizierungen und Verdachtsanzeigen.

Mit einer weiteren Änderung wurden die Rechtsunklarheit und die Anwendungsschwierigkeiten hinsichtlich der Berechnung der Anhaltepflicht für verdächtige Transaktionen und bei der Handhabung des Verwertungsverbotes für Verdachtsanzeigen für den Fall beseitigt, dass das Ende dieser Frist auf einen Samstag fällt. Nach der bis zum Inkrafttreten dieses Gesetzes (vgl. § 11 Abs. 1 S. 2 GwG) geltenden Grundlage war dies nämlich umstritten[739]. Mit der Neuregelung wurde klargestellt, dass der Samstag bei der Fristberechnung nicht mitzuzählen ist, so dass die Frist erst mit dem Ablauf des nächsten Werktages abläuft[740].

4. Weitere Änderungen

Weiterhin ist zu erwähnen, dass in der Begründung der Gesetzesnovelle klargestellt wurde, dass die Weiterleitung der „verdächtigen Gelder“ und verdeckten Finanztransaktionen zum Zwecke der Strafverfolgung sich nicht als Geldwäsche im Sinne von § 261 StGB qualifizieren lassen (sog. Freizeichnungsklausel)[741]. Dies folgt vor allem aus der Zielsetzung dieser Vorschrift, die nicht in der Beschränkung, sondern in der Erweiterung der Möglichkeiten der Strafverfolgungsbehörden liegt. Da Informationen über Hintergründe und Strukturen der organisierten Kriminalität häufig nur auf diese Weise zu erbringen sind, nimmt man an, dass die Strafverfolgungsbehörden und die in ihrem Auftrag handelnden Mitarbeiter von Finanzinstituten sich am

---

[739] Siehe BT-Drucksache 13/8651, S. 19. Vgl. auch *Hetzer*, JR 1999, S. 100; *Remmers*, Die Entwicklung, S. 146.

[740] Siehe BT-Drucksache 13/8651, S. 17.

[741] Siehe BT-Drucksache 13/8651, S. 9 f.

Transfer „verdächtiger" Gelder beteiligen können, um die finanziellen Geflechte aufzuhellen, zu dokumentieren und die Begünstigten zu enttarnen[742].

Als ein zollrechtlicher, neben dem steuerrechtlichen, Ansatz zur Bekämpfung der Geldwäsche wurde im Finanzverwaltungsgesetz[743] eine Ermächtigung für die Zollverwaltung und den Bundesgrenzschutz geschaffen, an den nationalen Grenzen die Verbringung von Bargeld oder gleichgestellten Zahlungsmitteln (z. B. Wertpapiere, Schecks) im Rahmen der sog. Bargeldkontrolle im grenzüberschreitenden Verkehr zollamtlich zu überwachen (vgl. § 12a des Gesetzes)[744]. Der gegenüber § 2 Abs. 1 GwG erweiterte Anwendungsbereich war insofern sinnvoll, als die Verbringung dieser Zahlungsmittel regelmäßig im Zusammenhang mit Ländern erfolgt, in denen keine wirksame Geldwäschebekämpfungsmaßnahmen bestehen[745]. Um die Verhinderung und Verfolgung der Geldwäsche zu gewährleisten sowie die Umgehungsmöglichkeiten des Geldwäschegesetzes durch körperliches Verbringen von Bargeld über die Grenze zu verhindern, wurde den Personen, die Bargeld oder gleichgestellte Zahlungsmittel von 30.000 DM oder mehr über die Grenze in das Bundesgebiet bzw. ins Ausland verbringen, die Verpflichtung auferlegt, diese auf Verlangen nach Art, Zahl und Wert den Zollbehörden anzumelden. In diesem Fall musste über deren Herkunft und den Verwendungszweck Auskunft gegeben werden. Es wurde jedoch keine vorherige schriftliche Anmeldung sowie keine Selbstanmeldung mitgeführter Bargeldbeträge verlangt[746]. Die vorsätzliche oder fahrlässige Nichterfüllung dieser Verpflichtung war als eine Ordnungswidrigkeit einzustufen und wurde mit einer Geldbuße von grundsätzlich bis zu 50 % der mitgeführten Summe bedroht (vgl. Art. 4 OKVBG). Im Falle eines Geldwäscheverdachts war das Bargeld bis zum Ablauf des zweiten Werktages sicherzustellen und in zollamtliche Verwahrung zu nehmen. Ferner war die Staatsanwaltschaft zu unterrichten, die über die Einleitung des Ermittlungsverfahrens entscheidet. Mit diesen Neuregelungen im Rahmen des Finanzverwaltungsgesetzes

742 Vgl. *Hoyer/Klos*, Regelungen, S. 184, 278 f.

743 Finanzverwaltungsgesetz vom 30.08.1971, BGBl. I 1971, S. 1426 ff. mit späteren Änderungen. In diesem Zusammenhang war insbesondere Art. 4 des Gesetzes zur Verbesserung der Bekämpfung der Organisierten Kriminalität vom 04.05.1998 (BGBl. I 1998, S. 845 ff.) von Bedeutung, wonach in das Finanzverwaltungsgesetz neue Regelungen bezüglich der Aufgaben und Befugnisse der Zollbehörden bei der Überwachung des grenzüberschreitenden Bargeldverkehrs (§ 12a bis § 12d) eingefügt wurden. Diese Regelungen sind jedoch inzwischen mit dem Gesetz zur Änderung des Finanzverwaltungsgesetzes und anderer Gesetze vom 14.12.2001 (BGBl. I 2001, S. 3714 ff.) aufgehoben worden, vgl. Art. 1 Abs. 15 des Gesetzes.

744 Mit der Neuregelung wurde die Empfehlung Nr. 22 der FATF umgesetzt.

745 Vgl. *Hetzer*, JR 1999, S. 141.

746 Siehe BT-Drucksache 13/8651, S. 18.

wurde nicht nur eine erhebliche Erhöhung des Informationsaufkommens zu geldwäscheanfälligen Sachverhalten und zur Gewinnung entsprechender Ermittlungsansätze bewirkt, sondern auch die Möglichkeit zur Erweiterung der Gewinnabschöpfung eingeräumt[747].

Mit dem Inkrafttreten des Gesetzes zur Verbesserung der Bekämpfung der organisierten Kriminalität wurde zwar eine Reihe von Anwendungsproblemen gelöst. Kein Gesetz kann jedoch komplexe Sachverhalte vereinfachen[748]. Es stellt sich vor allem die Frage, ob der Verzicht auf den Vortatenkatalog in § 261 Abs. 1 StGB und dann die einheitliche Behandlung aller Vermögensgegenstände krimineller Herkunft nicht eine bessere Lösung darstellen würde[749]. Dies wäre insbesondere im Hinblick auf die geringe praktische Wirksamkeit des Geldwäschestraftatbestandes, die in der Schwierigkeit des Nachweises der kriminellen Herkunft des Geldes liegt, begrüßenswert[750]. Weiterhin ist die Geldwäsche kein auf die organisierte Kriminalität beschränktes Phänomen, so dass einer Erstreckung dieser Vorschrift auf alle rechtswidrigen Taten nichts entgegenstünde[751]. Ferner besteht die Gefahr, dass infolge der Ausdehnung der Strafbarkeit wegen Geldwäsche auf den Vortäter eher auf die Bestrafung der Vortaten sowie die organisationelle Betätigung als solche als auf die strafrechtliche Geldwäscheverfolgung abgestellt wird[752].

Zuzugeben ist allerdings, dass das Gesetz einen weiteren Schritt auf dem Weg zu einer entschiedeneren Bekämpfung der Geldwäsche darstellt.

VII. Das Geldwäschebekämpfungsgesetz von 2002

Zur noch wirksameren Bekämpfung der Geldwäsche sowie der damit im engen Zusammenhang stehenden Terrorismusfinanzierung wurde in den letzten Jahren eine Vielzahl von Rechtsakten erlassen[753]. Die vorerst letzte

---

[747] Vgl. *Hoyer/Klos*, Regelungen, S. 211 f.

[748] Vgl. *Hund*, ZRP 1997, S. 183.

[749] *Hund*, ZRP 1997, S. 181; *Kreß*, wistra 1998, S. 124; *Remmers*, Die Entwicklung, S. 64.

[750] Vgl. *Hetzer*, JR 1999, S. 142.

[751] Vgl. *Kreß*, wistra 1998, S. 124.

[752] Vgl. *Kilchling*, Unrechtmäßige Gewinne und ihre Bekämpfung in Deutschland, in: *Militello/Arnold/Paoli* (Hrsg.), S. 249.

[753] Siehe insbesondere: § 475 des Strafverfahrensänderungsgesetzes (StVäG) vom 02.08.2000 (BGBl. I 2000, S. 1256 ff.), der die Informationsübermittlungen an Private regelt. Dadurch wird eine ausdrückliche gesetzliche Grundlage für eine Rückmeldung der Staatsanwaltschaften gegenüber den Kreditinstituten nach erstatteter Verdachtsanzeige bestimmt; das Gesetz zur verbesserten Abschöpfung von Vermögensvorteilen aus Straftaten (VAVGE) zur Modifizierung von Vorschriften zu Entziehung und Verfall (§§ 73 ff.

Initiative auf diesem Gebiet stellt in Deutschland die Verabschiedung des Gesetzes zur Verbesserung der Bekämpfung der Geldwäsche und der Bekämpfung der Finanzierung des Terrorismus von 2002[754] dar. Damit sollte zur effektiveren Bekämpfung der Finanzströme der organisierten Kriminalität und des internationalen Terrorismus beigetragen werden. Mit diesem Gesetz hat der deutsche Gesetzgeber als einer der ersten innerhalb der Staaten der Europäischen Union weitere konkrete Schritte zur Umsetzung der zweiten Geldwäscherichtlinie von 2001 und der acht FATF-Vorgaben von 2001 unternommen.

Dieses Regelungswerk verfolgt sowohl auf der internationalen als auch auf der nationalen Ebene einen multidisziplinären Ansatz im Kampf gegen die Finanzierung des Terrorismus. In diesem Sinne wurden vorrangig Qualitätsverbesserungen im Kampf gegen die Geldwäsche eingeführt, indem polizeiliche, strafverfolgungs- und bankaufsichtsrechtliche Maßnahmen im Einklang mit den entsprechenden gemeinschaftsrechtlichen Vorgaben ergriffen werden, wobei im Hintergrund die in letzter Zeit immer öfter vorkommenden grausamen Terroranschläge stehen[755]. Neben Änderungen des Geldwäschegesetzes wurden über das Geldwäschebekämpfungsgesetz auch Änderungen des Zollverwaltungsgesetzes, des Gesetzes über das Kreditwesen und des Bundeskriminalamtsgesetzes aufgenommen. Hervorzuheben ist allerdings, dass das mit diesem Gesetz geänderte Geldwäschegesetz den Interessenkonflikt zwischen dem traditionell repressiven Ansatz der Strafver-

StGB, §§ 111 b ff. StPO) mit dem Ziel ihrer Vereinfachung und Effektivierung; das Gesetz zur Bekämpfung von Steuerverkürzungen bei der Umsatzsteuer und zur Änderung anderer Steuergesetze vom 19.12.2001 (BGBl. I 2001, S. 3922 ff.) zur Neuschaffung von § 370a Abgabenordnung „Gewerbsmäßige oder bandenmäßige Steuerhinterziehung" als Vortat der Geldwäsche i.S.v. § 261 StGB; das Terrorismusbekämpfungsgesetz vom 09.01.2002 (BGBl. I 2002, S. 361 ff.); Viertes Finanzmarktförderungsgesetz vom 21.06.2002 (BGBl. I 2002, S. 2010 ff.) im Hinblick auf die Änderung des Gesetzes über das Kreditwesen, insbesondere auf die Neuschaffung des § 24 c und § 25a Abs. 1 KWG, sowie bezüglich der Einfügung des § 31 b (Mitteilung zur Bekämpfung der Geldwäsche) in die Abgabenordnung; Fünftes Gesetz zur Änderung des Steuerbeamten-Ausbildungsgesetzes und zur Änderung von Steuergesetzen vom 23.07.2002 (BGBl. I 2002, S. 2715 ff.) zur Einschränkung des neu geschaffenen § 370a Abgabenordnung auf Fälle „im großen Ausmaß". Vgl. ferner *Busch/Teichmann*, Das neue Geldwäscherecht, S. 18 ff.; *Hetzer*, JR 1999, S. 147 f.; *Hoyer/Klos*, Regelungen, S. 216 ff.; *Hund*, ZRP 1997, S. 181.

[754] Gesetz zur Verbesserung der Bekämpfung der Geldwäsche und der Bekämpfung der Finanzierung des Terrorismus (Geldwäschebekämpfungsgesetz) vom 08.08.2002, BGBl. I 2002, S. 3105 ff. mit späteren Änderungen. Siehe insbesondere Art. 138 der Achten Zuständigkeitsanpassungsverordnung vom 25.11.2003, BGBl. I 2003, S. 2304 ff., sowie Art. 11 des Investmentmodernisierungsgesetzes vom 15.12.2003, BGBl. I 2003, S. 2676 ff.

[755] Vgl. *Busch/Teichmann*, Das neue Geldwäscherecht, S. 5.

folgung und der vorrangig präventiven Zielrichtung der bankaufsichtsrechtlichen Maßnahmen nicht auflöst[756].

Die neue Fassung des § 1 Abs. 5 GwG ermöglicht die Einbeziehung der Identifizierungsmöglichkeit anhand einer qualifizierten elektronischen Signatur und die damit verbundene Anpassung an neue technische Möglichkeiten. Diese Änderung ist positiv zu bewerten, da damit dem von der Identifizierungspflicht Betroffenen eine unkomplizierte Möglichkeit zur Verfügung gestellt wird, seinen Verpflichtungen nachzukommen.

Eine ganze Reihe von Änderungen betrifft Rechtsanwälte und Steuerberater, die nach der neuen Rechtslage nunmehr gezwungen sind, ihre Mandanten zur Anzeige zu bringen, wenn sie ihren Kanzleisitz in Deutschland beibehalten[757]. Nach der neuen Fassung werden Rechtsanwälte gemäß § 3 Abs. 1 Satz 1 GwG einer allgemeinen Identifizierungspflicht unterworfen, wenn sie ihre Mandanten vertreten oder für diese an der Planung oder Durchführung der in dieser Norm aufgezählten Geschäfte mitwirken[758]. Entsprechend den Vorgaben des § 3 GwG wird außerdem der vom Geldwäschegesetz verpflichtete Personenkreis um neue Berufsgruppen erweitert[759]. Bislang unterlagen der Dokumentations- und Identifizierungspflicht ab 15.000 Euro nur Banken und Versicherungsunternehmen. Durch die Neufassung dieser Vorschrift und die Inbezugnahme von § 2 GwG unterliegen sowohl Steuerberater, Wirtschaftsprüfer sowie andere Personen, die fremdes Vermögen entgeltlich verwalten, als auch andere Gewerbetreibende grundsätzlich immer dieser allgemeinen Identifizierungspflicht, wobei ohne Bedeutung ist, welche Art von Geschäften sie für den Mandanten ausüben. Demnach sind die Steuerberater, Wirtschaftsprüfer und andere in § 3 Abs. 1 Satz 1 Pkt. 2-4 GwG genannte Personen verpflichtet, ihren Mandanten beim Abschluss von Verträgen, die eine dauerhafte Geschäftsbeziehung begründen sollen, zu identifizieren. Das gleiche gilt bei der Annahme von Bargeld, Wertpapieren oder Edelmetallen im Wert ab 15.000 Euro, wobei mehrere Transaktionen bei einem erkennbaren Zusammenhang zusammenzufassen sind. Somit kann jedes Buchhaltungsmandat und jede dauerhafte Beratungstätigkeit unter diese Regelung fallen, was eine erheblich erweiterte Identifizierungspflicht bei der Aufnahme von Geschäftsbeziehungen jeglicher Art bedeutet. Le-

[756] Vgl. *Busch/Teichmann*, Das neue Geldwäscherecht, S. 7 f.

[757] Ausführlich zum Geldwäschegesetz und seiner Auswirkung auf die Angehörigen der rechtsberatenden Berufe siehe *Burmeister/Uwer*, AnwBl 2004, S. 199 ff.; *Wittig*, AnwBl 2004, S. 193 ff.

[758] Diese Regelung entspricht der Regelung in Art. 2a Nr. 3 bis 5 der Geldwäscherichtlinie von 2001.

[759] Vgl. *Große-Wilde*, MDR 2002, S. 1288 ff.

diglich die Einzelberatung, soweit diese nicht regelmäßig erfolgt, wird von diesen Regelungen nicht erfasst[760].

Dabei ist allerdings zu betonen, dass gemäß des neu eingeführten Absatzes 3 des § 11 GwG die in § 3 Abs. 1 Satz 1 und 2 GwG genannten Personen nicht zur Anzeige verpflichtet sind, wenn dem Geldwäscheverdacht Informationen von dem oder über den Mandanten zugrunde liegen, die sie im Rahmen der Rechtsberatung oder der Prozessvertretung dieses Mandanten, demnach nicht nur bei der Strafverteidigung, erhalten haben. Hierbei ist nicht nur die unmittelbare gerichtliche Vertretung gemeint, sondern auch die Informationserlangung vor und nach dem Verfahren. Zur Rechtsberatung in diesem Sinne gehört auch die Steuerberatung[761]. Problematisch wird das jedoch bei Notaren bei der reinen Beurkundungstätigkeit sowie für Wirtschaftsprüfer bei Prüfungsaufträgen und für Immobilienmakler[762]. Die Anzeigepflicht bleibt jedoch bestehen, wenn die genannten Personen wissen, dass der Mandant ihre Rechtsberatung bewusst für den Zweck der Geldwäsche in Anspruch nimmt.

Ein weiterer Schwerpunkt des Gesetzes ist die Schaffung eines innerstaatlichen Verfahrens für die Weiterleitung einer Geldwäscheanzeige vom Anzeigepflichtigen an die zuständigen Strafverfolgungsbehörden sowie parallel dazu an die bestehende Zentralstelle im Bundeskriminalamt, die zur Entgegennahme und Auswertung der Geldwäscheanzeigen (§ 5 GwG) eingerichtet wird. Mithin sollen die Geldwäscheverdachtsanzeigen nicht nur den zuständigen Strafverfolgungsbehörden, sondern zugleich in Form einer Kopie der Zentralstelle für Verdachtsanzeigen im Bundeskriminalamt übermittelt werden. Obwohl dies eine erhebliche Ausweitung der Zentralstellenkompetenz des Bundeskriminalamtes bedeutet, erscheint eine solche Einrichtung sinnvoll, insbesondere unter dem Gesichtspunkt der ständigen Entwicklung der Formen und Techniken der Geldwäschebegehung.

Neu gefasst wurde auch Absatz 2 des § 14 GwG, indem die bisher erforderlichen Vorkehrungen auf die neu einbezogenen Berufsgruppen ausgedehnt und erheblich erweitert wurden. Steuerberater, Wirtschaftsprüfer und Immobilienmakler sind davon vollständig betroffen; die Rechtsanwälte dagegen müssen dies nur dann umsetzen, wenn sie regelmäßig an den im Absatz 1 Nummer 1 des § 3 GwG angeführten Geschäften mitwirken.

Das Geldwäschebekämpfungsgesetz weist weiterhin einen engen Zusam-

---

[760] Vgl. *Große-Wilde*, MDR 2002, S. 1289.; *Sommer*, AnwBl 2005, S. 50; *Wittig* AnwBl 2004, S. 194.
[761] Siehe BT-Drucksache 14/8793, S. 15.
[762] Vgl. *Große-Wilde*, MDR 2002, S. 1289.

menhang mit dem Vierten Finanzmarktförderungsgesetz von 2002 auf, das vorrangig die darin enthaltenen Regelungen zur Änderung des Gesetzes über das Kreditwesen umfasst. Als Hintergrund dieser Änderungen sind auch internationale Vorgaben, insbesondere des Baseler Ausschusses für Bankenaufsicht und der FATF zu nennen. Zu den wichtigsten zählen: die Verschärfung der Inhaberkontrolle bei Banken und Finanzdienstleistungen (§ 2 b KWG), die Verpflichtung zur Schaffung adäquater interner Sicherungssysteme (§ 25a Abs. 1 KWG), verbunden mit der Berechtigung der Bundesanstalt für Finanzdienstleistungsaufsicht zum automatisierten Abruf von Kontoinformationen (§ 24c KWG). Über diese Regelungen soll die Möglichkeit geschaffen werden, durch das Anknüpfen an bankinterne Kenntnisse Transaktionen und Zahlungsverkehr, die den Verdacht der Geldwäsche erregen oder der Finanzierung terroristischer Aktivitäten dienen könnten, zu erkennen[763].

Zusammenfassend lässt sich sagen, dass der Schwerpunkt der bereits besprochenen Gesetzesänderungen zum einen in der vom FATF vorgegebenen Nutzung des vorhandenen Geldwäscheinstrumentariums auch in der Aufdeckung von Terrorismusfinanzierung liegt und zum anderen die Umsetzung der Vorgabe einer verbesserten Transparenz des Zahlungsverkehrs zum zentralen Thema hat[764].

Trotz aller Kritik bezüglich der hier analysierten Regelungen lässt sich zusammenfassend festhalten, dass das zentrale Ziel der Schaffung sowohl des Geldwäschetatbestandes als auch der Regelungen des Geldwäschegesetzes sowie anderer Regelungswerke einerseits in der Verhinderung und Bekämpfung der Geldwäsche und ihrer Vortat, andererseits in der Verbesserung der Gewinnabschöpfung liegt.

---

[763] Siehe BT-Drucksache 14/8017, S. 122.

[764] Siehe näher http://www.koerperspd.de/berlin/redenarchiv/2002/r020010.php

Kapitel 4

Rechtsvergleichende Analyse der polnischen Geldwäschevorschrift im Hinblick auf den Grad ihrer Übereinstimmung mit der dritten Geldwäscherichtlinie

§ 1. Einführung – das Vergehen der Geldwäsche im polnischen Strafrecht

Entsprechend dem Inhalt der Geldwäscherichtlinien wurde den Mitgliedstaaten der Europäischen Union, darunter auch Polen, die Verpflichtung auferlegt, die Geldwäsche im nationalen Strafrecht zu ahnden. Das Ziel dieser Richtlinie liegt somit in der Schaffung von Einheitlichkeit bei der Geldwäschebekämpfung[765]. Zu prüfen ist deshalb, ob Polen nach der relativ kurzen Mitgliedschaft in der Europäischen Union seinen Verpflichtungen nachgekommen ist und inwieweit der polnische Geldwäschetatbestand (Art. 299 KK) die Richtlinienvorgaben berücksichtigt. Anhand einer umfassenden Analyse der Tatbestandsmerkmale der nationalen Regelungen auf diesem Gebiet und deren Vergleich mit den Richtlinienvorgaben sowie mit dem deutschen Geldwäschetatbestand (§ 261 StGB) wird untersucht, in welcher Weise (und ob überhaupt) der polnische Gesetzgeber die europäischen Vorgaben in das nationale Strafrecht umgesetzt hat.

Den Gegenstand dieser Untersuchung bildet somit die Art und Reichweite der Umsetzung der Richtlinienvorgaben in die polnische Strafrechtsordnung. Im Mittelpunkt der nachfolgenden Analyse stehen die im polnischen Strafgesetzbuch (KK) verankerte Regelung der Strafbarkeit der Geldwäsche (Art. 299 KK) sowie die Vorschriften des *Gesetzes über die Verhinderung der Einführung der aus illegalen oder nicht ermittelbaren Quellen stammenden Vermögenswerte in den Finanzverkehr und der Finanzierung des Terrorismus von 2000*[766].

Die Gründe für die Auswahl gerade der polnischen Strafrechtsordnung im Hinblick auf ihre Harmonisierung mit dem europäischen Geldwäsche-

765 Vgl. *Gentzik*, Die Europäisierung, S. 60.
766 Vgl. Fn. 5.

strafrecht sind vor allem in der wachsenden Gefährdung der nationalen Wirtschaftsstrukturen durch Geldwäsche und dem damit verbundenen Bedürfnis für die Bekämpfung des Phänomens zu finden. Der Beitritt Polens in die EU hat unter anderen auch ein Interesse an einer umfassenden Bekämpfung dieses Phänomens entstehen lassen. Darüber hinaus muss darauf aufmerksam gemacht werden, dass die polnische Rechtstradition über viele Jahre durchaus unabhängig von europäischen Vorgaben existierte. In diesem Zusammenhang erscheint es daher sehr interessant, wie diese implementierten EU-Vorgaben durch allgemeine innerstaatliche Rechtsgrundsätze und unter Beachtung der Besonderheiten der polnischen Rechtsordnung beeinflusst werden. Im Rahmen dieses Abschnitts wird daher u. a. untersucht, ob die heutige Fassung der polnischen Norm eine ausreichende Bestimmtheit aufweist, oder ob man sie in Bezug auf die Geldwäscherichtlinie präzisieren soll. Angestrebt wird mithin die Betrachtung und Beurteilung des polnischen Geldwäschetatbestandes aus einer europäischen Perspektive.

§ 2. Rechtsharmonisierung hinsichtlich der geschützten Rechtsgüter

Um das europäische Harmonisierungspostulat erfüllen zu können, muss ein vergleichbarer Rechtsgüterschutz sowohl auf der nationalen als auch auf der unionsrechtlichen Ebene gefordert werden. Das Rechtsgut der Geldwäscherichtlinie muss also in die polnische Rechtsordnung so übernommen werden, dass sich die von der Richtlinie bezweckte Harmonisierung in der Rechtsgutkonzeption widerspiegelt[767]. In dieser Untersuchung werden daher zunächst die nach der Geldwäscherichtlinie zu schützenden Rechtsgüter analysiert. Danach wird der polnische Geldwäschestraftatbestand unter dem Aspekt seiner Übereinstimmung mit den unionsrechtlichen Vorgaben im Bereich des Geldwäscherechtsguts geprüft. Wenn die Rechtsgutskonzeptionen des polnischen Geldwäschestrafrechts und der europäischen Geldwäscherichtlinie im Einklang stehen, kann insofern von einer erfolgreichen Harmonisierung gesprochen werden[768].

I. Rechtsgüterschutz in der Gemeinschaftsrichtlinie

Ausgangspunkt einer richtlinienkonformen Rechtsgutsbestimmung bilden die in den Erwägungsgründen enthaltenen Ziele der Geldwäscherichtlinie.

---

767 Vgl. *Gentzik*, Die Europäisierung, S. 64 f.

768 Vgl. *Gentzik*, Die Europäisierung, S. 64 f.

Im Vordergrund der dritten Geldwäscherichtlinie von 2005[769] stehen der überindividuelle Aspekt der Solidität, Integrität und Stabilität der Kredit- und eines breiten Spektrums anderer Finanzinstitute[770] sowie das Vertrauen in das Finanzsystem[771]. In Hinsicht auf die nachteiligen Auswirkungen der aus Straftaten herrührenden Erträge werden somit der ganze Finanzsektor sowie andere gefährdete Tätigkeiten geschützt. In diesem Zusammenhang ist auch der erstmals in dieser neuen Richtlinie eingeführte Verweis auf die Bekämpfung der Terrorismusfinanzierung von erheblicher Bedeutung[772]. Der Schutz des Finanzsystems gegen den Missbrauch der zur Einschleusung der für terroristische Zwecke bestimmten kriminellen oder gar auf legale Weise erlangten Geldmittel und infolgedessen gegen die Gefährdung seiner Integrität, seines Funktionierens und seiner Stabilität, stellt somit einen weiteren Schutzzweck der Geldwäscherichtlinie dar. Darüber hinaus wird auch auf den Schutz der Öffentlichkeit vor der organisierten Kriminalität durch Verhinderung der Nutzbarmachung der auf illegale Weise erlangten Vermögenswerte hingewiesen[773]. Dabei wird insbesondere auf die grenzüberschreitende Dimension der Geldwäsche Bezug genommen.

Aufgrund der bisher geltenden Rechtsgrundlage ergab sich der Vorrang des Vertrauensschutzes in die Integrität und Stabilität der legalen Wirtschaft direkt aus Art. 47 Abs. 2, Art. 95 EGV[774]. Wie aber bereits erwähnt, bezweckt die Geldwäscherichtlinie von 2005 auch die Bekämpfung der organisierten Kriminalität. Der Europäischen Union wurden jedoch keine Kompetenzen im Bereich der allgemeinen Kriminalitätsbekämpfung zugewiesen. Angesichts dessen, dass die vorgenannten Vorschriften sich nur auf unmittelbar binnenmarktbezogene Maßnahmen erstrecken, können sie nicht als allgemeine Rechtsgrundlage für die Kriminalitätsbekämpfung gelten. Dies wäre nur beim Bestehen eines Zusammenhangs zwischen dem Schutz der Wirtschaft und der Bekämpfung der organisierten Kriminalität möglich[775]. Eine solche Vorlagerung des Schutzzwecks findet allerdings nur in begrenzten Fällen Anwendung.

Eine derartige Rechtsgrundlage ist jedoch in Art. III-271 des allerdings

---

769 Siehe Kapitel 3 § 2 Punkt II. 3. der vorliegenden Untersuchung.

770 Darunter fallen u. a. Abschlussprüfer, externe Buchprüfer und Steuerberater, Dienstleister für Trusts und Gesellschaften, Immobilienmakler, Kasinos sowie – unter Umständen – Notare und andere selbständige Angehörige von Rechtsberufen, vgl. Art. 2 der dritten Geldwäscherichtlinie.

771 Vgl. Erwägungsgrund Nr. 2.

772 Vgl. Erwägungsgrund Nr. 8.

773 Vgl. Erwägungsgrund Nr. 1.

774 Vgl. Kapitel 3 § 2 Punkt I. 5. A. a) der vorliegenden Untersuchung.

775 Vgl. *Gentzik*, Die Europäisierung, S. 54.

bekanntlich (noch) nicht ratifizierten VVE verankert, wonach durch Europäische Rahmengesetze, die eine Entsprechung zu der bisherigen Richtlinien bilden[776], Mindestvorschriften zur Festlegung von Straftaten und Strafen in Bereichen besonders schwerer Kriminalität, darunter auch der Geldwäsche und der organisierten Kriminalität, normiert werden. Vorausgesetzt wird dabei jedoch, dass die Taten aufgrund der Art oder der Auswirkungen der Straftaten oder aufgrund einer besonderen Notwendigkeit, sie von gemeinsamen Grundlagen ausgehend zu bekämpfen, eine grenzüberschreitende Dimension haben.

II. Rechtsgüterschutz in Art. 299 KK

Zu den Aufgaben des Strafrechts gehört der Schutz der Rechtsgüter im Lichte des Ultima-Ratio-Pinzips[777]. Die Rechtsgutsbestimmung, die sich zumindest indirekt aus dem Wortlaut der jeweiligen Strafrechtsnorm ergibt, dient zur klaren Festlegung strafbarer Handlungsweisen, um auf diese Weise die Rechtssicherheit zu gewährleisten[778]. Eine strafbarkeitsbegrenzende Funktion kommt der Rechtsgutsbestimmung insofern zu, als nur solche Verhaltensweisen bestraft werden sollten, die den Schutz des Rechtsguts beeinträchtigen. Zu prüfen ist daher, welche Rechtsgüter in der polnischen Normierung der Strafbarkeit der Geldwäsche im Vordergrund stehen.

Im Gegensatz zur deutschen Literatur, wo allgemein hervorgehoben wird, dass sich kein einzelnes, eindeutig bestimmbares Rechtsgut des deutschen Geldwäschetatbestandes (§ 261 StGB) festlegen lässt[779], deutet die Formulierung des Art. 299 KK darauf hin, dass durch diese Vorschrift mehrere einzelne Rechtsgüter geschützt werden sollen. Das primär geschützte Rechtsgut bildet nach der heutigen Fassung dieser Norm inhaltlich das redliche und ehrliche Funktionieren des Wirtschaftsverkehrs[780]. Es hat die Auf-

---

[776] Vgl. Art. I-33 Abs. 1 VVE.

[777] Vgl. z. B. *Jakobs*, Strafrecht AT, § 2 Rn. 7 ff.; *Roxin*, Strafrecht AT, Band 1, § 2, Rn. 1, 38 ff.

[778] Vgl. *Gentzik*, Die Europäisierung, S. 69.

[779] Vgl. *Braum*, Europäische Strafgesetzlichkeit, S. 537 f.; *Burr*, Geldwäsche, S. 27; *Gentzik*, Die Europäisierung, S. 74; *Höreth*, Die Bekämpfung S. 89; *Tröndle/Fischer*, Kommentar zum StGB, § 261 Rn. 2 ff. Kritisch dazu *Winkler K.*, Strafbarkeit des Strafverteidigers, S. 190. Ausführliche Erörterungen zum Rechtsgut des § 261 StGB siehe bei *Dionyssopoulou*, Der Tatbestand, S. 49 ff.; *Leip*, Der Straftatbestand, S. 44 ff. In diesem Sinne auch *Knorz*, Der Unrechtsgehalt, S. 119 ff.

[780] Dies entspricht auch den Grundsätzen des *Gesetzes von 2000* (vgl. Kapitel 3 § 3 Punkt IV. 3. dieser Arbeit), das die neueste Initiative auf dem Gebiet der Geldwäschebekämpfung darstellt und einige Änderungen der Vorschrift des Art. 299 §§ 1, 2 und 7 KK einführt.

gabe, die Einschleusung der unerlaubt erworbenen Vermögenswerte in einer möglichst frühen Phase zu verhindern[781]. Im Vordergrund steht also der Präventionsgedanke.

Diese Tendenz war insbesondere aus der ursprünglichen Fassung des Geldwäschetatbestandes im *Gesetz über den Schutz des Wirtschaftsverkehrs und die Änderung einiger Vorschriften des Strafrechts von 1994*[782] ersichtlich, wonach im Rahmen des subjektiven Tatbestandes vorausgesetzt wurde, dass der Täter zum Zweck der Einführung des illegal erlangten Geldes in den legalen Wirtschaftsverkehr handelte[783]. Auf diese Voraussetzung verzichtete man jedoch bei der ausdrücklichen Regulierung des Phänomens der Geldwäsche im polnischen Strafgesetzbuch[784]. Somit reicht nach der heutigen Rechtslage das Handeln mit Eventualvorsatz für die Bestrafung wegen Geldwäsche aus. Die illegale Herkunft der Geldmittel muss dem Täter jedoch bewusst sein[785].

Die Ausdehnung der bereits geltenden polnischen Vorschrift auf die Tathandlungen der Bankangestellten oder Mitarbeiter eines Finanz- oder Kreditinstituts deutet darauf hin, dass hier der Schutz des Finanzsystems, insbesondere des Banksektors, bezweckt wird[786]. In Anbetracht der Bedeutung der Finanzinstitutionen für das korrekte Funktionieren des Wirtschaftsverkehrs sowie für den Umfang der Ausnutzung des Wirtschaftskreislaufs zum Zwecke der Geldwäsche, erscheint ein solcher Schutz auch durchaus geboten. Der Missbrauch der Finanzinstitutionen zum Zwecke der Geldwäsche resultiert nämlich in einem Verlust ihres Ansehens und des Vertrauens der Öffentlichkeit[787]. Darüber hinaus stellt die Ausnutzung des Wirtschaftsverkehrs zur Verheimlichung und Verwendung der aus kriminellen oder nicht ermittelbaren Quellen stammenden Vermögenswerte eine Beeinträchtigung der Grundsätze des legalen Wirtschaftskreislaufs dar, die insbesondere durch das *Gesetz über die Wirtschaftstätigkeit von 1999*[788] sowie durch das *Gesetz über die Bekämpfung des unlauteren Wettbewerbs*[789] gewährleistet werden.

---

[781] So *Prengel*, Środki, S. 302.

[782] Siehe näher Kapitel 3 § 3 Punkt IV. 1. der vorliegenden Untersuchung.

[783] Vgl. Art. 5 § 1 des Gesetzes.

[784] Vgl. die heute geltende Fassung des Art. 229 § 1 KK.

[785] Vgl. *Górniok*, Zmiany, S. 129; *Pracki*, Przestępstwa gospodarcze, S. 153; *Szmaj*, Prawo Bankowe 2/1999, S. 90 f.; *Wyrzykowska*, Prok. i Pr. 11-12/1999, S. 98.

[786] So *Jasiński*, Pranie, S. 27. Vgl. auch *Prengel*, Środki, S. 298.

[787] Siehe näher *Prengel*, Środki, S. 300.

[788] Ustawa: Prawo działalności gospodarczej (*Gesetz über die Wirtschaftstätigkeit*) vom 19.11.1999, Dz. U. (*Gesetzblatt*) 1999, Nr. 101, Pos. 1178 mit späteren Änderungen, vgl. näher Kapitel 3 § 3 Punkt I. 7. der vorliegenden Untersuchung.

[789] Ustawa o zwalczaniu nieuczciwej konkurencji (*Gesetz über die Bekämpfung des*

Der Wirtschaftsverkehr dient nämlich der Vermehrung von Gütern auf eine legale Art und Weise[790]. Demnach wird der im deutschen Schrifttum vertretenen Ansicht[791], der Schutz der legalen Wirtschaft sei nur ein vage beschreibbares Universalrechtsgut, das sich wegen seiner ungenau umrissenen Form als Rechtsgut des Geldwäschetatbestandes nicht eignet[792], in Polen nicht gefolgt.

Die Begründung für die Heranziehung des Wirtschaftsverkehrs als primäres Schutzobjekt im polnischen Geldwäschestrafrecht liegt nicht nur in der Stellung dieser Vorschrift im polnischen Strafgesetzbuch unter den Straftaten gegen den Wirtschaftsverkehr, sondern auch darin, dass die Geldwäsche den Wirtschaftsverkehr in verschiedener Hinsicht gefährdet[793]. Zum einen

unlauteren Wettbewerbs) vom 16.04.1993, Dz. U. (*Gesetzblatt*) 2003, Nr. 153, Pos. 1503 mit späteren Änderungen.

[790] So Zawłocki, MP 8/2004, S. 367. Vgl. auch *Filipkowski*, Zwalczanie, S. 102 f.

[791] Dabei wird gefragt, ob nur tatsächliche Eingriffe in die legale Wirtschaft verhindert werden sollen, oder ob bereits das bloße Vertrauen in die Integrität des Finanzkreislaufs zu schützen ist. Bei der Annnahme der zweiten Alternative müsste schon die abstrakt bestehende Vertrauensgefährdung bestraft werden, vgl. dazu *Gentzik*, Die Europäisierung, S. 67 ff. Siehe ferner *Leip*, Der Straftatbestand, S. 45 f.; *Höreth*, Die Bekämpfung, S. 96; *Oswald*, Die Implementation, S. 62; *Schittenhelm*, Alte und neue Probleme der Anschlussdelikte im Lichte der Geldwäsche, in: Lenckner – FS, S. 528; *Spiske*, Pecunia olet?, S. 97 f.; *Winkler K.*, Strafbarkeit des Strafverteidigers, S. 189. Anders *Lampe*, nach dessen Meinung das geschützte Rechtsgut des § 261 StGB der legale Wirtschafts- und Finanzkreislauf darstellt, der „vor Durchmischung mit illegalen Vermögenswerten bewahrt werden muss“, vgl. *Lampe*, JZ 1994, S. 125 f.; siehe auch *Schönke/Schröder/Stree*, StGB-Kommentar, § 261, Rn. 1. Ein derartiger Hintergrund der Strafdrohung des § 261 StGB lässt sich allerdings dem Gesetzeswortlaut nicht entnehmen.

[792] In diesem Zusammenhang wird der Mangel an begrifflicher Klarheit des weitgefassten Wirtschaftsschutzes hervorgehoben, so dass sich der Anwendungsbereich und die Grenzen des Geldwäschetatbestandes nur schwer herleiten lassen. Daraus folgt, dass eine präzise Festlegung des Rechtsgutes praktisch unmöglich ist, was weiterhin zu einer unnützen und grenzenlosen Ausdehnung des Tatbestandes unter dem Deckmantel eines effektiven Rechtsgüterschützes führen kann. Die Möglichkeit der präzisen Bestimmung ist nämlich nicht nur im Hinblick auf die Kriminalisierung bestimmter Verhaltensweisen von erheblicher Bedeutung; vielmehr bildet sie eine Schutzfunktion für denjenigen, dessen Handeln sich unter das missbilligte Verhalten nicht einordnen lässt. Eine zu weite Ausdehnung des Geldwäschetatbestandes verhindert diesen Schutz. Weiterhin wird der Schutz der Rechtsgüter sowie die wirksame Bekämpfung der missbilligten Verhaltensweisen erheblich erschwert. Es besteht mithin die Gefahr einer weitreichenden Verhaltenskriminalisierung. Überdies lässt sich diese Schutzrichtung auch aus den Gesetzesmaterialien nicht entnehmen, vgl. BT-Drucksache 12/989, S. 26 f.; siehe auch *Gentzik*, Die Europäisierung, S. 74 f. Nach *Kargl* wäre dies auch nicht sachgerecht, da das im § 261 StGB vorgesehene Ausmaß der Geldwäschebekämpfung ebenso für eine Gefährdung der Funktionsfähigkeit der Wirtschaft geeignet ist, siehe *Kargl*, NJ 2001, S. 60; vgl. ferner *Winkler K.*, Strafbarkeit des Strafverteidigers, S. 189.

[793] Vgl. *Hajduk*, Nowe ujęcie przepisów Art. 299 K.K. penalizującego wprowadza-

handelt es sich um die Ermöglichung der Beteiligung am Wirtschaftsverkehr für solche Personen, die ihre Gewinne aus illegalen Quellen erlangen; zum anderen können verbrecherische Organisationen durch die Ausübung der geldwäscheanfälligen Tätigkeiten wichtige Bereiche der Wirtschaft unter ihre Kontrolle bringen, was zur Destabilisierung des Wirtschaftskreislaufs führen kann. Die Vorschrift schützt also den Wirtschaftsverkehr gegen dessen Ausnutzung für verbrecherische Zwecke, insbesondere durch kriminelle Organisationen, und damit gegen die Verheimlichung der Tatspuren[794]. Ferner wird die Sicherung der Möglichkeit der Feststellung der kriminellen Herkunft der illegal erlangten Vermögenswerte und gegebenenfalls der Anordnung ihres Verfalls angestrebt.

In diesem Zusammenhang taucht jedoch die Frage nach der Beurteilung eines Falles auf, in dem eine bestimmte Handlung den Tatbestand der Geldwäsche zwar erfüllt, den Wirtschaftsverkehr aber auf keine Weise beeinträchtigt[795]. Da es hier an einer Rechtsgutsverletzung, die ein ungeschriebenes Tatbestandsmerkmal dieser Norm darstellt, fehlt, ist die Strafbarkeit wegen Geldwäsche in einem solchen Fall ausgeschlossen[796]. Denkbar wäre allenfalls die Strafbarkeit wegen Hehlerei (Art. 291 KK) bzw. Strafvereitelung (Art. 239 KK).

Als weitere durch die Norm des Art. 299 KK geschützte Rechtsgüter sind die Rechtspflege und die durch die jeweilige Vortat beeinträchtigten Rechtsgüter zu nennen[797].

Die Rechtspflege wird als ein Rechtsgut der genannten Vorschrift durch die Kriminalisierung der Vereitelung oder Erschwerung der Feststellung der kriminellen Herkunft der illegal erworbenen Mittel, ihrer Lokalisierung, ihrer Aufdeckung, ihrer Beschlagnahme oder der Anordnung des Verfalls

---

nie do obrotu pieniędzy pochodzących z nielegalnych źródeł, in: *Bojarski T./Skrętowicz* (Hrsg.), S. 46; *Sawicki*, Prokurator, 2/2006, S. 66; *Weigend E./Wróbel*, ZStW 108 (1996), S. 419; *Wróbel*, in: *Zoll* (Hrsg.), S. 339.

794 So *Stefański R. A.*, Przestępstwo „prania pieniędzy" w polskim prawie karnym, in: Górniok – FS, S. 164. Siehe auch *Prengel*, Środki, S. 295 ff.; *Stępień T./Stępień K.*, Przestępstwa, S. 49; *Wróbel*, in: *Zoll* (Hrsg.), S. 339.

795 Gemeint ist z. B. eine solche Situation, in der die auf verbrecherischer Weise erlangten Geldmittel ausschließlich für eigene Zwecke verwendet werden, siehe dazu *Stefański J. T.*, Palestra 7-8/1997, S. 39; *Weigend E./Wróbel*, ZStW 108 (1996), S. 421.

796 Zur zusammenfassenden Darstellung der Dogmatik des Rechtsgutbegriffes und -schutzes siehe *Prengel*, Środki, S. 283 ff.

797 Vgl. *Hajduk*, Nowe ujęcie przepisów Art. 299 K.K. penalizującego wprowadzanie do obrotu pieniędzy pochodzących z nielegalnych źródeł, in: *Bojarski T./Skrętowicz* (Hrsg.), S. 46; *Jasiński*, Pranie, S. 27; *Stępień T./Stępień K.*, Przestępstwa, S. 49; *Zakrzewski*, MP 12/1997, S. 486; *Zawlocki*, MP 8/2004, S. 367.

(Art. 299 § 1 KK) sowie durch die Kriminalisierung der Hilfeleistung zu den aufgeführten Tathandlungen (Art. 299 § 2 KK) geschützt[798]. Da eine wirksame Bekämpfung der Geldwäsche nur auf der internationalen Ebene möglich ist, kommt hier der umfassende Schutz aller durch dieses Phänomen gefährdeten Rechtsordnungen in Betracht[799].

Eine andere Ansicht wird dazu allerdings im deutschen Schrifttum vertreten. Danach sei auch die Rechtspflege ein sehr unbestimmter Begriff und eigne sich deswegen nur in begrenztem Ausmaß für die präzise Bezeichnung des Rechtsgutes des Geldwäschetatbestandes, insbesondere weil dieses Rechtsgut dem Geldwäschetatbestand nicht im vollen Maße genüge[800]. Der deutschen Lehre entsprechend lässt sich der Norm lediglich der Schutz der inländischen staatlichen Rechtspflege in ihrer präventiven Funktion, die Gesamtheit von Straftaten zu beseitigen, entnehmen[801]. Dies kann man auch aus dem erklärten Willen des Gesetzgebers ableiten[802], wonach es bei der Geldwäschevorschrift einerseits um die Sicherstellung und Einziehung bzw. Anordnung des Verfalls bemakelter Gegenstände und andererseits um ein Aufrechterhalten der sog. Papierspur gehe, was den Strafverfolgungsbehörden eine Rekonstruktion der Finanzoperationen und den Zugriff auf die Vortäter ermögliche[803].

Die Geldwäschebekämpfung umfasst nicht nur die Verhinderung des Wa-

---

798 Vgl. *Bojarski M.* u. a. (Hrsg.), Kodes karny. Komentarz, S. 817; *Filipkowski*, Zwalczanie, S. 104; *Hajduk*, Nowe ujęcie przepisów Art. 299 K.K. penalizującego wprowadzanie do obrotu pieniędzy pochodzących z nielegalnych źródeł, in: *Bojarski T./ Skrętowicz* (Hrsg.), S. 46; *Jasiński*, Pranie, S. 27; *Prengel*, Środki, S. 305 f.; *Stefański J. T.*, Palestra 7-8/1997, S. 39; *Weigend E./Wróbel*, ZStW 108 (1996), S. 419; *Wróbel*, in: *Zoll* (Hrsg.), S. 339 f.; *Zawłocki*, MP 8/2004, S. 367. Kritisch dazu *Stefański*, dessen Ansicht zufolge der Schutz der Rechtsordnung ein allgemeines Schutzobjekt aller Strafnormen darstellt, siehe *Stefański R. A.*, Przestępstwo „prania pieniędzy“ w polskim prawie karnym, in: Górniok - FS, S. 164.

799 Vgl. *Prengel*, Środki, S. 304.

800 Vgl. *Burr*, Geldwäsche, S. 12 ff.; *Gentzik*, Die Europäisierung, S. 72 ff.; *Schittenhelm*, Alte und neue Probleme der Anschlussdelikte im Lichte der Geldwäsche, in: Lenckner - FS, S. 527 f.; *Winkler K.*, Strafbarkeit des Strafverteidigers, S. 184 ff., 190 f.

801 Vgl. BT-Drucksache 12/989, S. 27; 12/3533, S. 11. Siehe auch *Bottke*, wistra 1995, S. 123 f.; *Carl*, wistra 1991, S. 293; *Egger Tanner*, Die strafrechtliche Erfassung, S. 17; *Gentzik*, Die Europäisierung, S. 74; *Kargl*, NJ 2002, S. 61; *Knorz*, Der Unrechtsgehalt, S. 126 ff.; *Lackner/Kühl*, StGB-Kommentar, § 261, Rn. 1; *Lampe* JZ 1994, S. 125; *Otto*, Jura 1993, S. 330; *Ruß*-LK, § 261, Rn. 4; *Schönke/Schröder/Stree*, StGB-Kommentar, § 261, Rn. 1; *Spiske*, Pecunia olet?, S. 98 f.

802 Vgl. BR-Drucksache 507/92, S. 24.

803 Vgl. *Bussenius*, S. 51 f.; *Kargl*, NJ 2002 S. 61; *Leip*, Der Straftatbestand, S. 51 f.; *Schittenhelm*, Alte und neue Probleme der Anschlussdelikte im Lichte der Geldwäsche, in: Lenckner - FS, S. 527.

schens illegal erlangter Vermögenswerte, sondern auch die Bekämpfung der Straftaten, aus denen die zu waschenden Geldmittel stammen und deren Quelle in den meisten Fällen die organisierte Kriminalität ist[804]. Da das Wesen des Phänomens der Geldwäsche auch in der „Legitimation“ der Vortat besteht, wird die Bedeutung des Art. 299 KK für den Schutz der Rechtsgüter hervorgehoben, die durch diese Vortaten beeinträchtigt wurden. Die näheren Bezeichnungen der Geldmittel in § 1 des Art. 299 KK sowie die in der ursprünglichen Fassung enthaltene beispielhafte Aufzählung der Straftaten weisen darauf hin, dass diese Vorschrift den durch andere Strafnormen garantierten Schutz mehrerer Rechtsgüter verstärkt[805]. Indem die Beteiligung an einer organisierten Gruppe oder Vereinigung (Art. 258 KK) ein Vergehen ist, das zu den Straftaten gegen die öffentliche Ordnung gehört (Kapitel XXXII des KK), wird die öffentliche Ordnung als eines der durch die Geldwäschevorschrift mittelbar geschützten Rechtsgüter eingestuft[806].

Da fremdes Vermögen in Form eines aus einer Straftat herrührenden Vorteils ein Tatobjekt der Geldwäsche darstellt, wird durch Art. 299 KK auch das Rechtsgut des Vermögens geschützt, wobei damit sowohl die Vermögensinteressen der durch die Vortaten Benachteiligten als auch die Vermögensinteressen der an dem Wirtschaftsverkehr Beteiligten gemeint sind[807]. Insoweit kommt dem Art. 299 KK auch eine kumulative Schutzrichtung im Hinblick auf die dort genannten Vortaten zu, wodurch der Schutz bezüglich der eigentlichen Geldwäschehandlungen verstärkt wird und neben den dortigen Rechtsgüterschutz tritt. Dieser mittelbare Schutz kommt dadurch zum Ausdruck, dass Art. 299 KK die Verwendung der auf illegale Weise erlangten

---

[804] Vgl. *Egger Tanner*, Die strafrechtliche Erfassung, S. 17 f.; *Stefański J. T.*, Palestra 7-8/1997, S. 38 f.; *Zawlocki*, MP 8/2004, S. 367.

[805] Vgl. *Górniok*, Prawo karne gospodarcze. Komentarz, S. 38; *Hajduk*, Nowe ujęcie przepisów Art. 299 K.K. penalizującego wprowadzanie do obrotu pieniędzy pochodzących z nielegalnych źródeł, in: *Bojarski T./Skrętowicz* (Hrsg.), S. 46; *Wróbel*, in: *Zoll* (Hrsg.), S. 340. Anders *Prengel*, nach dessen Meinung eine solche Auslegung zur doppelten Behandlung der durch die Vortaten beeinträchtigten Rechtsgüter führt, was dem Sinn und Zweck der Geldwäschenorm widerspricht. Die Grundlage dieser Ansicht bilden in erster Linie die in der deutschen Lehre zu dieser Problematik entwickelten Grundsätze, vgl. *Prengel*, Środki, S. 311 f. Im polnischen Schrifttum haben sie jedoch bisher keine weiteren Befürworter gefunden.

[806] Im polnischen Schrifttum wird auch die Ansicht vertreten, dass die Normierung der Geldwäscheproblematik im Kapitel XXXVI „Straftaten gegen den Wirtschaftsverkehr“ des KK verfehlt ist. Angesichts der Beurteilung der möglichen Folgen dieses Phänomens sowie der Analyse der internationalen Rechtsakte auf diesem Gebiet wäre es durchaus begrüßenswert, diese Norm als eine Straftat gegen die öffentliche Ordnung (Kapitel XXXII des KK) und die innere Sicherheit als deren Rechtsgut zu qualifizieren, vgl. dazu *Prengel*, Środki, S. 299, 306 f.

[807] Siehe näher *Prengel*, Środki, S. 307 ff.; *Zawlocki*, in: *Wąsek* (Hrsg.), S. 1209 f.

Geldmittel und die Verheimlichung ihrer kriminellen Herkunft zu vereiteln sucht. Daher lässt sich feststellen, dass das vorrangige Ziel des Art. 299 KK in einer Vereitelung der Gewinnabschöpfung zu sehen ist.

Eine solche Auffassung widerspricht allerdings in wesentlichen Punkten einigen Ansichten in der deutschen Lehre, wo zum Teil hervorgehoben wird, dass durch die Geldwäschevorschrift (§ 261 StGB) keineswegs das durch die Vortat verletzte Rechtsgut geschützt werde, sondern vielmehr die künftig gefährdeten Rechtsgüter und damit die innere Sicherheit des Staates[808]. Somit geht es nach diesen Stimmen im deutschen Schrifttum weniger um die Verfolgung von Straftaten, als um die Erschwerung und Verhinderung künftiger Verbrechen, das Abschöpfen von Verbrechenserlösen und die Isolierung des Täters[809]. In diesem Zusammenhang taucht jedoch wieder das Problem auf, dass es sich bei der inneren Sicherheit einerseits um ein Universalrechtsgut handelt, dessen Grenzen sich schwer bestimmen lassen, andererseits dass das gesamte Strafrecht dem Schutz der inneren Sicherheit dient. Darüber hinaus lässt sich hinsichtlich der inneren Sicherheit als zu schützendem Rechtsgut auch kein konkreter Hinweis in den Gesetzesmaterialien finden. Die wohl h. M. in Deutschland nimmt jedoch an, dass das Rechtsgut des sog. Isolierungstatbestandes[810] des § 261 Abs. 2 StGB, ähnlich wie bei § 257 StGB, *auch* das durch die Vortat verletzte Rechtsgut umfasst[811]. Begründet wird dies mit der abschließenden Aufzählung der in § 261 Abs. 1 Ziffer 1-4 StGB genannten Vortaten[812].

---

808 Vgl. *Barton*, StV 1993, S. 160; *Burr*, Geldwäsche, S. 13; *Leip*, Der Straftatbestand, S. 56. Zusammenfassend *Winkler K.*, Strafbarkeit des Strafverteidigers, S. 186 f.

809 Vgl. *Barton*, StV 1993, S. 160; *Bussenius*, Geldwäsche, S. 52 f. m. w. N.; *Höreth*, Die Bekämpfung, S. 95; *Knorz*, Der Unrechtsgehalt, S. 129 f.; *Körner/Dach*, Geldwäsche, S. 13.

810 Im deutschen Schrifttum werden die im Tatbestand des § 261 StGB beschriebenen Verhaltensweisen in drei Kategorien unterteilt. Das Verbergen bzw. Verschleiern der Herkunft laut § 261 Abs. 1 StGB wird als Verschleierungstatbestand bezeichnet. Weiterhin ist der Vereitelungs- bzw. Gefährdungstatbestand zu nennen, d. h. das Vereiteln oder Gefährden der Ermittlung der Herkunft, des Auffindens, des Verfalls, der Einziehung oder der Sicherstellung inkriminierter Gegenstände (§ 261 Abs. 1 StGB). Als die dritte Kategorie gilt der Isolierungstatbestand, der im Verschaffen, Verwahren oder Verwenden eines solchen Gegenstandes besteht (§ 261 Abs. 2 StGB).

811 Vgl. *Bottke*, wistra 1995, S. 124; *Egger Tanner*, Die strafrechtliche Erfassung, S. 17 f.; *Hetzer*, NJW 1993, S. 3299; *Hoyer*-SK, § 261, Rn. 1; *Lackner/Kühl*, StGB-Kommentar, § 261, Rn. 1; *Leip*, Der Straftatbestand, S. 51 ff.; *Oswald*, Die Implementation, S. 62 f.; *Ruß*-LK, § 261, Rn. 4; *Salditt*, StraFo 1992, S. 121 f.; *Schönke/Schröder/Stree*, StGB-Kommentar, § 261, Rn. 1; *Spiske*, Pecunia olet?, S. 95, 98. Kritisch dazu *Otto*, Jura 1993, S. 331.

812 Eine andere Meinung vertritt *Oswald*, deren Ansicht zufolge der eindeutige Wort-

III. Harmonisierungsgrad hinsichtlich des Rechtsgüterschutzes

Um das Ergebnis an dieser Stelle vorwegzunehmen: Es lässt sich ein durchaus vergleichbarer Rechtsgüterschutz in der dritten Geldwäscherichtlinie und in der polnischen Norm feststellen. Denn aus den bisherigen Überlegungen folgt, dass durch die Geldwäscherichtlinie der Schutz der Integrität und Stabilität der Kredit- und Finanzinstitute und damit der gesamten legalen Wirtschaft, insbesondere auch der Schutz vor dem Missbrauch zur Terrorismusfinanzierung, gewährleistet werden soll, wobei der Begriff der Finanzinstitute im Vergleich zu der Geldwäscherichtlinie von 2001 auf weitere Institutionen ausgedehnt wurde[813]. Eine zumindest ähnliche Schutzrichtung ergibt sich auch aus der Formulierung des Art. 299 KK.

Den einzigen wesentlichen Unterschied in diesem Bereich bildet lediglich die Berücksichtigung des Einsetzens von rechtmäßig erworbenen Vermögensgegenständen zur Finanzierung des Terrorismus. Während ein solcher Fall nach den Regelungen der dritten Geldwäscherichtlinie die Annahme einer Geldwäsche begründen soll[814], muss er mangels einer hinreichenden Rechtsgrundlage außerhalb des Anwendungsbereichs der polnischen Regelung bleiben.

Trotz dieser Abweichung kann angenommen werden, dass die Ziele des polnischen Geldwäschetatbestands im Hinblick auf den Wirtschaftsverkehr als primären Schutzzweck mit den europäischen Vorgaben im Wesentlichen übereinstimmen.

Die Geldwäscherichtlinie zielt weiterhin auf den Schutz der legalen Wirtschaft vor der organisierten Kriminalität, was wiederum durch die Bekämpfung der Geldwäsche erfolgen soll. Der Zweck einer solchen Begrenzung, der in der strafrechtlichen Erfassung der für den legalen Wirtschaftsverkehr tatsächlich *gefährlichen* Geldwäschehandlungen liegt, wurde schon in der Geldwäscherichtlinie von 1991 zum Ausdruck gebracht. Unbestreitbar bleibt zunächst, dass die organisierte Kriminalität im Hinblick auf ihren internationalen Charakter und Umfang eine solche Gefahr darstellt. Die polnische Geldwäschevorschrift beinhaltet allerdings keine derartige Einschränkung. Es wird zwar in der polnischen Literatur darauf hingewiesen, dass die organisierte Kriminalität eine Quelle der Straftaten darstellt, aus denen die zu waschenden Geldmittel stammen. Im polnischen Schrifttum hat sich jedoch die Idee der Anwendung des Geldwäschetatbestandes nur für die direkte

laut des § 261 StGB gegen die oben dargestellte Ansicht spricht, vgl. *Oswald*, Die Implementation, S. 62.

813 Vgl. Art. 3 Nr. 2 der dritten Geldwäscherichtlinie.

814 Vgl. Art. 1 Abs. 4 der dritten Geldwäscherichtlinie.

Bekämpfung der organisierten Kriminalität nicht durchgesetzt. Aus der Fassung des Art. 299 KK lässt sich ein solcher Bezug jedenfalls nicht ableiten. Denn als Vortaten werden auch solche Delikte genannt, die offenkundig nicht im Zusammenhang mit der organisierten Kriminalität begangen worden sein müssen.

Die Rechtsgutskonzeption sowohl der bisher geltenden Geldwäscherichtlinie von 2001 als auch der neuen Geldwäscherichtlinie von 2005 bezüglich der Bekämpfung der organisierten Kriminalität wurde somit vom polnischen Gesetzgeber nicht deckungsgleich übernommen. Denn die von Art. 299 KK in den Blick genommenen Rechtsgüter sind nicht auf den Schutz vor organisiertem Verbrechen begrenzt. Der Anwendungsbereich der Vorschrift geht erheblich weiter.

Für eine solche Lösung könnte lediglich die Konsequenz der Annahme einer der Geldwäscherichtlinie entsprechenden Einschränkung sprechen, indem die Straftaten, bei denen eine Verbindung zur organisierten Kriminalität nicht bestünde, außerhalb des Anwendungsbereichs des Art. 299 StGB bleiben müssten. Positiv wäre dies allerdings nur im Hinblick auf das Bestimmtheitserfordernis nach Art. 42 Abs. 1 der polnischen Verfassung zu bewerten[815].

Gegen eine solche Begrenzung der Schutzrichtung müsste aber vor allem eingewendet werden, dass der Begriff der organisierten Kriminalität nicht eindeutig definierbar ist, so dass sich die hier diskutierte Einschränkung lediglich auf die mit der organisierten Kriminalität zusammenhängenden Straftaten praktisch nicht durchführen lässt. Die Einordnung eines Verhaltens unter jenen Begriff wäre zwar mit Hilfe der Vertypung von Deliktsarten und Begehungsweisen grundsätzlich möglich. Diese Methode ist jedoch für eine präzise Rechtsgutsbestimmung nicht ausreichend. Mangels einer anderen Präzisierungsmöglichkeit eignet sich das Kriterium des Schutzes vor organisierter Kriminalität daher für die genaue Bestimmung des Rechtsgutes des Geldwäschetatbestandes nicht. Überdies würden mit dieser Einschränkung die Ziele eines Geldwäschetatbestandes nicht ausreichend erfüllt. Umfasst sein sollen doch insbesondere auch die Korruption und die Wirtschaftsstraftaten, die nicht in jedem Fall im Zusammenhang mit der organisierten Kriminalität stehen.

Spannungen zu den europäischen Vorgaben sind ferner auch in Bezug auf den Schutz der Rechtspflege sowie auf die durch die jeweilige Vortat beeinträchtigten Rechtsgüter vorhanden. Bei der Geldwäscherichtlinie steht

---

[815] Vgl. auch Art. 103 Abs. 2 GG.

die Wahrung von Allgemeininteressen im Vordergrund, wobei die Vortaten aus Art. 299 § 1 KK jedoch auch Individualinteressen verletzen können. Im Gegensatz zur Schutzrichtung der polnischen Geldwäschevorschrift wird somit nach der Geldwäscherichtlinie der Vortatbezug und damit die Vertiefung des Schadens für das durch die jeweilige Vortat der Geldwäsche geschütztes Rechtsgut nicht im Vordergrund stehen.

Zu erwähnen bleibt schließlich, dass ein allgemeiner Schutz der Rechtspflege unter Einbeziehung von Strafverfolgungsinteressen von der Geldwäscherichtlinie ebenso wenig gefordert wird. Dies wäre auch in kompetenzrechtlicher Hinsicht unzulässig[816].

Zusammenfassend lässt sich daher feststellen, dass der Rechtsgüterschutz des polnischen Geldwäschetatbestandes erheblich über die europäischen Vorgaben hinausgeht. Ein jedenfalls teilweise einheitlicher Rechtsgüterschutz wurde damit jedoch jedenfalls erreicht, womit die Harmonisierungsforderung insoweit als erfüllt, sogar als übererfüllt angesehen werden kann.

§ 3. Rechtsharmonisierung hinsichtlich des objektiven Tatbestandes

I. Vortat

Geldwäsche ist als ein an bestimmten Vortaten orientierter Tatbestand konzipiert[817]. Dies ergibt sich aus einer Reihe von internationalen Übereinkommen im Bereich der Geldwäschebekämpfung, deren Anwendungsbereich von Betäubungsdelikten ausgehend allgemein auf die Schwerkriminalität ausgedehnt wurde[818]. Zu prüfen ist deshalb, ob die Vortatenvorgaben des polnischen Geldwäschetatbestands mit den gemeinschaftsrechtlichen Vorgaben auf diesem Gebiet im Einklang stehen.

---

[816] Vgl. *Gentzik*, Die Europäisierung, S. 84. Indem jedoch Art. 1 Abs. 2 lit. a der dritten Geldwäscherichtlinie auf die Verhinderung der Vermeidung nachteiliger Rechtsfolgen einer Tat abzielt, womit auch die Verhinderung staatlicher Zugriffsmöglichkieten bezweckt wird, könnte hier ebenfalls von einem Schutz staatlicher Strafverfolgungsmaßnahmen gesprochen werden.

[817] So auch *Gentzik*, Die Europäisierung, S. 85; *Ligeti*, Strafrecht und strafrechtliche Zusammenarbeit, S. 340.

[818] Gemeint sind hier vor allem die Wiener Drogenkonvention sowie die Straßburger Konvention des Europarates. Zu Bestimmungen einzelner Übereinkommen und der Entwicklung ihres Geltungsbereichs siehe Kapitel 3 § 2 dieser Arbeit.

1. Vortatenvorgaben in der dritten Geldwäscherichtlinie

Die Geldwäscherichtlinie von 2005 beschränkt sich nicht mehr lediglich auf die Drogenkriminalität[819], sondern wurde allgemein auf die Bekämpfung der internationalen Schwerkriminalität erweitert. Eine solche Ausdehnung des Vortatenkatalogs wurde schon mit der Geldwäscheänderungsrichtlinie von 2001 zum Ausdruck gebracht, indem Erlöse nicht nur aus dem Drogenhandel, sondern generell aus der organisierten Kriminalität erfasst wurden[820].

Die Geldwäscherichtlinie setzt voraus, dass die zu waschenden Vermögenswerte aus einer kriminellen Tätigkeit herrühren (vgl. Art. 1 Abs. 2 der dritten Geldwäscherichtlinie). Die kriminelle Tätigkeit wurde als jede Form einer kriminellen Beteiligung an der Begehung einer schweren Straftat definiert (vgl. Art. 3 Nr. 4). Die neue Geldwäscherichtlinie von 2005 modifiziert nicht unerheblich den beispielsweisen Katalog der Straftaten, die als mögliche Vortaten gelten können, und erweitert ihn um terroristische Handlungen (vgl. Art. 3 Nr. 5). Damit fallen unter diesen Begriff zumindest: Terrorismus, Drogendelikte im Sinne der Wiener Drogenkonvention, Handlungen krimineller Organisationen, Betrug, Bestechung sowie andere Straftaten, die mit einer Strafe von mindestens einem Jahr bzw. sechs Monaten bedroht sind.

Darüber hinaus werden auch die Auslandsvortaten erfasst, wobei ohne Bedeutung ist, ob die Vortat in einem anderen Mitgliedstaat der EU oder in einem Drittland begangen wurde (vgl. Art. 1 Abs. 3). Zweckmäßigkeit und Erforderlichkeit einer solchen umfassenden Normierung des Vortatenkatalogs der Geldwäsche besteht in dem grenzüberschreitenden Charakter dieses Phänomens.

2. Fehlende Vortatenvorgaben im polnischen Geldwäschetatbestand

Durch Art. 43 des *Gesetzes von 2000*[821] wurde der in Art. 299 § 1 KK beispielsweise aufgelistete Katalog der Vortaten, die die Grundlage für eine Geldwäsche bilden, ganz aufgehoben[822]. Verzichtet wurde auf die bisheri-

[819] In diesem Sinne siehe insbesondere Art. 3 Abs. 1 lit. a der Wiener Drogenkonvention sowie Art. 1, 5. Spiegelstrich der Geldwäscherichtlinie von 1991; vgl. auch *Ligeti*, Strafrecht und strafrechtliche Zusammenarbeit, S. 340 ff.; *Pracki*, Przestępstwa gospodarcze, S. 154.

[820] Vgl. Art. 1 E der Geldwäscherichtlinie von 2001.

[821] Vgl. Fn. 5.

[822] Anders als im polnischen Strafrecht stellt die deutsche Geldwäschevorschrift einen vortatbezogenen Tatbestand dar, vgl. § 261 Abs. 1 S. 2 StGB. Kritisch zu der deutschen Vortatennormierung *Bottermann*, Untersuchung, S. 35 ff.; *Egger Tanner*, Die straf-

ge Aufzählung der unter diese Norm fallenden Straftaten[823]. Somit erfasst die bereits geltende Fassung dieser Vorschrift jede verbotene Tat, infolge deren ein Vermögensvorteil erlangt wurde[824]. Unter Strafe wurde also jede Handlung gestellt, die die Einführung in den legalen Wirtschaftsverkehr bzw. die Verheimlichung von aus kriminellen Quellen herrührenden Vermögenswerten bezweckt. Daher wurde mit dieser Änderung eine erhebliche Erweiterung der Kriminalisierung der Geldwäsche normiert, was mit der Anpassung der polnischen Rechtsordnung an die gemeinschaftsrechtlichen Vorgaben, insbesondere an die Bestimmungen der Geldwäscheänderungsrichtlinie von 2001 in Verbindung steht[825].

3. Harmonisierungsgrad hinsichtlich der Geldwäschevortatvorgaben

Hinsichtlich der Erfassung der Vortaten kann von einer weitgehenden Harmonisierung der gemeinschaftsrechtlichen Vorgaben und der polnischen Norm gesprochen werden. Art. 299 KK enthält keine Einschränkungen diesbezüglich. Hinweise hinsichtlich der möglichen Begrenzung der Vortaten sind auch in der dritten Geldwäscherichtlinie nicht ersichtlich. Indem die Richt-

---

rechtliche Erfassung, S. 45 ff.; *Gentzik*, Die Europäisierung, S. 87 f.; *Kern*, Geldwäsche, S. 158 ff.; *Werner*, Die Bekämpfung der Geldwäsche in Deutschland, in: *Kahlert* (Hrsg.), S. 89.

[823] Ursprünglich wurden nur Betäubungsmittelhandel, Geld- und Wertpapierfälschung, Lösegelderpressung sowie strafbarer Waffenhandel als Vortaten einer Geldwäsche erfasst, vgl. Art. 5 des *Gesetzes über den Schutz des Wirtschaftsverkehrs und die Änderung einiger Vorschriften des Strafrechts von 1994*. Eine Ausdehnung des Vortatenkatalogs stellte der im Jahre 1997 in das polnische Strafgesetzbuch eingeführte Geldwäschestraftatbestand (Art. 299 KK a. F.) dar, in dem die Verwendung der Formulierung „insbesondere" vor der Aufzählung der Vortaten auf ihren lediglich beispielsweisen Charakter hinwies, vgl. dazu *Górniok* u. a., Kodeks karny. Komentarz, S. 399 f.; *Hajduk*, Nowe ujęcie przepisów Art. 299 K.K. penalizującego wprowadzanie do obrotu pieniędzy pochodzących z nielegalnych źródeł, in: *Bojarski T./Skrętowicz* (Hrsg.), S. 48; *Marek*, Komentarz do KK, Art. 299, S. 611; *Pracki*, Przestępstwa gospodarcze, S. 153 ff.; *Stępień T./Stępień K.*, Przestępstwa, S. 47 f.; *Szmaj*, Prawo Bankowe 2/1999, S. 91.

[824] Dies unterscheidet die polnische Vorschrift von der Geldwäscheregulierung im deutschen Strafrecht (§ 261 StGB), wo als taugliche Vortaten alle Verbrechen und die in § 261 Abs. 1 Satz 2 StGB abschließend aufgezählten Vergehen gelten, wobei ausreichend ist, dass die Katalogvortat als tatbestandsmäßig und rechtswidrig nachgewiesen wird. Ausdrücklich verzichtet wurde hier also auf die Normierung aller rechtswidrigen Taten als möglicher Vortaten einer Geldwäsche. Begründet wurde dies mit dem Bedürfnis, den Katalog der Vortaten nur auf den Bereich schwerwiegender Kriminalität zu beschränken, siehe dazu BT-Drucksache 12/989, S. 27. Vgl. auch z. B. *Carl*, wistra 1991, S. 293; *Burr*, Geldwäsche, S. 59 ff.; *Flatten*, Zur Strafbarkeit von Bankangestellten, S. 62 ff.; *Hoyer*-SK, § 261, Rn. 8; *Körner/Dach*, Geldwäsche, S. 16 ff.; *Lackner/Kühl*, StGB-Kommentar, § 261, Rn. 4 f.; *Leip*, Der Straftatbestand, S. 57 ff.; *Oswald*, Die Implementation, S. 63 f., 67 f.; *Spiske*, Pecunia olet?, S. 101 ff.; *Suendorf*, Geldwäsche, S. 253 f.

[825] Vgl. *Jasiński*, PUG 4/2002, S. 3.

linienvorgaben lediglich einen offenen Vortatenkatalog enthalten, ist davon auszugehen, dass auch weitere Straftaten als mögliche Vortaten benannt werden können. Eine solche Vortatennormierung steht jedoch im Ermessen der Mitgliedstaaten. Die vollständige Aufhebung des Vortatenkatalogs durch den polnischen Gesetzgeber bleibt somit vollkommen innerhalb des durch die Richtlinienvorgaben zugelassenen Rahmens[826].

Schwierigkeiten bereiten jedoch Fälle, in denen die Vortat im Ausland begangen wird. Laut Art. 1 Abs. 3 der Geldwäscherichtlinie spielt es für die Annahme einer Geldwäsche keine Rolle, ob die Vortat in einem anderen Mitgliedstaat oder in einem Drittland begangen wurde. Stellt man, wie nach der deutschen Regelung, auf die Strafbarkeit der Vortat im Ausland ab[827], so muss zwischen zwei Situationen unterschieden werden.

Erstens kommen solche Fälle in Betracht, in denen die Vortat von einem polnischen Bürger im Ausland begangen wird. Diese Fälle sind jedoch insofern unproblematisch, als nach dem Bürgerschaftsprinzip (Art. 109 KK) das polnische Strafgesetz für jeden polnischen Bürger gilt, der im Ausland eine Straftat begangen hat. Vorausgesetzt wird jedoch, dass diese Tat auch nach dem am Tatort geltenden Gesetz als eine Straftat angesehen wird (Art. 111 § 1 KK)[828]. Diese Voraussetzung doppelter Strafbarkeit muss sich also auf eine verbotene Tat beziehen, aus der die in Art. 299 § 1 KK bezeichneten Vermögensvorteile stammen. Erst falls diese bejaht wird, ist das polnische Strafgesetz für den im Ausland handelnden polnischen Vortäter anwendbar.

Die zweite Gruppe bilden Fälle, in denen die Auslandstaten nicht von einem polnischen Bürger begangen werden. In diesem Zusammenhang stellt sich die Frage, ob sie dann auch als Vortaten der Geldwäsche nach Art. 299 KK gelten können. In Betracht käme vor allem Art. 110 KK, der die Strafbarkeit fremder Staatsbürger wegen Auslandstaten gegen inländische Rechtsgüter[829] sowie wegen Auslandstaten mit einem terroristischen Charakter regelt. Es ist jedoch kaum denkbar, dass die in Art. 299 § 1 KK

[826] Zu rechtsstaatlichen Bedenken bezüglich einer solchen schrankenlosen Erfassung aller rechtswidrigen Vortaten siehe Kapitel 5 § 1 Punkt I. der vorliegenden Untersuchung.

[827] Vgl. § 261 Abs. 8 StGB, wonach als Vortat der Geldwäsche auch die im Ausland begangenen strafbaren Handlungen gelten können, wenn sie am Tatort mit Strafe bedroht sind.

[828] Ausgenommen sind Fälle, in denen ein polnischer öffentlicher Amtsträger bei der Dienstausübung im Ausland eine Straftat im Zusammenhang mit der Ausübung seiner Funktionen begangen hat, bzw. bei der Begehung einer Straftat an einem Ort, der keiner Staatsgewalt untersteht (Art. 111 § 3 KK), sowie Fälle aus Art. 112, 113 KK.

[829] Gemeint sind hier die Interessen der Republik Polen, eines polnischen Staatsbürgers, einer polnischen juristischen Person oder einer polnischen Organisationseinheit ohne Rechtspersönlichkeit, vgl. Art. 110 § 1 KK.

normierten verbotenen Taten (Vortaten der Geldwäsche) unter die Voraussetzungen dieser Vorschrift fallen können. Die Geldwäschevortaten beziehen sich nämlich ausschließlich auf das Erlangen bestimmter Vermögensvorteile und sind somit auf die Verletzung der in Art. 110 § 1 KK genannten Rechtsgüter eher nicht zugeschnitten. Art. 110 § 2 KK bleibt im Hinblick auf die in der polnischen Geldwäschenorm vorgesehene Strafandrohung ebenfalls außer Anwendung.

Die Heranziehung der Geldwäschevorschrift bei der Begehung einer Vortat durch einen fremden Staatsbürger im Ausland könnte sich jedoch aus Art. 112 Pkt. 3 bzw. 5 KK ergeben. Diese Norm sieht die Geltung des polnischen Strafgesetzes sowohl für den polnischen Bürger, als auch für den Bürger eines fremden Staates, unabhängig vom Recht des Tatortes, vor, soweit eine Straftat begangen wurde, die sich gegen wesentliche polnische Wirtschaftsinteressen richtet (Pkt. 3), bzw. aus der ein Vermögensvorteil auf dem Territorium der Republik Polen erlangt wurde (Pkt. 5). Somit können die unter diese Voraussetzungen fallenden Handlungen eines fremden Staatsbürgers im Ausland als verbotene Taten angesehen werden. Es muss jedoch betont werden, dass durch diese Norm nur eine begrenzte Anzahl der im Ausland begangenen Geldwäschevortaten erfasst werden kann. Dies resultiert aus der Einschränkung der Herkunft der Vermögensvorteile nur auf solche, die ausschließlich in Polen erlangt werden (Art. 112 Pkt. 5 KK). Das Erlangen eines Vorteils in einem *anderen* Staat schließt damit die Annahme einer in Art. 299 § 1 KK vorausgesetzten verbotenen Tat aus. Infolgedessen bleibt eine weite Gruppe der möglichen Geldwäschevortaten außerhalb des Anwendungsbereichs der polnischen Geldwäschevorschrift.

Aufgrund der bisherigen Überlegungen liegt der Schluss nahe, dass die Problematik der Auslandsvortaten einem strikten Harmonisierungspostulat unterliegt. Geboten wäre daher die Ergänzung der polnischen Geldwäschenorm mit einer mit Art. 1 Abs. 3 der Geldwäscherichtlinie korrespondierenden Regelung. Mit dem Mangel einer solchen ausdrücklichen Vorschrift im polnischen Strafrecht ist die konkrete Gefahr verbunden, dass eine gewisse Gruppe von geldwäscheanfälligen Vortaten von Art. 299 KK nicht erfasst werden kann. Eine solche Situation ist nicht nur im Hinblick auf die Bekämpfung der Geldwäsche in Polen, sondern ebenfalls im Hinblick auf die internationale Bekämpfung der organisierten Kriminalität durchaus kritisch zu beurteilen.

II. Täterkreis

1. Fehlende Vorgaben in der dritten Geldwäscherichtlinie

Die dritte Geldwäscherichtlinie lässt offen, wer als tauglicher Täter einer Geldwäsche gelten kann. Dies ist auch aufgrund der heute geltenden Geldwäscherichtlinie nicht zu klären. Art. 2 dieses Regelungswerkes stellt ebenfalls keine dafür geeignete Grundlage dar. Die in dieser Regelung aufgezählten Institute und Berufsgruppen bilden lediglich einen Katalog der Institute und Personen, die geldwäscheanfällige Tätigkeiten ausüben und die aus diesem Grunde bei der Ausübung ihrer beruflichen Tätigkeiten allen Verpflichtungen der Geldwäscherichtlinie unterworfen sind. Aus dieser Vorschrift lassen sich jedoch keine Anhaltspunkte für die Bestimmung der Person des Geldwäschers ableiten. Somit ist anzunehmen, dass nach der Geldwäscherichtlinie grundsätzlich jede natürliche Person als tauglicher Täter in Betracht kommt.

Darüber hinaus ist es jedoch fraglich, ob auch der an der Vortat beteiligte Mittäter oder Teilnehmer als Täter einer Geldwäsche bestraft werden kann. Entsprechend den Bestimmungen der geltenden Geldwäscherichtlinie von 2005 ist das nicht ausgeschlossen. Eine in diesem Zusammenhang wesentliche Regelung trifft jedoch die Straßburger Konvention von 1990[830], die es in Art. 6 Abs. 2 b zulässt, den Vortäter von der Geldwäschestrafbarkeit auszunehmen. Diese Regelung ist allerdings nicht zwingend. Die diesbezügliche Entscheidung obliegt daher den Vertragsparteien[831]. Demzufolge ist davon auszugehen, dass grundsätzlich auch der Vortäter wegen Geldwäsche bestraft werden kann[832], allerdings nicht bestraft werden muss.

2. Der Geldwäscher im polnischen Geldwäschetatbestand

Nach der polnischen Geldwäschevorschrift ist jede natürliche Person der Adressat des Geldwäscheverbots. Demnach ist Art. 299 § 1 KK ebenso wie die vergleichbare Norm im deutschen Strafrecht auf alle natürlichen Personen anwendbar. Die beiden Geldwäschevorschriften stellen keine weiteren Anforderungen an die Qualifikation des Täters. Der Täter muss auch

---

[830] Zu dieser Konvention siehe näher Kapitel 3 § 2 Punkt I. 4. B. der vorliegenden Untersuchung.

[831] Die Republik Polen hat die Straßburger Konvention am 10.11.2000 ratifiziert, vgl. Ustawa o ratyfikacji Konwencji o praniu, ujawnianiu, zajmowaniu i konfiskacie dochodów pochodzących z przestępstwa *(Gesetz über die Ratifizierung der Konvention über das Waschen, das Aufspüren, die Beschlagnahme und die Einziehung von Erträgen aus Straftaten)* vom 24.05.2000, Dz. U. (*Gesetzblatt*) 2000, Nr. 53, Pos. 634.

[832] So auch *Gentzik*, Die Europäisierung, S. 96; *Vogel*, ZStW 109 (1997), S. 339.

nicht etwa aus dem Kreis der Mitglieder der organisierten Kriminalität stammen oder im legalen Finanzsektor tätig sein. Eine Einschränkung des Täterkreises ist mithin nicht vorgesehen. Dieses Fehlen einer Beschränkung des Täterkreises soll dazu beitragen, dass jeder Vortäter vollständig von der Gesellschaft isoliert wird und seine auf verbrecherische Weise erlangten Gewinne sich als verkehrsunfähig erweisen[833]. In Art. 299 §§ 2-4 KK wird jedoch auf bestimmte Berufsgruppen hingewiesen, deren Verhalten unter dem Aspekt der Beteiligung an einem Geldwäschevorgang besonders strafwürdig erscheint.

A. Natürliche Personen, Art. 299 § 1 KK

Der Täter der in Art. 299 § 1 KK in Bezug genommenen verbotenen Tat kann jede natürliche Person sein, die der strafrechtlichen Verantwortlichkeit unterliegt. Somit handelt es sich bei dieser Norm um ein Allgemeindelikt.

Erwähnenswert ist jedoch, dass aufgrund dieser Vorschrift auch derjenige bestraft werden kann, der die verbotene Tat, aus der die zu waschenden Vermögenswerte herrühren, begangen hat bzw. daran beteiligt war[834]. Diese Möglichkeit ergibt sich aus der Änderung der ursprünglichen Fassung des Art. 299 § 1 KK durch den Art. 43 des *Gesetzes von 2000*[835], indem auf die bisherige Beschränkung hinsichtlich der Erfassung der Person des Täters verzichtet wurde. Die ursprüngliche Voraussetzung war, dass die Vortat durch andere Personen als die Person des Geldwäschers begangen werden muss. Dies hatte zur Folge, dass beim Täter einer Vortat, der sich später mit dem Waschen der aus dieser Vortat stammenden Vermögenswerte beschäftigte, die Strafbarkeit wegen Geldwäsche stets ausgeschlossen war. Nach der neuen Rechtslage kann wegen Geldwäsche auch derjenige bestraft werden, der die Vortat selbst begangen hat.

Auch der deutsche Gesetzgeber hat zwar inzwischen die Bezugnahme auf die Tat „eines anderen" in § 261 StGB gestrichen[836]. Die Begründung, dass es sich um die Tat eines anderen handeln musste, lag zunächst darin,

---

833 Vgl. *Gentzik*, Die Europäisierung, S. 96; *Körner/Dach*, Geldwäsche, S. 14.

834 In der ursprünglichen Fassung des Art. 299 KK wurde die Formulierung „durch andere Personen" verwendet, was eindeutig darauf hinwies, dass es sich bei der Vortat um die Tat von mindestens zwei Tätern handeln musste.

835 Vgl. Fn. 5.

836 Vgl. Art. 1 des Gesetzes zur Verbesserung der Bekämpfung der organisierten Kriminalität vom 04.05.1998, BGBl. I 1998, S. 845 (siehe dazu Kapitel 3 § 4 Punkt VI. dieser Untersuchung). An dieser Stelle muss jedoch auf § 261 Abs. 9 S. 2 StGB aufmerksam gemacht werden. Auf diese Regelung wird nachfolgend noch näher eingegangen.

dass niemand gezwungen sein sollte, sich selbst zu belasten[837]. Mit der Neufassung der deutschen Norm wurde jedoch die Strafbarkeitslücke geschlossen, die bisher in den Fällen bestand, in denen eine Alleintäterschaft an der Vortat zwar nicht nachgewiesen, aber auch nicht ausgeschlossen werden konnte[838].

Da das Phänomen der Geldwäsche häufig im engen Zusammenhang mit der organisierten Kriminalität steht, ist diese Änderung im polnischen Geldwäschetatbestand im Hinblick auf die Möglichkeit der Bestrafung der die Ausführung dieser Straftat leitenden Personen und somit der Aufdeckung der komplizierten Geldwäschestrukturen besonders begrüßenswert[839]. Darin liegt aber auch eine auffallende Abweichung gegenüber der deutschen Regelung der Geldwäsche. Nach § 261 Abs. 9 S. 2 StGB ist derjenige nicht als Täter oder Teilnehmer einer Geldwäsche zu bestrafen, der wegen Beteiligung an der Vortat strafbar ist. Mit der Einführung dieses Strafausschließungsgrundes wird eine Doppelbestrafung des Vortäters vermieden. Diese Klausel kommt jedoch nur bei nachgewiesener Vortatbeteiligung und dementsprechender Bestrafung wegen dieser Vortatbeteiligung zur Anwendung. Wenn der Täter des § 261 StGB nur möglicherweise an der Vortat als Mittäter oder Gehilfe beteiligt war, hat eine Bestrafung aus § 261 StGB zu erfolgen[840], und zwar im Wege einer konkurrenzrelevanten Postpendenzfeststellung[841].

---

837 So *Siska*, Die Geldwäscherei, S. 215.

838 Vgl. BT-Drucksache 13/8651, S. 10 f. Siehe auch *Lackner/Kühl*, StGB-Kommentar, § 261, Rn. 10; *Tröndle/Fischer*, Kommentar zum StGB, § 261, Rn. 18; *Vogel*, ZStW 109 (1997), S. 346.

839 Vgl. *Buczkowski/Wojtaszek*, Pranie, S. 195; *Filipkowski*, Zwalczanie, S. 105; *Hajduk*, Nowe ujęcie przepisów Art. 299 K.K. penalizującego wprowadzanie do obrotu pieniędzy pochodzących z nielegalnych źródeł, in: *Bojarski T./Skrętowicz* (Hrsg.), S. 53, 57; *Jasiński*, Przeciw szarej strefie, S. 43; *Marek*, Komentarz do KK, Art. 299, S. 611.

840 Vgl. *Hertweck*, Kriminalistik 1996, S. 125; *Hetzer*, JR 1999, S. 142; *Kreß*, wistra 1998, S. 125 f.; *Lackner/Kühl*, StGB-Kommentar, § 261, Rn. 10; *Tröndle/Fischer*, Kommentar zum StGB, § 261, Rn. 18.

841 Mit dem Begriff einer konkurrenzrelevanten Postpendenz werden solche Fälle erfasst, in denen Gewissheit hinsichtlich des zeitlich nachfolgenden Verhaltens (der Geldwäschehandlung), jedoch Ungewissheit bezüglich der Beteiligung an einer zeitlich vorangehenden Tat (einer in § 261 Abs. 1 S. 2 StGB genannten Katalogvortat) besteht, so dass die Vortatbeiteiligung nur möglicherweise gegeben ist. Nach den Grundsätzen der Postpendenz ist der Täter in diesen Fällen nur wegen der Anschlusstat (Geldwäsche) zu bestrafen. Eine solche Bewertung der oben genannten Situation und somit die Bestrafung des Täters wegen der Nachtat war ebenfalls aufgrund der früheren Rechtslage zulässig. Der Unterschied lag jedoch darin, dass das in der ursprünglichen Fassung des § 261 Abs. 1 StGB enthaltene Tatbestandsmerkmal der Vortat „ein anderer" die Anwendung der Grundsätze einer sog. tatbestandsrelevanten Postpendenzfeststellung erforderte. Ihr Wesen besteht darin, dass, trotz der sicher festgestellten Tathandlung (Geldwäschehandlung), die Erfüllung des Tatbestandsmerkmals „ein anderer" ungewiss

Mangels einer entsprechenden Vorschrift im polnischen Strafrecht können im Falle einer Beteiligung an der Vortat einige Bedenken im Hinblick auf die Gefahr einer Doppelbestrafung entstehen. Eine solche Gefahr ist jedoch meines Erachtens letztlich nicht gegeben, und zwar deshalb, weil es sich bei der Vortat und bei der Anschlusstat um zwei deutlich voneinander getrennte Taten handelt. Der Täter wäre also hier nach den Regeln einer Realkonkurrenz zu bestrafen[842]. Das polnische Strafrecht lässt darüber hinaus eine Entschärfung der dem Täter drohenden strengen Bestrafung zu, indem die Rechtsfigur einer mitbestraften Vor- oder Nachtat zur Anwendung kommt[843]. Danach ist es aus kriminalpolitischen Gründen möglich, die Bestrafung wegen zweier voneinander getrennter, durch denselben Täter begangener Taten auf eine Strafe zu reduzieren. Erfordert wird dabei der zeitliche und sachliche Zusammenhang zwischen den beiden Straftaten, so dass der Täter folglich nur wegen derjenigen Straftat bestraft wird, die den jeweils höheren Unrechtsgehalt aufweist[844]. Dementsprechend wird im Falle der Begehung einer Geldwäsche durch den Vortäter darauf abgestellt, welcher der beiden Taten (Vortat oder Geldwäsche) eine überwiegende Strafwürdigkeit zukommt. Bei der Feststellung, dass der Schwerpunkt der Strafwürdigkeit auf der Geldwäschehandlung liegt, wird der Täter ausschließlich aus Art. 299 KK bestraft.

Zu erwähnen bleibt ferner, dass die Straftat aus Art. 299 § 1 KK auch durch eine Person begangen werden kann, die im Namen bzw. in Vertretung einer anderen Person, z. B. einer juristischen Person, handelt[845]. Dies ergibt sich direkt aus dem Wortlaut des Art. 308 KK, wonach „wie ein Schuldner oder Gläubiger zu bestrafen ist, wer aufgrund einer rechtlichen Vorschrift,

---

bleibt. Näher zu der Problematik der Postpendenzfeststellung vgl. z. B. BGHSt 35, 86; BGH NStZ 1989, 574; BGH NStZ 1995, 500; BGH wistra 1995, 311 f.; BGH StV 1998, 25 f.; BGH JR 1999, 80 f.; BGH StraFo 2001, 23 f.; BGH NJW 2000, 3725 f. Siehe auch *Hruschka*, JZ 1970, S. 637 ff.; *Joerden*, JR 1988, S. 847 ff.; *ders.*, JuS 1999, S. 1063 ff.; *ders.*, Fremd- und Eigenreferenz bei den Anschlussdelikten Begünstigung, Strafvereitelung. Hehlerei und Geldwäsche, in: Lampe – FS, S. 711 ff.; *Küper*, Probleme der „Postpendenzfeststellung“ im Strafverfahren, in: Lange – FS, S. 65 ff.; *Lang V./Schwarz/Kipp*, Regelungen, S. 211 ff., jeweils m. w. N.

842 Dies bedeutet, dass dem Täter gegenüber eine Gesamtstrafe verhängt wird, der die für die einzelnen zusammentreffenden Straftaten zugemessenen Strafen zugrunde gelegt werden. Die Straftat bzw. die Straftaten müssen jedoch begangen worden sein, bevor das erste Urteil hinsichtlich einer dieser Straftaten ergangen ist, vgl. Art. 85 KK.

843 Kurz zu erwähnen ist an dieser Stelle, dass die Rechtsfigur einer mitbestraften Vor- und Nachtat ein Beispiel der unechten Realkonkurrenz darstellt.

844 Vgl. *Marek*, Prawo karne, S. 221 f.; *Weigend E./Wróbel*, ZStW 108 (1996), S. 424 f.

845 Vgl. *Jasiński*, Przeciw szarej strefie, S. 44; *Weigend E./Wróbel*, ZStW 108 (1996), S. 424; *Wróbel*, in: *Zoll* (Hrsg.), S. 341. Anders *Zawlocki* in: *Wąsek* (Hrsg.), S. 1221.

einer Entscheidung des zuständigen Organs, eines Vertrags oder eines faktischen Verhältnisses die Vermögensangelegenheiten einer natürlichen Person, einer juristischen Person, einer Personengruppe oder einer Organisationseinheit ohne Rechtspersönlichkeit wahrnimmt".

B. Mitarbeiter einer Bank, eines Kredit- oder Finanzinstituts oder einer anderen Institution, Art. 299 § 2 KK

Der Wortlaut dieser Norm deutet darauf hin, dass die Tätigkeiten der Finanzinstitutionen im weit gefassten Wirtschaftsverkehr vom polnischen Gesetzgeber im besonderen Ausmaß geschützt werden. Gemäß Art. 299 § 2 KK kann als Täter nur eine in dieser Vorschrift ausdrücklich genannte Person gelten, die der strafrechtlichen Verantwortung unterliegt. Somit handelt es sich hier um die Normierung eines Sonderdelikts. Von der Regelung in § 1 unterscheidet sich die Vorschrift auch dadurch, dass der Täter für die Begehung einer Geldwäsche die ihm durch seine Einstellung in einer der genannten Institutionen eingeräumte Möglichkeit ausnutzt[846]. Als mögliche Täter kommen hier Mitarbeiter einer Bank, eines Kredit- oder Finanzinstituts sowie einer anderen Institution in Betracht, die aufgrund geltender Vorschriften zur Registrierung von Transaktionen sowie von Personen, von denen die Transaktionen ausgeführt werden, verpflichtet sind. Die Definitionen für den Begriff einer Bank sowie eines Kredit- oder Finanzinstituts finden sich im *Gesetz über das Bankrecht*[847].

Umstritten ist aber die Bedeutung des Begriffs eines Mitarbeiters. Eine Mindermeinung zur Auslegung des Begriffs vertritt *Zawłocki*[848], der ihn im Sinne des Art. 2 KP[849] definiert. Nach dieser Vorschrift ist ein Mitarbeiter eine Person, die aufgrund eines Arbeitsvertrags, einer Ernennung, einer Wahl oder eines genossenschaftlichen Arbeitsvertrags eingestellt wurde. Von dieser Legaldefinition werden somit keine Auftragsverträge erfasst. Dies ist insofern von Bedeutung, als gerade die Auftragsverträge die Grundlage des Wirtschaftsverkehrs bilden. Seiner Ansicht entsprechend lässt sich eine Be-

---

[846] So *Górniok*, Przestępstwa gospodarcze. Komentarz, S. 50; *Skorupka*, Prawo karne gospodarcze, S. 115. Siehe ferner *Golonka*, CPKiNP 1/2006, S. 122.

[847] Ustawa prawo bankowe *(Gesetz über das Bankrecht)* vom 29.08.1997, Dz. U. (*Gesetzblatt*) 1997, Nr. 140, Pos. 939 mit späteren Änderungen, vgl. näher Kapitel 3 § 3 Punkt I. 5. der vorliegenden Untersuchung. Zu Definitionen siehe Art. 2 und Art. 4 des Gesetzes.

[848] Vgl. *Zawłocki*, in: *Wąsek* (Hrsg.), S. 1222.

[849] In der vorliegenden Untersuchung wird „KP" als Abkürzung der polnischen Bezeichnung des Arbeitsgesetzbuchs – *Kodeks pracy* – verwendet, vgl. Ustawa Kodeks Pracy (*Gesetz: Das Arbeitsgesetzbuch*) vom 26.06.1974, Dz. U. (*Gesetzblatt*) 1974, Nr. 24 Pos. 141 mit späteren Änderungen.

gründung für eine solche Auslegung schon aus dem Gesetzeswortlaut eindeutig ableiten, wo von einem Mitarbeiter, nicht jedoch von einem Angestellten, gesprochen wird.

Gegen diese Auffassung wird jedoch zu recht eingewendet, dass eine solche Auslegung zu eng sei[850]. Demnach sollte der Begriff eines Mitarbeiters im Rahmen einer allgemeinen Einstellung interpretiert werden, die über die in Art. 2 KP genannte Grundlage hinausgehen kann. Mithin wird die Gleichstellung des Begriffes eines Mitarbeiters mit dem Begriff eines Angestellten postuliert, so dass jede Person, die die Erfüllung von Auftragsverträgen realisiert, in den Täterkreis einbezogen werden kann. Eine solche teleologische Auslegung erscheint in diesem Fall durchaus geboten und vertretbar, insbesondere im Hinblick auf ihre Bedeutung für die Praxis. Aufgrund eines Auftragsvertrags handeln nämlich auch solche Personen, die bestimmte für Geldwäsche anfällige Transaktionen bewirken können[851].

Ferner wird in Art. 299 § 2 KK nicht vorausgesetzt, dass dem Mitarbeiter irgendwelche Verpflichtungen auferlegt werden. Vielmehr muss der Täter bei der Tatbegehung weder seine Arbeitspflichten verletzen noch im Rahmen seiner Kompetenzen handeln[852]. Für die Bestrafung wegen Geldwäsche aus Art. 299 § 2 KK reicht es nämlich aus, dass die unter diese Vorschrift fallende Person, abgesehen von der Tatbestandsverwirklichung, ein Mitarbeiter einer der in dieser Norm genannten Institutionen ist. Demnach soll über diese Regelung die Bestrafung aller Mitarbeiter, die sich am Geldwäschevorgang beteiligen, ermöglicht werden.

Als Täter im Sinne dieser Regelung gilt auch der Mitarbeiter einer anderen Institution, die aufgrund geltender Vorschriften zur Registrierung von Transaktionen sowie von Personen, von denen die Transaktionen ausgeführt werden, verpflichtet ist. Auf diese Verpflichtung weist schon das *Gesetz von*

---

[850] Vgl. *Bojarski M.* u. a. (Hrsg.), Kodes karny. Komentarz, S. 821; *Bojarski J.*, Przepisy polskiego prawa karnego dotyczące odpowiedzialności pracowników instytucji finansowych za pranie pieniędzy, in: *Adamski* (Hrsg.), S. 343 f.; *ders.*, Przestępstwa gospodarcze, S. 109; *Górniok*, Prawo karne gospodarcze. Komentarz, S. 45 f.; *dies.* u. a. (2005), Kodeks karny. Komentarz, S. 455; *dies.*, Przegląd Sądowy 4/2002, S. 32 f. Siehe auch *Jasiński*, Przeciw szarej strefie, S. 50; *Jaskolski*, Wirtschaftsstrafrecht, S. 385; *Maruszewska*, Pranie „brudnych" pieniędzy, ustawodawstwo europejskie a polskie inicjatywy, in: *Mik* (Hrsg.), Europeizacja, S. 383 f.; *Skorupka*, Prawo karne gospodarcze, S. 116; *Wróbel*, in: *Zoll* (Hrsg.), S. 351.

[851] In Betracht kommen hier Ein- und Auszahlungen, die Eigentums- oder Besitzübertragung, der Umtausch der Forderungen in Aktien oder Anteile bzw. die Vermittlung bei diesen Tätigkeiten.

[852] Vgl. *Zawłocki*, in: *Wąsek* (Hrsg.), S. 1222.

2000[853] in Art. 8 und 9 eindeutig hin, sowie indem es in Art. 2 Pkt. 1 den Begriff einer sog. verpflichteten Institution definiert und etwa dreißig solcher Institutionen enumerativ nennt. Obwohl diese Definition in Art. 299 § 2 KK nicht wörtlich umgesetzt wurde, ist davon auszugehen, dass ihre Bedeutung mit dieser in Art. 299 § 2 KK enthaltenen Formulierung inhaltlich übereinstimmt[854].

Die Übertragung dieser Definition direkt auf Art. 299 § 2 KK bereitet jedoch einige Auslegungsschwierigkeiten, insbesondere in Bezug darauf, dass durch den Begriff einer sog. verpflichteten Institution gemäß Art. 2 des *Gesetzes von 2000* auch die in Art. 299 § 2 KK genannten Kredit- und Finanzinstitute erfasst werden. In diesem Zusammenhang erscheint vor allem die Einordnung der Polnischen Nationalbank, anderer Banken, Leasing- und Kreditfirmen problematisch. Nach der geltenden Rechtslage lassen sich nämlich die vorgenannten Institutionen sowohl unter den Begriff eines Finanz- oder Kreditinstituts als auch unter den Begriff einer sog. verpflichteten Institution subsumieren. Begeht ein Bankangestellter eine Tat im Sinne von Art. 299 § 2 KK, so ist er sowohl als ein Mitarbeiter eines Finanzinstituts als auch als ein Mitarbeiter einer sog. verpflichteten Institution anzusehen. Für seine Strafbarkeit wegen Geldwäsche ist diese Wiederholung allerdings ohne Bedeutung. Die Strafbarkeit bleibt bestehen, solange der Täter ein Mitarbeiter der vorstehend genannten Institutionen ist. Dennoch ist die Wiederholung ganz unnötig und kann sogar zu einer missverständlichen Auslegung der Tatbestandsmerkmale führen. Aus diesem Grunde wäre es sinnvoll, den Täterkreis in Art. 299 § 2 KK ausschließlich auf den inhaltlich weitesten Begriff der sog. verpflichteten Institution zu beschränken und dementsprechend in einer Neufassung dieser Norm nur diesen Begriff zu verwenden.

C. Andere zu bestimmten Tätigkeiten verpflichtete Personen, Art. 299 §§ 3, 4 KK

Ohne Mitwirkung der Finanzinstitute wäre das Waschen illegal erlangter Vermögenswerte praktisch unmöglich. Aus diesem Grunde wurden verschiedene Verhaltensweisen der in diesen Institutionen eingestellten Personen,

---

853 Vgl. Fn. 5.

854 Vgl. *Bojarski M.* u. a. (Hrsg.), Kodes karny. Komentarz, S. 820; *Górniok* (Hrsg.), Prawo karne gospodarcze, S. 99; *dies.* u. a. (2005), Kodeks karny. Komentarz, S. 454; *Hajduk*, Nowe ujęcie przepisów Art. 299 K.K. penalizującego wprowadzanie do obrotu pieniędzy pochodzących z nielegalnych źródeł, in: *Bojarski T./Skrętowicz* (Hrsg.), S. 54; *Stępień T./Stępień K.*, Przestępstwa, S. 46; *Zawlocki*, in: *Wąsek* (Hrsg.), S. 1222 f. Ausführlich dazu *Golonka*, CPKiNP 1/2006, S. 122 ff.

zur deren Aufgaben die Identifizierung von verdächtigen Transaktionen und die Benachrichtigung über diese Transaktionen gehört, unter Strafe gestellt.

Ebenso, wie bei Art. 299 § 2 KK kann der Täter der in Art. 299 §§ 3, 4 KK in Bezug genommenen Tat nur eine in dieser Vorschrift ausdrücklich genannte Person sein. Mithin kann gemäß Art. 299 § 3 KK als Täter nur ein Verantwortlicher für die Benachrichtigung des Vorstands oder des Finanzaufsichtsorgans von der Durchführung einer finanziellen Operation in einer Bank oder in einem Finanz- oder Kreditinstitut gelten, wobei vorausgesetzt wird, dass die Umstände der Durchführung der Operationen einen begründeten Verdacht erwecken, dass es sich bei der Herkunftsquelle um eine kriminelle im Sinne des Art. 299 § 1 KK handelt. Bemerkenswert ist dabei, dass in diesem Fall, im Gegensatz zur Regelung des Art. 299 § 2 KK, wo der Täterkreis auf sämtliche Institutionen im Sinne des Art. 2 Pkt. 1 des *Gesetzes von 2000* ausgedehnt wurde, ausschließlich Mitarbeiter einer Bank bzw. eines Finanz- oder Kreditinstituts erfasst sind. Die Begründung einer solchen Einschränkung ist unklar. Für den damit hervorgerufenen Strafbarkeitsausschluss der Mitarbeiter anderer Institutionen lässt sich nur mit dem besonderen Umsatzwert der Finanzinstitutionen, deren komplizierter Struktur sowie mit der Vielfältigkeit der durchgeführten Transaktionen argumentieren[855]. Eine solche Begründung erscheint jedoch wenig überzeugend. Angesichts dessen lässt sich annehmen, dass die Begrenzung des Täterkreises ausschließlich auf Mitarbeiter der Finanzinstitute als ein gesetzgeberischer Missgriff anzusehen ist.

Die genannten Vorschriften normieren wiederum Sonderdelikte. Eine verantwortliche Person im Sinne dieser Norm ist jede natürliche Person, die zur Benachrichtigung von der Durchführung einer finanziellen Operation verpflichtet wurde. Die Strafbarkeit ihres Verhaltens stützt sich also auf die Nichterfüllung dieser Verpflichtung, d. h. auf die Unterlassung der rechtmäßigen und unverzüglichen Benachrichtigung. In diesem Zusammenhang ist es jedoch fraglich, auf welcher Grundlage eine solche Verpflichtung beruht. In Betracht käme zum einen eine rechtliche Grundlage, die aber deswegen scheitert, weil es im geltenden Recht keine entsprechenden Vorschriften gibt, die die Auferlegung einer solchen Verpflichtung gegenüber einer natürlichen Person zuließen. Das bereits mehrfach erwähnte *Gesetz von 2000*[856] verpflichtet nur bestimmte Institutionen zu einer solchen Benachrichtigung. Die Verpflichtung könnte aber aus anderen Grundlagen folgen. In Betracht käme hier eine Verpflichtung aufgrund eines Vertrags, einer

855 Vgl. *Jasiński*, Przeciw szarej strefie, S. 59.
856 Vgl. Fn. 5.

Anordnung, eines Beschlusses oder innerer Vorschriften einer Institution. Sie muss jedoch präzise und unstrittig sein.[857]

Zum Täterkreis des Art. 299 KK gehören weiterhin auch solche Personen, die in einer Bank oder einem Finanz- oder Kreditinstitut für die Benennung einer zur Entgegennahme der in § 3 bezeichneten Informationen oder zu ihrer Weiterleitung an einen Berechtigten verpflichteten Person, verantwortlich sind (vgl. Art. 299 § 4 KK). Somit ist nach dieser Regelung die verpflichtete Person jede natürliche Person, die in einer Institution zur Benennung von einer zur Entgegennahme von Informationen oder zu ihrer Weiterleitung an einen Berechtigten verpflichteten Personen eingestellt wurde, wobei die Grundlage einer solchen Verpflichtung in jeder eindeutigen und unstrittigen Form zugelassen wird[858]. Vorausgesetzt ist jedoch, dass diese Verpflichtung von der betroffenen Person ausdrücklich übernommen wird. Von dieser Vorschrift werden daher in erster Linie Mitarbeiter erfasst, die in einer der aufgezählten Institutionen auf einer höheren Ebene eingestellt sind und zu deren Aufgaben die Aufsicht über die in § 3 genannten Personen gehört[859].

3. Harmonisierungsgrad hinsichtlich des Täterkreises

Zusammenfassend lässt sich feststellen, dass sowohl die polnische Geldwäschevorschrift als auch die Geldwäscherichtlinie von 2005 keine Einschränkungen hinsichtlich der Person des Täters vorsehen. Da das polnische Strafrecht keine mit § 261 Abs. 9 S. 2 StGB vergleichbare Regelung enthält, besteht grundsätzlich auch Rechtseinheitlichkeit zwischen der Geldwäscherichtlinie und dem polnischen Strafrecht im Hinblick auf die Bestrafung des Vortäters als späteren Geldwäschers. Eine hinreichende Harmonisierung hinsichtlich des Täterkreises wurde somit erreicht.

III. Tatobjekt

Die polnische Geldwäschenorm erfordert das Vorliegen eines geldwäschetauglichen Tatobjekts. Geldwäschetauglich ist ein Tatobjekt dann, wenn es aus einer geldwäscherelevanten Vortat herrührt[860]. Bei der Untersuchung

---

[857] Vgl. dazu *Zawłocki*, in: *Wąsek* (Hrsg.), S. 1224.

[858] Meistens ist die Quelle dieser Verpflichtung in den internen Vorschriften einer bestimmten Institution zu finden.

[859] Vgl. *Górniok*, Zmiany, S. 133 f.; *dies.*, Przestępstwa gospodarcze. Komentarz, S. 52; *Hajduk*, Nowe ujęcie przepisów Art. 299 K.K. penalizującego wprowadzanie do obrotu pieniędzy pochodzących z nielegalnych źródeł, in: *Bojarski T./Skrętowicz* (Hrsg.), S. 50; *Jaskolski*, Wirtschaftsstrafrecht, S. 394 f.; *Zawlocki*, in: *Wąsek* (Hrsg.), S. 1225.

[860] Vgl. *Gentzik*, Die Europäisierung, S. 101.

der einschlägigen Tatbestände wird jedoch deutlich, dass die Bestimmung der Tatobjekte erhebliche Schwierigkeiten bereitet. Diese Schwierigkeiten kommen insbesondere in Bezug auf die Auslegung des Tatbestandsmerkmals des Herrührens des Tatobjekts aus Vorteilen zum Ausdruck, die in Verbindung mit einer verbotenen Tat stehen bzw. aus einer bestimmten rechtswidrigen Tat stammen.

1. Vorgaben in der dritten Geldwäscherichtlinie

Sowohl die bisher geltende Geldwäscherichtlinie von 2001 als auch ihre neue Fassung von 2005 sehen keine Einschränkungen des geldwäschetauglichen Tatobjektes vor. Umfasst sind bisher jegliche aus einer kriminellen Tätigkeit[861], oder aus der Teilnahme an einer solchen, stammenden Vermögensgegenstände[862]. Geldwäschetauglich sind daher Vermögensgegenstände aller Art (körperlich oder nichtkörperlich, beweglich oder unbeweglich, materiell oder immateriell) und Rechtstitel oder Urkunden in jedweder Form, einschließlich elektronischer oder digitaler Form, die das Eigentumsrecht oder Rechte an solchen Vermögenswerten belegen[863]. Nicht eindeutig in diesem Zusammenhang ist jedoch der Umfang des Vortatbezugs des fraglichen Vermögensgegenstandes bestimmt. Unstreitig ist dabei, dass sich als Tatobjekte einer Geldwäsche sämtliche Vermögensgegenstände eignen, die *unmittelbar* aus einer kriminellen Tätigkeit herrühren. Die geltende Geldwäscherichtlinie enthält jedoch keine Anhaltspunkte für eine Präzisierung dieses Tatbestandsmerkmals. Die Erforderlichkeit einer solchen eindeutigen Grenzziehung ergibt sich in erster Linie aus dem Charakter der Geldwäschehandlung, in deren Rahmen der mehrmalige Umtausch sowie die Vervielfältigung der Tatobjekte häufig vorkommen, so dass sog. Geldwäscheketten entstehen[864]. An dieser Stelle taucht insbesondere die Frage nach der Bewertung der Geldwäschetauglichkeit der *mittelbar* aus einer kriminellen Tätigkeit stammenden Vermögensgegenstände auf. Der europäische Normgeber lässt die Frage jedoch insofern offen[865].

---

[861] Zur Definition einer kriminellen Tätigkeit siehe Art. 3 Nr. 4 der dritten Geldwäscherichtlinie, vgl. auch Kapitel 4 § 3 Punkt I. 1. der vorliegenden Untersuchung.

[862] Vgl. Art. 1 Abs. 2 lit. a-d der dritten Geldwäscherichtlinie.

[863] Vgl. Art. 3 Nr. 3 der dritten Geldwäscherichtlinie. Eine ebenso lautende Definition eines Vermögensgegenstands – bis auf die ausdrückliche Heranziehung der elektronischen oder digitalen Form der Urkunden – ist auch in. Art. 1 D der Geldwäscherichtlinie von 2001 sowie in Art. 1 lit. q der Wiener Drogenkonvention von 1988 und in Art. 1 lit. b der Straßburger Konvention von 1990 enthalten. Näher zu diesen Konventionen siehe Kapitel 3 § 2 Punkt I. 3. C. und Punkt I. 4. B. der vorliegenden Untersuchung.

[864] Vgl. *Gentzik*, Die Europäisierung, S. 101; *Vogel*, ZStW 109 (1997), S. 338 f.

[865] Letztlich ungeklärt bleibt sie auch in andereneuropäischen Rechtsakten, vgl.

Darüber hinaus erweitert die neue Geldwäscherichtlinie den Bereich der geldwäschetauglichen Tatobjekte um rechtlich erworbene Vermögensgegenstände, wenn sie ganz oder teilweise für terroristische Zwecke verwendet werden sollen (vgl. Art. 1 Abs. 4 der Geldwäscherichtlinie von 2005). Diese erhebliche Ausdehnung des Anwendungsbereichs der Geldwäscherichtlinie ist Ausdruck der Intensivierung des internationalen Kampfes gegen den Terrorismus.

2. Tatobjekte im polnischen Geldwäschetatbestand, Art. 299 KK

Im Rahmen des objektiven Tatbestandes der polnischen Geldwäschevorschrift wird, im Gegensatz zu der korrespondierenden deutschen Norm (§ 261 StGB), wo zur Bestimmung der Geldwäschetatobjekte das Tatbestandsmerkmal „Gegenstand" verwendet wird, das Vorliegen eines der in Art. 299 § 1 bzw. § 2 KK *expressis verbis* genannten Tatobjekte vorausgesetzt. Sie werden entweder nach der Art oder nach der Herkunftsquelle näher bestimmt, wobei unwesentlich bleibt, ob sie direkt oder indirekt aus einer verbotenen Tat herrühren.

Wie bereits erwähnt, wurde in der deutschen Geldwäschevorschrift (§ 261 StGB) das taugliche Tatobjekt einer Geldwäschehandlung vergleichsweise weit gefasst. Darunter fallen nämlich sämtliche vermögenswerten Gegenstände[866], die aus einer in § 261 Abs. 1 Satz 2 StGB genannten rechtswidrigen Tat stammen[867]. Umfasst wird somit nicht nur Geld im engeren Sinne, sondern ähnlich wie in der Geldwäscherichtlinie bewegliche und unbewegliche Sachen, Wertpapiere und Forderungen und Rechte an solchen[868]. Dabei ist jedoch die Herkunft des Vermögensgegenstands von

---

Art. 1 lit. p der Wiener Drogenkonvention von 1988 sowie Art. 1 lit. a der Straßburger Konvention von 1990, in welchen der Begriff eines „Ertrags" für jeden Vermögensgegenstand verwendet wird, der mittelbar oder unmittelbar aus der Begehung einer Straftat stammt oder dadurch erzielt wurde.

866 Vgl. BT-Drucksache 12/989, S. 27.

867 Eine solche Fassung des Straftatbestandes wird auch als Ausdruck des *Herkunftsprinzips* bezeichnet, vgl. näher *Höreth*, Die Bekämpfung, S. 116 f.; *Schittenhelm*, Alte und neue Probleme der Anschlussdelikte im Lichte der Geldwäsche, in: Lenckner – FS, S. 520; *Werner*, Bekämpfung, S. 223.

868 Vgl. BT-Drucksache 12/989, S. 27; siehe auch *Bottermann*, Untersuchung, S. 14 ff.; *Burr*, Geldwäsche, S. 55; *Cebulla*, wistra 1999, S. 281 ff.; *Egger Tanner*, Die strafrechtliche Erfassung, S. 36; *Flatten*, Zur Strafbarkeit von Bankangestellten, S. 62; *Gentzik*, Die Europäisierung, S. 102; *Hetzer*, NJW 1993, S. 3299; *Hoyer*-SK, § 261, Rn. 5; *Höreth*, Die Bekämpfung, S. 106 f.; *Kern*, Geldwäsche, S. 157; *Körner/Dach*, Geldwäsche, S. 15; *Lampe*, JZ 1994, S. 126; *Lang V./Schwarz/Kipp*, Regelungen, S. 176; *Leip*, Der Straftatbestand, S. 64 ff.; *Oswald*, Die Implementation, S. 63; *Otto*, Jura 1993, S. 330; *Ruß*-LK, § 261, Rn. 7; *Schönke/Schröder/Stree*, StGB-Kommentar, § 261, Rn. 3; *Spiske*,

Bedeutung. Er muss aus einer der in § 261 Abs. 1 Satz 2 StGB enumerativ genannten Katalogvortaten herrühren. Erst dann ist die Geldwäsche nach deutschem Strafrecht strafbar.

A. Tatobjekte gemäß Art. 299 § 1 KK

Zu Tatobjekten des Art. 299 § 1 KK gehören Zahlungsmittel, Wertpapiere oder andere Devisenwerte, Vermögensrechte sowie bewegliches oder unbewegliches Vermögen. Die polnische Geldwäschenorm beinhaltet mithin einen Tatobjektekatalog, in dem nach der Art der Vermögenswerte und ihrer Herkunft unterschieden wird.

a) Zahlungsmittel

Mit dem Begriff des Zahlungsmittels sind in erster Linie die Geldmittel (Geldscheine und Münzen)[869] gemeint. Dieser Begriff umfasst jedoch auch andere Zahlungsmittel, die sowohl im innerstaatlichen, als auch im internationalen Zahlungsverkehr selbstständig, d. h. ohne Durchführung von zusätzlichen Handlungen und direkt verwendet werden können, in der polnischen Währung ausgestellt wurden und die Zahlungsmittelfunktion erfüllen. Dazu gehören z. B. Wechsel, Inhaberschecks, Anteilsscheine und andere Bank- und Finanzdokumente, die in der polnischen Währung zahlbar sind[870]. Nicht umfasst werden allerdings gefälschte oder beschädigte Geld-

Pecunia olet?, S. 100; *Suendorf*, Geldwäsche, S. 252; *Tröndle/Fischer*, Kommentar zum StGB, § 261, Rn. 6; *Werner*, Bekämpfung, S. 223; *ders.*, Die Bekämpfung der Geldwäsche in Deutschland, in: *Kahlert* (Hrsg.), S. 88. Anders *Lackner*, nach dessen Ansicht auch tatsächliche Positionen – wie z. B. nichtige Forderungen aus einem Bankguthaben – einbezogen werden, vgl. *Lackner/Kühl*, StGB-Kom-mentar, § 261, Rn. 3. Diese Auffassung ist jedoch abzulehnen, da, obwohl sie den Anschein eines Rechts erwecken und wie dieses verkehrsfähig sind, mangels Rechtsqualität nicht als Gegenstände im Rechtssinne anerkannt werden können.

[869] Vgl. auch Ustawa o Narodowym Banku Polskim (*Gesetz über die Polnische Nationalbank*) vom 29.08.1997, Dz. U. (*Gesetzblatt*) 1997, Nr. 140, Pos. 938 mit späteren Änderungen – insbesondere Art. 31 und 32 des Gesetzes – wonach als Zahlungsmittel auf dem Territorium der Republik Polen ausschließlich die durch die Polnische Nationalbank emittierten Geldzeichen, d. h. Geldscheine und Münzen in *Zloty* und *Grosz*, anerkannt werden.

[870] Vgl. Art. 2 Abs. 1 Pkt. 6 des *Gesetzes über das Devisenrecht* vom 27.07.2002, Dz. U. (*Gesetzblatt*) 2002, Nr. 141, Pos. 1178 (siehe näher Kapitel 3 § 3 Punkt III. 1. der vorliegenden Untersuchung). Vgl. auch *Bojarski M.* u. a. (Hrsg.), Kodeks karny. Komentarz, S. 817; *Buczkowski*, Przestępstwa, S. 54; *Buczkowski/Wojtaszek*, Pranie, S. 166; *Długosz Z.*, Przegląd Policyjny 4/1999, S. 77; *Filipkowski*, Zwalczanie, S. 108; *Górniok O.* u. a. (2005), Kodeks karny. Komentarz, S. 450; *dies.*, Przestępstwa gospodarcze. Komentarz, S. 40; *Hajduk*, Nowe ujęcie przepisów Art. 299 K.K. penalizującego wprowadzanie do obrotu pieniędzy pochodzących z nielegalnych źródeł, in: *Bojarski T./Skrętowicz*

zeichen, deren Brauchbarkeit infolge dieser Beschädigung erheblich beeinträchtigt wurde, sowie die Geldzeichen, die aus dem Geldumlauf genommen wurden[871]. Angesichts dessen, dass gerade der Umtausch von nicht mehr brauchbaren Geldmitteln in einer Bank eine der Methoden der Einschleusung der „schmutzigen" Gelder in den legalen Geldkreislauf darstellen kann, führen diese beiden Regelungen des Gesetzes jedoch zu einer Strafbarkeitslücke[872].

b) Wertpapiere

Als Wertpapiere werden Urkunden bezeichnet, die das Bestehen eines bestimmten Vermögensrechts nachweisen und Gegenstand des öffentlichen Wertpapierhandels sein können. Ihr Begriff wurde in Art. 3 des *Gesetzes über den Wertpapierhandel* definiert[873]. Ergänzend beruft man sich auf die Regelungen des Art. 921^6 bis Art. 921^{16} KC. Entsprechend dem erwähnten Gesetz sind als Wertpapiere Aktien, Rechte auf Aktien, Depositenscheine, Schuldverschreibungen, Pfandurkunden, Investitionszertifikate sowie andere Wertpapiere zu bezeichnen, die aufgrund des polnischen, bzw. fremden Rechts emittiert wurden. Die Definition umfasst weiterhin veräußerbare Vermögensrechte, die sich aus den bereits aufgezählten Wertpapieren er-

---

(Hrsg.), S. 47; *Huba*, Prok. i Pr. 11/1996, S. 14; *Marek*, Komentarz do KK, Art. 299, S. 612; *Pawela*, Przestępstwa, S. 41; *Stępień T./Stępień K.*, Przestępstwa, S. 49; *Wojciechowski*, Kodeks karny. Komentarz, S. 563; *Zawlocki*, in: *Wąsek* (Hrsg.), S. 1210 f. Einer anderen Meinung entsprechend fallen unter diesen Begriff nur Geldmittel. Dies wird damit begründet, dass andere Zahlungsmittel, wie z. B. fremde Währungen, ein anderes Tatobjekt dieser Vorschrift, d. h. Wertpapiere bzw. Devisenwerte, darstellen, vgl. dazu *Stefański R. A.*, Przestępstwo „prania pieniędzy" w polskim prawie karnym, in: Górniok - FS, S. 166 f.; *Wróbel*, in: *Zoll* (Hrsg.), S. 346 f.

871 Vgl. Art. 34 und 35 des *Gesetzes über die Polnische Nationalbank von 1997.*

872 Vgl. *Jasiński*, Pranie, S. 30; *Maruszewska*, Pranie „brudnych" pieniędzy, ustawodawstwo europejskie a polskie inicjatywy, in: *Mik* (Hrsg.), Europeizacja, S. 383.

873 Vgl. Ustawa o obrocie papierami wartościowymi (*Gesetz über den Wertpapierhandel*) vom 21.08.1997, Dz. U. (*Gesetzblatt*) 1997, Nr. 118, Pos. 754 mit späteren Änderungen (siehe näher Kapitel 3 § 3 Punkt II. 2. der vorliegenden Untersuchung). Die in diesem Gesetz enthaltene Definition wird von manchen Autoren als zu eng bewertet und somit abgelehnt. Stattdessen erwähnt man Art. 310 KK (Fälschung von Geld und Wertpapieren), wonach Wertpapiere als Urkunden bezeichnet werden, die zum Erhalt eines Geldbetrags berechtigen oder die Verpflichtung zur Auszahlung von Kapital, Zinsen oder einer Gewinnbeteiligung oder die Feststellung der Teilhaberschaft an einer Gesellschaft enthalten; bzw. man beruft sich auf Art. 2 der älteren Fassung des *Gesetzes über den Wertpapierhandel* vom 22.03.1991, Dz. U. (*Gesetzblatt*) 1994, Nr. 58, Pos. 239. Vgl. dazu *Bojarski J.*, Przestępstwa gospodarcze, S. 103; *Buczkowski/Wojtaszek*, Pranie, S. 152; *Długosz Z*, Przegląd Policyjny 4/1999, S. 77; *Filipkowski*, Zwalczanie, S. 108 ff.; *Górniok*, Przestępstwa gospodarcze. Komentarz, S. 41; *Huba*, Prok. i Pr. 11/1996, S. 14; *Jaskolski*, Wirtschaftsstrafrecht, S. 371; *Pawela*, Przestępstwa, S. 41 f.

geben, sowie andere Vermögensrechte, deren Preis direkt oder indirekt vom Preis der vorgenannten Wertpapiere abhängt (sog. *derivative Rechte*). Als Wertpapiere gelten auch alle anderen Vermögensrechte, wenn sie zum öffentlichen Wertapapierhandel zugelassen und im Wertpapierdepot registriert wurden[874]. Somit werden als Wertpapiere nur solche Urkunden bezeichnet, die durch den Gesetzgeber als Wertpapiere anerkannt wurden. Nicht umfasst sind dagegen Urkunden, deren Vorlegung zur Feststellung einer Verpflichtung nicht erforderlich ist, sowie Legitimationszeichen, wie z. B. Eintrittskarten, Fahrscheine oder Dokumente mit Beweischarakter, da sie lediglich das Bestehen eines Rechts, nicht unbedingt aber auch seine Wahrnehmung bestätigen[875].

In dem Gesetz werden ferner die Merkmale und die Funktionen der Wertpapiere sowie die Bedingungen ihrer Ausstellung bestimmt. Im Falle des Urkundenverlusts kann das sich aus dieser Urkunde ergebende Vermögensrecht nur durch Einziehung realisiert werden. Infolge der Einziehung wird die Urkunde ungültig und die Forderung wird auf ein neues Dokument übertragen.

c) Andere Devisenwerte

Der Begriff der (anderen) Devisenwerte ist im Lichte des Art. 2 Abs. 1 Pkt. 8 des *Gesetzes über das Devisenrecht von 2002*[876] auszulegen. Danach sind unter diesem Begriff fremde Zahlungsmittel, d. h. fremde Währungen[877] und Devisen[878] sowie Devisengold und Devisenplatin[879], einzuordnen.

---

[874] Vgl. *Zawłocki*, in: *Wąsek* (Hrsg.), S. 1211.

[875] Vgl. *Stefański R. A.*, Przestępstwo „prania pieniędzy" w polskim prawie karnym, in: Górniok – FS, S. 167 f.; *Wróbel*, in: *Zoll* (Hrsg.), S. 348.

[876] Vgl. Fn. 557.

[877] Darunter sind Geldzeichen zu verstehen, die außerhalb der Republik Polen als rechtliche Zahlungsmittel anzusehen sind, sowie internationale Abrechnungseinheiten, vgl. Art. 2 Abs. 1 Pkt. 10 des Gesetzes.

[878] Dieser Begriff umfasst Wertpapiere und andere Urkunden, die die Funktion eines Zahlungsmittels erfüllen und in einer fremden Währung emittiert wurden, wie z. B. Aktien, Schecks, Wechsel. Überweisungen usw., vgl. Art. 2 Abs. 1 Pkt. 12 des Gesetzes. Näher dazu *Filipkowski*, Zwalczanie, S. 111.

[879] Gemeint sind damit Gold und Platin in einem unverarbeiteten Zustand, in Barren oder in Münzen, die nach dem Jahre 1850 geprägt wurden, Halbfabrikate sowie Gegenstände, die aus Gold bzw. Platin hergestellt wurden, vgl. Art. 2 Abs. 1 Pkt. 13 des Gesetzes. Keine Devisenwerte bilden dagegen die Gegenstände, deren Herstellung aus Gold oder Platin üblich ist (Schmuck, Zahntechnikmaterialien).

d) Vermögensrechte

Einen anderen Vermögensbestandteil, der als ein Tatobjekt der Geldwäsche gelten kann, bilden die Vermögensrechte. Sie gehören zu den sog. *subjektiven Rechten*[880] und umfassen alle Vermögensrechte an Sachen, sowie an immateriellen Gütern und können entweder sachlichen oder schuldrechtlichen Charakter aufweisen[881].

e) Bewegliches und unbewegliches Vermögen

Abschließend sind noch als Tatobjekte der Geldwäschehandlung das bewegliche und das unbewegliche Vermögen zu nennen. Die Bedeutung dieser Begriffe ist unumstritten[882]. Es wird einhellig angenommen, dass sie im Sinne des Art. 44 und Art. 46 KC[883] in Verbindung mit Art. 115 § 9 KK[884] auszulegen sind. Die strafrechtliche Definition wird somit weit gefasst, indem nicht nur Sachen einbezogen werden, sondern auch Sachenrechte und Schuldrechte, darunter Dienstleistungen, sowie Darlehen und Gewinne, die zum Vermögen gehören. Hinzuzufügen ist allerdings, dass die Erwähnung des beweglichen und unbeweglichen Vermögens neben den Vermögensrechten in Art. 299 § 1 KK zum Ausdruck bringt, dass laut dieser Vorschrift die

---

880 Die subjektiven Rechte dienen im Zivilrecht zur Beschreibung einer rechtlichen Situation eines Rechtssubjekts gegenüber einem anderen Rechtssubjekt. Die subjektiven Rechte sind daher immer ein Bestandteil des Inhalts des zivilrechtlichen Verhältnisses. Von Nichtvermögensrechten unterscheiden sie sich durch den Charakter der zu schützenden Interessen. Näher dazu siehe z. B. *Radwański*, Prawo cywilne-część ogólna, S. 84 ff.

881 Dazu zählen z. B. Sachenrechte, Forderungen, die sich auf die Vermögensleistungen beziehen, veräußerbare Vermögensrechte an Wertpapieren, sowie Rechte, die sich als sog. intellektuelles Eigentum qualifizieren lassen (d. h. Urhebervermögensrechte und Rechte der Erfindungen).

882 Vgl. *Filipkowski*, Zwalczanie, S. 112 f.

883 In der vorliegenden Untersuchung wird „KC" als Abkürzung der polnischen Bezeichnung des Zivilgesetzbuchs – *Kodeks cywilny* – verwendet, vgl. Ustawa Kodeks Cywilny (*Gesetz: Das Zivilgesetzbuch*) vom 23.04.1964, Dz. U. (*Gesetzblatt*) 1964, Nr. 16, Pos. 93 mit späteren Änderungen. Nach Art 44 KC gehört zum Vermögen das Eigentum sowie andere Vermögensrechte.Das unbewegliche Vermögen bilden Grundstücke, Gebäude sowie Gebäudeteile (Art. 46 § 1 KC). Zum beweglichen Vermögen gehören dagegen alle Gegenstände, die kein unbewegliches Vermögen sind.

884 Das bewegliche Vermögen wird im Sinne des Art. 115 § 9 KK verstanden: „Eine bewegliche Sache oder Gegenstand ist auch polnisches oder fremdes Geld oder ein anderes Zahlungsmittel sowie jede Urkunde, die zum Erhalt eines Geldbetrages berechtigt, zur Auszahlung von Kapital, Zinsen oder Gewinnbeteiligung verpflichtet oder die Teilhaberschaft an einer Gesellschaft feststellt".

letzteren sich nicht unter den Begriff des beweglichen und unbeweglichen Vermögens subsumieren lassen[885].

f) Voraussetzung der Herkunft der Tatobjekte aus den in Verbindung mit der Begehung einer verbotenen Tat erlangten Vorteilen

Die in Art. 299 § 1 KK bezeichneten Tatobjekte müssen aus Vorteilen herrühren, die in Verbindung mit der Begehung einer verbotenen Tat stehen, wobei der Anwendungsbereich dieser Wendung viel breiter gefasst wurde, als bei der Hehlerei (Art. 291 KK), wo von einer direkt durch eine verbotene Tat erlangten Sache gesprochen wird. Somit werden von der Geldwäschevorschrift solche Fälle erfasst, die entweder eine unmittelbare oder eine indirekte[886] Beziehung zu einer vorangegangenen verbotenen Tat aufweisen[887].

Die heute geltende Regelung des Art. 299 § 1 KK, die mit dem Art. 43 des *Gesetzes von 2000*[888] neu gefasst wurde, enthält auch nicht mehr die Voraussetzung des Herrührens der Tatobjekte aus einem Vorteil, der in Verbindung mit einer Straftat steht[889], sondern erweitert den Anwendungsbereich dieser Norm auf alle Tatobjekte, die aus einem in Verbindung mit jeder ver-

---

[885] Vgl. *Górniok*, Przestępstwa gospodarcze. Komentarz, S. 49; *dies.* u. a. (2005), Kodeks karny. Komentarz, S. 450 f.; *dies.*, Zmiany, S. 129 f.; *dies.*, Prawo karne gospodarcze, S. 41 f.

[886] Gemeint sind hier Verwertungshandlungen, bei welchen der ursprüngliche Gegenstand unter Beibehaltung seines Wertes durch einen anderen ersetzt wurde, wie z. B. Bankzinsen von auf illegalem Wege erlangten Geldmitteln; ein Mietzins für die Vermietung einer für die auf illegalem Wege erlangten Geldmittel erworbenen Wohnung; der Ankauf von Wertpapieren für die aus dem Drogenhandel erworbenen Geldmittel usw. Die Kette der geldwäscheanfälligen Tathandlungen kann noch weiter verlängert werden. Einzelne Beispiele siehe bei *Prengel*, Środki, S. 322 ff.

[887] Vgl. *Górniok*, u. a. (2005), Kodeks karny. Komentarz, S. 451, 453; *dies.*, Prawo karne gospodarcze, S. 42; *Jasiński*, Kontrola Państwowa 1/2000, S. 116; *Jaskolski*, Wirtschaftsstrafrecht, S. 375; *Prengel*, Środki, S. 322 ff.; *Skorupka*, Prawo karne gospodarcze, S. 115; *Wróbel*, in: *Zoll* (Hrsg.), S. 348 f.; *Zawlocki*, in: *Wąsek* (Hrsg.), S. 1211. Abweichend *Wojciechowski*, nach dessen Ansicht die Geldwäschevorschrift nur dann Anwendung findet, wenn die dort genannten Tatobjekte *indirekt* aus den mit einer verbotenen Tat – d. h. aus den mit ihr verbundenen Vorteilen – herrühren, da deren direkte verbrecherische Herkunft eher die Annahme einer Hehlerei (Art. 291 KK) verlangt. Siehe *Wojciechowski*, Kodeks karny. Komentarz, S. 564. Diese Problematik wird näher Kapitel 5 § 1 Punkt III. der vorliegenden Untersuchung behandelt.

[888] Vgl. Fn. 5.

[889] Erwähnenswert ist an dieser Stelle, dass die frühere Fassung einen beispielhaften Katalog der Vortaten enthalten hat, die die Grundlage für eine Geldwäsche bilden konnten. Mit der Änderung dieser Regelung wurde auf diese Beschränkung verzichtet. Für die Feststellung der Verbindung zwischen den erlangten Vorteilen und der Straftat war allerdings unerheblich, ob diese Straftat bereits rechtskräftig abgeurteilt war. Vgl. auch

botenen Tat stehenden Vorteil stammen. Dies bedeutet, dass jedes Verhalten des Täters, das mit einer Strafe bedroht wird, also auch Übertretungen und Finanzdelikte, unter diese Vorschrift fallen[890].

Mit der Aufhebung dieser Einschränkung wurde nicht nur eine erhebliche Erweiterung der Kriminalisierung der Geldwäsche bewirkt, sondern auch eine gewisse praktische Erleichterung im Rahmen der Verfolgung und Bekämpfung solcher Taten, indem sowohl die Umstände der Verfolgungsverjährung, als auch das Problem, ob die Tat schuldhaft war, sowie die Identität des Vortäters mit dem Anschlusstäter keine Rolle mehr spielen[891]. Diese Erweiterung ist als durchaus sinnvoll zu bewerten, insbesondere im Hinblick darauf, dass die Vornahme der Handlungen, welche der Einschleusung in den legalen Wirtschaftsverkehr bzw. der Vereitelung der Feststellung der illegalen Herkunft von aus einer verbotenen Tat stammenden Vermögenswerten dienen, in jedem Fall bestraft werden soll[892]. Diese Änderung entspricht auch völlig den auf der europäischen Ebene in diesem Bereich geforderten Standards[893].

Bemerkenswert bleibt ferner die bereits erwähnte, mit der deutschen Regelung korrespondierende Voraussetzung des *Herrührens* eines Gegenstandes aus einer in § 261 Abs. 1 Satz 2 StGB genannten rechtswidrigen Tat. Die Auslegung dieses Begriffes bereitet in der deutschen Rechtsprechung gewisse Schwierigkeiten. Nach der Gesetzesbegründung[894] sollen damit nicht nur die aus einer Katalogvortat direkt stammenden Vermögensgegenstände[895] erfasst sein, sondern auch diejenigen, die nur in einem mittelbaren Zusammenhang mit einer Katalogvortat stehen, d. h. schon „vorgewaschen" wurden. Durch den Geldwäschetatbestand werden daher alle Fälle erfasst, in denen der ursprüngliche Gegenstand unter Beibehaltung seines Wertes[896]

Buczkowski/Wojtaszek, Pranie pieniędzy, S. 167 f.; *Górniok*, Przestępstwa gospodarcze. Komentarz, S. 49.

890 Vgl. *Zawlocki*, in: *Wąsek* (Hrsg.), S. 1211 f.

891 Vgl. *Filipkowski*, Zwalczanie, S. 113; *Górniok* (Hrsg.), Prawo karne gospodarcze, S. 98; *dies.* u. a. (2005), Kodeks karny. Komentarz, S. 451; *Hajduk*, Nowe ujęcie przepisów Art. 299 K.K. penalizującego wprowadzanie do obrotu pieniędzy pochodzących z nielegalnych źródeł, in: *Bojarski T./Skrętowicz* (Hrsg.), S. 53; *Wróbel*, in: *Zoll* (Hrsg.), S. 350 f.

892 Vgl. *Marek*, Komentarz do KK, Art. 299, S. 611.

893 Gemeint ist hier vor allem die Geldwäscherichtlinie von 1991, siehe näher dazu Kapitel 3 § 2 Punkr I. 4. C. der vorliegenden Untersuchung.

894 Siehe BT-Drucksache 12/989, S. 27.

895 Darunter fallen in erster Linie die Deliktsbeute sowie der Verbrechenslohn, vgl. näher *Lackner/Kühl*, StGB-Kommentar, § 261, Rn. 5; *Leip*, Der Straftatbestand, S. 92 ff.

896 Einige Autoren vertreten die Ansicht, dass es nicht darauf ankommt, ob der Ersatzgegenstand mit dem ursprünglichen Gegenstand wertgleich ist. Einem späteren

mittels eines Waschvorgangs bzw. einer ganzen Umtauschkette von Verwertungshandlungen durch einen anderen ersetzt wird[897]. Somit ist nach dem gesetzgeberischen Willen das Herrühren so lange tatbestandsmäßig, als der ursprüngliche Gegenstand oder ein Ersatzgegenstand im Vermögen des Täters konkretisierbar ist. Eine Begründung für eine solche weite Erfassung der veränderten, umgetauschten, verarbeiteten oder vermischten Vermögensgegenstände liegt einerseits in der Schaffung einer hinreichenden Möglichkeit, die sog. Papierspur verfolgen zu können, andererseits in der Isolierung des Vortäters vom Wirtschaftsleben[898]. Für die Bestrafung wegen Geldwäsche ist daher das Erzielen lediglich eines mittelbaren Vorteils aus einer Katalogvortat materiell hinreichend, so dass mit der Voraussetzung des Herrührens aus einer Straftat im Ergebnis recht niedrige Anforderungen an die Verbindung zwischen dem Tatobjekt und der Katalogvortat gestellt werden.

Problematisch in diesem Zusammenhang ist jedoch die Bewertung, wo die Grenzen für das Tatbestandsmerkmal „Herrühren" liegen; insbesondere unter Beachtung der Tatsache, dass die Vervielfachung der auf verbrecherische Weise erlangten Gegenstände gleichzeitig zu einer immer weitergehenden Verdünnung des „Schmutzgehaltes" führt, so dass der legale Anteil am Ende der Kette im wesentlichen überwiegt[899]. Eine solche Kette kann daher theoretisch bis ins Unendliche weiterverfolgt werden und lässt sich nicht unterbrechen, was in kurzer Zeit zu einer Belastung des legalen Wirtschaftsverkehrs mit einer Vielzahl von inkriminierten Gegenständen und infolge dessen zur Beeinträchtigung seiner Funktionsfähigkeit führen

---

Geldwäscher soll die Geschäftsuntüchtigkeit des Vortäters nicht zugute kommen. Daher sollen auch Ersatzwerte, die bei Geschäften mit Verlust den ursprünglichen Gegenstand nur teilweise ausgleichen, einbezogen werden, vgl. *Gentzik*, Die Europäisierung, S. 115; *Leip*, Der Straftatbestand, S. 119; *Schönke/Schröder/Stree*, StGB-Kommentar, § 261, Rn. 7.

[897] Siehe BT-Drucksache 12/989, S. 27; BR-Drucksache 507/92, S. 27; vgl. auch *Bottke*, wistra 1995, S. 87, 90; *Braum*, Europäische Strafgesetzlichkeit, S. 541; *Bussenius*, S. 21 f.; *Hoyer*-SK, § 261, Rn. 10; *Kargl*, NJ 2001, S. 58; *Lackner/Kühl*, StGB-Kommentar, § 261, Rn. 5; *Lampe*, JZ 1994, S. 127; *Lang V./Schwarz/Kipp*, Regelungen, S. 176; *Otto*, Jura 1993, S. 330.

[898] Ebenso *Körner/Dach*, Geldwäsche, S. 19; vgl. auch *Gentzik*, Die Europäisierung, S. 104, 111; *Winkler K.*, Strafbarkeit des Strafverteidigers, S. 199.

[899] Ein denkbares Beispiel bildet der Kauf eines Autos für 10.000 € von denen nur 1.000 € aus einer in § 261 Abs. 1 Satz 2 StGB genannten Vortat stammen, oder der Kauf eines Lotterieloses durch einen Drogenhändler mit dem Bargeld aus Drogengeschäften und ein daraus folgender Gewinn von 100.000 € etc. Zu weiteren Beispielen siehe *Burr*, Geldwäsche, S. 68 ff.; *Gentzik*, Die Europäisierung, S. 102 ff.; *Höreth*, Die Bekämpfung, S. 125 ff.; *Lang V./Schwarz/Kipp*, Regelungen, S. 177 f.; *Oswald*, Die Implementation, S. 65 f.

kann[900]. Mit jedem Tauschprozess etwa verdoppelt sich nämlich die Anzahl der Geldwäschegegenstände[901]. Auch vermischte Gegenstände sind grundsätzlich immer noch als „schmutziges“ Vermögen zu qualifizieren und bleiben daher taugliche Geldwäscheobjekte[902]. Überdies vergrößert sich der Personenkreis, der über die fraglichen Gegenstände verfügt, und zwar sowohl infolge der Vermischung von Vermögensgegenständen als auch infolge der Umtauschketten. In diesem Zusammenhang taucht die Frage auf, wer der Strafbarkeit wegen Geldwäsche unterworfen werden kann. Selbst die Inpflichtnahme von Personen, die in der Ausübung ihrer beruflichen Tätigkeit möglicherweise mit kontaminierten Gegenständen in Kontakt kommen, erscheint zumindest fragwürdig[903].

Um hier Rechtsklarheit zu schaffen, ist eine genaue Bestimmung hinreichender Kriterien für einen derartigen extensiven Auslegungsspielraum des uferlosen Begriffs des „Herrührens“ und somit die Einschränkung des Anwendungsbereichs des § 261 Abs. 1 StGB durchaus erforderlich. Denn dieser Begriff umfasst ohne jegliche Einschränkung jeden Gegenstand, der in irgendeiner Form mit der Katalogvortat im kausalen Zusammenhang steht. Zum einen erscheint für eine solche Einschränkung die Heranziehung des Gedankens aus § 261 Abs. 6 StGB denkbar, wonach die Strafbarkeit wegen Geldwäsche bei einem zwischenzeitlichen gutgläubigen Erweb des Gegenstandes durch einen Dritten entfällt[904]. Diese Möglichkeit des Strafbarkeitsausschlusses bezieht sich allerdings ausschließlich auf Tatbegehungsweisen aus dem Absatz 2 dieser Norm und ist somit auf § 261 Abs. 1 StGB nicht anwendbar[905].

Weiterhin ist die Auffassung des deutschen Gesetzgebers erwägenswert, wonach „einerseits ein Interesse besteht, den Zugriff nicht schon nach einem ‚Waschvorgang? zu verlieren, andererseits aber der Rückgriff auf die

[900] Vgl. BR-Drucksache 507/92, S. 27 f.; Siehe auch *Arzt*, JZ 1993, S. 914; *Flatten*, Zur Strafbarkeit von Bankangestellten, S. 76; *Gentzik*, Die Europäisierung, S. 106; *Höreth*, Die Bekämpfung, S. 115; *Knorz*, Der Unrechtsgehalt, S. 117 f.; *Leip*, Der Straftatbestand, S. 68; *Oswald*, Die Implementation, S. 65 f.; *Werner*, Bekämpfung, S. 223 f.

[901] So auch *Höreth*, Die Bekämpfung, S. 115.

[902] Vgl. BT-Drucksache 11/7663, S. 26. Siehe auch *Höreth*, Die Bekämpfung, S. 115, 122; *Körner/Dach*, Geldwäsche, S. 20; *Lang V./Schwarz/Kipp*, Regelungen, S. 177.

[903] Gemeint sind z. B. Personen, die bemakelte Vermögensgegenstände ankaufen, mieten oder verwahren, siehe dazu *Gentzik*, Die Europäisierung, S. 106.

[904] Trotz des Fehlens einer mit dieser Regelung korrespondierender Norm im polnischen Strafrecht, wird es vereinzelt auch in der polnischen Literatur auf eine vergleichbare Möglichkeit der Unterbrechung der sog. Geldwäscheketten infolge des gutgläubigen Erwerbs (Art. 169 KC) hingewiesen, vgl. *Wróbel*, in: *Zoll* (Hrsg.), S. 350.

[905] Vgl. näher *Gentzik*, Die Europäisierung, S. 121 ff.; *Lang V./Schwarz/Kipp*, Regelungen, S. 178 f.; *Winkler K.*, Strafbarkeit des Strafverteidigers, S. 202 ff.

Herkunft dort seine Grenze finden muss, wo der Wert des (...) in Betracht kommenden Gegenstandes durch Weiterverarbeitung im Wesentlichen auf eine selbständige spätere Leistung Dritter zurückzuführen ist“[906]. Bemerkenswert in diesem Zusammenhang ist auch der Beschluss des Oberlandesgerichts Karlsruhe, wonach „durch das Merkmal des Herrührens (...) auch Ersatzgegenstände erfasst werden, die bei wirtschaftlicher Betrachtungsweise als Ergebnis auch mehrfacher Austausch- und Umwandlungsprozesse an die Stelle der aus der Katalogtat ursprünglich erlangten getreten sind. (...) Ersatzgegenstände, (...), in welche nur zum Teil inkriminierte Vermögenswerte Eingang gefunden haben, gehören zum Kreis tauglicher Tatobjekte, sofern der in den Ersatzgegenstand eingegangene inkriminierte Anteil aus wirtschaftlicher Sicht nicht völlig unerheblich ist“[907]. Aus diesen Formulierungen lässt sich jedoch nur ableiten, dass der fragliche Gegenstand einer der Katalogvortaten zugeordnet und der wirtschaftliche Wert seines bemakelten Anteils nicht unerheblich sein darf. Da die Beurteilung dieses Merkmals je nach Sachlage aber unterschiedlich ausfallen kann, bleibt der weite Begriff des „Herrührens“ insoweit offen und bedarf, insbesondere im Hinblick auf das Bestimmtheitsgebot (Art. 103 Abs. 2 GG, § 1 StGB)[908], einer Konkretisierung.

In der deutschen Literatur ist jedoch bislang kein Konsens zu diesem Problem erreicht worden[909]. Im Wesentlichen wird auf einen der zwei in Frage kommenden Anknüpfungspunkte abgestellt. In erster Linie muss die Herkunft des Gegenstandes auf eine Straftat zurückführbar sein (sog. *Herkunftsprinzip*). Ergänzend wird zur Beurteilung an die Fähigkeit einer kriminellen Organisation angeknüpft, über den fraglichen Gegenstand verfügen zu können (sog. *Zugehörigkeitsprinzip*). Befindet sich ein Gegenstand in der Verfügungsgewalt einer kriminellen Vereinigung, so ist es für seine Geldwäschetauglichkeit ohne Bedeutung, ob er unmittelbar aus einer Straftat

906 Vgl. BT-Drucksache 12/989, S. 27; BR-Drucksache 507/92, S. 27 f.

907 Vgl. OLG Karlsruhe, Beschluss vom 20.01.2005 – 3 Ws. 108/04, wistra 2005, S. 189 ff.

908 Siehe näher *Leip*, Der Straftatbestand, S. 68 ff.; *Winkler K.*, Strafbarkeit des Strafverteidigers, S. 197 f.

909 Zu einzelnen Auffassungen siehe *Ackermann*, Geldwäscherei, S. 248; *Arzt*, JZ 1993, S. 913 ff.; *Barton*, NStZ 1993, S. 159 ff.; *Lampe*, JZ 1994, S. 127; *Maiwald*, Auslegungsprobleme im Tatbestand der Geldwäsche, in: Hirsch – FS, S. 636 ff.; *Otto*, Jura 1993, S. 330 f.; *Salditt*, StraFo 1992, S. 121 ff.; Zusammenfassend *Burr*, Geldwäsche, S. 66 f.; *Körner/Dach*, Geldwäsche, S. 19 f.; *Lackner/Kühl*, StGB-Kommentar, § 261, Rn. 5; *Leip*, Der Straftatbestand, S. 67 ff.; *Spiske*, Pecunia olet?, S. 111 ff.; *Tröndle/Fischer*, Kommentar zum StGB, § 261, Rn. 7 f.; *Winkler K.*, Strafbarkeit des Strafverteidigers, S. 195 ff.

herrührt[910]. Zur Einschränkung des Anwendungsbereichs dieses problematischen Tatbestandsmerkmales werden auch die Regeln zur Bestimmung einer kausalen Verbindung zwischen der Katalogvortat und dem in Frage kommenden Gegenstand herangezogen[911].

B. Tatobjekte gemäß Art. 299 § 2 KK

Tatobjekte gemäß Art. 299 § 2 KK sind das Geld oder andere Devisenwerte. Eine gemeinsame Voraussetzung für die beiden Tatobjekte ist, dass sie in bar in Betracht kommen. Die Einführung dieser Einschränkung wird zu Recht als unverständlich[912] bewertet und hat eine unnötige Begrenzung des Anwendungsbereichs dieser Vorschrift zur Folge.

a) Geld

Der Begriff des Geldes ist in der Definition der Zahlungsmittel gem. Art. 299 § 1 KK enthalten, wobei, wie bereits erwähnt, gefordert wird, dass sie nur in bar in Betracht kommen. Gemeint sind also ausschließlich die auf dem Territorium der Republik Polen durch die Polnische Nationalbank emittierten Geldzeichen, d. h. Geldscheine und Münzen in *Zloty* und *Grosz*.

b) Andere Devisenwerte

Auch dieser Begriff deckt sich mit der entsprechenden Formulierung in § 1 der polnischen Geldwäschevorschrift. Die Voraussetzung, dass die Devisenwerte nur in bar in Betracht kommen, bleibt bestehen. Dies bedeutet, dass als Tatobjekte dieser Vorschrift Schecks und Wechsel nicht einbezogen werden können[913]. Erfasst werden also meistens fremde Geldzeichen in bar, die außerhalb der Republik Polen als rechtliche Zahlungsmittel anzusehen sind.

3. Harmonisierungsgrad hinsichtlich der Tatobjekte

Aus den bisherigen Überlegungen folgt, dass die Konzeption des europäischen Gesetzgebers hinsichtlich der Bestimmung der geldwäschetauglichen

---

[910] Vgl. ausführlich *Höreth*, Die Bekämpfung, S. 116 ff. m. w. N. Siehe ferner *Egger Tanner*, Die strafrechtliche Erfassung, S. 53 f.

[911] Ausführlich dazu siehe *Dionyssopoulou*, Der Tatbestand, S. 84 ff.; *Gentzik*, Die Europäisierung, S. 106 ff.; *Leip*, Der Straftatbestand, S. 80 ff.

[912] So *Zawlocki*, in: *Wąsek* (Hrsg.), S. 1214.

[913] Anders *Wróbel*, in: *Zoll* (Hrsg.), S. 355 f. Begründet wird diese abweichende Ansicht damit, dass als die Tathandlung des Art. 299 § 2 KK nicht nur die Entgegennahme, sondern auch ein Transfer oder eine Konversion gelten.

Tatobjekte in der polnischen Geldwäschenorm nicht deckungsgleich übernommen wurde. Unterschiede bestehen in zweierlei Hinsicht.

Zum einen kommt es auf die Bestimmung der geldwäschetauglichen Tatobjekte an. Laut der polnischen Norm kommen hier nur die in Art. 299 § 1 KK *expressis verbis* genannten Vermögenswerte in Betracht, d. h. Zahlungsmittel, Wertpapiere oder andere Devisenwerte, Vermögensrechte sowie bewegliches oder unbewegliches Vermögen. Der Anwendungsbereich der dritten Geldwäscherichtlinie geht jedoch in diesem Bereich erheblich darüber hinaus, indem die Geldwäschetauglichkeit bei sämtlichen vermögenswerten Gegenständen angenommen wird.

Eine solche Einschränkung des Katalogs der Tatobjekte, wie sie in der polnischen Geldwäschenorm vorgenommen wurde, ist mit dem Ziel der europäischen Geldwäscheregelungen unvereinbar und lässt sich keineswegs begründen. Die Auswahl der Tatobjekte erscheint zumindest fragwürdig und lässt außerhalb des Anwendungsbereichs der polnischen Vorschrift eine breite Gruppe von Vermögensgegenständen[914], die in engem Zusammenhang mit der Begehung einer geldwäscherelevanten Vortat stehen können.

Diese abweichende Ausgestaltung der polnischen Norm im Vergleich zu den europäischen Vorgaben auf diesem Gebiet lässt sich auch nicht damit begründen, dass die Fassung der polnischen Geldwäschevorschrift in dieser Hinsicht seit dem Inkrafttreten des polnischen *Kodeks Karny* im Jahre 1998 unverändert geblieben ist. Schon in der ersten Geldwäscherichtlinie von 1991 wurden jegliche Vermögensgegenstände als geldwäschetauglich erfasst. Das vorstehend genannte Argument könnte allenfalls im Hinblick auf die auf der Basis der dritten Geldwäscherichtlinie einzuführende Ausdehnung der Tatobjekte auch auf rechtlich erworbene Vermögensgegenstände überzeugen, die ganz oder teilweise dafür verwendet werden, eine Straftat terroristischen Charakters zu begehen[915].

Es ist somit eine erheblich weitergehende Harmonisierung der Normierung von geldwäschetauglichen Tatobjekten erforderlich. Empfohlen wird daher – entsprechend den europäischen Vorgaben – die Erweiterung des Kreises der Tatobjekte in der polnischen Geldwäschenorm auf alle inkriminierten Vermögensgegenstände und im Falle der Möglichkeit ihrer Verwendung für terroristische Zwecke sogar auf sämtliche Vermögensgegenstände[916].

---

914 Vgl. Art. 3 Nr. 2 der dritten Geldwäscherichtlinie.

915 Vgl. Art. 1 Abs. 4 der dritten Geldwäscherichtlinie.

916 Zur Bewertung dieser Ansicht unter rechtsstaatlichem Aspekt vgl. noch Kapitel 5 § 1 Punkt II. der vorliegenden Untersuchung.

Zum zweiten erscheint die extensive Auslegung des Tatbestandsmerkmals des „Herrührens“, insbesondere im Hinblick auf die mögliche Unterbrechung der sog. Geldwäscheketten problematisch. Wie bereits ausführlich erörtert, enthalten die europäischen Vorgaben keine diesbezüglich relevanten Anhaltspunkte. Die Regelung der Problematik soll demnach der Gesetzgebung bzw. der Rechtsprechung der Mitgliedstaaten obliegen. Die polnische Geldwäscheregelung gibt hierzu jedoch keine hineichende Lösung. Vielmehr taucht dieses Problem in den Erwägungen zu der Auslegung des Art. 299 KK nicht auf. Es wird einhellig angenommen, dass das Herrühren eines geldwäschetauglichen Tatobjekts aus Vorteilen, die in Verbindung mit der Begehung einer verbotenen Tat stehen, sämtliche Fälle erfasst, die sowohl eine direkte als auch eine indirekte Herkunft aus einer verbotenen Tat aufweisen. Dies würde bedeuten, dass nicht nur die Ursprungsgegenstände, sondern auch alle möglichen Surrogate sowie vermischte Vermögenswerte ohne weiteres einbezogen werden. Auf eine derartige weite Auslegung wird schon in der Formulierung der polnischen Geldwäschenorm hingewiesen, indem über die indirekte Herkunft der enumerativ genannten Tatobjekte aus einer verbotenen Tat – d. h. aus daraus stammenden Vorteilen – gesprochen wird. Der Anwendungsbereich der Geldwäschevorschrift darf jedoch auch nicht beliebig ausgedehnt werden. Erforderlich sind daher hinreichende Kriterien für deren Einschränkung. Leider erscheinen weder die polnischen noch die europäischen Vorgaben in diesem Bereich für eine solche Grenzziehung geeignet[917].

IV. Tathandlungen

Im Rahmen der geldwäschetauglichen Tathandlungen werden verschiedene Verhaltensweisen umschrieben, die die Einschleusung der inkriminierten Gegenstände in den Finanz- oder Wirtschaftskreislauf unter Verdeckung ihrer verbrecherischen Herkunft zum Ziel haben. Bemerkenswert ist dabei, dass sie sich untereinander nicht eindeutig abgrenzen lassen und sich in vielfacher Weise überschneiden[918].

---

[917] Keine Angaben diesbezüglich enthält auch die Begründung der dritten Geldwäscherichtlinie, vgl. EABl. L 309 vom 25.11.2005, S. 15 ff. Teilweise wären dafür Ansätze aus der deutschen Literatur hilfreich. Wie jedoch erwähnt, wird die Frage der Grenzziehung von deutschen Autoren unterschiedlich betrachtet, so dass im Ergebnis keine Übereinstimmung erreicht wird. Notwendig erscheint daher eine Stellungnahme zu dieser Problematik in der polnischen bzw. europäischen Rechtsprechung und Literatur. Da jedoch die Unbestimmtheit der Tatobjektserfassung auch ein Problem der Rechtsstaatlichkeit darstellt, wird darauf noch im Rahmen des Kapitels 5 eingegangen, vgl. Kapitel 5 § 1 Punkt III. der vorliegenden Untersuchung.

[918] Vgl. *Höreth*, Die Bekämpfung, S. 130; *Jaskolski*, Wirtschaftsstrafrecht, S. 378 f.;

1. Vorgaben in der dritten Geldwäscherichtlinie

Aufgrund der bisher geltenden Geldwäscherichtlinie von 2001 werden in erster Linie die Verheimlichung oder Verschleierung bestimmter Eigenschaften des Tatobjekts pönalisiert[919]. Dieser Verschleierungstatbestand ist als Grundtatbestand der Geldwäsche auch im Rahmen der dritten Geldwäscherichtlinie konzipiert[920].

Die Geldwäschehandlung, die in der Verheimlichung bzw. Verschleierung besteht, muss sich gegen die Tatobjekteigenschaften, d. h. gegen die wahre Natur, Herkunft, Lage, Verfügung oder Bewegung von Vermögensgegenständen oder des tatsächlichen Rechts oder Eigentums an Vermögensgegenständen richten. Auf das Tatobjekt bezogen, ist hier ein Tätigkeitsdelikt vorhanden, das einen Erfolg voraussetzt[921]. Indem infolge dieser Geldwäschehandlungen die staatlichen Zugriffsmöglichkeiten hinsichtlich der illegalen Vermögenswerte gefährdet werden, kommt in diesem Fall, vom Rechtsgut her, ein abstraktes Gefährdungsdelikt in Betracht[922]. Obwohl die Gewährleistung des staatlichen Zugriffs sich unmittelbar aus der Geldwäscherichtlinie nicht ableiten lässt, stimmt sie grundsätzlich mit dem in den europäischen Geldwäschevorschriften verankerten Rechtsgutsgedanken überein[923].

Dem Grundtatbestand wird ein Absichtstatbestand vorangestellt[924]. Sein Wesen besteht einerseits in der Vornahme bestimmter Tathandlungen, nämlich des Umtausches oder Transfers von inkriminierten Vermögensgegenständen, womit auf die Verheimlichung oder die Verschleierung der illegalen Herkunft dieser Vermögensgegenstände abgezielt wird.

Eine weitere Tatbestandsmodalität im Rahmen des Absichtstatbestandes bildet die Unterstützung von Personen, die an einer solchen Verheimlichungs- oder Verschleierungshandlung beteiligt sind. Vorausgesetzt wird dabei, dass die Unterstützung mit dem Ziel der Verhinderung der Rechts-

---

Lackner/Kühl, StGB-Kommentar, § 261, Rn. 7; *Lang V./Schwarz/Kipp*, Regelungen, S. 194; *Schönke/Schröder/Stree*, StGB-Kommentar, § 261, Rn. 10.

919 Vgl. Art. 1 Abs. 2 lit. b der dritten Geldwäscherichtlinie.

920 Vgl. *Vogel*, ZStW 109 (1997), S. 340 m. w. N.

921 Vgl. *Gentzik*, Die Europäisierung, S. 156; *Vogel*, ZStW 109 (1997), S. 340.

922 Vgl. *Vogel*, ZStW 109 (1997), S. 340.

923 Vgl. *Vogel*, ZStW 109 (1997), S. 340. Nach der Auffassung von *Gentzik* ist jedoch ein derartiger Rechtsgutsbezug nicht zwingend, insbesondere weil – wie bereits ausführlich besprochen (vgl. Kapitel 4 § 2 Punkt I. dieser Arbeit) – die Geldwäscherichtlinie in erster Linie den Schutz des Finanz- und Wirtschaftssystems gegen den Missbrauch zum Zwecke einer Geldwäsche sowie für terroristische Zwecke beabsichtigt. Allerdings dient auch diese Schutzrichtung dem Verheimlichungs- und Verschleierungsverbot, vgl. näher *Gentzik*, Die Europäisierung, S. 156 f.

924 Vgl. Art. 1 Abs. 2 lit. a der dritten Geldwäscherichtlinie.

folgen dieser illegalen Tat vorgenommen wird. Als eine derartige Rechtsfolge ist auch die Möglichkeit des staatlichen Zugriffs anzusehen, so dass die bei dem Grundtatbestand fragliche Schutzrichtung durch die Tathandlung aus Art. 1 Abs. 2 lit. a der dritten Geldwäscherichtlinie gedeckt wird[925]. Somit ist diese Alternative als eine Straftat mit überschießender Innentendez anzusehen, mit der verlangt wird, dass der Täter zum Zwecke der Verheimlichung oder der Verschleierung der bemakelten Vermögensgegenstände bzw. zum Zwecke der Vermeidung nachteiliger Rechtsfolgen des Verhaltens eines Beteiligten handelt.

Zu weiteren Tathandlungen innerhalb des Geldwäscherichtlinientatbestands gehören der Erwerb, der Besitz oder die Verwendung von bemakelten Vermögensgegenständen. Mit diesem Tatbestand werden die Isolierung und dadurch die Entwertung dieser Gegenstände für den Vortäter angestrebt[926]. Diesem Tatbestand liegt der Gedanke zugrunde, es zu vereiteln, dass der Täter irgendwelche wirtschaftlichen, aus seiner Straftat herrührenden Vorteile genießen kann. Dies entspricht auch völlig dem Rechtsgutsgedanken der Geldwäscherichtlinie, die in erster Linie auf den Schutz des Finanz- und Wirtschaftsverkehrs abstellt.

Die oben dargestellten, in der bisher geltenden Geldwäscherichtlinie von 2001 enthaltenen Tathandlungen wurden durch die dritte Geldwäscherichtlinie fast wörtlich übernommen. Eine erhebliche Ausdehnung des Anwendungsbereichs bildet jedoch die Einführung eines neuen Tatbestands in die Geldwäscherichtlinie von 2005, der als Vorbeugungstatbestand bezeichnet werden kann[927]. Vom Konzept her, zielt er auf die möglichst frühzeitige und möglichst umfassende Verhinderung der Verwendung sämtlicher Vermögensgegenstände für terroristische Zwecke ab.

Entsprechend dem Wortlaut der neuen Geldwäscherichtlinie wird insoweit jede Bereitstellung oder Sammlung auch rechtmäßig erworbener Vermögensgegenstände pönalisiert. Gerade dieses Merkmal weist einen erheblich anderen Charakter im Vergleich zu den vorgenannten Geldwäschehandlungen auf. Denn es handelt sich hier um auf legale Weise erworbene Vermögensgegenstände, die trotz ihres redlichen Ursprungs, Tatobjekte einer Geldwäsche werden können. Das bloße Bereitstellen oder die bloße Sammlung dieser Gegenstände allein erfüllt jedoch den Geldwäschetatbestand noch nicht. Erforderlich ist ferner, dass diese Tathandlungen in der Absicht zur ganzen oder teilweisen Verwendung der Gegenstände für terroristische

925 Vgl. *Gentzik*, Die Europäisierung, S. 158; *Vogel*, ZStW 109 (1997), S. 340 f.
926 Vgl. *Vogel*, ZStW 109 (1997), S. 341.
927 Vgl. Art. 1 Abs. 4 der dritten Geldwäscherichtlinie.

Zwecke vorgenommen werden. Somit liegt insoweit ebenfalls eine Straftat mit überschießender Innentendenz vor. Darüber hinaus enthält der neue Geldwäschetatbestand auch noch eine zweite Alternative, die sich von der vorgenannten Alternative ausschließlich in subjektiver Hinsicht unterscheidet. Unter Strafe wird hier wieder jede Bereitstellung oder Sammlung auch von redlich erworbenen Vermögensgegenständen gestellt; beim Täter wird jedoch nur noch die Kenntnis ihrer möglichen Verwendung für terroristische Zwecke vorausgesetzt.

Der neue Tatbestand erweckt hinsichtlich seiner Übereinstimmung mit dem vorrangigen Schutzzweck der Geldwäscherichtlinie keine Bedenken. Schon aus der Bezeichnung der dritten Geldwäscherichtlinie folgt, dass der europäische Gesetzgeber hier auf den umfassenden Schutz des Finanzsystems vor dessen Nutzung für terroristische Zwecke abzielt.

2. Tathandlungen im polnischen Geldwäschetatbestand, Art. 299 KK

Die einzelnen, in Art. 299 KK *expressis verbis* genannten Tathandlungen beschreiben zugleich die möglichen Methoden einer Geldwäsche. Erst aufgrund der Zuordnung eines Verhaltens zu einer der in dieser Vorschrift enumerativ genannten Tathandlungen ist eine Bestrafung wegen Geldwäsche möglich. Daher ist eine möglichst genaue Bestimmung der Bedeutung und Reichweite dieser Tatbestandsmerkmale für die Praxis von besonderer Relevanz[928].

Bevor eine ausführliche Untersuchung der entsprechenden Tatbestandsmerkmale der polnischen Geldwäschevorschrift vorgenommen wird, ist kurz auf die deutsche Regelung in diesem Bereich (§ 261 StGB) einzugehen. Die in dieser Norm genannten Geldwäschehandlungen werden in zahlreichen Erscheinungsformen umschrieben. Für die Umschreibung der einzelnen Tatmodalitäten hat der deutsche Gesetzgeber zum Teil auf Formulierungen in anderen Tatbeständen zurückgegriffen und die dazu entwickelten Grundsätze für anwendbar erklärt. Charakteristisch ist dabei, dass manche Verhaltensweisen handlungsspezifische Merkmale aufweisen, während andere einen speziellen Erfolg oder eine diesbezügliche Gefährdung zur Folge haben, was in vielen Fällen zu einer unnötigen gesetzestechnischen Doppelabsicherung führt[929].

Die Geldwäschehandlungen lassen sich grundsätzlich in drei Kategorien unterteilen[930], wobei allen in § 261 StGB umschriebenen Tathandlun-

---

[928] So auch *Maruszewska*, Pranie „brudnych" pieniędzy, ustawodawstwo europejskie a polskie inicjatywy, in: *Mik* (Hrsg.), Europeizacja, S. 382.

[929] Vgl. *Leip*, Der Straftatbestand, S. 126.

[930] Eine derartige Aufteilung ist jedoch nicht abschließend. Nach *Körner/Dach* las-

gen gemeinsam ist, dass sie – mit unterschiedlicher Intensität – den Zugriff der staatlichen Behörden auf die bemakelten, in Absatz 1 des § 261 StGB genannten Tatobjekte vereiteln oder zumindest erschweren[931]. Von der polnischen Regelung unterscheiden sie sich vor allem dadurch, dass sie als Allgemeindelikte einzustufen sind. Der deutsche Gesetzgeber hat damit zum Ausdruck gebracht, dass die Geldwäschevorschrift auf den Schutz des Wirtschaftsverkehrs keinen besonderen Wert legt[932]. Die erste Gruppe, die die ersten zwei Tathandlungen aus Absatz 1 dieser Norm (das Verbergen und das Verschleiern der Herkunft) und somit die typischen und zentralen geldwäscheanfälligen Verhaltensweisen erfasst, ist als sog. *Verschleierungstatbestand* zu charakterisieren. Das Wesen der weiteren Tathandlungen im Rahmen dieses Absatzes besteht im Vereiteln oder im Gefährden der Ermittlung der Herkunft, des Auffindens, des Verfalls, der Einziehung oder der Sicherstellung. Diese Tathandlungen bilden daher den sog. *Vereitelungs-* und *Gefährdungstatbestand* und weisen im Gegensatz zu der vorgenannten Kategorie keinen manipulativen. Charakter auf. Die dritte Gruppe, d. h. das Verschaffen für sich oder für einen Dritten, das Verwahren oder das Verwenden für sich oder für einen Dritten, bildet dagegen den sog. *Isolierungstatbestand*, der im Absatz 2 des § 261 StGB enthalten ist. Sie umfasst geldwäscheferne Handlungsweisen, die grundsätzlich neutral vonstatten gehen oder dem im eigenen Interesse handelnden Geschäftspartner dienen[933].

Erhebliche Schwierigkeiten bereitet der Vergleich der polnischen Geldwäschehandlungen im Sinne des Art. 299 KK mit den korrespondierenden, in § 261 des deutschen StGB enthaltenen Handlungsweisen. Beide Geldwäschevorschriften weisen im Bereich der Umschreibung der Tathandlungen eine erheblich unterschiedliche Struktur auf. Unterschiede bestehen einerseits in der allgemeinen Einordnung des deliktischen Charakters der Verhaltensweisen im Lichte des potentiellen Täterkreises. Während die Norm im deutschen Strafrecht alle natürlichen Personen als potentielle Täter erfasst, sind innerhalb des Art. 299 KK nur die in § 1 bezeichneten Straftaten als Allgemeindelikte konzipiert. Die in §§ 2-4 des Art. 299 KK bezeichneten

sen sich die Tathandlungen innerhalb der deutschen Geldwäschevorschrift in fünf verschiedene Tatbestandgruppen unterteilen, siehe näher *Körner/Dach*, Geldwäsche, S. 20 ff.; vgl. auch *Lang V./Schwarz/Kipp*, Regelungen, S. 195 ff. Da jedoch die Aufteilung in drei Gruppen in der deutschen Literatur am meisten verbreitet ist, wird diese Aufteilung in der vorliegenden Untersuchung zum Gegenstand einer kurzen Erörterung.

931 So auch *Knorz*, Der Unrechtsgehalt, S. 137 f.

932 Zur Begründung dieser Auffassung siehe Erwägungen zum Rechtsgüterschutz, Kapitel 4 § 2 Punkt II. der vorliegenden Untersuchung.

933 Vgl. *Ambos*, ZStW 114 (2001), S. 242; *Höreth*, Die Bekämpfung, S. 130; *Klippl*, Geldwäscherei, S. 114.

Handlungen werden dagegen nur dann pönalisiert, wenn sie von einer der in dieser Vorschriften genannten Personen, d. h. den Mitarbeitern einer sog. verpflichteten Institution, begangen werden. Aus alledem folgt der zweite auffallende Unterschied, der sich auf die Struktur der Aufteilung der Tathandlungen innerhalb der Geldwäschevorschrift bezieht.

Wie schon erwähnt, beruht die deutsche Geldwäschevorschrift auf einer erkennbaren Dreiteilung der Tathandlungen. Dagegen erscheint die Aufzählung der geldwäschetauglichen Handlungsweisen in Art. 299 KK eher zufällig. Als einziges auffallendes Kriterium erscheint hier die Person des Täters. Da der Schwerpunkt dieser Arbeit jedoch in der Analyse der polnischen Geldwäscheregelung unter dem Aspekt ihrer Übereinstimmung mit den europäischen Vorgaben im Bereich der Geldwäschebekämpfung liegt, soll soeben erwähnte Differenz zu der deutschen Geldwäscheregelung hier nicht weiter verfolgt werden.

A. Tathandlungen gemäß Art. 299 § 1 KK

Die Straftat gem. Art. 299 § 1 KK hat – wie gesagt – einen Allgemeincharakter. Dies bedeutet, dass jede natürliche Person Adressat dieses Geldwäscheverbots ist. Zu den geldwäschetauglichen Tathandlungen dieser Vorschrift gehören die Annahme, die Überweisung bzw. die Ausfuhr ins Ausland, die Unterstützung bei der Übertragung des Eigentums oder des Besitzes der geldwäschetauglichen Tatobjekte sowie die Vornahme anderer Handlungen, welche die Feststellung einer kriminellen Herkunft der Tatobjekte, ihre Lokalisierung, ihre Aufdeckung, ihre Beschlagnahme oder die Anordnung ihres Verfalls vereiteln oder wesentlich erschweren können.

a) Annahme

Die Annahme eines geldwäschetauglichen Vermögensgegenstandes besteht in dessen faktischer Übernahme in Gewahrsam[934]. Aufgrund einer Einigung zwischen dem Abgebenden und dem Annehmenden wird dem Annehmenden die Möglichkeit eingeräumt, über den Vermögensgegenstand frei verfügen zu können[935]. Erforderlich ist daher die Einwilligung des Annehmenden, die

[934] Im polnischen Schrifttum wird davon ausgegangen, dass dieses Merkmal im Sinne des Art. 291 KK (Hehlerei) auszulegen ist; mit dem Unterschied jedoch, dass die Annahme im Sinne von Art. 299 KK keinen vorübergehenden Charakter aufweisen muss, vgl. näher *Buczkowski/Wojtaszek*, Pranie, S. 150; *Filipkowski*, Zwalczanie, S. 106; *Górniok*, Przestępstwa gospodarcze. Komentarz, S. 39; *Jasiński*, Pranie, S. 32; *ders.*, Przeciw szarej strefie, S. 46; *Wróbel*, in: *Zoll* (Hrsg.), S. 342; *Zawłocki*, in: *Wąsek* (Hrsg.), S. 1212.

[935] Vgl. *Buczkowski*, Przestępstwa, S. 55; *Buczkowski/Wojtaszek*, Pranie, S. 150, 165; *Filipkowski*, Zwalczanie, S. 105 f.; *Jaskolski*, Wirtschaftsstrafrecht, S. 379; *Maruszewska*,

entweder in einer ausdrücklichen oder konkludenten Form geäußert wird. Die Annahme kann sich jedoch nicht nur auf eine faktische Aushändigung eines Gegenstandes beziehen, sondern ist auch im Rahmen eines bloßen Überlassens dieses Gegenstandes in einem Raum möglich, der sich im Gewahrsam des Annehmenden befindet, so dass die Annahme in diesem Fall *per facta concludentia* erfolgt[936].

Im Rahmen dieser Tathandlung sind weiterhin Fälle der Ausnutzung einer Bank oder einer anderen Finanzinstitution zum Zwecke der Geldwäsche denkbar. Hier liegt das bereits diskutierte Tatbestandsmerkmal z. B. schon in der Annahme eines bestimmten Vermögenswertes in einen Banksafe oder in der Verbuchung einer Festgeldanlage[937]. Erwähnenswert ist dabei, dass ein ursprünglicher Erwerb[938] eines Gegenstandes von diesem Begriff nicht erfasst wird[939].

b) Überweisung ins Ausland

Dieser Begriff umfasst alle Handlungen, in deren Folge bestimmte Vermögenswerte aus dem Territorium der Republik Polen ins Ausland übermittelt werden[940]. Dies kann entweder aufgrund einer Anvertrauung oder Abgabe

---

Pranie „brudnych" pieniędzy, ustawodawstwo europejskie a polskie inicjatywy, in: *Mik* (Hrsg.), Europeizacja, S. 382; *Wróbel*, in: *Zoll* (Hrsg.), S. 341.

936 Vgl. *Górniok* u. a. (2005), Kodeks karny. Komentarz, S. 451 f.; *dies.*, Przestępstwa gospodarcze. Komentarz, S. 39; *Hajduk*, Nowe ujęcie przepisów Art. 299 K.K. penalizującego wprowadzanie do obrotu pieniędzy pochodzących z nielegalnych źródeł, in: *Bojarski T./Skrętowicz* (Hrsg.), S. 46 f.; *Huba*, Prok. i Pr. 11/1996, S. 12 f.; *Stefański R. A.*, Przestępstwo „prania pieniędzy" w polskim prawie karnym, in: Górniok – FS, S. 164; *Wróbel*, in: *Zoll* (Hrsg.), S. 341.

937 Weitere Beispiele siehe bei *Filipkowski*, Zwalczanie, S. 106; *Jasiński*, Pranie, S. 32; *ders.*, Przeciw szarej strefie, S. 46.

938 Begründet wird das damit, dass es sich bei der Annahme um die Übertragung des Gewahrsams und somit um eine Rechtsübertragung handelt. Bei dem ursprünglichen Erwerb ist der Erwerber dagegen kein Rechtsnachfolger einer zuvor berechtigten Person. Die zuvor berechtigte Person kann also nicht als ein Veräußerer eines Rechts betrachtet werden. Das Wesen dieses Erwerbs liegt somit darin, dass er ursprünglich, d. h. ohne den Willen der zuvor berechtigten Person, und damit lediglich aufgrund der gesetzlichen Vorschriften erfolgt. Als Beispiele des ursprünglichen Erwerbs gelten: Ersitzung (Art. 172 ff. KC), Bemächtigung einer beweglichen herrenlosen Sache (Art. 181 KC) usw. Im Gegensatz zum derivativen Erwerb führt der ursprüngliche Erwerb grundsätzlich zum Erlangen eines belastungsfreien Rechts, vgl. z. B. *Doliwa*, Prawo cywilne-część ogólna, S. 65; *Radwański*, Prawo cywilne-część ogólna, S. 101 f.

939 Vgl. *Filipkowski*, Zwalczanie, S. 106; *Wróbel*, in: *Zoll* (Hrsg.), S. 342.

940 Vgl. *Buczkowski/Wojtaszek*, Pranie, S. 151, 165; *Filipkowski*, Zwalczanie, S. 106; *Górniok* u. a. (2005), Kodeks karny. Komentarz, S. 452; *dies.*, Przestępstwa gospodarcze. Komentarz, S. 39; *Hajduk*, Nowe ujęcie przepisów Art. 299 K.K. penalizującego wprowadzanie do obrotu pieniędzy pochodzących z nielegalnych źródeł, in: *Bojarski*

an eine andere Person geschehen, wobei die Rechtsgrundlage einer solchen Handlung für deren Beurteilung als Tathandlung im Sinne des Art. 299 KK unerheblich ist[941]. Eine solche Art der geldwäschetauglichen Verhaltensweisen erfolgt häufig im Rahmen der unterschiedlichen Tätigkeiten, die von einer Finanz- oder Kreditinstitution ausgeübt werden[942].

c) Ausfuhr ins Ausland

Unter diesem Begriff wird, ähnlich wie bei der bereits besprochenen Überweisung, der Transfer von geldwäschetauglichen Vermögenswerten ins Ausland verstanden, wobei in diesem Fall in erster Linie die physische Verschiebung bestimmter Gegenstände gemeint ist[943]. Die Tragweite dieser Tathandlung wird ausführlich im *Gesetz über die Warenumsatzverwaltung mit dem Ausland von 2004*[944] behandelt.

Für eine hinreichende Bestimmung dieses Tatbestandsmerkmals kann ferner die Heranziehung der in der früheren Fassung des *Gesetzes über das Devisenrecht*[945] enthaltenen Definition eines Devisenumsatzes hilfreich sein. Gemäß Art. 2 Pkt. 8 dieses Gesetzes fallen unter diesen Begriff sämtliche Verlagerungen von Devisenwerten über die Grenze der Republik Polen, die

---

T./Skrętowicz (Hrsg.), S. 47; *Jasiński*, Pranie, S. 32; *ders.*, Przeciw szarej strefie, S. 47; *Skorupka*, Prawo karne gospodarcze, S. 112; *Wróbel*, in: *Zoll* (Hrsg.), S. 342.

[941] Vgl. *Filipkowski*, Zwalczanie, S. 106; *Stefański R. A.*, Przestępstwo „prania pieniędzy“ w polskim prawie karnym, in: Górniok – FS, S. 165.

[942] Ein Beispiel dafür bilden: eine Banküberweisung in Form eines elektronischen Transfers ins Ausland; ein Währungsumtausch mit Überweisung auf ein Konto im Ausland; eine Zahlung für Importware usw.

[943] In Betracht kommt hier z. B. Schmuggel von „schmutzigen" Geldern in einem Gepäck oder in einem Transportmittel, auch aufgrund einer Genehmigung, vgl. dazu *Buczkowski*, Przestępstwa, S. 55; *Buczkowski/Wojtaszek*, Pranie, S. 151, 165; *Filipkowski*, Zwalczanie, S. 106; *Górniok* u. a. (2005), Kodeks karny. Komentarz, S. 452; *Marek*, Komentarz do KK, Art. 299, S. 612; *Hajduk*, Nowe ujęcie przepisów Art. 299 K.K. penalizującego wprowadzanie do obrotu pieniędzy pochodzących z nielegalnych źródeł, in: *Bojarski T./Skrętowicz* (Hrsg.), S. 47; *Skorupka*, Prawo karne gospodarcze, S. 112; *Wróbel*, in: *Zoll* (Hrsg.), S. 342.

[944] Ustawa o obrocie towarowym z zagranicą (*Gesetz über die Warenumsatzverwaltung mit Ausland*) vom 16.04.2004, Dz. U. (*Gesetzblatt*) 2004, Nr. 97, Pos. 963 mit späteren Änderungen.

[945] Gemeint ist hier die heute nicht mehr gültige Fassung des *Gesetzes über das Devisenrecht* vom 02.12.1994, Dz. U. (*Gesetzblatt*) 1994, Nr. 136, Pos. 703. Das Gesetz wurde am 12.01.1999 aufgehoben. Heute gilt dieses Gesetz in der Fassung vom 27.07.2002, Dz. U. (*Gesetzblatt*) 2002, Nr. 141, Pos. 1178 (vgl. näher Kapitel 3 § 3 Punkt III. 1. der vorliegenden Untersuchung).

Vornahme internationaler Überweisungen, sowie das Verbringen dieser Devisenwerte auf fremde Schiffe in polnischen Häfen[946].

Darüber hinaus muss noch erwähnt werden, dass es für die Strafbarkeit wegen Geldwäsche unerheblich ist, ob eine Überweisung oder eine Ausfuhr ins Ausland zugleich ein Finanzdelikt darstellt, oder ob dies nicht der Fall ist[947]. Sogar dann, wenn eine Ausfuhr bzw. eine Überweisung von Devisenwerten aufgrund einer Genehmigung erfolgt, bleibt die Möglichkeit einer Bestrafung aus Art. 299 KK bestehen. Selbstverständlich muss es sich dabei um eine Ausfuhr von „schmutzigen" Vermögenswerten handeln. Nicht bestraft wird dagegen die Einfuhr von aus verbrecherischen Tätigkeiten erworbenen Vermögenswerten aus dem Ausland nach Polen, sowie deren Übersendung bzw. Transport, soweit dies die Feststellung der kriminellen Herkunft dieser Vermögenswerte nicht vereitelt[948].

d) Unterstützung bei der Übertragung des Eigentums oder des Besitzes

Für die Auslegung des Begriffes einer Unterstützung bei der Übertragung des Eigentums sind die zivilrechtlichen Vorschriften über die Übertragung des Eigentums (Art. 155-177 KC[949]) anwendbar. Daher sind unter diesem Tatbestandsbegriff sämtliche Tätigkeiten zu verstehen, deren Wesen in erster Linie in der Erbringung verschiedener juristischer Dienstleistungen liegt[950]. Die Eigentumsübertragung erfolgt dabei nach polnischem Recht grundsätzlich im Moment des Vertragsabschlusses. Eine gleichzeitige Übertragung des Besitzes an der Sache ist für die wirksame Übertragung des Eigentums nicht erforderlich, es sei denn, den Gegenstand des Vertrags bilden der Gattung nach bestimmte Sachen (vgl. Art. 155 § 2 KC). In diesem letzteren Fall erfolgt die Übertragung des Eigentums im Moment der endgültigen Individualisierung der Sache.

Der Strafbarkeit unterliegt auch die Unterstützung bei der Übertragung

---

946 Siehe dazu auch *Górniok* u. a. (2005), Kodeks karny. Komentarz, S. 452; *dies.*, Przestępstwa gospodarcze. Komentarz, S. 39; *Huba*, Prok. i Pr. 11/1996, S. 13; *Stefański R. A.*, Przestępstwo „prania pieniędzy" w polskim prawie karnym, in: Górniok – FS, S. 165 f.

947 Vgl. *Filipkowski*, Zwalczanie, S. 106; *Wróbel*, in: *Zoll* (Hrsg.), S. 342.

948 Vgl. *Filipkowski*, Zwalczanie, S. 106; *Wróbel*, in: *Zoll* (Hrsg.), S. 342 f.

949 Vgl. Fn. 883.

950 Darunter fallen u. a.: die Anfertigung eines Vertrags durch einen Notar (z. B. eines Kauf-, Schenkungs- oder Tauschvertrags sowie eines anderen Vertrags, der zur Eigentumsübertragung verpflichtet), die Anfertigung einer Dokumentation aus dem Grundbuch, Dienstleistungen der Maklerfirmen, der Investitionsberater bzw. der Mitarbeiter des Finanzamtes, vgl. *Filipkowski*, Zwalczanie, S. 106 f.; *Skorupka*, Prawo karne gospodarcze, S. 112 f.; *Wróbel*, in: *Zoll* (Hrsg.), S. 343.

des Besitzes. Dieses Merkmal korrespondiert mit der rechtlichen Regulierung des Besitzes im polnischen Zivilgesetzbuch (Art. 336-352 KC). Laut Art. 348 KC erfolgt die Übertragung des Besitzes durch Übergabe einer Sache oder von Papieren, wodurch die Verfügung über eine Sache ermöglicht wird. Ferner ist damit auch die Übergabe von Mitteln gemeint, die die Ausübung der tatsächlichen Herrschaft über eine Sache begründen, sowie die Änderung der Sachherrschaft in die Form eines Eigenbesitzes[951], eines abhängigen Besitzes[952] oder als Gewahrsaminhaber[953]. Das Wesen der Übertragung des Besitzes, die einen sog. *derivativen Erwerb*[954] darstellt, besteht somit einerseits in dem Verzicht einer Person auf den bisherigen Besitz und andererseits in dem Willen einer anderen Person, über eine Sache als Besitzer zu verfügen[955].

Bemerkenswert ist allerdings, dass bei dieser Tatbestandsmodalität der zivilrechtliche Begriff einer Übertragung des Eigentums oder des Besitzes extensiv zu verstehen ist. Während den Gegenstand der zivilrechtlichen Übertragung ausschließlich Sachen[956] bilden, kommen nach Art. 299 § 1 KK als geldwäschetaugliche Tatobjekte dieser Übertragung nicht nur Sachen, sondern alle die in Art. 299 § 1 KK aufgezählten Vermögenswerte, d. h. Zahlungsmittel, Wertpapiere oder andere Devisenwerte, Vermögensrechte sowie bewegliches oder unbewegliches Vermögen in Betracht. In diesem Sin-

---

951 Damit ist eine tatsächliche Herrschaft über eine Sache als Eigentümer gemeint, vgl. Art. 336 KC.

952 Darunter ist eine Verfügung über eine Sache als Nießbraucher, Pfandgläubiger, Mieter oder Pächter bzw. als Inhaber eines anderen Rechts, mit der eine bestimmte Herrschaft über eine fremde Sache verbunden ist, zu verstehen, vgl. Art. 336 KC.

953 Dies bedeutet die tatsächliche Herrschaft über eine Sache für einen anderen, vgl. Art. 338 KC. Im deutschen Recht wird dafür üblicherweise der Ausdruck „Gewahrsamsdiener" verwendet. Zur Übersetzung dieser Norm des polnischen Zivilgesetzbuchs (KC) in die deutsche Sprache siehe *Polnische Wirtschaftsgesetze*, S. 63.

954 Das Wesen des derivativen Erwerbs besteht in dem Erwerb eines subjektiven Rechts von einer anderen zur Übertragung dieses Rechts berechtigten Person. Die Wirksamkeit des derivativen Erwerbs hängt somit von der Berechtigung dieser Person zur Rechtsübertragung ab. Indem der derivative Erwerb auch die Rechtsübertragung aufgrund eines Vertrags (z. B. Kauf-, Schenkungs- oder Tauschvertrags usw.) umfasst, stellt er eine Grundlage der zivilrechtlichen Verhältnisse dar, vgl. näher z. B. *Radwański*, Prawo cywilne-część ogólna, S. 99.

955 Der Katalog der darunter fallenden Handlungen ist offen. Dies kann beispielsweise eine vorübergehende Zurverfügungstellung des eigenen Kontos zum Zwecke einer Bareinzahlung oder einer Überweisung sein, vgl. *Buczkowski/Wojtaszek*, Pranie, S. 151; *Filipkowski*, Zwalczanie, S. 107; *Skorupka*, Prawo karne gospodarcze, S. 113; *Stefański R. A.*, Przestępstwo „prania pieniędzy" w polskim prawie karnym, in: Górniok - FS, S. 165; *Wróbel*, in: *Zoll* (Hrsg.), S. 343.

956 Sachen im Sinne des Zivilgesetzbuches sind nur körperliche Gegenstände, vgl. Art. 45 KC.

ne geht die Geldwäschevorschrift über die hier einschlägigen zivilrechtlichen Vorschriften hinaus.

Weiterhin ist der Begriff einer Unterstützung zu erörtern. Laut *Górniok* soll die Auslegung dieses Ausdruckes seine umgangssprachliche Bedeutung beibehalten und als eine Ermöglichung bzw. eine Erleichterung der Ausführung einer Tätigkeit verstanden werden[957]. Die Handlung des Täters besteht hier somit darin, dass er den Verzicht einer anderen Person auf sein bisheriges Eigentum, bzw. auf sein bisheriges Besitz von geldwäschetauglichen Vermögensgegenständen ermöglicht oder erleichtert[958]. Demnach ist festzustellen, dass entsprechend dem Willen des polnischen Gesetzgebers, das Verhalten des Täters, das an sich nur die Merkmale einer Beihilfe aus Art. 18 § 3 KK aufweist, hier als eine selbstständige Form einer Straftat anerkannt wurde[959].

Hinzuzufügen ist schließlich, dass, indem die von dem Täter vorgenommenen Handlungen mit dem Gesetz (Art. 299 § 1 KK) unvereinbar sind, sie auch aus zivilrechtlicher Sicht gemäß Art. 58 § 1 KC[960] unwirksam sind.

e) Vornahme bestimmter Handlungen

Der polnische Gesetzgeber pönalisiert auch die Vornahme weiterer Handlungen. In Art. 299 § 1 KK werden sie als *andere Handlungen* bezeichnet, welche die Feststellung einer kriminellen Herkunft der Tatobjekte, ihre Lokalisierung, ihre Aufdeckung, ihre Beschlagnahme oder die Anordnung ihres Verfalls vereiteln oder wesentlich erschweren können. Laut *Zawłocki* lässt sich hier allgemein annehmen, dass mit dieser Formulierung jedes Verhalten des Täters gemeint ist, das die Ausübung der oben genannten Tätigkeiten negativ beeinflusst oder negativ beeinflussen kann[961]. Für die Erfüllung dieses Tatbestandmerkmals ist es nicht wesentlich, ob die vom Täter vorgenommene Handlung tatsächlich zur Vereitelung oder wesentlichen Erschwerung

---

[957] Vgl. *Górniok*, Prawo karne gospodarcze. Komentarz, S. 40. Siehe auch *Buczkowski*, Przestępstwa gospodarcze, S. 55; *Hajduk*, Nowe ujęcie przepisów Art. 299 K.K. penalizującego wprowadzanie do obrotu pieniędzy pochodzących z nielegalnych źródeł, in: *Bojarski T./Skrętowicz* (Hrsg.), S. 47; *Wróbel*, in: *Zoll* (Hrsg.), S. 343.

[958] Vgl. *Jaskolski*, Wirtschaftsstrafrecht, S. 380; *Stefański R. A.*, Przestępstwo „prania pieniędzy" w polskim prawie karnym, in: Górniok – FS, S. 165.

[959] Vgl. *Zawłocki*, in: *Wąsek* (Hrsg.), S. 1213.

[960] Laut Art. 58 § 1 KC ist ein Rechtsgeschäft, das dem Gesetz widerspricht oder die Umgehung der Gesetze zum Ziele hat, unwirksam.

[961] Vgl. *Zawłocki*, in: *Wąsek* (Hrsg.), S. 1212.

eines der genannten Ereignisse führt[962]. Ausreichend ist es, wenn die Handlung für diese Zwecke geeignet ist.

Mit der Feststellung einer kriminellen Herkunft der Tatobjekte ist hier die Möglichkeit der Feststellung dieser Tatsache durch ein zuständiges Organ gemeint[963]. Die Feststellung einer deliktischen Herkunft erfolgt im Rahmen des Straf-, Finanzstraf- oder Verwaltungsstrafverfahrens und besteht in der Feststellung, dass die geldwäschetauglichen Vermögensgegenstände aus einer Straftat herrühren.

Im Rahmen der weiteren Handlungsweisen wird auch die Vereitelung bzw. die wesentliche Erschwerung der Aufdeckung erwähnt. Die Aufdeckung im Sinne dieser Norm bezieht sich ausschließlich auf die Vermögensgegenstände, die Tatobjekte einer Geldwäsche darstellen können, nicht jedoch auf die Straftaten, aus denen die Gegenstände stammen[964]. Die Aufdeckung bedeutet somit die Feststellung der Lokalisierung dieser Gegenstände bzw. die Feststellung des Umfangs eines Vermögensvorteils.

Die Beschlagnahme und die Anordnung des Verfalls der Tatobjekte einer Geldwäsche können grundsätzlich nur aufgrund einer gerichtlichen Entscheidung in Zivil- oder Strafverfahren erfolgen. Möglich ist allerdings weiterhin die Beschlagnahme aufgrund einer Verwaltungs- oder Vollstreckungsentscheidung[965].

Der Katalog der unter diese Norm fallenden Handlungen ist offen. In Betracht kommen hier u. a. die Bildung einer fiktiven juristischen Person, der Umtausch von Devisenwerten, die Fälschung von Finanzdokumenten, der Abschluss von Erstattungsverträgen zwischen kriminellen Vereinigungen aus verschiedenen Ländern zum Zwecke der Bezahlung der Forderungen jeder Vertragspartei im eigenen Land, die Minderung des Waren- oder Leistungswertes auf den ausgestellten Rechnungen[966].

Zusammenfassend ist festzustellen, dass die Vornahme einer der anderen

---

[962] Vgl. *Górniok*, Przestępstwa gospodarcze. Komentarz, S. 50; *dies.* u. a. (2005), Kodeks karny. Komentarz, S. 454; *Wróbel*, in: *Zoll* (Hrsg.), S. 343 f.; Zakrzewski, MP 12/1997, S. 486.

[963] Vgl. *Skorupka*, Prawo karne gospodarcze, S. 113 f.; *Wróbel*, in: *Zoll* (Hrsg.), S. 344.

[964] Vgl. *Wróbel*, in: *Zoll* (Hrsg.), S. 344.

[965] Vgl. *Wróbel*, in: *Zoll* (Hrsg.), S. 344.

[966] Zu weiteren Beispielen siehe *Filipkowski*, Zwalczanie, S. 107; *Górniok* (Hrsg.), Prawo karne gospodarcze, S. 98; *dies.*, Przestępstwa gospodarcze. Komentarz, S. 49 f.; *Jasiński*, Pranie, S. 32 f.; *ders.*, Przeciw szarej strefie, S. 47 f.; *Skorupka*, Prawo karne gospodarcze, S. 113; *Stefański R. A.*, Przestępstwo „prania pieniędzy“ w polskim prawie karnym, in: Górniok – FS, S. 166; *Wróbel*, in: *Zoll* (Hrsg.), S. 344 f.

Handlungen eine allgemeine, ergänzende Kategorie darstellt, für welche die früher in dieser Vorschrift genannten Tathandlungen als typische Erscheinungsformen gelten.

B. Tathandlungen gemäß Art. 299 § 2 KK

Die in dieser Vorschrift geregelte Straftat ist – wie bereits gesagt – ein Amtsdelikt, dessen Tathandlungen in der Entgegennahme von Geld oder anderen Devisenwerten entgegen den gesetzlichen Vorschriften in bar, der Durchführung eines Transfers oder einer Konversion, der Entgegennahme unter anderen Umständen sowie in der Leistung der zur Verschleierung ihrer kriminellen Herkunft oder zur Sicherung vor Beschlagnahme geeigneter Dienste bestehen.

a) Entgegennahme in bar

Unter dem Begriff einer Entgegennahme ist die Übernahme der physischen Herrschaft über die jeweiligen Tatobjekte zu verstehen[967]. Die Einschränkung der Tathandlung auf die Entgegennahme ausschließlich in bar deutet darauf hin, dass der Kreis der möglichen Tatobjekte dieser Handlung nur auf Geld oder auf andere Devisenwerte, d. h. fremde Geldzeichen, die außerhalb der Republik Polen als rechtliche Zahlungsmittel anerkannt werden, begrenzt wird[968].

Die Strafbarkeit der Entgegennahme von Geld oder anderen Devisenwerten in bar hängt nur mittelbar von der Herkunftsquelle dieser Vermögenswerte ab. Dieses Verhalten stellt daher ein abstraktes Gefährdungsdelikt dar, dessen Strafbarkeit nicht nur aus der Verletzung bestimmter Vorschriften folgt, sondern ebenfalls aus der Vermutung, dass die Entgegennahme von Geld in bar, ohne der Verpflichtung der Registrierung dieser Transaktion sowie der Personen, von denen die Transaktionen durchgeführt werden, nachzukommen, potentielle Geldwäscher in der Ausübung ihrer verbrecherischen Tätigkeiten unterstützen kann[969]. Erst wenn festgestellt wird, dass

[967] Vgl. *Górniok* (Hrsg.), Prawo karne gospodarcze, S. 100; *dies.*, Prawo karne gospodarcze. Komentarz, S. 46; *Wróbel*, in: *Zoll* (Hrsg.), S. 352.

[968] Vgl. *Filipkowski*, Zwalczanie, S. 118; *Skorupka*, Prawo karne gospodarcze, S. 118; *Wróbel*, in: *Zoll* (Hrsg.), S. 352. Kritisch zu einer derartigen Fassung dieser Regelung *Zawlocki*, nach dessen Ansicht eine solche Begrenzung des Kreises der Tatobjekte sich keineswegs begründen lässt und zudem zu einer Behinderung der Funktionalität dieser Vorschrift führt, vgl. *Zawlocki*, in: *Wąsek* (Hrsg.), S. 1214.

[969] Vgl. *Jasiński*, Pranie, S. 35; *ders.*, Przeciw szarej strefie, S. 51; *Kaucz/Myrna*, Zakres penalizacji prania brudnych pieniędzy w Polsce, in: *Bogunia* (Hrsg.), S. 19; *Wróbel*, in: *Zoll* (Hrsg.), S. 356.

die geldwäschetauglichen Tatobjekte keinen kriminellen Charakter aufweisen, ist eine geringfügige Sozialschädlichkeit eines solchen Verhaltens des Täters anzunehmen, was zur Einstellung des Strafverfahrens gemäß Art. 17 § 1 Pkt. 3 KPK führen kann[970].

Es wird jedoch hervorgehoben, dass das Wesen der zuvor genannten Normierung in erster Linie in der Nichtbeachtung einer der dem Mitarbeiter einer sog. verpflichteten Institution auferlegten Verpflichtungen besteht[971]. Unerheblich ist dabei, mit welchem Ziel die Handlung von dem Täter vorgenommen wird[972].

Gewisse Schwierigkeiten bereitete allerdings die Voraussetzung, dass Geld oder andere Devisenwerte entgegen den gesetzlichen Vorschriften in bar entgegengenommen werden müssen. Aufgrund der früher geltenden Rechtslage war damit die Nichtbeachtung der Regelungen der *Verordnung des Präsidenten der Polnischen Nationalbank Nr. 16/92 von 1992*[973], der *Verordnung des Präsidenten der Polnischen Nationalbank Nr. C/2/I/94 von 1994*[974] sowie des *Beschlusses der Bankenaufsichtskommission Nr. 4/98 von 1998*[975] gemeint[976]. Entsprechend Art. 106 des *Gesetzes über das Bank-*

[970] Laut Art. 17 § 1 Pkt. 3 KPK wird ein Verfahren nicht eingeleitet und ein eingeleitetes Verfahren eingestellt, wenn die Sozialschädlichkeit der Tat geringfügig ist. Siehe dazu auch *Jasiński*, Przeciw szarej strefie, S. 51; *Kaucz/Myrna*, Zakres penalizacji prania brudnych pieniędzy w Polsce, in: *Bogunia* (Hrsg.), S. 19; *Wróbel*, in: *Zoll* (Hrsg.), S. 356.

[971] Vgl. *Bojarski J.*, Przestępstwa gospodarcze, S. 110; *ders.*, Przepisy polskiego prawa karnego dotyczące odpowiedzialności pracowników instytucji finansowych za pranie pieniędzy, in: *Adamski* (Hrsg.), S. 344; *Buczkowski*, Przestępstwa, S. 59; *Buczkowski/Wojtaszek*, Pranie, S. 170; *Górniok*, Prawo karne gospodarcze. Komentarz, S. 47; *Kaucz/Myrna*, Zakres penalizacji prania brudnych pieniędzy w Polsce, in: *Bogunia* (Hrsg.), S. 19 f.

[972] Vgl. *Bojarski M.* u. a. (Hrsg.), Kodeks karny. Komentarz. Art. 299, S. 821; *Buczkowski*, Przestępstwa, S. 59; *Górniok*, Prawo karne gospodarcze. Komentarz, S. 47.

[973] Zarządzenie Prezesa Narodowego Banku Polskiego (*Verordnung des Präsidenten der Polnischen Nationalbank*) Nr. 16/92 vom 01.12.1992, Dz. Urz. NBP (*Amtsblatt der Polnischen Nationalbank*) 1992, Nr. 9, Pos. 20 (siehe näher Kapitel 3 § 3 Punkt I. 3. der voliegenden Untersuchung).

[974] Zarządzenie Prezesa Narodowego Banku Polskiego (*Verordnung des Präsidenten der Polnischen Nationalbank*) Nr. C/2/I/94 vom 17.01.1994, siehe näher Kapitel 3 § 3 Punkt I. 4. der vorliegenden Untersuchung.

[975] Uchwała Komisji Nadzoru Bankowego (*Beschluss der Bankenaufsichtkommission*) Nr. 4/98 vom 30.06.1998, Dz. Urz. NBP (*Amtsblatt der Polnischen Nationalbank*) 1998, Nr. 18, Pos. 40, siehe näher Kapitel 3 § 3 Punkt I. 6. der vorliegenden Untersuchung.

[976] Vgl. *Bojarski J.*, Przestępstwa gospodarcze, S. 109; *ders.*, Przepisy polskiego prawa karnego dotyczące odpowiedzialności pracowników instytucji finansowych za pranie pieniędzy, in: *Adamski* (Hrsg.), S. 344 f.; *Górniok*, Przestępstwa gospodarcze. Komentarz, S. 54 f.; *Pracki*, Obrót, S. 156 f.

recht von 1997[977] war die Bank verpflichtet, Bankregister der Bankgeschäfte, die einen bestimmten Betrag übersteigen, sowie der Daten bezüglich der die Einzahlungen persönlich vornehmenden Personen und der dadurch Begünstigten zu führen. Alle detaillierten Regulierungen diesbezüglich sollten durch die Bankenaufsichtkommission erarbeitet werden. Die Bankenaufsichtskommission besitzt jedoch – laut Art. 87 und Art. 92 Abs. 2 der polnischen Verfassung – keine Kompetenzen für den Erlass von Ausführungsverordnungen. Ihre Beschlüsse sind also nicht als allgemein bindende Rechtsnormen anzusehen und somit für äußere Subjekte, z. B. für Banken, nicht verbindlich[978]. Die in Art. 106 Abs. 4 des Gesetzes über das Bankrecht enthaltene Verpflichtung wies demnach keine praktische Bedeutung auf. Darüber hinaus traten laut Art. 182 Abs. 1 dieses Gesetzes alle bisher geltenden Ausführungsvorschriften, darunter auch die Verordnungen des Präsidenten der Polnischen Nationalbank, sechs Monate nach dem Inkrafttreten des Gesetzes außer Kraft. Angesichts des Fehlens einer hinreichenden Rechtsgrundlage, gab es keine Vorschriften, die die Verpflichtungen der Mitarbeiter eines Finanz- oder Kreditinstituts verbindlich bestimmen konnten[979].

Erst mit dem Inkrafttreten des *Gesetzes von 2000*[980] wurden die zahlreichen, den sog. verpflichteten Institutionen und somit mittelbar auch ihren Mitarbeitern auferlegten Verpflichtungen konkretisiert[981]. Nach Art. 35 Abs. 1 des bereits erwähnten *Gesetzes von 2000* kann die Nichtbeachtung der in diesem Regelwerk genannten Verpflichtung zur Registrierung von Transaktionen durch die Finanzinstitutionen strafrechtlich geahndet werden. Eine derartige Verpflichtung zur Registrierung der Kunden, die eine Transaktion, deren Wert 15.000 Euro übersteigt, durchführen, enthält Art. 8

---

977 Nowelizacja ustawy prawo bankowe (*Novellierung des Gesetzes über das Bankrecht*) vom 29.08.1997, Dz. U. (*Gesetzblatt*) 1997, Nr. 140, Pos. 939 mit späteren Änderungen, siehe näher Kapitel 3 § 3 Punkt I. 5. der vorliegenden Untersuchung.

978 Vgl. *Bojarski J.*, Przepisy polskiego prawa karnego dotyczące odpowiedzialności pracowników instytucji finansowych za pranie pieniędzy, in: *Adamski* (Hrsg.), S. 345; *Górniok*, Przestępstwa gospodarcze. Komentarz, S. 54 f.; *Jaskolski*, Wirtschaftsstrafrecht, S. 389; *Maruszewska*, Pranie „brudnych" pieniędzy, ustawodawstwo europejskie a polskie inicjatywy, in: *Mik* (Hrsg.), Europeizacja, S. 384; *Stępień T./Stępień K.*, Przestępstwa, S. 53; *Wróbel*, in: *Zoll* (Hrsg.), S. 352 f.

979 Vgl. *Filipkowski*, Zwalczanie, S. 119; *Górniok*, Przestępstwa gospodarcze. Komentarz, S. 55; *Wróbel*, in: *Zoll* (Hrsg.), S. 354.

980 Vgl. Fn. 5.

981 Siehe dazu *Bojarski M.* u. a. (Hrsg.), Kodeks karny. Komentarz, S. 821 f. Kritisch zu einer solchen Auslegung der Vorschriften dieses Gesetzes *Zawlocki*, nach dessen Auffassung die Verpflichtungen aus dem *Gesetz von 2000* sich ausschließlich auf die sog. verpflichteten Institutionen, nicht jedoch auch auf ihre Mitarbeiter beziehen, vgl. näher *Zawlocki*, in: *Wąsek* (Hrsg.), S. 1214.

Abs. 1 des *Gesetzes von 2000*[982]. Laut Absatz 3 dieser Norm wird die Registrierungspflicht auch dann begründet, wenn die Umstände der Transaktion darauf hinweisen, dass die Vermögenswerte aus illegalen oder nicht ermittelbaren Quellen stammen können, und zwar ohne Rücksicht auf den Wert dieser Transaktion und ihren Charakter. Von dieser Registrierung ist weiterhin der *Generalinspekteur der Finanzinformation*[983] zu benachrichtigen (Art. 11 Abs. 1 des Gesetzes). Aus diesem Umstand ergibt sich, dass sich der Tatbestand des Art. 299 § 2 KK mit dem Tatbestand des Art. 35 § 1 des Gesetzes teilweise deckt. Wenn ein Kunde eine den Betrag von 15.000 Euro übersteigende Summe auf sein Konto einzahlt und der dieses Geld annehmende Mitarbeiter einer sog. verpflichteten Institution der Verpflichtung zur Registrierung dieser Transaktion nicht nachkommt, wird er aus Art. 35 Abs. 1 Pkt. 1 des Gesetzes bestraft. Ebenso wird ein Mitarbeiter einer sog. verpflichteten Institution nach Art. 299 § 2 KK unter Strafe gestellt, wenn er mit dem Bewusstsein des Vorliegens eines begründeten Verdachts, dass die einzuzahlenden Vermögenswerte aus Vorteilen herrühren, die in Verbindung mit einer verbotenen Tat stehen, die erforderliche Registrierung nicht durchführt[984].

Die genaue Analyse der beiden Normen zeigt jedoch eine gewisse Abweichung ihrer Geltungsbereiche. Während das mit der Strafbarkeit in Art. 299 § 2 KK erfasste Unterlassen der Verpflichtung einer Registrierung sich nur auf die Entgegennahme bestimmter Vermögenswerte in bar bezieht, sieht Art. 8 des *Gesetzes von 2000* vor, dass die Verpflichtung zur Registrierung sämtliche Transaktionen umfassen muss, deren Wesen in der Übertragung des Eigentums bzw. des Besitzes von Vermögenswerten besteht. Von einer Strafbarkeitslücke kann hier jedoch nicht gesprochen werden. Eine entsprechende Normierung ist ebenfalls in Art. 299 § 2 KK enthalten, indem die

---

[982] Vgl. näher *Jasiński*, PUG 4/2002, S. 4 f.; *Kolasiński*, Prokurator 1/2002, S. 75; *Marek*, Komentarz do KK, Art. 299, S. 614; *Zawłocki*, MP 8/2004, S. 365 f.

[983] Näher zu diesem Organ siehe Kapitel 3 § 3 Punkt IV. 3. der vorliegenden Untersuchung.

[984] An dieser Stelle ist noch die kritische Ansicht von *Zawłocki* bezüglich der Fassung der polnischen strafrechtlichen Geldwäschevorschrift kurz zu erwähnen, wonach die fehlende Kriminalisierung der Nichtbeachtung der sich aus Art. 8 Abs. 1 des *Gesetzes von 2000* ergebenden Verpflichtung zur Registrierung von Transaktionen, deren Wert 15.000 Euro übersteigt, eine Strafbarkeitslücke darstellt und sich dogmatisch nicht begründen lässt, vgl. *Zawłocki*, MP 9/2004, S. 405. Dieser Auffassung ist zuzustimmen, insbesondere aus dem Grunde, dass die Anzeigepflicht der in Art. 8 Abs. 1 des *Gesetzes von 2000* genannten Transaktionen zu einer Verbesserung der Identifizierung von Geldwäschefällen beitragen kann. Die Nichtberücksichtigung dieser Tatsache führt dazu, dass eine erhebliche Anzahl der geldwäscheanfälligen Transaktionen außerhalb des Anwendungsbereichs der polnischen Geldwäschevorschrift bleibt.

strafrechtliche Verantwortlichkeit wegen Geldwäsche auf diejenigen Mitarbeiter ausgedehnt wird, die andere, zur Verschleierung der kriminellen Herkunft geldwäschetauglicher Tatobjekte geeigneter Dienste leisten.

b) Durchführung eines Transfers oder einer Konversion

Als Transfer ist eine Übertragung bzw. eine Überweisung von Zahlungsmitteln aus einem Bankkonto auf ein anderes Bankkonto sowie eine Einfuhr, eine Ausfuhr, eine Versendung, eine Übersendung, ein Bezug, eine internationale Überweisung und alle anderen Verlagerungsarten der Devisenwerte oder inländischer Zahlungsmittel nach außerhalb der Republik Polen zu verstehen[985].

Eine Konversion dagegen bedeutet eine Umdeutung von Kredit- oder Darlehensvertragsbedingungen bzw. eine Änderung im Rahmen einer Vermögensverwaltung[986]. Sie umfasst alle Tätigkeiten, die sich auf eine Umwandlung der Tatobjekte in andere Vermögenswerte und -rechte beziehen.[987]

Ebenso wie im Falle einer Entgegennahme in bar, weist die Durchführung eines Transfers oder einer Konversion den Charakter eines abstrakten Gefährdungsdeliktes auf, dessen Strafbarkeit ihre Begründung in der Vermutung findet, dass die Handlungsweisen eine Erleichterung für einen Geldwäschevorgang darstellen können. Beide Tathandlungen können von Mitarbeitern im Rahmen der Tätigkeiten einer sog. verpflichteten Institution auf verschiedene Art und Weise durchgeführt werden.

---

[985] Diese Definition enthielt Art. 2 Abs. 1 Pkt. 11 der früheren Fassung des *Gesetzes über das Devisenrecht* vom 18.12.1998, Dz. U. (Gesetzblatt) 1998, Nr. 160, Pos. 1063 mit späteren Änderungen. In der heute geltenden Fassung dieses Gesetzes wurde die Definition gestrichen. Beispiele für einen Transfer bilden: ein Verrechnungsscheck, eine elektronische Überweisung sowie eine physische Verlagerung vom Bargeld z. B. in einem Bankwagen usw.

[986] Denkbar sind z. B. eine Änderung der Höhe der Verzinsung, eine Änderung der Termine oder der Bedingungen einer Rückzahlung, ein Ankauf von Aktien oder Wertpapieren usw.

[987] Dieser Begriff wurde aufgrund des Bank- oder Finanzrechts nicht definiert. Zur ökonomischen Definition siehe *Bojarski J.*, Przepisy polskiego prawa karnego dotyczące odpowiedzialności pracowników instytucji finansowych za pranie pieniędzy, in: *Adamski* (Hrsg.), S. 345; *Buczkowski*, Przestępstwa, S. 59; *Filipkowski*, Zwalczanie, S. 118; *Górniok* (Hrsg.), Prawo karne gospodarcze, S. 100; *dies.*, Prawo karne gospodarcze. Komentarz, S. 47; *dies.* u. a. (2005), Kodeks karny. Komentarz, S. 455; *dies.*, Przestępstwa gospodarcze. Komentarz, S. 50; *dies.*, Zmiany, S. 132; *Jasiński*, Pranie, S. 36 f.; *ders.*, Przeciw szarej strefie, S. 52 f.; *Kaucz/Myrna*, Zakres penalizacji prania brudnych pieniędzy w Polsce, in: *Bogunia* (Hrsg.), S. 20; *Zawłocki*, in: *Wąsek* (Hrsg.), S. 1215. Abweichend *Bojarski M.* u. a. (Hrsg.), Kodeks karny. Komentarz, S. 823.

Auffallend ist ferner, dass die Struktur des Art. 299 § 2 KK darauf hindeutet, dass es für die Kriminalisierung einer Entgegennahme von Geld oder anderen Devisenwerten und somit für die Bestrafung dieser Handlung wegen Geldwäsche ausreichend ist, dass sie entgegen den gesetzlichen Vorschriften bzw. unter anderen einen begründeten Verdacht hinsichtlich ihrer kriminellen Herkunft erweckenden Umständen ausgeübt wird. Um jedoch die Handlung eines Transfers oder einer Konversion von geldwäschetauglichen Vermögenswerten bestrafen zu können, müssen noch zusätzliche Voraussetzungen erfüllt sein, die auf eine große Wahrscheinlichkeit des Vorliegens einer geldwäscheanfälligen Handlung hinweisen[988]. Dies wäre dann zu bejahen, wenn die Umstände eines Transfers bzw. einer Konversion aus objektiver Betrachtungsweise darauf hindeuten würden, dass die Gegenstände dieser Transaktion aus einer verbotenen Tat im Sinne von Art. 299 § 1 KK herrühren; beispielsweise im Falle einer Überweisung aus einem Konto, auf das Erträge aus dem Drogenhandel eingezahlt wurden.

c) Entgegennahme unter anderen Umständen

Eine weitere Tathandlung bildet die Entgegennahme von Geld oder anderen Devisenwerten unter anderen Umständen, die den begründeten Verdacht erwecken, dass es um ein Tatobjekt der in § 1 dieser Norm genannten Tat geht. Die Bedeutung und der Umfang dieser anderen Umstände wurden jedoch gesetzlich nicht näher bestimmt[989]. Von *Górniok* werden sie als *Signale* einer Geldwäsche bezeichnet, die sich entsprechend den neuen Methoden des Waschens der aus verbrecherischen Tätigkeiten stammenden Gelder ständig entwickeln und ändern[990]. Es ist anzunehmen, dass der Ge-

---

[988] Vgl. *Bojarski J.*, Przepisy polskiego prawa karnego dotyczące odpowiedzialności pracowników instytucji finansowych za pranie pieniędzy, in: *Adamski* (Hrsg.), S. 345; *ders.*, Przestępstwa gospodarcze, S. 111.

[989] Hilfreich kann hier der Verweis auf die Verwendung des Begriffs eines begründeten Verdachts in Art. 305 § 1 KPK erscheinen, der die Merkmale der Eröffnung des vorbereitenden Verfahrens normiert. Als mögliche Beispiele kommen in Betracht: die Annahme einer Einzahlung von einer Person, deren finanzielle Situation die Durchführung einer solchen Transaktion nicht begründet, mehrmalige Einzahlungen kleiner, unter der Registrierungspflicht liegender Beträge, die Vornahme einer Einzahlung durch einen Bevollmächtigten, der mit dem Vollmachtgeber nicht verbunden ist, usw. Weitere Beispiele bei *Górniok*, Prawo karne gospodarcze. Komentarz, S. 48; *dies.* u. a. (2005), Kodeks karny. Komentarz, S. 455; *Jasiński*, Przeciw szarej strefie, S. 54; *ders.*, Pranie, S. 38; *Jaskolski*, Wirtschaftsstrafrecht, S. 391; *Kaucz/Myrna*, Zakres penalizacji prania brudnych pieniędzy w Polsce, in: *Bogunia* (Hrsg.), S. 21 f.; *Skorupka*, Prawo karne gospodarcze, S. 118; *Wróbel*, in: *Zoll* (Hrsg.), S. 360.

[990] Vgl. *Górniok* (Hrsg.), Prawo karne gospodarcze, S. 101; *dies.*, Prawo karne gospodarcze. Komentarz, S. 47 f.; *dies.* u. a. (2005), Kodeks karny. Komentarz, S. 456.

setzgeber sich hier auf die Berufserfahrung der Mitarbeiter der Banken, Finanz- und Kreditinstitute beruft, die Art einer Transaktion, insbesondere eine verdächtige Transaktion, erkennen zu können[991]. Hilfsreich in diesem Bereich könnten eine Liste der möglichen Geldwäschefälle sowie praxisrelevante Empfehlungen des *Generalinspekteurs der Finanzinformation* erscheinen. Die Unbestimmtheit dieses Begriffes führt nämlich zu Schwierigkeiten, nicht nur in Bezug auf seine Auslegung sondern auch im Beweisverfahren. Es ist daher kaum möglich, einem Mitarbeiter einer Bank nachzuweisen, dass ihm im Moment der Transaktionsdurchführung ihr verdächtiger Charakter bewusst war[992]. Andererseits stellt sich die Frage, ob für die Erfüllung dieses Tatbestandsmerkmals ein bloßer Verdacht des Täters über das Vorliegen der diesen Verdacht erweckenden Umstände genügt, oder ob dieser Verdacht der Realität entsprechen muss. Die genaue Analyse des hier diskutierten Merkmals deutet jedoch darauf hin, dass für die Annahme der strafrechtlichen Verantwortlichkeit gemäß Art. 299 § 2 KK schon das Vorliegen der einen begründeten Verdacht erweckenden Umstände, dass das angenommene Geld oder andere Devisenwerte ein Tatobjekt im Sinne des § 1 der Geldwäschenorm darstellen, völlig ausreicht. Genügend ist selbst das Bewusstsein des Täters bezüglich der gesellschaftlichen Bewertung dieser Umstände[993]. Das völlige Bewusstsein des Täters hinsichtlich der kriminellen Herkunft dieser Vermögensgegenstände begründet – jedenfalls laut *Wróbel*[994] – die Strafbarkeit aus Art. 299 § 1 KK.

Der Vergleich der oben dargestellten Auslegung mit der Auslegung des Tatbestandsmerkmals „entgegen den gesetzlichen Vorschriften" aus Art. 299 § 2 KK bereitet jedoch einige Schwierigkeiten. Wie bereits erwähnt, scheitert die Strafbarkeit wegen Geldwäsche bei der Feststellung des legalen Charakters der geldwäschetauglichen Tatobjekte wegen geringer Sozialschädlichkeit des Verhaltens des Täters. Demzufolge müsste man auch in diesem Fall

---

[991] Vgl. *Bojarski M.* u. a. (Hrsg.), Kodeks karny. Komentarz, S. 823; *Bojarski J.*, Przestępstwa gospodarcze, S. 111; *Filipkowski*, Zwalczanie, S. 119; *Jasiński*, Przeciw szarej strefie, S. 53 f.

[992] Kritisch dazu auch *Zawlocki*, der dieses Tatbestandsmerkmal als einen Irrtum des Gesetzgebers bezeichnet. Begründet wird dies damit, dass die behandelte Tathandlung sich in erster Linie auf den Vorsatz des Täters bezieht, zu dem das Bewusstsein des Täters hinsichtlich der kriminellen Herkunft der Tatobjekte gehört, vgl. *Zawlocki*, in: *Wąsek* (Hrsg.), S. 1215. Ähnlich *Wróbel*, der die Formulierung dieses Merkmals als eine besondere Methode der Bestimmung des subjektiven Tatbestands bezeichnet, vgl. *Wróbel*, in: *Zoll* (Hrsg.), S. 359 f.

[993] Vgl. *Górniok*, Przegląd Sądowy 4/2002, S. 34; *Jasiński*, Pranie, S. 37; *ders.*, Przeciw szarej strefie, S. 53; *Jaskolski*, Wirtschaftsstrafrecht, S. 392; *Szmaj*, Prawo Bankowe 2/1999, S. 92; *Wróbel*, in: *Zoll* (Hrsg.), S. 359 f.

[994] Vgl. *Wróbel*, in: *Zoll* (Hrsg.), S. 360.

bei der Feststellung des legalen Ursprungs der hier in Frage kommenden Vermögensgegenstände, trotz des Vorliegens von einen begründeten Verdacht erweckenden Umständen, die Strafbarkeit einer solchen Tat aus Art. 299 § 2 KK konsequenterweise ausschließen. Dies widerspricht jedoch dem Zweck dieser Regelung, wonach für die Annahme der Strafbarkeit aus Art. 299 § 2 KK die Feststellung der deliktischen Herkunft der geldwäschetauglichen Vermögensgegenstände nicht erforderlich ist. Somit ist es für die Annahme der Strafbarkeit genügend, wenn nur der durch die Umstände hervorgerufene Verdacht vorliegt. Andererseits kommt der Strafbarkeitsausschluss nur dann in Frage, wenn dieser Verdacht in einem konkreten Fall nicht begründet wird.

d) Leistung anderer zur Verschleierung der kriminellen Herkunft oder zur Sicherung vor Beschlagnahme geeigneter Dienste

Die Leistung der zur Verschleierung der kriminellen Herkunft geeigneten Dienste bezieht sich auf sämtliche Handlungen, die auf eine dauerhafte Verschleierung der Herkunftsquelle der Geldmittel oder der Devisenwerte gerichtet sind und in einer Vereitelung oder erheblichen Erschwerung der Aufdeckung dieser kriminellen Herkunft resultieren[995]. Die Leistung der zur Sicherung vor einer Beschlagnahme geeigneten Dienste bedeutet dagegen jede Handlung, die auf die Vereitelung oder erhebliche Erschwerung der Vollstreckung eines Urteils über die Beschlagnahme der Geldmittel oder der Devisenwerte durch eine zuständige Institution abzielt[996]. Die Formulierung, dass es sich um „andere Dienste" handeln muss, deutet darauf hin, dass auch die in dieser Vorschrift vorangehend genannten Handlungsweisen als eben solche, die Geldwäsche erleichternde Dienste angesehen werden können[997].

Der Katalog dieser Dienste ist offen; sie können entweder per se legale oder auch kriminelle Tätigkeiten sein[998]. Die einzige Einschränkung bildet die Voraussetzung des auf die Verschleierung der kriminellen Her-

[995] Vgl. *Buczkowski/Wojtaszek*, Pranie, S. 158; *Jasiński*, Pranie, S. 38; *Kaucz/Myrna*, Zakres penalizacji prania brudnych pieniędzy w Polsce, in: *Bogunia* (Hrsg.), S. 22; *Wróbel*, in: *Zoll* (Hrsg.), S. 354 f.; *Zawłocki*, in: *Wąsek* (Hrsg.), S. 1214.

[996] Vgl. *Buczkowski/Wojtaszek*, Pranie, S. 158 f.; *Jasiński*, Pranie, S. 39; *ders.*, Przeciw szarej strefie, S. 56; *Kaucz/Myrna*, Zakres penalizacji prania brudnych pieniędzy w Polsce, in: *Bogunia* (Hrsg.), S. 22; *Zawłocki*, in: *Wąsek* (Hrsg.), S. 1214.

[997] So *Jasiński*, Przeciw szarej strefie, S. 54; *ders.*, Pranie, S. 38.

[998] Denkbar sind z B. die Fälschung oder die Vernichtung von Dokumenten, die Aufbewahrung oder das Verheimlichen der zu waschenden Geldmittel usw. Als legale Handlungen, die einen Vorwand für eine Geldwäsche bilden können, sind z. B. die Führung einer Wechselstube, eines Hotels oder einer Maklerfirma zu nennen.

kunft oder auf die Sicherung vor Beschlagnahme gerichteten Handelns. Dem Täter muss also bewusst sein, dass er zu dem im Gesetz ausdrücklich genannten Zweck handelt[999]. Das Merkmal einer Dienstleistung im Sinne der Geldwäschevorschrift weist Wiederholungscharakter auf[1000]. Ein bloß einmaliges Verhalten des Täters (z. B., indem der Täter eine durch eine verbotene Tat erlangte Sache zu verstecken hilft) ist für die Annahme einer Strafbarkeit aus der Geldwäschevorschrift nicht ausreichend. In einem solchen Fall kommt nur die Erfüllung des Tatbestandes einer Hehlerei (Art. 291 KK) bzw. eine Beihilfe zur Geldwäsche in Betracht.

C. Tathandlungen gemäß Art. 299 §§ 3, 4 KK

Ebenso wie in Art. 299 § 2 KK weisen die in Art. 299 §§ 3 und 4 KK erfassten Straftaten den Charakter von Amtsdelikten auf. Im Allgemeinen besteht ihr Wesen in der Nichterfüllung von Verpflichtungen, die aufgrund entsprechender rechtlicher Vorschriften den Mitarbeitern einer Bank oder eines Finanz- bzw. Kreditinstituts auferlegt wurden. Als geldwäschetaugliche Handlungsweisen gelten hier das Unterlassen der Benachrichtigung von der Durchführung bestimmter finanzieller Operationen durch eine verantwortliche Person, das Unterlassen der Benennung einer Person, die zur Entgegennahme bestimmter Informationen oder zu ihrer Weiterleitung an eine berechtigte Person verpflichtet ist.

---

999 Vgl. *Bojarski M.* u. a. (Hrsg.), Kodeks karny. Komentarz, S. 823; *Bojarski J.*, Przestępstwa gospodarcze, S. 113; *ders.*, Przepisy polskiego prawa karnego dotyczące odpowiedzialności pracowników instytucji finansowych za pranie pieniędzy, in: *Adamski* (Hrsg.), S. 348; *Górniok* (Hrsg.), Prawo karne gospodarcze, S. 100 f.; *dies.*, Prawo karne gospodarcze. Komentarz, S. 48; *dies.*, Przestępstwa gospodarcze. Komentarz, S. 50; *dies.* u. a. (2005), Kodeks karny. Komentarz, S. 456; *Kaucz/Myrna*, Zakres penalizacji prania brudnych pieniędzy w Polsce, in: *Bogunia L.* (Hrsg.), S. 23; *Pracki*, Obrót, S. 49 f.; *Stępień T./Stępień K.*, Przestępstwa, S. 54 f.; *Wójcik*, Pranie, S. 194; *Zakrzewski*, MP 12/1997, S. 487.

1000 Vgl. *Bojarski M.* u. a. (Hrsg.), Kodeks karny. Komentarz, S. 823; *Bojarski J.*, Przestępstwa gospodarcze, S. 113; *Filipkowski*, Zwalczanie, S. 118; *Jasiński*, Pranie, S. 39; *ders.*, Przeciw szarej strefie, S. 56; *Kaucz/Myrna*, Zakres penalizacji prania brudnych pieniędzy w Polsce, in: *Bogunia* (Hrsg.), S. 22; *Pracki*, Obrót, S. 49; *Stępień T./Stępień K.*, Przestępstwa, S. 54; *Wróbel*, in: *Zoll* (Hrsg.), S. 355. Anders *Zawlocki*, nach dessen Ansicht diese Tathandlung auch ein einmaliges Verhalten erfasst. Der Grund dafür soll darin liegen, dass sogar eine einzige Finanzoperation eine bedeutsame Strafwürdigkeit aufweisen kann, vgl. *Zawlocki*, in: *Wąsek* (Hrsg.), S. 1220 f. Eine derartige Auslegung widerspricht jedoch dem ausdrücklichen Willen des Gesetzgebers, der erst mehrere Verhalten als eine geldwäscheanfällige Tathandlung qualifizierte. Die Heranziehung der teleologischen Auslegung zur Begründung der Auffassung von *Zawlocki* ist in diesem Fall ebenfalls nicht überzeugend, insbesondere im Hinblick darauf, dass sich die Vornahme einer einzigen Handlung auch aufgrund anderer Vorschriften bestrafen lässt. Somit ist der Meinung von *Zawlocki* nicht zu folgen.

a) Unterlassen der Benachrichtigung von der Durchführung bestimmter finanzieller Operationen

Die Struktur des Art. 299 § 3 KK ruft seit dem Inkrafttreten der Geldwäschestrafnorm erhebliche Bedenken hinsichtlich ihrer Auslegung und ihres Anwendungsbereichs hervor. Wünschenswert wäre daher eine grundlegende Änderung ihrer Fassung. Trotz heftiger Kritik wurden jedoch bisher keine Änderungen – auch nicht durch das mehrmals erwähnte *Gesetz von 2000* – eingeführt[1001]. Vor dem Inkrafttreten dieses Gesetzes war die Anwendung des Art. 299 § 3 KK praktisch unmöglich[1002]. Obwohl diese Norm seit dem Jahre 2000 rechtskräftig geworden ist, bereitet sie immer noch die größten Auslegungsschwierigkeiten im Rahmen der polnischen Geldwäschevorschrift.

Den Zweck dieser Regelung bildet die Verpflichtung eines Mitarbeiters einer Bank bzw. eines Finanz- oder Kreditinstituts zur unverzüglichen Benachrichtigung des Vorstands oder des Finanzaufsichtsorgans in der in den rechtlichen Vorschriften vorgesehenen Form von der Durchführung einer finanziellen Operation, wenn die Umstände ihrer Durchführung den begründeten Verdacht erwecken, dass es sich bei der Herkunftsquelle um eine kriminelle im Sinne des Art. 299 § 1 KK handelt. Unter Strafe wurde somit nicht die unmittelbare Handlung des Waschens der „schmutzigen" Gelder gestellt, sondern ein bestimmtes Verhalten, das die Geldwäsche erst ermöglichen soll. Dieses Verhalten besteht in der Nichterfüllung einer Verpflichtung zur Benachrichtigung bestimmter Personen in der in den rechtlichen Vorschriften vorgesehenen Form, und zwar unverzüglich nach dem Erhalt der entsprechenden Informationen[1003]. An dieser Stelle ist allerdings hervorzuheben, dass die fehlerhafte Benachrichtigung der bestimmten Person außerhalb des Anwendungsbereichs dieser Norm bleibt.

In diesem Zusammenhang stellt sich die Frage, auf welcher rechtlichen Grundlage die Benachrichtigung erfolgen soll. Anders ausgedrückt, welche Rechtsvorschriften die Quelle einer solchen Verpflichtung aus Art. 299 § 3 KK darstellen. Nach dem Gesetzeswortlaut muss die Benachrichtigung in der in den rechtlichen Vorschriften vorgesehenen Form durchgeführt werden.

[1001] Kritisch zu der Nichteinführung erforderlicher Änderungen durch das *Gesetz von 2000* siehe *Hajduk*, Nowe ujęcie przepisów Art. 299 K.K. penalizującego wprowadzanie do obrotu pieniędzy pochodzących z nielegalnych źródeł, in: *Bojarski T./Skrętowicz* (Hrsg.), S. 50; *Jasiński*, Przeciw szarej strefie, S. 58.

[1002] Näher dazu die Erwägungen zur Tathandlung aus Art. 299 § 2 KK: „Entgegennahme in bar", Kapitel 4 § 3 Punkt IV. 2. B. a) der vorliegenden Untersuchung.

[1003] So auch *Buczkowski*, Przestępstwa, S. 60 f.; *Górniok*, Zmiany, S. 133; *Marek*, Komentarz do KK, Art. 299, S. 613.

Im Falle der Erteilung einer Information an den Vorstand ist eine entsprechende Rechtsgrundlage in Art. 28 des *Gesetzes von 2000*[1004] zu finden, wonach den sog. verpflichteten Institutionen auferlegt wird, entsprechende interne Verfahren für die Verhinderung der Geldwäsche zu bestimmen. Eine derartige Verpflichtung zur Benachrichtigung des Vorstands einer Institution könnte somit aus internen Vorschriften dieser Institution (z. B. aus einer Satzung[1005]) abgeleitet werden[1006]. Im geltenden Recht gibt es jedoch keine hinreichende Grundlage, aufgrund deren die Verpflichtung zur Benachrichtigung des Finanzaufsichtsorgans entstehen kann. Erstens ist das neue mit dem *Gesetz von 2000* geschaffene Staatsorgan des *Generalinspekteurs der Finanzinformation* zur Ausübung der Finanzaufsicht nicht befugt, so dass die Heranziehung der Vorschriften des *Gesetzes von 2000* in diesem Falle scheitert[1007]. Die Finanzaufsichtsorgane – d. h. der Vorsitzende der Bankaufsichtskommission, der Präsident der staatlichen Behörde für die Überwachung der Versicherungen, der Vorsitzende der Wertpapierkommission sowie der Präsident der Behörde für die Überwachung des Rentenfonds – besitzen zwar die für eine Finanzaufsicht erforderlichen Kompetenzen. Diese Kompetenzen erstrecken sich jedoch nicht auf die Möglichkeit, den kontrollierten Subjekten (d. h. Banken, Finanz- und Kreditinstitute usw.) die Verpflichtung zur Benachrichtigung über verdächtige finanzielle Operationen aufzuerlegen[1008]. Somit liegt der Schluss nahe, dass Art. 299 § 3 KK teilweise noch immer unanwendbar bleibt.

Den Gegenstand der genannten Benachrichtigung bildet eine finanzielle Operation. Sie ist im Sinne des Art. 2 Pkt. 2 des *Gesetzes von 2000*, der den Begriff einer Transaktion definiert, zu verstehen[1009]. Ferner müssen die

---

[1004] Vgl. Fn. 5.

[1005] So auch *Marek*, Komentarz KK, Art. 299, S. 613.

[1006] Es muss jedoch darauf aufmerksam gemacht werden, dass nicht jede sog. verpflichtete Institution einen Vorstand hat. Gemeint sind hier vor allem die Kommissionsgeschäfte und Leihhäuser, die in den meisten Fällen aufgrund einer Eintragung in das Gewerberegister arbeiten. Somit ist davon auszugehen, dass die Erfüllung dieser Verpflichtung nur auf die Mitarbeiter derjenigen Institutionen beschränkt ist, die einen Vorstand haben.

[1007] Zu Kompetenzen des *Generalinspekteurs der Finanzinformation* siehe Art. 4 des Gesetzes. Abweichend *Zawłocki*, der den *Generalinspekteur der Finanzinformation* – entgegen dem Gesetzeswortlaut – als ein Finanzaufsichtsorgan im Sinne des Art. 299 § 3 KK qualifiziert, und zwar mit der Begründung, dass eine solche erweiternde Auslegung dem tatsächlichen Zweck dieser Vorschrift dient, vgl. *Zawłocki*, in: *Wąsek* (Hrsg.), S. 1216; *ders.*, MP 9/2004, S. 405. Ähnlich auch *Kaucz/Myrna*, Zakres penalizacji prania brudnych pieniędzy w Polsce, in: *Bogunia* (Hrsg.), S. 24; *Stępień T./Stępień K.*, Przestępstwa przeciwko obrotowi gospodarczemu, S. 55.

[1008] Siehe dazu *Jasiński*, Przeciw szarej strefie, S. 60.

[1009] Darunter fallen die Ein- und Auszahlungen in bar und bargeldlos, darun-

Umstände der Durchführung dieser finanziellen Operation den begründeten Verdacht erwecken, dass es sich bei der Herkunftsquelle der geldwäschetauglichen Vermögensgegenstände um eine kriminelle im Sinne des Art. 299 § 1 KK handelt[1010]. Weiterhin muss die Benachrichtigung unverzüglich erfolgen. Diese Voraussetzung ist wortgetreu zu verstehen und bedeutet sofort nach dem Erhalt der Information über eine verdächtige finanzielle Operation. Nicht ausgeschlossen ist jedoch die Berücksichtigung des für die Überprüfung dieser Information erforderlichen Zeitraumes, wobei die unbegründete Verzögerung einer Benachrichtigung ebenfalls als die Erfüllung des Tatbestands dieser Norm anzusehen ist[1011].

Genauso wie im Falle des Art. 299 § 2 KK, kann sich der Tatbestand der hier diskutierten Vorschrift mit dem Tatbestand des Art. 35 Abs. 1 des *Gesetzes von 2000* teilweise decken. Laut Art. 35 Abs. 1 Pkt. 3 des Gesetzes

ter auch Überweisungen zwischen verschiedenen Konten desselben Bankkontoinhabers bis auf die Überweisungen auf das Einlagekonto, sowie Überweisungen aus dem Ausland, der Währungsumtausch, die Übertragung des Eigentums oder des Besitzes von Vermögenswerten, darunter auch die Übergabe in Kommission oder als Pfand dieser Werte und die Übertragung der Vermögenswerte zwischen Konten desselben Kunden, der Umtausch von Forderungen in Aktien oder Anteile – sowohl im eigenen als auch im fremden Namen sowie auf eigene oder fremde Rechnung. Abweichend *Bojarski*, demzufolge der Begriff einer finanziellen Operation einen breiteren Charakter aufweist als der einer Transaktion, vgl. *Bojarski M.* u. a. (Hrsg.), Kodeks karny. Komentarz, S. 824.

[1010] Näher dazu in den Erwägungen zur Tathandlung aus Art. 299 § 2 KK: „Entgegennahme unter anderen Umständen“, Kapitel 4 § 3 Punkt IV. 2. A. c) der vorliegenden Untersuchung. Hervorzuheben ist jedoch, dass bei der Tathandlung aus Art. 299 § 2 KK das Bewusstsein des Vorliegens der den begründeten Verdacht erweckenden Umstände seitens des die finanzielle Operation direkt durchführenden Mitarbeiters gegeben sein muss. Art. 299 § 3 KK bezieht sich dagegen nur auf eine zur Benachrichtigung verpflichtete Person, die mit der verdächtigen Transaktion nicht unbedingt unmittelbar zu tun hat. Aus der Struktur dieser Vorschrift lässt sich jedoch entnehmen, dass es im Falle eines begründeten Geldwäscheverdachts dem eine solche verdächtige Transaktion persönlich durchführenden Mitarbeiter obliegt, die in Art. 299 § 3 KK bezeichnete Person davon zu informieren. Erst danach kommt es zur Benachrichtigung des Vorstands oder des Finanzaufsichtsorgans seitens der verpflichteten Person, vgl. *Bojarski J.*, Przestępstwa gospodarcze; *ders.*, Przepisy polskiego prawa karnego dotyczące odpowiedzialności pracowników instytucji finansowych za pranie pieniędzy, in: *Adamski* (Hrsg.), S. 349. Ferner ist Art. 299 § 3 KK, im Gegensatz zu Art. 299 § 2 KK, wo als Tatobjekte ausschließlich Geld und andere Devisenwerte gelten, auf sämtliche geldwäschetauglichen Vermögenswerte anwendbar.

[1011] Vgl. dazu *Bojarski J.*, Przestępstwa gospodarcze, S. 115; *Górniok* (Hrsg.), Prawo karne gospodarcze, S. 101; *dies.*, Prawo karne gospodarcze. Komentarz, Art. 299, S. 50; *dies.*, Przestępstwa gospodarcze. Komentarz, S. 52; *dies.* u. a. (2005), Kodeks karny. Komentarz, S. 457; *dies.*, Zmiany, Heft 7, S. 133; *Jasiński*, Przeciw szarej strefie, S. 61; *ders.*, Pranie, S. 41; *Kaucz/Myrna*, Zakres penalizacji prania brudnych pieniędzy w Polsce, in: *Bogunia* (Hrsg.), S. 23; *Stępień T./Stępień K.*, Przestępstwa, S. 55; *Zawlocki*, in: *Wąsek* (Hrsg.), S. 1217.

wird derjenige unter Strafe gestellt, der es unterlässt, ein zuständiges Organ der Finanzinformation[1012] von einer geldwäscheverdächtigen Transaktion zu benachrichtigen. Da aber Art. 299 KK *lex specialis* gegenüber dem Art. 35 des *Gesetzes von 2000* darstellt, kommen aufgrund einer unechten Idealkonkurrenz (Gesetzeskonkurrenz) die Vorschriften des KK zur Anwendung[1013].

b) Unterlassen der Benennung einer zur Entgegennahme bestimmter Informationen oder zur Weiterleitung bestimmter Informationen an eine berechtigte Person verpflichteten Person

Diese Regelung bildet ein weiteres Sonderdelikt im Rahmen der Geldwäschevorschrift. Die Tathandlung besteht hier in der Verletzung einer rechtlichen Verpflichtung zur Benennung einer zur Entgegennahme der in § 3 bezeichneten Informationen oder einer zur Weiterleitung bestimmter Informationen an einen Berechtigten verpflichteten Person seitens eines Mitarbeiters einer Bank bzw. eines Finanz- oder Kreditinstituts[1014]. In den meisten Fällen kommt es auf die Verpflichtung eines Mitglieds des Vorstands an, der in einer der aufgezählten Institutionen auf einer höheren Ebene eingestellt ist und dessen Aufgaben in der Aufsicht über die Ausübung der im Gesetz genannten Tätigkeiten bestehen[1015]. Das Wesen dieser Straftat bildet somit das Unterlassen der Bestimmung einer entsprechenden Person entgegen den gesetzlichen Vorschriften.

[1012] Gemeint sind damit der Finanzminister sowie der *Generalinspekteur der Finanzinformation*, vgl. Art. 3 Abs. 1 des *Gesetzes von 2000*.

[1013] Vgl. *Bojarski M.* u. a. (Hrsg.), Kodeks karny. Komentarz, S. 825; *Górniok* (Hrsg.), Prawo karne gospodarcze, S. 104; *Skorupka*, Prawo karne gospodarcze, S. 119 f.; *Zawłocki*, in: *Wąsek* (Hrsg.), S. 1228.

[1014] Eine abweichende Auslegung dieser Vorschrift wird von *Wróbel* und *Zawłocki* vertreten. Ihrer Ansicht nach kommen als mögliche Tathandlungen des Art. 299 § 4 KK folgende Verhaltensweisen in Betracht: das Unterlassen der Benennung einer zur Entgegennahme bestimmter Informationen berechtigten Person und das Unterlassen der Weiterleitung bestimmter Informationen an einen Berechtigten, vgl. vgl. *Wróbel*, in: *Zoll* (Hrsg.), S. 358 f.; *Zawłocki*, in: *Wąsek* (Hrsg.), S. 1218 f. Während die Bestimmung der ersten Tathandlung richtig erscheint, widerspricht die Auslegung der zweiten Alternative dem Wortlaut des Gesetzes. Indem in Art. 299 § 4 KK ausdrücklich über die Benennung einer zur Entgegennahme bestimmter Informationen oder zur Weiterleitung bestimmter Informationen an einen Berechtigten verpflichteten Person gesprochen wird, ist anzunehmen, dass nicht das Unterlassen der Weiterleitung von bestimmten Informationen, sondern schon die Nichtbenennung eines für eine solche Weiterleitung verantwortlichen Mitarbeiters unter Strafe gestellt wird.

[1015] Vgl. *Górniok* (Hrsg.), Prawo karne gospodarcze, S. 102; *dies.*, Prawo karne gospodarcze. Komentarz, S. 50 f.; *dies.* u. a. (2005), Kodeks karny. Komentarz, S. 458; *Marek*, Komentarz do KK, Art. 299, S. 614; *Skorupka*, Prawo karne gospodarcze, S. 120; *Stępień T./Stępień K.*, Przestępstwa, S. 56; *Wójcik*, Przeciwdziałanie, S. 181.

Eine rechtliche Grundlage für die Benennung einer solchen Person ist in Art. 11 Abs. 1 des *Gesetzes von 2000* verankert, wonach es den sog. verpflichteten Institutionen obliegt, die Informationen über verdächtige Transaktionen an den *Generalinspekteur der Finanzinformation* zu übermitteln[1016]. Erwähnenswert ist weiterhin Art. 28 dieses Gesetzes, wonach die sog. verpflichteten Institutionen für die Benennung einer für die Erfüllung der in diesem Gesetz enthaltenen Verpflichtungen verantwortlichen Person verpflichtet sind. Den Gegenstand dieser Verpflichtung kann in diesem Fall die Entgegennahme bestimmter Informationen bzw. die Weiterleitung bestimmter Informationen an eine berechtigte Person bilden. Die Verpflichtung kann sich, wie bereits erwähnt, aus internen Vorschriften einer Bank bzw. eines Finanz- oder Kreditinstituts bezüglich der Verhinderung der Einführung der aus illegalen oder nicht ermittelbaren Quellen stammenden Vermögenswerte in den Finanzverkehr oder der Finanzierung des Terrorismus ergeben.

Bemerkenswert ist dabei, dass es für die Strafbarkeit aus Art. 299 § 4 KK keine Rolle spielt, ob die benannte Person ihren Verpflichtungen tatsächlich nachkommt, d. h. ob sie die in § 3 dieser Norm bezeichneten Informationen entgegennimmt oder an einen Berechtigten weiterleitet. Der Strafbarkeit unterliegt jedoch eine verspätete Benennung, falls ihr Termin in entsprechenden Vorschriften festgelegt wurde, sowie eine Benennung entgegen den gesetzlichen Vorschriften[1017].

Abschließend lässt sich festhalten, dass es die Funktion des Art. 299 § 3 KK in Verbindung mit § 4 dieser Norm ist, den Banken bzw. den Finanz- oder Kreditinstituten auferlegen, solche Organisationsstrukturen zu bilden, in deren Rahmen es möglich ist, verdächtige finanzielle Operationen schnell zu erkennen und in möglichst früher Phase zu verhindern. Die polnische Geldwäschevorschrift gibt weiterhin eine hinreichend präzise Grundlage für die Schaffung der Institution eines sog. Koordinators für die Verhinderung der Geldwäsche, der einerseits zur Entgegennahme bzw. zur Weiterleitung der Informationen über geldwäscheverdächtige finanzielle Operationen, andererseits aber zur unverzüglichen Benachrichtigung des Vorstands oder des Finanzaufsichtsorgans von der Durchführung dieser Operation in der in den rechtlichen Vorschriften vorgesehenen Form verpflichtet ist. Die Ernennung

---

[1016] Kritisch zu einer solchen Auslegung *Zawlocki*, nach dessen Meinung die Verpflichtungen aus dem *Gesetz von 2000* sich ausschließlich auf die sog. verpflichteten Institutionen, nicht jedoch direkt auf ihre Mitarbeiter beziehen, vgl. näher *Zawlocki*, in: *Wąsek* (Hrsg.), S. 1218.

[1017] Vgl. *Jasiński*, Przeciw szarej strefie, S. 62 f.; *ders.*, Pranie, S. 45; *Zawlocki*, in: *Wąsek* (Hrsg.), S. 1219; *ders.*, MP 9/2004, S. 407.

eines solchen Koordinators, die von vielen Autoren als begrüßenswert bezeichnet wird[1018], erscheint im Hinblick auf die Steuerung der Aufteilung der Aufgaben im Rahmen der Identifizierung von verdächtigen Transaktionen sowie deren Kontrolle durchaus geboten.

D. Handeln nach Verabredung mit anderen Personen als ein qualifizierendes Merkmal, Art. 299 § 5 KK

Art. 299 § 5 KK sieht eine höhere Strafandrohung für einen Täter der in § 1 oder § 2 dieser Norm genannten Straftaten vor, der nach Verabredung mit anderen Personen gehandelt hat. Dieses Vergehen stellt ein Allgemeindelikt dar. Trotzdem weist es eine erhebliche Bedeutung für den Schutz der Finanzinstitutionen auf, insbesondere in Bezug auf die Verfolgung möglicher verbrecherischer Einverständnisse der Geldwäscher mit Mitarbeitern der sog. verpflichteten Institutionen[1019]. Die verbrecherischen Vereinigungen können nämlich in diesem Fall aus Mitarbeitern einer Finanzinstitution bzw. Mitgliedern ihres Vorstands, aus Kunden dieser Finanzinstitution oder auch anderen Personen bestehen.

Die grammatische Auslegung des Art. 299 § 5 KK deutet darauf hin, dass für die Bejahung einer Strafbarkeit wegen dieser Vorschrift das Zusammenwirken mit mindestens zwei anderen Personen notwendig ist, so dass im Ergebnis die Handlung von mindestens drei Personen erforderlich ist. Das Zusammenwirken ausschließlich mit *einer* anderen Person schließt mithin die Möglichkeit einer strengeren Bestrafung aus. Dabei ist jedoch zu betonen, dass eine Verabredung einen breiteren Begriff als den einer Täterschaft darstellt, so dass auch potentielle Teilnehmer (Anstifter und Gehilfen) einbezogen werden[1020]. Diese Folgerung lässt sich insbesondere daraus ableiten,

---

[1018] Siehe näher *Jasiński*, Przeciw szarej strefie, S. 62 f.; *ders.*, Pranie, S. 45 f. Ähnlich auch *Wójcik,* der für die Schaffung einer entsprechenden, für die Identifizierung von verdächtigen Transaktionen geeigneten Organisationsstruktur im Rahmen der Tätigkeiten jeder Bank bzw. jedes Finanz- oder Kreditinstituts plädiert, *Wójcik*, Przeciwdziałanie, S. 181 f.; *ders.*, Pranie, S. 367 ff.

[1019] Erfasst werden beispielsweise eine Verabredung der Mitarbeiter einer Bank mit den ihre illegalen Geldmittel einzahlenden Geldwäschern, eine Verabredung eines den Kredit genehmigenden Mitarbeiters mit Kreditnehmern, die sich mit organisierter verbrecherischer Tätigkeit beschäftigen usw., vgl. *Jasiński*, Przeciw szarej strefie, S. 63 f.; *ders.*, Pranie, S. 47; *Kaucz/Myrna*, Zakres penalizacji prania brudnych pieniędzy w Polsce, in: *Bogunia* (Hrsg.), S. 25.

[1020] Vgl. *Buczkowski/Wojtaszek*, Pranie, S. 160; *Górniok*, Prawo karne gospodarcze. Komentarz, S. 51; *dies.* u. a. (2005), Kodeks karny. Komentarz, S. 458; *dies.*, Zmiany, S. 134; *Hajduk*, Nowe ujęcie przepisów Art. 299 K.K. penalizującego wprowadzanie do obrotu pieniędzy pochodzących z nielegalnych źródeł, in: *Bojarski T./Skrętowicz* (Hrsg.),

dass in der Formulierung dieser Vorschrift der Verweis auf eine gemeinsame Ausführung der Tat fehlt[1021].

Den Gegenstand dieser Verabredung bildet grundsätzlich die in Art. 229 § 1 oder § 2 KK bezeichnete Straftat. Sie kann sich jedoch auch auf weitere Straftaten beziehen. Für die Bestrafung wegen der qualifizierten Form spielt es weiterhin keine Rolle, welche der zusammenwirkenden Personen die Tatbestandsmerkmale des § 1 und welche die des § 2 dieser Norm erfüllt. Ferner ist anzunehmen, dass eine Verabredung zwischen den mit dem Haupttäter zusammenwirkenden Personen nicht vorausgesetzt wird. Erforderlich ist jedoch das Vorliegen einer solchen Verabredung zwischen dem Haupttäter und jeder mit ihm handelnden Person. Eine derartige Gestaltung dieser Vorschrift kann dazu führen, dass der Haupttäter wegen einer qualifizierenden Form dieser Straftat zur Verantwortung gezogen wird, während die mit ihm zusammenwirkenden Personen nur aus dem Grundtatbestand zu bestrafen sind.

E. Das Erzielen eines bedeutenden Vermögensvorteils als ein qualifizierendes Merkmal, Art. 299 § 6 KK

Ein weiteres qualifizierendes Tatbestandsmerkmal innerhalb der Geldwäschevorschrift bildet das Erzielen eines bedeutenden Vermögensvorteils bei der Ausführung der Tathandlung gemäß § 1 bzw. § 2 dieser Regelung. Der Begriff eines Vermögensvorteils ist als eine Vermögenszuwendung für sich selbst oder für einen anderen zu verstehen[1022]. Das Merkmal, dass der Vermögensvorteil bedeutend sein muss, ist analog zum Begriff des Vermögens bedeutenden Wertes im Sinne des Art. 115 § 5 KK auszulegen[1023]. Darunter fällt ein Vermögen, dessen Wert das Zweihundertfache des zur Zeit der Begehung der verbotenen Tat verbindlichen monatlichen Mindestlohns überschreitet[1024]. Auf die Formulierung der Tatbestandsalternative

---

S. 50; *Marek*, Komentarz do KK, Art. 299 S. 614; *Stępień T./Stępień K.*, Przestępstwa, S. 56; *Wróbel*, in: *Zoll* (Hrsg.), S. 345; *Zawłocki*, in: *Wąsek* (Hrsg.), S. 1220.

[1021] Vgl. mit Art. 18 § 1 KK, wo die Täterschaft als die Begehung einer Straftat gemeinsam und nach Verabredung mit einer anderen Person definiert wird.

[1022] Vgl. *Buczkowski/Wojtaszek*, Pranie, S. 160; *Hajduk*, Nowe ujęcie przepisów Art. 299 K.K. penalizującego wprowadzanie do obrotu pieniędzy pochodzących z nielegalnych źródeł, in: *Bojarski T./Skrętowicz* (Hrsg.), S. 50; *Wróbel*, in: *Zoll* (Hrsg.), S. 345; *Zawłocki*, in: *Wąsek* (Hrsg.), S. 1220. Siehe auch Art. 115 § 4 KK.

[1023] Abweichend *Jaskolski*, nach deren Meinung die Beträchlichkeit eines Vermögensvorteils ein unbestimmter Begriff ist, der im konkreten Fall der richterlichen Wertung unterliegt, vgl. *Jaskolski*, Wirtschaftsstrafrecht, S. 397.

[1024] Laut Art. 115 § 8 KK ist der monatliche Mindestlohn die aufgrund des Arbeitsgesetzbuchs bestimmte niedrigste Vergütung für Arbeitnehmer. Seit 01.01.2006 beträgt er

des Art. 299 § 6 KK übertragen, bedeutet somit das Erzielen eines bedeutenden Vermögensvorteils jede Vermögenszuwendung[1025], die den in Art. 115 § 5 KK genannten Betrag überschreitet. Diese Vermögenszuwendung muss weiterhin infolge einer Geldwäschehandlung erreicht worden sein und dabei über die Vermögenswerte in dem soeben genannten Maße hinausgehen, die der Täter als Gegenwert für die zu waschenden Vermögenswerte erhalten hat[1026].

Die Straftat nach Art. 299 § 5 KK stellt ebenfalls ein Allgemeindelikt dar. Die einzige Voraussetzung, die die Annahme der qualifizierten Form begründet, ist das tatsächliche Erzielen eines bedeutenden Vermögensvorteils. Dabei ist es ohne Bedeutung, mit welchem Ziel der Täter bei der Ausführung der Tathandlung handelte.

Bevor näher auf die Frage des Harmonisierungsgrades der hier dargestellten Tathandlungsmodalitäten im polnischen Geldwäscherecht mit den europäischen Standards eingegangen wird, erscheint es sinnvoll, einen Blick auf die entsprechenden Strukturen des deutschen Geldwäschetatbestandes

---

899,10 PLN (ca. 240 Euro), vgl. Art. 4 des *Gesetzes über die niedrigste Arbeitsvergütung* (Ustawa o minimalmym wynagrodzeniu za pracę) vom 10.10.2002, Dz. U. (*Gesetzblatt*) 2002, Nr. 200, Pos. 1679 mit späteren Änderungen sowie die Verordnung zu diesem Gesetz vom 13.09.2005, Dz. U. (*Gesetzblatt*) 2005, Nr. 177, Pos. 1469. Siehe auch *Bojarski M.* u. a. (Hrsg.), Kodeks karny. Komentarz, S. 826; *Bojarski J.*, Przestępstwa gospodarcze, S. 117 f.; *Jasiński*, Przeciw szarej strefie, S. 64; *ders.*, Pranie, S. 48; *Marek*, Komentarz do KK, Art. 299, S. 614; *Kaucz/Myrna*, Zakres penalizacji prania brudnych pieniędzy w Polsce, in: *Bogunia* (Hrsg.), S. 25; *Pracki*, Przestępstwa gospodarcze w nowym kodeksie karnym, in: *Bogunia* (Hrsg.), S. 158; *Wróbel*, in: *Zoll* (Hrsg.), S. 346. Anders allerdings *Górniok*, nach deren Meinung der Gesetzgeber die Definition eines bedeutenden Vermögensvorteils bewusst außerhalb des Anwendungsbereichs des Art. 115 KK gelassen hat, so dass dieser Begriff sich nur nach den Umständen eines konkreten Falls bewerten lässt, vgl. *Górniok*, Prawo karne gospodarcze. Komentarz, S. 51 f.; *dies.* u. a. (2005), Kodeks karny. Komentarz, S. 458; *dies.*, Zmiany, S. 134. Der Ansicht von *Górniok* ist jedoch nicht zu folgen. Das Vorhandensein vieler mehrdeutiger und unpräziser Wendungen, die sich im Rahmen der polnischen Geldwäschevorschrift nur mit erheblichen Schwierigkeiten interpretieren lassen, begründet die starke Bestrebung zur möglichst eindeutigen Definition der in dieser Regelung verwendeten Begriffe. Die Konkretisierung des Begriffs eines bedeutenden Vermögensvorteils erst dem Gericht zu überlassen, kann zu dessen uneinheitlicher Auslegung und somit zur uneinheitlichen Anwendung der Geldwäschevorschrift führen. Darüber hinaus bestehen keine überzeugenden Argumente, aufgrund deren die analoge Anwendung des Art. 115 § 5 KK ausgeschlossen werden kann.

[1025] Vgl. Uchwała Izby Karnej Sądu Najwyższego (*Beschluss der Strafrechtskammer des Polnischen Obersten Gerichts*) vom 30.01.1980, VII KZP 41/80, OSNKW 1980, Nr. 3, Pos. 24.

[1026] Denkbar ist z. B. eine Provision, die mit einer erfolgreichen, dem Zwecke der Geldwäsche dienenden Börsenoperation verbunden ist, oder das Ausführen einer Transaktion zu einem niedrigeren Preis, eine Bezahlung für die Einzahlung der „schmutzigen" Gelder auf ein Konto, ein Ankauf eines Autos für einen zu niedrig angesetzten Preis usw.

gem. § 261 StGB zu werfen, der – dies sei hier vorweggenommen – besser an die europäischen Vorgaben angepasst erscheint als die polnische Regelung.

3. Exkurs: Zur Problematik der Tathandlungen im deutschen Geldwäschetatbestand, § 261 StGB

Wie bereits weiter oben erwähnt, sind die innerhalb der deutschen Geldwäschenorm genannten Tathandlungen in einen Verschleierungs-, einen Vereitelungs- und Gefährdungs- sowie einen Isolierungstatbestand aufzuteilen.

Im Rahmen des Verschleierungstatbestandes kommen als geldwäschetaugliche Handlungsweisen das Verbergen und das Verschleiern der Herkunft der inkriminierten Gegenstände in Betracht. Diese Handlungen weisen einen manipulativen Charakter auf. Ihr Wesen besteht daher in erster Linie darin, durch die Art der örtlichen Unterbringung[1027], durch irreführende Machenschaften[1028], oder auf eine andere ähnliche Weise den behördlichen Zugriff auf den bemakelten Gegenstand zu erschweren oder unmöglich zu machen[1029]. Auffallend ist dabei, dass der Täter sich bei der Ausführung der Verschleierungshandlung weder einer kriminellen Organisation noch eines Finanzmarktes bedienen muss[1030]. Kurz zu erwähnen ist ferner die umstrittene Frage, ob beim Verschleierungstatbestand die *konkrete* Gefährdung eines auf den Gegenstand gerichteten Anspruchs erforderlich ist[1031].

[1027] Damit ist beispielsweise die geheime Aufbewahrung in Kellerräumen oder in Bankschließfächern, das Vergraben oder Verstecken in dem doppelten Boden eines Koffers oder die Ablage von Akten in einem falschen Zusammenhang gemeint.

[1028] Denkbar sind z. B. Täuschungs- und Fälschungshandlungen, Manipulationen in Unterlagen oder Buchführung, die Korruption, die Einschaltung von Scheinfirmen, das „Einfließenlassen" bemakelter Gelder in ein Unternehmen mit hohem Bargeldaufkommen usw.

[1029] Vgl. *Amboo*, ZStW 114 (2001), S. 243; *Bottermann*, Untersuchung, S. 108 f.; *Carl*, wistra 1991, S. 293; *Egger Tanner*, Die strafrechtliche Erfassung, S. 140; *Kargl*, NJ 2001, S. 59; *Knorz*, Der Unrechtsgehalt, S. 138; *Körner/Dach*, Geldwäsche, S. 21; *Lackner/Kühl*, StGB-Kommentar, § 261, Rn. 7; *Lang V./Schwarz/Kipp*, Regelungen, S. 195; *Leip*, Der Straftatbestand, S. 126 ff.; *Oswald*, Die Implementation, S. 68; *Ruß*-LK, § 261, Rn. 12; *Schönke/Schröder/Stree*, StGB-Kommentar, § 261, Rn. 10 f.; *Spiske*, Pecunia olet?, S. 128; *Tröndle/Fischer*, Kommentar zum StGB, § 261, Rn. 20; *Werner*, Bekämpfung, S. 228.

[1030] Vgl. *Körner/Dach*, Geldwäsche, S. 21; *Lang V./Schwarz/Kipp*, Regelungen, S. 195.

[1031] Dagegen wird eingewandt, dass sich eine solche Voraussetzung aus dem Gesetzeswortlaut nicht entnehmen lässt, so dass die Annahme einer abstrakten Gefährlichkeit genügt, vgl. dazu *Egger Tanner*, Die strafrechtliche Erfassung, S. 139 f.; *Hoyer*-SK, § 261, Rn. 16; *Tröndle/Fischer*, Kommentar zum StGB, § 261, Rn. 21a. Andres *Schönke/Schröder/Stree*, StGB-Kommentar, § 261, Rn. 10.

Weitere Tatbestandsmodalitäten bilden den Vereitelungs- bzw. Gefährdungstatbestand, in dessen Rahmen als mögliche Handlungsweisen das Vereiteln oder das Gefährden der Ermittlung der Herkunft, des Auffindens, des Verfalls, der Einziehung oder der Sicherstellung des inkriminierten Tatobjekts in Betracht kommen. Im Gegensatz zu dem Verschleierungstatbestand ergibt sich die strafbare Wirkung nicht unmittelbar aus der Verwerflichkeit der Handlung, sondern ist in der Verursachung eines sozialschädlichen Erfolges bzw. einer entsprechenden Gefährdung zu suchen[1032].

Die Definition der Vereitelung lässt sich auch § 258 StGB (Strafvereitelung) entnehmen[1033] und bedeutet sämtliche Erschwerungen, Behinderungen und Verzögerungen der Ermittlungen, wodurch der Vortäter zumindest vorübergehend besser gestellt werden muss[1034]. Dementsprechend muss für die Annahme der Strafbarkeit wegen des Vereitelns der Erfolg eingetreten sein, d. h. die Ermittlungen müssen gescheitert sein, wobei unter Umständen auch eine nur teilweise Vereitelung den Geldwäschetatbestand erfüllt[1035]. Beim Gefährdungstatbestand kommt es dagegen darauf an, ob die Ermittlung der Herkunft, des Auffindens, des Verfalls, der Einziehung oder der Sicherstellung konkret gefährdet wird[1036]. Somit wird hier auf das Entstehen

---

1032 Vgl. *Höreth*, Die Bekämpfung, S. 131; *Leip*, Der Straftatbestand, S. 130. Ähnlich *Knorz*, Der Unrechtsgehalt, S. 139.

1033 Den einzigen Unterschied bildet der Verzicht auf die Formulierung aus dem Strafvereitelungstatbestand: „ganz oder zum Teil vereitelt“. Indem jedoch in der Geldwäschevorschrift die Formulierung „vereitelt oder gefährdet“ verwendet wurde, spielt dieser Unterschied für die Auslegung dieser Vorschrift im Sinne des § 258 StGB keine entscheidende Rolle. Das Tatbestandmerkmal des Gefährdens liegt nämlich schon dann vor, wenn der Ermittlungserfolg auf eine gewisse Zeit verzögert wurde, während für das Vorliegen des Vereitelns das völlige Scheitern der Ermittlungen vorausgesetzt ist. Siehe dazu auch *Burr*, Geldwäsche, S. 79 f.; *Egger Tanner*, Die strafrechtliche Erfassung, S. 141 f.; *Höreth*, Die Bekämpfung, S. 132; *Kargl*, NJ 2001, S. 59; *Lackner/Kühl*, StGB-Kommentar, § 261, Rn. 7; *Spiske*, Pecunia olet?, S. 129 f.

1034 Denkbar ist z. B. das kurzfristige Umwandeln oder Übertragen von Vermögensgegenständen vor dem Zugriff der Strafverfolgungsbehörden, der Umtausch von Geld in Devisen, um nicht im Besitz der Vermögensgegenstände angetroffen zu werden usw., vgl. dazu *Flatten*, Zur Strafbarkeit von Bankangestellten, S. 79; *Körner/Dach*, Geldwäsche, S. 21 f.; *Lang V./Schwarz/Kipp*, Regelungen, S. 196 f.; *Oswald*, Die Implementation, S. 68 f.

1035 Vgl. *Flatten*, Zur Strafbarkeit von Bankangestellten, S. 79; *Hoyer*-SK-StGB, § 261, Rn. 17; *Höreth*, Die Bekämpfung, S. 131; *Kargl*, NJ 2001, S. 59; *Lang V./ Schwarz/Kipp*, Regelungen, S. 197; *Tröndle/Fischer*, Kommentar zum StGB, § 261 Rn. 22. Anders *Lackner/Kühl*, die ein endgültiges Scheitern der Ermittlungen als Voraussetzung für ein Vereiteln verlangen, vgl. *Lackner/Kühl*, StGB-Kommentar, § 261, Rn. 7. Siehe auch *Spiske*, Pecunia olet?, S. 130 f.

1036 Vgl. BT-Drucksache 12/989, S. 27. Als Beispiel für eine derartige Handlungsalternative sind die Einzahlung von bemakeltem Geld auf ein Bankkonto unter falschem

einer Gefahr abgestellt, dass die bemakelten Vermögensgegenstände verloren gehen, die staatliche Rechtspflege beeinträchtigt und der Vortäter besser gestellt wird[1037]. In diesem Falle liegt also, im Gegensatz zum Vereitelungstatbestand, der als Erfolgsdelikt ausgestaltet ist, ein konkretes Gefährdungsdelikt vor. Der relativ weit gefasste Vereitelungs- und Gefährdungstatbestand ruft allerdings gewisse Bedenken hervor. Es wird kritisiert, dass es ihm, im Gegensatz zu konkreten Beschreibungen des Verschleierungs- und Isolierungstatbestands, an Bestimmtheit fehlt[1038].

Aus den bisherigen Überlegungen folgt, dass sowohl der Verschleierungstatbestand als auch der Vereitelungs- und Gefährdungstatbestand verschiedene Verhaltensweisen beschreiben, die zugunsten des Vortäters stattfinden, so dass sie nach ihrer Beschaffenheit sozialwidrig sind und somit zweifellos eine gewisse Strafwürdigkeit aufweisen[1039]. Dagegen werden durch Absatz 2 des § 261 StGB solche Handlungsweisen unter Strafe gestellt, die grundsätzlich neutral ablaufen, oder dem im eigenen Interesse handelnden Geschäftspartner dienen[1040]. Vom Konzept her zielt der Isolierungstatbestand auf eine Isolierung des Täters in finanzieller Hinsicht ab, so dass der inkriminierte Gegenstand praktisch verkehrsunfähig gemacht und seine Verwendung im legalen Finanz- und Wirtschaftskreislauf verhindert werden soll[1041]. In Betracht kommen hier das Verschaffen für sich oder für einen Dritten, das Verwahren oder das Verwenden für sich oder für einen Dritten eines in § 261 § 1 StGB bezeichneten Gegenstandes. Beim Verwahren oder Verwenden des inkriminierten Gegenstandes ist jedoch die Kenntnis bezüglich seiner deliktischen Herkunft zum Zeitpunkt seines Erlangens vorausgesetzt. Diese Voraussetzung stellt eine Einschränkung des Anwendungsbereichs der Geldwäschevorschrift in subjektiver Hinsicht dar.

Namen oder eine rasche Überweisung von Drogengeldern auf ein Auslandskonto, wo die Zugriffsmöglichkeiten erschwert sind, zu nennen.

[1037] Vgl. *Körner/Dach*, Geldwäsche, S. 22; *Lang V./Schwarz/Kipp*, Regelungen, S. 198.

[1038] Näher dazu *Höreth*, Die Bekämpfung, S. 132; *Klippl*, Geldwäscherei, S. 114; *Knorz*, Der Unrechtsgehalt, S. 139 f.; *Leip*, Der Straftatbestand, S. 130 ff.

[1039] Vgl. *Egger Tanner*, Die strafrechtliche Erfassung, S. 139; *Höreth*, Die Bekämpfung, S. 130; *Klippl*, Geldwäscherei, S. 114.

[1040] Vgl. *Egger Tanner*, Die strafrechtliche Erfassung, S. 143 f.; *Höreth*, Die Bekämpfung, S. 130; *Klippl*, Geldwäscherei, S. 114.

[1041] Dieses Ziel folgt ursprünglich aus Art. 3 Abs. 1 lit. c der Wiener Drogenkonvention (vgl. Kapitel 3 § 2 Punkt I. 3. C. dieser Arbeit). Es ist auch aus den Gesetzesmaterialien zu entnehmen, vgl. BT-Drucksache 12/989, S. 27. Siehe auch *Barton*, StV 1993, S. 159 f.; *Bottermann*, Untersuchung, S. 108; *Höreth*, Die Bekämpfung, S. 130; *Körner/Dach*, Geldwäsche, S. 22; *Lang V./Schwarz/Kipp*, Regelungen, S. 199; *Oswald*, Die Implementation, S. 70; *Tröndle/Fischer*, Kommentar zum StGB, § 261, Rn. 23.

Auf die Tathandlung des Verschaffens für sich oder für einen Dritten sollen die innerhalb des § 259 StGB (Hehlerei) entwickelten Grundsätze anwendbar sein[1042]. Dementsprechend fällt unter diesen Begriff die Übernahme der tatsächlichen Verfügungsgewalt über den Vermögensgegenstand zu eigenen Zwecken oder für einen Dritten dem wirtschaftlichen Wert des Gegenstandes nach[1043]. Im Gegensatz zum bloßen Annehmen ist also bei dem Sichverschaffen eine erfolgreiche Eigeninitiative vorausgesetzt[1044]. Bestritten ist dabei, ob diese Handlung mit einverständlichem Zusammenwirken mit dem Vortäter erfolgen muss[1045]. Ein Verschaffen kommt jedoch dann nicht in Betracht, wenn der bemakelte Gegenstand übernommen wird, um ihn zu vernichten, oder dem Berechtigten bzw. den Strafverfolgungsbehörden zu übergeben[1046].

Nach der amtlichen Begründung erfasst das Tatbestandsmerkmal des Verwahrens jegliche Fälle, in denen der Täter eine Sache in Gewahrsam[1047] nimmt oder hält, um sie für einen Dritten oder für eigene spätere Verwendung, Verwaltung oder Betreuung zu erhalten[1048]. Indem diese Tathandlung

1042 Vgl. BT-Drucksache 12/989, S. 13. Siehe auch *Flatten*, Zur Strafbarkeit von Bankangestellten, S. 80; *Höreth*, Die Bekämpfung, S. 133; *Lackner/Kühl*, StGB-Kommentar, § 261, Rn. 8; *Ruß*-LK, § 261, Rn. 14; *Schönke/Schröder/Stree*, StGB-Kommentar, § 261, Rn. 13; *Tröndle/Fischer*, Kommentar zum StGB, § 261, Rn. 23.

1043 Vgl. BT-Drucksache 12/989, S. 27. Als Beispiele des Verschaffens sind zu nennen: das Bekunden von Interesse, das Anbieten besserer Konditionen bei der Annahme fremder Gelder als Einlagen durch Kreditinstitute, Ankauf von Schmuck oder anderer Wertegegenstände vom „Vordermann“. Nicht ausreichend ist dagegen, wenn der Gegenstand nur entliehen, gemietet, verwahrt oder vorübergehend benutzt wird. Ferner ist das Vorliegen dieses Tatbestandsmerkmals auch dann zu verneinen, wenn der Gegenstand übernommen wird, um ihn dem Berechtigten oder den Strafverfolgungsbehörden zu übergeben. Siehe dazu auch BT-Drucksache 12/3533, S. 13; BGHSt 5, 51.

1044 Vgl. *Körner/Dach*, Geldwäsche, S. 22; *Spiske*, Pecunia olet?, S. 133.

1045 Nach herrschender Meinung ist ein einverständliches Zusammenwirken des Beteiligten erforderlich, siehe *Egger Tanner*, Die strafrechtliche Erfassung, S. 145; *Hoyer*-SK, § 261, Rn. 15; *Kargl*, NJ 2001, S. 59; *Ruß*-LK, § 261, Rn. 14; *Schönke/Schröder/Stree*, StGB-Kommentar, § 261, Rn. 13; *Tröndle/Fischer*, Kommentar zum StGB, § 261, Rn. 24. Anders *Spiske, Otto* und *Lackner/Kühl*, die die Voraussetzung des Handelns im Einverständnis mit dem Vortäter ablehnen, vgl. *Lackner/Kühl*, StGB-Kommentar, § 261, Rn. 8; *Otto*, Jura 1993, S. 331; *Spiske*, Pecunia olet?, S. 133 f.

1046 Vgl. *Burr*, Geldwäsche, S. 81 m. w. N.; *Hoyer*-SK, § 261, Rn. 18; *Schönke/Schröder/Stree*, StGB-Kommentar, § 261, Rn. 13.

1047 Die Definition des Gewahrsams ist den zu § 242 StGB aufgestellten Grundsätzen zu entnehmen, nach denen der Gewahrsam die von einem Herrschaftswillen getragene Sachherrschaft ist, deren Ausübung keine Hindernisse entgegenstehen, vgl. *Egger Tanner*, Die strafrechtliche Erfassung, S. 147 m. w. N.; *Spiske*, Pecunia olet?, S. 144 m. w. N.

1048 Vgl. BT-Drucksache 12/3533, S. 13. Siehe auch *Hoyer*-SK, § 261, Rn. 23; *Höreth*, Die Bekämpfung, S. 133; *Körner/Dach*, Geldwäsche, S. 22; *Lackner/Kühl*, StGB-Kommentar, § 261, Rn. 8; *Lang V./Schwarz/Kipp*, Regelungen, S. 200; *Schönke/*

weder zu einem Wechsel der Verfügungsmacht führt noch eine Einwirkung auf den Gegenstand beinhaltet, stellt sie innerhalb des § 261 StGB den „Auffangtatbestand des Auffangtatbestandes" dar[1049]. Ihr Wesen besteht darin, jeglichen Umgang mit inkriminierten Vermögensgegenständen durch bloßes Ingewahrsamnehmen oder -haben zu unterbinden.

Die weitere Tathandlung innerhalb des § 261 Abs. 2 StGB, d. h. das Verwenden für sich oder einen Dritten, ist als jede wirtschaftliche Verfügung über den bemakelten Gegenstand zu eigenen Zwecken oder im Interesse eines Dritten zu verstehen. Sie bezeichnet somit ein bestimmungsmäßiges Gebrauchen im Einverständnis mit dem Inhaber der Verfügungsgewalt und dient in erster Linie der Erfassung von vielfältigen Geldgeschäften[1050]. Mangels erforderlicher Verfügungsgewalt erfüllen die bloße Nutzung in Form von Entleihen, Mieten, Pachten oder kurzfristiger Ansichnahme den Verwendungstatbestand nicht; sie können aber im Einzelfall den Verschleierungs- oder Vereitelungstatbestand erfüllen[1051].

Die Tathandlungen aus § 261 Abs. 2 StGB sind im Gegensatz zu Handlungsweisen aus Absatz 1 dieser Norm als abstrakte Gefährdungsdelikte konzipiert. Demnach werden sie schon auf der Ebene ihrer abstrakten Gefährlichkeit pönalisiert. Entsprechend der Gesetzesmaterialien weisen sie die Funktion eines Auffangtatbestandes gegenüber den im Absatz 1 genannten Tathandlungen auf, sofern ein Vereitelungs- oder Gefährdungsvorsatz nicht nachweisbar ist oder ein Verbergen oder Verschleiern nicht vorliegt[1052]. In solchen Fällen kommt dem Absatz 2 die Aufgabe zu, die Nahtstelle

---

Schröder/Stree, StGB-Kommentar, § 261, Rn. 13; *Tröndle/Fischer*, Kommentar zum StGB, § 261, Rn. 25. Als ein denkbares Beispiel kommt hier die Annahme von Wertpapieren durch einen Mitarbeiter eines Kreditinstituts in das Depot des Kunden, trotz der Kenntnis, dass diese Wertpapiere mit Vermögenswerten aus Drogenstraftaten erworben wurden, in Betracht.

1049 Vgl. *Egger Tanner*, Die strafrechtliche Erfassung, S. 147; *Höreth*, Die Bekämpfung, S. 134; *Leip*, Der Straftatbestand, S. 143.

1050 Vgl. BT-Drucksache 12/989, S. 27. Als mögliche Beispiele ist hier die Übernahme zum Zwecke der Veräußerung, Umwandlung oder Weitergabe zu nennen.

1051 Vgl. *Höreth*, Die Bekämpfung, S. 134; *Körner/Dach*, Geldwäsche, S. 23; *Schönke/Schröder/Stree*, StGB-Kommentar, § 261, Rn. 13; *Spiske*, Pecunia olet?, S. 145.

1052 Vgl. BT-Drucksache 12/989, S. 27. Siehe auch *Barton*, StV 1993, S. 159; *Carl*, wistra 1991, S. 293; *Egger Tanner*, Die strafrechtliche Erfassung, S. 144 f.; *Flatten*, Zur Strafbarkeit von Bankangestellten, S. 79; *Lang V./Schwarz/Kipp*, Regelungen, S. 199; *Leip*, Der Straftatbestand, S. 140 ff.; *Tröndle/Fischer*, Kommentar zum StGB, § 261, Rn. 54. Kritisch dazu *Flatten* und *Höreth*, die der Ansicht sind, dass Absatz 1 in seiner Reichweite infolge der Schaffung der Alternative des konkreten Gefährdungstatbestandes über Absatz 2 hinausgeht. Begründet wird dies auch damit, dass die einschränkende Regel des Absatzes 6 für Absatz 1 des § 261 StGB nicht anwendbar ist, vgl. näher *Flatten*, Zur Strafbarkeit von Bankangestellten, S. 80; *Höreth*, Die Bekämpfung, S. 132.

zwischen illegalem und legalem Wirtschaftskreislauf über Absatz 1 hinaus zu erfassen. Ein weiterer Unterschied liegt darin, dass nach Absatz 1 der deutschen Geldwäschenorm die strafbaren Wirkungen sich unmittelbar aus dem im Rahmen der jeweiligen Tathandlung genannten Geschehen ergeben, wohingegen sie nach Absatz 2 erst in den damit verbundenen Folgen der Einschleusung bestehen[1053]. Auffallend ist jedoch, dass die Handlungsweisen keinesfalls streng voneinander abzugrenzen sind und sich vielfach überschneiden[1054].

Folglich ist festzustellen, dass als eine geldwäschetaugliche Tathandlung im Sinne des § 261 Abs. 2 StGB fast jede, auch sozialadäquate wirtschaftliche Berührung mit auf verbrecherische Weise erlangten Vermögensgegenständen im Sinne des § 261 Abs. 1 StGB in Betracht kommt, was zur einer erheblichen Ausdehnung der Strafbarkeit führt[1055]. Deswegen wird in der Literatur die Notwendigkeit der Einschränkung des Anwendungsbereichs dieser Norm betont[1056]. Eine teilweise Einschränkung des Strafbarkeitsrisikos in objektiver Hinsicht ergibt sich jedoch aus Absatz 6 des § 261 StGB. Danach ist die Tat wegen § 261 Abs. 2 StGB nicht strafbar, „wenn zuvor ein Dritter den Gegenstand erlangt hat, ohne hierdurch eine Straftat zu begehen“. Diese Regelung soll dem Schutz des allgemeinen Rechtsverkehrs dienen, indem der möglichen Entstehung unangemessen langer Ketten von Straftaten vorgebeugt wird[1057]. In der Praxis wird damit vor allem der gutgläubige Erwerb erfasst.

4. Harmonisierungsgrad hinsichtlich der Tathandlungen

Wie vorstehend ausführlich besprochen, beruht die bisherige unionsrechtliche Konzeption der Geldwäschehandlungen auf deren Dreiteilung in Versch-

---

1053 Vgl. *Höreth*, Die Bekämpfung, S. 130.

1054 Vgl. *Bottermann*, Untersuchung, S. 110; *Knorz*, Der Unrechtsgehalt, S. 144 f.; *Lackner/Kühl*, StGB-Kommentar, § 261, Rn. 7; *Lang V./Schwarz/Kipp*, Regelungen, S. 201; *Schönke/Schröder/Stree*, StGB-Kommentar, § 261, Rn. 10; *Tröndle/Fischer*, Kommentar zum StGB, § 261, Rn. 19.

1055 Vgl. *Oswald*, Die Implementation, S. 71.

1056 Hervorgehoben werden vor allem verfassungsrechtliche Argumente, insbesondere das Übermaßverbot sowie die mangelnde Bestimmtheit dieser Vorschrift. Näher dazu siehe *Barton*, StV 1993, S. 160 ff.; *Körner/Dach*, Geldwäsche, S. 24; *Lampe*, JZ 1994, S. 128; *Löwe-Krahl*, wistra 1993, S. 125 f.; *Schönke/Schröder/Stree*, StGB-Kommentar, § 261, Rn. 14 ff.

1057 Vgl. *Egger Tanner*, Die strafrechtliche Erfassung, S. 148 f.; *Flatten*, Zur Strafbarkeit von Bankangestellten, S. 82; *Schönke/Schröder/Stree*, StGB-Kommentar, § 261, Rn. 14; *Spiske*, Pecunia olet?, S. 145 f.; *Spreizer*, VuR 2006, S. 11. Kritisch dazu *Werner*, Bekämpfung, S. 229. Ähnlich *Ruß*-LK, § 261, Rn. 15.

leierungs-, Absichts- und Isolierungstatbestand[1058]. Die Geldwäscherichtlinie von 2005 enthält noch einen zusätzlichen Tatbestand, der sich auf die Verhinderung der Nutzung des Finanzsystems für terroristische Zwecke bezieht, den sog. Vorbeugungstatbestand. Für eine hinreichende Harmonisierung müssten daher diese vier Handlungskategorien in die polnische Rechtsordnung vollständig umgesetzt werden.

Es ist jedoch schon auf den ersten Blick zu erkennen, dass die Systematik des europäischen Geldwäschetatbestandes hinsichtlich der Bestimmung der geldwäschetauglichen Tathandlungen durch den polnischen Gesetzgeber – anders als dies in deutschen Recht geschehen ist[1059] – nur in einem geringen Ausmaß übernommen wurde.

Von einer erfolgten Umsetzung kann man im Falle des der Geldwäscherichtlinie zugrunde liegenden Erfordernisses des Verschleierungstatbestands sprechen, der in Art. 299 § 1 KK seine mittelbare Entsprechung findet. Die polnische Geldwäschevorschrift pönalisiert nämlich jegliche Handlungen, welche die Feststellung einer kriminellen Herkunft der Tatobjekte vereiteln oder wesentlich erschweren können. Darunter können auch die Verheimlichung oder die Verschleierung bestimmter Eigenschaften kontaminierter Vermögensgegenstände fallen. Trotz unterschiedlicher Ausgestaltung ist anzunehmen, dass die in dem europäischen Geldwäschetatbestand bezeichneten Handlungsweisen inhaltlich mit den Tatbestandsmerkmalen des Art. 299 § 1 KK übereinstimmen. Unterschiede bestehen jedoch in den Anforderungen hinsichtlich der Taterfolge. Während Art. 1 Abs. 2 lit. b der dritten Geldwäscherichtlinie als ein Erfolgsdelikt konzipiert ist, das den Eintritt eines Erfolges in Form der Verheimlichung oder Verschleierung der normierten Eigenschaften eines bemakelten Vermögensgegenstandes voraussetzt, reicht es für die Erfüllung des polnischen Geldwäschetatbestandes aus, dass die vorgenommene Handlung zur Vereitelung oder wesentlichen Erschwerung der genannten Ereignisse geeignet ist. Entsprechend der Konzeption des polnischen Gesetzgebers ist daher die aus Art. 299 § 1, 4. Alt. KK resultierende Straftat als ein Tätigkeitsdelikt ausgestaltet. Aus diesem Umstand ergibt sich, dass der Anwendungsbereich der bereits diskutierten polnischen Normierung in diesem Fall über die europäischen Vorgaben hinausgeht. Die Harmonisierungsforderung kann daher insoweit als erfüllt, gewissermaßen sogar als übererfüllt, angesehen werden.

[1058] Im übrigen ist zu beachten, dass diese Tatbestandmodalitäten schon in der Wiener Drogenkonvention (Art. 1 Abs. 1) sowie in der Straßburger Konvention (Art. 6 Abs. 1) enthalten sind. Näher zu diesen Rechtsakten siehe Kapitel 3 § 2 Punkt I. 3. und 4. der vorliegenden Untersuchung.

[1059] Vgl. dazu den vorangehenden Exkurs.

Zu prüfen ist weiterhin die Umsetzung der Erfordernisse des gemeinschaftsrechtlichen Absichtstatbestands. Ersichtlich ist, dass er keine wortgleiche Entsprechung in der polnischen Geldwäschenorm findet. Zwar weist das Tatbestandsmerkmal der Durchführung eines Transfers oder einer Konversion aus Art. 299 § 2 KK gewisse Ähnlichkeiten mit den Vorgaben der europäischen Geldwäschevorschrift auf; von einer nahtlosen Übereinstimmung kann jedoch nicht gesprochen werden. Die Geldwäscherichtlinie von 2005 normiert als mögliche Geldwäschehandlung sämtliche Umtausch- oder Transferhandlungen, die der Verheimlichung oder Verschleierung des kriminellen Ursprungs der Vermögensgegenstände dienen. Dagegen kommt es in der polnischen Norm auf eine strafwürdige Handlung eines Mitarbeiters im Rahmen der Tätigkeiten einer sog. verpflichteten Institution an. Im Vordergrund steht hier also die Bestrafung der Nichterfüllung dienstlicher Verpflichtungen seitens des Mitarbeiters. Dieser Gedanke entspricht jedoch inhaltlich keineswegs den in der Geldwäscherichtlinie kodifizierten Tatbestandsmerkmalen.

Bemerkenswert ist aber, dass die zweite Alternative des gemeinschaftsrechtlichen Absichtstatbestands auf die Verhinderung nachteiliger Rechtsfolgen abzielt. Auf die Tatobjekte bezogen, kommt es hier auf die Verhinderung staatlicher Zugriffsmöglichkeiten auf die kontaminierten Vermögensgegenstände an. Gegen derartige Tätigkeiten richten sich die Bestimmungen des Art. 299 § 1 KK, indem sie die Vereitelung oder wesentliche Erschwerung der Feststellung einer kriminellen Herkunft der Tatobjekte, ihrer Lokalisierung, ihrer Aufdeckung, ihrer Beschlagnahme oder der Anordnung ihres Verfalls kriminalisieren. Indem die Rechtspflege als eines der durch Art. 299 KK geschützten Rechtsgüter normiert wird, kann hier von einer Übereinstimmung mit dem durch die Geldwäscherichtlinie bezweckten Schutz staatlicher Strafverfolgungsmaßnahmen gesprochen werden. Eine weitgehende Harmonisierung in diesem Bereich wurde somit auch erreicht.

Hinsichtlich der weiteren Tathandlungen, die im Rahmen der dritten Geldwäscherichtlinie normiert sind, wird jedoch kein Harmonisierungspostulat erfüllt. Weder der Isolierungstatbestand noch der Vorbeugungstatbestand finden in der polnischen Geldwäschenorm eine hinreichende Rechtsgrundlage. Die Grundsätze der polnischen Geldwäschevorschrift deuten sogar auf eine ganz unterschiedliche Zweckrichtung hin. Indem Art. 299 §§ 2-4 KK ausschließlich Amtsdelikte der Mitarbeiter einer Bank bzw. eines Kredit- oder Finanzinstituts normiert, kommt hier der umfassende Schutz des Wirtschaftsverkehrs, insbesondere des Banksektors zum Ausdruck. Eine derartige Tendenz zum besonderen Schutz der legalen Wirtschaft zuungunsten anderer Rechtsgüter lässt sich jedoch aus der Geldwäscherichtlinie nicht entnehmen.

Zusammenfassend lässt sich daher feststellen, dass eine umfassende Umsetzung der europäischen Vorgaben im Bereich der Bestimmung der geldwäschetauglichen Tathandlung- en nur in Bezug auf den Verschleierungs- und den Absichtstatbestand stattfindet. In wesentlichen Punkten bleibt jedoch die polnische Geldwäschevorschrift von den europäischen Vorgaben auf diesem Gebiet unbeeinflusst. Zu beachten ist dabei, dass sogar die harmonisierten Tatbestandsmodalitäten im polnischen Strafrecht nicht deckungsgleich verankert wurden. Dies ist insbesondere in Bezug auf den Umfang und die Reichweite des Anwendungsbereichs der in beiden Normierungen kodifizierten Tathandlungen ersichtlich. Zu fordern ist daher eine umfassende Harmonisierung des polnischen Geldwäschetatbestands hinsichtlich der Tatbegehungsmodalitäten mit den Vorgaben der geltenden Geldwäscherichtlinie. Die durch die Richtlinientatbestände geschaffenen Geldwäschebekämpfungsmaßnahmen sind für den Kampf gegen die Geldwäsche besser geeignet als die polnischen Maßnahmen. Der Nachteil der polnischen Geldwäschevorschrift liegt in erster Linie darin, dass sie vor allem auf den Schutz des legalen Wirtschaftsverkehrs abstellt und somit weitere Zusammenhänge zwischen der Geldwäsche und anderen Erscheinungsformen des kriminellen Verhaltens (z. B. des Terrorismus), die die Wirtschaft teilweise gar nicht unmittelbar gefährden, außer Acht lässt. Aus praktischer Sicht zeigt sich jedoch, dass den geldwäschetauglichen Handlungen der Mitarbeiter einer Finanzinstitution kein besonderer Umfang innerhalb anderer Geldwäschehandlungen zukommt. Demnach ist die praktische Bedeutung diesbezüglicher Normierungen eher gering. Die Aufmerksamkeit des polnischen Gesetzgebers sollte sich dagegen auf solche Aktivitäten richten, die die Kontaktaufnahme mit dem inkriminierten Vermögen bezwecken. Nach der geltenden Rechtslage werden diese nämlich nicht bisher als eine Geldwäschestraftat im Sinne des Art. 299 KK angesehen. In diesem Zusammenhang wäre insbesondere die Einführung des Isolierungs- sowie Vorbeugungstatbestandes in die polnische Geldwäschenorm begrüßenswert.

§ 4. Rechtsharmonisierung hinsichtlich des subjektiven Tatbestandes

Nach eingehender Untersuchung sowohl der polnischen Geldwäschenorm als auch der europäischen Vorgaben in diesem Bereich muss festgestellt werden, dass der objektive Tatbestand beider Regelungen sehr extensiv gefasst wurde, so dass im Grunde genommen jeglicher Umgang mit bemakelten Vermögenswerten unter diese Vorschriften fällt. Der Mangel bestimmter Einschränkungen in diesem Bereich kann jedoch dazu führen, dass die ordnungsgemäße Wirtschaftstätigkeit sowie der legale Rechtsverkehr beeinträchtigt werden[1060]. Die notwendige Begrenzung des weiten Anwendungsbereichs der Geldwäschevorschriften soll daher nach wohl h. M. auf der Ebene des subjektiven Tatbestandes vorgenommen werden. Der subjektive Tatbestand soll mithin als ein Kriterium dienen, das eine Korrektivfunktion gegenüber den weit gefassten objektiven Tatbestandsmerkmalen zu erfüllen hat und somit den Kreis potentieller Geldwäscher begrenzt[1061]. Diese täterbezogene Einschränkung und somit die an den subjektiven Tatbestand gestellten Anforderungen sollen jedoch verhältnismäßig gefasst werden. Einerseits ist zwar festzustellen, dass je höher die Anforderungen im subjektiven Tatbestandsbereich gestellt werden, desto geringer die Möglichkeit der unangemessenen Erweiterung der Strafbarkeit wegen Geldwäsche auf ordnungsgemäß handelnde Personen ist[1062]. Andererseits muss jedoch beachtet werden, dass zu hoch gestellte Anforderungen in subjektiver Hinsicht erhebliche Nachweisschwierigkeiten mit sich bringen können.

I. Vorgaben in der dritten Geldwäscherichtlinie

In subjektiver Hinsicht wird durch die Geldwäscherichtlinie das Vorliegen von jeweils zwei Tatbestandsmerkmalen vorausgesetzt. Daher lässt sich sagen, dass die subjektiven Anforderungen der europäischen Vorgaben hoch gestellt wurden. Bezüglich der Tathandlung wird der subjektive Tatbestand sowohl bei dem Verschleierungstatbestand als auch bei dem Absichts-, dem Isolierungs- und dem Vorbeugungstatbestand auf vorsätzliche Handlungen beschränkt. Darüber hinaus wird eine über die Verwirklichung des Absichts- und des Vorbeugungstatbestandes hinausgehende Absicht vorausgesetzt, so dass es sich in diesen Fällen um eine Straftat mit überschießender Innentendez handelt. Dies bedeutet, dass der Täter sein Handeln entweder auf die Verheimlichung oder die Verschleierung der inkriminierten Vermögensgegenstände bzw. auf die Vermeidung nachteiliger Rechtsfolgen des Verhaltens eines Beteiligten (Absichtstatbestand) oder auf die ganze oder teilweise Verwendung jeglicher Vermögensgegenstände für terroristische Zwecke (Vorbeugungstatbestand) richtet.

1060 Vgl. *Gentzik*, Die Europäisierung, S. 225.

1061 Vgl. *Ackermann*, Geldwäscherei, S. 266.

1062 So auch *Ackermann*, Geldwäscherei, S. 266; *Gentzik*, Die Europäisierung, S. 225 f.

Als weitere Voraussetzung gilt die Kenntnis der kriminellen Herkunft der bemakelten Vermögensgegenstände[1063]. Darüber hinaus führt die neue Geldwäscherichtlinie noch eine zusätzliche Tatbestandsmodalität im subjektiven Tatbestandsbereich ein, indem im Rahmen des Vorbeugungstatbestands die Kenntnis verlangt wird, dass die auf redlichem Wege erlangten Vermögensgegenstände ganz oder teilweise für terroristische Zwecke verwendet werden[1064]. Der Nachweis dieser Kenntnis, insbesondere das positive Wissen, kann allerdings durchaus problematisch sein.

Somit lässt sich festhalten, dass die Anforderungen im Rahmen des subjektiven Tatbestandsbereichs eine erhebliche Einschränkung für die extensiv normierten Geldwäschetatbestände darstellen. Dabei ist jedoch auffallend, dass die auf diese Weise formulierten Merkmale im Bereich des subjektiven Tatbestands der europäischen Geldwäschevorschrift zu einer Tatbestandsbegrenzung, insbesondere in Bezug auf die dadurch entstehenden Beweisschwierigkeiten, führen könnten. Aus diesem Umstand ergibt sich die pragmatische Notwendigkeit einer angemessenen Herabsetzung dieser hohen Anforderungen. Der europäische Gesetzgeber hat dieser Tendenz Rechnung getragen, indem er eine entsprechende Regelung in die europäische Geldwäschevorschrift eingefügt hat. Laut Art. 1 Abs. 5 der dritten Geldwäscherichtlinie ist nämlich die Erfüllung der subjektiven Tatbestandsmerkmale anhand objektiver Tatumstände festzustellen. Eine derartige Absenkung der Voraussetzungen in subjektiver Hinsicht soll dazu beitragen, die Effektivität des Geldwäscheverbots sowie eine gewisse Nachweiserleichterung zu bewirken[1065].

II. Tatbestandsmerkmale gemäß Art. 299 KK

Nach dem Gesetzeswortlaut sind alle in Art. 299 §§ 1-6 KK normierten Tathandlungen vorsätzlich zu begehen, wobei sowohl der direkte Vorsatz als auch der Eventualvorsatz in Betracht kommen[1066]. Der Gesetzgeber pönali-

[1063] Vgl. Art. 1 Abs. 2 lit. a-c der dritten Geldwäscherichtlinie.

[1064] Vgl. Art. 1 Abs. 4 der dritten Geldwäscherichtlinie.

[1065] Vgl. *Vogel*, ZStW 109 (1997), S. 347.

[1066] So auch *Bojarski M.* u. a. (Hrsg.), Kodeks karny. Komentarz, S. 817; *Buczkowski*, Przestępstwa, S. 58 ff.; *Buczkowski/Wojtaszek*, Pranie, S. 169; *Górniok* u. a. (2005), Kodeks karny. Komentarz, S. 449, 456 f.; *Jaskolski*, Wirtschaftsstrafrecht, S. 381; *Wojciechowski*, Kodeks Karny. Komentarz, S. 565; *Wróbel*, in: *Zoll* (Hrsg.), S. 359; *Zawlocki*, in: *Wąsek* (Hrsg.), S. 1226; *Zakrzewski*, MP 12/1997, S. 487. Anders *Hajduk*, nach dessen Ansicht der subjektive Tatbestand des § 1 der polnischen Geldwäschevorschrift sowohl den Vorsatz als auch die Fahrlässigkeit umfasst, wobei die Tathandlungen aus Art. 299 § 2 KK nur vorsätzlich begangen werden können, vgl. *Hajduk*, Nowe ujęcie przepisów Art. 299 K.K. penalizującego wprowadzanie do obrotu pieniędzy pochodzących z nielesiert mithin keine Verhaltensweisen, die aus Fahrlässigkeit bzw. Leichtfertigkeit des Täters resultieren[1067]. Mit der korrespondierenden deutschen Norm (§ 261 StGB) ist die polnische Geldwäschevorschrift daher nur teilweise vergleichbar.

1. Vorsatz in Bezug auf die Tathandlung

Der Täter einer Tat nach Art. 299 § 1 KK muss somit mit dem Vorsatz in Bezug auf alle in dieser Norm normierten Tatbestandsmerkmale zum Zeitpunkt der Tatbestandsverwirklichung handeln, d. h. er muss seine Tat im Bewusstsein des deliktischen Ursprungs der Tatobjekte sowie mit dem Willen zur Vereitelung bzw. zur erheblichen Erschwerung von deren Identifizierung ausführen. Zu den Tatbestandsmerkmalen gehört jedoch nicht die rechtliche Qualifizierung der verbotenen Tat, aus der die inkriminierten Vermögensgegenstände stammen, so dass es ausreichend ist, wenn der Täter das Bewusstsein hinsichtlich ihrer illegalen Herkunft hat[1068]. Der Eventualvorsatz des Täters kann hier beispielsweise darin liegen, dass der Täter die Vereitelung oder die Erschwerung der kriminellen Herkunft der Vermögensgegenstände für möglich hält und billigend in Kauf nimmt[1069].

Einige Schwierigkeiten kann die Bezeichnung des subjektiven Tatbestandes in §§ 2 und 3 der polnischen Geldwäschenorm bereiten. Problematisch ist die Auslegung der Voraussetzung des Vorliegens der einen begründeten Verdacht hinsichtlich der kriminellen Herkunftsquelle der geldwäschetauglichen Vermögensgegenstände erweckenden Umstände. Dabei lässt dieses Merkmal

---

galnych źródeł, in: *Bojarski T./Skrętowicz* (Hrsg.), S. 53. Dieser Meinung ist jedoch nicht zu folgen. Sie widerspricht dem Gesetzeswortlaut und lässt sich keineswegs begründen.

[1067] Im polnischen Strafrecht wird bei der Regelung der Fahrlässigkeit gemäß Art. 9 § 2 KK zwischen dem Leichtsinn (*lekkomyślność*) und der Nachlässigkeit (*niedbalstwo*) unterschieden. Leichtsinn liegt dann vor, wenn der Täter die Tat, ohne den Vorsatz zu haben, sie zu begehen, infolge der Verletzung der unter den gegebenen Umständen erforderlichen Sorgfalt dennoch begeht, obwohl er die Möglichkeit ihrer Begehung vorausgesehen hat. Bei der Nachlässigkeit dagegen hätte der Täter die Möglichkeit der Tatbegehung voraussehen können. Siehe auch *Zawłocki*, MP 9/2004, S. 405.

[1068] Vgl. *Wróbel*, in: *Zoll* (Hrsg.), S. 359. Ähnlich *Jaskolski*, Wirtschaftsstrafrecht, S. 381.

[1069] Nach dem Gesetzeswortlaut des polnischen Strafgesetzbuches ist der Eventualvorsatz dadurch gekennzeichnet, dass der Täter die Möglichkeit der Begehung einer verbotenen Tat voraussieht und mit ihr einverstanden ist, vgl. Art. 9 § 1 KK. Inhaltlich stimmt diese Formulierung mit der deutschen Auffassung vom bedingten Vorsatz (§ 15 StGB) völlig überein, vgl. z. B. *Lackner/Kühl*, StGB-Kommentar, § 15, Rn. 23. Auffallend ist lediglich die sprachliche Unterscheidung bei der Erfassung dieser subjektiven Tatbestandsmerkmale. Zur Übersetzung des Art. 9 KK in die deutsche Sprache siehe *Weigend E.*, Das polnische StGB, S. 39 f.

das erforderliche Vorsatzerfordernis bezüglich der Tathandlung unberührt, wobei, wie bereits aufgeführt, der Eventualvorsatz völlig ausreichend ist. Zum einen erfordert also der subjektive Tatbestand der Straftat gemäß § 2 des Art. 299 KK die Kenntnis des Täters in Bezug auf seine dienstlichen Pflichten im Bereich der Registrierung von Transaktionen und von Personen, von denen die Transaktionen durchgeführt werden, sowie den Willen des Täters hinsichtlich der Geldwäschehandlung, beispielsweise hinsichtlich der Annahme der bemakelten Vermögensgegenstände, ohne der Registrierungspflicht nachzukommen. Zum anderen geht es bei § 3 des Art. 299 KK um die Kenntnis des Täters bezüglich seiner Informationspflichten im Falle des Vorliegens einer verdächtigen finanziellen Operation sowie um den Willen, diesen Verpflichtungen nicht nachzukommen.

Schließlich muss im Falle der Geldwäschebegehung gemäß Art. 299 § 4 KK die Kenntnis des Täters bezüglich seiner dienstlichen Verpflichtung zur Benennung einer zur Entgegennahme bestimmter Informationen oder zur Weiterleitung bestimmter Informationen an eine berechtigte Person verpflichteten Person vorliegen. Weiterhin muss die innere Einstellung des Täters ebenfalls den Willen zur Nichterfüllung dieser Verpflichtung belegen.

Betrachtet man im Vergleich dazu die deutsche Geldwäschenorm, so kann in der bereits diskutierten Hinsicht von einer weitgehenden Übereinstimmung mit der polnischen Regelung gesprochen werden. Die deutsche Geldwäschevorschrift stellt ebenso wie Art. 299 KK ein Vorsatzdelikt dar. Einerseits wird der Vorsatz bezüglich der Vornahme der Tathandlungen und des Taterfolgs vorausgesetzt, d. h. willentliche und wissentliche Tatausführung. Umfasst werden der direkte Vorsatz sowie der *dolus eventualis*. Trotz der Formulierung des § 261 Abs. 2 Nr. 2 StGB, „(...) wenn er die Herkunft des Gegenstandes zu dem Zeitpunkt gekannt hat, zu dem er ihn erlangt hat", die im Grunde genommen ausschließlich auf den direkten Vorsatz hinweist, wird in der deutschen Literatur größtenteils angenommen, dass als Kenntnis im Sinne dieser Vorschrift ein bloßes Für-möglich-Halten ausreichend ist[1070]. Da von direktem Wissen über den verbrecherischen Ursprung der Tatobjekte eher selten gesprochen werden kann, ist die Heranziehung des

---

[1070] Vgl. *Bottke*, wistra 1995, S. 121, 123; *Flatten*, Zur Strafbarkeit von Bankangestellten, S. 108 f.; *Hoyer*-SK, § 261, Rn. 26; *Kargl* NJ 2001, S. 59; *Körner/Dach*, Geldwäsche, S. 34; *Krey/Dierlamm*, JR 1992, S. 359; *Lackner/Kühl*, StGB-Kommentar, § 261, Rn. 9; *Leip*, Der Straftatbestand, S. 145; *Oswald*, Die Implementation, S. 73; *Ruß*-LK, § 261, Rn. 16; *Schönke/Schröder/Stree*, StGB-Kommentar, § 261, Rn. 18; *Spiske*, Pecunia olet?, S. 146 f.; *Suendorf*, Geldwäsche, S. 264; *Tröndle/Fischer*, Kommentar zum StGB, § 261, Rn. 40; *Werner*, Bekämpfung, S. 241. Kritisch dazu *Klippl*, Geldwäscherei, S. 115 f.

dolus eventualis für die Ausdehnung der Bestrafungsmöglichkeiten wegen einer Geldwäsche von erheblicher Bedeutung[1071]. Ebenso, wie im polnischen Schrifttum, wird auch in der deutschen Literatur die Ansicht vertreten, dass vom Geldwäscher keine Vorstellung hinsichtlich der rechtlichen Qualifikation der Vortat und ihrer Einstufung vorausgesetzt wird[1072].

2. Fehlender Vorsatz in Bezug auf die Herkunftsquelle der Vermögenswerte

Aus den obigen Ausführungen zur polnischen Geldwäschenorm lässt sich somit entnehmen, dass dem polnischen Recht zufolge im subjektiven Tatbestandsbereich an die Wissenskomponente bezüglich der Herkunftsquelle der Vermögenswerte eher geringe Anforderungen gestellt werden. Nur bei Tathandlungen gemäß § 1 des Art. 299 KK wird das Vorsatzerfordernis hinsichtlich des Ursprungs der geldwäschetauglichen Tatobjekte geltend gemacht.

Im Falle einer Entgegennahme von Geld oder anderen Devisenwerten in bar, bei der Durchführung eines Transfers oder einer Konversion, der Entgegennahme unter anderen Umständen und bei Leistung anderer zur Verschleierung der kriminellen Herkunft oder zur Sicherung vor Beschlagnahme geeigneter Dienste (§ 2) sowie beim Unterlassen der Benachrichtigung von der Durchführung bestimmter finanzieller Operationen (§ 3) ist eine derartige Voraussetzung jedoch nicht vorhanden. Nach dem Gesetzeswortlaut wird bei diesen Tatbestandsalternativen eine tatsächliche Vorstellung über die kriminelle Herkunftsquelle der Tatobjekte nicht verlangt. Vom Vorsatz müssen lediglich die Umstände erfasst werden, die einen begründeten Verdacht hinsichtlich der kriminellen, in Art. 299 § 1 KK bezeichneten Herkunftsquelle der geldwäschetauglichen Vermögenswerte erwecken. Die Bedeutung und die Reichweite dieser Umstände sind jedoch dem Ge-

---

[1071] Zur Begründung dafür, auch im Hinblick auf die Verpflichtung der Mitarbeiter der Finanzinstitutionen zur Anmeldung von Verdachtsfällen, siehe *Körner/Dach*, Geldwäsche, S. 34 f. Siehe auch Kapitel 5 § 2 der vorliegenden Untersuchung.

[1072] Entsprechend dem Grundsatz von der sog. „Parallelwertung in der Laiensphäre" ist es ausreichend, wenn der Täter das Vorliegen einer in § 261 Abs. 1 StGB bezeichneten Straftat annimmt, hiervon ausgeht oder mit einer solchen rechnet. Genügend ist es weiterhin auch, wenn der Täter unter mehreren Herkunftsmöglichkeiten eine illegale Herkunft in Erwägung zieht, vgl. *Flatten*, Zur Strafbarkeit von Bankangestellten, S. 109; *Hoyer*-SK, § 261, Rn. 26; *Körner/Dach*, Geldwäsche, S. 34; *Lackner/Kühl*, StGB-Kommentar, § 261, Rn. 9; *Lang V./ Schwarz/Kipp*, Regelungen, S. 222 f.; *Oswald*, Die Implementation, S. 73; *Ruß*-LK, § 261, Rn. 16; *Schönke/Schröder/Stree*, StGB-Kommentar, § 261, Rn. 18; Spiske, Pecunia olet?, S. 146; *Suendorf*, Geldwäsche, S. 264 f.; *Tröndle/Fischer*, Kommentar zum StGB, § 261, Rn. 40.

setz nicht zu entnehmen[1073]. Unwesentlich ist dabei, ob diese Umstände selbst bei dem Täter einen derartigen Verdacht hervorgerufen haben[1074]. Für die Begründung der Strafbarkeit nach Art. 299 §§ 2 und 3 KK genügt vielmehr, dass ihm die gesellschaftliche Bewertung dieser Umstände bekannt ist. Die volle Kenntnis des deliktischen Ursprungs der bemakelten Vermögensgegenstände führt hingegen zu einer Strafbarkeit aus § 1 der polnischen Geldwäschevorschrift[1075].

An dieser Stelle muss ferner auf die auffallenden Unterschiede zur deutschen Geldwäscheregelung hingewiesen werden. Zum einen wird bei allen Tathandlungsmodalitäten des § 261 StGB die Kenntnis bezüglich der illegalen Herkunft der Tatobjekte verlangt[1076]. Genauso wie bei dem Vorsatzerfordernis hinsichtlich der Geldwäschehandlung wird hier allerdings auch der *dolus eventualis* als genügend anerkannt. Den allgemeinen strafrechtsdogmatischen Grundsätzen entsprechend muss der Vorsatz zum Zeitpunkt der Tatbestandsverwirklichung gegeben sein[1077]. Ein später entstandener Vorsatz (sog. *dolus subsequens*) zieht mithin keine strafrechtlichen Folgen nach sich[1078]. Für die in § 261 Abs. 2 Nr. 2 StGB bezeichneten Taten er-

---

1073 Näher dazu siehe Kapitel 4 § 3 Punkt IV. 2. B. d) der vorliegenden Untersuchung.

1074 Vgl. *Buczkowski*, Przestępstwa, S. 60; *Buczkowski/Wojtaszek*, Pranie, S. 172; *Wojciechowski*, Kodeks Karny. Komentarz, S. 565; *Wróbel*, in: *Zoll* (Hrsg.), S. 360.

1075 Vgl. *Jaskolski*, Wirtschaftsstrafrecht, S. 392; *Wróbel*, in: *Zoll* (Hrsg.), S. 360.

1076 Vgl. *Egger Tanner*, Die strafrechtliche Erfassung, S. 195; *Höreth*, Die Bekämpfung, S. 140; *Lang V./ Schwarz/Kipp*, Regelungen, S. 222; *Oswald*, Die Implementation, S. 73; *Spiske*, Pecunia olet?, S. 147.

1077 Vgl. *Lackner/Kühl*, StGB-Kommentar, § 15, Rn. 4; *Schönke/Schröder/Cramer*, StGB Kommentar, § 15, Rn. 48 f.; *Tröndle/Fischer*, Kommentar zum StGB, § 15, Rn. 9.

1078 Ebd. Siehe auch BT-Drucksache 12/989, S. 27; 12/3533, S. 13. Der von manchen Autoren vertretenen Ansicht, dass zur Begründung einer Strafbarkeit gem. § 261 Abs. 1 StGB die nachträgliche Kenntniserlangung hinsichtlich der strafbaren Herkunft der Tatobjekte auch ausreichend ist, ist meines Erachtens nicht zu folgen. Einerseits widerspricht es völlig den bereits erwähnten allgemeinen strafrechtsdogmatischen Grundsätzen; andererseits steht dies auch mit dem Gesetzeswortlaut des § 261 Abs. 1 StGB nicht im Einklang, indem diese Vorschrift gerade das Vorliegen eines aus einer in Satz 2 dieser Vorschrift genannten *rechtswidrigen Tat* herrührenden Gegenstandes verlangt. Zu der abweichenden Meinung siehe *Höreth*, Die Bekämpfung, S. 144; *Körner/Dach*, Geldwäsche, S. 34; *Lang V./Schwarz/Kipp*, Regelungen, S. 224. Anders zu betrachten ist jedoch die Situation, in der der Vorsatz während der Tat entsteht (sog. *dolus superveniens*). Das Entstehen dieser Vorsatzform resultiert nämlich bei Dauerdelikten in der Begründung einer Strafbakeit wegen einer vorsätzlichen Tatbegehung. Da die Modalitäten des Verschleierungs- sowie des Vereitelungs- und Gefährdungstatbestands (§ 261 Abs. 1 StGB) grundsätzlich als Dauerdelikte einzustufen sind, wäre hier die Begründung der Geldwäschestrafbarkeit infolge der während der Geldwäschehandlung entstandenen Kenntnis hinsichtlich der illegalen Herkunftsquelle denkbar, vgl. dazu *Egger Tanner*, Die strafrechtliche Erfassung, S. 200 f.

gibt sich das noch zusätzlich aus dem Gesetzeswortlaut. Die Kenntniserlangung von der Verbrechensherkunft der geldwäschetauglichen Tatobjekte erst nach der Tatbestandsverwirklichung begründet jedoch dann eine Geldwäschestrafbarkeit, wenn der Täter nach dem Eintritt der „Bösgläubigkeit" *weitere* geldwäschetaugliche Handlungen vornimmt, bzw. wenn ihm Garantenpflichten auferlegt worden sind[1079].

Eine gewisse Novität sowohl gegenüber der polnischen Geldwäschenorm als auch im Hinblick auf die EU-Geldwäscherichtlinie stellt jedoch die Einführung der Kriminalisierung der Leichtfertigkeit bei der Geldwäsche durch den deutschen Gesetzgeber dar. Dem deutschen Recht zufolge ist die Strafbarkeit wegen Geldwäsche nämlich auch dann gegeben, wenn der Täter „in den Fällen des Absatzes 1 oder 2 leichtfertig nicht erkennt, dass der Gegenstand aus einer in Absatz 1 genannten rechtswidrigen Tat herrührt" (§ 261 Abs. 5 StGB). Dementsprechend wird auf das strikte Vorsatzerfordernis in Bezug auf die kriminelle Herkunftsquelle der geldwäschetauglichen Tatobjekte verzichtet. Gemäß § 261 Abs. 5 StGB wird also auch die Leichtfertigkeit[1080] hinsichtlich des Nichterkennens des illegalen Ursprungs eines aus einer in § 261 Abs. 1 StGB genannten rechtswidrigen Vortat stammenden Gegenstandes bestraft. Das in der europäischen Geldwäscherichtlinie enthaltene Vorsatzerfordernis in Bezug auf die kriminelle Herkunft der Vermögensgegenstände wurde somit insoweit herabgesetzt. Aus diesem Umstand ergeben sich allerdings keine Bedenken unter dem Aspekt der Übereinstimmung dieser (zusätzlichen) Strafbarkeit mit europäischen Vorgaben. Nach Art. 5

1079 In diesem Fall ist eine Beihilfe oder eine Mittäterschaft denkbar, vgl. *Egger Tanner*, Die strafrechtliche Erfassung der Geldwäscherei, S. 192 f.; *Flatten*, Zur Strafbarkeit von Bankangestellten, S. 110 f.; *Gentzik*, Die Europäisierung, S. 234 f.; *Höreth*, Die Bekämpfung, S. 144 f.; *Körner/Dach*, Geldwäsche, S. 34 ff.; *Leip*, Der Straftatbestand, S. 224.

1080 Der Begriff der Leichtfertigkeit wird nicht einhellig interpretiert. Der h. M. zufolge entspricht er inhaltlich dem Begriff der groben Fahrlässigkeit aus dem bürgerlichen Recht, wobei hinsichtlich der Vorhersehbarkeit des Taterfolgs auf subjektive Kriterien abgestellt wird. Leichtfertig handelt daher derjenige, der infolge grober Achtlosigkeit die sich ihm aufdrängende Möglichkeit des Erfolgseintritts außer Acht lässt, oder derjenige, der eine besonders bedeutsame Schutzpflicht in ungewöhnlich hohem Maße verletzt. Somit ist darunter ein besonderer Leichtsinn oder eine besondere Gleichgültigkeit zu verstehen; siehe dazu auch noch Kapitel 5 § 2 der vorliegenden Untersuchung. Vgl. auch BGHSt 33, 67; 20, 323; BT-Drucksache 12/3533, S. 14. Siehe auch *Dionyssopoulou*, Der Tatbestand, S. 142 ff.; *Flatten*, Zur Strafbarkeit von Bankangestellten, S. 111; *Hoyer*-SK, § 261, Rn. 27; *Höreth*, Die Bekämpfung, S. 156 ff.; *Kern*, Geldwäsche, S. 176; *Körner/Dach*, Geldwäsche, S. 36; *Leip*, Der Straftatbestand, S. 150 ff.; *Lang V./Schwarz/Kipp*, Regelungen, S. 228; *Oswald*, Die Implementation, S. 73; *Spiske*, Pecunia olet?, S. 150 f.; *Suendorf*, Geldwäsche, S. 265; *Tröndle/Fischer*, Kommentar zum StGB, § 261, Rn. 42; *Werner*, Bekämpfung, S. 245 ff., *Winkler K.*, Strafbarkeit des Strafverteidigers, S. 211.

der Geldwäscherichtlinie von 2005 stellt die Bestrafung wegen vorsätzlicher Geldwäsche lediglich einen Mindeststandard dar. Den Mitgliedstaaten steht es nämlich frei, über die Anforderungen der Geldwäscherichtlinie hinauszugehen und strengere Vorschriften zur Verhinderung der Geldwäsche zu erlassen.

Dabei ist jedoch zu beachten, dass der hier verwendete Begriff der Leichtfertigkeit nicht nur eine ganz andere inhaltliche Bedeutung als seine Entsprechung im polnischen Strafrecht aufweist, sondern auch, dass er mit der für die strafrechtlichen Fahrlässigkeitstatbestände üblichen Unterscheidung zwischen bewusster und unbewusster Fahrlässigkeit im deutschen Strafrecht nicht zu vergleichen ist[1081]. Von Relevanz ist dieser Ansatz insbesondere im Hinblick auf eine mögliche Bestrafung der Verhaltensweisen gemäß § 261 Abs. 2 StGB[1082]. Im Gegensatz zu der Regelung des Absatzes 1 der deutschen Geldwäschenorm, kann man hier nicht ohne weiteres annehmen, dass derjenige, der die in Absatz 2 des § 261 StGB bezeichneten Vermögensgegenstände sich verschafft oder verwahrt, zum Zeitpunkt des Besitzeserwerbs es zumindest für möglich hält, dass die genannten Gegenstände einen kriminellen Hintergrund aufweisen. Probleme können sich insbesondere im Hinblick auf § 261 Abs. 2 Nr. 2 StGB ergeben, wo die Kenntnis der illegalen Herkunft der Gegenstände verlangt wird. In diesem Zusammenhang stellt sich die Frage, welche Vorsatzarten bei dieser Tatbestandsalternative in Betracht kommen. Dem Wortlaut nach wäre hier nur der direkte Vorsatz ausreichend (vgl. § 261 Abs. 2 Nr. 2 StGB: „gekannt hat"). Das Ergebnis ist insoweit plausibel, als eine Überdehnung des Gesetzeswortlautes zuungunsten des Täters nach den allgemeinen Grundsätzen des Strafrechts nicht zulässig ist. Eine wortgenaue Auslegung des subjektiven Tatbestandes des § 261 Abs. 2 Nr. 2 StGB wird von manchen Autoren auch damit begründet, dass bei der Ausführung einer in § 261 Abs. 2 *Nr. 1*

[1081] Da die Bestrafung wegen einfacher Fahrlässigkeit in Bezug auf die Herkunft der erlangten Vermögensgegenstände erhebliche Bedenken sowie die Gefährdung durch eine übertriebene Strafverfolgung hervorgerufen könnte, entschied sich der deutsche Gesetzgeber für einen Mittelweg, indem er das Handeln bei leichtfertiger Unkenntnis der kriminellen Herkunft von Tatobjekten einer Geldwäsche unter Strafe gestellt hat, vgl. BT-Drucksache 12/3533, S. 14, siehe auch *Dionyssopoulou*, Der Tatbestand, S. 148 f.; *Egger Tanner*, Die strafrechtliche Erfassung, S. 198 ff.; *Hetzer*, NJW 1993, S. 3299; *Kern*, Geldwäsche, S. 170 ff.; *Lang V./Schwarz/Kipp*, Regelungen, S. 224 f.

[1082] Hervorzuheben ist allerdings, dass die Regelung des § 261 Abs. 5 StGB nur im Hinblick auf deren Anwendung auf die Tathandlungen gemäß Absatz 2 der deutschen Geldwäschenorm von praktischer Bedeutung ist. Für die Tathandlungen des Verbergens oder des Verschleierns der Herkunft der Tatobjekte ist meistens immanent, dass dem Täter bei der Tatausführung ihre strafbare Herkunft bekannt ist. In diesem Sinne *Leip*, Der Straftatbestand, S. 151 f.

StGB genannten Tat die Vornahme besonderer Eigenaktivitäten erfordert wird. Aus diesem Grunde liege hier ein gesteigerter Unrechtsgehalt vor, so dass bei dieser Tatbestandsalternative ein geringeres Vorsatzerfordernis als bei § 261 Abs. 2 Nr. 2 StGB genüge.[1083]

Meines Erachtens ist diese Ansicht jedoch letztlich nicht überzeugend. Betrachtet man verschiedene Fallkonstellationen, so ergibt sich, dass sowohl das Sichverschaffen als auch das Verwahren und das Verwenden den Einsatz gleicher Aktivität erfordern können[1084]. Unterschiede ergeben sich nur im Hinblick auf die Formulierung der subjektiven Merkmale beider Tatbestandsalternativen. In § 261 Abs. 2 Nr. 2 StGB ist das Erfordernis ausschließlich in Bezug auf die Kenntnis des deliktischen Ursprungs der geldwäschetauglichen Vermögensgegenstände erwähnt. Hingegen sind in § 261 Abs. 2 Nr. 1 StGB keine Angaben zu finden, die sich auf das Vorsatzerfordernis, und zwar sowohl im Hinblick auf den direkten als auch auf den bedingten Vorsatz, beziehen. Sie lassen sich aber aus allgemeinen subjektiven Voraussetzungen der Geldwäschenorm ableiten, zu denen die Kenntnis der Herkunftsquelle der geldwäschetauglichen Vermögensgegenstände gehört. Eine unterschiedliche Behandlung der beiden Tatbestände ist somit materiell nicht begründet. Darüber hinaus stünde eine solche Differenzierung mit der teleologischen Auslegung des § 261 Abs. 2 Nr. 2 StGB nicht im Einklang. An dieser Stelle ist es zwar hervorzuheben, dass dem Gesetzgeber im Falle des § 261 des Abs. 2 Nr. 2 StGB ein Formulierungsfehler unterlaufen ist und es an sich nicht die Aufgabe der Rechtsprechung ist, derartige Fehler im Hinblick auf die Zweckmäßigkeit der Geldwäschenorm zu korrigieren. Die Beachtung der Mindermeinung kann jedoch dazu führen, dass manche Verhaltensweisen außerhalb des Anwendungsbereichs der deutschen Geldwäschenorm und somit straflos bleiben, und zwar allein aus dem Grunde, dass dem Täter nur das bloße Für-möglich-Halten, jedoch nicht die positive Kenntnis im Hinblick auf die Herkunftsquelle der Tatobjekte bewiesen werden kann. Sein leichtfertiges Handeln diesbezüglich wäre aber nach § 261 Abs. 5 StGB strafbar. Die Begründung der Ausdehnung der subjektiven Erfordernisse des § 261 Abs. 2 Nr. 2 StGB auf den bedingten Vorsatz ergibt sich somit auch aus dem Vergleich mit Absatz 5 der Geldwäschenorm sowie aus dem zu Nr. 1 anderenfalls entstehenden Wertungswiderspruch. Daher ist sowohl mit der amtlichen Begründung[1085] als auch mit der wohl h. M. dazu im deutschen Schrifttum davon auszugehen, dass für die Bestra-

[1083] Vgl. *Bottke*, wistra 1995, S. 123.
[1084] Näher dazu siehe *Gentzik*, Die Europäisierung, S. 233.
[1085] Vgl. Vgl. BT-Drucksache 12/3533, S. 13.

fung aus § 261 Abs. 2 Nr. 2 StGB der bedingte Vorsatz ausreichend ist[1086]. Allerdings muss das Verhältnis zwischen dieser Regelung und dem Absatz 5 der deutschen Geldwäschenorm noch näher geklärt werden[1087].

Nach der amtlichen Begründung[1088] hält es der deutsche Gesetzgeber für unabdingbar, den Anwendungsbereich der Geldwäschevorschrift auf die Fälle der Leichtfertigkeit auszudehnen[1089]. Diese Auffassung findet ihre Begründung in dem Bestreben nach der Vermeidung von auftretenden Beweisschwierigkeiten sowie der Sicherstellung einer wirksamen Strafverfolgung der Geldwäscher. Die Einschränkung lediglich auf den Vorsatz räumt nämlich für potentielle Geldwäscher eine weitgehende Möglichkeit ein, sich unter Berufung auf ihre angebliche Unkenntnis hinsichtlich der kriminellen Herkunft der Tatobjekte einer Bestrafung zu entziehen[1090]. Somit wird mit dieser Regelung ein Auffangtatbestand für das Phänomen der Geldwäsche geschaffen sowie die Bestrafung eines solchen Täters unter Strafe gestellt, der zwar vorsätzlich handelt, dem aber sein Vorsatz nicht nachzuweisen ist[1091].

Einzuräumen ist allerdings, dass diese Regelung auf heftige Kritik gestoßen ist[1092]. Es wird behauptet, dass das Abstellen auf Beweisschwierigkeiten aus rechtspolitischen Gründen nicht unproblematisch sei[1093]. Darüber hin-

---

1086 Vgl. *Burr*, Geldwäsche, S. 83; *Egger Tanner*, Die strafrechtliche Erfassung, S. 195 f.; *Gentzik*, Die Europäisierung, S. 232 f.; *Höreth*, Die Bekämpfung, S. 141; *Körner/Dach*, Geldwäsche, S. 34 f.; *Lackner/Kühl*, StGB-Kommentar, § 261, Rn. 8; *Rengier*, Strafrecht BT 1, S. 331; *Ruß*-LK, § 261, Rn. 13; *Schönke/Schröder/Stree*, StGB-Kommentar, § 261, Rn. 13; *Spiske*, Pecunia olet?, S. 146; *Tröndle/Fischer*, Kommentar zum StGB, § 261, Rn. 26a, 40. Anders *Klippl*, nach deren Ansicht § 261 Abs. 2 Nr. 2 StGB das Vorliegen direkten Vorsatzes erfordert, vgl. *Klippl*, Geldwäscherei, S. 115.

1087 Es wird größtenteils angenommen, dass bei dieser Handlungsalternative nur der Vorsatz die Strafbarkeit wegen Geldwäsche begründet. Leichtfertigkeit ist daher nicht ausreichend, vgl. ausführlich dazu *Bottke*, wistra 1995, S. 123.

1088 Vgl. BT-Drucksache 12/989, S. 27; 12/3533, S. 14.

1089 Bemerkenswert an dieser Stelle ist, dass sowohl die Wiener Drogenkonvention von 1988 (vgl. Art. 3 Abs. 1 lit. a und b) und die Straßburger Konvention von 1990 (vgl. Art. 6 Abs. 1) als auch die bereits geltende Geldwäscherichtlinie ausschließlich die vorsätzlich begangene Geldwäsche unter Strafe stellen. Der deutsche Gesetzgeber geht mithin über das international Geforderte hinaus.

1090 Vgl. BT-Drucksache 12/3533, S. 14.

1091 Vgl. *Dionyssopoulou*, Der Tatbestand, S. 141; *Klippl*, Geldwäscherei, S. 115; *Lang V./Schwarz/Kipp*, Regelungen, S. 225; *Tröndle/Fischer*, Kommentar zum StGB, § 261, Rn. 44; *Werner*, Bekämpfung, S. 246.

1092 Zu einzelnen kritischen Stimmen siehe *Dionyssopoulou*, Der Tatbestand, S. 150 ff.; *Spiske*, Pecunia olet?, S. 151 ff.

1093 Dafür wird u. a. herangezogen, dass die Beweisschwierigkeiten keine Strafwürdigkeit begründen, sowie dass der Hinweis auf eine effektive Strafverfolgung tautologisch sei. Bedenklich ist ferner die Bestrafung der Geldwäsche als eines Anschlussdeliktes bei einer leichtfertigen Begehung, während bei den Vortaten nur das vorsätzliche Hanaus wird die Verfassungsmäßigkeit der leichtfertigen Geldwäsche insbesondere im Hinblick auf deren Übereinstimmung mit dem Bestimmtheitsgebot (Art. 103 Abs. 2 GG, § 1 StGB) in Frage gestellt[1094]. Eine große Anzahl der Tathandlungsmöglichkeiten hat nämlich zur Folge, dass der Täter sich nicht immer im Klaren darüber ist, wann sein Handeln mit Strafe bedroht ist. Insgesamt ist jedoch festzustellen, dass die Kriminalisierung der Leichtfertigkeit bei der Geldwäsche von der Mehrheit der deutschen Autoren im Hinblick auf eine wirksame Verfolgung der Geldwäsche eher als begrüßenswert angesehen wird[1095]. Eine gewisse Neuerung führt die Pönalisierung der Leichtfertigkeit bei der Geldwäsche jedoch insofern herbei, als damit dem Grundsatz nicht mehr Rechnung getragen wird, fahrlässiges Verhalten sei im Interesse eines freien Wirtschaftsverkehrs im Bereich der Vermögensdelikte nicht zu bestrafen[1096].

Auf die Problematik der Bestrafung bei leichtfertiger Unkenntnis wird im Abschnitt zu den rechtsstaatlichen Anfragen an die Geldwäscheregelungen noch einmal zurückzukommen sein.

3. Fehlender Vorsatz in Bezug auf das Inverkehrbringen bei der Geldwäsche

Bemerkenswert ist schließlich, dass für die Erfüllung der subjektiven Tatbestandsmerkmale des Art. 299 KK ein auf die Einschleusung der inkriminierten Gelder in den Wirtschaftsverkehr gerichtetes Bewusstsein nicht

---

deln strafbar ist. Außerdem geht mit der Ausdehnung des Anwendungsbereichs des § 261 StGB auf die leichtfertige Geldwäsche der ursprüngliche Grundgedanke des Gesetzgebers verloren, mit diesem Tatbestand die organisierte Kriminalität zu bekämpfen. Vgl. dazu *Arzt*, JR 1999, S. 80; *Burr*, Geldwäsche, S. 83; *Dionyssopoulou*, Der Tatbestand, S. 150 ff.; *Flatten*, Zur Strafbarkeit von Bankangestellten, S. 112; *Lampe*, JZ 1994, S. 129; *Leip*, Der Straftatbestand, S. 146 ff.; *Spiske*, Pecunia olet?, S. 153 ff. Näher dazu siehe auch Kapitel 5 § 2 der vorliegenden Untersuchung.

[1094] Vgl. *Flatten*, Zur Strafbarkeit von Bankangestellten, S. 111 ff.; *Kern*, Geldwäsche, S. 172 f.; *Lackner/Kühl*, StGB-Kommentar, § 261, Rn. 13; *Leip*, Der Straftatbestand, S. 148, 150; *Schönke/Schröder/Stree*, StGB-Kommentar, § 261, Rn. 19; *Suendorf*, Geldwäsche, S. 265; *Tröndle/Fischer*, Kommentar zum StGB, § 261, Rn. 44.

[1095] Vgl. *Hetzer*, wistra 1993, S. 286; *Höreth*, Die Bekämpfung, S. 150 ff.; *Kern*, Geldwäsche, S. 176; *Leip*, Der Straftatbestand, S. 145 ff.; *Spiske*, Pecunia olet?, S. 155. Ähnlich, obwohl mit einer anderen Begründung, *Burr*, Geldwäsche, S. 83.

[1096] Vgl. *Hetzer*, NJW 1993, S. 3299; *Höreth*, Die Bekämpfung, S. 153; *Klippl*, Geldwäscherei, S. 115; *Lang V./Schwarz/Kipp*, Regelungen, S. 225 f.; *Oswald*, Die Implementation, S. 73; *Tröndle/Fischer*, Kommentar zum StGB, § 261, Rn. 44. Erwähnenswert ist hier die Meinung von *Leip*, wonach dieser Grundsatz z. B. im Hinblick auf die Leichtfertigkeitsbestrafung angesichts von § 283 Abs. 4 und 5 StGB aus dem geltenden StGB nicht (mehr) abzuleiten ist, vgl. *Leip*, Der Straftatbestand, S. 147.

erforderlich ist[1097]. Wegen Geldwäsche ist daher auch derjenige zu bestrafen, der eine der Geldwäschehandlungen zu einem ganz anderen Zweck[1098] vornimmt.

III. Harmonisierungsgrad hinsichtlich des subjektiven Tatbestandes

Den europäischen Vorgaben entsprechend verlangt die polnische Geldwäschenorm Vorsatz in Bezug auf die Vornahme der Tathandlungen. Dementsprechend muss der Täter die Tat mit Wissen und Wollen bezüglich alle objektiven Tatbestandsmerkmale ausführen, wobei der Eventualvorsatz als hinreichend angesehen wird. Eine derartige Fassung steht auch im Einklang mit dem Gedanken der Geldwäscherichtlinie, die vorrangig den Schutz des gesamten Wirtschaftsverkehrs bezweckt. In diesem Sinne wird ein umfassendes Solidarisierungsverbot mit dem kriminellen Vermögen aufgestellt, das sich sowohl auf die objektiven Tatbestandsmerkmale als auch auf die innere Tatseite erstreckt[1099]. Wenn der Täter die Möglichkeit der Ausführung einer Geldwäschehandlung zumindest in Kauf nimmt, so ist dem Gedanken der Geldwäscherichtlinie entsprechend von der besagten Solidarisierung auszugehen. Dagegen beeinträchtigt eine ordnungsgemäße Geschäftstätigkeit keineswegs den Wirtschaftsverkehr, so dass sie vom Solidarisierungsverbot der Geldwäscherichtlinie nicht erfasst wird. In diesem Bereich ist somit von einer Übereinstimmung mit der Konzeption des europäischen Normgebers hinsichtlich der Fassung des subjektiven Geldwäschetatbestands auszugehen.

Eine nur bedingte Harmonisierung wurde jedoch im Hinblick auf das Vorsatzerfordernis bezüglich der kriminellen Herkunft der geldwäschetauglichen Tatobjekte erreicht. Wie schon ausgeführt, wird der Doppelvorsatz nur beim Tatbestand des Art. 299 § 1 KK verlangt. In den übrigen Tatbestandsmodalitäten der polnischen Geldwäschenorm ist eine derartige Voraussetzung nicht enthalten. Es muss jedoch hervorgehoben werden, dass sogar bei dieser teilweisen Umsetzung ein bedeutender inhaltlicher Unterschied ersichtlich ist. Um dem Postulat einer Beweiserleichterung nachzukommen, hat der europäische Gesetzgeber die Anforderungen im subjektiven Tatbestand in der Weise herabgesetzt, dass diese nur nach objektiven

[1097] Diese Regelung weicht somit von dem Art. 5 § 1 des *Gesetzes über den Schutz des Wirtschaftsverkehrs und die Änderung einiger Vorschriften des Strafrechts von 1994* (vgl. Kapitel 3 § 3 Punkt IV. 1. der vorliegenden Untersuchung) ab, wonach der Täter zu dem Zweck handeln musste, die auf kriminellem Wege erlangten Vermögenswerte in den legalen Wirtschafts- und Finanzverkehr einzuschleusen.

[1098] Naheliegend ist z. B. das Handeln zum Erreichen eines Vermögensvorteils.

[1099] Vgl. *Vogel*, ZStW 109 (1997), S. 352 ff.

Umständen festzustellen sind[1100]. Nach dem polnischen Recht wird hingegen im Rahmen des § 1 des Art. 299 KK die Bewertung nach subjektiven Tatumständen vorgenommen. Dies bedeutet, dass für eine derartige Einschätzung die persönlichen Kenntnisse und Fähigkeiten des Täters maßgeblich sind. An dieser Stelle muss jedoch betont werden, dass der Hintergrund dieser mangelnden Übereinstimmung nicht in der fehlenden Implementierung der europäischen Vorgaben, sondern in der besonderen Ausgestaltung des polnischen Strafrechtssystems, insbesondere in den Regelungen des Allgemeinen Teils des KK liegt. Und die Modifikationen des Allgemeinen Teils nationaler Strafrechtsordnungen liegen grundsätzlich mangels nationalen Souveränitätsverzichts der Mitgliedstaaten insoweit außerhalb der Kompetenzen des europäischen Normgebers[1101].

§ 5. Ergebnis

Den Gegenstand dieses Abschnitts hat die Frage gebildet, ob die bereits geltende Fassung der polnischen Geldwäschenorm mit europäischen Vorgaben in diesem Bereich hinreichend harmonisiert wurde. Analysiert wurde einerseits die polnische strafrechtliche Regelung des Art. 299 KK mit ihren Bezügen zum *Gesetz von 2000*[1102] und andererseits die dritte Geldwäscherichtlinie von 2005.

Aus der Untersuchung der Regelungen der europäischen Geldwäscherichtlinie ergibt sich, dass der Gemeinschaftsgesetzgeber einen zweigleisigen Ansatz der Repression und Prävention gegenüber der Geldwäsche verfolgt[1103]. Die Repression richtet sich in erster Linie gegen sozialschädliche Verhalten und verbietet die Geldwäsche. Sie wird häufig durch Konfiskationsmaßnahmen ergänzt. Die Prävention dagegen versucht, dem Missbrauch des Finanzsystems zum Zwecke der Geldwäsche vorzubeugen. Im Mittel-

1100 Vgl. Art. 1 Abs. 5 der dritten Geldwäscherichtlinie.

1101 Vgl. BGHSt 25, 195 f. Siehe auch *Bleckmann*, Die Überlagerung des nationalen Strafrechts durch das Europäische Gemeinschaftsrecht, in: Stree/Wessels – FS, S. 108; *Dannecker*, Strafrecht der Europäischen Gemeinschaft, in: *Eser/Huber B.* (Hrsg.), S. 40; *Gentzik*, Die Europäisierung, S. 41 f.; *Tiedemann*, NJW 1993, S. 23 f.; *Vogel*, JZ 1995, S. 332; *ders.*, Die Kompetenz der EG zur Einführung supranationaler Sanktionen, in: *Dannecker* (Hrsg.), S. 173; *Weigend T.*, ZStW 105 (1993), S. 779; *Winkler R.*, Die Rechtsnatur, S. 84. So auch die Rechtsprechung des EuGH, vgl. EuGH Slg. 1981, Rs. 203/80, 2618; Slg. 1989, Rs. 186/87, 221 f. Hinzuzufügen ist jedoch, dass die europäischen Regelungen im Allgemeinen Teil des Strafrechts in völkerrechtlich bindender Form, beispielsweise durch Konventionen oder andere völkerrechtliche Abkommen, festgelegt werden können, vgl. näher *Vogel*, JZ 1995, S. 334 ff.

1102 Vgl. Fn. 5.

1103 So *Ligeti*, Strafrecht und strafrechtliche Zusammenarbeit, S. 334 f.

punkt des repressiven Ansatzes steht daher die Kriminalisierung der Geldwäsche. Im Unterschied dazu legt der präventive Ansatz das Hauptgewicht auf die Identifizierungs- und Meldepflicht der Finanzinstitute und anderer gefährdeter Berufszweige.

Zunächst muss davon ausgegangen werden, dass die Geldwäscherichtlinie den Mitgliedstaaten die Verpflichtung auferlegt, die Geldwäschehandlungen weitreichend unter Strafe zu stellen[1104]. Der polnische Gesetzgeber folgt dieser Verpflichtung umfassend, obwohl hinzuzufügen ist, dass die Struktur der polnischen Geldwäschenorm im erheblichen Maße auf den Schutz des Wirtschaftsverkehrs gerichtet ist. Deswegen wurden auch die Straftatbestände des Art. 299 §§ 2-4 KK als Amtsdelikte konstruiert, die nur von Mitarbeitern einer bestimmten Institution begangen werden können.

Was die Richtlinienumsetzung im Bezug auf die gewünschte Harmonisierung betrifft, muss von allem in Erwägung gezogen werden, dass die polnische Geldwäschenorm zusammen mit dem polnischen Strafgesetzbuch (KK) im Jahre 1998 in Kraft getreten ist und mit einigen durch das *Gesetz von 2000* eingeführten Änderungen bis heute in der ursprünglichen Fassung gilt. Es kann also grundsätzlich nicht verwundern, dass es dieser Vorschrift an Aktualität fehlt. Dies ist insbesondere in Bezug auf die fehlende Umsetzung der Vorgaben zur Bekämpfung des Terrorismus offenkundig. Weiterhin kann auch der eingeschränkte Kreis der in Frage kommenden Tatobjekte kritisiert werden.

An einigen Stellen ist die polnische Geldwäschevorschrift aber sogar über die europäischen Vorgaben hinausgegangen. Gemeint ist hier die Erfassung des Rechtsgüterschutzes sowie des subjektiven Tatbestandes bei den gerade erwähnten Amtsdelikten, d. h. der Verzicht auf das Vorsatzerfordernis hinsichtlich der kriminellen Herkunft der Tatobjekte. Eine solche „Übererfüllung" der Harmonisierungsforderung wird nicht einhellig bewertet. An dieser Stelle ist allerdings grundsätzlich der kritischen Auffassung von *Gentzik* zuzustimmen, wonach derartige über das Gemeinschaftsrecht hinausreichenden Maßnahmen die Einheitlichkeit nationaler Strafrechtsnormen verhindern können[1105].

Im Rahmen dieses Kapitels wurde zunächst die Frage näher behandelt, ob die Schutzzwecke der bereits geltenden Geldwäscherichtlinie von 2005 durch den polnischen Gesetzgeber hinreichend berücksichtigt werden. Indem der vorrangige Zweck sowohl der Richtlinie als auch der polnischen

1104 Vgl. Art. 1 Abs. 1 der dritten Geldwäscherichtlinie.
1105 Vgl. *Gentzik*, Die Europäisierung, S. 255.

Geldwäschenorm darin besteht, die legale Wirtschaft umfassend von der Einschleusung der auf verbrecherischem Wege erlangten Vermögenswerte zu schützen, wurde ein durchaus vergleichbarer Rechtsgüterschutz festgestellt. Unterschiede entstehen jedoch hinsichtlich der Berücksichtigung des Einsatzes der redlich erlangten Vermögenswerte für terroristische Zwecke sowie hinsichtlich des allgemeinen Schutzes der Rechtspflege und der durch die jeweilige Vortat beeinträchtigten Rechtsgüter.

Was den Vergleich der Tatbestandsmerkmale in objektiver Hinsicht betrifft, so wurde nur teilweise Übereinstimmung erreicht. Die uneingeschränkte Erfassung der Vortaten in der polnischen Geldwäschevorschrift entspricht weitgehend den Richtlinienvorgaben auf diesem Gebiet. Im diesem Zusammenhang muss allerdings auf die unterschiedliche Behandlung derjenigen Situationen aufmerksam gemacht werden, in denen die Vortat im Ausland begangen wird. Von einem Harmonisierungserfolg kann man ferner auch in Bezug auf den Täterkreis sprechen.

Nicht deckungsgleich wurde jedoch die Konzeption der Erfassung der geldwäschetauglichen Tatobjekte durch den polnischen Gesetzgeber übernommen. Diese Problematik unterliegt daher einem strikten Harmonisierungspostulat. In erster Linie kommt es darauf an, dass die Tatobjekte in der polnischen Geldwäschenorm, im Gegensatz zu den Richtlinienvorgaben, auf einen bestimmten Kreis begrenzt werden. Wie bereits aufgeführt, ist eine derartige Einschränkung eher als negativ zu bewerten. Begrüßenswert wäre weiterhin auch die Präzisierung des extensiv gefassten Tatbestandsmerkmals des „Herrührens“. In diesem Bereich lässt sich also keine vollständige Rechtseinheitlichkeit mit den europäischen Vorgaben feststellen. Auffallende Unterschiede ergeben sich ferner auch bezüglich der Bestimmung der Tathandlungen.

An der Rechtseinheitlichkeit fehlt es ebenfalls bei der Harmonisierung hinsichtlich des subjektiven Tatbestands. Insbesondere die im polnischen Strafrecht enthaltene Strafbarkeit der im Hinblick auf die Herkunftsquelle der geldwäschetauglichen Tatobjekte fahrlässig begangenen Geldwäsche geht über die Anforderungen der Geldwäscherichtlinie hinaus. Eine solche Ausdehnung findet auch keine Entsprechung im deutschen Recht, wo lediglich die diesbezügliche Leichtfertigkeit unter Strafe gestellt wird. An dieser Stelle ist daher hervorzuheben, dass durch diesen weit gefassten subjektiven Tatbestand bei Amtsdelikten die Gefahr entstehen kann, auch die ordnungsgemäßen Geschäftshandlungen zu beeinträchtigen. Erforderlich wäre daher eine der deutschen Regelung ähnliche Norm, die den Schutz legaler Geschäftstätigkeit besser gewährleisten könnte.

Demnach ist aufgrund der in diesem Kapitel dargestellten Überlegungen festzustellen, dass von einer *vollständigen* Umsetzung der europäischen Vorgaben im Bereich der Bekämpfung des Phänomens der Geldwäsche in die untersuchte polnische Rechtsordnung jedenfalls nicht gesprochen werden kann. Daher ist die Europäisierung der polnischen Geldwäschenorm nur in begrenztem Maße erreicht worden. Die polnische Geldwäschenorm benötigt dementsprechend eine Reihe von Änderungen, insbesondere im Bereich der Bestimmung der geldwäschetauglichen Tatobjekte, der Tathandlungen sowie der Erfassung der subjektiven Tatseite. Diese Änderungen sollen dazu beitragen, die polnische Vorschrift des Art. 299 KK besser und dann hinreichend an die europäischen Geldwäscheregelungen anzupassen.

In Anbetracht der obigen Überlegungen lässt sich nun folgender Formulierungsvorschlag für die Änderung der polnischen Geldwäschevorschrift im Hinblick auf eine bessere Übereinstimmung mit den Vorgaben der bereits geltenden dritten Geldwäscherichtlinie aufstellen[1106]:

[1106] Dabei muss allerdings betont werden, dass dieser Änderungsvorschlag sich *ausschließlich* auf solche Aspekte der Geldwäschevorschrift bezieht, die auch im europäischen Geldwäschestrafrecht geregelt wurden und mithin den Gegenstand der vorangehenden Untersuchung in Bezug auf die Übereinstimmung des Art. 299 KK mit den Vorgaben der dritten Geldwäscherichtlinie der EU bilden. Die Problematik der Strafandrohung, der Beschlagnahme der geldwäschetauglichen Gegenstände, der „kleinen Kronzeugenregelung" usw. wird in diesem Vorschlag daher nicht berücksichtigt. Siehe auch Fn. 1395.

Art. 299 KK– Änderungsvorschlag in Übereinstimmung mit der dritten Geldwäscherichtlinie von 2005
(Vorschlag Nr. 1)

§ 1: Wer
— Umtausch- oder Transferhandlungen mit Vermögensgegenständen, die
— aus einer im In-
oder
— im Ausland begangenen verbotenen Tat herrühren,
in der Absicht vornimmt, die illegale Herkunft dieser Vermögensgegenstände
— zu verheimlichen
oder
— zu verschleiern
oder
— einer an diesen Tätigkeiten beteiligten Person hilft, sich den Rechtsfolgen ihrer Tat zu entziehen,
wird bestraft.
§ 2: Wer
— andere Handlungen vornimmt, welche
— die illegale Herkunft, Lage, Verfügung oder Bewegung von in § 1 genannten Vermögensgegenständen verheimlichen oder verschleiern
oder
— ihre Lokalisierung, ihre Aufdeckung, ihre Beschlagnahme oder die Anordnung ihres Verfalls vereiteln oder wesentlich erschweren,
wird bestraft.
§ 3: Ebenso wird bestraft, wer die in § 1 bezeichneten Vermögensgegenstände
— erwirbt,
— besitzt oder
— verwendet.
§ 4: Der in § 1 bestimmten Strafe unterliegt ferner, wer rechtmäßig erworbene Vermögensgegenstände
— bereitstellt
oder
— sammelt
zumindest mit der Kenntnis, dass sie ganz oder teilweise für terroristische Zwecke verwendet werden.

Kapitel 5

Rechtsstaatliche Anfragen an die Geldwäscheregelungen

Wenn ein Verhalten mit Mitteln des Strafrechts verboten wird, bedeutet das zugleich einen Eingriff in einen verfassungsrechtlich geschützten Bereich. Denn das staatliche Verbot einer Handlung ist immer zugleich als eine Einschränkung der Freiheit des Einzelnen anzusehen und greift damit in die verfassungsrechtlich geschützte Lebensgestaltung ein[1107]. Die Verhängung sowie die Durchführung einer Freiheitsentzugsstrafe beeinträchtigt die körperliche Bewegungsfreiheit des Einzelnen, wobei zu betonen ist, dass allein aus dem Umstand, dass der Täter die Rechtsgüter eines Opfers verletzt, nicht zwingend folgt, dass der Gesetzgeber diese Handlung auch mit einer Strafe bedrohen darf. Die Bestimmung einer Strafbarkeit ist nämlich im Hinblick auf das Bestimmtheitsgebot und das Rechtsstaatsprinzip an bereits festgelegte verfassungsrechtliche Vorgaben gebunden. Daher müssen sich alle, und nicht nur die strafrechtlichen Normen, die aber gerade die intensivsten Mittel der Verhaltenssteuerung darstellen, an den Bestimmungen der Verfassung, insbesondere an den Grundrechten messen lassen. Die Zulässigkeit einer Strafrechtsnorm ist nämlich nur dann begründet, wenn sie den verfassungsrechtlichen Regelungen nicht entgegensteht. Und gerade die Abstraktheit und die Allgemeingültigkeit der Strafnormen macht es unvermeidlich, in Grenzfällen die Tatbestandsmäßigkeit eines Verhaltens in Frage zu stellen[1108]. Dabei ist jedoch zu berücksichtigen, dass die äußerste Grenze einer verfassungskonformen Auslegung der erkennbare und eindeutige Gesetzeswortlaut bildet. Aus diesem Grunde erscheint es erforderlich, verfassungsrechtlich bedenkliche Aspekte der Geldwäschenorm unter dem Gesichtspunkt ihrer Übereinstimmung mit rechtsstaatlichen Grundsätzen zu überprüfen. Diese Problematik bildet daher den Gegenstand des folgenden Kapitels.

[1107] Vgl. *Bussenius*, Geldwäsche, S. 64 f.

[1108] So auch *Leip*, Der Straftatbestand, S. 69.

§ 1. Rechtsstaatliche Anfragen an die Fassung des objektiven Tatbestandes

I. Schrankenlose Erfassung der geldwäschetauglichen Vortaten

Im Rahmen des objektiven Tatbestandes der polnischen Geldwäschevorschrift entstehen rechtsstaatliche Bedenken schon im Hinblick auf die schrankenlose Heranziehung aller verbotenen Taten als möglicher Vortaten einer Geldwäsche. Anders als im deutschen Strafrecht, wo die Geldwäschevortaten enumerativ genannt werden[1109], wird durch Art. 299 KK jede verbotene Tat[1110] erfasst, infolge deren ein Vermögensvorteil erlangt wurde. Dies bedeutet, dass jede verbotene (Vor-)tat für die anschließende Begehung einer Geldwäsche ausreichend ist. Eine solche Erfassung aller verbotenen Taten entspricht auch den europäischen Geldwäscherichtlinienvorgaben[1111]. Zu prüfen ist aber gleichwohl, ob sie auch aus rechtsstaatlicher Sicht akzeptabel ist.

Folgt man der deutschen Struktur der bereichspezifischen Normierung von Vortaten, so spricht gegen eine schrankenlose Erfassung sämtlicher Straftaten die Tatsache, dass die fehlende Einschränkung eine klare Bestimmung der durch die Geldwäschevorschrift zu schützenden Rechtsgüter vereitelt oder zumindest erschwert[1112]. Durch die Orientierung an der Bekämpfung der organisierten Kriminalität[1113], die der deutschen Geldwäschenorm

---

[1109] Vgl. z. B. *Flatten*, Zur Strafbarkeit von Bankangestellten, S. 62 ff.; *Hoyer*-SK, § 261, Rn. 7 ff.; *Höreth*, Die Bekämpfung, S. 108 ff.; *Körner/Dach*, Geldwäsche, S. 16 ff.; *Kreß*, wistra 1998, S. 123 f.; *Lampe*, JZ 1994, S. 126 f.; *Ruß*-LK, § 261, Rn. 5 ff.; *Schönke/Schröder/Stree*, StGB-Kommentar, § 261, Rn. 4 ff.; *Tröndle/Fischer*, Kommentar zum StGB, § 261, Rn. 10 ff.

[1110] Für die Feststellung, was unter dem Begriff einer verbotenen Tat verstanden wird, ist Art. 115 § 1 KK maßgeblich, wonach als eine verbotene Tat ein Verhalten anzusehen ist, das die im Strafgesetz bestimmten Merkmale aufweist.

[1111] Vgl. Kapitel 4 § 3 Punkt I. der vorliegenden Untersuchung.

[1112] So auch die deutsche Gesetzesbegründung, wonach die Einbeziehung sämtlicher rechtswidriger Taten als Vortaten der Geldwäsche als eine zu weit gefasste Ausdehnung der Strafbarkeit angesehen wird, vgl. BT-Drucksache 12/989, S. 27.

[1113] Vgl. BT-Drucksache 12/989, S. 26 f.; 12/3533, S. 10 f. Siehe auch *Hefendehl*, demzufolge der entscheidende Grund für die Schaffung des Geldwäschetatbestandes in Deutschland war, die Gewinne aus organisiert begangenen Straftaten ausfindig zu machen, vgl. *Hefendehl*, Kann und soll der Allgemeine Teil bzw. das Verfassungsrecht missglückte Regelungen des Besonderen Teils retten?, in: Roxin – FS, S. 151. Es muss jedoch darauf hingewiesen werden, dass die in § 261 Abs. 1 StGB genannten Vortaten nicht unbedingt im Rahmen der organisierten Kriminalität begangen werden müssen. Andere Voraussetzungen, wie etwa die Verletzung des fremden Vermögens, sind ebenfalls nicht ersichtlich. Für die Heranziehung als eine taugliche Geldwäschevortat ist vielmehr ausreichend, dass sie in § 261 Abs. 1 StGB genannt werden, vgl. *Tröndle/Fischer*, Kommentar zum StGB, § 261, Rn. 10.

ursprünglich zugrunde liegt, kann dieses Problem vermieden werden[1114]. Angesichts der Entwicklung der Erscheinungsformen des organisierten Verbrechens muss der Vortatenkatalog zwar ständig modifiziert und ausgeweitet werden[1115]. Zu betonen ist aber, dass sogar eine solche Orientierung immer noch eine gewisse Begrenzung im Bereich der in Betracht zu ziehenden Deliktsformen bewirkt. An dieser Stelle entsteht allerdings die Frage, nach welchem Grundsatz die im Geldwäschetatbestand in einem geschlossenen Katalog konkret aufgezählten bzw. abstrakt bezeichneten Vortaten ausgewählt werden sollen[1116].

Hervorzuheben ist zunächst, dass bei der Normierung eines konkreten Vortatenkatalogs die Gefahr entstehen kann, dass im Falle seiner Beschränkung nur auf die schwersten Straftaten die weniger schwerwiegenden Delikte außerhalb des Anwendungsbereichs der Geldwäschevorschrift bleiben. Das weitere Problem, das zugleich den Haupteinwand gegen die Normierung des Vortatenkatalogs darstellt, liegt aber in den Beweiserfordernissen. Für eine Bestrafung wegen Geldwäsche muss nämlich nachgewiesen werden, dass die zu waschenden Vermögensgegenstände aus einer in diesem Katalog genannten Vortat stammen, was in der Praxis nur schwer zu ermitteln ist[1117]. Weitere Bedenken ergeben sich hinsichtlich der Konkurrenzprobleme, die

---

[1114] Kritisch zu der Systematik des Vortatenkatalogs in § 261 Abs. 1 StGB *Gentzik*, Die Europäisierung, S. 87 f.; *Leip*, Der Straftatbestand, S. 58 f.; *Maiwald*, Auslegungsprobleme im Tatbestand der Geldwäsche, in: Hirsch – FS, S. 635 f. Siehe auch *Hetzer*, der die Einschränkung der Geldwäschevortaten wenigstens auf Delikte, auf die die Vermögensstrafe anwendbar ist, sowie auf gewichtige Wirtschaftsdelikte, vorschlägt, vgl. *Hetzer*, NJW 1993, S. 3299. Kurz zu erwähnen ist auch, dass in der deutschen Lehre sogar die Aufhebung des Vortatenkatalogs postuliert wird, und zwar mit der Begründung, dass damit u. a. auch das Auslegungsproblem, ob der Vortatenkatalog auch für Vortaten im Ausland gilt, gelöst wird, vgl. *Hund*, ZRP 1996, S. 165.

[1115] In diesem Sinne auch *Egger Tanner* in Bezug auf die Problematik der Vortatnormierung in der deutschen Geldwäschevorschrift, vgl. *Egger Tanner*, Die strafrechtliche Erfassung, S. 40 f., 52. Siehe auch *Höreth*, Die Bekämpfung, S. 107 f.; *Maiwald*, Auslegungsprobleme im Tatbestand der Geldwäsche, in: Hirsch – FS, S. 634.

[1116] Eine abstrakte Umschreibung ist beispielsweise in § 261 Abs. 1 Nr. 1 oder Nr. 5 StGB vorhanden. Die übrigen Ziffern des Absatzes 1 der deutschen Geldwäschenorm enthalten dagegen einen geschlossenen Katalog der in Frage kommenden Geldwäschevortaten.

[1117] Andererseits liegt aber dieser Nachweispflicht der Schutz der Rechte des einer Geldwäsche Verdächtigen zugrunde. Dadurch werden nämlich der Grundsatz der Unschuldsvermutung sowie der Grundsatz geschützt, dass der Verdächtige nicht zu einer aktiven Mitwirkung gezwungen werden darf, die ihn selbst belasten kann, vgl. *Werner*, Die Bekämpfung der Geldwäsche in Deutschland, in: *Kahlert* (Hrsg.), S. 89. Siehe ferner *Bottermann*, Untersuchung, S. 43 ff.; *Glebowskiy*, Wirtschaftskriminalität, S. 118; *Gradowski/Ziegler*, Geldwäsche, S. 19 f., 25 ff.; *Hetzer*, NJW 1993, S. 3299; *Höreth*, Die Bekämpfung, S. 127 ff.; *Körner/Dach*, Geldwäsche, S. 17 f.; *Kreß*, wistra 1998, S. 124 f.

bei der Normierung eines Vortatenkatalogs zwischen den Vortaten und der Geldwäsche selbst entstehen können[1118]. Eine restriktive Aufzählung ist daher als unbefriedigend zu bewerten[1119]. In Betracht kommt deshalb eine abstrakte Vorgehensweise bei der Normierung der für eine Geldwäsche relevanten Vortaten. Sie ist schon aus dem Grunde vorteilhaft, weil die Geldwäschenorm selbst aufgrund einer Mehrzahl von denkbaren Straftaten weniger schnell veraltet[1120]. Überdies lässt sie sich auch einfacher ändern bzw. novellieren. Ferner können eigentliche Bagatellfälle einer Bestrafung wegen Geldwäsche entzogen werden. Eine solche Lösung weist jedoch immer noch Probleme auf. In der Praxis können nämlich immer wieder Einzelfälle auftreten, die Lücken in dem abstrakt normierten Katalog aufzeigen, so dass eine ständige Anpassung an die aktuelle kriminologische Entwicklung unabdingbar wird[1121].

Aus dem bisher Gesagten folgt daher, dass die Einschränkung der tauglichen Geldwäschevortaten auf bestimmte Straftaten eine Reihe von Schwierigkeiten aufwirft. Fraglich ist deshalb, ob die vom polnischen Gesetzgeber vorgeschlagene Lösung der schrankenlosen Erfassung der möglichen Vortaten einer Geldwäsche nicht doch als besser erscheint. Es muss davon ausgegangen werden, dass die Zielsetzung des polnischen Geldwäschetatbestands über die Bekämpfung der organisierten Kriminalität hinausgeht und ein allgemeines Phänomen in Bezug nimmt. Aus diesem Grunde ist es erforderlich, sich nicht nur auf einen spezifischen Bereich möglicher geldwäscherelevanter Vortaten zu konzentrieren, sondern den Vortatenkreis auch auf die Taten zu erweitern, die mit der organisierten Kriminalität nicht zusammenhängen. Dadurch wird auch von der in der Geldwäscherichtlinie verankerten Möglichkeit Gebrauch gemacht, grundsätzlich die Normierung aller verbotenen Taten, die als schwere Straftaten gelten können, als potentielle Vortaten einer Geldwäsche zuzulassen[1122].

Zielt man hingegen mit dem Geldwäschetatbestand ausschließlich auf die Bekämpfung der organisierten Kriminalität ab, so müssen auch klare Kri-

---

1118 Vgl. etwa *Gentzik*, Die Europäisierung, S. 87; *Maiwald*, Auslegungsprobleme im Tatbestand der Geldwäsche, in: Hirsch – FS, S. 635 f.; *Tröndle/Fischer*, Kommentar zum StGB, § 261, Rn. 10.

1119 Siehe dazu noch *Maiwald*, Auslegungsprobleme im Tatbestand der Geldwäsche, in: Hirsch – FS, S. 645 ff.

1120 Vgl. *Egger Tanner*, Die strafrechtliche Erfassung, S. 40.

1121 Vgl. *Hund*, ZRP 1996, S. 165.

1122 Dies ergibt sich aus der Formulierung des Art. 3 Nr. 5 der Geldwäscherichtlinie von 2005, die den Begriff einer der Geldwäschevortat zugrunde liegenden schweren Straftat im Wege der Normierung eines offenen Katalogs der darunter fallenden Deliktstypen definiert.

terien für eine Abgrenzung solcher Deliktsformen geschaffen werden, welche keine Verknüpfung mit dieser Erscheinungsform des Verbrechens aufweisen und somit nicht als geldwäscherelevante Vortaten gelten können. Die angemessene Auswahl der Verbrechen wäre in diesem Falle allerdings kaum möglich, insbesondere deswegen, weil der Begriff der organisierten Kriminalität sich kaum definieren und daher nur sehr schwer bestimmen lässt.

Für die uneingeschränkte Ausrichtung des Anwendungsbereichs des Art. 299 KK auf alle verbotenen Taten spricht ferner, dass bei jedem aus einer verbrecherischen Tätigkeit stammenden Gegenstand die Notwendigkeit für den Täter besteht, den kriminellen Ursprung des Gegenstandes zu verheimlichen. Aus diesem Grunde wäre es nicht angezeigt, nur eine bestimmte Gruppe von Deliktsformen gegenüber anderen Straftaten als geldwäschetauglich zu behandeln. Dies könnte zu einer unbegründeten Privilegierung derjenigen Straftaten führen, die nicht als mögliche Vortaten einer Geldwäsche normiert werden. Zudem kann bei einer Beschränkung lediglich auf die mit der organisierten Kriminalität verbundenen Straftaten das Problem einer präzisen Definition dieser Erscheinungsform des Verbrechens immer wieder auftauchen.[1123] Überdies sind sachliche Kriterien für die Normierung bestimmter Straftaten als möglicher tauglicher Geldwäschevortaten und für das Fehlen anderer nicht ersichtlich. Grundsätzlich ist die kriminelle Herkunft eines Gegenstandes unteilbar, so dass die Unterscheidung zwischen dem Vermögen „verschiedener Qualität", d. h. geldwäschetauglich und geldwäscheuntauglich, sich nur schwer begründen lässt.

Folglich ist festzustellen, dass die schrankenlose Verweisung auf alle verbotenen Taten als mögliche geldwäschegeeignete Vortaten eine ausreichende rechtsstaatliche Basis aufweist, indem sie eine umfassende Bekämpfung aller einer Geldwäsche dienenden verbrecherischen Tätigkeiten gewährleistet[1124]. Die im polnischen Strafgesetzbuch enthaltene Erstreckung der Geldwäschebekämpfung nicht nur auf die organisierte, sondern auf die allgemeine Kriminalität trägt daher diesem Umstand besser Rechnung, als die in § 261 StGB angewandte Variante. Das Argument, die Einbeziehung sämtlicher rechtswidriger Taten in den Anwendungsbereich des § 261 StGB führe zu einer pauschal ausgedehnten Strafbarkeit wegen Geldwäsche auf alle denk-

[1123] Vgl. *Egger Tanner*, Die strafrechtliche Erfassung, S. 39; *Hund*, ZRP 1996, S. 165.

[1124] Kritisch dazu allerdings *Prengel*, der die im KK angewandte Lösung der uneingeschränkten Vortatennormierung wegen der Gefahr der Ausdehnung der Strafbarkeit auf jegliche Bagatellfälle kritisiert, vgl. *Prengel*, Środki, S. 319 ff. Dieser Meinung ist jedoch nicht zu folgen, und zwar deshalb, weil die Strafbarkeit in solchen Fällen wegen der geringfügigen Sozialschädlichkeit, die nach dem polnischen Strafrecht zu den obligatorischen Tatbestandsmerkmalen gehört (vgl. Art. 1 § 2 KK), üblicherweise scheitert.

baren Straftaten, überzeugt also nicht. In diesem Zusammenhang ist nochmals zu betonen, dass das auf illegale Weise erlangte Vermögen durch den Staat keinesfalls geschützt werden darf. Demnach erscheint der Verzicht auf den Vortatenkatalog zugunsten einer wünschenswerten Gleichbehandlung sämtlicher Vermögensgegenstände krimineller Herkunft als eine durchaus sachgerechte Lösungsalternative.

II. Der eingeschränkte Katalog der geldwäschetauglichen Tatobjekte

Ein weiteres Problem im Hinblick auf den objektiven Tatbestand der polnischen Geldwäschevorschrift bildet die Einschränkung des Katalogs der möglichen Tatobjekte einer Geldwäsche auf bestimmte in Art. 299 § 1 bzw. § 2 KK wörtlich genannte Vermögensgegenstände, wobei vorausgesetzt wird, dass sie aus den in Verbindung mit der Begehung einer verbotenen Tat erlangten Vorteilen herrühren müssen. Gemäß dieser Norm werden als geldwäschetaugliche Tatobjekte Zahlungsmittel, Wertpapiere oder andere Devisenwerte, Vermögensrechte oder bewegliches oder unbewegliches Vermögen erfasst[1125]. Diese Einschränkung unterscheidet die polnische Geldwäschevorschrift wiederum von der einschlägigen deutschen Normierung des § 261 StGB, wo als ein taugliches Tatobjekt der möglichen Geldwäschehandlung sämtliche vermögenswerten Gegenstände gelten, die aus einer der in dieser Norm enumerativ aufgeführten Vortaten stammen[1126]. Die deutsche Geldwäschenorm ist also in dem hier zu untersuchenden Bereich wesentlich weiter gefasst, als die polnische.

Einen noch breiteren Katalog der Tatobjekte enthält die dritte Geldwäscherichtlinie der EU. Wie vorstehend erwähnt, ist weder in der bisher geltenden Geldwäscherichtlinie von 2001 noch in der neuen Geldwäscherichtlinie von 2005 eine Einschränkung der geldwäschetauglichen Tatobjekte vorgesehen. Entsprechend den europäischen Vorgaben kommen daher als geldwäschetauglich sämtliche Vermögensgegenstände in Betracht, die aus einer kriminellen Tätigkeit oder aus der Teilnahme an einer solchen stammen[1127]. Die Erweiterung des Kreises der Tatobjekte geht jedoch nach den europäischen Vorschriften erheblich weiter, indem nach der neuen Geldwäscherichtlinie auch rechtlich erworbene Vermögensgegenstände erfasst werden, sofern sie ganz oder teilweise für terroristische Zwecke ver-

[1125] Näher zu einzelnen Tatobjekten siehe Kapitel 4 § 3 Punkt III. 2. der vorliegenden Untersuchung.

[1126] Vgl. BT-Drucksache 12/989, S. 27.

[1127] Vgl. Art. 1 Abs. 2 lit. a-c der dritten Geldwäscherichtlinie.

wendet werden[1128]. Bedenken können allerdings im Hinblick auf die relativ unscharfe Formulierung dieser neu vorgeschlagenen Alternative entstehen. In der Praxis kann nämlich die Feststellung der Kenntnis, dass die Vermögensgegenstände ganz oder teilweise für terroristische Zwecke verwendet werden sollen, problematisch erscheinen. Zu erwähnen bleibt an dieser Stelle, dass trotz dieser Erweiterung dem Grundgedanken der Geldwäscherichtlinie, d. h. der Bekämpfung der organisierten Schwerstkriminalität, immer noch Rechnung getragen wird[1129].

Zu prüfen ist daher, ob eine solche Erweiterung des Katalogs der Tatobjekte einer Geldwäsche einerseits auf alle denkbaren Vermögensgegenstände, die aus einer kriminellen Tätigkeit herrühren, und anderseits auf rechtsmäßig erworbene Vermögensgegenstände, falls sie zu terroristischen Zielsetzungen verwendet werden sollen, aus rechtsstaatlicher Perspektive Zustimmung verdient. Wie schon vorstehend erwähnt, lässt sich für die durch den polnischen Gesetzgeber vorgenommene Einschränkung des Katalogs der Tatobjekte keine plausible Begründung finden. Das Argument, die Einführung eines geschlossenen Katalogs der Tatobjekte lasse eine Überregulierung vermeiden, ist ebenfalls als nicht überzeugend anzusehen. Es sind daher keine Anhaltspunkte dafür vorhanden, um den europäischen Vorgaben auf diesem Gebiet nicht nachzukommen. Deshalb ist der Katalog der Tatobjekte im Rahmen der polnischen Geldwäschenorm auf sämtliche vermögenswerten Gegenstände auszudehnen, die einen kriminellen Ursprung aufweisen.

In Bezug auf die Erweiterung dieses Katalogs auch auf rechtlich erworbene vermögenswerte Gegenstände im Falle eines Verdachts der Terrorismusfinanzierung muss ferner hervorgehoben werden, dass angesichts der ständig wachsenden Gefahr des Missbrauchs nicht nur des Banksektors, sondern auch des gesamten legalen Wirtschaftsverkehrs zum Zwecke der Geldwäsche, sowie angesichts der Entwicklung der terroristischen Tätigkeiten, der europäische und damit auch der nationale Gesetzgeber in Erwägung ziehen muss, dass entsprechende Regelungen zur Prävention sowohl gegen die Geldwäsche als auch gegen die Terrorismusfinanzierung geschaffen werden sollten[1130]. Der Missbrauch von Finanzmitteln, insbesondere zu terroristischen Zwecken gefährdet nämlich die Solidität, die Integrität sowie die Stabilität des ganzen Finanzsystems. Der deutsche Gesetzgeber hat diesem Umstand teilweise Rechnung getragen, indem er in das Geldwäschegesetz eine An-

1128 Vgl. Art. 1 Abs. 2 Abs. 4 der dritten Geldwäscherichtlinie.

1129 Abweichend *Höche*, der in diesem Zusammenhang die Inpflichtnahme Privater zu Zwecken der Strafverfolgung kritisiert, vgl. *Höche*, WM 2005, S. 14.

1130 Vgl. *Hetzer*, Europablätter 2005, S. 85; *Höche*, WM 2005, S. 9.

zeigepflicht für die Fälle eingeführt hat, die darauf schließen lassen, dass eine Transaktion der Finanzierung von terroristischen Aktivitäten dienen kann[1131]. Im polnischen Recht sind dagegen vergleichbare Regelungen nicht ersichtlich.

Es ist mithin festzustellen, dass die im Rahmen der polnischen Geldwäschenorm vorgenommene Einschränkung der geldwäscherelevanten Tatobjekte sich auch aus rechtsstaatlicher Perspektive keineswegs begründen lässt. Der Kreis dieser Objekte erscheint daher erweiterungsbedürftig. Zum einen folgt dies aus den europäischen Vorgaben, so dass eine entsprechende Anpassung des im polnischen Recht geltenden Begriffs einer Geldwäsche erforderlich ist, damit auch das Waschen der auf legale Weise erlangten Vermögensgegenstände im Falle eines Verdachts der Terrorismusfinanzierung erfasst werden kann. Zum anderen wird damit den dringenden rechtsstaatlichen Bedürfnissen besser Rechnung getragen, indem nicht nur ein geeignetes Instrument in der Form der zur Terrorismusbekämpfung beitragenden Maßnahmen geschaffen, sondern auch ein umfassender Schutz vor geldwäscheanfälligen Tätigkeiten aller Art gewährleistet wird.

III. Herkunft der Tatobjekte aus den in Verbindung mit der Begehung einer verbotenen Tat erlangten Vorteilen

Wie vorstehend erwähnt[1132], müssen die in Art. 299 § 1 KK bezeichneten Tatobjekte aus Vorteilen herrühren, die in Verbindung mit der Begehung einer verbotenen Tat stehen. Nach der in der polnischen Lehre vorherrschenden Meinung werden daher von der Geldwäschevorschrift alle Fälle erfasst, die entweder eine unmittelbare oder eine indirekte[1133] Beziehung zu einer vorangegangenen verbotenen Tat aufweisen[1134].

Eine abweichende Auffassung wird jedoch von *Wojciechowski*[1135] ver-

---

1131 Vgl. § 11 Abs. 1 S. 2 GwG.

1132 Vgl. Kapitel 4 § 3 Punkt III. 2. A. f) der vorliegenden Untersuchung.

1133 Gemeint sind hier Verwertungshandlungen, bei welchen der ursprüngliche Gegenstand unter Beibehaltung seines Wertes durch einen anderen ersetzt wurde, wie z. B. Bankzinsen von auf illegalem Wege erlangten Geldmitteln; ein Mietzins für die Vermietung einer für die auf illegalem Wege erlangten Geldmittel erworbenen Wohnung; der Ankauf von Wertpapieren für die aus dem Drogenhandel erworbenen Geldmittel usw. Die Kette der geldwäscheanfälligen Tathandlungen kann noch weiter verlängert werden. Einzelne Beispiele siehe etwa bei *Prengel*, Środki, S. 322 ff.

1134 Vgl. *Górniok* u. a. (2005), Kodeks karny. Komentarz, S. 451, 453; *dies.*, Prawo karne gospodarcze. Komentarz, S. 42; *Jasiński*, Kontrola Państwowa 1/2000, S. 116; *Prengel*, Środki, S. 322 ff.; *Wróbel*, in: *Zoll* (Hrsg.), S. 348 f.; *Zawłocki*, in: *Wąsek* (Hrsg.), S. 1211.

1135 Vgl. *Wojciechowski*, Kodeks karny. Komentarz, S. 564.

treten, nach dessen Ansicht die Geldwäschevorschrift überhaupt nur dann Anwendung findet, wenn die dort genannten Tatobjekte *indirekt* aus den mit einer verbotenen Tat – d. h. aus den mit ihr verbundenen Vorteilen – herrühren, da deren direkte verbrecherische Herkunft eher zu der Annahme einer Hehlerei (Art. 291 KK) führen müsse. Seine die Anwendbarkeit des Art. 299 § 1 KK gegenüber der herrschenden Lehre einschränkende Ansicht wird von ihm damit begründet, dass nach dem Gesetzeswortlaut des Art. 299 § 1 KK die dort aufgezählten tauglichen Geldwäscheobjekte nicht direkt aus einer verbotenen Tat, sondern aus daraus herrührenden Vorteilen stammen müssen. Entsprechend einer derartigen Auslegung wäre anzunehmen, dass nach der polnischen Geldwäschenorm nur eine *indirekte* Verbindung der zu waschenden Gelder mit einer verbotenen Tat vorausgesetzt wird. Zieht man nur die grammatische Auslegung des Art. 299 § 1 KK in Betracht, so bleibt auf den ersten Blick tatsächlich nichts anderes übrig, als der Auffassung von *Wojciechowski* zuzustimmen, und zwar deshalb, weil die Grenze der möglichen Auslegung im Strafrecht grundsätzlich der Wortlaut der Norm bildet.

In diesem Zusammenhang taucht jedoch die Frage auf, ob eine solche wortgenaue Auslegung des Art. 299 § 1 KK noch mit dem Sinn und Zweck der Geldwäschenorm übereinstimmt. Beruft man sich mit *Wojciechowski* ausschließlich auf die wortgenaue Interpretation dieser Vorschrift, so steht dies zwar mit dem *nullum crimen sine lege*- Grundsatz[1136] in Einklang, entspricht aber nicht der *ratio legis* der Geldwäschenorm. Unbestreitbar ist zunächst, dass der Gesetzgeber an dieser Stelle einen Formulierungsfehler gemacht hat und es nicht die Aufgabe der Rechtsprechung ist, diesen Fehler zu korrigieren. Geboten wäre daher eine Klarstellung des Gesetzessinns durch den Gesetzgeber. Um jedoch Art. 299 § 1 KK auch in der heute geltenden Fassung auf die Tatobjekte, die *direkt* aus den in Verbindung mit der Begehung einer verbotenen Tat erlangten Vorteilen stammen, anwenden zu können, müssen die Grundsätze der teleologischen (extensiven) Auslegung herangezogen werden. Im Vordergrund steht hier der Gedanke, dass der Wille des Gesetzgebers in erster Linie zu berücksichtigen ist[1137]. Die Auslegung muss sich daher innerhalb des feststellbaren Willens des Gesetzgebers bewegen und darf dabei nicht die Grenzen überschreiten, die sich aus dem Wortsinn und aus dem möglichen Zusammenhang des Gesetzes ergeben[1138].

1136 Vgl. Art. 42 Abs. 1 der polnischen Verfassung.

1137 Vgl. z. B. BVerfGE 18, 111; 54, 299 f.; 67, 390; 71, 105; 90, 275 f.

1138 Vgl. *Hefendehl*, Kann und soll der Allgemeine Teil bzw. das Verfassungsrecht missglückte Regelungen des Besonderen Teils retten?, in: Roxin – FS, S. 163 f.; *Larenz/ Canaris*, Methodenlehre, S. 161.

In der polnischen Literatur wird zu recht betont, dass die Einbeziehung der Tatobjekte mit einem direkten kriminellen Ursprung in den Anwendungsbereich des Art. 299 § 1 KK völlig der Konzeption des polnischen Gesetzgebers entspricht, den Geldwäschetatbestand über den Hehlereitatbestand (Art. 291 KK) hinaus auf die Weise auszudehnen, dass neben Ursprungsgegenständen auch mögliche Surrogate sowie vermischte Vermögenswerte in Betracht kommen können[1139]. Diese Konzeption findet ihre Begründung vor allem darin, dass der Hehlereitatbestand für eine effektive Bekämpfung des Phänomens der Geldwäsche als nicht ausreichend erscheint. Ferner lässt sich eine sachliche Rechtfertigung für eine unterschiedliche Behandlung von Ursprungsgegenständen einerseits und Surrogaten bzw. vermischten Vermögenswerten nicht begründen. Darüber hinaus muss darauf hingewiesen werden, dass die Hehlereivorschrift – im Gegensatz zu Art. 299 § 1 KK – nur einen sehr eingeschränkten Kreis von Tathandlungen umfasst[1140]. Die Mindermeinung von *Wojciechowski* eröffnet daher die Möglichkeit, manche Verhaltensweisen, die in Art. 299 KK als geldwäschetauglich bezeichnet werden, für straflos zu erklären, und zwar nur aus dem Grunde, dass deren Tatobjekte direkt aus einer verbotenen Tat stammen. Dies widerspricht gänzlich dem Sinn und Zweck der Geldwäschevorschrift. Die Tatbestandsausdehnung des Art. 299 § 1 KK wäre daher schon wegen des Schutzes vorrangiger Interessen durchaus geboten.

Zusammenfassend liegt daher der Schluss nahe, dass die Tatobjekte mit einem direkten kriminellen Ursprung durch die polnische Geldwäschevorschrift ebenfalls – sogar in erster Linie – erfasst werden können. Die Voraussetzung des Herrührens der Tatobjekte aus Vorteilen einer verbotenen Tat ist somit nicht in dem Sinne zu verstehen, dass der Bezug auf geldwäschetaugliche Vermögenswerte mit unmittelbar strafbarer Herkunft ganz ausgeschlossen wird. Daher ist die Auffassung von *Wojciechowski* abzulehnen. Obwohl die Kriminalisierungsbedürfnisse allein die Ablehnung der wortgenauen Anwendung des Art. 299 § 1 KK nicht begründen können, ist ergänzend noch auf ein weiteres Argument hinzuweisen. Der Geldwäschevorgang besteht aus drei Phasen, wobei die erste Phase die Umwandlung der hohen, gerade aus einer Straftat herrührenden Bargeldbeträge in leicht fungible Finanzinstrumente umfasst, so dass der Anschein erweckt wird, dass sie aus einer legalen Quelle stammen[1141]. Folgte man der Ansicht von *Woj-*

[1139] Vgl. *Górniok* u. a. (2005), Kodeks karny. Komentarz, S. 451; *dies.*, Prawo karne gospodarcze. Komentarz, S. 42.

[1140] Nach Art. 291 § 1 KK wird bestraft, wer eine durch eine verbotene Tat erlangte Sache erwirbt, abzusetzen hilft, an sich nimmt oder zu verstecken hilft.

[1141] Ausführlich dazu vgl. Kapitel 2 § 2 der vorliegenden Untersuchung.

ciechowski, so müsste man an dieser Stelle annehmen, dass die im Rahmen der ersten Phase vorgenommenen Handlungen nicht zum Geldwäschevorgang gehören, da die zu waschenden Vermögenswerte gerade aus einer Straftat, die stets eine verbotene Tat darstellt, herrühren. Insoweit widerspricht seine These auch den tatsächlichen Bedürfnissen der Kriminalisierung von Geldwäschehandlungen.

IV. Unbestimmtheit des Tatbestandmerkmals des „Herrührens"

Mit den vorstehend besprochenen rechtsstaatlichen Anfragen an die Fassung des objektiven Tatbestandes der polnischen Geldwäschevorschrift ist die Problematik der Unbestimmtheit des Tatbestandsmerkmals des „Herrührens" eng verbunden. Seine Reichweite lässt sich nämlich nicht ohne Schwierigkeiten festlegen, insbesondere im Hinblick auf einen der Hauptzwecke der Geldwäschenorm, den Zugriff auf die bemakelten vermögenswerten Gegenstände nicht schon nach einem „Waschvorgang" zu verlieren.

Nach dem Wortlaut der Geldwäscherichtlinie müssen die Tatobjekte aus einer kriminellen Tätigkeit oder aus der Teilnahme an einer solchen herrühren. In der deutschen Geldwäschevorschrift wird der Zusammenhang zwischen der Vortat und dem Tatobjekt auf ähnlicher Art und Weise normiert, indem verlangt wird, dass die geldwäschetauglichen Gegenstände aus einer in § 261 Abs. 1 StGB bestimmten rechtswidrigen Tat herrühren müssen. Der polnische Gesetzgeber hat den Anwendungsbereich allerdings noch breiter gefasst und damit weitere Auslegungsprobleme herbeigeführt. Nach Art. 299 KK ist es für die Annahme einer Geldwäsche ausreichend, wenn die in dieser Norm genannten Tatobjekte aus Vorteilen herrühren, die in Verbindung mit einer verbotenen Tat stehen. Die aus der uneingeschränkten Heranziehung dieses Tatbestandsmerkmals resultierenden Auslegungsschwierigkeiten erstrecken sich nicht nur darauf, ob die Tatobjektserfassung *auch* die *direkt* aus einer verbotenen Tat stammenden Gegenstände umfasst[1142], sondern bereits auf die Auslegung des Begriffes des „Herrührens", insbesondere in den Fällen, in denen der fragliche Vermögensgegenstand lediglich mittelbar aus einer Geldwäschevortat stammt bzw. ein Surrogat des ursprünglichen Tatobjekts darstellt.

Während im deutschen Schrifttum die Problematik der Auslegungsschwierigkeiten des Merkmals des „Herrührens" äußerst umstritten ist[1143],

[1142] Ausführliche Erwägungen zu diesem Problem siehe Kapitel 5 § 1 Punkt IV. der vorliegenden Untersuchung.

[1143] Vgl. dazu Überlegungen zu den geldwäschetauglichen Tatobjekten in Kapitel 4 § 3 Punkt III. 2. A. f) der vorliegenden Arbeit.

enthält die polnische Literatur keine diesbezüglich relevanten Anhaltspunkte. Vielmehr wird in Polen einhellig angenommen, dass dieses Merkmal sämtliche Fälle umfasst, die irgendeinen Zusammenhang mit der Vortat aufweisen. Die bisher im polnischen Schrifttum vertretene extensive Auslegung des zu untersuchenden Begriffes des „Herrührens", ohne jegliche Begrenzung, bereitet jedoch insofern Schwierigkeiten, als der Vorwurf der Verfassungswidrigkeit im Hinblick auf das Bestimmtheitsgebot nach Art. 42 Abs. 1 der polnischen Verfassung entstehen kann[1144]. Der praktisch uferlose Auslegungsspielraum dieses Tatbestandsmerkmals weist nämlich nicht nur eine Vielzahl von Verknüpfungsmöglichkeiten zwischen der durch den Art. 299 KK erfassten Vortat und dem Tatobjekt auf, sondern beeinträchtigt auch die Bestimmtheit der Geldwäschevorschrift.

Ein Verstoß gegen das Bestimmtheitsgebot liegt dann vor, wenn für den Tatbestand keine „vernünftigen", allgemein abgesicherten Konturen geschaffen werden können[1145]. Und gerade mit dem Mangel einer Präzisierungsmöglichkeit des Begriffs des „Herrührens" ist die Gefahr verbunden, dass mehr Verhaltensweisen unter Strafe gestellt werden, als der Gesetzgeber es eventuell beabsichtigt hat. An der Verfassungsmäßigkeit ist jedoch dann nicht zu zweifeln, wenn die auslegungsbedürftigen Begriffe sich mit Hilfe der üblichen Auslegungsmethoden hinreichend genau auslegen und anwenden lassen, so dass der Einzelne die Möglichkeit hat, die durch die Strafnorm geschützten Werte sowie das Verbot konkreter Verhaltensweisen zu erkennen und die staatliche Reaktion vorauszusehen[1146].

Im Rahmen dieses Abschnitts wird daher versucht, unter Berücksichtigung der Rechtsstaatlichkeitskriterien dem vorausgesetzten Zusammenhang zwischen Vortat und Tatobjekt einer Geldwäsche hinreichende Konturen zu verleihen, indem eine nachvollziehbare Begrenzung für den Begriff des „Herrührens" bestimmt und allgemeine Ansätze formuliert werden, wonach der Kreis der geldwäschetauglichen Tatobjekte konkretisiert werden kann.

Im Folgenden ist dabei zunächst zu prüfen, ob eine hinreichend bestimmte Auslegung bereits anhand einer der vier klassischen Auslegungsmethoden möglich ist. Zunächst ist die grammatische Auslegung in Betracht zu ziehen. Ihre Aufgabe ist, die Wortbedeutung anhand des allgemeinen Sprachgebrauchs zu ermitteln. Es lässt sich aber sofort feststellen, dass der Begriff des „Herrührens" (polnisch: *pochodzi*) im allgemeinen Sprachgebrauch sowohl in der polnischen als auch in der deutschen Sprache mehrdeutig ist

1144 Vgl. auch Art. 103 Abs. 2 GG.
1145 Vgl. *Leip*, Der Straftatbestand, S. 69.
1146 Vgl. BVerfGE 45, 371 f.

und „herstammen von“; „sich herleiten von“; bzw. „in etwas seinen Ursprung haben“ bedeutet[1147]. Diese allgemeine Definition weist nur darauf hin, dass der Gegenstand seine „Ursache“ in der Vortat hat, d. h. aus dieser Vortat herstammen muss. Dies führt jedoch noch zu keinem befriedigenden Ergebnis, und zwar deshalb, weil die Ursächlichkeit ein ebenfalls sehr weiter Begriff ist, der sich nur schwer bestimmen lässt. Auch eine übliche juristische Wortbedeutung des Begriffes des „Herrührens“ lässt sich in diesem Falle nicht ermitteln, weil diese Formulierung zumindest im Strafrecht ausschließlich in der Geldwäschenorm verwendet wurde und in anderen Vorschriften sowohl des heutzutage als auch des früher geltenden Strafgesetzbuchs nicht auftaucht. Daraus folgt, dass die Wortlautinterpretation zu einer Klärung des Tatbestandsmerkmals des „Herrührens“ nicht entscheidend beiträgt.

In Betracht kommt weiterhin die systematische Auslegung. Sie ermöglicht, den Sinn einer Vorschrift aus ihrer systematischen Stellung im Strafgesetzbuch zu ermitteln. Schon auf den ersten Blick wird jedoch deutlich, dass sich diese Auslegungsmethode für die Eingrenzung des hier diskutierten Merkmals nicht eignet. Die Heranziehung der Argumente über die dogmatische Verwandtschaft der Geldwäsche mit anderen Anschlusstaten, z. B. mit der Strafvereitelung oder der Hehlerei, erscheint in diesem Falle keineswegs hilfreich, und zwar schon deshalb, weil im KK, anders als im StGB, die Anschlussdelikte nicht in einem, sondern in verschiedenen Kapiteln normiert sind[1148]. Zudem muss noch hervorgehoben werden, dass der problematische Zusammenhang zwischen der Vortat und dem Tatobjekt in jedem der genannten Anschlussdelikte mit einer anderen Formulierung umschrieben wird, so dass der Begriff des „Herrührens“ nur in der Geldwäschevorschrift auftaucht. Dies kann darauf hinweisen, dass die im Rahmen der anderen Anschlussdelikte entwickelten Grundsätze entsprechend dem Willen des Gesetzgebers auf den Tatbestand der Geldwäsche nicht übertragbar sind[1149]. Darüber hinaus kommt beim Geldwäschetatbestand eine größere Anzahl von möglichen, als inkriminiert geltenden Tatobjekten als bei anderen Anschlussdelikten in Bertacht. Daher lässt sich festhalten, dass eine Präzisierung des Begriffs des „Herrührens“ mit Hilfe der Anknüpfung an den systematischen Zusammenhang zu anderen Anschlussdelikten nicht möglich ist.

[1147] Vgl. *Duden*, Das große Wörterbuch der deutschen Sprache, S. 1548; *Słownik języka polskiego*, Band II, S. 716.

[1148] Die Geldwäschevorschrift (Art. 299 KK) wird im 26. Kapitel des KK „Straftaten gegen den Wirtschaftsverkehr“ normiert. Dagegen sind im polnischen Strafrecht weitere Anschlussdelikte, wie z. B. die Strafvereitelung (Art. 239 KK) im 20. Kapitel „Straftaten gegen die Rechtspflege“ oder die Hehlerei (Art. 291-294 KK) im 25. Kapitel „Straftaten gegen das Vermögen“ enthalten.

[1149] Vgl. *Leip*, Der Straftatbestand, S. 72 f.

Anhaltspunkte dafür, wann eine geldwäscherelevante Verknüpfung zwischen der Vortat und dem Tatobjekt nicht mehr gegeben ist, lassen sich ebenfalls nicht aus dem systematischen Ort des Art. 299 KK ableiten.

Kurz in Bertacht zu ziehen ist weiterhin die historische Auslegungsmethode, die den gesetzgeberischen Willen zu ermitteln versucht und die Begriffsbestimmung des problematischen Tatbestandsmerkmals anhand der Entstehungsgeschichte der ihn enthaltenden Norm, insbesondere anhand der sich darauf beziehenden Gesetzesmaterialien, ermöglicht. Wie jedoch vorstehend bereits erwähnt, enthalten die Gesetzesmaterialien zu Art. 299 KK keine einschlägigen Anhaltspunkte, die dem Begriff des „Herrührens" schärfere Konturen verleihen könnten. Fraglich ist jedoch, ob die mangelnde Präzision dieses Tatbestandsmerkmals nicht damit begründet werden kann, dass der Gesetzgeber eine möglichst große Anzahl von illegalen Verwertungshandlungen erfassen wollte. Dem kann jedoch entgegengehalten werden, dass eine Beeinträchtigung der verfassungsrechtlichen Anforderungen des Bestimmtheitsgebots sich allein mit den Bedürfnissen einer effektiveren Kriminalitätsbekämpfung nicht rechtfertigen lässt, und zwar deshalb, weil das Bestimmtheitsgebot grundsätzlich einen höheren Stellenwert als die Berücksichtigung von Strafbarkeitsbedürfnissen genießt[1150]. Somit ist auch die historische Auslegungsmethode für die Bestimmung dieses Tatbestandsmerkmals letztlich ungeeignet.

Schließlich ist an die teleologische Interpretationsmethode anzuknüpfen. Sie zielt darauf ab, den Anwendungsbereich einer Norm über deren objektiven Sinngehalt zu bestimmen, wobei bei der Erforschung von Sinn und Zweck einer Vorschrift der gesetzgeberische Wille maßgebend ist[1151]. Zu prüfen ist daher, ob diese Methode den Gehalt der hier analysierten Formulierung besser präzisieren kann. Eine der in Betracht kommenden Lösungen bildet die von *Wróbel* vorgeschlagene, und zwar einer sich mit dem deutschen § 261 Abs. 6 StGB teilweise deckenden Einschränkungsmöglichkeit. Trotz des Mangels einer entsprechenden Vorschrift im polnischen Strafgesetzbuch nimmt *Wróbel* an, dass die Bemakelung eines Vermögensgegenstandes durch einen vorhergehenden gutgläubigen Erwerb eines Dritten (Art. 169

[1150] Vgl. *Flatten*, Zur Strafbarkeit von Bankangestellten, S. 71. In dieser Untersuchung wird zwar in manchen Fällen die extensive, über den Gesetzeswortlaut des Art. 299 KK hinausgehende Auslegung befürwortet (siehe z. B. Kapitel 5 § 1 Punkt II. und III. dieser Arbeit). Eine solche Auslegung soll jedoch als eine Ausnahme betrachtet und nur dann berücksichtigt werden, wenn sich dies im Einklang mit rechtsstaatlichen Grundsätzen begründen lässt. Vgl. dazu die vorangehenden Überlegungen.

[1151] Vgl. BGHSt 17, 23; BVerfGE 11, 130.

§ 1 KC[1152]) unterbrochen werden kann[1153]. Eine solche Auffassung führt dazu, dass jegliche Gegenstände, die durch geschäftsübliches Verhalten erworben werden, nicht mehr als geldwäschetauglich – d. h. als aus einer Vortat herrührend – angesehen werden können; es sei denn, ihre Umwandlung ist vorsätzlich zum Vorteil des Vortäters vorgenommen worden[1154]. Diese Ansicht ist jedoch insofern kritisch zu beurteilen, als dafür weder in den Gesetzesmaterialen noch in der polnischen Rechtsprechung eine entsprechende Begründung vorhanden ist.

Eine andere Einschränkungsmöglichkeit für das Verständnis des Merkmals des „Herrührens“ stellt es dar, die Bemakelung eines unter den Anwendungsbereich der Geldwäschenorm fallenden Vermögensgegenstandes nur für diejenige Fälle zu bejahen, in denen die Vortat ursächlich für den Gegenstand in seiner konkreten Gestalt oder dessen wirtschaftlicher Zuordnung erscheint und ein adäquater Zusammenhang zwischen der Vortat und dem Gegenstand besteht, sowie wenn der ursächliche Zusammenhang nicht aus normativen Erwägungen unterbrochen wird[1155]. Danach wäre unter Berücksichtigung der Adäquanztheorie die Bemakelung und mithin die Geldwäschetauglichkeit eines Vermögensgegenstandes dann zu verneinen, wenn der Gegenstand nicht infolge eines gewöhnlichen und typischen Kausalverlaufs aus der Vortat einer Geldwäsche, sondern lediglich zufällig aus dieser stammt[1156]. Damit wird die Kette der Ursächlichkeit in den Fällen unterbrochen, in denen der Erfolgseintritt – d. h. die Kontaminierung des Gegenstandes – bis zu einem gewissen Grad nicht als wahrscheinlich angesehen werden kann[1157]. Es wird jedoch deutlich, dass diese Theorie nur in einem

---

[1152] Nach Art. 169 § 1 KC erwirbt der Erwerber das Eigentum an einer beweglichen Sache, die durch einen zur Verfügung darüber nicht Berechtigten veräußert wurde, im Zeitpunkt der Inbesitznahme, es sei denn, dass er bösgläubig handelt.

[1153] Vgl. *Wróbel*, in: *Zoll* (Hrsg.), S. 350. In diesem Sinne auch *Prengel*, Środki, S. 322 f.

[1154] Dieser Gedanke entspricht der bereits im deutschen Schrifttum entwickelten Ansicht, vgl. *Salditt*, StraFo 1992, S. 123. Ferner siehe *Burr*, Geldwäsche, S. 70; *Dionyssopoulou*, Der Tatbestand, S. 89 f.; *Gentzik*, Die Europäisierung, S. 121 ff.; *Höreth*, Die Bekämpfung, S. 121.

[1155] Diese Möglichkeit entspricht der von *Barton* im Rahmen der Diskussion im deutschen Schrifttum bezüglich der Auslegung des Begriffes des Herrührens im deutschen Strafrecht vorgeschlagenen Lösung, vgl. *Barton*, NStZ 1993, S. 159 ff.

[1156] Als Beispiel ist hier die problematische Einordnung des Gewinns aus einem Lotterielos denkbar, das mit inkriminiertem Geld bezahlt wurde.

[1157] Am Rande ist noch zu erwähnen, dass zu einem vergleichbaren Ergebnis auch der Wertverlust des Tatobjekts einer Geldwäsche sowie die strafrechtliche Verjährung der Vortat führen können. So auch *Barton*, NStZ 1993, S. 164 f. Vgl. ferner *Gentzik*, Die Europäisierung, S. 109 f.; *Höreth*, Die Bekämpfung, S. 124. Abweichend zu der Problematik der Verjährung *Schönke/Schröder/Stree*, StGB-Kommentar, § 261, Rn. 9.

begrenzten Maße anwendbar ist, indem sie sich lediglich in Einzelfällen für die Präzisierung des Begriffes des „Herrührens“ eignet[1158].

Als ein weiteres Auslegungskriterium kann im Falle einer Teilkontamination bzw. einer Vervielfachung der Anteil der Bemakelung des fraglichen Gegenstandes gelten[1159]. Der Sinn und Zweck der Annahme einer Geldwäschetauglichkeit des Vermögensgegenstandes auch in derartigen Fällen liegt darin, an alle Vermögensgegenstände anknüpfen zu können, die wirtschaftlich gesehen mittels eines Umwandlungsprozesses die gewaschenen Werte ersetzen sollen[1160]. Beim Vorliegen einer Vervielfachung bzw. einer Verdünnung – d. h. wenn der Anteil des „schmutzigen“ Gehaltes gering ist – könnte dann die Annahme der deliktischen Herkunft eines Vermögensgegenstandes scheitern. Hingegen führt eine Teilkontamination immer dann zu einer Gesamtbemakelung, wenn der inkriminierte Anteil des Gegenstandes die Schwelle der Wesentlichkeit erreicht[1161]. Bei einer geringen Bemakelung eines Gegenstandes lässt sich seine Inkrimination nämlich schwerlich auf die Vortat zurückführen. Die Ursächlichkeit der Vortat ist dementsprechend in denjenigen Fällen nicht gegeben, in denen der Wert des inkriminierten Anteils des Gegenstandes erheblich geringer ist, wobei für die Geringfügigkeit des Betrages nicht nur der Prozentsatz, sondern auch die Art des Gegenstandes und der Wert der kontaminierten Anteile des Gegenstandes maßgeblich

1158 Differenzierend *Hoyer*-SK, § 261, Rn. 13.

1159 Dieses Auslegungskriterium stammt ebenfalls aus dem von *Barton* angeführten Lösungsvorschlag. Zu seiner Bertachtungsweise siehe auch *Burr*, Geldwäsche, S. 77 ff.; *Dionyssopoulou*, Der Tatbestand, S. 84 ff.; *Flatten*, Zur Strafbarkeit von Bankangestellten, S. 75 ff.; *Gentzik*, Die Europäisierung, S. 106 ff.; *Höreth*, Die Bekämpfung, S. 122 f.; *Körner/Dach*, Geldwäsche, S. 20. Kritisch zu Adäquanzkriterien *Hoyer*-SK, § 261, Rn. 13; *Leip*, Der Straftatbestand, S. 80 ff.; *Schönke/Schröder/Stree*, StGB-Kommentar, § 261, Rn. 8.

1160 In diesem Sinne *Schönke/Schröder/Stree*, StGB-Kommentar, § 261, Rn. 8.

1161 Im deutschen Schrifttum wird größtenteils angenommen, dass ein solcher Fall entsprechend § 74 Abs. 2 AO dann vorliegt, wenn der Makel mehr als ein Viertel des Gesamtwertes des fraglichen Gegenstandes betrifft, vgl. *Leip*, Der Straftatbestand, S. 109. Eine davon abweichende Meinung vertritt *Barton*, wonach die Ursächlichkeit der Katalogtat dann nicht gegeben ist, wenn diese nicht rechtlich signifikant für den Gegenstand ist, wobei die erforderliche Signifikanz im Falle der Verbindung, Vermischung oder Vermengung schon dann vorliegt, wenn der bemakelte Anteil 5 % des Gegenstandes überschreitet, vgl. *Barton*, NStZ 1993, S. 162 ff. Dagegen muss nach dem deutschen Gesetzgeber die Grenze dort gezogen werden, wo der Wert des Gegenstandes im wesentlichen auf eine selbstständige Leistung Dritter zurückzuführen ist, d. h. ein Herrühren ist so lange tatbestandsmäßig, als der ursprüngliche Gegenstand oder der Ersatzgegenstand im Vermögen des Täters noch konkretisierbar ist, vgl. BT-Drucksache 12/989, S. 27; 12/3533, S. 12. Zusammenfassend *Schönke/Schröder/Stree*, StGB-Kommentar, § 261, Rn. 8 f.; *Tröndle/Fischer*, Kommentar zum StGB, § 261, Rn. 7 f.

sein sollen. Bei der Analyse konkreter Beispielsfälle[1162] wird jedoch deutlich, dass sich nicht alle Fälle unter die hier aufgestellten Kriterien subsumieren lassen. Diese Kriterien liefern nur Teillösungen und können daher für die Präzisierung des Begriffes des „Herrührens“ und somit für seine Abgrenzung von tatbestandslosen Handlungen nicht im vollen Umfang erfolgreich sein.

Anhand der vorangehenden Überlegungen ist es daher festzustellen, dass die präzise und umfassende Bestimmung konkreter Auslegungskriterien für den Tatbestandsmerkmal des „Herrührens“ und somit die Einführung entsprechender Änderungen in den Gesetzeswortlaut des Art. 299 KK mit Hilfe der hier besprochenen Ansätze kaum möglich erscheint[1163]. Jede der oben dargestellten Auslegungsmethoden und Interpretationsvorschläge führt nur zu Teillösungen und gewinnt daher keinen Anspruch auf Vollständigkeit. Ihre Überzeugungskraft ist somit allenfalls auf einige exemplarisch ausgewählte Aspekte beschränkt. Um jedoch der Gefahr der Belastung der gesamten legalen Wirtschaft mit einer Vielzahl von kontaminierten, geldwäscherelevanten Vermögensgegenständen infolge einer eher willkürlichen Auslegung der hier diskutierten Formulierung entgegenzuwirken, ist an dieser Stelle zumindest der Versuch einer Festlegung allgemeingültiger Ansätze zu machen, die zu einer Konkretisierung beitragen können. Das Risiko der Unvollständigkeit und Unbestimmtheit normativer Einschränkungskriterien wäre nämlich sonst von dem potentiellen Geldwäscher zu tragen.

In erster Linie muss davon ausgegangen werden, dass für die Einstufung eines Vermögensgegenstandes als aus einer geldwäschetauglichen Vortat herrührend, die Bewertung des Einzelfalles entscheidend ist. Abzustellen ist dabei auf die wirtschaftliche Betrachtungsweise, wobei die Annahme einer Kontaminierung erst dann begründet ist, wenn der inkriminierte Anteil aus wirtschaftlicher Sicht nicht völlig unerheblich erscheint[1164]. Dabei können auch die von *Barton* entwickelten wirtschaftlichen Aspekte des Merkmals des „Herrührens“ in Anlehnung an die Einschätzung des „schmutzigen“ Gehaltes eines Gegenstandes durchaus hilfreich sein[1165]. Unstreitbar ist jedoch dabei, dass zumindest solche Gegenstände als kontaminiert angesehen werden sollten, die infolge eines Austauschvorganges wertmäßig

[1162] Zu einzelnen Beispielen und ihrer unterschiedlichen Bewertung siehe *Barton*, NStZ 1993, S. 163.

[1163] So auch *Prengel*, Środki, S. 332.

[1164] In diesem Sinne auch die neueste Rechtsprechung in Deutschland, vgl. OLG Karlsruhe, Beschluss vom 20.01.2005 – 3 Ws. 108/04, wistra 2005, S. 189 ff.

[1165] Siehe auch BGHSt 36, 277 ff. Vgl. ferner *Flatten*, Zur Strafbarkeit von Bankangestellten, S. 76 f.

dem Ursprungsgegenstand entsprechen und sich in der Verfügungsgewalt des Täters befinden. Zwar wird eine solche Vorgehensweise in jedem Einzelfall zu einem unterschiedlichen Ergebnis führen; damit soll aber auch dem gesetzgeberischen Willen Rechnung getragen werden, durch den Begriff des „Herrührens" eine möglichst umfangreiche Anzahl von Fallkonstellationen zu erfassen. Eine im Voraus festgelegte anteilsmäßige Aufteilung würde nämlich dem Sinn der Geldwäschenorm zuwiderlaufen und wäre schon deswegen verfehlt[1166].

Zusammenfassend lässt sich daher festhalten, dass die Auslegung des Begriffes des „Herrührens" einer Wertung im Einzelfall vorbehalten bleiben soll. Die Heranziehung der wirtschaftlichen Bewertung des Einzelfalles eignet sich nämlich dazu, einen vernünftigen Auslegungsmaßstab zu entwickeln sowie dem weit gefassten Tatbestandsmerkmal des „Herrührens" schärfere Konturen zu verleihen[1167]. Sie stellt zugleich ein taugliches und maßgebliches Kriterium dar, um den Zusammenhang zwischen der Vortat und dem Tatobjekt einer Geldwäsche und somit den Anwendungsbereich des Art. 299 KK hinreichend bestimmen zu können. Ein Verstoß gegen das verfassungsrechtliche Bestimmtheitsgebot wegen der Auslegungsschwierigkeiten des Merkmals „Herrühren" ist somit letztlich nicht gegeben.

Allerdings ist es abschließend hervorzuheben, dass eine Präzisierung des im Rahmen dieses Abschnitts zu untersuchenden Begriffes nicht vom Gesetzgeber zu leisten sein wird, sondern Aufgabe von Rechtsprechung und Schrifttum ist. Erwartet werden sollte also nicht eine Änderung des Gesetzeswortlauts des Art. 299 KK, sondern die Entwicklung entsprechender Ansätze in der polnischen Rechtsprechung und Lehre.

[1166] Eine andere Meinung wird teilweise in der deutschen Lehre vertreten, wonach die Vermischung der aus bemakelten und unbemakelten Werten bestehenden Geldbeträge auf einem Bankkonto nur dann zu einer Gesamtkontamination führt, wenn die Überweisungen bzw. andere Transaktionen von diesem Konto den Anteil des legalen Kontostandes übersteigen. Diese Auffassung ist jedoch abzulehnen, und zwar deshalb, weil sie die Möglichkeit eröffnet, die inkriminierten Vermögensgegenstände durch die Vermischung mit legalem Vermögen und nachfolgender sukzessiver Aufteilung bzw. Umwandlung dem Bemakelungszusammenhang zu entziehen. Zu der Mindermeinung siehe *Burr*, Geldwäsche, S. 76; *Maiwald*, Auslegungsprobleme im Tatbestand der Geldwäsche, in: Hirsch – FS, S. 640 ff.; *Schönke/Schröder/Stree*, StGB-Kommentar, § 261, Rn. 9. Siehe ferner *Leip*, Der Straftatbestand, S. 110 ff.

[1167] Kritisch dazu im deutschen Schrifttum *Dionyssopoulou*, die die Tauglichkeit der wirtschaftlichen Betrachtungsweise als eines geeigneten Kriteriums im Hinblick auf die weite Fassung der Geldwäschevorschrift im Vergleich zu anderen Anschlussdelikten bestreitet, vgl. *Dionyssopoulou*, Der Tatbestand, S. 88 ff.

§ 2. Haftung auch bei bloßer Leichtfertigkeit?

Geldwäscheanfälliges Verhalten verlangt im Hinblick auf die Tathandlung grundsätzlich vorsätzliches Verhalten; ggf. auch in der Form eines bloßen Für-möglich-Haltens und billigenden Inkaufnehmens (*dolus eventualis*). Dieses Erfordernis ist sowohl in der polnischen als auch in der deutschen Geldwäschenorm zu finden. Es entspricht auch den europäischen Vorgaben auf diesem Gebiet.

Beim Vergleich der geldwäscherelevanten Regelungen fällt jedoch auf, dass erhebliche Unterschiede im Bezug auf das nicht vorsätzliche Handeln bestehen. Während die europäischen und teilweise auch die polnischen Vorschriften keine Kriminalisierung der nicht vorsätzlich begangenen Geldwäsche beinhalten, stellt das deutsche Strafrecht die Geldwäsche auch bei Leichtfertigkeit hinsichtlich der Unkenntnis der illegalen Herkunft der Tatobjekte unter Strafe (§ 261 Abs. 5 StGB). Dieser Ausdehnung des Anwendungsbereichs der Vorschrift liegt der Gedanke zugrunde, die Strafbarkeit wegen Geldwäsche auch auf diejenigen Täter zu erweitern, bei denen Vorsatz hinsichtlich der illegalen Herkunft der Tatobjekte der Geldwäsche nicht nachweisbar ist. Dabei besteht aber auch die Gefahr, dass viele Fälle legaler Geschäftstätigkeiten in den Rahmen dieser Strafbarkeit miteinbezogen werden.

Zu untersuchen ist daher, ob die Einführung der Strafbarkeit wegen Leichtfertigkeit bei der Geldwäsche auch in das polnische Strafrecht sowie in die europäischen Vorschriften aus rechtsstaatlicher Sicht erforderlich und geboten ist, oder nicht vielmehr als unzulässig erscheint. Diesbezügliche Erwägungen sollen anhand der Untersuchung einiger problematischer Fälle der Abwicklung von täglichen Bankgeschäften durch Bankangestellte erfolgen. Angesichts derartiger Beispiele kommt nämlich die praktische Bedeutung des § 261 Abs. 5 StGB am besten zum Ausdruck. So ist die Ausdehnung der Strafbarkeit auf das leichtfertige Nichterkennen der illegalen Herkunft für die Bankmitarbeiter insofern besonders problematisch, als dadurch für sie naheliegenderweise ein erhöhtes Risiko entsteht, unter Strafe gestellt zu werden[1168].

Wie vorstehend erwähnt, verfolgt der deutsche Gesetzgeber das Ziel, mit der Strafverfolgung auch der Leichtfertigkeit bei der Geldwäsche die häufig auftretenden Beweisschwierigkeiten zu vermeiden. Weiterhin bezweckt der weit gefasste Tatbestand der Geldwäsche die Isolierung des Vortäters ge-

[1168] Vgl. in diesem Sinne auch *Lang V./Schwarz/Kipp*, Regelungen, S. 225; *Suendorf*, Geldwäsche, S. 265.

genüber der Umwelt. Ferner zielt er darauf ab, die kontaminierten Vermögenswerte praktisch verkehrsunfähig zu machen. Fraglich ist daher auch, ob mit dem extensiv gefassten Anwendungsbereich der Geldwäschevorschrift dieser Zweck überhaupt erreicht wurde und werden kann.

I. Grundlagen der Bestrafung bei leichtfertiger Unkenntnis der illegalen Herkunftsquelle nach deutschem Strafrecht

Folgt man der in der deutschen Rechtsprechung und im Schrifttum angenommenen Definition der Leichtfertigkeit[1169], so kommt man zu dem Ergebnis, dass sie in zwei verschiedenen Hinsichten betrachtet werden muss. Einerseits bezieht sie sich auf die grobe Achtlosigkeit des Täters hinsichtlich der sich aufdrängenden Möglichkeit des Erfolgseintritts, anderseits auf die Verletzung einer bedeutsamen Schutzpflicht[1170].

In der Ausübung der üblichen Banktätigkeiten ist der erste Aspekt eher selten gegeben. Der Täter muss nämlich – um das Merkmal der Leichtfertigkeit zu verwirklichen – das unbeachtet lassen, was jeder anderen Person einleuchtet. Denkbar sind zwar die häufig im Schrifttum genannte Fälle, dass der Bankangestellte trotz der offensichtlichen Herkunft der Geldbeträge aus einem Verbrechen (zwar nicht vorsätzlich, aber leichtfertig) seine Augen verschließt und die Transaktion dennoch durchführt[1171]. In der Praxis sind solche Fallgestaltungen jedoch – wie gesagt – eher selten.

Der zweite Aspekt des Leichtfertigkeitsbegriffs erfasst hingegen Fälle, die mit Banktätigkeiten häufiger in Verbindung stehen. In Betracht kommt hier die Verletzung einer den Bankangestellten obliegenden bedeutsamen Schutzpflicht. Eine derartige Pflicht kann sich aus § 11 GwG ergeben, wonach bei der Ausführung von bankspezifischen Berufstätigkeiten eine Verdachtsanzeige zu erstatten ist. Die Verletzung einer Schutzpflicht kann sich weiterhin auf den Verzicht auf die Schaffung von internen Sicherungsmaßnahmen zur Verhinderung der Geldwäsche gem. § 14 GwG beziehen.

Hinsichtlich dieser beiden Verpflichtungen werden jedoch in der Litera-

---

[1169] Vgl. BGHSt 33, 67; 20, 323; BT-Drucksache 12/3533, S. 14. Siehe auch *Dionyssopoulou*, Der Tatbestand, S. 142 ff.; *Flatten*, Zur Strafbarkeit von Bankangestellten, S. 111; *Hoyer*-SK, § 261, Rn. 27; *Kern*, Geldwäsche, S. 176; *Körner/Dach*, Geldwäsche, S. 36; *Lang V./Schwarz/Kipp*, Regelungen, S. 228; *Leip*, Der Straftatbestand, S. 150 ff.; *Oswald*, Die Implementation, S. 73; *Spiske*, Pecunia olet?, S. 150 f.; *Suendorf*, Geldwäsche, S. 265; *Tröndle/Fischer*, StGB-Kommentar, § 261, Rn. 42; *Werner*, Bekämpfung, S. 245 ff.

[1170] Näher dazu siehe die Erwägungen zum subjektiven Tatbestand der Geldwäschevorschrift, Kapitel 4 § 4 der vorliegenden Untersuchung.

[1171] Vgl. *Körner/Dach*, Geldwäsche, S. 36; *Suendorf*, Geldwäsche, S. 266.

tur erhebliche Einwände erhoben. Einerseits wird hervorgehoben, dass zur Verdachtsanzeige nach § 11 GwG nur Institute[1172], Unternehmen oder die in § 3 Abs. 1 GwG bezeichneten Personen verpflichtet sind. Da jedoch die Bankmitarbeiter nicht zu dem erwähnten Personenkreis gehören, scheitert ihre Verpflichtung zur Verdachtsanzeige gemäß dieser Vorschrift. Die gleiche Folgerung kann man in Bezug auf die Pflichten aus § 14 GwG ableiten, da sie ausschließlich den Kreis der in § 14 Abs. 1 GwG genannten Adressaten dieser Norm, nicht jedoch einzelne Bankangestellte treffen. Dagegen kann § 261 StGB ausschließlich einzelne natürliche Personen, nicht jedoch juristische Personen sanktionieren. Die Adressaten der Anzeigepflicht und der Strafnorm sind somit nicht identisch[1173]. Diese Ansicht wird weiterhin damit begründet, dass die Bankangestellten in der Regel nicht wissen und auch nicht kontrollieren können, ob der Geldwäschebeauftragte[1174], dem der Verdachtsfall angemeldet worden ist, die Anzeige im Namen des Kreditinstituts auch tatsächlich erstattet. Somit kann sie keine Rechtspflicht zur Erfolgsabwendung treffen. Dieser Meinung entsprechend wäre daher die Verpflichtung des einzelnen Bankangestellten zur Anzeige von Verdachtsfällen zu verneinen.

Dem muss jedoch entgegengehalten werden, dass juristische Personen, darunter auch Banken oder andere Kreditinstitute, nicht in der Lage sind, ihre Rechtsgüter selbst zu schützen und zu bewahren. Daher werden ihre Verpflichtungen aufgrund von § 14 Abs. 1 StGB durch ihre gesetzlichen Organe ausgeübt und können auf einzelne Angestellte übertragen werden[1175]. Erwähnenswert in diesem Zusammenhang ist auch § 11 Abs. 4 GwG, wonach die Anzeigepflicht die Freiwilligkeit der Anzeige nach § 261 Abs. 9 StGB nicht ausschließt. Dieser Verweis ist insofern von Bedeutung, als die Regelung des Strafgesetzbuchs nur auf natürliche Personen anwendbar ist. Aus alledem folgt, dass die Verpflichtung aus § 11 Abs. 3 GwG auch die Bankmitarbeiter betrifft, allerdings nur in einem begrenzten Ausmaß. Sie besteht nämlich nicht darin, den Erfolg in der Form der Durchführung der dem Bankangestellten angetragenen verdächtigen Transaktion abzuwenden, sondern nur im Bereich der Mitteilung von Verdachtsfällen an den im Geldwäschegesetz bestimmten Geldwäschebeauftragten.

[1172] Zur Definition der unter das Geldwäschegesetz fallenden Institute siehe Art. 1 Abs. 4 GwG.

[1173] Vgl. z. B. *Lang V./Schwarz/Kipp*, Regelungen, S. 22 f.

[1174] Dies ist in der Regel der Ansprechpartner im Sinne des Art. 14 Abs. 2 Nr. 1 GwG.

[1175] Vgl. z. B. *Rudolphi*-SK § 13, Rn. 54; *Schünemann*-LK, § 14, Rn. 14.

Entgegenzuhalten ist dies auch der Ansicht von *Spiske*[1176], wonach die Leichtfertigkeit eines Bankangestellten selbst dann begründet wird, wenn er den aus § 11 Abs. 3 GwG resultierenden Pflichten nicht folgt; im Gegensatz zu einem solchen Mitarbeiter, der sich über die Person seines Kunden vergewissert. Von einem Zusammenhang zwischen § 11 GwG und § 261 Abs. 5 StGB kann man nur insofern sprechen, als die Vermeidung der Strafbarkeit des einzelnen Bankmitarbeiters entweder mit der dem Kreditinstitut auferlegten Pflicht korrespondiert, die Anzeige zu erstatten, oder aufgrund von § 261 Abs. 9 StGB erfolgt, wenn der Bankangestellte zumindest den Verdacht auf eine geldwäscheanfällige Transaktion hegt.

1. Argumente gegen eine Bestrafung bei Leichtfertigkeit

Die Einwände, die gegen die Pönalisierung der Leichtfertigkeit bei der Geldwäsche erhoben werden, betreffen in erster Linie den Inhalt des Begriffs der Leichfertigkeit, insbesondere der Frage, ob er hinreichend konkretisiert ist. Dabei stellt sich die Frage, ob der unbestimmte Begriff einer Leichtfertigkeit nicht zu einer kaum gerechtfertigten Belastung des Bürgers mit einer Strafandrohung führt, der er im täglichen Geschäft kaum „entkommen" kann.

Gegen eine solche Bestrafung wird u. a. damit argumentiert, dass die Vermeidung von rein prozessualen Beweisschwierigkeiten, die den Zweck der Regelung des § 261 Abs. 5 StGB darstellt[1177], keine Strafwürdigkeit begründet sowie im Hinblick auf das Schuldprinzip[1178] bedenklich ist. Überdies ist die weitere Zielsetzung der Regelung, d. h. die Gewährleistung der Effektivität einer Strafverfolgung, eher als tautologisch zu betrachten. Weiterhin geht mit der Ausdehnung des Anwendungsbereichs des § 261 StGB auf die leichtfertige Geldwäsche der ursprüngliche Grundgedanke des Gesetzgebers verloren, mit diesem Tatbestand gerade die organisierte Kriminalität zu

---

1176 Vgl. *Spiske*, Pecunia olet?, S. 154 f.

1177 Vgl. BT-Drucksache 12/989, S. 27; 12/3533, S. 14.

1178 Nach diesem Grundsatz darf die Strafe das Maß der Schuld nicht überschreiten und ist dann ausgeschlossen, wenn der Grad der Schuld nicht bewiesen wird. Nach der Unschuldsvermutung bleibt der Beschuldigte straflos, wenn ihm die Merkmale des gesetzlichen Tatbestandes nicht zweifelsfrei nachgewiesen werden, vgl. BVerfGE 74, 371. Es stellt sich also die Frage, ob § 261 Abs. 5 StGB, der die Strafverfolgung in solchen Fällen ermöglicht, in denen sich der Vorsatz nicht zweifelsfrei beweisen lässt, mit diesem Grundsatz in Einklang steht. Die Bestrafung leichtfertigen Handelns ist allenfalls dann gerechtfertigt, wenn die Leichfertigkeit selbst als strafwürdig erscheint. Siehe dazu *Dionyssopoulou*, Der Tatbestand, S. 154 f.; *Höreth*, Die Bekämpfung, S. 150; *Lampe*, JZ 1994, S. 129; *Leip*, Der Straftatbestand, S. 147 ff.; *Roxin*, Strafrecht AT, Band 1, S. 56 f.; *Spiske*, Pecunia olet?, S. 155 f.

bekämpfen[1179]. Daneben wird kritisiert, dass die Bestrafung von Leichtfertigkeit bei Delikten, die mit dem Geldumlauf zu tun haben[1180], im Hinblick auf die Interesse des freien Wirtschaftsverkehrs eher unüblich erscheint[1181].

Weitere Einwände beziehen sich auf die Formulierung des § 261 Abs. 5 StGB, der wegen seines Wortlauts zu erheblichen Unsicherheiten für die Praxis, insbesondere in der Kreditwirtschaft führt[1182]. Es wird nämlich hervorgehoben, dass den Bankmitarbeitern damit auch ein bloß leichtsinniges Verhalten zur Last gelegt werden kann. In der deutschen Literatur hat sich dazu die Ansicht durchgesetzt, dass die Bankangestellten eher als die Mitarbeiter anderer Branchen Gefahr laufen, sich im Zuge ihrer Berufsausübung strafbar zu machen[1183]. Problematisch sind in erster Linie die Fälle, in denen ein Bankangestellter bei der Ausübung seiner täglichen Berufstätigkeiten in Gefahr gerät, mit geldwäschetauglichen Sachverhalten konfrontiert zu werden. Kennzeichnend für eine derartige Situation ist, dass der Bankangestellte, im Gegensatz zu einem „üblichen" Straftäter selbst nicht aktiv ist, sondern unfreiwillig in eine solche Rolle gebracht wird[1184].

Die in § 261 Abs. 1 StGB genannten Tathandlungen stellen relativ leicht als kriminell erkennbare Verhaltensweisen dar, die von berufstypischen Tätigkeiten der Bankangestellten deutlich abweichen. Anders sieht es aber im Falle der Tathandlungen gem. Absatz 2 der Geldwäschevorschrift aus. Insbesondere die dort genannten geldwäscheanfälligen Handlungsweisen können auch die gewöhnlich in einer Bank vorgenommenen Geldgeschäfte erfassen. Denn das Verschaffen von Wertpapieren oder die Annahme von Geldbeträgen stellen stets berufsspezifische Geschäftstätigkeiten der Bankmitarbeiter dar[1185]. Und für die Erfüllung des objektiven Tatbestands des § 261 Abs. 2 StGB reicht schon die bloße Annahme von Gegenständen bestimmter krimineller Herkunft und für den subjektiven Tatbestand des Absatzes 5 dieser Vorschrift schon das leichtfertige Nichterkennen dieser Herkunft aus. Somit entsteht die Gefahr, dass solche Verhaltensweisen, die sich ganz oder zumindest teilweise im Rahmen der bankspezifischen berufli-

---

[1179] Vgl. *Spiske*, Pecunia olet?, S. 153. Ähnlich *Höreth*, Die Bekämpfung, S. 154.

[1180] Bei klassischen Vermögensdelikten, wie z. B. Diebstahl, Betrug oder Untreue, ist nur die Vorsatzbestrafung vorgesehen.

[1181] Vgl. *Dionyssopoulou*, Der Tatbestand, S. 152 f.; *Flatten*, Zur Strafbarkeit von Bankangestellten, S. 111 f.; *Höreth*, Die Bekämpfung, S. 152.

[1182] So auch *Lang V./Schwarz/Kipp*, Regelungen, S. 226.

[1183] Vgl. z. B. *Löwe-Krahl*, wistra 1993, S. 123.

[1184] Vgl. *Lang V./Schwarz/Kipp*, Regelungen, S. 226; *Löwe-Krahl*, wistra 1993, S. 125.

[1185] Vgl. *Suendorf*, Geldwäsche, S. 265 f.

chen Tätigkeiten bewegen und einen Teil seiner ganz gewöhnlichen Berufsausübung darstellen, dem Geldwäschetatbestand unterfallen können.

Nach dem Geldwäschegesetz obliegt es den Bankangestellten, einen Bezug zwischen der vorzunehmenden Transaktion und einer potentiellen Geldwäschehandlung herzustellen[1186]. Genau dieser Umstand führt zu erheblichen Schwierigkeiten, die den Banken und Kreditinstituten Sorgen bereiten. Wegen der Reichweite des Geldwäschetatbestandes ist es für die strafrechtlich nicht ausgebildeten Bankangestellten praktisch unmöglich, im täglichen Geschäft stets eine zutreffende rechtliche Einordnung vorzunehmen[1187].
Darüber hinaus ist gerade dem Geld, wegen seiner Abstraktheit sowie seiner fehlenden Herkunftsmerkmale, und insbesondere, wenn es schon mehrmals „gewaschen" wurde, dieser deliktische Unsprung nicht ohne weiteres anzusehen[1188]. Schließlich gibt das Verhalten von Kunden häufig keine Anhaltspunkte für die Vermutung einer kriminellen Herkunft der gerade einzuzahlenden Geldbeträge.

In diesem Zusammenhang soll noch darauf hingewiesen werden, dass durch den Absatz 2 der deutschen Geldwäschevorschrift sowohl die Rechtspflege, als auch das durch die Vortat verletzte Rechtsgut geschützt werden sollen. Dem Bankangestellten kann es jedoch äußerst schwer fallen, etwas Auffälliges oder gar Verdächtiges bei einem äußerlich seriös wirkenden Kunden zu bemerken, sogar dann, wenn dieser beispielsweise im Drogenhandel tätig ist. Wenn dem Bankangestellten die illegale Tätigkeit einen solchen Kunden nicht bekannt ist, so entfällt beim ihm auch die diesbezügliche Strafbarkeit. Wenn er aber aufgrund des lediglich zufällig vorhandenen Wissens von den kriminellen Geschäftstätigkeiten dieses Kunden Kenntnis hat, so kann er bei äußerlich gleichem Verhalten einer Bestrafung unterliegen[1189]. Dabei ist jedoch der Zeitpunkt entscheidend, in welchem der Bankangestellte die Kenntnis über den deliktischen Ursprung erlangt hat. Beim nachträglich erlangten Wissen (*dolus subsequens*) macht er sich zwar nicht strafbar, aber es muss darauf hingewiesen werden, dass gerade bei Banktätigkeiten das von Kunden einzuzahlende Geld in der Regel nicht bei der Bank aufbewahrt, sondern weiter investiert bzw. ausgezahlt wird. In einem solchen

---

1186 Vgl. *Lang V./Schwarz/Kipp*, Regelungen, S. 230.

1187 Vgl. *Höreth*, Die Bekämpfung, S. 151 f.; *Lang V./Schwarz/Kipp*, Regelungen, S. 226; *Löwe-Krahl*, wistra 1993, S. 123; *Wójcik*, Prok. i Pr. 9/2005, S. 53.

1188 Von *Suendorf* wird dies als „Neutralität des Geldes" bezeichnet, siehe *Suendorf*, Geldwäsche, S. 266. Vgl. auch *Flatten*, Zur Strafbarkeit von Bankangestellten, S. 115; *Löwe-Krahl*, wistra 1993, S. 123.

1189 Siehe *Löwe-Krahl*, wistra 1993, S. 125.

Fall wird also von dem Bankmitarbeiter verlangt, weitere Handlungen vorzunehmen, die als geldwäschetauglich qualifiziert werden können. Und die nachträgliche Vornahme dieser Geldwäschehandlungen kann nunmehr die Strafbarkeit wegen Geldwäsche begründen.[1190]

Ein ähnliches Problem ist ebenfalls im Hinblick auf die Strafbarkeit der Auslandsvortaten gegeben. Für die Annahme der Strafbarkeit wegen Geldwäsche gemäß § 261 Abs. 8 StGB ist es ausreichend, wenn die bemakelten Gegenstände aus einer im Ausland begangenen Tat der in Absatz 1 des § 261 StGB bezeichneten Art stammen und wenn die Tat auch am Tatort mit Strafe bedroht ist. In den meisten Fällen wird jedoch dem Bankangestellten nicht klar sein, ob die von ihm vermutete Vortat im Ausland auch unter Strafe steht[1191]. Daher ist anzunehmen, dass der Schutz des durch die Vortat verletzten Rechtsguts bei derartigen Fallgestaltungen praktisch nicht möglich ist.

Ein weiteres Problem bildet die Tatsache, dass für die am Schalter stehenden Bankmitarbeiter in der Hektik der Geschäftstätigkeiten für eine hinreichende Bewertung jedes einzelnen Geschäftsvorgangs regelmäßig auch keine ausreichende Zeit gegeben sein wird[1192]. Es ist auch unmöglich, jeden Bankmitarbeiter zu verpflichten, die Herkunft des jeweiligen Geschäftsgegenstandes zu überprüfen. Dennoch wird nach der geltenden Gesetzeslage vom Bankpersonal verlangt, eine Entscheidung darüber zu treffen, unter welchen Umständen Geld als „schmutzig“ angesehen werden soll. Und eine leichtfertige Fehleinschätzung resultiert dabei dann in einer Strafbarkeit nach § 261 Abs. 5 StGB. Aufgrund unvollständiger Belehrung führt dies in mehreren Fällen schon bei geringsten Bedenken zu einer vorsorglichen Anmeldung von Verdachtsfällen seitens der Mitarbeiter zur eigenen Sicherheit. Diese Anmeldungen, soweit sie durch den Geldwäschebeauftragten in die Form einer Anzeige gebracht werden, stellen selbstverständlich keine brauchbaren Ermittlungsansätze für die Strafverfolgungsbehörden dar. Durch den Geldwäschetatbestand sollen die Strafverfolgungsmöglichkeiten zwar intensiviert werden. Im Ergebnis werden die Strafverfolgungsbehörden jedoch damit auch überlastet. Die Ausdehnung der Strafandrohung auf die Leichtfertigkeit bei der Geldwäsche kann somit zu einer übermäßigen Strafverfolgung führen, was den Wirtschaftsverkehr belastet und zugleich die mit dieser Regelung ursprünglich angestrebte Beweiserleichterung keineswegs fördert.

[1190] Vgl. *Höreth*, Die Bekämpfung, S. 145, 154.
[1191] Vgl. *Lang V./Schwarz/Kipp*, Regelungen, S. 227.
[1192] Vgl. *Flatten*, Zur Strafbarkeit von Bankangestellten, S. 113.

Darüber hinaus führt eine solche Situation zu einer fehlerhaften praktischen Umsetzung der Pflichten aus dem Geldwäschegesetz.

Berücksichtigt man die oben angeführten Argumente, so liegt der Schluss nahe, dass die Strafbarkeit der Leichtfertigkeit im Falle der Begehung einer Geldwäsche nicht zu begrüßen ist.

2. Argumente für eine Bestrafung bei Leichtfertigkeit

In erster Linie muss davon ausgegangen werden, dass der deutsche Gesetzgeber mit der gesetzlichen Erweiterung des Anwendungsbereichs der Geldwäschevorschrift jedenfalls nicht die Herbeiführung der Strafbarkeit unbeteiligter Bankangestellter bezweckte[1193]. Seine Zielsetzung betrifft vielmehr primär die Gewährleistung der Effektivität der Geldwäscheverfolgung sowie die Vermeidung von auftretenden Beweisschwierigkeiten[1194]. Aus einer sorgfältigen Analyse der Definition von Leichtfertigkeit bei der Geldwäsche folgt, dass die Schwelle zur Strafbarkeit gemäß § 261 Abs. 5 StGB erst dann überschritten wird, wenn ein Bankangestellter trotz festgestellter verdächtiger Tatsachen, bzw. trotz Vorliegens einiger auf die Geldwäsche hinweisender Indizien, eine Transaktion ohne weitere Überprüfung durchführt. Die Entgegennahme einer Einzahlung in Höhe von mehreren Tausend Euro unter hinsichtlich der Geldwäsche an sich unverdächtigen Umständen, bei der es sich jedoch um einen Umsatz aus einem Drogenhandel handelt, wovon der die Transaktion durchführende Bankangestellte keine Kenntnis hat, bedeutet nicht, dass automatisch eine Strafbarkeit des Bankangestellten wegen Leichtfertigkeit begründet ist, sogar wenn auf dieses Konto bisher nur geringwertige Geldsummen überwiesen wurden. Zuzugeben ist zwar, dass die Normierung des § 261 Abs. 5 StGB unter anderen auch solche Verhaltensweisen strafrechtlich sanktioniert, die sich im Rahmen der berufstypischen Banktätigkeiten halten. Das Risiko, als Bankmitarbeiter deswegen unter Strafe gestellt zu werden, ist jedoch nicht besonders hoch, insbesondere nicht höher als bei Vertretern anderer Berufsbranchen.

Hilfreich in diesem Bereich könnte die gesetzliche Feststellung einschlägiger Pflichtenrahmen sein. Die Idee wäre hier, bestimmte „Verdachtskataloge“ zu bilden, die die typischen geldwäscheanfälligen Situationen sowie feststehende Anforderungen und Anhaltspunkte für das Vorliegen ei-

---

1193 Am Rande ist zu erwähnen, dass die im Finanz- oder Kreditwesen angestellten Personen neben der strafrechtlichen Verantwortlichkeit auch ggf. zivilrechtlich für grob fahrlässiges Verhalten haften.

1194 Vgl. BT-Drucksache 12/989, S. 27; 12/3533, S. 14.

nes leichtfertigen Handelns schildern könnten[1195]. Der Nachteil liegt jedoch in der Unterschiedlichkeit und Unüberschaubarkeit der unterschiedlichen Geldwäschemethoden, so dass die Schaffung einer abschließenden Liste von geldwäscherelevanten Fallgestaltungen sowie die Definition aller Sorgfaltspflichten der Bankmitarbeiter, praktisch nicht als möglich erscheint[1196]. Dagegen spricht einerseits eine dadurch herbeigeführte Schematisierung der Anwendung, wodurch z. B. neue Methoden der Geldwäsche außer Acht gelassen werden könnten. Ferner kann die Gefahr bestehen, dass auch den potentiellen Geldwäschern eine solche Liste zugänglich wird, so dass sie sich insofern orientieren und die dort genannten Geldwäschemethoden nicht (mehr) praktizieren würden, sondern andere[1197].

3. Stellungnahme

Trotz aller kritischen Stimmen wird in dieser Untersuchung die Ansicht vertreten, dass es in der Gestaltung der Geldwäschenorm hinreichende Anhaltspunkte dafür gibt, die genauen Voraussetzungen für eine Strafbarkeit wegen Leichtfertigkeit hinsichtlich der illegalen Herkunftsquelle der Tatobjekte bei einer Handlung aus § 261 StGB feststellen zu können[1198]. Die Bedenken hinsichtlich der Verletzung des verfassungsrechtlichen Bestimmtheitsgrundsatzes sind somit letztlich nicht begründet. Außerdem erstreckt sich die Leichtfertigkeit nur auf das Nichterkennen des kriminellen Ursprungs der geldwäschetauglichen Gegenstände. Im Hinblick auf die Tathandlung bleibt das Vorsatzerfordernis bestehen. Die Anforderungen an

---

1195 So auch *Lang V./Schwarz/Kipp*, Regelungen, S. 230 f. Siehe ferner *Dionyssopoulou*, Der Tatbestand, S. 153; *Flatten*, Zur Strafbarkeit von Bankangestellten, S. 115; *Klippl*, Geldwäscherei, S. 116.

1196 Um den Bankangestellten das Erkennen der geldwäscherelevanten Fälle zu erleichtern, wurden vom Bundeskriminalamt und dem Zollamt in Zusammenarbeit mit dem Zentralen Kreditausschuss *Anhaltspunkte, die auf das Vorliegen einer Geldwäsche gem. § 261 StGB hinweisen können* erarbeitet. Dieses Dokument in der Fassung vom 30.09.2004 ist abrufbar unter: http://www.wgz-bank.de/servlet/PB/-s/e3gyos1p5185m1fxw1jufd6hde1myqz0e/show/1380070/D87.pdf. Abgedruckt bei *Hoyer/Klos*, Regelungen, S. 414 ff. Es wird jedoch hervorgehoben, dass diese Anhaltspunkte eher der Sensibilisierung der Bankangestellten dienen. Näher dazu *Flatten*, Zur Strafbarkeit von Bankangestellten, S. 115 f.; *Körner/Dach*, Geldwäsche, S. 36 f.; *Lang V./Schwarz/Kipp*, Regelungen, S. 231 ff. Zu Erwägungen bezüglich der Einführung derartiger Anhaltspunkte für die Bankmitarbeiter in Polen siehe allerdings *Sawicki*, Prokurator, 2/2006, S. 72.

1197 Vgl. *Dionyssopoulou*, Der Tatbestand, S. 153 f.; *Flatten*, Zur Strafbarkeit von Bankangestellten, S. 115 f.; *Lang V./Schwarz/Kipp*, Regelungen, S. 231; *Sawicki*, Prokurator, 2/2006, S. 72.

1198 Diese Problematik bildet auch den Gegenstand der Untersuchungen in Kapitel 4 § 4 der vorliegenden Untersuchung.

dem Geldwäschetatbestand in subjektiver Hinsicht bleiben daher insgesamt hoch. Weiterhin ist dem Geld gerade seine kriminelle Herkunft nicht anzusehen, so dass in der Praxis ohnehin nur extreme Ausnahmefälle der Leichfertigkeit erfasst werden[1199]. Das Risiko der übermäßigen Strafbarkeit der Bankangestellten ist dementsprechend eher gering. Überdies ist eine zusätzliche Reduzierung der Möglichkeit einer unbegründeten Bestrafung in Strafaufhebungs- und Strafmilderungsmöglichkeiten gemäß § 261 Abs. 9 und 10 StGB zu finden.

Mithin kann auch dem Einwand nicht zugestimmt werden, dass die Eingrenzungsfunktion, die dem subjektiven Tatbestand im Rahmen der weit gefassten Geldwäschenorm zukommt, durch die extensive Fassung des Begriffs einer Leichtfertigkeit bei der Geldwäsche beeinträchtigt wird. Gerade im Hinblick auf die Gefahr einer zu weitgehenden Auslegung des § 261 StGB hat der deutsche Gesetzgeber auf die Bestrafung wegen einfacher Fahrlässigkeit verzichtet und nur die leichtfertige Unkenntnis der kriminellen Herkunft von Tatobjekten einer Geldwäsche unter Strafe gestellt. Mit einer solchen Lösung wurde auch der Zielkonflikt zwischen der effektiven Strafverfolgung einerseits und der Sicherheit des freien Wirtschaftsverkehrs andererseits beseitigt[1200].

Ferner kann dem Argument, die Ausdehnung der Strafbarkeit allein aus den prozessualen Gründen, d. h. im Hinblick auf die Beweiserleichterung und auf die damit verbundene Ermöglichung der effektiven Strafverfolgung[1201], widerspreche dem verfassungsrechtlich geltenden Schuldprinzip und der Unschuldvermutung, entgegengehalten werden, dass das leichtfertige Verhalten der Bankmitarbeiter gegen bestimmte aus dem Geldwäschegesetz resultierende Pflichten verstößt und daher als materiell strafwürdig erscheint[1202]. Diese materielle Strafwürdigkeit ist mithin im Falle der Leichtfertigkeit bei der Geldwäsche durchaus gegeben. Strafwürdig handelt nämlich der Täter, der unter bestimmten, Verdacht erregenden Umständen eine große Menge Geld annimmt, es gegen erhebliche Provisionen täuscht oder Dienstleistungen zur Sicherung des Geldes erbringt und vermuten könnte, dass er mit seiner Handlung die Schwerstkriminalität unterstützt[1203].

An dieser Stelle muss jedoch erwähnt werden, dass die Pflichten aus dem Geldwäschegesetz sich nur auf bestimmte Berufsgruppen erstrecken.

1199 Vgl. *Suendorf*, Geldwäsche, S. 266.

1200 Vgl. *Hetzer*, NJW 1993, S. 3299.

1201 Diese Zielrichtung entspricht völlig der Intention des Gesetzgebers, vgl. BT-Drucksache 12/989, S. 27; 12/3533, S. 14.

1202 Vgl. dazu *Dionyssopoulou*, Der Tatbestand, S. 154; *Lampe*, JZ 1994, S. 129.

1203 Vgl. *Höreth*, Die Bekämpfung, S. 150; *Lampe*, JZ 1994, S. 129.

Dagegen existieren solche allgemein geltenden Pflichten, deren Nichtbeachtung einen materiellen Unrechtsgehalt statuieren könnte, nicht. Der Schuldgrundsatz kann somit infolge der Einführung der Geldwäschestrafbarkeit bei Leichtfertigkeit nur aus rein prozessualen Gründen beeinträchtigt werden. Dies ist insbesondere in solchen Fällen denkbar, in denen andere, nicht in den Täterkreis des Geldwäschegesetzes fallende Bürger aufgrund ihrer Oberflächlichkeit bzw. Unvorsichtigkeit zu Geldwäschern im Sinne von § 261 Abs. 5 StGB werden, soweit ihr Vorsatz nicht zweifelsfrei nachgewiesen werden kann[1204]. In einer solchen Situation kann ihnen aber die Regelung des § 261 Abs. 9 S. 1 StGB zugute kommen.

Auch weitere Kritikpunkte an der Einbeziehung der Leichfertigkeit vermögen letztlich nicht zu überzeugen. Der Vorwurf, dass bei anderen Anschlussdelikten bzw. bei anderen Vermögensdelikten nur das vorsätzliche Handeln mit Strafe bedroht wird, ist jedenfalls nicht überzeugend. Gerade durch § 261 Abs. 5 StGB bringt der Gesetzgeber zum Ausdruck, dass die bisherige Fassung der Straftatbestände der anderen Anschlussdelikte sowie der Vermögensdelikte das Phänomen der Geldwäsche nicht wirksam bekämpfen kann und er sich deshalb für die Einführung der Kriminalisierung auch der Leichtfertigkeit bei der Geldwäsche entschieden hat. Die eine Geldwäschehandlung ausführenden Personen hätte ansonsten die Möglichkeit, sich unter Berufung auf ihre Unkenntnis der Herkunft der erlangten Gegenstände einer Bestrafung zu entziehen[1205]. Darüber hinaus verfügt § 261 StGB auch über einen eigenständigen Unrechtsgehalt, was dazu führt, dass diese Norm sich schon deshalb von anderen Anschlusstaten unterscheidet[1206].

Folglich ist es festzuhalten, dass die Kriminalisierung der Leichtfertigkeit kein ungerechtfertigt erhöhtes Risiko für die Bankangestellten darstellt[1207]. Vielmehr ist sie nicht zuletzt aus pragmatischen Gründen unerlässlich. § 261 Abs. 5 StGB erscheint daher zumindest als rechtsstaatlich vertretbar und ist für die effektive Bekämpfung der Geldwäsche als notwendig und geboten anzusehen. Damit wird auch der ursprünglichen Intention des Gesetzgebers, mit der Geldwäschevorschrift zur Bekämpfung der organisierten Kriminalität beizutragen, angemessen Rechnung getragen, ohne den legalen Wirtschaftsverkehr über Gebühr zu beeinträchtigen und die daran beteiligten Personen einem zu großen Strafbarkeitsrisiko auszusetzen.

[1204] Vgl. *Dionyssopoulou*, Der Tatbestand, S. 154 f.; *Spiske*, Pecunia olet?, S. 155 f.

[1205] Vgl. BT-Drucksache 12/3533, S. 14. Siehe auch *Spiske*, Pecunia olet?, S. 155.

[1206] Vgl. BGHSt 43, 158. Siehe dazu auch *Braum*, Europäische Strafgesetzlichkeit, S. 538.

[1207] Vgl. *Körner/Dach*, Geldwäsche, S. 36 f.; *Suendorf*, Geldwäsche, S. 266. Anders *Klippl*, Geldwäscherei, S. 116 f.; *Werner*, Bekämpfung, S. 263 f.

II. Ausblick auf die Einführung der Kriminalisierung der Leichtfertigkeit bei der Geldwäsche in das polnische Strafrecht

Die vorstehende Analyse im Hinblick auf das deutsche Recht hat gezeigt, dass die Pönalisierung der Leichtfertigkeit bei der Geldwäsche im deutschen Strafrecht im Wesentlichen als ein geeignetes und auch aus rechtsstaatlicher Perspektive akzeptables Mittel für den Kampf gegen die Geldwäsche anzusehen ist. Den Gegenstand dieses Abschnitts bildet daher die Frage, ob es auch sinnvoll wäre, die Bestrafung wegen Leichtfertigkeit[1208] hinsichtlich der Herkunft der geldwäschetauglichen Tatobjekte im Falle der Begehung einer Straftat nach Art. 299 KK in das polnische Strafrecht einzuführen. Zunächst müssen jedoch die auffallenden Unterschiede nicht nur zwischen der polnischen und der deutschen Geldwäschenorm, sondern auch in der Gestaltung der Strafbarkeit wegen nicht vorsätzlich begangener Straftaten in Betracht gezogen werden.

Im polnischen Strafrecht wird im Rahmen eines subjektiven Tatbestands, neben dem Vorsatz (Art. 9 § 1 KK), zwischen dem Leichtsinn (*lekkomyślność*) und der Nachlässigkeit (*niedbalstwo*) unterschieden (Art. 9 § 2 KK). Dieser Vorschrift entsprechend liegt Leichtsinn dann vor, wenn der Täter die Tat, ohne den Vorsatz zu haben, sie zu begehen, infolge der Verletzung der unter den gegebenen Umständen erforderlichen Sorgfalt dennoch begeht, obwohl er die Möglichkeit ihrer Begehung vorausgesehen hat. Bei der Nachlässigkeit dagegen hätte der Täter die Möglichkeit der Tatbegehung nur voraussehen können, hat sie aber nicht vorausgesehen. Da die beiden Fahrlässigkeitsalternativen einen weiten Anwendungsbereich aufweisen, ist insofern der deutschen Literatur zuzustimmen, als mit der Ausdehnung des Anwendungsbereichs des Geldwäschetatbestandes auf die Strafbarkeit der fahrlässig begangenen Geldwäsche die Gefahr entstehen kann, praktisch auch sämtliche Fälle legaler Geschäftstätigkeiten unter Strafe zu stellen. Demzufolge sollten die Regelungen des Art. 9 § 2 KK auf die Fälle der fahrlässig begangenen Geldwäsche nicht anwendbar gemacht werden.

Folgt man weiterhin der deutschen Lösung, so stellt sich die Frage, ob im Rahmen des polnischen Strafrechts die Kriminalisierung der zivil-

---

[1208] Um mögliche Missverständnisse zu vermeiden, sollte m. E. für die hier diskutierte Problematik der bisher im polnischen Schrifttum in diesem Sinne nicht auftretende Begriff der *Leichtfertigkeit* (*niedbalstwo*) verwendet werden. Damit wird zum Ausdruck gebracht, dass dieser Begriff sich sowohl von der für die 1. Alternative des Art. 9 § 2 KK üblichen Bezeichnung des Leichtsinns (*lekkomyślność*), als auch von der im Zivilrecht verwendeten Konzeption der groben Fahrlässigkeit (*rażące niedbalstwo*) unterscheidet. Inhaltlich stimmt er mit der in § 261 Abs. 5 StGB verwendeten Formulierung von Leichtfertigkeit völlig überein. Näher dazu siehe weitere Erwägungen in diesem Abschnitt.

rechtlich verstandenen groben Fahrlässigkeit möglich ist. Wie schon mehrmals erwähnt, wird die Leichtfertigkeit nach § 261 Abs. 5 StGB im deutschen Schrifttum in Ansätzen mit dem zivilrechtlichen Begriff einer groben Fahrlässigkeit assoziiert[1209], wobei hinsichtlich der Vorhersehbarkeit des Taterfolgs allerdings subjektive Kriterien maßgeblich sind.

Ein durchaus vergleichbares Ergebnis lässt sich auch anhand des polnischen Rechts erarbeiten. Der im polnischen Zivilrecht vorhandene mit einer groben Fahrlässigkeit (*rażące niedbalstwo*) korrespondierende Begriff wurde zwar gesetzlich nicht näher definiert; er lässt sich aber mittelbar aus Art. 355 KC ableiten. Diese Regelung normiert nämlich die Bedeutung der erforderlichen Sorgfalt bei zivilrechtlichen Schuldverhältnissen. Danach ist der Schuldner verpflichtet, die in Verhältnissen der gegebenen Art erforderliche Sorgfalt zu beachten. Die Formulierung, dass es sich hier um die in konkreten Verhältnissen der gegebenen Art erforderliche Sorgfalt handeln muss, deutet darauf hin, dass für die Beurteilung der Einhaltung dieser Sorgfalt eine abstrakte und somit objektive Betrachtung des Charakters der konkreten Verhältnisse entscheidend ist[1210]. Die Normierung dieses Begriffes ist somit von grundlegender Bedeutung für die Bestimmung der Schuld eines Schuldners in der Form grober Fahrlässigkeit[1211].

Auf das Beispiel des Mitarbeiters einer Bank bezogen, bedeutet die zu einer Haftung wegen grober Fahrlässigkeit führende Verletzung der erforderlichen Sorgfalt, dass der Bankangestellte aufgrund seines Leichtsinns und seiner besonderen Achtlosigkeit in seinem berufsspezifischen Bereich tätig wird und dabei den Erfolgseintritt[1212] zulässt, bzw. seinen besonderen Berufspflichten nicht nachkommt. Stellt man diese Überlegungen den zur Regelung des Art. 9 § 2 KK entwickelten Grundsätzen gegenüber, so liegt der Schluss nahe, dass die zivilrechtliche grobe Fahrlässigkeit einen erhöhten Grad der Fahrlässigkeit nach Art. 9 § 2 KK darstellt. Da jedoch zur Begründung des Schuldvorwurfs im Strafrecht der Täter nach seinen persönlichen Fähigkeiten und Kenntnissen in der Lage sein muss, die objek-

---

1209 Dementsprechend liegt sie dann vor, wenn der Täter die sich ihm aufdrängende Möglichkeit der Tatbestandsverwirklichung aus besonderem Leichtsinn oder aus besonderer Gleichgültigkeit außer Acht lässt.

1210 Vgl. *Pietrzykowski*, (Hrsg.), Kodeks cywilny. Komentarz, Art. 355, Rn. 2 ff.

1211 Nach dem polnischen Zivilrecht wird die Haftung für grobe Fahrlässigkeit (*rażące niedbalstwo*) u. a. bei der Abwehr der drohenden Gefahr bei der Geschäftsführung ohne Auftrag (Art. 757 KC), bei der Begrenzung des Schadensersatzes beim Beförderungsvertrag (Art. 788 § 3 KC) oder beim Schadensersatz im Rahmen eines Speditionsvertrags (Art. 801 §§ 1, 3 KC) normiert.

1212 Mit dem Erfolgseintritt ist hier die Durchführung einer geldwäscheverdächtigen Transaktion gemeint.

tive Sorgfaltspflichtverletzung vermeiden zu können und die Tatbestandsverwirklichung vorauszusehen[1213], ist bei der Einschätzung der Möglichkeiten der Erfolgsabwendung nicht allein auf die im Zivilrecht üblichen objektiven Kriterien, sondern auch auf die subjektiven Fähigkeiten des Täters abzustellen. Anhand der obigen Erwägungen lässt sich somit annehmen, dass die Konstruktion der Strafbarkeit wegen einer dem Inhalt nach dem in § 261 Abs. 5 StGB bestimmten Begriff entsprechenden Leichfertigkeit im polnischen Strafrecht durchaus möglich ist.

Entsprechend der angenommenen Definition der Leichtfertigkeit ist sie einerseits als grobe Achtlosigkeit hinsichtlich der sich aufdrängenden Möglichkeit des Erfolgseintritts, anderseits als die Verletzung einer bedeutsamen Schutzpflicht zu verstehen. Für die Möglichkeit einer Bestrafung wegen Leichtfertigkeit ist demnach eine *Rechtsgrundlage* erforderlich, die eine derartige Pflicht begründet. Festzustellen ist deshalb, ob die polnischen Vorschriften eine solche Rechtsgrundlage beinhalten. In Betracht kommt hier das mehrmals erwähnte *Gesetz von 2000*[1214]. Es zielt gerade darauf ab, die Verpflichtungen der sich am Finanzverkehr beteiligenden Institutionen[1215] im Bereich der Sammlung sowie der Übermittlung von Informationen zu bestimmen (Art. 1). Ähnlich wie gemäß § 6 des deutschen GwG wurden nach dem polnischen Gesetz die Institutionen zur Registrierung von Transaktionen, deren Wert 15.000 Euro übersteigt, sowie aller geldwäscheverdächtiger Transaktionen verpflichtet (Art. 8). Laut Absatz 3 dieser Vorschrift wird die Registrierungspflicht schon dann begründet, wenn die Umstände der Transaktion darauf hinweisen, dass die Vermögenswerte aus illegalen oder nicht ermittelbaren Quellen stammen können, ohne Rücksicht auf den Wert dieser Transaktion und ihren Charakter.

Beim Vergleich der deutschen mit den polnischen Regelungen ergeben sich jedoch einige Unterschiede in Bezug auf die Anzeigepflicht. Während nach dem deutschen Geldwäschegesetz den Instituten die Anzeige von Verdachtsfällen direkt an die zuständigen Strafverfolgungsbehörden obliegt, ist laut Art. 11 Abs. 1 des polnischen *Gesetzes von 2000* der *Generalinspekteur der Finanzinformation*[1216] über geldwäscheverdächtige Transaktionen sowie über Transaktionen, deren Wert 15.000 Euro übersteigt, zu benachrichtigen. Erst dem *Generalinspekteur* steht die Kompetenz zu, im Falle einer

[1213] Vgl. z. B. *Lackner/Kühl*, StGB-Kommentar, § 15, Rn. 49.

[1214] Vgl. Fn. 5.

[1215] Sie wurden als sog. verpflichtete Institutionen bezeichnet, siehe Art. 2 Abs. 1 des *Gesetzes von 2000*.

[1216] Näher zu diesem Staatsorgan vgl. Kapitel 3 § 3 Punkt IV. 3. der vorliegenden Untersuchung. Zu seinen Kompetenzen siehe Art. 3 f. des *Gesetzes von 2000*.

begründeten Anmeldung den Strafverfolgungsbehörden eine Verdachtsanzeige zu erstatten (Art. 18 Abs. 1). Dem *Generalinspekteur* obliegt weiterhin auch die Kontrolle, ob die sog. verpflichteten Institutionen den ihnen durch dieses Gesetz auferlegten Pflichten im Bereich der Verhinderung der Einführung der aus illegalen oder nicht ermittelbaren Quellen stammenden Vermögenswerte in den Finanzverkehr oder der Finanzierung des Terrorismus nachkommen (Art. 21 Abs. 1).

Weitere Verpflichtungen finden sich in dem mit § 14 GwG korrespondierenden Art. 28 des *Gesetzes von 2000*. Dieser Vorschrift entsprechend obliegt es den sog. verpflichteten Institutionen, interne Sicherungsmaßnahmen im Bereich der Verhinderung der Einführung der aus illegalen oder nicht ermittelbaren Quellen stammenden Vermögenswerte in den Finanzverkehr und der Finanzierung des Terrorismus zu schaffen. Laut dieser Regelung sollen sich diese Sicherungsmaßnahmen insbesondere auf die Erfüllung der Identifizierungs- und Aufbewahrungspflichten, auf die Benennung der für die Realisierung der durch das Gesetz bestimmten Pflichten verantwortlichen Personen sowie auf die Organisation verschiedener auf die Identifizierung von geldwäscheanfälligen Transaktionen gerichteten Schulungen für die Mitarbeiter dieser Institutionen erstrecken.

Bei diesen Regelungen ist es jedoch problematisch, dass die dort genannten Verpflichtungen den sog. verpflichteten Institutionen selbst, nicht jedoch ihren Mitarbeitern auferlegt werden. Unter die Regelungen des polnischen Strafgesetzbuchs (KK) fallen dagegen ausschließlich natürliche Personen. Ebenso wie bei dem deutschen Geldwäschegesetz stellt sich hier also die Frage, ob die in dem *Gesetz von 2000* verankerten Verpflichtungen sich auch auf die in diesen Institutionen eingestellten natürlichen Personen erstrecken können. Das Problem lässt sich jedoch relativ leicht über die Normierungen des *Gesetzes über die Verantwortlichkeit von Kollektivsubjekten für die unter Strafe verbotenen Taten*[1217] lösen. Laut Art. 3 Abs. 1 dieses Gesetzes ist die Strafbarkeit von Kollektivsubjekten[1218] dann zu bejahen, wenn eine natürliche Person im Namen oder im Interesse des Kollektivsubjektes oder im Rahmen der ihm eingeräumten Befugnisse, in Vertretung des Kollektiv-

[1217] Ustawa o odpowiedzialności podmiotów zbiorowych za czyny zabronione pod groźbą kary (*Gesetz über die Verantwortlichkeit von Kollektivsubjekten für die unter Strafe verbotenen Taten*) vom 28.11.2003, Dz. U. (*Gesetzblatt*) 2003, Nr. 197, Pos. 1661. Zu diesem Gesetz siehe *Weigend E./Namysłowska-Gabrysiak*, ZStW 116 (2004), S. 541 ff.

[1218] Unter den Begriff fallen juristische Personen, Organisationseinheiten ohne Rechtspersönlichkeit, Unternehmer, die keine natürlichen Personen sind, sowie ausländische Organisationseinheiten, vgl. Art. 2 des *Gesetzes über die Verantwortlichkeit von Kollektivsubjekten für die unter Strafe verbotenen Taten*.

subjekts bei Entscheidungen oder Maßnahmen der internen Überwachung oder in Überschreitung dieser Befugnisse handelt und eine Straftat begeht. Demnach ist diese von der im Namen oder im Interesse des Kollektivsubjekts handelnden Person begangene Straftat mit einer Tat des Kollektivsubjekts gleichzustellen[1219]. Angesichts dieser Regelungen lässt sich somit annehmen, dass die durch das *Gesetz von 2000* normierten Verpflichtungen sich zumindest indirekt auch auf die einzelnen Mitarbeiter der sog. verpflichteten Institutionen beziehen. Eine weitere Begründung für diese Auffassung ist auch in Art. 11 Abs. 4 und 5 des *Gesetzes von 2000* zu finden, wo zur Verdachtsanzeige sogar direkt bestimmte natürliche Personen[1220] verpflichtet werden. Weiterhin lässt sich dies auch aus Art. 35 und Art. 36 des *Gesetzes von 2000* ableiten, wonach die strafrechtliche Verantwortlichkeit einer im Namen oder im Interesse der sog. verpflichteten Institution handelnden Person, nicht jedoch der Institution selbst, für die Nichtbeachtung der durch das Gesetz auferlegten Verpflichtungen geregelt wurde[1221]. Eine hinreichende Grundlage für die Begründung des Vorhandenseins einer bedeutsamen Schutzpflicht auch des einzelnen Bankangestellten ist damit im polnischen Recht durchaus vorhanden.

Abschließend muss aber noch untersucht werden, ob die Einführung der Kriminalisierung der Leichtfertigkeit im Hinblick auf die deliktische Herkunft von geldwäscheanfälligen Vermögensgegenständen in das polnische Strafrecht rechtsstaatlichen Anforderungen gerecht würde. Trotz der bereits angestellten Überlegungen, die dazu geführt haben, dass die Ausdehnung des Anwendungsbereichs der Geldwäschevorschrift auf leichtfertige Handlungen grundsätzlich begrüßenswert und mit keinem ungerechtfertigen Risiko für die fraglichen Berufsgruppen verbunden wäre, muss an dieser Stelle noch geprüft werden, ob die Ausgestaltung der polnischen Geldwäschenorm die Einführung einer mit Absatz 5 des § 261 StGB vergleichbaren Regelung einerseits zulässt und andererseits auch eine geeignete Grundlage für die Bekämpfung des Phänomens der Geldwäsche schafft.

Bei der polnischen (weit gefassten) Geldwäschevorschrift geht es nämlich einerseits um den Vorgang der Geldwäsche selbst (§§ 1, 2, 5, 6) und andererseits um die Nichtbeachtung der mit der Verhinderung dieses Phänomens verbundenen Verpflichtungen durch einen Mitarbeiter eines Finanz- oder Kreditinstituts bzw. einer anderen unter diese Norm fallenden Institution

---

1219 Vgl. *Weigend E./Namysłowska-Gabrysiak*, ZStW 116 (2004), S. 546.

1220 Im Gesetz werden explizit erwähnt: Notare, Rechtsanwälte, Rechtsberater, ausländische Juristen, Wirtschaftsprüfer sowie Steuerberater.

1221 Ausführlich dazu *Zawłocki*, MP 9/2004, S. 404 ff.

(§§ 3, 4). Zu untersuchen ist daher, ob überhaupt ein dringender Bedarf nach einer gesetzlichen Ausdehnung des Anwendungsbereichs des Art. 299 KK durch Herabsetzung der Erfordernisse im subjektiven Tatbestandsbereich besteht. Die Analyse der bereits jetzt im polnischen Recht auf diesem Gebiet geltenden Regelungen[1222] hat allerdings gerade gezeigt, dass sie nur in einem begrenzten Ausmaß der effektiven Bekämpfung des Phänomens der Geldwäsche dienen und nur teilweise die bereits bestehenden europäischen Vorgaben in diesem Bereich berücksichtigen.

Wie schon ausgeführt, kann die Straftat einer Geldwäsche nach polnischem Recht nur vorsätzlich begangen werden[1223]. Dies folgt direkt aus Art. 8 KK, wonach ein Vergehen bei fahrlässiger Begehung nur dann bestraft werden kann, wenn das Gesetz die fahrlässige Begehungsart ausdrücklich unter Strafe stellt. Zwar sind alle in Art. 299 KK genannten Straftaten als Vergehen einzustufen[1224]; der polnische Gesetzgeber hat hier jedoch auf die Pönalisierung der Fahrlässigkeit verzichtet. Zu betonen ist allerdings, dass das Vorsatzerfordernis sich nur auf die *Geldwäschehandlung* selbst bezieht. Hinsichtlich der Herkunft der geldwäschetauglichen Vermögenswerte wird das vorsätzliche Handeln nur im Falle der Ausführung einer der Tathandlungen gemäß § 1 der polnischen Geldwäschenorm vorausgesetzt. Bei der Verwirklichung weiterer Geldwäschetatbestände ist diese Voraussetzung nicht vorhanden.

Nach der Regelung des Art. 299 § 1 KK ist mithin nur derjenige zu bestrafen, dem bei der Tatausführung der kriminelle Ursprung eines der in dieser Norm genannten Tatobjekte bekannt war. Auf das Beispiel der Abwicklung einer geldwäscheverdächtigen Transaktion durch einen Bankmitarbeiter bezogen, wäre hier folgende Situation als Beispiel zu nennen: Der Bankmitarbeiter nimmt eine Einzahlung eines bestimmten Geldbetrag entgegen, von dem er weiß bzw. billigend in Kauf nimmt, dass die Geldsumme aus einem Drogengeschäft stammt. Die bei dieser Vorschrift hoch gestellten Anforderungen in subjektiver Hinsicht könnten also durchaus mittels der Normierung der Bestrafung wegen Leichtfertigkeit bei der Geldwäsche herabgesetzt werden.

Schwierigkeiten bestehen jedoch im Hinblick auf eine solche Ausdehnung auf die weiteren in Art. 299 KK bezeichneten Geldwäschetatbestände.

1222 Vgl. Kapitel 3 § 3 der vorliegenden Untersuchung.

1223 Vgl. z. B. *Wróbel*, in: *Zoll* (Hrsg.), S. 359. Näher siehe Kapitel 4 § 4 Punkt II. der vorliegenden Untersuchung.

1224 Nach Art. 7 § 3 KK ist ein Vergehen eine verbotene Tat, die mit Geldstrafe von mehr als dreißig Tagessätzen, Freiheitsbeschränkungsstrafe oder Freiheitsstrafe von mehr als einem Monat bedroht ist.

Dies ist insofern bedeutsam, als diese Regelungen sich gerade auf die strafrechtliche Verantwortlichkeit der Bankangestellten für die im Rahmen ihrer berufsspezifischen Tätigkeiten vorgenommenen Handlungen beziehen. Diese Problematik eignet sich daher am besten, um die Angemessenheit der Strafbarkeit auch von nicht vorsätzlich begangenen Geldwäschehandlungen zu prüfen.

Zunächst muss noch einmal betont werden, dass im Falle der in Art. 299 §§ 2, 3 KK bezeichneten Straftaten Vorsatz bezüglich der Kenntnis der illegalen Herkunft der Tatobjekte nicht explizit gefordert wird[1225]. Die Bestrafung wegen Geldwäsche ist hier also auch dann möglich, wenn der Täter gar keine Vorstellung über den strafbaren Ursprung der Vermögensgegenstände besitzt; dies auch nicht für möglich hält. Der insofern weit gefasste subjektive Tatbestand ist jedoch nicht uneingeschränkt. Zunächst wird ja das vorsätzliche Handeln hinsichtlich der Tathandlung verlangt. Dieses Erfordernis wird ferner noch mit einer weiteren Voraussetzung im subjektiven Bereich ergänzt. Von dem Täter wird nämlich das Bewusstsein hinsichtlich bestimmter Umstände der Ausführung der Tathandlung verlangt. Gemeint sind hier die Umstände, die einen begründeten Verdacht erwecken, dass die den Gegenstand einer Transaktion bildenden Vermögenswerte[1226] Tatobjekte der in Art. 299 § 1 KK bezeichneten Art darstellen. Hinsichtlich der Umstände muss der Täter also zumindest mit bedingtem Vorsatz handeln. Wie früher bereits erwähnt, wurde der Begriff dieser Umstände im Gesetz nicht näher definiert[1227]. Man geht davon aus, dass in diesem Falle die Berufserfahrung der Mitarbeiter der sog. verpflichteten Institutionen maßgeblich ist. Die negative Beurteilung muss jedoch nach objektiven Kriterien erfolgen, und zwar ohne Rücksicht darauf, ob die konkrete Situation auch nach der subjektiven Ansicht des Mitarbeiters als verdächtig eingestuft wird. Mit dieser Regelung werden somit alle Fälle umfasst, die nach allgemeiner Würdigung den Geldwäscheverdacht erwecken. Ohne Bedeutung bleibt dabei, ob sich dieser Verdacht auch in der Wirklichkeit realisiert, d. h., ob das Tatobjekt wirklich eine deliktische Herkunft aufweist.

1225 Für den Straftatbestand gem. § 4 ist diese Problematik ohne Bedeutung, da er sich ausschließlich auf die Nichtbeachtung der Verpflichtung zur Benennung einer bestimmten Person bezieht und deshalb die hier zu behandelnde Problematik der strafrechtlichen Verantwortlichkeit der Bankangestellten für die im Rahmen ihrer beruflichen Tätigkeiten ausgeführten Transaktionen nicht erfasst.

1226 Kurz zu erwähnen ist nochmals, dass im Falle einer Tathandlung gem. Art. 299 § 2 KK nur Geld oder andere Devisenwerte in Betracht kommen.

1227 Vgl. dazu Kapitel 4 § 3 Punkt IV. 2. B. c) der vorliegenden Untersuchung.

Betrachtet man detailliert die Ausgestaltung der Tatbestandsalternativen des Art. 299 §§ 2, 3 KK, so stellt sich heraus, dass die Einführung der Strafbarkeit wegen Leichtfertigkeit bezüglich der illegalen Herkunftsquelle von geldwäschetauglichen Tatobjekten für diese Fälle gar nicht notwendig ist. Dies wäre auch aus systematischen Gründen sehr bedenklich, da das Handeln bei anderen, den begründeten Geldwäscheverdacht erweckenden Umständen, eine der möglichen geldwäscheanfälligen Handlungsweisen darstellt, bezüglich deren Vorsatz vorausgesetzt wird.

In dieser Arbeit wird daher die These vertreten, dass der Anwendungsbereich der beiden Straftatbestände (Art. 299 §§ 2 und 3 KK), trotz der hoch gestellten Anforderungen in subjektiver Hinsicht, für die effiziente Bekämpfung der Geldwäsche ausreichend weit gefasst ist. Und dies insbesondere deshalb, weil diese anspruchsvollen Anforderungen des vorsätzlichen Handelns sich letztlich nur auf die Tathandlung erstrecken. Die Kenntnis des kriminellen Ursprungs der Tatobjekte gehört bei diesen Straftatbeständen nicht zu den subjektiven Tatbestandsmerkmalen, was zur Folge hat, dass nicht nur eine diesbezügliche Leichtfertigkeit, sondern auch bloße Fahrlässigkeit die Strafbarkeit wegen Geldwäsche unberührt lässt. Eine solche extensive Fassung der beiden Tatbestandsalternativen kann sogar gewisse Zweifel darüber hervorrufen, ob der Verzicht auf das Kenntniserfordernis hinsichtlich der Herkunftsquelle nicht in einer übermäßigen Strafbarkeit der Mitarbeiter der sich am Finanzverkehr beteiligenden Institutionen resultieren kann. Dem ist jedoch entgegenzuhalten, dass mit einer solchen Formulierung der Geldwäschenorm gerade die polnische Konzeption des Geldwäscherechtsguts zum Ausdruck gebracht wird. Den Erwägungen im diesbezüglichen Bereich folgend[1228], ist das primär geschützte Rechtsgut in dem korrekten Funktionieren des Wirtschaftsverkehrs zu sehen, wofür die Bedeutung der Finanz- und Kreditinstitutionen nicht unterschätzt werden darf.

Abschließend lässt sich daher sagen, dass die Konzeption des deutschen Gesetzgebers, auch die Leichtfertigkeit bei der Geldwäsche unter Strafe zu stellen, aus rechtsstaatlicher Sicht sich nur in einem begrenzten Ausmaß auf die polnische Geldwäschenorm übertragen lässt. Eine derartige Ausdehnung der Strafbarkeit ist ausschließlich für den Straftatbestand des Art. 299 § 1 KK denkbar. Bei allen anderen in Art. 299 KK normierten Geldwäschealternativen wäre dies eher als eine Einschränkung im subjektiven Tatbestandsbereich anzusehen.

[1228] Vgl. näher Kapitel 4 § 2 Punkt II. der vorliegenden Untersuchung.

Darüber hinaus ist noch zu erwähnen, dass ein solches Ausdehnungspostulat ohnehin nur im Hinblick auf die mögliche Änderung der nationalen (hier: der polnischen) Geldwäschenorm geäußert werden kann. Bezüglich der unionsrechtlichen Vorschriften dürfen derartige Forderungen schon deshalb nicht aufgestellt werden, weil eine europäische Normierung der subjektiven Tatbestandsmerkmale über den Bereich einer zulässigen Regelung der Geldwäsche hinausgehen würde. Denn darin läge ein Eingriff in die Bereiche des Allgemeinen Teils nationaler Strafrechtssysteme, wofür dem europäischen Gesetzgeber grundsätzlich (noch) keine Kompetenz zusteht[1229].

§ 3. Strafbarkeit der Strafverteidiger wegen Geldwäsche

I. Darstellung der Problematik

Die Problematik der Annahme von Verteidigerhonoraren im Zusammenhang mit der Geldwäsche ist im Gesetzgebungsverfahren nicht explizit behandelt worden. Verglichen wird sie manchmal mit der Situation der üblichen Geschäftsvorfälle[1230]. Sie ist jedoch auch insofern von Bedeutung, als bei der Geldwäsche zunehmend auf Unternehmen außerhalb des Finanzsektors zurückgegriffen wird, wobei auch Rechtsanwälte und Notare der Gefahr ausgesetzt sind, von ihren Mandanten zu Geldwäschezwecken missbraucht zu werden[1231].

[1229] Die europäischen Regelungen im Allgemeinen Teil des Strafrechts können jedoch in völkerrechtlich bindender Form, beispielsweise durch Konventionen oder andere völkerrechtliche Abkommen, festgelegt werden, vgl. näher *Vogel*, JZ 1995, S. 334 ff.

[1230] Gemeint sind hier die sozialadäquaten Geschäftsvorfälle, die in der ursprünglichen Entwurfsfassung der Geldwäschevorschrift (§ 261 Abs. 3 E StGB, vgl. BT-Drucksache 11/7663, S. 7, 27) von der Geldwäschestrafbarkeit ausgenommen waren, und zwar mit folgender Formulierung: „Geldmittel oder andere Vermögenswerte, mit denen eine kraft Gesetzes geschuldete oder anfallende Leistung bzw. eine Gegenleistung für Sachen oder Dienstleistungen des täglichen Bedarfs, die zur Bestreitung des notdürftigen Unterhalts erforderlich sind oder der Gebrauch solcher Sachen bewirkt wird oder worden ist“. Zu einzelnen Beispielen siehe *Arzt*, NStZ 1990, S. 3 f. Zur Problematik der sozialadäquaten Handlungen siehe *Balzer*, Die berufstypische Strafbarkeit, S. 25 f.; *Barton*, StV 1993, S. 156 ff.; *Götz H./Windholz*, AnwBl 2000, S. 645; *Katholnigg*, NJW 2001, S. 2042; *Otto*, JZ 2001, S. 436 ff. Ferner vgl. auch *Braum*, Europäische Strafgesetzlichkeit, S. 539; *Hefendehl*, Kann und soll der Allgemeine Teil bzw. das Verfassungsrecht missglückte Regelungen des Besonderen Teils retten?, in: Roxin – FS, S. 147 ff.

[1231] Das Ausmaß und der Inhalt der Gefährdung, die für Rechtsanwälte, Steuerberater, Notare und Wirtschaftsprüfer von der Geldwäsche ausgeht, wurde im Rahmen einer Untersuchung des Max Planck Instituts für ausländisches und internationales Strafrecht, die vom Justizministerium in Auftrag gegeben worden war, im Detail aufgearbeitet. Der Bericht ist abrufbar unter: http://www.bmj.bund.de/media/archive/878.pdf. Siehe auch Financial Action Task Force on Money Laundering, Report on Money Laundering Typologies 2000-2001, FATF-XII vom 01.02.2001, S. 12 ff.

1. Problemlage

In erster Linie muss betont werden, dass die verfassungsrechtliche Aufgabe des Strafverteidigers im Schutz von Beschuldigteninteressen besteht[1232]. Indem der Verteidiger durch seine Berufstätigkeit, d. h. durch die Verteidigung des Mandanten seine Rechte wahrnimmt, kommt er verfassungsrechtlichen Vorgaben nach[1233]. Die Erfüllung dieser Aufgabe muss sich jedoch auf der Tatbestandsebene auswirken. Schwierigkeiten in diesem Bereich ergeben sich jedoch insofern, als bei wörtlicher Anwendung des § 261 StGB der Strafverteidiger bei der Aufnahme einer Wahlverteidigung[1234] dem Risiko unterliegt, selbst in Geldwäscheverdacht zu geraten. Noch komplizierter wird die Situation durch weitreichende Probleme des Geheimnisverrats, wenn der Verteidiger einen Geldwäscheverdacht im Hinblick auf sich oder seinen Mandanten melden müsste, um für sich selbst Straflosigkeit oder zumindest eine Strafmilderung zu erreichen. Dies kann dazu führen, dass von dem Verteidiger und von dem Mandanten entgegengesetzte Interessen verfolgt werden[1235]. Aus diesem Grunde ist die Inanspruchnahme von Strafverteidigern zur Überwachung ihrer eigenen Mandanten verfassungspolitisch und verfassungsrechtlich durchaus bedenklich.

In diesem Zusammenhang ergeben sich unterschiedliche Kollisionsfälle zwischen Strafverteidigung und Geldwäsche. Einerseits kann es um die Einzahlungen gehen, die ein Strafverteidiger für seinen Mandanten vornimmt, andererseits auf die Vereitelung des Auffindens von geldwäscherelevanten Gegenständen durch Handlungen des Verteidigers in der Zeit des Mandats[1236]. Wichtig ist dabei, dass es für den einer Geldwäsche verdächtigen Strafverteidiger nicht darauf ankommt, wegen welcher Taten er verteidigt, sondern aus welchen Taten das angenommene Honorar stammt[1237]. Somit ist hier als geldwäschetaugliches Tatobjekt in erster Linie an Geld zu denken. Der Strafverteidiger muss dabei diesen geldwäschetauglichen Vermögensgegenstand einer konkreten Vortat seines Mandanten zuordnen. Dies wird oftmals insofern schwierig, als nicht nur inländische Taten, sondern auch die im Ausland begangenen Taten (vgl. § 261 Abs. 8 StGB) als taugliche Vortaten von Relevanz sind.

1232 Zu den Aufgaben des Strafverteidigers siehe näher z. B. *Wolf*, Das System, S. 13 ff.

1233 Vgl. *Winkler K.*, Strafbarkeit des Strafverteidigers, S. 285 f.

1234 Näher zu der Wahlverteidigung siehe z. B. *Wolf*, Das System, S. 210 ff.

1235 Vgl. *Balzer*, Die berufstypische Strafbarkeit, S. 445 ff.; *Winkler K.*, Strafbarkeit des Strafverteidigers, S. 168.

1236 Vgl. *Winkler K.*, Strafbarkeit des Strafverteidigers, S. 169.

1237 Ebenso *Gotzens/Schneider*, wistra 2002, S. 121.

2. Der Strafverteidiger und das Strafbarkeitsrisiko wegen Geldwäsche

In Bezug auf die Geldwäschestrafbarkeit ist für den Strafverteidiger vor allem der Tatbestand des § 261 Abs. 2 Nr. 1 StGB problematisch, der grundsätzlich die Bestrafung der Annahme des vertraglich vereinbarten Honorars wegen Geldwäsche ermöglicht. Dagegen wirft der Absatz 1 der Geldwäschenorm offensichtlich weniger Probleme auf, weil die Struktur der Tatbestandsmerkmale, insbesondere des Verbergens und des Verschleierns, die Honorarannahme nicht umfasst[1238].

In Betracht kommen hier also primär solche Fälle, in denen der Verteidiger sein Honorar von einem Mandanten, der eine Katalogvortat i. S. d. § 261 Abs. 1 StGB begangen hat, annimmt. Bei dieser Tatbestandsmodalität handelt tatbestandsmäßig, wer die tatsächliche Verfügungsgewalt über den Gegenstand zu eigenen Zwecken erlangt oder einem Dritten vermittelt[1239]. Dieser Tatbestand ermöglicht es daher, auch den Geschäftspartner einer Person, die über bemakelte Vermögensgegenstände verfügt, wegen Geldwäsche zu bestrafen. In diesem Zusammenhang sind der Gefahr einer Bestrafung insbesondere solche Personen ausgesetzt, die im häufigen geschäftlichen Kontakt mit Straftätern stehen, darunter auch die Strafverteidiger, da aus jedem Wahlmandat gewisse Honorarforderungen des Verteidigers gegenüber seinem Mandanten entstehen. Mit der Honorarannahme erlangt der Strafverteidiger die Verfügungsgewalt über die Geldmittel. Wenn diese Mittel in einem Zusammenhang mit einer Katalogvortat stehen, so erfüllt er bereits durch die Entgegennahme des Honorars, das ihm vertragsgemäß zusteht, den Geldwäschetatbestand des § 261 Abs. 2 Nr. 1 StGB.[1240]

Das Strafbarkeitsrisiko besteht hier grundsätzlich unabhängig davon, ob die Honorierung in bar oder per Überweisung erfolgt, sowie unabhängig davon, ob sie als Vorschuss oder nach der Beendigung des Mandats gezahlt wird. Die Annahme von inkriminiertem Geld auf eigene Rechnung als Honorar (Sich-Verschaffen) bzw. auf fremde Rechnung als Treuhandverwahrung (Verwahren) begründet eine Strafbarkeit des Verteidigers, wenn er den illegalen Ursprung des Geldes gekannt oder ihn zumindest für möglich gehalten und gebilligt hat. Noch komplizierter wird es jedoch im Hinblick auf die Bestrafung bei Leichtfertigkeit i. S. v. Absatz 5 des § 261 StGB. Aus

---

[1238] Vgl. *Balzer*, Die berufstypische Strafbarkeit, S. 240; *Bussenius*, Geldwäsche, S. 33 ff.; *Götz H./Windholz*, AnwBl 2000, S. 642.

[1239] Diese Definition entspricht den zum Hehlereitatbestand entwickelten Grundsätzen, siehe näher Kapitel 4 § 3 Punkt IV. 3. der vorliegenden Untersuchung.

[1240] Vgl. *Balzer*, Die berufstypische Strafbarkeit, S. 245 f.; *Bussenius*, Geldwäsche, S. 22 f.

dieser Regelung können sich nämlich schwerwiegende Konsequenzen für den professionellen Strafverteidiger ergeben, die in einer erheblichen Ausweitung des Strafbarkeitsrisikos für ihn zu resultieren drohen[1241]. Und dies insbesondere deshalb, weil der Strafverteidiger im Gegensatz zu anderen möglichen Geschäftspartnern der Straftäter, in den meisten Fällen über die Einnahmequellen seines Mandanten informiert ist. Dieses Sonderwissen kann also leicht zu seinen Lasten gehen, wodurch der Vorwurf der Leichtfertigkeit im Sinne von Absatz 5 des § 261 StGB entstehen kann. Darüber hinaus kann schon durch die Einleitung von Ermittlungen gegen einen Strafverteidiger sein Ruf erheblich geschädigt werden[1242]. Die Strafverfolgungsmaßnahmen treffen ihn daher in besonders schwerem Maße.

An dieser Stelle muss jedoch hervorgehoben werden, dass der Strafverteidiger eine Vertrauensperson seines Mandanten ist. Er darf daher auf die Richtigkeit der Informationen seines Mandanten grundsätzlich vertrauen und von seiner Unschuld ausgehen[1243]. Allerdings verfügt er oft über ein Sonderwissen bezüglich seines Mandanten. Er ist aber nicht zu grundlosem Misstrauen und etwaigen Nachforschungen verpflichtet. Dies wäre für den Strafverteidiger unzumutbar und manchmal sogar nicht einmal möglich. Ferner könnte dadurch das Entstehen eines Vertrauensverhältnisses zwischen dem Anwalt und seinem Mandanten wegen des sich aus dieser Handlung ergebenden Misstrauens verhindert werden.[1244]

[1241] Vgl. *Balzer*, Die berufstypische Strafbarkeit, S. 248; *Burmeister/Uwer*, AnwBl 2004, S. 205; *Bussenius*, Geldwäsche, S. 23; *Müther*, Jura 2001, S. 320; *Otto*, JZ 2001, S. 439; *Winkler K.*, Strafbarkeit des Strafverteidigers, S. 170; *Wohlers*, JZ 2004, S. 678.

[1242] Gemeint sind hier in erster Linie die Fälle der Aufnahme von Ermittlungen, in deren Rahmen zu beurteilen ist, ob der beschuldigte Strafverteidiger von der geldwäschetauglichen Vortat hätte Kenntnis haben können. Den Berufsverteidiger kann in diesem Fall seine Erfahrung belasten, während ein unerfahrener Verteidiger sich üblicherweise mangels entsprechender Erfahrung weniger Gedanken über die Herkunft von Geldern seiner Mandanten macht. Es entsteht somit die Gefahr des erhöhten Strafbarkeitsrisikos gerade als Folge der Professionalität des Verteidigers. Von dem langjährigen Strafverteidiger kann wegen seiner Berufserfahrung erwartet werden, dass er die illegale Herkunft erkennt bzw. leicht erkennen kann. Ist dies nicht der Fall, dann hat dies Auswirkungen sowohl auf die Annahme bzw. Fortführung des Mandats als auch auf seine berufliche Reputation. Dies kann sogar zur Gefährdung des Instituts einer Wahlverteidigung führen, vgl. *Balzer*, Die berufstypische Strafbarkeit, S. 247 f.; *Nestler*, StV 2001, S. 647; *Winkler K.*, Strafbarkeit des Strafverteidigers, S. 170, 237.

[1243] Vgl. *Schmidt*, JR 2001, S. 451; *Winkler K.*, Strafbarkeit des Strafverteidigers, S. 212 f.

[1244] Vgl. *Ambos*, JZ 2002, S. 72; *Balzer*, Die berufstypische Strafbarkeit, S. 446; *Müther*, Jura 2001, S. 320; *Otto*, JZ 2001, S. 441; *Schmidt*, JZ 2001, S. 451; *Winkler K.*, Strafbarkeit des Strafverteidigers, S. 265.

An einer Erkundigungspflicht des Verteidigers fehlt es also grundsätzlich. Zur Erforschung der straftatbedingten Herkunft von Honoraren ist er nicht verpflichtet. Eine solche Pflicht würde auch für einen Normalbürger die Gefahr bedeuten, sich in offensichtlichen Verdachtssituationen einer durch Leichtfertigkeit gekennzeichneten Geldwäsche strafbar zu machen[1245]. Sie kann nur dann entstehen, wenn der Strafverteidiger mit dem kriminellen Ursprung des Honorars rechnet[1246]. Das Maß der Erkundigungspflicht hängt daher von dem Grad der objektiven Auffälligkeit des Vorgangs ab[1247].

Es stellt sich jedoch auch die Frage, ab wann ein Anfangsverdacht im Hinblick auf geldwäscherelevante Handlungen des Verteidigers überhaupt möglich ist. Es erscheint nicht ausreichend, allein die Verteidigung eines Mandanten, der einer Katalogtat aus § 261 Abs. 1 StGB verdächtig ist, als maßgeblich anzunehmen[1248]. Man benötigt demgegenüber weitere greifbare Anhaltspunkte für das Vorliegen von Bösgläubigkeit. Als Beispiele sind hier die außergewöhnliche Höhe des Honorars oder die Art und Weise der Durchführung der Erfüllung der Honorarforderung zu nennen. Trotzdem ist festzuhalten, dass der Strafverteidiger sich schon allein durch seine berufliche Beschäftigung häufiger in einer für die Geldwäsche potentiell gefährlicheren Situation befindet als Angehörige anderer Berufszweige.

Problematisch erscheint ferner die Konstellation der Vermischung von inkriminierten und legalen Vermögensgegenständen („Verdünnung"). Wird kontaminiertes Geld auf ein Konto eingezahlt, das bereits legales Geld enthält, so stellt sich die Frage nach den Rechtsfolgen, wenn danach das Ver-

---

1245 Vgl. *Barton*, StV 1993, S. 159; *Peglau*, wistra 2001, S. 463; *Winkler K.*, Strafbarkeit des Strafverteidigers, S. 272.

1246 Als weitere mögliche Lösung käme hier eine obligatorische Erklärung des Mandanten in Betracht, dass seine Finanzmittel, mit denen er den Strafverteidiger honorieren will, nicht aus einer der Katalogtaten stammen. Auf diese Weise würde der gute Glaube des Verteidigers unabhängig von anderen Kenntnissen begründet. Dadurch kann jedoch auch das Vertrauensverhältnis beeinträchtigt werden. Andere Ansichten, wie z. B. die Idee der prozentualen Festlegung einer angemessenen Honorarhöhe oder die Prüfung der Honorarvereinbarungen durch zuständige Organe, beispielsweise durch zuständige Rechtsanwaltskammern, verdienen hier keine Zustimmung. Eine solche Festlegung kann nämlich den Erfordernissen des Einzelfalls kaum sinnvoll Rechnung tragen, vgl. dazu *Balzer*, Die berufstypische Strafbarkeit, S. 248 f.; *Matt*, JR 2004, S. 327 f.; *Winkler K.*, Strafbarkeit des Strafverteidigers, S. 213, 216, 292.

1247 Vgl. LG Berlin, Beschluss vom 24.07.2003 - 502 Qs 49, 50/03, NJW 2003 S. 2694 f., wonach den Strafverteidiger die Ermittlungspflicht der legalen Herkunft des angenommenen Honorars nur bei Barzahlung größerer, über die üblichen Gebührensätze hinausgehender Beträge trifft, die mit den angegebenen Herkunftsquellen nicht vereinbar sind.

1248 Vgl. *Müssig*, wistra 2005, S. 205; *Schmidt*, JR 2001, S. 452; *Winkler K.*, Strafbarkeit des Strafverteidigers, S. 214 f.

teidigerhonorar von diesem Konto überwiesen wird[1249]. Erschwerend taucht auch die Frage auf, welcher Anteil an inkriminiertem Vermögen zur Bemakelung des gesamten Vermögensgegenstands führt; das heißt, in welchem Mengenverhältnis das legale und das kontaminierte Vermögen zueinander stehen müssen. Ist das Bankkonto nur teilweise „infiziert", so entsteht das Problem, ob der Mandant bei der Bezahlung an den Strafverteidiger über die bemakelten oder die legalen Geldmittel verfügt. Besteht sein Vermögen überwiegend aus legalen Finanzmitteln, so erscheint es zumindest zweifelhaft, ob ein kleiner Anteil (z. B. 5% des gesamten Betrages) das Vermögen insgesamt kontaminiert[1250].

3. Die Sondervorschriften des § 261 Abs. 9 und Abs. 10 StGB als mögliche gesetzliche Strafausschließungsgründe für den Strafverteidiger bei der Honorarannahme

Die deutsche Geldwäschevorschrift normiert in den Absätzen 9 und 10 zwei persönliche Strafaufhebungsgründe. Fraglich ist daher, ob diese dem Strafverteidiger zugute kommen können, wenn er selbst in Geldwäscheverdacht gerät. Gemäß Absatz 9 des § 261 StGB wird der Strafverteidiger dann straflos, wenn er die Tat zeitig genug den zuständigen Strafverfolgungsbehörden anzeigt. Nach Absatz 10 der erwähnten Vorschrift besteht hingegen eine Strafmilderungsmöglichkeit (sowie sogar die Möglichkeit des Absehens von Strafe), wenn der Verteidiger mithilft, eine Geldwäschehandlung seines Mandanten aufzudecken.

Problematisch ist aber, auf welchen Grundsätzen die Möglichkeit zu einer solchen Anzeige beruhen soll[1251]. Einerseits besteht nämlich das Interesse des Strafverteidigers an der Anwendbarkeit der Strafaufhebungs- bzw. -milderungsgründe; andererseits aber gibt es auch das Geheimhaltungsinteresse des Mandanten sowie sein Interesse an einer Vermeidung der Verwirklichung des staatlichen Strafanspruchs.

[1249] Siehe näher *Winkler K.*, Strafbarkeit des Strafverteidigers, S. 198 ff.

[1250] Ausführlich zu dieser Problematik vgl. *Balzer*, Die berufstypische Strafbarkeit, S. 243 ff.; *Bussenius*, Geldwäsche, S. 22 m. w. N.; *Winkler K.*, Strafbarkeit des Strafverteidigers, S. 199 f. Als problematisch im Hinblick auf die mögliche Geldwäschestrafbarkeit sind weiterhin solche Fallkonstellationen zu nennen, in denen der Strafverteidiger unteilbare Gegenstände (Surrogate) von seinem Mandanten erwirbt, bzw. solche Surrogate erwirbt, die der Vortäter für teilweise kontaminiertes Vermögen erlangt hat, vgl. dazu *Winkler K.*, Strafbarkeit des Strafverteidigers, S. 206 ff.

[1251] Vgl. *Balzer*, Die berufstypische Strafbarkeit, S. 254 ff.; *Winkler K.*, Strafbarkeit des Strafverteidigers, S. 221.

Nach der Rechtsprechung des Bundesgerichtshofs[1252] darf der Strafverteidiger in einem gegen ihn gerichteten Strafverfahren ihm anvertraute Privatgeheimnisse jedenfalls dann aufdecken, wenn er sich ohne die Offenbarung nicht sachgemäß verteidigen könnte. Wenn aber zusätzlich zur Aufdeckung des Geheimnisses noch die Bestrafung des Mandanten in Betracht kommt, so soll auch das Interesse des Mandanten überwiegen können[1253]. Auf den Grundsatz der Pflichten- oder Interessenkollision kann sich der Anwalt also hier nicht berufen.

Zusätzlich muss darauf aufmerksam gemacht werden, dass im Regelfall eine solche Anzeige gemäß Absatz 9 bzw. Absatz 10 des § 261 StGB gar nicht möglich ist. Laut diesen Vorschriften kann sich der Strafverteidiger nämlich nur dann auf die genannten Strafaufhebungsgrundlagen berufen, wenn die Tat noch nicht entdeckt ist. Üblicherweise kommt er jedoch erst dann in die bedrohliche Zwangslage, wenn über einen Anfangsverdacht hinaus gegen ihn ermittelt und die Geldwäsche bereits entdeckt ist, bzw. zu dem Zeitpunkt, in welchem sein wegen einer geldwäschetauglichen Vortat angeklagter Mandant verurteilt wird[1254].

Überdies darf nicht unberücksichtigt bleiben, dass beide Strafaufhebungsmöglichkeiten ausschließlich durch die Preisgabe von vertraulichen Informationen über den Mandanten zu erreichen sind. Die Offenbarung der im Rahmen des Mandatsverhältnisses erworbenen Kenntnisse durch den Strafverteidiger ist grundsätzlich als unbefugt[1255] im Sinne des § 203 Abs. 1 Nr. 3 StGB einzustufen und somit strafbar. Diese Vorschrift normiert nämlich die Verschwiegenheitspflicht als Bestandteil des Anwaltsberufs[1256]. Ein Verstoß gegen diese Pflicht kann somit berufsrechtliche und strafrechtliche Konsequenzen für den Verteidiger nach sich ziehen. Will der Verteidiger daher von den persönlichen Strafaufhebungsgründen Gebrauch machen, so macht er sich – zumindest *prima facie*[1257] – wegen Geheimnisverrats gemäß § 203 Abs. 1 Nr. 3 StGB strafbar. Zudem verstößt er gegen Art. 43a Abs. 2

[1252] Vgl. BGHSt 1, 368.

[1253] Vgl. *Bussenius*, Geldwäsche, S. 79 ff.; *Winkler K.*, Strafbarkeit des Strafverteidigers, S. 222 f.

[1254] Vgl. *Gotzens/Schneider*, wistra 2002, S. 129; *Winkler K.*, Strafbarkeit des Strafverteidigers, S. 223.

[1255] Zur Definition der Unbefugtheit siehe z. B. *Lackner/Kühl*, StGB-Kommentar, § 203, Rn. 18 ff.; *Tröndle/Fischer*, Kommentar zum StGB, § 203, Rn. 31 ff. Zu der Frage, ob der Strafverteidiger über eine Befugnis zum Geheimnisverrat verfügt, siehe *Bussenius*, Geldwäsche, S. 79 ff. Vgl. auch *Balzer*, Die berufstypische Strafbarkeit, S. 354 f.

[1256] Vgl. *Wolf*, Das System, S. 218 ff.

[1257] Vgl. aber noch im Folgenden.

BRAO[1258]. Dementsprechend riskiert er in einem solchen Falle entweder die Anzeige wegen Geldwäsche oder wegen Geheimnisverrats.

II. Bestimmungen des Geldwäschegesetzes im Hinblick auf die Verpflichtungen der Strafverteidiger

Da es nach dem Grundsatz der Einheitlichkeit der Rechtsordnung ausgeschlossen ist, dieselbe Handlung in zwei verschiedenen Gesetzen oder sonstigen Normen einander widersprechend zu beurteilen, ist zu prüfen, ob die durch das Geldwäschegesetz normierte Anzeigepflicht von Verdachtsfällen einer Geldwäsche (§ 11 Abs. 1 GwG) nicht die Offenbarung der Mandantengeheimnisse rechtfertigen kann.

Im Geldwäschegesetz wurde den Rechtsanwälten, darunter auch den Strafverteidigern, große Beachtung geschenkt sowie ihnen bisher nicht gekannte Pflichten zur Identifizierung und zur geheimen Anzeige auferlegt[1259]. Indem Rechtsanwälte als Angehörige derjenigen Berufe qualifiziert wurden, bei denen erfahrungsgemäß ein erhöhtes Risiko besteht, dass ihre Dienste zu Geldwäschezwecken missbraucht werden[1260], sind sie gemäß § 3 Abs. 1 S. 1 Nr. 1 GwG als „andere Personen" vom Anwendungsbereich dieses Regelungswerks voll erfasst, wenn sie in ihrer beruflichen Funktion mitwirken an:

a) Kauf und Verkauf von Immobilien oder Gewerbebetrieben,
b) Verwaltung von Geld, Wertpapieren, oder sonstigen Vermögenswerten ihres Mandanten,
c) Eröffnung oder Verwaltung von Bank-, Spar- oder Wertpapierkonten,
d) Beschaffung der zur Gründung, zum Betrieb oder zur Verwaltung von Gesellschaften erforderlichen Mittel,
e) Gründung, Betrieb oder Verwaltung von Treuhandgesellschaften, Gesellschaften oder ähnlichen Strukturen

oder wenn sie im Namen und auf Rechnung ihrer Mandanten Finanz- oder Immobilientransaktionen durchführen.

1258 Bundesrechtsanwaltsordnung (BRAO) vom 01.08.1959, BGBl. I 1959, S. 565 ff. mit späteren Änderungen. Nach Art. 43a Abs. 2 BRAO ist der Rechtsanwalt zur Verschwiegenheit verpflichtet. Diese Pflicht bezieht sich auf alles, was ihm in Ausübung seines Berufes bekannt geworden ist. Dies gilt nicht für Tatsachen, die offenkundig sind oder ihrer Bedeutung nach keiner Geheimhaltung bedürfen.

1259 Ausführlich zum Geldwäschegesetz und seiner Auswirkung auf die Angehörigen der rechtsberatenden Berufe siehe *Burmeister/Uwer*, AnwBl 2004, S. 199 ff.; *Wittig*, AnwBl 2004, S. 193 ff.

1260 Vgl. BT-Drucksache 14/8739, S. 12.

Anwälte sind dabei zur Identifizierung eines Vertragspartners dann verpflichtet, wenn sie entgeltlich fremdes Vermögen verwalten und in diesem Zusammenhang z. B. Bargeld über einen Schwellenbetrag von 15.000 € hinaus zur Verwahrung oder Hinterlegung annehmen oder Anderkonten führen (§ 3 GwG). Weiterhin trifft die Rechtsanwälte eine Identifizierungspflicht (§ 6 GwG) in Verdachtsfällen einer Geldwäsche oder der Finanzierung einer terroristischen Vereinigung (§ 129a StGB), selbst wenn bei unbaren Transaktionen der Schwellenbetrag von 15.000 € nicht überschritten wird[1261]. Handelt der zu identifizierende Vertragspartner nicht auf eigene Rechnung, so ist die Identifizierungspflicht insofern erweitert, als nach § 8 GwG auch der wirtschaftlich Berechtigte festzustellen ist. Ferner sind die Rechtsanwälte zur Aufzeichnung und Aufbewahrung der getroffenen Feststellungen verpflichtet (§ 9 GwG).

Neben der Identifizierungspflicht besteht für die Anwälte eine Anzeigepflicht von Geldwäscheverdachtsfällen an eine zuständige Bundesberufskammer (§ 11 GwG). Eine Ausnahme von dieser Pflicht besteht jedoch dann, wenn der Geldwäscheverdacht auf Informationen beruht, die dem Rechtsanwalt im Rahmen der Rechtsberatung oder der Prozessvertretung seines Mandanten bekannt geworden sind, solange der Mandant und der Rechtsanwalt das Mandantenverhältnis nicht einverständlich zum Zwecke der Geldwäsche missbrauchen (§ 11 Abs. 3 S. 1 GwG)[1262]. Die Anzeigepflicht ist ferner auch dann nicht gegeben, wenn der Mandant nach der Aufklärung über die Strafbarkeit von der geplanten Handlung Abstand nimmt (§ 11 Abs. 3 S. 2 GwG)[1263]. Diese Vorschrift, die dem Schutz des Vertrauensverhältnisses zwischen dem Verteidiger und dem Mandanten dient, stellt zugleich eine Implementierung des Art. 23 Abs. 2 der dritten Geldwäscherichtlinie dar, wonach es den Mitgliedstaaten ermöglicht wird, im Falle der Ausübung von Berufstätigkeiten durch die Angehörigen der rechtsberatenden Berufe auf die in Art. 22 dieser Richtlinie vorgeschriebene Anzeigepflicht zu verzichten[1264].

[1261] Kritisch zu den sich aus dem GwG ergebenden Pflichten, einschließlich ihrer fraglichen Vereinbarkeit mit dem Verfassungsrecht siehe *Gräfin von Galen*, NJW 2003, S. 117; *Wittig*, AnwBl 2004, S. 195 ff.

[1262] Siehe dazu *Burmeister/Uwer*, AnwBl 2004, S. 202 f.; *Sommer*, StraFo 2005, S. 329 f.; *ders.*, AnwBl 2005, S. 50; *Wittig*, AnwBl 2004, S. 195.

[1263] Vgl. BT-Drucksache 14/9263, S. 8. Siehe auch *Gräfin von Galen*, NJW 2003, S. 117 f.

[1264] Auf die Möglichkeit der Einbeziehung der selbstständigen Angehörigen der rechtsberatenden Berufe in den Kreis der zur Meldung über verdächtige Transaktionen verpflichteten Personen wurde zum ersten Mal in den 40 FATF-Empfehlungen hingewiesen, vgl. Empfehlung 12 lit. d. Eine solche Einbeziehung wurde durch die zweite Geldwäscherichtlinie (2001) vorgenommen, wobei der Begriff eines Notars bzw. eines

Hervorzuheben sind in diesem Zusammenhang jedoch die Widersprüche zwischen den Bestimmungen des Geldwäschegesetzes und denen der Geldwäscherichtlinie. So wird gemäß § 11 Abs. 3 GwG die Voraussetzung des doppelten Wissens eingeführt, indem sowohl der Mandant als auch der Rechtsanwalt wissen müssen, dass die Rechtsberatung zum Zwecke der Geldwäsche dient. Nach Art. 23 Abs. 2 der Geldwäscherichtlinie von 2005 wird dies nicht verlangt[1265].

Abgesehen von der Situation, in der der Verteidiger zusammen mit seinem Mandanten willentlich zum Zwecke der Geldwäsche handelt, ist davon auszugehen, dass die Erlangung entsprechender Kenntnisse durch den Verteidiger über den Mandanten sowie über die von ihm begangene Vortat üblicherweise im Rahmen der Verteidigung geschieht und sich unter § 11 Abs. 3 GwG subsumieren lässt. Mithin bleibt nichts anderes übrig, als die Anzeigepflicht des Verteidigers für diese Fälle auszuschließen. Die Offenbarung von Mandantengeheimnissen lässt sich dementsprechend über die Regelungen des Geldwäschegesetzes nicht rechtfertigen. Vielmehr kann eine unberechtigte Anzeige die Strafbarkeit des Täters aus § 203 StGB begründen sowie einen Verstoß gegen Art. 43a Abs. 2 BRAO darstellen[1266]. Eine solche Ausnahmeregelung ist allerdings durchaus positiv zu bewerten. Eine weitgehende Anzeigepflicht könnte nämlich das Vertrauensverhältnis zwischen dem Mandanten und dem Rechtsanwalt vom Beginn des Mandatsverhältnisses an belasten[1267].

---

selbstständigen Angehörigen nach den Bestimmungen der Geldwäscherichtlinie im Sinne der von den Mitgliedstaaten vorgenommenen Definition verstanden werden soll, vgl. Erwägungsgrund Nr. 16 der Änderungsrichtlinie von 2001 bzw. Erwägungsgrund Nr. 19 der dritten Geldwäscherichtlinie von 2005. Kritisch zur Einbeziehung der rechtsberatenden Berufe siehe *Sommer,* der darauf hinweist, dass die aktuelle gesetzliche Konzeption der Geldwäschemeldungen hinter dem Rücken des Mandanten geschieht, obwohl diese Kenntnisse lediglich dem vertraulichen Kontakt mit dem Mandanten zu verdanken sind, vgl. *Sommer*, StraFo 2005, S. 329 f.; *ders.*, AnwBl 2005, S. 50. Ferner wird eingewendet, dass die aufgrund der Bestimmungen der Geldwäscherichtlinie zur Vornahme der präventiven Geldwäschebekämpfungsmaßnahmen verpflichteten Personen und Institute polizeiliche Funktionen wahrnehmen, was im Grunde genommen zur Privatisierung der Strafverfolgungsaufgaben führt, vgl. *Ligeti*, Strafrecht und strafrechtliche Zusammenarbeit, S. 361 f. Siehe auch *Schriever/Tomars*, AnwBl 2004, S. 637.

[1265] Nicht einheitlich geregelt ist ferner die Pflicht, die Anzeige gegenüber dem Mandaten zu verschweigen, vgl. § 11 Abs. 5 GwG und Art. 28 Abs. 6 der dritten Geldwäscherichtlinie. Siehe auch *Gräfin von Galen*, NJW 2003, S. 117; *Schriever/Tomars*, AnwBl 2004, S. 637. Ferner vgl. *Wegner*, NJW 2002, S. 794 ff.

[1266] Erwähnenswert ist dabei, dass die Nichtanzeige nach dem Geldwäschegesetz jedoch folgenlos bleibt, was der Anwaltschaft einen großen Spielraum lässt.

[1267] Vgl. *Gräfin von Galen*, NJW 2003, S. 117; *Sommer*, StraFo 2005, S. 329.

Bemerkenswert ist weiterhin, dass die im Geldwäschegesetz genannten Verpflichtungen den Rechtsanwalt nur im Zusammenhang mit den in § 3 Abs. 1 S. 1 Nr. 1 GwG aufgezählten Vermögensverwaltungstätigkeiten treffen[1268]. Auffallend ist dabei, dass die typischen Tätigkeiten des Strafverteidigers von diesem Regelungswerk nicht erfasst werden. Erfolgt insbesondere eine Bargeldeinnahme für eigene Zwecke (Honorare, Gebühren, Auslagen), so ist keine Identifizierungspflicht vorgesehen. Dies könnte darauf hinweisen, dass die Honorarannahme im Geldwäschegesetz nicht als Fall einer möglichen Geldwäsche angesehen wurde. Damit ist jedoch keine Privilegierung des Strafverteidigers verbunden. Die Regelungen des § 261 StGB dürfen nämlich durch das Geldwäschegesetz, das selbst den bloßen Charakter eines Ausführungsgesetzes zu § 261 StGB aufweist, keineswegs beeinträchtigt bzw. eingeschränkt werden[1269].

Als eine mögliche Rechtfertigungsnorm für die Honorarannahme durch den Strafverteidiger könnte weiterhin § 12 GwG in Betracht kommen. Danach kann derjenige, der Tatsachen anzeigt, die auf eine Straftat nach § 261 StGB schließen lassen, nicht wegen dieser Anzeige verantwortlich gemacht werden. Die Heranziehung dieser Vorschrift als eine mögliche Rechtfertigung des Strafverteidigers wird jedoch einhellig verneint, und zwar mit der zutreffenden Begründung, dass sich diese Norm ausschließlich auf zivilrechtliche Ansprüche bezieht und somit keine rechtfertigende Auswirkung auf strafrechtliche Tatbestände hat[1270].

Eine Rechtfertigung des Handelns eines Strafverteidigers bei einer wortgenauen Anwendung des § 261 StGB erscheint somit praktisch unmöglich[1271]. Folgt man dieser Ansicht, so ist die Norm auf den Verteidiger

---

1268 Vgl. *Matt*, JR 2004, S. 327; *Schriever/Tomars*, AnwBl 2004, S. 637; *Sommer*, AnwBl 2005, S. 50.

1269 So auch *Matt*, JR 2004, S. 327; *Winkler K.*, Strafbarkeit des Strafverteidigers, S. 180. In diesem Sinne auch *Müther*, Jura 2001, S. 322.

1270 Vgl. *Balzer*, Die berufstypische Strafbarkeit, S. 256; *Bussenius*, Geldwäsche, S. 79; *Winkler K.*, Strafbarkeit des Strafverteidigers, S. 220 f.

1271 Von manchen Autoren wird auch die Ansicht vertreten, den Strafverteidiger auf der Ebene der Rechtswidrigkeit über einen spezifisch auf ihn bezogenen und nicht ausdrücklich geregelten Rechtfertigungsgrund, der sich aus der Unschuldsvermutung bzw. aus Grundrechten ergibt, von einer Strafbarkeit freizustellen. Ferner wird versucht, den Strafverteidiger über eine Vorsatzlösung bzw. über die Grundsätze der Interessens- und Güterabwägung zu rechtfertigen. Näher zu dieser Problematik der verschiedenen Privilegierungswege und Lösungsvorschläge siehe *Ambos*, JZ 2002, S. 74 ff.; *Balzer*, Die berufstypische Strafbarkeit, S. 257 f., 342 ff.; *Bernsmann*, StV 2000, S. 40 ff.; *Bussenius*, Geldwäsche, S. 49 m. w. N., 128 ff.; *Fad*, JA 2002, S. 15 f.; *Gotzens/Schneider*, wistra 2002, S. 129; *Grüner/Wasserburg*, GA 2000, S. 438 ff.; *Hefendehl*, Kann und soll der Allgemeine Teil bzw. das Verfassungsrecht missglückte Regelungen des Besonderen Teils uneingeschränkt, auch im Falle der Leichtfertigkeit, anwendbar. Aus diesem Grunde ist zu untersuchen, ob einerseits ein Bedarf nach einer Privilegierung des Strafverteidigers besteht, und andererseits, inwieweit sich eine solche Bevorzugung begründen lässt.

III. Stellungnahme der deutschen Rechtsprechung

Angesichts der erheblichen Schwierigkeiten, die um die Problematik der Verteidigerhonorare im Hinblick auf die Geldwäsche entstanden sind, ist eine Reihe von gerichtlichen Entscheidungen ergangen, die die Diskussion auf diesem Gebiet begleiten. Im Folgenden sollen insbesondere die Entscheidung des Hanseatischen Oberlandesgerichts vom 6. Januar 2000 und die Entscheidung des Bundesverfassungsgerichts vom 30. März 2004 näher betrachtet werden.

1. Die Entscheidung des Hanseatischen Oberlandesgerichts Hamburg vom 6. Januar 2000

A. Inhalt

Die Problematik der Einbeziehung von Strafverteidigerhonoraren in die Geldwäschestrafbarkeit wurde zum ersten Mal im Beschluss des Hanseatischen Oberlandesgerichts Hamburg vom 6. Januar 2000[1272] behandelt. In dieser Entscheidung wurde eine verfassungskonforme Auslegung des § 261 Abs. 2 Nr. 1 StGB vorgeschlagen. Dies wurde damit begründet, dass die uneingeschränkte Anwendung des § 261 Abs. 2 Nr. 1 StGB auf die Honorarannahme mit dem Grundgesetz unvereinbar ist, indem sie die Grundrechte sowohl des Strafverteidigers als auch des Mandanten verletze[1273]. Es wird

---

retten?, in: Roxin – FS, S. 154 ff.; *Katholnigg*, NJW 2001, S. 2042 f.; *Müther*, Jura 2001, S. 322 f.; *Otto*, JZ 2001, S. 440; *Schmidt*, JR 2001, S. 440 f.

[1272] Vgl. HansOLG Hamburg, Beschluss vom 06.01.2000 – 2 Ws 185/99, NJW 2000, 673 ff.; StV 2000, 140 ff.; NStZ 2000, 311 ff.; StraFo 2000, 96 ff.; wistra 2000, 105 ff.

[1273] Im Gegensatz zum Urteil des Oberlandesgerichts Hamburg, hat der Bundesgerichtshof in Strafsachen (vgl. BGH Urteil vom 04.07.2001, 2 StR 513/00; BGHSt 41, 68 ff.; NJW 2001, S. 2891 ff.; StV 2001, S. 506 ff.) die uneingeschränkte Anwendbarkeit des § 261 Abs. 2 Nr. 1 StGB angenommen und somit der Privilegierung des Strafverteidigers eine Absage erteilt. Begründet wurde dies damit, dass die Privilegierung des Strafverteidigers methodisch unzulässig und zudem auch im Hinblick auf die zahlreichen Fälle des Missbrauchs der Verteidiger als Geldwäscheinstitutionen nicht angemessen sei. Danach hat der Gesetzgeber auch die Strafverteidigerhonorare bewusst unter die Strafandrohung einer Geldwäsche gestellt. Nach der Auffassung des BGH spricht die Fassung der Geldwäschenorm daher gegen eine Sonderstellung der rechtsberatenden Berufe. Folglich ist mit einer wortgenauen Auslegung dieser Vorschrift auch keine Verletzung der Art. 3, 12 GG und Art. 6 EMRK sowie anderer übergeordneter Rechtsprinzipien

argumentiert, dass die wortgenaue Auslegung dieser Norm einen nicht erforderlichen bzw. unverhältnismäßigen Eingriff einerseits in das Recht des Strafverteidigers auf die freie Berufsausübung (Art. 12 GG) und andererseits in das Recht des Mandanten, sich in jeder Lage des Verfahrens des Beistands eines Verteidigers bedienen zu können (§ 137 Abs. 1 StPO i.V.m. Art. 6 EMRK), darstellt. Aus diesem Grunde sei die Strafbarkeit des Verteidigers aus § 261 Abs. 2 Nr. 1 StGB selbst dann zu verneinen, wenn der Verteidiger sicher weiß, dass die Mittel, aus denen er bezahlt wird, aus einer geldwäschetauglichen Vortat herrühren. Vorausgesetzt wird jedoch, dass die aus einer Katalogvortat stammenden Vermögenswerte ausschließlich zum Zwecke der Erfüllung der Honorarforderung des Verteidigers entgegenommen werden, sowie dass durch die Honorarzahlung ein aus der Vortat erwachsener Anspruch des Verletzten weder vorsätzlich noch fahrlässig vereitelt, gefährdet oder erschwert wird. Somit sei der Geldwäschetatbestand bei Honorarannahmefällen ohne täterbegünstigende oder opferschädigende Innentendenz verfassungskonform zu reduzieren.

Dieses Ergebnis hat in der Literatur einige Zustimmung gefunden. Kritisch bewertet wurde allerdings der Widerspruch zwischen dem Ziel des Gesetzgebers und der durch die BGH-Entscheidung getroffenen, verfassungskonformen Auslegung. Einen Maßstab der verfassungskonformen Auslegung bildet nämlich das Gebot der Verfassungskonformität sowie das Ziel, inhaltlich das Maximum der Norm aufrechtzuerhalten[1274]. In diesem Zusam-

gegeben. Die Entgegennahme eines Honorars, von dem der Verteidiger weiß, dass es aus einer Straftat stammt, entspricht nicht dem Berufsbild eines Strafverteidigers als eines unabhängigen Organs der Rechtspflege (vgl. § 1 BRAO). Sonderrechte für den Verteidiger sind ausschließlich in Bezug auf die Ausnahme von der Pflicht zur Anzeige der Geldwäscheverdachtsfälle an die zuständigen Strafverfolgungsbehörden (§ 11 Abs. 3 GwG) vorgesehen. Zudem hält der BGH es für möglich, den Strafverteidiger wegen des Gefährdungstatbestandes (§ 261 Abs. 1 StGB) zu bestrafen, wenn er sich bemakeltes Geld auszahlen lässt, das als Kaution hintergelegt wurde. Als Kernsatz dieser Entscheidung gilt allerdings die Behauptung, dass ebenso wie für den Verteidiger kein Recht auf Honorierung mit bemakelten Geldern besteht, es auch für den Beschuldigten kein Recht auf Wahlverteidigung unter Einsatz illegal erworbener Mittel gibt. Hinzuzufügen ist allerdings, dass diese Entscheidung größtenteils auf Ablehnung gestoßen ist. Es wird ihr vorgeworfen, dass sie nur solche Fälle erfasst, in denen der Strafverteidiger von der kriminellen Einnahmequelle seines Mandanten weiß. Für die Fälle der Leichtfertigkeit wird hier keine Aussage getroffen. Näher zu dieser Entscheidung siehe *Balzer*, Die berufstypische Strafbarkeit, S. 262 f.; *Bernsmann*, StraFo 2001, S. 344 ff.; *Braum*, Europäische Strafgesetzlichkeit, S. 541 ff.; *Fad*, JA 2002, S. 14 ff.; *Grüner/Wasserburg*, GA 2000, S. 430 ff.; *Gotzens/Schneider*, wistra 2002, S. 121 ff.; *Katholnigg*, JR 2002, S. 30 ff.; *Leitner*, StraFo 2001, S. 388 ff.; *Martin*, JuS 2001, S. 1232 f.; *Matt*, GA 2002, S. 137 ff.; *ders.*, JR 2004, S. 323; *Nestler*, StV 2001, S. 641 ff.; *Peglau*, wistra 2001, S. 461 ff.; *Scherp*, NJW 2001, S. 3242 ff.

1274 Vgl. BVerfGE 86, 320. Siehe auch *Hefendehl*, Kann und soll der Allgemeine

menhang wird der Einwand erhoben, dass die in dem Urteil des HansOLG befürwortete verfassungskonforme Auslegung in einer Auslegung *contra legem* resultiert, die dazu führen könne, dass dem § 261 StGB ein ganz anderer Inhalt zugewiesen werde. Demzufolge wird eingewendet, dass diese Entscheidung die Grenzen der Gerichtsbarkeit überschreite und somit einen unzulässigen Akt der Rechtssetzung darstelle, der nur dem Gesetzgeber zukomme.[1275]

B. Kritische Stellungnahme

Die Begründung dieses Beschlusses stützt sich darauf, dass die Auslegungsmöglichkeiten des § 261 StGB auf die Verfassungswidrigkeit der Vorschrift hinauslaufen und insofern eine Korrektur erforderlich sei. Dem wird jedoch entgegengehalten, dass § 261 Abs. 2 Nr. 1 StGB nicht in die Liste der Verteidigerausschlussgründe gemäß § 138a Abs. 1 Nr. 3 StPO[1276] aufgenommen wurde, so dass einer Bevorzugung des Strafverteidigers der ausdrückliche Wille des Gesetzgebers entgegensteht. Dieser Vorwurf bezieht sich mithin auf den Widerspruch zwischen den gesetzgeberischen Zielen und der getroffenen Auslegung. Die verfassungskonforme Auslegung findet nämlich dort ihre Schranken, wo sie mit dem Gesetzeswortlaut und mit dem erkennbaren Willen des Gesetzgebers nicht mehr im Einklang steht sowie dem Ziel des

Teil bzw. das Verfassungsrecht missglückte Regelungen des Besonderen Teils retten?, in: Roxin – FS, S. 164; *Larenz/Canaris*, Methodenlehre, S. 161; *Winkler K.*, Strafbarkeit des Strafverteidigers, S. 248 f.

[1275] In diesem Zusammenhang taucht eine Vielzahl von Fragen auf. Zum einem wird es nicht eindeutig geklärt, ob der bereits durch diese Entscheidung statuierte Verzicht auf die Ansprüche des durch die Vortat Verletzten eine hinreichende Grundlage für die Begründung der Verfassungskonformität darstellt. Problematisch ist ferner auch die Konstellation, in der der Mandant seinem Strafverteidiger vorsätzlich unwahre Informationen erteilt. Weiterhin entstehen Bedenken, ob sich aus dem Angemessenheitskriterium hinsichtlich der Höhe des Verteidigerhonorars hinreichende strafbarkeitsbegründende Argumente ableiten lassen. Problematisch an dieser Stelle ist auch die Beachtung der Anforderungen des Bestimmtheitsgebots. Es entsteht nämlich die Gefahr, dass Strafverteidiger aufgrund ihrer Privilegierung bezüglich der Honorarzahlungen künftig als Geldwäschemöglichkeit missbraucht werden können. Darüber hinaus kann der Mandant, der Honorarforderungen nur mit kontaminiertem Geld begleichen kann, gegenüber dem mittellosen Mandanten, der ohnehin auf die Pflichtverteidigung angewiesen ist, privilegiert werden. Näher zu dieser Problematik siehe *Ambos*, JZ 2002, S. 74 f.; *Hamm*, NJW 2000, S. 637 f.; *Katholnigg*, NJW 2001, S. 2044 f.; *Müther*, Jura 2001, S. 320 f.; *Reichert*, NStZ 2000, S. 317; *Schaefer/Wittig*, NJW 2000, S. 1388 f.; *Winkler K.*, Strafbarkeit des Strafverteidigers, S. 249 f.

[1276] Nach dieser Regelung ist ein Verteidiger in explizit aufgezählten Fällen von der Mitwirkung in einem Verfahren auszuschließen, wenn er dringend oder in einem die Eröffnung des Hauptverfahrens rechtfertigenden Grade der dort genannten Verhaltensweisen verdächtig ist.

Geldwäschetatbestands widerspricht. Und zumindest nach den Gesetzesmaterialien sollen die Verteidigerhonorare grundsätzlich ohne Einschränkung unter § 261 fallen[1277].

Hervorzuheben ist weiterhin, dass die Anwendung einer Sozialadäquanzklausel im geltenden deutschen Recht nicht zulässig ist[1278]. Der Streichung der ehemals in einem Entwurf der Geldwäschevorschrift vorgesehenen Sozialadäquanzklausel liegt der gesetzgeberische Gedanke zugrunde, einen möglichst lückenlosen Schutz durch das Strafrecht zu gewährleisten, indem sämtliche Transaktionen potentieller Geldwäscher verhindert werden sollen[1279]. Von *Winkler*[1280] wird sogar die Ansicht vertreten, dass die Herausnahme aller sozialadäquaten Handlungen aus dem Geltungsbereich der Geldwäschevorschrift zu einem weitgehenden Leerlaufen des Geldwäschetatbestands führen könnte. Dies wäre die Folge dessen, dass unter den Geltungsbereich des § 261 StGB im Zusammenhang mit der Anwaltstätigkeit in erster Linie diejenige Geschäfte fallen, die sich an der Grenze von Legalität und Bemakelung befinden. Die weitgehende Fassung der Geldwäschenorm entspricht daher – entgegen der Entscheidung des OLG Hamburg – durchaus dem gesetzgeberischen Willen. Anhand dieser Überlegungen ist somit der Ansicht zuzustimmen, dass die Herausnahme des Strafverteidigers aus der Geldwäschestrafbarkeit eine nicht erwünschte Privilegierung einer Berufsgruppe darstellen würde. Zudem muss hervorgehoben werden, dass jede Handlung, die einen Straftatbestand erfüllt, grundsätzlich strafbar sein sollte[1281].

1277 Vgl. *Ambos*, JZ 2002, S. 74; *Burger/Peglau*, wistra 2000, S. 161 f.; *Hamm*, NJW 2000, S. 636; *Götz H./Windholz*, AnwBl 2000, S. 645; *Hefendehl*, Kann und soll der Allgemeine Teil bzw. das Verfassungsrecht missglückte Regelungen des Besonderen Teils retten?, in: Roxin – FS, S. 163 f.; *Katholnigg*, NJW 2001, S. 2042; *Otto*, JZ 2001, S. 440; *Schaefer/Wittig*, NJW 2000, S. 1388; *Winkler K.*, Strafbarkeit des Strafverteidigers, S. 248. Miteinbezogen werden allerdings auch die Scheinhonorare sowie überhöhte Honorare, wobei berücksichtigt werden muss, dass allein die „Unangemessenheit" eines Honorars aufgrund der Unbestimmtheit dieses Begriffs zu keiner festgelegten Einschränkung der Straflosigkeit führen kann, vgl. *Lüderssen*, StV 2000, S. 206; *Wohlers*, JZ 2004, S. 681; *ders.*, StV 2001, S. 424 f.

1278 Zur Problematik der Sozialadäquanzlehre siehe näher *Winkler K.*, Strafbarkeit des Strafverteidigers, S. 273 ff.

1279 Vgl. *Balzer*, Die berufstypische Strafbarkeit, S. 447 f.; *Burger/Peglau*, wistra 2000, S. 161; *Götz H./Windholz*, AnwBl 2000, S. 645; *Schaefer/Wittig*, NJW 2000, S. 1388; *Schmidt*, JR 2001, S. 449; *Winkler K.*, Strafbarkeit des Strafverteidigers, S. 278.

1280 Vgl. *Winkler K.*, Strafbarkeit des Strafverteidigers, S. 278.

1281 Vgl. *Katholnigg*, NJW 2001, S. 2042; *Winkler K.*, Strafbarkeit des Strafverteidigers, S. 286.

2. Das Urteil des Bundesverfassungsgerichts vom 30. März 2004

A. Inhalt

Eine im Ergebnis mit der Entscheidung des HansOLG vergleichbare Entscheidung wurde vom BVerfG am 30. März 2004 getroffen[1282]. In diesem Urteil ist das BVerfG von einer verfassungskonformen Auslegung des § 261 Abs. 2 Nr. 1 StGB aufgrund der besonderen Schutzbedürftigkeit des Verteidigungsverhältnisses[1283] ausgegangen, und zwar mit der Begründung, auf diese Weise einerseits die Verhältnismäßigkeit des Eingriffs in die Berufsausübungsfreiheit des Verteidigers sicherzustellen, andererseits den Anspruch des Beschuldigten auf effektive Verteidigung durch einen Verteidiger seines Vertrauens und damit auch auf angemessenen Geheimnisschutz zu gewährleisten[1284]. Die Figur der verfassungskonformen Auslegung ist jedoch nicht uneingeschränkt anzuwenden. Vielmehr ist dieser Entscheidung entsprechend ein Eingriff in die Berufsausübungsfreiheit und somit die Bestrafung aus § 261 Abs. 2 Nr. 1 StGB nur dann zulässig, wenn dem Strafverteidiger zum Zeitpunkt der Entgegennahme der Vergütung bewusst ist, dass sein Honorar aus einer Katalogtat stammt[1285]. Über die Strafwürdigkeit entscheidet also allein das sichere Wissen des Verteidigers. Die Quelle der Kenntnis spielt dabei keine Rolle. Somit findet der Leichtfertigkeitstatbestand des § 261 Abs. 5 StGB auf die Honorarannahme des Strafverteidigers keine Anwendung und Absatz 2 Nr. 1 dieser Norm führt nur dann zu einer Strafbarkeit, wenn dem Strafverteidiger positives Wissen von der deliktischen Herkunft des Honorars nachgewiesen werden kann. Der Strafverteidiger ist daher zu Nachforschungen über die Herkunft des Geldes des Mandanten nicht verpflichtet[1286]. Vielmehr liegt es in der Zuständigkeit der Staatsanwaltschaft, bei einer Durchführung des Ermittlungsverfahrens we-

---

[1282] Vgl. BVerfG, Urteil vom 3.03.2004 – 2 BvR 1520/01 u. 2 BvR 1521/01, NJW 2004, 1305 ff.; StV 2004, 254 ff.; JZ 2004, 670 ff.; NStZ 2004, 259 ff. Erwähnenswert ist, dass diese Entscheidung auf die gegen das Urteil des 2. Senats des Bundesgerichtshofs vom 4.07.2001 erhobenen Verfassungsbeschwerden ergangen ist. Zu diesem Urteil vgl. Fn. 1273.

[1283] Diese Schutzbedürftigkeit folgt daraus, dass der Strafverteidiger als Prozesssubjektsgehilfe des Beschuldigten dessen verfassungsrechtlich (Art. 2 Abs. 1 GG i. V. m. dem Rechtsstaatsprinzip) geschützten und menschenrechtlich (Art. 6 Abs. 3 lit. c EMRK) verbürgten Anspruch auf effektive Verteidigung durch einen Verteidiger seines Vertrauens zu gewährleisten hat, vgl. *Grüner/Wasserburg*, GA 2000, S. 433 ff.; *Müssig*, wistra 2005, S. 203; *Wohlers*, JZ 2004, S. 679.

[1284] Vgl. BVerfG NJW 2004, 1311 f. Siehe ferner *Matt*, JR 2004, S. 324 f.; *Müssig*, wistra 2005, S. 203; *Wohlers*, JZ 2004, S. 678 f.

[1285] Vgl. BVerfG NJW 2004, 1311.

[1286] Vgl. BVerfG NJW 2004, 1311. Vgl. ferner auch *Matt*, JR 2004, S. 324; *Müssig*, wistra 2005, S. 203 f.; *Tröndle/Fischer*, Kommentar zum StGB, § 261, Rn. 41.

gen Geldwäsche, bei der Anordnung staatsanwaltschaftlicher Ermittlungsmaßnahmen[1287] sowie für die Begründung eines Anfangsverdachts, die verfassungsrechtlichen Vorgaben, insbesondere das anwaltliche Vertrauensverhältnis in Betracht zu ziehen.

Der Verteidiger darf jedoch seine privilegierte Stellung auch nicht missbrauchen. Nicht mehr schutzwürdig ist er nämlich dann, wenn er wissentlich mit seinem Mandanten zum Zwecke der Geldwäsche zusammenwirkt. Die Abgrenzung zwischen Strafbarkeit und Straflosigkeit bei der Honorarannahme eines Strafverteidigers verläuft somit über den subjektiven Tatbestand. Mit dieser Entscheidung wurde daher eine weitreichende Freistellung des Strafverteidigers bewirkt und das Risiko seiner Bestrafung wegen Geldwäsche für ihn erheblich reduziert.

B. Kritische Stellungnahme

Die vorgeschlagene Lösung wurde weitgehender Kritik ausgesetzt. Schwerwiegende Einwände entstehen insbesondere in Bezug darauf, dass das BVerfG den Stellenwert der aus § 261 Abs. 2 Nr. 1 StGB folgenden Einschränkung der Berufsausübungsfreiheit des Strafverteidigers gegenüber der Beeinträchtigung des Beschuldigtenanspruchs auf effektive Strafverteidigung durch einen Verteidiger seines Vertrauens überbewertet habe. In diesem Zusammenhang wird betont, dass es keine hinreichenden Argumente dafür gibt, den Strafverteidiger in besonderer Weise als schützwürdig anzuerkennen und für ihn andere Maßstäbe anzuwenden als für die Vertreter anderer Berufe, die ebenfalls in den Geldwäscheverdacht geraten können, soweit sie vorsätzlich bzw. leichtfertig illegale Vermögenswerte als Vergütung für ihre berufliche Tätigkeit annehmen. Dem wird jedoch zu recht entgegengehalten, dass eine Bevorzugung des Strafverteidigers aus seiner besonderen Aufgabe und Funktion folgt, die er im Rahmen eines fairen Verfahrens zu erfüllen hat[1288].

Darüber hinaus erscheint auch die durch das Bundesverfassungsgericht befürwortete „Vorsatzlösung“ bedenklich. Zum einen lässt sich der maßgebliche Vorsatz nur sehr schwer beweisen. Zum anderen entsteht die Gefahr, dass jeder Strafverteidiger schon aus Gründen des Selbstschutzes versuchen wird, sich von jeglicher geldwäscherelevanten Information freizuhalten bzw. möglichst schnell einen Honorarvorschuss zu bekommen, um nicht in den Geldwäscheverdacht des sicheren Wissens von einer Katalog-

---

[1287] Gemeint sind hier etwa eine Kanzleidurchsuchung, eine Telefonüberwachung oder eine Beschlagnahme der Handakten.

[1288] Vgl. *Wohlers*, JZ 2004, S. 678 ff.

vortat zu geraten[1289]. Diese Entscheidung sanktioniert daher eine gewisse Abhängigkeit des Strafverteidigers vom Offenbarungsverhalten und von taktischen Erwägungen seines Mandanten[1290]. Und dies kann dazu führen, dass beim geringsten Verdacht einer geldwäschetauglichen Handlung des Mandanten die Wahlverteidigung praktisch ausgeschlossen wird. Der Mandant wird daher auf eine Pflichtverteidigung verwiesen, die nach dem hier zu untersuchenden Urteil keine Institution darstellt, die die Ansprüche des Beschuldigten, sich im Strafverfahren von einem Anwalt seiner Wahl und seines Vertrauens verteidigen zu lassen, zu erfüllen vermag[1291]. Infolgedessen wird die Effektivität der Verteidigung in Frage gestellt. Dadurch kann weiterhin auch eine mittelbare Schuldvermutung zu Lasten des Mandanten begründet werden, was in Bezug auf die Sicherung des Grundsatzes der Unschuldsvermutung (Art. 6 Abs. 2 EMRK) bedenklich erscheint. Weitere Einwände entstehen in Bezug auf die dogmatische Begründung der verfassungskonformen Auslegung, vor allem der Nichtbeachtung des Absatzes 5 der Geldwäschenorm.

Wie vorstehend bereits ausgeführt, darf eine Auslegung dem Wortlaut einer Norm nicht widersprechen, so dass in erster Linie der Wille des Gesetzgebers zu berücksichtigen ist[1292]. Darauf wird auch in dieser Entscheidung hingewiesen[1293]. Die Auslegung darf daher nicht die Grenzen überschreiten, die sich aus dem Wortsinn und aus dem möglichen Zusammenhang des Gesetzes ergeben[1294]. Von der Absicht des Gesetzgebers muss das Maximum als Gesetzesinhalt aufrechterhalten werden. Hervorzuheben ist jedoch, dass bei Zugrundelegung einer strengeren Vorsatzform, die durch die Entscheidung des BVerfG letztlich verlangt wird, es um weniger anspruchsvolle Anforderungen im Rahmen des subjektiven Tatbestandes geht, als bei einer wörtlichen Auslegung des § 261 Abs. 2 Nr. 1 StGB. Insofern steht die verfassungskonforme

---

[1289] Vgl. *Tröndle/Fischer*, Kommentar zum StGB, § 261, Rn. 36 f.; *Wohlers*, JZ 2004, S. 680.

[1290] Vgl. *Winkler K.*, Strafbarkeit des Strafverteidigers, S. 290.

[1291] Dafür werden folgende Gründe genannt: die Zurückhaltung bei der Bestellung eines Verteidigers im Ermittlungsverfahren; die immer noch nicht vollständig anerkannte Verpflichtung, bei der Auswahl des Verteidigers den Wünschen des Beschuldigten nachzukommen; die unzureichende Honorierung des gerichtlich bestellten Verteidigers. Siehe dazu *Wohlers*, JZ 2004, S. 679 m. w. N. Weitere Kritikpunkte bezüglich der Entscheidung bei *Müssig*, wistra 2005, S. 201 ff.

[1292] Vgl. z. B. BVerfGE 18, 111; 54, 299 f.; 67, 390; 71, 105; 90, 275 f.

[1293] Vgl. BVerfG NJW 2004, 1311.

[1294] Vgl. *Hefendehl*, Kann und soll der Allgemeine Teil bzw. das Verfassungsrecht missglückte Regelungen des Besonderen Teils retten?, in: Roxin – FS, S. 163 f.; *Larenz/Canaris*, Methodenlehre, S. 161; *Matt*, JR 2004, S. 325; *Reichert*, NStZ 2000, S. 317; *Winkler K.*, Strafbarkeit des Strafverteidigers, S. 293.

Auslegung dem Gesetzeswortlaut grundsätzlich nicht entgegen[1295]. Es muss jedoch darauf aufmerksam gemacht werden, dass eine verfassungskonforme Auslegung in allen den Fällen ausgeschlossen ist, in denen die Bedeutung einer Regelung aus dem Gesetzeswortlaut hinreichend eindeutig zu entnehmen ist. Auf die Geldwäschevorschrift bezogen, könnte dies bedeuten, dass die Ablehnung der Bestrafung des leichtfertigen Handelns außerhalb des gerichtlichen Entscheidungsspielraums liegt, denn die Strafbarkeit der Leichtfertigkeit im Hinblick auf die Herkunft der geldwäschetauglichen Vermögenswerte ergibt sich direkt und zweifellos aus dem Wortlaut des § 261 Abs. 5 StGB. Es sind ferner keine anderen gesetzlichen Regelungen oder anerkannten Rechtsprinzipien ersichtlich, wonach der Strafverteidiger in den bereits genannten Fällen von der Geldwäschestrafbarkeit ausgenommen werden könnte. Folgt man dieser Ansicht, so wäre die dogmatische Begründung der Entscheidung des BVerfG für eine einschränkende Auslegung im subjektiven Bereich nicht überzeugend.

Eine solche Argumentation verdient jedoch letztlich keine Zustimmung. Das ergibt sich schon aus mehreren Entscheidungen des BVerfG[1296]. Dort wird darauf hingewiesen, dass eine verfassungskonforme einschränkende Auslegung „einem nach Wortlaut und Sinn eindeutigen Gesetz nicht einen entgegengesetzten Sinn verleihen, den normativen Gehalt der auszulegenden Norm nicht grundlegend neu bestimmen oder das gesetzgeberische Ziel nicht in einem wesentlichen Punkt verfehlen darf“. Aus dieser Formulierung lässt sich entnehmen, dass die Auslegungsgrenze nicht allein in dem eindeutigen Wortlaut eines Gesetzes liegt, also dort, wo die Bedeutung einer Norm ohne jeglichen Zweifel feststellbar ist, sondern auch darin, ob das Gesetz nach Wortlaut und Sinn eindeutig ist. Überdies kann bei solchen weitgefassten Vorschriften wie der Geldwäschenorm dem reinen Gesetzeswortlaut keine allein entscheidende Bedeutung zukommen; sonst müssten z. B. auch die staatlichen Instanzen, die sich illegal erworbene Vermögenswerte im Wege des Verfalls oder der Entziehung verschaffen, wegen Geldwäsche bestraft werden[1297]. Darüber hinaus darf eine solche einschränkende Auslegung den Sinn der Norm und den gesetzgeberischen Willen nicht grundlegend neu bestimmen. Indem mit einer verfassungskonformen Auslegung zugunsten der Strafverteidiger lediglich eine von mehreren durch § 261 StGB erfassten Berufsgruppen erfasst werden soll, kann in diesem Falle nicht von der Beeinträchtigung des gesetzgeberischen Ziels in einem wesentlichen Punkt ge-

---

1295 In einem solchen Fall spricht man von einer teleologischen Reduktion.

1296 Vgl. BVerfGE 8, 33 f.; 11, 84 ff.; 33, 69; 35, 280; 54, 299; 71, 195.

1297 Vgl. *Ambos*, StV 2000, S. 206.

sprochen werden. Gegeben ist hier lediglich eine teilweise Modifizierung[1298]. Demzufolge ist die verfassungskonforme Auslegung nach den Grundsätzen des BVefG hier grundsätzlich zulässig.

3. Exkurs: Anwendbarkeit des § 261 Abs. 6 StGB auf die Fälle der Honorarannahme durch den Strafverteidiger

Wenn man jedoch einmal für die Thesen der bereits erwähnten Entscheidungen plädiert und die Honorarannahme durch den Strafverteidiger grundsätzlich außerhalb des Anwendungsbereichs des § 261 Abs. 2 Nr. 1 StGB belässt, muss man sich doch fragen lassen, ob der Geldwäschetatbestand dem Strafverteidiger nicht durchaus auch andere Schutzmechanismen zur Verfügung stellt.

In Betracht kommt hier Absatz 6 der Geldwäschevorschrift. Danach ist eine die Tatbestandsmerkmale aus Absatz 2 des § 261 StGB erfüllende Tathandlung dann nicht strafbar, wenn zuvor ein Dritter den Gegenstand erlangt hat, ohne hierdurch eine Straftat zu begehen. In Betracht kommt hier insbesondere eine Situation, in der der Mandant sein inkriminiertes Vermögen auf sein Konto einzahlt und aus diesem Konto seinen Verteidiger bezahlt. Die Gutgläubigkeit des diese Transaktion durchführenden, zuständigen Bankmitarbeiters könnte dann für den Strafverteidiger, der sich durch Überweisungen oder Schecks honorieren lässt, den Ausschluss von der Geldwäschestrafbarkeit bedeuten[1299]. Das Strafbarkeitsrisiko wäre also nur dann gegeben, wenn der Strafverteidiger seine Honorierung in Form von Bargeld entgegennimmt. Bei Banküberweisungen könnte man die Strafbarkeit durch Berücksichtigung des § 261 Abs. 6 StGB in den vorgenannten Fällen vermeiden.

An dieser Stelle erscheint jedoch problematisch, ob die Bank die von dem Mandanten eingezahlten Geldbeträge tatsächlich *erlangt*. Das Geld verbleibt doch im Vermögen des Vortäters, der über sein Guthaben frei verfügen sowie sich der Bank so bedienen kann wie eines technischen Apparates, der seine Weisungen ausführt[1300]. Angesichts der unklaren Bedeutung des Begriffs des „Erlangens“ lässt sich somit nicht eindeutig entscheiden, ob solche Umstände die Anwendung des § 261 Abs. 6 StGB zulassen. In der Literatur wird jedoch größtenteils angenommen, dass deshalb, weil die Einzahlung

---

[1298] Vgl. *Bussenius*, Geldwäsche, S. 136 f.

[1299] Vgl. *Bussenius*, Geldwäsche, S. 24; *Winkler K.*, Strafbarkeit des Strafverteidigers, S. 203 f.

[1300] So *Bussenius*, Geldwäsche, S. 24. Siehe auch *Balzer*, Die berufstypische Strafbarkeit, S. 250 ff.; *Katholnigg*, JR 2002, S. 31; *Lüderssen*, StV 2000, S. 208.

auf ein Konto die Geldwäschekette nicht durchbricht, die Regelung des Absatzes 6 dem Strafverteidiger bei der Annahme des inkriminierten Honorars grundsätzlich nicht zugute kommt[1301].

IV. Strafrechtliche Begründung der Bestrafung der Honorarannahme durch den Strafverteidiger wegen Geldwäsche

Wie bereits ausführlich besprochen, entwickelten sich sowohl in der Rechtsprechung als auch in der Literatur verschiedene Lösungsvorschläge, die die Straflosigkeit der Honorarannahme durch den Strafverteidiger zu begründen suchen. Bei allen diesen Erwägungen muss jedoch auch beachtet werden, dass die Erfassung der Honorarannahme durch den Strafverteidiger in erster Linie dem Sinn und Zweck der Geldwäschenorm entsprechen muss. Da es die Aufgabe des Strafrechts ist, Rechtsgüter zu schützen[1302], sind durch den Staat nur solche Verhaltensweisen strafrechtlich zu ahnden, durch die Rechtsgüter verletzt oder zumindest gefährdet werden[1303]. Die strafrechtliche Ahndung entsprechender Verhaltensweisen soll mithin ein angemessenes Mittel darstellen, damit der Schutzzweck der entsprechenden Strafrechtsnorm in geeigneter Weise verfolgt werden kann. Wenn aber eine Strafvorschrift solche Verhaltensweisen unter Strafe stellt, die die Rechtsgüter keineswegs beeinträchtigen bzw. gefährden, so ist dieser Tatbestand teleologisch auszulegen bzw. zu reduzieren[1304]. Mithin soll im Folgenden geprüft werden, ob die Honorarannahme durch den Strafverteidiger die durch § 261 StGB geschützten Rechtsgüter überhaupt gefährdet.

[1301] Diese Meinung beruht grundsätzlich auf dem Gedanken, dass es gerade der Sinn und Zweck des § 261 StGB ist, die mehrmalige Umwandlung bemakelter Vermögenswerte zu verhindern. Somit würde deren Legalisierung durch eine bloß einmalige Einzahlung auf ein Konto bei einer gutgläubigen Bank der Zielrichtung dieser Norm widersprechen, vgl. dazu *Balzer*, Die berufstypische Strafbarkeit, S. 251 f.; *Bussenius*, Geldwäsche, S. 28 ff.; *Gotzens/Schneider*, wistra 2002, S. 123; *Katholnigg*, NJW 2001, S. 2045; *ders.*, JR 2002, S. 27 ff.; *Winkler K.*, Strafbarkeit des Strafverteidigers, S. 203 ff. Vgl. ferner *Braum*, Europäische Strafgesetzlichkeit, S. 540 f. Erwähnenswert ist auch die Ansicht von *Maiwald*, wonach § 261 Abs. 6 StGB für die Fälle der Annahme des Verteidigerhonorars deshalb nicht anwendbar sei, weil ein Weiterwandern eines Gegenstands zu einem Dritten (Sich-Verschaffen) zugleich eine Tathandlung nach Abs. 1 im Sinne der Gefährdung des Auffindens des Gegenstands darstellt. Und auf Tathandlungen des Abs. 1 ist Abs. 6 nicht anwendbar, vgl. *Maiwald*, Auslegungsprobleme im Tatbestand der Geldwäsche, in: Hirsch – FS, S. 642 f. Für die Anwendung des § 261 Abs. 6 StGB auf diese Konstellationen dagegen *Ambos*, JZ 2002, S. 72; *Bernsmann*, StV 2000, S. 43; *Hamm*, NJW 2000, S. 638; *Schmidt*, JR 2001, S. 452. Zu den Meinungen im Einzelnen siehe *Bussenius*, Geldwäsche, S. 25 ff.

[1302] Vgl. etwa *Roxin*, Strafrecht AT 1, Band 1, § 2.

[1303] Vgl. *Bussenius*, Geldwäsche, S. 50 m. w. N.

[1304] Vgl. *Bussenius*, Geldwäsche, S. 50 m. w. N.

Aus den bisherigen Überlegungen[1305] folgt allerdings, dass es in dem deutschen Geldwäschetatbestand an einem eindeutig bestimmbaren Rechtsgut fehlt. Es muss somit letztlich offen bleiben, welche Rechtsgüter dieser Regelung tatsächlich zugrunde liegen[1306]. Teilweise wird angenommen, dass sich der deutschen Geldwäschevorschrift ausschließlich der Schutz der inländischen staatlichen Rechtspflege, und zwar lediglich in ihrer präventiven Funktion, die Gesamtheit von Straftaten zu beseitigen, entnehmen lässt[1307]. Von manchen Autoren wird zudem die Ansicht vertreten, dass auch die durch die Vortat bereits verletzten Rechtsgüter als mögliche Rechtsgüter der Geldwäschevorschrift geschützt werden sollen[1308]. Einer Untersuchung bedarf jedoch die Frage, ob die Honorarannahme durch den Strafverteidiger überhaupt eines dieser Rechtsgüter gefährdet. Erst dann kann von der Zweckmäßigkeit und Legitimität der Bestrafung dieser Verhaltensweise ausgegangen werden.

Dieses Problem wird in der deutschen Literatur jedoch nicht einhellig bewertet. Zum Teil wird hervorgehoben, dass der Strafverteidiger durch die Annahme des bemakelten Honorars weder die Ermittlungen zur Aufdeckung der Vortat bzw. die Effektivität der Strafverfolgung berührt noch dem Vortäter den weiteren Einsatz der auf verbrecherischem Wege erlangten Vermögenswerte für weitere Straftaten ermöglicht[1309]. In Betracht käme hier bloß die Beeinträchtigung des Finanzkreislaufs infolge der Benutzung kontaminierter Vermögenswerte. Bedenklich in diesem Zusammenhang ist jedoch schon die Betrachtung des Wirtschaftsverkehrs als ein Rechtsgut des § 261 StGB[1310]. Es wird nämlich größtenteils eingewendet, dass sich der Wirtschaftsverkehr als Rechtsgut des Geldwäschetatbestandes nicht eignet[1311].

[1305] Näher zur Rechtsgüterschutzproblematik siehe Kapitel 4 § 2 der vorliegenden Untersuchung.

[1306] So *Bussenius*, Geldwäsche, S. 54. Siehe auch *Hefendehl*, Kann und soll der Allgemeine Teil bzw. das Verfassungsrecht missglückte Regelungen des Besonderen Teils retten?, in: Roxin – FS, S. 149 ff.

[1307] Vgl. BT-Drucksache 12/989, S. 27; 12/3533, S. 11. Siehe auch *Bottke*, wistra 1995, S. 123 f.; *Carl*, wistra 1991, S. 293; *Egger Tanner*, Die strafrechtliche Erfassung, S. 17; *Gentzik*, Die Europäisierung, S. 74; *Kargl*, NJ 2002, S. 61; *Knorz*, Der Unrechtsgehalt, S. 126 ff.; *Lackner/Kühl*, StGB-Kommentar, § 261, Rn. 1; *Lampe*, JZ 1994, S. 125; *Otto*, Jura 1993, S. 330; *Ruß*-LK, § 261, Rn. 4; *Schönke/Schröder/Stree*, StGB-Kommentar, § 261, Rn. 1; *Spiske*, Pecunia olet?, S. 98 f.

[1308] Ausführliche Erwägungen zu dieser Problematik siehe in Kapitel 4 § 2 der vorliegenden Untersuchung.

[1309] Näher dazu vgl. *Bussenius*, Geldwäsche, S. 54 ff.

[1310] Näher dazu siehe Kapitel 4 § 2 Punkt II. der vorliegenden Untersuchung.

[1311] Vgl. ausführlich dazu *Gentzik*, Die Europäisierung, S. 67 ff.; ferner *Bussenius*, Geldwäsche, S. 62 f.; *Leip*, Der Straftatbestand, S. 45 f.; *Höreth*, Die Bekämpfung,

Von manchen Autoren wird demgegenüber hervorgehoben, dass die Honorarannahme die Befriedigung der Restitutionsansprüche des Vortatopfers gefährde[1312]. Der hier in Bezug genommene Schutzzweck, der zugleich mit der in der deutschen Lehre herrschenden Meinung sowie mit dem erklärten Willen des Gesetzgebers übereinstimmt, bringt zum Ausdruck, dass als Rechtsgut des sog. Isolierungstatbestandes des § 261 Abs. 2 StGB auch das durch die Vortat bereits verletzte Rechtsgut gelten kann[1313]. Daher kann auch die Annahme des bemakelten Honorars durch den Strafverteidiger die bereits durch die Vortat verletzten Rechtsgüter beeinträchtigen[1314]. Indem mithin die beeinträchtigten Interessen, hier also das Vermögen des Vortatopfers, als einschlägige strafrechtliche Rechtsgüter anerkannt werden, deren Schutz zudem dem ausdrücklich geäußerten gesetzgeberischen Willen entspricht[1315], ist an dieser Stelle der herrschenden Meinung zuzustimmen und die Vereinbarkeit der Erfassung der Honorarannahme durch den Strafverteidiger mit der Zielsetzung des Geldwäschetatbestandes zu bejahen.

S. 96; *Oswald*, Die Implementation, S. 62; *Schittenhelm*, Alte und neue Probleme der Anschlussdelikte im Lichte der Geldwäsche, in: Lenckner - FS, S. 528; *Spiske*, Pecunia olet?, S. 97 f.; *Winkler K.*, Strafbarkeit des Strafverteidigers, S. 189. Anders *Lampe*, dessen Meinung nach das geschützte Rechtsgut des § 261 StGB der legale Wirtschafts- und Finanzkreislauf sei, der „vor Durchmischung mit illegalen Vermögenswerten bewahrt werden muss", vgl. *Lampe*, JZ 1994, S. 125 f. Siehe auch *Schönke/Schröder/Stree*, StGB-Kommentar, § 261, Rn. 1. Ein derartiger Hintergrund der Strafdrohung des § 261 StGB lässt sich jedoch dem Gesetzeswortlaut nicht entnehmen.

1312 Gemeint ist hier die Situation, in der der Vortäter nach der Honorierung seines Strafverteidigers über keine weiteren Vermögenswerte verfügt, um die Forderungen des Vortatopfers zu befriedigen. Damit wird das Vermögen des Vortatopfers und daher indirekt das bereits durch die Vortat verletzte Rechtsgut beeinträchtigt, vgl. näher *Bussenius*, Geldwäsche und Strafverteidigerhonorar, S. 58 f., 63 f.

1313 Vgl. näher Kapitel 4 § 2 Punkt II. der vorliegenden Untersuchung. Siehe auch *Bottke*, wistra 1995, S. 124; *Egger Tanner*, Die strafrechtliche Erfassung, S. 17 f.; *Hetzer*, NJW 1993, S. 3299; *Hoyer*-SK, § 261, Rn. 1; *Lackner/Kühl*, StGB-Kommentar, § 261, Rn. 1; *Leip*, Der Straftatbestand, S. 51 ff.; *Oswald*, Die Implementation, S. 62 f.; *Ruß*-LK, § 261, Rn. 4; *Salditt*, StraFo 1992, S. 121 f.; *Schönke/Schröder/Stree*, StGB-Kommentar, § 261, Rn. 1; *Spiske*, Pecunia olet?, S. 95, 98. Kritisch dazu *Otto*, Jura 1993, S. 331.

1314 Vgl. BT-Drucksache 12/989, S. 27; 12/3533, S. 13; BR-Drucksache 507/92, S. 30. Siehe auch *Burger/Peglau*, wistra 2000, S. 162.

1315 Zur Bindung an den gesetzgeberischen Willen siehe auch die nachfolgenden Erwägungen in diesem Abschnitt.

V. Verfassungsrechtliche Aspekte der Strafverteidigung im Hinblick auf die Geldwäsche

Die drohende Strafbarkeit des Strafverteidigers steht seit dem Erlass der Geldwäscherichtlinie auch europaweit in der Diskussion[1316]. Der Anwendungsbereich der Geldwäscheregelungen einzelner Mitgliedstaaten tendiert zur Ausdehnung sowohl auf Rechtsanwälte, insbesondere Verteidiger, als auch auf andere Berufsgruppen. Die weitgehende Straflosigkeit des Strafverteidigers wird jedoch sowohl im Schrifttum als auch in der Praxis allgemein anerkannt, und zwar mit der Begründung, dass die Einbeziehung der Strafverteidigerhonorare in die Geldwäschestrafbarkeit gegen tragende Grundprinzipien der Rechtsordnung verstieße. Dies ist ein Hinweis darauf, dass allein die Tatsache, dass der Strafverteidiger im Rahmen seiner Honorierung bemakeltes Geld annimmt und damit die Rechtsgüter des Vortatopfers gefährdet, nicht unbedingt gleichzeitig bedeutet, dass eine solche Handlung zwingend unter Strafe gestellt werden muss. Ein solcher Standpunkt lässt sich auch unmittelbar aus dem *ultima ratio* Prinzip ableiten, wonach nicht jedes Verhalten, worauf kein Recht besteht, automatisch strafbar sein muss.[1317]

Im Rahmen der Problematik der Verteidigerhonorare taucht nämlich nicht nur das Problem des Verhältnisses zwischen der Handlung des Strafverteidigers und dem staatlichen Strafanspruch auf, sondern – bezogen wiederum auf das deutsche Recht – auch das Problem der uneingeschränkten Anwendung des § 261 Abs. 2 Nr. 1 StGB, die den Strafverteidiger schon bei ordnungsgemäßer Berufstätigkeit in eine konkrete Gefährdung geraten lässt. Aus diesem Umstand ergeben sich durchaus verfassungsrechtliche Bedenken. Sie entstehen insbesondere im Hinblick auf die Grundrechtseingriffe in die Freiheit der Berufsausübung des Strafverteidigers (Art. 12 Abs. 1 GG) und auf die mögliche Verletzung seines Gleichheitsgrundrechts (Art. 3 Abs. 1 GG). Darüber hinaus erscheint im Hinblick auf den Mandanten ein Eingriff in dessen Beschuldigtenrechte, insbesondere in das Recht auf die freie Wahl eines Verteidigers sowie in die Unschuldsvermutung, erörterungswürdig. Die Betroffenheit der einzelnen Grundrechte des Strafverteidigers bzw. des Mandanten bedarf daher einer verfassungsrechtlichen Überprüfung.

[1316] Vgl. *Götz H./Windholz*, AnwBl 2000, S. 642; *Winkler K.*, Strafbarkeit des Strafverteidigers, S. 224.

[1317] Vgl. *Balzer*, Die berufstypische Strafbarkeit, S. 263; *Nestler*, StV 2001, S. 648.

1. Verstoß gegen das Gleichheitsgebot, Art. 3 Abs. 1 GG?

In diesem Zusammenhang geht es wegen der grundsätzlichen Pflicht des Verteidigers zur Verschwiegenheit in erster Linie um die praktisch nicht mögliche Anwendung der Regelungen der Abs. 9 und 10 der Geldwäschenorm in Bezug auf den Strafverteidiger[1318]. Der mögliche Verstoß gegen das Grundrecht besteht hier in einer Ungleichbehandlung des Strafverteidigers gegenüber den Vertretern anderer Berufsgruppen, die dem § 203 StGB und dem § 43a Abs. 2 BRAO nicht unterworfen sind. Indem sein Beruf als Organ der Rechtspflege verfassungsrechtlich geschützt ist[1319], könnte eine derartige ungleiche Behandlung des Strafverteidigers als unangemessen anzusehen sein.

Dagegen spricht jedoch, dass bei der Bewertung der Stellung des Strafverteidigers von der unzutreffenden Vergleichsgruppe aller Normadressaten ausgegangen wird. Richtig erscheint es vielmehr, nicht die Gesamtheit aller von § 261 Abs. 9 und 10 StGB erfassten Personen in Betracht zu nehmen, sondern nur diejenigen, die ebenfalls den Pflichten aus § 203 StGB unterliegen. Folgt man dieser Ansicht, so ist hier keine Ungleichbehandlung zu erkennen.

Geht man demgegenüber einen Schritt weiter, indem man als Vergleichsgruppe alle potentiellen Adressaten der in der Geldwäschevorschrift enthaltenen Strafaufhebungsgründe annimmt, so kommt man zu dem Ergebnis, dass sogar in einem solchen Fall die Ungleichbehandlung gerechtfertigt ist. Das Ziel der Geheimhaltungsvorschriften, zu denen auch § 203 StGB und Art. 43a Abs. 2 BRAO gehören, besteht nämlich in dem Schutz des Geheimhaltungsinteresses und des Vertrauens der Allgemeinheit in die Verschwiegenheit der betreffenden Berufsangehörigen. Als Bürgerrecht hat die anwaltliche Verschwiegenheit im Rechtsstaat eine überragende freiheitssichernde Bedeutung. Diese Zielrichtung ist mithin durchaus als legitim zu bewerten und erscheint erforderlich im Hinblick auf die geschützten Geheimhaltungsinteressen des Beschuldigten[1320]. Demnach verstößt der faktische Ausschluss des Strafverteidigers aus dem Anwendungsbereich der Abs. 9 und 10 des § 261 StGB nicht gegen das Gleichheitsgebot aus Art. 3 Abs. 1 GG.

[1318] Siehe auch *Bussenius*, Geldwäsche, S. 83 ff.

[1319] Ausführlich dazu *Balzer*, Die berufstypische Strafbarkeit, S. 13 ff. Vgl. auch *Grüner/Wasserburg*, GA 2000, S. 434 ff. Kritisch dazu allerdings *Wolf*, Das System, S. 19 ff.

[1320] Vgl. *Bussenius*, Geldwäsche, S. 85; *Matt*, JR 2004, S. 321; *Winkler K.*, Strafbarkeit des Strafverteidigers, S. 226 f.

2. Eingriff in das Grundrecht der freien Berufsausübung, Art. 12 Abs. 1 GG?

In erster Linie muss davon ausgegangen werden, dass Art. 12 Abs. 1 GG dem Einzelnen die Freiheit der Berufsausübung als Grundlage seiner persönlichen und wirtschaftlichen Lebensführung garantiert. Dem Strafverteidiger wird daher die freie Ausübung seines Berufs unabhängig von staatlicher Einflussnahme gewährleistet. Dies gebietet auch das Rechtsstaatsprinzip[1321]. In diesem Sinne gewinnt § 261 StGB seinen Charakter als Berufsausübungsregelung insofern, als er die Bedingungen für die berufliche Tätigkeit eines Strafverteidigers in gewissem Maße reguliert[1322]. Die unmittelbaren Auswirkungen dieser Vorschrift können jedoch zu einer spürbaren Beeinträchtigung der freien Berufausübung führen und zugleich einen Eingriff in dieses Grundrecht des Verteidigers darstellen. Besondere Schwierigkeiten in diesem Bereich tauchen bei der Annahme einer nach der StPO als Standardverteidigung normierten Wahlverteidigung auf, die praktisch unmöglich wird, sobald eine Geldwäschevortat in Betracht kommt und der Mandant nicht nachweisen kann, dass sein Vermögen auf redlichem Wege erwirtschaftet hat. Eine Wahlverteidigung wäre dann bei einem Geldwäschevortatverdacht gegen den Mandanten nicht mehr verantwortbar[1323]. Verfassungsrechtliche Bedenken ergeben sich hier also vor allem in Bezug auf die Situation der Unsicherheit hinsichtlich der Legalität der Honorarquelle. Dies kann dazu führen, dass einerseits der Verteidiger zumindest aus § 261 Abs. 5 StGB zu bestrafen und andererseits der Mandant auf die üblicherweise an Qualität mangelnde Pflichtverteidigung verwiesen wird, die nicht zwingend

---

1321 Vgl. *Balzer*, Die berufstypische Strafbarkeit, S. 301.

1322 Vgl. *Gotzens/Schneider*, wistra 2002, S. 125, nach deren Meinung es sich bei § 261 StGB um eine absolute Berufswahlbeschränkung handelt, die die Tätigkeit des Wahlverteidigers so stark beschwert, dass alle Berufsträger zur Berufsabgabe gezwungen werden. Kritisch dazu BGH Urteil vom 04.07.2001, 2 StR 513/00; BGHSt 41, 68 ff.; NJW 2001, S. 2891 ff.; StV 2001, S. 506 ff. Siehe auch *Burger/Peglau*, wistra 2000, S. 162 f.; *Hefendehl*, Kann und soll der Allgemeine Teil bzw. das Verfassungsrecht missglückte Regelungen des Besonderen Teils retten?, in: Roxin – FS, S. 162, 165; *Otto*, JZ 2001, S. 440. Sie verneinen in diesem Falle den Eingriff in Art. 12 Abs. 1 GG wegen fehlender objektiv berufsregelnder Tendenz und lassen nur die Beeinträchtigung der wirtschaftlichen Betätigungsfreiheit nach Art. 2 Abs. 1 GG zu, deren Eingriffsintensität im Hinblick auf die niedrige Anzahl der betroffenen Verteidiger eher gering ist. Diese Ansicht ist jedoch mit der neueren Rechtsprechung des Bundesverwaltungsgerichts abzulehnen, wonach ein Eingriff in Art. 12 Abs. 1 GG auch dann vorliegen kann, wenn staatliche Maßnahmen schwerwiegende Folgen für die jeweils betroffene Berufsausübung nach sich ziehen, die zwar nicht bezweckt, aber vorhersehbar waren, vgl. BVerwGE 87, 43 f.; BVerwG NJW 1996, 3161. Siehe auch *Winkler K.*, Strafbarkeit des Strafverteidigers, S. 228 ff.

1323 Vgl. *Balzer*, Die berufstypische Strafbarkeit, S. 303; *Hamm*, NJW 2000, S. 637; *Matt*, GA 2002, S. 147.

eine Verteidigung des Vertrauens darstellt und nur eine Auffangfunktion für mittelose Beschuldigte hat[1324].

Darüber hinaus entsteht für den Strafverteidiger bei einer uneingeschränkten Anwendung des § 261 Abs. 2 Nr. 1 StGB das Risiko, dass infolge des Ausschlusses der Wahlverteidigung sein Recht auf die Vergütung und somit seine finanzielle Unabhängigkeit gefährdet werden. Das Recht, für die geleistete Arbeit eine angemessene Vergütung zu fordern, existiert nämlich untrennbar mit dem Recht auf die freie Berufsausübung[1325]. Wird dagegen die Pflichtverteidigung zum Regelfall, so würden die Verteidiger vor Gerichten in Bezug auf die Entscheidungen über die Berufung als Verteidiger sowie über die Höhe der Vergütung abhängig[1326].

Ein unverhältnismäßiger Eingriff in das verfassungsrechtlich geschützte Grundrecht auf freie Berufsausübung aus Art. 12 Abs. 1 GG ist somit durch die (faktische) Einschränkung der freien Berufsausübung und den Zwang zur Pflichtverteidigung gegeben[1327].

3. Eingriff in die verfassungsmäßig garantierten Beschuldigtenrechte?

Die Verletzung verfassungsmäßig garantierter Beschuldigtenrechte ist eng mit der bereits erwähnten Einschränkung der freien Berufausübung für den Strafverteidiger verbunden. Gemeint ist hier die mögliche Missachtung der Unschuldsvermutung sowie des Rechts des Beschuldigten auf freie Wahl eines Verteidigers[1328].

Die Geldwäschestrafandrohung birgt – wie bereits gezeigt – ein großes Risiko, das Vertrauensverhältnis zwischen dem Mandanten und dem Strafverteidiger zu stören oder sogar auszuschließen. Dieses Verhältnis kann

---

1324 Vgl. *Ambos*, JZ 2002, S. 73; *Balzer*, Die berufstypische Strafbarkeit, S. 303 ff., 446; *Braum*, Europäische Strafgesetzlichkeit, S. 543 ff.; *Gotzens/Schneider*, wistra 2002, S. 127; *Hamm*, NJW 2000, S. 363. Ausführlich dazu siehe auch *Bussenius*, Geldwäsche, S. 65 ff. Abweichend hinsichtlich einer derartigen Bewertung der Pflichtverteidigung *Scherp*, NJW 2001, S. 3242 f.

1325 Vgl. BVerfGE 76, 178; BVerfG NJW 1983, 1536.

1326 Vgl. *Balzer*, Die berufstypische Strafbarkeit, S. 306 f. 447; *Braum*, Europäische Strafgesetzlichkeit, S. 544; *Lüderssen*, StV 2000, S. 207; *Müther*, Jura 2001, S. 321; *Nestler*, StV 2001, S. 647.

1327 Kurz zu erwähnen ist noch, dass diese Ansicht der in der Geldwäsche-Entscheidung des BGH vertretenen Auffassung entgegensteht. Zu der BGHEntscheidung siehe Fn. 1273.

1328 Vgl. *Gotzens/Schneider*, wistra 2002, S. 127 f. Kritisch dazu *Reichert*, der die Rechtsgrundlage für das Vorhandensein des Grundrechts des Beschuldigten auf einen Wahlverteidiger anstelle eines Pflichtverteidigers bestreitet, vgl. *Reichert*, NStZ 2000, S. 317. Siehe auch *Otto*, JZ 2001, S. 440.

durch jegliche wegen eines Geldwäscheverdachts legitimierte Maßnahmen, wie z. B. durch die Anordnung und Durchführung von Untersuchungen, Beschlagnahmen, Telefonüberwachungen usw. beeinträchtigt werden. Gewisse Mandate können durch den Strafverteidiger daher nicht gefahrlos übernommen werden. Indem der Verteidiger nicht nur als Beistand des Beschuldigten[1329] handelt, sondern gleichzeitig versucht, im eigenen Interesse durch die Vorlage ihn entlastender Beweise den ihn eventuell treffenden Anklagevorwurf wegen Geldwäsche zu entkräften, kann die Gefahr einer Verletzung der Grundrechte des Beschuldigten entstehen. Mithin entwickelt sich eine Interessenkollision, so dass die Mitwirkung an der Wahrheitsfindung im Interesse des Mandanten nicht mit der gebotenen Sorgfalt vorangetrieben werden kann. Darüber hinaus kann die Niederlegung des Wahlmandats durch den Verteidiger im Falle eines Anfangsverdachts wegen Geldwäsche und bei einem gleichzeitigen Antrag auf Beiordnung der Pflichtverteidigung dem gegen den Mandanten verhandelnden Gericht den Eindruck vermitteln, dass der Mandant wegen der Begehung einer Katalogvortat verdächtig ist[1330]. Ein Eingriff in die verfassungsrechtlichen Grundrechte des Beschuldigten liegt somit vor.

VI. Ergebnis

Aus den dargestellten Ausführungen ergibt sich eine Reihe von möglichen Lösungen der Honorarannahmeproblematik. Eine neue, klare und Rechtssicherheit schaffende gesetzliche Regelung, die den Strafverteidigern einen unbestrittenen Raum für die Erfüllung ihrer prozessualen Aufgaben geben könnte, wäre daher zumindest wünschenswert[1331]. Die Lösung dieses Problems ist jedoch auch ohne gesetzgeberische Änderungen möglich[1332], obwohl es nach dem gegenwärtigen Stand der Diskussion nahezu unmöglich erscheint, dem Strafverteidiger die Grenzen seines zulässigen Verteidigungshandelns präzise zu nennen.

[1329] Ausführlich zu der Aufgabe des Verteidigers, als Beistand des Beschuldigten zu handeln, siehe *Wolf*, Das System, S. 17 ff.

[1330] Vgl. *Müther*, Jura 2001, S. 320.

[1331] Vgl. *Nestler*, StV 2001, S. 648; *Reichert*, NStZ 2000, S. 317 f.

[1332] Vgl. *Balzer*, Die berufstypische Strafbarkeit, S. 450 f. Für die Erforderlichkeit einer gesetzgeberischen Korrektur *Otto*, JZ 2001, S. 441; *Hefendehl*, Kann und soll der Allgemeine Teil bzw. das Verfassungsrecht missglückte Regelungen des Besonderen Teils retten?, in: Roxin – FS, S. 153; *Wohlers*, JZ 2004, S. 681; *ders.*, StV 2001, S. 424 ff. Bedenklich dazu allerdings *Braum*, nach dessen Ansicht die extensive Fassung der Geldwäschevorschrift zur Beeinträchtigung des Prinzips der Strafgesetzlichkeit führt, so dass der Geldwäschetatbestand folglich anhand der üblichen Auslegungsmethoden nicht mehr begrenzbar ist, vgl. *Braum*, Europäische Strafgesetzlichkeit, S. 548 f.

Interpretiert man § 261 StGB wörtlich, so muss in allen Fällen, in denen dem Mandanten eine der in Absatz 1 dieser Vorschrift aufgeführten Straftaten vorgeworfen wird, dem Strafverteidiger verboten werden, das Honorar anzunehmen, dessen illegale Herkunft er positiv kennt oder wenigstens leichtfertig verkennt[1333]. Die Strafbarkeit der Honorarannahme kontaminierten Verteidigerhonorars als Geldwäsche kommt also immer dann in Bertacht, wenn ein weit gefasster Erwerbstatbestand ohne objektive oder subjektive Einschränkungen existiert[1334].

Wie bereits mehrmals festgestellt, muss sich jedoch die Lösung des Problems der Verteidigerhonorierung in erster Linie am Sinn und Zweck des Geldwäschetatbestandes orientieren[1335]. Zu berücksichtigen sind dabei die besondere Rolle des Strafverteidigers, seine Vertrauensstellung gegenüber seinem Mandanten sowie die Bedeutung der Institution der Verteidigung für den Rechtsstaat. Entscheidend ist daher, ob die wortgenaue Auslegung des § 261 Abs. 2 Nr. 1 StGB mit den verfassungsrechtlichen Vorgaben und anderen Rechtsprinzipien im Einklang steht. Ist dies der Fall, so entsteht kein Bedarf nach einer Bevorzugung des Strafverteidigers.

Aus den im vorangehenden Abschnitt entwickelten Überlegungen folgt jedoch, dass die uneingeschränkte Anwendung des § 261 Abs. 2 StGB auf den Strafverteidiger – ohne Unterschied zu einem beliebigen anderen Normadressaten – regelmäßig zu einem unverhältnismäßigen Eingriff in sein verfassungsrechtlich garantiertes Grundrecht aus Art. 12 Abs. 1 GG führt. Ein durch § 261 Abs. 2 StGB erfolgender Engriff in die Grundrechte nicht nur des Strafverteidigers sondern auch des Mandanten ist ebenfalls erkennbar. Eine ausschließlich an dem reinen Wortlaut des § 261 StGB orientierte Rechtslage kann mithin keinesfalls hingenommen werden. Geboten wäre vielmehr die Einschränkung des weit gefassten Anwendungsbereichs des § 261 Abs. 2 Nr. 1 StGB.

Die Herausnahme des Verteidigerhonorars aus dem Anwendungsbereich der Geldwäschenorm kann nur im Wege einer verfassungs- und konventionskonformen Auslegung des Tatbestandes erreicht werden, indem man erkennt, dass eine Norm ihrer *ratio legis* nach dann nicht zur Anwendung kommen darf, wenn dies zum Schutz vorrangiger Interessen geboten ist (teleologische Reduktion)[1336]. Wie bereits festgestellt, ist eine solche Privilegierung des Strafverteidigers auch im Hinblick auf den Schutz der Beschul-

---

1333 Vgl. z. B. *Reichert*, NStZ 2000, S. 317.

1334 Vgl. *Ambos*, JZ 2002, S. 82.

1335 So auch *Winkler K.*, Strafbarkeit des Strafverteidigers, S. 295.

1336 Vgl. *Wohlers*, JZ 2004, S. 681.

digtenrechte sowie die Wahrung des Instituts der Wahlverteidigung zwingend erforderlich. Die uneingeschränkte Anwendung des Abs. 2 Nr. 1 der Geldwäschevorschrift würde ferner gegen das Übermaßgebot verstoßen[1337]. Eine Tatbestandsreduktion ist allerdings auch deswegen begrüßenswert, weil die Geldwäschevorschrift andernfalls dem vorhandenen Spannungsverhältnis zwischen der bezweckten Isolierung des Täters einerseits und dem Recht des Mandanten auf die freie Wahl des Verteidigers nicht gerecht würde. Weiterhin ist zu betonen, dass der Strafverteidiger als Organ der Rechtspflege im Interesse seines Mandanten handelt, indem er ihn vor staatlichen Eingriffen schützt. Daher sollte er im gleichen Umfang wie insoweit vergleichbare staatliche Stellen bei der Annahme bemakelten Honorars von der Geldwäschestrafbarkeit ausgenommen werden. In Fällen der Honorarzahlung stellen sich die Eingriffe in seine Grundrechte weder als erforderlich noch als verhältnismäßig dar, so dass eine verfassungskonforme Auslegung notwendig ist.

Die Anwendung einer solchen, verfassungsrechtlich begründeten, teleologischen Reduktion ist allerdings im Gegensatz zur Feststellung der Verfassungswidrigkeit, welche aufgrund Art. 100 GG nur dem BVerfG zusteht[1338], nur dann zulässig, wenn die Reduktion sich zwar unterhalb des Wortlauts des Gesetzes, aber noch innerhalb des feststellbaren Willens der Gesetzgebung bewegt[1339]. Demnach sind bei der verfassungskonformen Auslegung der Geldwäschevorschrift gewisse Beschränkungen sowohl in sachlicher als auch in personeller Hinsicht zu berücksichtigen[1340].

Personenbezogen ist der verfassungsrechtliche Aspekt der Bestrafung der Honorarannahme durch den Verteidiger insofern von Bedeutung, als dadurch das Vertrauensverhältnis zwischen dem Verteidiger und seinem Mandanten beeinträchtigt werden kann. Hervorzuheben ist jedoch, dass eine solche Privilegierung des Strafverteidigers nur dann möglich ist, wenn er sein Honorar *direkt* vom Mandanten bekommt. Keine Bevorzugung ist daher erforderlich, wenn die Honorierung von einem Dritten, bzw. wenn die Zahlung nicht für eine Verteidigung erfolgt[1341].

[1337] Vgl. BVerfG NJW 2004, 1311; ebenso *Gotzens/Schneider*, wistra 2002, S. 126; *Matt*, JR 2004, S. 326; *Winkler K.*, Strafbarkeit des Strafverteidigers, S. 238.

[1338] Einzuräumen ist allerdings, dass bei Zweifeln an der Verfassungsmäßigkeit einer eindeutigen Vorschrift das Gericht sich nicht an die Stelle des Gesetzgebers setzen darf, sondern den Fall dem Bundesverfassungsgericht gem. Art. 100 GG vorlegen muss, vgl. dazu *Ambos*, JZ 2002, S. 74; *Schmidt*, JR 2001, S. 450.

[1339] Vgl. *Gotzens/Schneider*, wistra 2002, S. 124.

[1340] So auch *Winkler K.*, Strafbarkeit des Strafverteidigers, S. 296 f.

[1341] Vgl. *Wohlers*, JZ 2004, S. 681.

In sachlicher Hinsicht dagegen fängt die Strafwürdigkeit des Verteidigers erst mit dem positiven Wissen hinsichtlich der illegalen Einnahmequelle seines Mandanten an. Denn es sollen solche Situationen verhindert werden, in welchen der Mandant eine vorsätzliche Geldwäsche unter dem Deckmantel des Mandats begehen will[1342]. Sachgerecht erscheint daher die Begrenzung der Geldwäschestrafbarkeit des Strafverteidigers durch die Annahme des auf verbrecherische Weise erlangen Verteidigerhonorars auf wissentliche Verhaltensweisen, denn erst positives Wissen kann hier der Unschuldsvermutung entgegenstehen. In diesem Zusammenhang ist der oben analysierten Entscheidung des BVerfG von 2004 darin zuzustimmen, dass eine völlige Freistellung des Strafverteidigers von der Strafdrohung des § 261 Abs. 2 Nr. 1 StGB von der Verfassung keinen Schutz verdient und vom Prinzip der Verhältnismäßigkeit auch nicht gefordert wird[1343]. Hervorzuheben ist jedoch, dass die Straflosigkeit der Honorarannahme auf solche Fälle beschränkt werden sollte, in denen die Honorarzahlung nicht die Erfüllung von Ansprüchen erschwert, die dem Opfer des Mandanten aus einer Katalogvortat erwachsen sind[1344]. Nimmt man eine solche verfassungskonforme Auslegung für die Fälle der Honorarannahme durch den Strafverteidiger an, so können klare Konturen der für die Strafverteidigung relevanten Rechtssätze geschaffen werden[1345].

Kurz zu erörtern ist noch die Frage der Übereinstimmung einer solchen verfassungskonformen Auslegung mit den europäischen Vorgaben. Auf der europäischen Ebene ist nämlich die Bestrafung der Fahrlässigkeit bzw. Leichtfertigkeit bei einer Geldwäsche nicht vorgeschrieben. In der geltenden Geldwäscherichtlinie wird nur vorsätzliches Handeln erfasst. Wie schon vorstehend ausführlich erörtert, geht die deutsche Umsetzung in diesem Punkt über das Harmonisierungsziel hinaus. Hervorzuheben ist allerdings, dass Art. 5 der Geldwäscherichtlinie nur einen Mindeststandard enthält und

---

1342 Kurz zu erwähnen ist auch die Ansicht, der hier allerdings nicht zu folgen ist, wonach die Geldwäschestrafbarkeit eines Strafverteidigers nur im Falle eines Mandats auftritt, dem die Begehung einer Katalogvortat zugrunde liegt. Dieser Meinung ist nicht zuzustimmen, weil ein Misstrauen, das das Vertrauensverhältnis beeinträchtigt, sich auch in anderen Situationen ergeben kann.

1343 Vgl. BVerfG NJW 2004, 1311.

1344 Vgl. HansOLG, NJW 2000, 680. Siehe auch *Müther*, Jura 2001, S. 323.

1345 Siehe dazu auch *Matt*, JR 2004, S. 326 f. Als Beispiel einer weiteren verfassungskonformen Auslegung ist ferner die Entscheidung des BGH zu nennen, in der das Beschlagnahmeverbot von Verteidigungsunterlagen entgegen § 97 StPO zur Geltung kommt. Damit wird dem rechtsstaatlichen Gebot (vgl. Art. 6 Abs. 3 lit. c EMRK, Art. 2 Abs. 1, Art. 20 Abs. 3 GG), dem Beschuldigten in jeder Zeit eine effektive Verteidigung zu ermöglichen, der Vorzug gegeben, vgl. BGHSt 44, 46 ff. Siehe ferner *Balzer*, Die berufstypische Strafbarkeit, S. 309 f.; *Winkler K.*, Strafbarkeit des Strafverteidigers, S. 292.

den Mitgliedstaaten die Art und Weise der Zielumsetzung, in diesem Falle die Einführung der Geldwäschestrafbarkeit in die nationalen Strafrechtssysteme, überlässt. Die Geldwäscherichtlinie beinhaltet jedoch keine Verpflichtung, die Honorarannahme durch den Strafverteidiger unter Strafe zu stellen. Aus diesem Grunde steht die hier vertretene Begrenzung der Strafbarkeit auf die Fälle des positiven Wissens des Strafverteidigers und somit eine verfassungskonforme Auslegung des § 261 Abs. 2 Nr. 1 StGB mit der Geldwäscherichtlinie im Einklang. Sie ist daher europarechtskonform[1346].

VII. Ausblick auf die polnische Rechtslage

Abschließend ist noch die polnische Rechtslage im Hinblick auf die potentielle Bestrafung des Strafverteidigers wegen Geldwäsche bei der Annahme von bemakeltem Honorar zu erörtern. Bedauerlich ist dabei, dass dieses Thema bisher in der polnischen Rechtsprechung nicht behandelt wurde. In der polnischen Literatur taucht es, allerdings relativ selten, auf[1347]. Dies bedeutet jedoch nicht, dass diese Problematik in Polen keine Schwierigkeiten aufwirft[1348]. Vielmehr ist auch die Regelung des Art. 299 § 1 KK auf die Strafverteidiger im Falle der fraglichen Honorarannahme ohne weiteres anwendbar[1349]. Insofern wäre auch hier die Verfassungsmäßigkeit der Einbeziehung der Strafverteidigerhonorare in den Anwendungsbereich dieser Vorschrift zu prüfen. An dieser Stelle können sich nämlich, genauso wie nach der deutschen Rechtslage, verfassungsrechtliche Bedenken ergeben. Darüber hinaus wurden durch das *Gesetz von 2000*[1350] auch für selbstständige Angehörige von Rechtsberufen gewisse Verpflichtungen eingeführt, die der Normierungen des deutschen Geldwäschegesetzes teilweise entsprechen und daher mit der hier zu behandelnden Problematik im engen Zusammenhang stehen.

[1346] Vgl. *Müther*, Jura 2001, S. 325 m. w. N. Eine andere Ansicht wird von *Winkler* vertreten, wonach die Umsetzung der europäischen Vorgaben durch den deutschen Gesetzgeber legislativ missglückt sei, vgl. *Winkler K.*, Strafbarkeit des Strafverteidigers, S. 295.

[1347] Vgl. *Filipkowski/Prokop*, PiP 2/2006, S. 69 ff.; *Golonka*, Palestra 11-12/2005, S. 35 ff.; *Kalwas*, Glosa 6/2004, S. 4 ff.

[1348] Zur Problematik der Beteiligung der Angehörigen der rechtsberatenden Berufe in Strukturen der organisierten Kriminalität siehe *Filipkowski/Prokop*, PiP 2/2006, S. 70 ff. m. w. N.

[1349] Von den möglichen Tatbestandsalternativen des Art. 299 § 1 KK kommen hier in erster Linie die Annahne von geldwäschetauglichen Tatobjekten, die Unterstützung bei der Übertragung des Eigentums oder des Besitzes dieser Tatobjekte bzw. die Vornahme anderer Handlungen in Betracht, welche die Feststellung ihrer Lokalisierung, vereiteln oder wesentlich erschweren können.

[1350] Vgl. Fn. 5.

Zunächst ist die Frage zu erörtern, ob der Strafverteidiger auch nach dem geltenden Recht schon allein durch seine berufliche Tätigkeit häufiger als Angehörige anderer Berufszweige unter den Geldwäscheverdacht geraten kann. Wie bereits erwähnt, kann in Bezug auf die potentielle Geldwäschestrafbarkeit der Tatbestand des Art. 299 § 1 KK für den Strafverteidiger problematisch sein. Weitere Tatbestände dieser Vorschrift wurden bekanntlich als Amtsdelikte konstruiert und betreffen ausschließlich Mitarbeiter eines Finanz- oder Kreditinstituts bzw. einer anderen zur Transaktionsregistrierung verpflichteten Institution. Sie sind somit auf die Angehörigen der rechtsberatenden Berufe regelmäßig nicht anwendbar. Art. 299 § 1 KK ermöglicht dagegen die Bestrafung der Annahme von geldwäschetauglichen Gegenständen. Diese Tathandlung wird als eine faktische Übernahme in den Gewahrsam verstanden[1351]. Denkbar sind hier solche Fälle, in denen der Verteidiger das vertraglich vereinbarte Honorar von seinem Mandanten, der eine verbotene Tat begangen hat, in bar oder per Überweisung annimmt. Ferner ist auch die Unterstützung bei der Übertragung des Eigentums oder des Besitzes an Tatobjekten einer Geldwäsche möglich. Unter diesen Tatbestandsbegriff fallen sämtliche Tätigkeiten, deren Wesen in erster Linie in der Erbringung verschiedener juristischer Dienstleistungen liegt[1352]. Eine weitere Tatbestandsalternative, die im Zusammenhang mit der Verteidigerhonorarannahme ergänzend in Betracht kommt, ist die Vornahme bestimmter Handlungen, die eine der in Art. 299 § 1 KK aufgeführten Tätigkeiten, insbesondere die Feststellung der Aufdeckung der geldwäscherelevanten Tatobjekte, negativ beeinflussen bzw. beeinflussen können[1353].

Hervorzuheben ist jedoch, dass nach den Vorschriften des polnischen Rechts die Vornahme der Tathandlungen aus Art. 299 § 1 KK durch den Verteidiger – wie durch jeden anderen Täter – vorsätzlich erfolgen muss. Der Täter muss daher entweder mit dem Bewusstsein des kriminellen Ursprungs der Tatobjekte handeln bzw. ihre deliktische Herkunft zumindest für möglich halten und billigend in Kauf nehmen[1354]. Die Strafbarkeit des

[1351] Näher zur Tathandlung der Annahme siehe Kapitel 4 § 3 Punkt IV. 2. A. a) der vorliegenden Untersuchung.

[1352] Darunter fallen u. a.: die Anfertigung eines Vertrags durch einen Notar (z. B. eines Kauf-, Schenkungs- oder Tauschvertrags sowie eines anderen Vertrags, der zur Eigentumsübertragung verpflichtet); die Anfertigung einer Dokumentation aus dem Grundbuch; Dienstleistungen der Maklerfirmen, der Investitionsberater bzw. der Mitarbeiter des Finanzamtes, vgl. *Filipkowski*, Zwalczanie, S. 106 f.; *Skorupka*, Prawo karne gospodarcze, S. 112 f.; *Wróbel*, in: *Zoll* (Hrsg.), S. 343. Näher zu dieser Tathandlung siehe Kapitel 4 § 3 Punkt IV. 2. A. c) der vorliegenden Untersuchung.

[1353] Näher zu dieser Tathandlung siehe Kapitel 4 § 3 Punkt IV. 2. A. e) der vorliegenden Untersuchung.

[1354] Näher dazu siehe Kapitel 4 § 4 Punkt II. der vorliegenden Untersuchung.

Verteidigers ist mithin nur dann begründet, wenn er die illegale Herkunftsquelle seines Honorars gekannt oder sie zumindest billigend in Kauf genommen hat. Die Einnahmequellen des Mandanten müssen also dem Verteidiger in diesem Sinne bekannt sein. Fahrlässigkeit (bzw. die nach dem deutschen Recht strafbare Leichtfertigkeit) bezüglich dieser Tatsache gehen mithin nicht zu Lasten des Verteidigers[1355]. Im Falle der Kenntnis hinsichtlich des kriminellen Ursprungs der Vermögensgegenstände kann er sich auch nicht auf ihre vorausgegangenen Umwandlungen berufen. Vor diesem Hintergrund wäre somit zu festzuhalten, dass im Gegensatz zu der deutschen Rechtslage das Strafbarkeitsrisiko für den Strafverteidiger nach dem polnischen Recht nicht erheblich ausgedehnt wurde. Einzuräumen ist weiterhin, dass das Sonderwissen des Verteidigers bezüglich der Vermögensquellen seines Mandanten für ihn grundsätzlich nicht zu schwerwiegenden Konsequenzen führt und sein Ruf sowie das Vertrauensverhältnis zwischen dem Verteidiger und dem Mandanten nicht besonders beeinträchtigt wird, soweit der Verteidiger von seinem Wissen nicht dadurch Gebrauch macht, dass er vorsätzlich mit dem Mandanten zum Zwecke der Geldwäsche zusammenarbeitet. Die Schaffung einer Sonderstellung für den Strafverteidiger durch die Herausnahme der Honorarannahme aus der Geldwäschestrafbarkeit ist somit in Polen nicht zwingend erforderlich.

Als problematisch könnten sich jedoch solche Fälle erweisen, in denen der Strafverteidiger durch die Preisgabe der ihm von seinem Mandanten anvertrauten Informationen selbst in den Geldwäscheverdacht gerät. Zu prüfen ist daher, ob die Offenbarung der Mandantengeheimnisse eine Rechtsgrundlage im geltenden Recht findet, die den Verteidiger von den negativen Folgen dieser Aufdeckung befreien könnte. In Betracht kommen in erster Linie die Regelungen des *Rechtsanwaltschaftsgesetzes*[1356]. In diesem Regelungswerk ist nämlich die Geheimhaltungspflicht verankert, wonach der Rechtsanwalt grundsätzlich zur Geheimhaltung aller im Zusammenhang mit der Rechtsberatung erlangten Informationen verpflichtet ist (Art. 6 Abs. 1)[1357]. Die Verschwiegenheitspflicht wird also in dieser Vorschrift als Bestandteil der

[1355] Es muss jedoch hervorgehoben werden, dass sogar das Bewusstsein der illegalen Herkunft der Vermögensgegenstände selbst keine obligatorische, sondern lediglich eine gesellschaftliche Pflicht zur Benachrichtigung der für die Strafverfolgung zuständigen Organe begründet, vgl. Art. 304 § 1 KPK. Siehe auch *Filipkowski/Prokop*, PiP 2/2006, S. 81 f.

[1356] Prawo o adwokaturze (*Rechtsanwaltschaftsgesetz*) vom 26.05.1982, Dz. U. (*Gesetzblatt*) 2002, Nr. 123, Pos. 1058 mit späteren Änderungen.

[1357] In Art. 6 des *Rechtsanwaltschaftsgesetzes* wird diese Verpflichtung wörtlich als die sog. anwaltliche Geheimhaltung genannt.

anwaltlichen Berufspflichten anerkannt[1358]. Die Zulässigkeit der Geheimnisverletzung könnte sich jedoch aus der letzten Novellierung des *Rechtsanwaltschaftsgesetzes*[1359] ergeben, indem zu Art. 6 des Gesetzes ein Absatz 4 hinzugefügt wurde, wonach die Geheimhaltungspflicht für Rechtsanwälte in bestimmten im *Gesetz von 2000* normierten Fällen aufgehoben wurde[1360].

Angesichts der bereits dargelegten Argumente wird jedoch deutlich, dass diese in das *Rechtsanwaltschaftsgesetz* neu eingefügte Regelung, die die Geheimnisoffenbarung zulässt, für die Fälle der Erlangung der Kenntnis über die illegale Honorarherkunft eher eine geringe praktische Bedeutung aufweist. Ein solches Bewusstsein gehört nämlich in meisten Fällen zu den Informationen, die im Rahmen der Vertretung des Mandanten in einem Verfahren erworben wurden, und begründet daher gemäß Art. 11 Abs. 5 des *Gesetzes von 2000*[1361] keine Anzeigepflicht. Die Offenbarung der im Rahmen des Mandatsverhältnisses erworbenen Kenntnisse ist mithin auch aufgrund des *Rechtsanwaltschaftsgesetzes* nicht zulässig[1362].

[1358] Ergänzend ist noch auf § 51 des *Gesetzbuchs der Anwaltsethik* hinzuweisen, wonach das Verhältnis zwischen dem Rechtsanwalt und dem Mandanten sich auf das Vertrauen stützt. Dabei wird in der polnischen Rechtsprechung die Ansicht vertreten, dass als Konsequenz des Vertrauensverlusts die Kündigung der Vollmacht seitens des Rechtsanwalts gelten soll, vgl. Beschluss der Hauptanwaltskammer vom 10.10.1998, Nr. 2/XVIII/98.

[1359] Vgl. Art. 2 des vorstehend erwähnten Änderungsgesetzes zum *Gesetz von 2000*. Siehe ferner *Filipkowski/Prokop*, PiP 2/2006, S. 80; *Kalwas*, Glosa 6/2004, S. 4 f.

[1360] Art. 6 Abs. 4 des *Rechtanwaltschaftsgesetzes* lautet: „Von der anwaltlichen Geheimhaltungspflicht werden nicht die Informationen erfasst, die aufgrund der Vorschriften des Gesetzes vom 16.11.2000 über die Verhinderung der Einführung der aus illegalen oder nicht ermittelbaren Quellen stammenden Vermögenswerte in den Finanzverkehr und der Finanzierung des Terrorismus (Dz. U. 2003, Nr. 153, Pos. 1505 und 2004, Nr. 62, Pos. 577) in dem von diesen Vorschriften bestimmten Rahmen angezeigt werden". Kritisch zu dieser Norm siehe *Kunicka-Michalska*, in: *Wąsek* (Hrsg.), S. 546.

[1361] Laut dieser Vorschrift sind Rechtsanwälte, Rechtsberater, ausländische Juristen, Wirtschaftsprüfer und Steuerberater von der Anzeigepflicht bezüglich der durch die Vorschriften dieses Gesetzes erfassten Informationen ausgenommen, soweit sie ihren Mandanten aufgrund einer Prozessvollmacht in Verbindung mit dem Verfahrensablauf vertreten oder einen dem Zwecke des Verfahrens dienenden Rat erteilen.

[1362] An dieser Stelle ist noch das im polnischen Schrifttum umstrittene Verhältnis der Vorschriften der polnischen Strafprozessordnung (KPK) im Bereich der Vernehmung von Zeugen zur anwaltlichen Geheimhaltungspflicht zu erörtern. Laut Art. 178 Pkt. 1 KPK darf ein Verteidiger über Tatsachen, die er bei der Erteilung von Rechtsrat oder bei der Führung der Sache erfahren hat, nicht als Zeuge vernommen werden. Die Offenbarung der Mandantengeheimnisse wird jedoch in Art. 180 § 2 KPK zugelassen, indem Personen, die zur Wahrung eines Notar-, Anwalts-, Rechtsberater-, Arzt- oder Journalistengeheimnisses verpflichtet sind, über Tatsachen, auf die sich die Geheimhaltungspflicht erstreckt, nur dann vernommen werden dürfen, wenn dies im Interesse der Rechtspflege unerlässlich ist und der betreffende Umstand anhand eines anderen Beweismittels nicht ermittelt

Darüber hinaus stellt der Geheimnisverrat sogar eine Straftat im Sinne von Art. 266 KK dar, indem die Offenbarung und Verwertung von Dienst- und Berufsgeheimnissen unter Strafe gestellt wird. Dieser Vorschrift, die in das polnische Strafgesetzbuch erst im Jahre 1997 eingeführt wurde, liegt der Gedanke zugrunde, dass der effiziente Schutz von Privat- und Berufsgeheimnissen auch durch strafrechtliche Maßnahmen gewährleistet werden soll. Die in dieser Untersuchung diskutierte Situation, in der der Strafverteidiger die im Rahmen einer Vertretung erworbene Information über seinen Mandanten veröffentlicht, kann möglicherweise die erste Tatbestandsalternative dieser Vorschrift, die die Strafbarkeit der Verletzung des Berufsgeheimnisses[1363] normiert, erfüllen. Gemäß Art. 266 § 1 KK macht sich nämlich strafbar, wer entgegen den gesetzlichen Vorschriften oder entgegen einer von ihm übernommenen Verpflichtung Informationen, die er im Zusammenhang mit der Erfüllung seiner Funktion, mit der von ihm ausgeübten Tätigkeit oder mit einer öffentlichen, sozialen, wirtschaftlichen oder wissenschaftlichen Tätigkeit erlangt hat, offenbart oder verwertet[1364]. Die Verschwiegenheitspflicht trifft hier insbesondere die Angehörigen solcher Berufe, die eine erhebliche gesellschaftliche Bedeutung aufweisen und deren Ausübung mit dem Erwerb anvertrauter wesentlicher Privatgeheimnisse und daher mit einem entsprechenden Vertrauensverhältnis verbunden ist; darunter auch die

---

werden kann. Es besteht daher ein Spannungsverhältnis zwischen den Regelungen der beiden Vorschriften und denen des *Rechtsanwaltschaftsgesetzes*, das keine Befreiung von der anwaltlichen Geheimhaltungspflicht vorsieht. In der Literatur wird vorwiegend die Ansicht vertreten, dass die Regelungen des *Rechtsanwaltschaftsgesetzes* als *lex specialis* gegenüber den allgemeinen Vorschriften des KPK (*ius commune*) anzusehen sind und somit den Rechtsanwalt ausnahmslos zur Geheimhaltung verpflichten. Diese Problematik wurde auch zum Gegenstand eines Beschlusses des Polnischen Obersten Gerichts (*Sąd Najwyższy*), siehe Beschluss des Obersten Gerichts vom 16.06.1994, I KZP 5/94, OSNK 1994, Pos. 41. In dieser Entscheidung wurde zwar zugestanden, dass der Strafverteidiger im Rahmen der Verteidigung über Tatsachen, die durch die Geheimhaltungspflicht erfasst werden, nicht vernommen werden darf. Zugelassen wurde jedoch die Vernehmung von dem Rechtsanwalt, der nicht im Rahmen der Verteidigung, sondern lediglich als Bevollmächtigter handelt. Aus dieser Entscheidung ergibt sich daher auch, dass die anwaltliche Geheimhaltungspflicht keinen absoluten Charakter aufweist. Zu diesem Problem vgl. näher *Broclawik*, CPKiNP 1/2000, S. 201 ff.; *Kunicka-Michalska*, in: *Wąsek* (Hrsg.), S. 546 f.; *Krzemiński*, Prawo o adwokaturze, S. 31 ff. m. w. N. Zur Problematik des Art. 180 § 2 KPK in diesem Zusammenhang siehe Urteil des polnischen Verfassungsgerichtshofs (TK) vom 22.11.2004, SK 64/03, Dz. U. (*Gesetzblatt*) 2004, Nr. 255, Pos. 2568. Vgl. ferner *Kalwas*, Glosa 6/2004, S. 5.

1363 Vgl. *Broclawik*, CPKiNP 1/2000, S. 202.

1364 Hinzuzufügen ist noch, dass § 2 dieser Vorschrift, der sich auf die Verletzung des Dienstgeheimnisses bezieht, nur auf Amtsträger anwendbar ist. Da die Strafverteidiger nicht unter diesen Begriff fallen (vgl. Art. 115 § 13 KK), können sie von dieser Tatbestandsalternative nicht erfasst werden.

Rechtsanwälte[1365]. In diesem Zusammenhang ist es noch anzufügen, dass als Rechtsgrundlage für die hier vorausgesetzte Verpflichtung wiederum die Regelungen des bereits erwähnten *Rechtsanwaltschaftsgesetzes*, insbesondere Art. 6 Abs. 1 dieses Gesetzes, in Betracht kommen.

Mithin wird dem Strafverteidiger nach den Vorschriften des geltenden Rechts der Geheimnisverrat verboten. Es stellt sich aber zugleich die Frage nach der Möglichkeit einer Rechtfertigung der Offenbarungshandlungen des Verteidigers in Geldwäschefällen. In diesem Zusammenhang könnte die Regelung des Art. 299 § 8 KK anwendbar sein, der einen persönlichen Strafaufhebungsgrund normiert. Nach dieser Vorschrift wird wegen einer Straftat im Sinne der §§ 1 bis 4 des Art. 299 KK nicht bestraft, wer freiwillig dem für die Strafverfolgung zuständigen Organ Angaben über die an der Begehung der Straftat beteiligten Personen und über die Umstände der Begehung gemacht hat, wenn dadurch die Begehung einer anderen Straftat verhindert wurde. Zudem kommt es zu einer obligatorischem Strafmilderung, wenn sich der Täter um die Offenbarung dieser Angaben und Umstände bemüht hat.

Fraglich ist daher, ob diese Regelung dem Strafverteidiger zugute kommen kann. Bedenken entstehen hier jedoch insofern, als schon auf den ersten Blick ein Spannungsverhältnis zwischen dem persönlichen Interesse des Verteidigers und dem Geheimnishaltungsinteresse des Mandanten ersichtlich ist. Ebenso wie im deutschen Recht stellt sich hier die Frage nach der Rechtsgrundlage einer solchen Anzeige. Um sich auf den persönlichen Strafaufhebungsgrund gemäß Art. 299 § 8 KK berufen zu können, müsste der einer Straftat aus Art. 299 § 1 KK verdächtige Strafverteidiger entsprechende Informationen über seinen an der Begehung derselben Straftat beteiligten Mandanten sowie über die Umstände der Begehung dieser Straftat offenbaren und auf diese Art und Weise die Begehung einer anderen Straftat[1366] verhindern. Die Aufdeckung der Angaben über den Mandanten sowie (ku-

---

[1365] Vgl. *Marek*, Komentarz do KK, Art. 299, S. 272 f. Siehe ferner *Brocławik*, CP-KiNP 1/2000, S. 202 ff.

[1366] Gemeint ist hier sowohl die Geldwäschestraftat als auch jede andere Straftat, ohne Rücksicht darauf, ob sie in einem Zusammenhang mit der Geldwäschehandlung steht, vgl. *Góral R.*, Kodeks karny, S. 500; *Górniok* u. a. (2005), Kodeks karny. Komentarz, S. 460; *Zawłocki*, in: *Wąsek* (Hrsg.), S. 1229 f. Eine abweichende Meinung vertritt *Marek*, der unter einer anderen Straftat, eine Geldwäschevortat subsumiert, aus welcher die illegalen Vermögenswerte herrühren, vgl. *Marek*, Komentarz do KK, Art. 299, S. 347. Dieser Meinung ist jedoch nicht zu folgen, insbesondere weil Art. 299 Abs. 8 KK keine Anwendung findet, wenn die zu verhindernde Straftat (also die *andere* Straftat) bereits vollendet wurde. Unbestreitbar ist, dass die Geldwäschevortat zum Zeitpunkt der Ausführung der Geldwäschehandlung bereits begangen ist. Siehe ferner *Wróbel*, in: *Zoll* (Hrsg.), S. 361 ff.

mulativ!) über seine Geldwäschehandlung an eine zuständige Behörde stellt nach dem geltenden Recht ein unabdingbares Erfordernis für den Verteidiger dar, um von dem persönlichen Strafaufhebungsgrund Gebrauch machen zu können. Wie jedoch bereits festgestellt kann eine solche Offenbarung von Informationen sowohl zu berufsrechtlichen als auch zu strafrechtlichen Konsequenzen führen. Die Preisgabe anvertrauter Informationen durch den Strafverteidiger führt nämlich zu einer Strafbarkeit wegen Geheimnisverrats aus Art. 266 § 1 KK und stellt zugleich einen Verstoß gegen Art. 6 Abs. 1 des *Rechtsanwaltschaftsgesetzes* dar.

Aus dem bisher Gesagten folgt daher, dass die Umstände des Geheimnisverrats durch den Strafverteidiger die Anwendung des Art. 299 § 8 KK nicht zulassen. Eine Rechtsgrundlage für die Aufdeckung der im Rahmen einer Verteidigung oder sonstigen Vertretung erworbenen Informationen über den Mandanten kann sich aber möglicherweise aus den Regelungen des bereits mehrfach in dieser Untersuchung erwähnten *Gesetzes von 2000* ergeben. Das Gesetz enthält nämlich eine Reihe von Verpflichtungen, die den sog. verpflichteten Institutionen, zu denen auch Rechtsanwälte, Rechtsberater, Notare, ausländische Juristen, Wirtschaftsprüfer und Steuerberater gehören, im Rahmen ihrer beruflichen Tätigkeiten auferlegt wurden (Art. 2 Pkt. 1)[1367].

Die in Art. 8 dieses Gesetzes verankerte Registrierungspflicht bezieht sich auf zwei gleichwertige Sachverhalte. Die erste Situation weist einen formellen Charakter auf und enthält eine Verpflichtung zur Registrierung derjenigen Kunden bzw. Mandanten, die ein Geschäft, dessen Wert 15.000 Euro übersteigt, durchführen, wobei sowohl eine Transaktion als auch mehrere Transaktionen, zwischen denen ein erkennbarer Zusammenhang besteht, erfasst werden (Art. 8 Abs. 1). Hervorzuheben ist jedoch, dass diese formelle Verpflichtung auf die Tätigkeiten der Angehörigen der meisten in Art. 2 Pkt.

[1367] Die Angehörigen der rechtsberatenden Berufe (Rechtsanwälte, Rechtsberater, ausländische Juristen, Wirtschaftsprüfer und Steuerberater) wurden in den Personenkreis des *Gesetzes von 2000* als die sog. verpflichteten Institutionen durch die Novellierung vom 05.03.2004, Dz. U. (*Gesetzblatt*) 2004, Nr. 62, Pos. 577, einbezogen. Kritisch zu einer solchen Ausdehnung *Kalwas*, Glosa 6/2004, S. 4 ff. Nicht erfasst wurden dagegen andere Juristen, die keine Angehörige der in dem Gesetz genannten juristischen Berufszweige sind, jedoch im Rahmen ihrer Geschäftstätigkeit rechtlichen Rat erteilen; Bedenken dazu bei *Golonka*, Palestra 11-12/2005, S. 42. Am Rande ist noch kurz der besonders geregelte Zeitpunkt des Inkrafttretens der Regelungen des Gesetzes bezüglich der Strafverteidiger zu erwähnen. Laut Art. 8 des Änderungsgesetzes treten die auf die Berufsangehörigen bezogenen Vorschriften (Art. 2 Pkt. 1, Art. 8 Abs. 5, Art. 11 Abs. 4 und 5) zum Zeitpunkt des Eintritts der Republik Polen in die Europäische Union in Kraft (01.05.2004), während alle anderen Regelungen des Gesetzes erst ab dem 15.05.2004 gelten.

1 des *Gesetzes von 2000* erwähnten rechtsberatenden Berufe nicht anwendbar ist (Art. 8 Abs. 5). Nach dieser Vorschrift obliegt die Registrierungspflicht von allen den genannten Betrag übersteigenden Geschäften nur Notaren, die eine notarielle Tätigkeit im Bereich des Vermögenswerteverkehrs ausüben.

In Art. 8 des *Gesetzes von 2000* wird jedoch eine weitere Registrierungspflicht normiert, die sich obligatorisch auf alle sog. verpflichteten Institutionen, darunter auch auf alle selbstständigen Angehörigen von Rechtsberufen, damit auch auf die Strafverteidiger, erstreckt. Gemeint ist hier die Verpflichtung zur Registrierung aller Transaktionen, deren Umstände darauf hinweisen, dass die Vermögenswerte aus illegalen oder nicht ermittelbaren Quellen stammen, ohne Rücksicht auf den Wert dieser Transaktionen und ihren Charakter (Art. 8 Abs. 3)[1368]. Kurz zu erwähnen ist auch die mit dieser Verpflichtung verbundene Aufbewahrungspflicht bezüglich der registrierten Transaktionen sowie der damit zusammenhängenden Dokumente (Art. 8 Abs. 4).

Zum Zwecke der Erfüllung der Registrierungspflicht wurden ferner die Pflicht zur Identifizierung der Kunden (Art. 9) sowie die Anzeigepflicht (Art. 11 in Verbindung mit Art. 12 Abs. 2) normiert[1369]. Nach Art. 11 Abs. 1 des *Gesetzes von 2000* ist der *Generalinspekteur der Finanzinformation* über die aufgrund des Art. 8 Abs. 1 oder 3 des *Gesetzes von 2000* registrierten Transaktionen zu informieren. Die Anzeigepflicht existiert in zwei verschiedenen Formen. Die Grundlage der ersten Verpflichtung bildet Art. 13a des *Gesetzes von 2000*, wonach die sog. verpflichtete Institution sämtliche Informationen, die im Rahmen der Kundenidentifizierung erlangt wurden, unverzüglich auf die Forderung des *Generalinspekteurs der Finanzinformation* diesem zugänglich zu machen hat. Dies ist immer dann der Fall, wenn der *Generalinspekteur* selbstständig ein Verfahren einleitet und die sog. verpflichtete Institution ihm beim Sammeln von erforderlichen Beweismaterialien nur behilflich ist. Die zweite Alternative wird in Art. 16 Abs. 1 und Art. 16a Abs. 2 des *Gesetzes von 2000* geregelt. Gemäß diesen Vorschriften obliegt der sog. verpflichteten Institution einerseits die Anzeige

---

1368 Es muss jedoch darauf hingewiesen werden, dass das *Gesetz von 2000* keine näheren Angaben bezüglich der Präzisierung des Begriffes der verdächtigen Transaktionen enthält, vgl. dazu *Golonka*, Palestra 11-12/2005, S. 43. Denkbar sind hier in erster Linie die Fälle, in denen die Transaktion nicht eindeutig bzw. für die Berufstätigkeit des Kunden untypisch ist, siehe näher *Jasiński*, PUG 4/2002, S. 5; *Wojcik*, Rozpoznawanie transakcji podejrzanych w praniu pieniędzy, in: *Adamski* (Hrsg.), S. 380 ff.; *ders.*, Prok. i Pr. 9/2005, S. 51 ff. Siehe ferner *Filipkowski/Prokop*, PiP 2/2006, S. 77; *Usowicz*, Gazeta Prawna 24/2004, S. 18.

1369 Ausführlich dazu siehe *Zawlocki*, MP 8/2004, S. 364 ff.

solcher Transaktionen, hinsichtlich deren ein begründeter Verdacht besteht, dass sie in Verbindung mit einer Straftat aus Art. 299 KK stehen, und andererseits die Anzeige solcher Transaktionen sowie die Anzeige solcher Rechnungsinhaber bezüglich derer ein begründeter Verdacht besteht, dass sie mit einer Straftat terroristischen Charakters zusammenhängen[1370].

Im Rahmen der Anzeigepflicht wurden ferner durch die letzte Novellierung des *Gesetzes von 2000*[1371] zwei neue Regelungen im Hinblick auf die Angehörigen der Rechtsberufe geschaffen. Zum einen können laut Absatz 4 dieser Vorschrift die Notare, Rechtsanwälte, Rechtsberater und ausländischen Juristen die aufgrund des Art. 8 Abs. 3 des *Gesetzes von 2000* erlangten Informationen von Geldwäscheverdachtsfällen dem *Generalinspekteur der Finanzinformation* durch die Einschaltung der zuständigen Berufskammer übermitteln. Zum anderen wurde im Absatz 5 dieser Norm ein Ausnahmefall von der Anzeigepflicht geregelt. Ähnlich wie nach dem deutschen Geldwäschegesetz sind die selbstständigen Angehörigen der rechtsberatenden Berufe[1372] von der Anzeigepflicht nicht erfasst, soweit sie die geldwäscheanfälligen Informationen im Rahmen der Vertretung ihres Mandanten aufgrund einer Prozessvollmacht in Verbindung mit dem Verfahrensablauf oder im Rahmen der dem Zwecke des Verfahrens dienenden Rechtsberatung erlangt haben. Daraus folgt, dass Offenbarungspflichten des Strafverteidigers bezüglich der Mandantengeheimnisse, darunter auch bezüglich der Informationen über seine Vermögensquellen, nicht erkennbar sind. Somit erstreckt sich der Anwendungsbereich des *Gesetzes von 2000* im Hinblick auf die juristische Berufstätigkeiten lediglich auf außerprozessuale Handlungen – beispielsweise im Rahmen des Wirtschaftsverkehrs – soweit ein Verdacht besteht, dass die Vermögenswerte aus illegalen oder nicht ermittelbaren Quellen stammen können. Hinzuzufügen ist dabei, dass diese Norm eine Umsetzung der Vorschriften der Geldwäscherichtlinie von 2001 darstellt, indem die Beurteilung bzw. die Prüfung der Rechtslage des Man-

---

[1370] Gemeint ist hier Art. 2 Pkt. 7 des *Gesetzes von 2000*, wonach unter einer terroristischen Handlung Straftaten gegen den Frieden, gegen die Menschlichkeit sowie Kriegsstraftaten, Straftaten gegen die allgemeine Sicherheit und Straftaten aus Art. 134 KK (Anschlag auf das Leben des Präsidenten der Republik Polen) und Art. 136 KK (Tätlicher Angriff auf die und Verunglimpfung der Organe und Vertreter ausländischer Staaten) zu verstehen sind.

[1371] Siehe Fn. 5.

[1372] Gemeint sind hier Rechtsanwälte, Rechtsberater, ausländische Juristen, Wirtschaftsprüfer und Steuerberater. Auffallend ist jedoch, dass Notare in diese Ausnahmeregelung nicht einbezogen wurden.

danten durch den Strafverteidiger als ein von der Anzeigepflicht befreiender Umstand normiert wurde[1373].

Wie bereits erwähnt, gehört die Kenntnis über die Einnahmequellen des Mandanten üblicherweise zu den Informationen, die im Rahmen der Verteidigung, also im Rahmen der Vertretung des Mandanten in einem Verfahren erlangt wurden. Daraus folgt, dass der Strafverteidiger laut der zuvor erwähnten Vorschrift zur Anzeige der erlangten Informationen gegenüber dem *Generalinspekteur* grundsätzlich *nicht* verpflichtet ist. Die Aufdeckung der erlangten Kenntnisse über den Mandanten lässt sich somit über die Regelungen des *Gesetzes von 2000* auch nicht rechtfertigen. Vielmehr kann eine unberechtigte Anzeige, wie schon vorstehend festgestellt, zur Strafbarkeit des Verteidigers aus Art. 266 § 1 KK führen sowie einen Verstoß gegen Art. 6 Abs. 1 des *Rechtsanwaltschaftsgesetzes* darstellen. Einzuräumen ist jedoch, dass trotz des Fehlens einer ausdrücklichen Regelung im geltenden Recht die Anwendung des Art. 11 Abs. 5 des *Gesetzes von 2000* dann scheitert, wenn der Strafverteidiger mit seinem Mandanten vorsätzlich zum Zwecke der Geldwäsche zusammenarbeitet. In solchen Fällen ist die Geldwäschestrafbarkeit des Verteidigers stets begründet.

An dieser Stelle ist allerdings noch ein wichtiger Unterschied zu den deutschen Regelungen erwähnenswert. Während die im deutschen Geldwäschegesetz normierten Verpflichtungen den Strafverteidiger nur in Bezug auf die in § 3 Abs. 1 Nr. 1 GwG genannten Berufstätigkeiten treffen, beziehen sich die Pflichten aus dem polnischen *Gesetz von 2000* auf alle Tätigkeiten eines Rechtsanwalts, die im Rahmen seiner Berufstätigkeiten ausgeübt werden[1374]. Der Anwendungsbereich des polnischen Gesetzes ist somit wesentlich weiter gefasst als der des korrespondierenden deutschen Gesetzes.

Hervorzuheben ist allerdings, dass allein die Nichtbeachtung der in dem *Gesetz von 2000* enthaltenen Verpflichtungen noch keine Strafbarkeit wegen Geldwäsche aufgrund der Vorschriften des KK begründet. Die Geldwäschestrafbarkeit in einem solchen Fall kann nur aus Art. 299 §§ 3, 4 KK folgen. Indem jedoch diese Tatbestandsalternativen ausschließlich die Mitarbeiter

[1373] Vgl. Art. 6 Abs. 3 der Geldwäscherichtlinie von 2001, der fast wörtlich durch die Geldwäscherichtlinie von 2005 übernommen wurde, siehe Art. 23 Abs. 2 der dritten Geldwäscherichtlinie.

[1374] Eine gewisse Einschränkung gilt jedoch im Hinblick auf Notare. Es muss sich nämlich um eine notarielle Handlung im Bereich des Verkehrs mit Vermögenswerten handeln. Nicht umfasst werden auch Rechtsberater, die ihre Berufstätigkeiten im Rahmen eines Arbeitsverhältnisses ausüben, vgl. *Golonka*, Palestra 11-12/2005, S. 42; *Usowicz*, Gazeta Prawna 24/2004, S. 18.

der Finanz- und Kreditinstitute erfassen, bleiben sie auf die selbstständigen Angehörigen von Rechtsberufen unanwendbar[1375]. Die Nichtbeachtung der Verpflichtungen[1376] durch den Strafverteidiger kann jedoch aufgrund der Vorschriften des *Gesetzes von 2000*[1377] ohne weiteres strafrechtlich geahndet werden. Diesen strafrechtlichen Regelungen liegt der Gedanke zugrunde, dass neben dem bereits vorhandenen System der Geldwäscheverhinderung ein zusätzlicher Schutz gewährleistet werden soll[1378]. Ungeachtet dessen, dass die Strafe aufgrund einer strengeren Vorschrift zu verhängen ist, so dass beim Spannungsverhältnis zwischen den Vorschriften des KK und denjenigen des *Gesetzes von 2000* die letzteren in Bezug auf die Bestrafung der Mitarbeiter der Finanz- und Kreditinstitute unentbehrlich erscheinen[1379], kann in dieser Hinsicht von einer Gleichstellung der Strafverteidiger und der von dem Geldwäschetatbestand des Art. 299 §§ 3 und 4 KK erfassten Tatsubjekte im Hinblick auf die Strafandrohung gesprochen werden. Sowohl in Art. 299 §§ 3 und 4 KK als auch in Art. 35 des *Gesetzes von 2000* ist eine Freiheitsstrafe von bis zu drei Jahren vorgesehen[1380]. Hinzuzufügen ist

[1375] Denkbar wäre hier allerdings die Geldwäschestrafbarkeit des Verteidigers aufgrund von Art. 299 § 2 KK, wo zum Täterkreis, neben den Mitarbeitern der Finanz- oder Kreditinstitute auch die Mitarbeiter einer anderen Institution gehören, die aufgrund geltender Vorschriften zur Registrierung von Transaktionen sowie von Personen, von denen die Transaktionen durchgeführt werden, verpflichtet ist. Siehe näher Kapitel 4 § 3 Punkt IV. B. a) der vorliegenden Untersuchung.

[1376] Gemeint ist hier die Nichtbeachtung der Registrierungspflicht (Art. 35 Abs. 1 Pkt. 1), der aufgrund interner Vorschriften gem. Art. 28 des *Gesetzes von 2000* eingeführten Kundenidentifizierungspflicht (Art. 35 Abs. 1 Pkt. 2), der Aufbewahrungspflicht (Art. 35 Pkt. 1 und 2) sowie der Pflicht zum Erlass entsprechender interner Vorschriften (Art. 37a Abs. 2). Nochmals zu betonen ist, dass den Strafverteidigern im Rahmen der Registrierungspflichten ausschließlich die Pflicht zur Registrierung aller Transaktionen, deren Umstände darauf hinweisen, dass die Vermögenswerte aus illegalen oder nicht ermittelbaren Quellen stammen (Art. 8 Abs. 3) obliegt, so dass die Nichtregistrierung von Transaktionen mit einem 15.000 Euro übersteigenden Wert, die jedoch keinen Geldwäscheverdacht erwecken, für sie straflos ist. Überdies trifft sie im Falle des Erlangens einer Kenntnis über die Einnahmequellen ihres Mandanten grundsätzlich keine Anzeigepflicht, vgl. Art. 11 Abs. 5 des *Gesetzes von 2000.*

[1377] Im Falle eines Strafverteidigers kommt nur die Strafbarkeit wegen Art. 35 Abs. 1 Pkt. 1, 2, Art. 37 bzw. Art. 37a in Betracht. Art. 35 Abs. 1 Pkt. 3 sowie Art. 36 sind auf die Strafverteidiger nicht anwendbar, weil sie sich auf die Nichtbeachtung der Anzeigepflicht beziehen, die den Strafverteidiger grundsätzlich nicht trifft.

[1378] Vgl. *Kolasiński*, Prokurator 1/2002, S. 77 f.; *Kunicka-Michalska*, Pranie, S. 54 ff.; *Wojciechowska*, Nowe regulacje prawne wspierające zwalczanie i zapobieganie praniu pieniędzy, in: Kubicki – FS, S. 482 f.; *Zawlocki*, MP 9/2004, S. 402 ff.

[1379] Vgl. *Bojarski J.*, Przepisy polskiego prawa karnego dotyczące odpowiedzialności pracowników instytucji finansowych za pranie pieniędzy, in: *Adamski* (Hrsg.), S. 353 ff.

[1380] Eine genauere Analyse der Art. 35-37a des *Gesetzes von 2000* und des Tatbestandes des Art. 299 KK zeigt allerdings, dass diese Regelungen in weiteren Aspekten inkohärent sind. Widersprüchlich geregelt ist die qualifizierte Form dieser Straftaten.

schließlich, dass die Nichtbeachtung der genannten Verpflichtungen nicht nur in dem Unterlassen ihrer Realisierung liegt, sondern auch ihre fehlerhafte Erfüllung umfasst[1381].

Abgesehen von der vergleichbaren Strafandrohung ist jedoch im Falle der Nichterfüllung der bereits genannten Pflichten eine gewisse Benachteiligung aller Angehörigen der sog. verpflichteten Institutionen festzustellen, die nicht unter den Geltungsbereich des Art. 299 §§ 3 oder 4 KK fallen[1382]. Gemäß Art. 35 Abs. 3 des *Gesetzes von 2000* ist nämlich auch das fährlässige Handeln strafbar, was das polnische Strafgesetzbuch gerade nicht vorsieht. Wegen fahrlässigen Verhaltens kann also der Strafverteidiger dann unter Strafe gestellt werden, wenn er seinen Pflichten aus dem *Gesetz von 2000* infolge der Verletzung der unter den gegebenen Umständen erforderlichen Sorgfalt nicht nachgekommen ist, obwohl er die Möglichkeit ihrer Nichtbeachtung vorausgesehen hat oder hätte voraussehen können. Diese Vorschrift führt jedoch nicht nur dazu, dass der Verteidiger zu weitgehender Vorsorge im Bereich der Ausübung seiner beruflichen Tätigkeiten verpflichtet wird, sondern auch dazu, dass praktisch in jeder Situation von dem Verteidiger die Vorlage entsprechender Dokumente und Informationen bezüglich seines Mandanten verlangt werden kann, und zwar mit der Begründung, dass ein Geldwäscheverdacht im Sinne von *Gesetz von 2000* besteht. Dies kann die Aufrechterhaltung des Vertrauensverhältnisses zwischen dem Mandanten und dem Verteidiger erheblich erschweren.

Der Grundgedanke des *Gesetzes von 2000* erscheint an sich zwar durchaus sachgerecht, indem das Gesetz auf die Verhinderung des Phänomens der Geldwäsche abzielt. Genauso angemessen ist der Zweck der geltenden Ge-

---

Während nach Art. 37 des *Gesetzes von 2000* der Täter, der eine in Art. 35 Abs. 1 oder 2 bzw. Art. 6 des Gesetzes normierte Tat begangen und dabei einen erheblichen Schaden bewirkt hat, einer Freiheitsstrafe von 6 Monaten bis zu 8 Jahren unterliegt, sieht eine damit korrespondierende Vorschrift im KK eine Strafandrohung von einem Jahr bis zu zehn Jahren vor (Art. 299 Abs. 6 KK). Ein weiterer Berührungspunkt zu dem im polnischen Strafgesetzbuch geregelten Geldwäschetatbestand liegt darin, dass Art. 299 KK keine Bestrafung des fahrlässigen Handelns vorsieht, während Art. 35 Abs. 3 des *Gesetzes von 2000* ein solches Verhalten mit einer Geldstrafe sanktioniert. Da die Bestimmungen des *Gesetzes von 2000* in gewissem Maße die Bestimmungen des KK vervielfältigen, wird zum Teil gefordert, §§ 3 und 4 der polnischen Geldwäschenorm aufzuheben und die strafrechtliche Verantwortlichkeit wegen der Nichtbeachtung der auferlegten Verpflichtungen ausschließlich in einem getrennten Gesetz zu regeln, vgl. näher *Zawlocki*, MP 8/2004, S. 366 f.; *ders.*, MP 9/2004, S. 404.

[1381] Vgl. *Zawlocki*, MP 9/2004, S. 402 f.

[1382] Denkbar sind hier in erster Linie neben den Angehörigen der rechtsberatenden Berufe die Mitarbeiter der Polnischen Post sowie die Immobilienmakler, vgl. Art. 2 Pkt. 1 des *Gesetzes von 2000*.

heimhaltungsvorschriften, d. h. § 266 Abs. 1 KK, Art. 6 Abs. 1 des *Rechtsanwaltschaftsgesetzes* sowie der Vorschriften des *Gesetzes von 2000*, der wie die deutschen Rechtsvorschriften in der Gewährleistung des Geheimhaltungsinteresses und des Vertrauens der Allgemeinheit in die Verschwiegenheit der Berufsangehörigen liegt[1383]. Einwände bestehen jedoch gegen die unnötige Ausdehnung des Anwendungsbereichs des *Gesetzes von 2000* in der Fassung nach der letzten Novellierung[1384] gegenüber den europäischen Vorgaben auf diesem Gebiet[1385]. Im Bereich der Einbeziehung der Angehörigen der Rechtsberufe in den Kreis der der Geldwäschegefahr ausgesetzten Personen sowie im Bereich der Auferlegung der Offenbarungsspflichten im Hinblick auf alle Aktivitäten, die im Rahmen ihrer Berüfstätigkeiten vorgenommen werden, geht nämlich das Änderungsgesetz zum *Gesetz von 2000* über die Bestimmungen der Geldwäscherichtlinie von 2005 erheblich hinaus. Und eine zu weit gehende Zulassung der Geheimnisverletzung und der Offenbarung der von den Mandanten anvertrauten Informationen kann wiederum eine Beeinträchtigung des zwischen dem Verteidiger und seinem Mandanten bestehenden Vertrauensverhältnisses herbeiführen. Darüber hinaus erschüttert dies auch die Glaubwürdigkeit der rechtsberatenden Berufe, die als Berufe des öffentlichen Vertrauens anerkannt werden[1386]. Schließlich sind die Strafverteidiger nach dem *Gesetz von 2000* auch nicht befugt, ihre Mandanten über die Anzeige an den *Generalinspekteur der Finanzinformation* in Kenntnis zu setzen (Art. 34). Eine solche Benachrichtigung wird entsprechend den Gesetzesvorschriften sogar strafrechtlich geahndet (Art. 35 Abs. 2). Auffallend ist dabei, dass eine solche Regelung nicht nur im Widerspruch zu Vorgaben der Geldwäscherichtlinie von 2001 steht, die eindeutig festlegt, dass dieses Verbot die Angehörigen der rechtsberatenden Berufe nicht trifft (Art. 8 Abs. 2 der Geldwäscherichtlinie von 2001[1387]), sondern auch die Unabhängigkeit der Berufstätigkeiten der Strafverteidiger verletzt[1388]. Zudem

[1383] Vgl. dazu *Broclawik* CPKiNP 1/2000, S. 212.

[1384] Siehe Fn. 5.

[1385] Kritisch zu der extensiven Umsetzung der europäischen Richtlinien *Golonka*, Palestra 11-12/2005, S. 40; *Kalwas*, Glosa 6/2004, S. 10 f.

[1386] Vgl. Urteil des polnischen Verfassungsgerichtshofs (TK) vom 26.11.2003, SK 22/02, Dz. U. (*Gesetzblatt*) 2003, Nr. 22, Pos. 97. Ausführlich zur Bedeutung der Berufe des öffentlichen Vertrauens *Filipkowski/Prokop*, PiP 2/2006, S. 70, 78 ff.; *Kalwas*, Glosa 6/2004, S. 5 f. Ferner siehe *Golonka*, Palestra 11-12/2005, S. 36, 40 f. m. w. N.; *Usowicz*, Gazeta Prawna 24/2004, S. 18.

[1387] Siehe auch Art. 28 Abs. 6 der dritten Geldwäscherichtlinie, die eine korrespondierende Vorschrift enthält, wonach der Versuch, einen Mandanten von einer rechtswidrigen Handlung abzuhalten, nicht als Informationsweitergabe gilt.

[1388] In diesem Sinne *Golonka*, Palestra 11-12/2005, S. 46 ff.; *Kalwas*, Glosa 6/2004, S. 11.

steht laut der Geldwäscherichtlinie bei der Übermittlung der Informationen an zuständige Behörden ausschließlich die Bekämpfung der Geldwäsche im Vordergrund (Art. 6 Abs. 2 der Geldwäscherichtlinie von 2001), während nach dem polnischen *Gesetz von 2000* dieser Zweck nicht wörtlich erwähnt wird, was vermuten lässt, dass auch andere Ziele in Betracht kommen[1389].

Aus alledem folgt, dass die Strafverteidiger nach den Vorschriften des geltenden Rechts in Polen der Gefahr ausgesetzt sind, wegen der Begehung einer Straftat durch einen anderen (d. h. ihren Mandanten) in das Strafbarkeitsrisiko wegen Geldwäsche zu geraten[1390]. Darüber hinaus beeinträchtigen die Bestimmungen des *Gesetzes von 2000* – darunter in erster Linie die Anzeigepflicht – die jedem Bürger verfassungsmäßig garantieren Grundrechte. Im Hinblick auf den Mandanten kann man hier von einem Eingriff in das Recht auf Verteidigung (Art. 42 Abs. 2 der Verfassung)[1391] sowie in die Unschuldsvermutung (Art. 42 Abs. 3 der Verfassung) sprechen[1392]. Es wird somit deutlich, dass das Änderungsgesetz zum *Gesetz*

1389 In diesem Zusammenhang ist insbesondere Art. 33 des *Gesetzes von 2000* erwähnenswert, wonach der *Generalinspekteur der Finanzinformation* die von den sog. verpflichteten Institutionen erhaltenen Informationen an die in dieser Vorschrift genannten Personen übermitteln kann. Es lässt sich jedoch aus dem Gesetzeswortlaut nicht entnehmen, zu welchen Zwecken die Informationen von den berechtigten Personen weiter verwendet werden dürfen. Siehe dazu die Auffassung von *Kalwas*, in: *Usowicz*, Gazeta Prawna 24/2004, S. 18; ferner *Kalwas*, Glosa 6/2004, S. 11.

1390 In der polnischen Literatur wird auch gefordert, dass die den selbstständigen Angehörigen von Rechtsberufen auferlegten Pflichten restriktiv zu interpretieren sind, indem ihre Verbindlichkeit nur dann bejaht werden soll, wenn der Rechtsanwalt sich aktiv an den Verhandlungen seines Mandanten beteiligt oder als sein Bevollmächtigter beim Vertragsabschluß handelt. Demnach wären diese Pflichten nur in einem begrenzten Ausmaß verbindlich, d. h. nur dann, wenn die Angehörigen der rechtsberatenden Berufe auf Auftrag ihres Mandanten und in seinem Namen handeln. Folgt man der restriktiven Auslegung, so wäre die uneingeschränkte Anwendung der Vorschriften des *Gesetzes von 2000* als ein Verstoß gegen das *nullum crimen sine lege*- Prinzip anzusehen. Die bereits dargelegte Ansicht ist jedoch zu kritisieren. Zunächst ist eine solche einschränkende Auslegung dem Gesetzeswortlaut keineswegs zu entnehmen. Zudem sind in der letzten Novellierung des *Gesetzes von 2000*, die sowohl die Pflichten der Angehörigen der Rechtsberufe als auch die der sog. verpflichteten Institutionen normiert, gerade gegenteilige Tendenzen ersichtlich. Überdies erscheint die Einbeziehung der Strafverteidiger in den Rahmen dieser Interpretation durchaus problematisch.

1391 Anders allerdings *Filipkowski/Prokop*, und zwar mit der Begründung, dass diese Verfassungsvorschrift mit der hier zu diskutierenden Situation eines Mandanten nicht zusammenhängt, weil die aus dem *Gesetz von 2000* resultierende Anzeigepflicht nicht besteht, soweit die geldwäscheanfälligen Informationen im Rahmen der Vertretung des Mandanten aufgrund einer Prozessvollmacht in Verbindung mit dem Verfahrensablauf oder im Rahmen der dem Zwecke des Verfahrens dienenden Rechtsberatung erlangt wurden (Art. 11 Abs. 5 des *Gesetzes von 2000*), vgl. dazu *Filipkowski/Prokop*, PiP 2/2006 S. 78.

1392 Stimmen in der deutschen Lehre folgend, kann man an dieser Stelle auch die

von 2000 nicht nur einige Spannungspunkte zu der Geldwäscherichtlinie aufweist, sondern dass es auch mit der polnischen Verfassung nicht völlig im Einklang steht[1393].

Die Vorschriften des *Gesetzes von 2000* benötigen daher eine Korrektur, die einerseits die Bestimmungen der polnischen Verfassung beachten und andererseits auf die Aufrechterhaltung der anwaltlichen Geheimhaltungspflicht und somit des Vertrauensverhältnisses zwischen dem Strafverteidiger und seinem Mandanten abzielen sollte. Kein noch so störender gesellschaftlicher Misstand darf nämlich mit Hilfe der unverhältnismäßigen Beeinträchtigung von verfassungsmäßig garantierten Grundrechten bekämpft werden.

§ 4. Ergebnis

Zieht man die Erwägungen zu den rechtsstaatlichen Anfragen an die Erfassung der polnischen Geldwäschevorschrift in Betracht, so stellt sich folglich heraus, dass der oben als Ergebnis der Rechtsharmonisierung mit europäischen Richtlinienvorgaben erarbeitete Änderungsvorschlag des

Beachtung des Gleichheitsgebots (Art. 32 Abs. 1 der polnischen Verfassung) in Bezug auf den Ausschluss der Anwendung des Strafaufhebungsgrundes aus Art. 299 Abs. 8 KK auf den Strafverteidiger in Frage stellen. Ein Verstoß gegen das Grundrecht der Berufsfreiheit (Art. 65 Abs. 1 der polnischen Verfassung) als Gefährdung des Rechts auf freie Ausübung der Wahlverteidigung durch den Strafverteidiger im Hinblick auf seine möglicherweise leichtfertige Unkenntnis der illegalen Einnahmequelle seines Mandanten kommt nach der polnischen Rechtslage nicht in Betracht, da für die Tathandlungen aus Art. 299 § 1 KK Vorsatz hinsichtlich des Ursprungs der geldwäschetauglichen Tatobjekte erforderlich ist. Überdies wird in der polnischen Literatur vertreten, dass die Verletzung der anwaltlichen Geheimhaltung das Grundrecht des Mandanten auf Gerichtsverfahren (Art. 45 Abs. 1 der polnischen Verfassung), das Grundrecht auf Anfechtung gerichtlicher Entscheidungen (Art. 78 der polnischen Verfassung) sowie das Grundrecht auf das Korrespondenzgeheimnis (Art. 49 der polnischen Verfassung) beeinträchtigt, vgl. *Kalwas*, Glosa 6/2004, S. 5 f. Der Eingriff in die aus Art. 45 Abs. 1, Art. 49 der polnischen Verfassung resultierenden Grundrechte in den hier zu diskutierenden Fällen wurde jedoch ausdrücklich durch den polnischen Verfassungsgerichtshof – jedenfalls in Bezug auf Rechtsberater – verneint, vgl. Urteil des polnischen Verfassungsgerichtshofs (TK) vom 22.11.2004, SK 64/03, Dz. U. (*Gesetzblatt*) 2004, Nr. 255, Pos. 2568.

1393 Auffallend ist an dieser Stelle, dass die Verfassungsmäßigkeit nur in Bezug auf die Vorschriften des *Gesetzes von 2000* problematisch ist. Die polnische Geldwäschenorm (Art. 299 KK) bereitet im Gegensatz zur deutschen Vorschrift keine verfassungsrechtlichen Probleme in diesem Bereich. Am Rande ist noch zu erwähnen, dass seitens der Anwaltskammer, der Rechtsberaterkammer sowie des Notarrats die Erhebung einer Verfassungsbeschwerde vor dem polnischen Verfassungsgerichtshof gegen das *Gesetz von 2000* geplant wird, vgl. *Filipkowski/Prokop*, PiP 2/2006, S. 69, 78; *Golonka*, Palestra 11-12/2005, S. 35; *Kalwas*, Glosa 6/2004, S. 11; *Usowicz*, Gazeta Prawna 95/2004, S. 18; *dies.*, Gazeta Prawna 24/2004, S. 18.

Art. 299 KK[1394] unter Berücksichtigung rechtsstaatlicher Grundsätze weiter modifiziert werden muss. Aus den im Rahmen dieses Kapitels entwickelten Überlegungen folgt, dass die vorzuschlagenden weiteren Änderungen sich primär auf die Erfassung des subjektiven Tatbestandes der Straftat einer Geldwäsche beziehen sollten. Die übrigen aus rechtsstaatlicher Perspektive zu fordernden Änderungen des objektiven Geldwäschetatbestandes – und zwar hinsichtlich der geldwäschetauglichen Vortaten und der Tatobjekte einer Geldwäsche – wurden bereits in den obigen ursprünglichen Formulierungsvorschlag für Art. 299 KK aufgenommen.

Aus der vorangehenden Analyse folgt jedoch, dass die Geldwäschestrafbarkeit – über die bereits geltenden europäischen Vorgaben in diesem Bereich hinaus – auch auf das leichtfertige Verhalten bezüglich der illegalen Herkunft von geldwäscheanfälligen Vermögensgegenständen gesetzlich erstreckt werden kann und sollte. Wie sich nämlich vorstehend gezeigt hat, ist die Pönalisierung der Leichtfertigkeit bei der Geldwäsche – und zwar entsprechend der deutschen Normierung in § 261 Abs. 5 StGB – im Wesentlichen als ein geeignetes und auch aus rechtsstaatlicher Perspektive akzeptables Mittel für den Kampf gegen die Geldwäsche anzusehen. Dabei muss jedoch nochmals betont werden, dass – entgegen der bereits geltenden Fassung des Art. 299 KK, der in bestimmten Fällen die Bestrafung bei bloßer Fahrlässigkeit zulässt – die Strafbarkeit auch fahrlässig begangener Geldwäsche angesichts der Gefahr einer unbegrenzten Erfassung redlicher Geschäftstätigkeiten, keineswegs in Betracht kommt.

Unter Berücksichtigung rechtsstaatlicher Anforderungen kann daher folgender Formulierungsvorschlag für eine Neufassung des Art. 299 KK vorgeschlagen werden[1395]:

[1394] Vgl. die Schlussfolgerungen zum Kapitel 4 der vorliegenden Untersuchung.

[1395] Es ist zu betonen, dass der Gesetzesvorschlag für eine neu zu fassende Geldwäschevorschrift *nur* diejenigen Aspekte erfasst bzw. gegenüber dem am Ende des *Kapitel 4* gemachten Vorschlag ergänzt, die aus rechtsstaatlicher Perspektive bedenklich erschienen und deswegen im Rahmen der vorangehenden Überlegungen behandelt wurden, vgl. auch Fn. 1106.

Art. 299 KK– Änderungsvorschlag in Übereinstimmung mit der dritten Geldwäscherichtlinie von 2005 (Vorschlag Nr. 2)

§ 1: Wer
— Umtausch- oder Transferhandlungen mit Vermögensgegenständen, die
— aus einer im In-
oder
— im Ausland begangenen verbotenen Tat herrühren,
in der Absicht vornimmt, die illegale Herkunft dieser Vermögensgegenstände
— zu verheimlichen
oder
— zu verschleiern
oder
— einer an diesen Tätigkeiten beteiligten Person hilft, sich den Rechtsfolgen ihrer Tat zu entziehen,
wird bestraft.

§ 2: Wer
— andere Handlungen vornimmt, welche
— die illegale Herkunft, Lage, Verfügung oder Bewegung von in § 1 genannten Vermögensgegenständen verheimlichen oder verschleiern
oder
— ihre Lokalisierung, ihre Aufdeckung, ihre Beschlagnahme oder die Anordnung ihres Verfalls vereiteln oder wesentlich erschweren,
wird bestraft.

§ 3: Ebenso wird bestraft, wer die in § 1 bezeichneten Vermögensgegenstände
— erwirbt,
— besitzt oder
— verwendet.

§ 4: Der in § 1 bestimmten Strafe unterliegt ferner, wer rechtmäßig erworbene Vermögensgegenstände
— bereitstellt
oder
— sammelt
zumindest mit der Kenntnis, dass sie ganz oder teilweise für terroristische Zwecke verwendet werden.

§ 5: Handelt der Täter in den Fällen der §§ 1 bis 3 leichtfertig hinsichtlich der illegalen Herkunft der dort bezeichneten Vermögensgegenstände, wird er bestraft.

Schlussfolgerungen

Auf der Grundlage der vorangehenden Untersuchung lassen sich sieben Thesen aufstellen, die im Folgenden jeweils noch einmal kurz erläutert werden.

1. Das Strafrecht kann nicht (mehr) als ein vom europäischen Gemeinschaftsrecht vollkommen isolierter Rechtsbereich betrachtet werden.

Da das Strafrecht grundsätzlich als Ausdruck nationaler Souveränität gilt, hat es sich über eine längere Zeit der Vergemeinschaftung entzogen. Mit zunehmender wirtschaftlicher und politischer Integration ergeben sich jedoch auch in diesem Rechtsbereich die Erfordernisse einer Rechtsharmonisierung, wobei hervorgehoben werden muss, dass die Tendenz zur Angleichung der nationalen strafrechtlichen Vorschriften gerade im Hinblick auf die Gefahr der Beeinträchtigung der staatlichen Souveränität der einzelnen Mitgliedstaaten keineswegs als unproblematisch erscheint.

Seit einigen Jahren entstehen daher verschiedene internationale Initiativen, mit denen die Harmonisierung bzw. die Angleichung des Strafrechts sowie die Normierung der zwischenstaatlichen Zusammenarbeit auf diesem Gebiet angestrebt werden. In diesem Zusammenhang ist der Vertrag über eine Verfassung für Europa, in dem die Kompetenz auch zur Setzung strafrechtlicher Regelungen der Union ausdrücklich zugewiesen wird (vgl. Art. III-257, III-271 VVE), insbesondere erwähnenswert. Da jedoch sowohl der Verfassungsvertrag als auch andere Gesetzgebungsinitiativen – beispielsweise das Corpus Juris – immer noch ein Projekt und somit kein geltendes Recht darstellen, kann bis heute (noch) nicht von einem auf dem Gebiet der EU einheitlich anwendbaren und unmittelbar geltenden, gesamteuropäischen Strafrecht gesprochen werden. Denn die Übertragung strafrechtlicher Kompetenzen auf den Gemeinschaftsgesetzgeber bedarf einer ausdrücklichen Regelung im primären Gemeinschaftsrecht, so dass eine *su-*

pranationale Strafrechtsordnung erst mit dem Inkrafttreten eines der soeben genannten Regelungswerke sowie dessen Implementierung in die nationalen Rechtssysteme zustande kommen könnte.

Die Problematik einer Europäisierung des Strafrechts stellt sich jedoch auch heute schon insofern, als es um die Zuständigkeit der Gemeinschaft zur Setzung von Rechtsnormen auf diesem Gebiet aufgrund der bereits geltenden Rechtslage geht. Die Annahme einer Rechtssetzungskompetenz im Bereich des Strafrechts könnte nämlich bedeuten, dass dem Gemeinschaftsnormgeber eine Befugnis zum Erlass strafrechtlicher Vorschriften zusteht, die in den Mitgliedstaaten unmittelbar anwendbar sind. Unbestreitbar erscheint zunächst, dass die Gemeinschaft grundsätzlich für die Einführung supranationaler Sanktionen – insbesondere von Geldbußen und Zwangsgeldern – in denjenigen Bereichen zuständig ist, in denen der EG-Vertrag dies zulässt[1396]. Schwierigkeiten bereiten jedoch die Fälle, in denen eine solche Befugnis aus dem EG-Vertrag nicht abgeleitet werden kann. Aus der bisherigen Rechtsprechung der EuGH folgt, dass der Europäischen Gemeinschaft keine Zuständigkeit zur selbstständigen Auferlegung strafrechtlicher Sanktionen zugewiesen wurde. Die Gemeinschaft besitzt auch keine Kompetenz, die Mitgliedstaaten zur Einführung solcher Sanktionen zu verpflichten; abgesehen von einer entsprechenden Kompetenz im Hinblick auf die Gewährleistung der Effektivität des Gemeinschaftsrechts[1397].

Falls jedoch die gemeinschaftsrechtliche Gesetzgebung keine Sanktionsvorschriften enthält bzw. in einem bestimmten Bereich auf diesbezügliche nationalen Regelungen verweist, dann obliegt es den Mitgliedstaaten – dem Grundsatz der Gemeinschaftstreue sowie dem Prinzip der Effektivität entsprechend (vgl. Art. 10 EGV) – diejenigen Maßnahmen zu ergreifen, die die volle Wirksamkeit des Gemeinschaftsrechts gewährleisten können, wobei die Entscheidung über die Art der Sanktionen dem nationalen Gesetzgeber überlassen wird. Die eingeführten Sanktionen müssen jedoch wirksam und verhältnismäßig sein sowie eine abschreckende Wirkung aufweisen[1398]. Daraus folgt, dass das Vorliegen einer Kompetenz der Gemeinschaft zur Setzung von strafrechtlichen Sanktionsnormen nur anhand einiger Rechtsvorschriften des EG-Vertrags in den in diesen Vorschriften bestimmten Bereichen und in dem durch sie eröffneten Rahmen zu bejahen ist. Dabei ist allerdings festzuhalten, dass sogar die bereits geltende Ausgestaltung des Gemeinschafts-

[1396] Vgl. z. B. Art. 83, 110 EGV.

[1397] Vgl. *Grzelak*, Unia, S. 107; *Guldenmund/Harding/Sherlock*, The European Community and Criminal Law, in: *Fennel* (Hrsg.), S. 107.

[1398] Siehe dazu z. B. *Szwarc-Kuczer*, EPS 10/2005, S. 37 f. m. w. N.

rechtssystems auch unmittelbar wirksame Strafrechtsvorschriften enthält. Im EG-Vertrag sind einige Rechtsgrundlagen vorhanden, die die Verhängung verschiedener Arten von Sanktionen vorsehen, wobei zwischen Sanktionen restitutiven, präventiven und punitiven Charakters zu unterscheiden ist[1399]. Trotz aller Schwierigkeiten, die im Zusammenhang mit der Auslegung diesbezüglicher Vorschriften entstehen, kann also – bereits aufgrund der heute geltenden Rechtslage – von dem Vorhandensein eines partiell wirksamen Sanktionensystems auf der Gemeinschaftsebene gesprochen werden.

Zwar ist der Europäischen Gemeinschaft grundsätzlich keine Strafgewalt anvertraut worden, und zwar deshalb, weil das Strafrecht nicht zum Gegenstand der europäischen Verträge gehört. Trotzdem wird das nationale Strafrecht durch das Gemeinschaftsrecht sowie durch gemeinschaftsrechtliche Rechtsgrundsätze in erheblichem Ausmaß beeinflusst. Dies geschieht einerseits infolge der Geltung des Grundsatzes des Anwendungsvorrangs des Gemeinschaftsrechts; andererseits durch die Verpflichtung der Mitgliedstaaten, auf der innerstaatlichen Ebene solche Rechtsvorschriften zu erlassen, die mit den Vorgaben des Gemeinschaftsnormgebers im Einklang stehen, wobei diese Verpflichtung sich auf die Gewährleistung der Funktionsfähigkeit der Gemeinschaft sowie der Handlungsfähigkeit ihrer Organe im innerstaatlichen Raum erstreckt. Durch das Gemeinschaftsrecht werden daher den nationalen strafrechtlichen Regelungen und ihrer Auslegung gewisse Schranken gesetzt. Den Mitgliedstaaten obliegt es nämlich, das nationale Recht gemeinschaftsrechtskonform auszulegen und im Lichte der gemeinschaftsrechtlichen Vorgaben fortzubilden.

2. Der Begriff einer Geldwäsche wird sowohl im deutschen und polnischen Strafrecht als auch im Gemeinschaftsrecht vergleichbar definiert.

Beim Vergleich der Erfassung der Geldwäscheproblematik in Deutschland, Polen sowie auf der europäischen Ebene stellt sich die Frage, ob die generelle Bestimmung des Begriffs einer Geldwäsche in den Strafrechtssystemen der beiden Länder und im Gemeinschaftsrecht übereinstimmt, oder ob insoweit wesentliche Abweichungen festzustellen sind. Zunächst muss hervorgehoben werden, dass bis Anfang der neunziger Jahre des vorigen Jahrhunderts die Problematik der Geldwäsche vor allem durch internationale Vereinbarungen behandelt wurde. Erst seit dem Erlass der

[1399] Vgl. z. B. Art. 34 Abs. 2, Art. 37 Abs. 2, Art. 83 Abs. 2 lit. a, Art. 110 Abs. 3 EGV.

EG-Geldwäscherichtlinie im Jahre 1991 und der damit verbundenen Verpflichtung der Mitgliedstaaten zu deren Umsetzung in die nationalen Strafrechtsordnungen wurde sie zum Gegenstand gesetzlicher Regelungen des nationalen Gesetzgebers. Zur Erfüllung dieser Verpflichtung wurde deshalb ein entsprechender Begriff auch in das im Rahmen dieser Untersuchung analysierte Geldwäschestrafrecht in Deutschland und in Polen eingeführt.

Im deutschen Schrifttum entwickelten sich zwei verschiedene Konzepte der Definition einer Geldwäsche. Insofern kann von einer Geldwäsche im strafrechtlichen Sinne und von einer Geldwäsche im wirtschaftlichen bzw. kriminologischen Sinne gesprochen werden. Abgesehen von dieser Differenzierung wurden seit 1992 zahlreiche Initiativen untergenommen, um das Phänomen der Geldwäsche juristisch zu definieren. Im deutschen Recht normiert § 261 StGB einen Geldwäschetatbestand dabei als die Verbergung, die Verschleierung der Herkunft, die Vereitelung oder die Gefährdung der Ermittlung der Herkunft, des Auffindens, des Verfalls, der Entziehung oder der Sicherstellung eines aus einer im Absatz 1 Satz 2 dieser Norm genannten rechtswidrigen Tat herrührenden Gegenstandes.

Auch in Polen stellt die Geldwäsche einen relativ neuen Begriff dar. Die ersten Versuche seiner Definierung und zugleich seiner Bekämpfung wurden im *Gesetz über den Schutz des Wirtschaftsverkehrs von 1994* untergenommen. In einer erweiterten Fassung wurde die Geldwäschedefinition im Jahre 1997 dann im Rahmen einer ganz neuen Vorschrift (Art. 299) in das polnische Strafgesetzbuch aufgenommen. Heute gilt sie in der Fassung des novellierten *Gesetzes über die Verhinderung der Einführung der aus illegalen oder nicht ermittelbaren Quellen stammenden Vermögenswerte in den Finanzverkehr und der Finanzierung des Terrorismus von 2000* und erfasst die Annahme, die Überweisung, die Ausfuhr ins Ausland oder die Hilfe bei der Übertragung des Eigentums oder des Besitzes von Geldmitteln, Wertpapieren oder anderen Devisenwerten, Vermögensrechten oder beweglichem oder unbeweglichem Vermögen, die aus Vorteilen herrühren, die in Verbindung mit der Begehung einer verbotenen Tat erlangt wurden. Unter Strafe wurde auch die Vornahme von Handlungen gestellt, die die Feststellung der kriminellen Herkunft oder die Lokalisierung, die Aufdeckung, die Beschlagnahme oder die Anordnung des Verfalls der geldwäschetauglichen Vermögenswerte vereiteln oder erheblich erschweren.

An dieser Stelle muss jedoch hervorgehoben werden, dass sich die Geldwäscheproblematik nicht nur auf den innerstaatlichen Bereich beschränkt. Die Bekämpfung dieses Phänomens bedarf nämlich schon immer internationaler Koordinierung und Zusammenarbeit. Die ersten, diese Problematik behandelnden Initiativen auf der supranationalen Ebene waren verschiedene internationale Verträge. Die dort enthaltenen Regelungen wiesen jedoch insofern eine eher geringe Wirksamkeit auf, als sie keine juristisch befriedigende Definition normierten, sondern lediglich verschiedene Arten von möglichen Geldwäschehandlungen aufzählten, die einzeln betrachtet nur als eine Vorgabe für die nationalen Gesetzgeber dienen sollten. Die heute auf europäischer Ebene geltende Definition der Geldwäsche ist in Art. 1 Abs. 2 und 4 der Richtlinie des Europäischen Parlaments und des Rates zur Verhinderung der Nutzung des Finanzsystems zum Zwecke der Geldwäsche und der Terrorismusfinanzierung von 2005 (sog. dritte Geldwäscherichtlinie) enthalten. In diesem Regelungswerk werden folgende Handlungen als geldwäschetauglich genannt:

a) der Umtausch oder Transfer von Vermögensgegenständen in Kenntnis der Tatsache, dass diese Vermögensgegenstände aus einer kriminellen Tätigkeit oder der Teilnahme an solcher Tätigkeit stammen, zum Zwecke der Verheimlichung oder der Verschleierung des illegalen Ursprungs der Vermögensgegenstände oder der Unterstützung von Personen, die an einer solchen Tätigkeit beteiligt sind, damit diese den Rechtsfolgen ihrer Tat entgehen;
b) die Verheimlichung oder Verschleierung der wahren Natur, Herkunft, Lage, Verfügung oder Bewegung von Vermögensgegenständen oder von Rechten oder Eigentum an Vermögensgegenständen in Kenntnis der Tatsache, dass diese Gegenstände aus einer kriminellen Tätigkeit oder aus der Teilnahme an einer solchen Tätigkeit stammen;
c) der Erwerb, der Besitz oder die Verwendung von Vermögensgegenständen, wenn dem Betreffenden bei der Übernahme dieser Vermögensgegenstände bekannt war, dass diese Gegenstände aus einer kriminellen Tätigkeit oder aus der Teilnahme an einer solchen Tätigkeit stammen;
d) die Beteiligung an einer der in den vorstehenden Buchstaben aufgeführten Handlungen, Zusammenschlüsse zur Ausführung einer solchen Handlung, Versuche einer solchen Handlung, Beihilfe, Anstiftung oder Beratung zur Ausführung einer solchen Handlung oder Erleichterung ihrer Ausführung;

Da die neue Geldwäscherichtlinie auch darauf abzielt, den internationalen Terrorismus wirksam zu bekämpfen, wurde ihr Geltungsbereich gegenüber der bisherigen Geldwäscherichtlinie erweitert und auf die Finanzierung des Terrorismus ausgedehnt (vgl. Art. 1 Abs. 4 der dritten Geldwäscherichtlinie).

Aus den obigen Ausführungen geht mithin eine weitgehende Übereinstimmung bei der Einordnung der Geldwäscheproblematik im deutschen und im polnischen Strafrecht hervor. Darüber hinaus entspricht diese Erfassung dem Verständnis des Begriffs der Geldwäsche auf der internationalen Ebene, wobei allerdings ein dringendes Bedürfnis nach Ausdehnung der Geldwäschedefinition auch auf die der Terrorismusfinanzierung dienenden Handlungen als eine Aufgabe für den nationalen Gesetzgeber zu berücksichtigen ist.

3. Es lässt sich eine teilweise Harmonisierung der polnischen Geldwäschevorschrift (Art. 299 KK) mit den Vorgaben der dritten Geldwäscherichtlinie von 2005 feststellen.

Hinsichtlich einiger Tatbestandsmerkmale sowie der Rechtsgutskonzeption der Geldwäschevorschrift kann von einer weitgehenden Harmonisierung der polnischen Geldwäschestrafnorm mit den Vorgaben der dritten Geldwäscherichtlinie von 2005 gesprochen werden.

Zunächst ist von einem weitgehend übereinstimmenden Rechtsgüterschutz auszugehen. Als primärer Schutzzweck sowohl der dritten Geldwäscherichtlinie als auch der polnischen Geldwäschenorm gilt die Integrität und Stabilität der Kredit- und Finanzinstitute und damit die Gewährleistung des Schutzes der gesamten legalen Wirtschaft. Kurz zu erwähnen sind allerdings einige Unterschiede in diesem Bereich. Sie ergeben sich in zweierlei Hinsicht. Erstens kann nach der Geldwäscherichtlinie auch das Einsetzen von rechtmäßig erworbenen Vermögensgegenständen zur Finanzierung des Terrorismus die Annahme einer Geldwäsche begründen, was in Art. 299 KK nicht vorgesehen wird. Zweitens zielt die Geldwäscherichtlinie auf den Schutz der legalen Wirtschaft hauptsächlich vor der organisierten Kriminalität. Hingegen wird der Anwendungsbereich des polnischen Geldwäschetatbestandes nicht nur auf die Bekämpfung des organisierten Verbrechens eingeschränkt. Hinzuzufügen ist allerdings, dass beim polnischen Geldwäschetatbestand zusätzlich der Schutz der Rechtspflege sowie der durch die jeweilige Vortat beeinträchtigten Rechtsgüter in Betracht kommt. Insoweit ist es festzustellen, dass Art. 299 KK erheblich über die Richtlinienvorgaben hinausgeht.

Eine hinreichende Harmonisierung zwischen dem polnischen und dem europäischen Recht wurde auch hinsichtlich der Erfassung der Vortaten sowie des Täterkreises erreicht. Sowohl Art. 299 KK als auch die dritte Geldwäscherichtlinie enthalten keine Einschränkungen diesbezüglich, so dass die vollständige Aufhebung des Täter- und Vortatenkatalogs durch den polnischen Gesetzgeber vollkommen innerhalb des durch die Richtlinienvorgaben zugelassenen Rahmens bleibt. Hinzuweisen ist allerdings auf einige Schwierigkeiten, die bezüglich der im Ausland begangenen Vortaten entstehen, so dass im Hinblick auf diese Problematik eine noch weitergehende Harmonisierung erforderlich ist.

Eine Übereinstimmung mit der Konzeption des Gemeinschaftsnormgebers ist weitgehend auch in Bezug auf die Fassung des subjektiven Tatbestandes gegeben. Sowohl in der Geldwäscherichtlinie als auch in der polnischen Geldwäschenorm wird Vorsatz bezüglich der Vornahme der geldwäscherelevanten Handlungen gefordert. Daher kann insoweit von einer erfolgreichen Harmonisierung der subjektiven Tatbestandserfordernissen gesprochen werden.

4. Einige Tatbestandsmerkmale der polnischen Geldwäschenorm (Art. 299 KK) unterliegen noch einem strikten Harmonisierungspostulat.

In Bezug auf einige Tatbestandsmerkmale des Art. 299 KK lässt sich allerdings keine vollständige Rechtseinheitlichkeit zwischen dem polnischen Recht und den europäischen Richtlinienvorgaben feststellen.

Zunächst wurde die Konzeption der geldwäschetauglichen Tatobjekte durch den polnischen Gesetzgeber nicht deckungsgleich übernommen. Im Gegensatz zu den Bestimmungen der Geldwäscherichtlinie, in der die Geldwäschetauglichkeit bei sämtlichen vermögenswerten Gegenständen angenommen wird, ist in Art. 299 KK der Kreis der geldwäschetauglichen Vermögensgegenstände auf eine abschließend aufgezählte Gruppe eingeschränkt. Wünschenswert wäre daher die Erweiterung des Kreises der Tatobjekte des Art. 299 KK auf alle inkriminierten und in bestimmten Fällen sogar auch auf redlich erworbene Vermögensgegenstände, soweit diese der Terrorismusförderung dienen sollen[1400]. Darüber hinaus ist auch – insbesondere angesichts des Mangels entsprechender Richtlinienvorgaben – die Grenzziehung und somit die Präzisierung des Anwendungsbereichs des Tatbestandsmerkmals „herrühren“ zu empfehlen.

Ein Harmonisierungspostulat entsteht weiterhin bezüglich der Erfassung einiger der Geldwäscherichtlinie zugrunde liegenden Geldwäschehandlungen. Von einer hinreichenden Umsetzung der europäischen Vorgaben kann lediglich in Bezug auf den Verschleierungs- sowie auf den Absichtstatbe-

---

[1400] Vgl. These 3.

stand, zu denen eine zumindest ähnliche Entsprechung in Art. 299 § 1 KK zu finden ist, gesprochen werden. Die übrigen Handlungskategorien – d. h. der Isolierungs- und der Vorbeugungstatbestand – müssen noch in Art. 299 KK implementiert und auf diese Weise den Richtlinienvorgaben angepasst werden. Die Ausdehnung des polnischen Geldwäschetatbestandes auf den Isolierungs- und den Vorbeugungstatbestand wäre insbesondere im Hinblick auf die Bekämpfung möglichst vieler Erscheinungsformen des kriminellen Verhaltens auch aus kriminalpolitischen Gründen geboten.

Weiterhin ist noch auf die unvollständige Umsetzung gemeinschaftsrechtlicher Vorgaben hinsichtlich der Tatbestandsmerkmale in subjektiver Hinsicht einzugehen. Wie vorstehend[1401] erwähnt, wurde diese Problematik zwar einigermaßen harmonisiert. Auffallende Unterschiede ergeben sich jedoch im Hinblick auf die Erfassung der Vorsatzerfordernisse bezüglich der illegalen Herkunft der Tatobjekte einer Geldwäsche. Während nach der Geldwäscherichtlinie der Doppelvorsatz hinsichtlich der Tathandlung und der Kenntnis von der illegalen Herkunft der geldwäschetauglichen Gegenstände allgemein vorausgesetzt ist, wird er im polnischen Recht nur beim Tatbestand des Art. 299 § 1 KK verlangt. In den übrigen Tatbestandsmodalitäten nach Art. 299 §§ 2-4 KK der polnischen Geldwäschenorm ist ein solches Erfordernis nicht enthalten. Erforderlich wäre in diesem Bereich daher die Anpassung der polnischen Geldwäschevorschrift an die europäischen Geldwäscheregelungen.

Die Umsetzung der Vorgaben des Gemeinschaftsgesetzgebers bezüglich der Verhinderung und der Bekämpfung einer Geldwäsche in die hier analysierte Normierung des Art. 299 KK und somit die Europäisierung dieser Regelung ist folglich noch nicht vollständig.

5. Die Fassung der polnischen Geldwäschevorschrift sollte unter Berücksichtigung rechtsstaatlicher Anforderungen in objektiver Hinsicht modifiziert werden.

Eine wesentliche, dem Strafgesetzgeber vorgegebene Beschränkung liegt in den Prinzipien der Verfassung und in den allgemeinen Prinzipien der Rechtsstaatlichkeit. Deswegen müssen alle Strafrechtsnormen insbesondere mit den verfassungsrechtlichen Bestimmungen im Einklang stehen. Die Analyse der Übereinstimmung von Art. 299 KK mit rechtsstaatlichen Grundsätzen deutet aber darauf hin, dass einige Tatbestandsmerkmale dieser Vorschrift einer Modifizierungsforderung in objektiver Hinsicht bedürfen.

1401 Vgl. These 3.

Akzeptabel erscheint zunächst die Beibehaltung der in der bisherigen Fassung des Art. 299 KK schrankenlosen Verweisung auf alle verbotenen Taten als mögliche geldwäschetaugliche Vortaten. Eine Einschränkung des Vortatenkreises nur auf bestimmte Straftaten kann nämlich eine Reihe von Schwierigkeiten aufwerfen und insbesondere eine umfassende Bekämpfung aller einer Geldwäsche dienenden Tätigkeiten nicht ausreichend gewährleisten[1402].

Darüber hinaus ist der bisher eingeschränkte Katalog der geldwäschetauglichen Tatobjekte auf sämtliche vermögenswerten Gegenstände auszudehnen, die entweder auf illegale Weise erlangt wurden oder zwar keinen kriminellen Ursprung aufweisen, die aber der Terrorismusfinanzierung dienen sollen. Für die Annahme der Geldwäschetauglichkeit dieser Vermögensgegenstände ist es ferner aus rechtsstaatlicher Sicht ohne Bedeutung, ob sie unmittelbar oder mittelbar aus einer verbotenen Tat stammen. Erfasst werden daher sämtliche Gegenstände, die einen verbrecherischen Ursprung aufweisen, und zwar ohne Rücksicht darauf, ob sie als Ursprungsgegenstände oder bloß als Surrogate bzw. vermischte Vermögensgegenstände angesehen werden.

Hierher gehört auch die Problematik der Unbestimmtheit des Tatbestandsmerkmals „herrühren“. Die bisher im polnischen Schrifttum dazu vertretene extensive Auslegung dieses Begriffes bereitet nämlich insofern Schwierigkeiten, als der Vorwurf der Verfassungswidrigkeit im Hinblick auf das Bestimmtheitsgebot (Art. 42 Abs. 1 der polnischen Verfassung) entstehen kann[1403]. Die Analyse der für die Eingrenzung des problematischen Merkmals bereits vorgeschlagenen Lösungen hat aber gezeigt, dass sie nur in einem sehr begrenzten Maße zur Präzisierung dieses Begriffs beitragen können und lediglich Teillösungen liefern, so dass der Gehalt dieser Formulierung sich anhand der bisher vorgeschlagenen Auslegungskriterien nicht hinreichend genau bestimmen lässt. In der vorliegenden Untersuchung wurde daher eine eigene Auslegungsmethode zur präzisen und umfassenden Abgrenzung des Tatbestandsmerkmals „herrühren“ erarbeitet. Demnach wird bei der Einstufung eines Vermögensgegenstandes als aus einer geldwäschetauglichen Vortat herrührend auf die wirtschaftliche Bewertung des Einzelfalls abgestellt, wobei die Annahme einer Kontaminierung erst dann begründet sein soll, wenn der inkriminierte Anteil aus wirtschaftlicher Sicht nicht völlig unerheblich erscheint. Im Hinblick auf das Tatbestandsmerkmal „herrühren“ ist es daher die Aufgabe der Rechtsprechung, nach den

1402 Vgl. näher Kapitel 5 § 1 Punkt I. der vorliegenden Untersuchung.
1403 Vgl. näher Kapitel 5 § 1 Punkt IV. der vorliegenden Untersuchung.

Erfahrungen der Praxis weitere Konkretisierungen zu erarbeiten und zu prüfen, inwieweit unter dem Gesichtspunkt der verfassungsrechtlichen Vorgaben weitere Tatbestandseinschränkungen geboten sind.

6. Die Einführung der Kriminalisierung auch der Leichtfertigkeit bei der Geldwäsche in das polnische Strafrecht erscheint aus rechtsstaatlicher Sicht durchaus akzeptabel und kriminalpolitisch auch geboten.

Die im Straftatbestand des Art. 299 § 1 KK normierten Anforderungen in subjektiver Hinsicht sind relativ hoch gestellt. Das Vorsatzerfordernis erfasst hier nicht nur die Geldwäschehandlung – was allerdings bei allen Tatbestandsmodalitäten des Art. 299 KK gefordert wird – sondern erstreckt sich auch auf die illegale Herkunft der geldwäschetauglichen Vermögensgegenstände. Diese hohen Anforderungen können aber mittels der Normierung einer Bestrafung auch bei Leichtfertigkeit im Hinblick auf letzteres herabgesetzt werden.

Trotz des Fehlens eines Konzepts der Leichtfertigkeit im polnischen Strafrecht, erscheint es möglich, die Kriminalisierung des leichtfertigen Handelns im Hinblick auf die kriminelle Herkunftsquelle der Tatobjekte einer Geldwäsche im Wege der Heranziehung des zivilrechtlichen Begriffs einer groben Fahrlässigkeit zu bewerkstelligen[1404]. Eine solche Ausdehnung der Geldwäschestrafbarkeit ist aus pragmatischen Gründen unentbehrlich. Sie steht zugleich mit dem verfassungsrechtlich geltenden Schuldprinzip und der Unschuldsvermutung im Einklang. Die Bestrafung – auch in den gekennzeichneten Fällen – der Leichtfertigkeit bei der Geldwäsche erscheint daher rechtsstaatlich durchaus vertretbar und ist für die effektive Bekämpfung dieses Phänomens als notwendig anzusehen. Ferner führt sie weder zu einer übermäßigen Beeinträchtigung des legalen Wirtschaftsverkehrs noch dazu, dass die daran beteiligten Personen einem ungerechtfertigt erhöhten Strafbarkeitsrisiko ausgesetzt werden.

[1404] Vgl. näher Kapitel 5 § 2 Punkt III. der vorliegenden Untersuchung.

7. Eine uneingeschränkte Einbeziehung der Strafverteidiger als mögliche Täter in den Anwendungsbereich der Geldwäschevorschrift erscheint aus rechtsstaatlicher Perspektive durchaus bedenklich.

Es besteht bisher keine klare gesetzliche Regelung bezüglich solcher Fälle, in denen der Strafverteidiger durch die Entgegennahme des ihm vertragsgemäß zustehenden Honorars von seinem Mandanten, der eine geldwäschetaugliche Vortat begangen hat, selbst in den Geldwäscheverdacht gerät oder den Geldwäschetatbestand sogar erfüllt. Nicht hinreichend sind auch solche Fälle normiert, in denen der Verteidiger einen Geldwäscheverdacht im Hinblick auf sich oder seinen Mandanten melden muss, um für sich selbst Straflosigkeit oder zumindest eine Strafmilderung zu erreichen. Die ausschließlich an dem reinen Gesetzeswortlaut orientierte Interpretation der Rechtslage kann in diesen Fällen keinesfalls akzeptiert werden, weil eine uneingeschränkte Anwendung des Geldwäschetatbestands auf alle Tätigkeiten des Strafverteidigers zu einem unverhältnismäßigen Eingriff in seine verfassungsrechtlich garantierten Grundrechte sowie in die Grundrechte des Mandanten führt. Insbesondere könnte dadurch das Entstehen eines Vertrauensverhältnisses zwischen Strafverteidiger und seinem Mandanten verhindert werden.

Aus den in dieser Untersuchung dargestellten Überlegungen folgt jedoch, dass die Lösung der Honorarannahmeproblematik und somit die Festlegung der dem Strafverteidiger insoweit gezogenen Grenzen seines zulässigen Verteidigungshandelns auch ohne gesetzgeberische Änderungen möglich ist, soweit diese Lösung sich an Sinn und Zweck des Geldwäschetatbestandes orientiert. Zu berücksichtigen sind dabei die besondere Rolle des Strafverteidigers, seine Vertrauensstellung gegenüber seinem Mandanten sowie die Bedeutung der Institution der Verteidigung für den Rechtsstaat. Die Herausnahme des Verteidigerhonorars aus dem Anwendungsbereich der Geldwäschenorm kann am besten im Wege einer verfassungs- und konventionskonformen Auslegung des Tatbestandes des Geldwäschevorschrift erreicht werden, indem man erkennt, dass eine Norm ihrer *ratio legis* nach dann nicht zur Anwendung kommen kann, wenn dies zum Schutz vorrangiger Interessen geboten ist (teleologische Reduktion). Eine solche Reduktion ist jedoch nur insofern zulässig, als sie sich zwar unterhalb des Wortlauts des Gesetzes, aber noch innerhalb der Grenzen des feststellbaren Willens der Gesetzgebung bewegt. Demnach kann eine Einschränkung des weit gefassten Anwendungsbereichs des Geldwäschetatbestandes nur für solche Fälle erfolgen, in denen der Verteidiger einerseits sein Honorar direkt von seinem

Mandanten bekommen und andererseits kein positives Wissen hinsichtlich der illegalen Einnahmequelle seines Mandanten erlangt hat und insbesondere nicht vorsätzlich mit dem Mandanten zum Zwecke der Geldwäsche zusammenarbeitet. Zudem darf durch die Honorarzahlung an den Verteidiger die Erfüllung von Ansprüchen nicht erschwert werden, die dem Opfer der von dem Mandanten begangenen geldwäschetauglichen Vortat erwachsen sind.

Anhand der vorangehenden Erwägungen wird zugleich deutlich, dass eine teilweise Freistellung des Strafverteidigers von der Strafdrohung der Geldwäschenorm mit den verfassungsrechtlichen Vorgaben und anderen Rechtsprinzipien völlig im Einklang steht. Sie ist auch europarechtskonform.

Literaturverzeichnis

Ackermann, Jürg-Beat	Geldwäscherei – Money Laundering. Eine vergleichende Darstellung des Rechts und der Erscheinungsformen in den USA und der Schweiz, Zürich 1992 (zit.: *Ackermann*, Geldwäscherei)
Adamski, Andrzej	Kilka uwag na temat harmonizacji prawa karnego materialnego w Unii Europejskiej (*Einige Bemerkungen zur Harmonisierung des materiellen Strafrechts in der Europäischen Union*), in: Przestępstwo – kara – polityka kryminalna. Problemy tworzenia i funkcjonowania prawa. Księga jubileuszowa z okazji 70. rocznicy urodzin prof. Tomasza Kaczmarka (*Straftat – Strafe – Kriminalpolitik. Probleme der Rechtsschaffung und -wirkung. Festschrift für Prof. Tomasz Kaczmarek zum 70. Geburtstag*), *Giezek, Jacek* (Hrsg.), Kraków 2006 (zit.: *Adamski*, Kilka uwag na temat harmonizacji prawa karnego materialnego w Unii Europejskiej, in: Kaczmarek – FS)
Ambos, Kai	Annahme des „bemakelten" Verteidigerhonorars als Geldwäsche?, Juristenzeitung 2002, S. 70 ff. (zit.: *Ambos*, JZ 2002)
ders.	Internationalisierung des Strafrechts: das Beispiel „Geldwäsche", Zeitschrift für die gesamte Strafrechtswissenschaft, Band 114 (2002), S. 236 ff. (zit.: *Ambos*, ZStW 114 (2002))

Appel, Ivo — Kompetenzen der EG zur Überwachung und sanktionsrechtlichen Ausgestaltung des Lebensmittelstrafrechts, in: *Dannecker, Gerhard* (Hrsg.), Lebensmittelstrafrecht und Verwaltungssanktionen in der Europäischen Union, Köln 1994
(zit.: *Appel*, Kompetenzen der EG zur Überwachung und sanktionsrechtlichen Ausgestaltung des Lebensmittelstrafrechts, in: *Dannecker* (Hrsg.))

Amin Shakir, Mahmoud — Criminal Justice in the European Union – Approximation or Cooperation, Comparative Law Review 6/1996, S. 75 ff.
(zit.: *Amin Shakir*, Comparative Law Review 6/1996)

Arzt, Gunther — Geldwäscherei – Eine neue Masche zwischen Hehlerei, Strafvereitelung und Begünstigung, Neue Zeitschrift für Strafrecht 1990, S. 1 ff.
(zit.: *Arzt*, NStZ 1990)

ders. — Geldwäsche und rechtlicher Verfall, Juristenzeitung 1993, S. 913 ff.
(zit.: *Arzt*, JZ 1993)

ders. — Entscheidungen – Strafrecht, Juristische Rundschau 1999, S. 76 ff.
(zit.: *Arzt*, JR 1999)

Bach, Albrecht — Direkte Wirkungen von EG-Richtlinien, Juristenzeitung 1990, S. 1108 ff.
(zit.: *Bach*, JZ 1990)

Bacigalupo, Enrique — Die Europäisierung der Strafrechtswissenschaft, in: Festschrift für Claus Roxin zum 70. Geburtstag, *Schünemann, Bernd* u. a. (Hrsg.), Berlin 2001
(zit.: *Bacigalupo*, Die Europäisierung der Strafrechtswissenschaft, in: Roxin – FS)

ders. Bemerkungen zu strafrechtlichen Fragen des Verfassungsentwurfs, Zeitschrift für die gesamte Strafrechtswissenschaft, Band 116 (2004), S. 327 ff.
(zit.: *Bacigalupo*, ZStW 116 (2004))

Balzer, Claudia Die berufstypische Strafbarkeit des Verteidigers unter besonderer Beachtung des Problems der Begehung von Geldwäsche (§ 261 StGB) durch Honorarannahme, Aachen 2004
(zit.:*Balzer*, Die berufstypische Strafbarkeit)

Banach, Joanna Przestępstwo prania brudnych pieniędzy w świetle prawa europejskiego a uregulowania krajowe (*Die Straftat der Geldwäsche im Lichte des Europarechts und die innerstaatlichen Regulierungen*), in: *Bogunia, Leszek* (Hrsg.), Nowa kodyfikacja prawa karnego. Tom 4 (*Neue Kodifikation des Strafrechts. Band 4*), Wrocław 1999
(zit.: *Banach*, Przestępstwo prania brudnych pieniędzy w świetle prawa europejskiego a uregulowania krajowe, in: *Bogunia* (Hrsg.))

Barfuß, Walter Anonymität. EU-Geldwäsche-Richtlinie ohne Rechtsgrundlage?, Recht der Wirtschaft 1996, S. 105 ff.
(zit.: *Barfuß*, RdW 1996)

Barton, Stephan Das Tatobjekt der Geldwäsche. Wann rührt der Gegenstand aus einer der im Katalog des § 261 I Nr. 1-3 StGB bezeichneten Straftaten her?, Neue Zeitschrift für Strafrecht 1993, S. 159 ff.
(zit.: *Barton*, NStZ 1993)

ders. Sozial übliche Geschäftstätigkeit und Geldwäsche (§ 261 StGB), Strafverteidiger 1993, S. 156 ff.
(zit.: *Barton*, StV 1993)

Basse-Simonsohn, Detlef Michael Geldwäschereibekämpfung und organisiertes Verbrechen, Bern 2002
(zit.: *Basse-Simonsohn*, Geldwäschebekämpfung)

Bąkowska, Anna Magdalena — Zbliżanie? Harmonizacja? Dostosowanie! Prawo polskie a unijne (*Annäherung? Harmonisierung? Angleichung? Das polnische und das europäische Recht*), Gazeta Sądowa 11/2001, S. 11 ff.
(zit.: *Bąkowska*, Gazeta Sądowa 11/2001)

Beneyto-Pérez, José Maria — Für oder wider die Europäische Verfassung? Die Zukunft der Europäischen Union und die Schaffung einer gemeinschaftlichen Verfassungsordnung, in: *Müller-Graf, Peter-Christian* (Hrsg.), Europäisches Integrationsrecht im Querschnitt, Baden-Baden 2003, S. 9 ff.
(zit.: *Beneyto-Pérez*, Für oder wider die Europäische Verfassung?, in: *Müller-Graf* (Hrsg.))

Bernasconi, Paolo — Finanzunterwelt, Zürich 1988
(zit.: *Bernasconi*, Finanzunterwelt)

Bernsmann, Klaus — Das Grundrecht auf Strafverteidigung und die Geldwäsche. Vorüberlegungen zu einem besonderen Rechtfertigungsgrund, Strafverteidiger 2000, S. 40 ff.
(zit.: *Bernsmann*, StV 2000)

ders. — Entscheidung des BGH vom 4.07.2001 - eine (polemische) Analyse, Strafverteidiger Forum, 2001, S. 344 ff.
(zit.: *Bernsmann*, StraFo 2001)

Bertel, Christian — Die Anzeigepflicht der Banken bei Geldwäscheverdacht, Österreichisches Bankarchiv 1994, S. 228 ff.
(zit.: *Bertel*, ÖBA 1994)

Biernat, Stanisław — Wykładnia prawa krajowego zgodnie z prawem Wspólnot Europejskich (*Die Auslegung des nationalen Rechts in Übereinstimmung mit dem Recht der Europäischen Gemeinschaften*), in: *Mik, Cezary* (Hrsg.), Implementacja prawa integracji europejskiej w krajowych porządkach prawnych (*Die Umsetzung des Rechts der europäischen Intergration in nationalen Rechtsordnungen*), Warszawa 1998
(zit.: *Biernat*, Wykładnia prawa krajowego zgodnie z prawem Wspólnot Europejskich, in: *Mik* (Hrsg.), Implementacja)

ders. Prawo Unii Europejskiej a Konstytucja RP i prawo polskie – kilka refleksji (*Das Recht der Europäischen Union, die Verfassung der Republik Polen und das polnische Recht – einige Bemerkungen*), Państwo i Prawo 11/2004, S. 18 ff.
(zit.: *Biernat*, PiP 11/2004)

ders. Problemy ratyfikacji traktatu konstytucyjnego (*Probleme der Ratifizierung des Verfassungsvertrags*), in: Współczsne wyzwania europejskiej przestrzeni karnej. Księga pamiątkowa dla uczczenia 70. urodzin prof. Eugeniusza Piontka (*Gegenwärtige Herausforderungen im europäischen Strafrechtsraum. Festschrift für Prof. Eugeniusz Piontek zum 70. Geburtstag*), *Łazowski, Adam/Osrihansky, Rudolf* (Hrsg.), Kraków 2005
(zit.: *Biernat*, Problemy ratyfikacji traktatu konstytucyjnego, in: Piontek – FS)

ders. „Europejskie" orzecznictwo sądów polskich przed przystąpieniem do Unii Europejskiej (*„Europäische" Rechtsprechung polnischer Gerichte vor dem Eintritt in die Europäische Union*), Przegląd Sądowy 2/2005, S. 3 ff.
(zit.: *Biernat*, Przegląd Sądowy 2/2005)

Bittmann, Folker Die gewerbs- oder bandenmäßige Steuerhinterziehung und die Erfindung des gegenständlichen Nichts als geldwäscherelevante Infektionsquelle, Zeitschrift für Wirtschafts- und Steuerstrafrecht 2003, S. 161 ff.
(zit.: *Bittmann*, wistra 2003)

Bleckmann, Albert Die Überlagerung des nationalen Strafrechts durch das Europäische Gemeinschaftsrecht, in: Beiträge zur Strafrechtswissenschaft, Festschrift für Wolfgang Stree und Johannes Wessels zum 70. Geburtstag, *Küper, Wilfried/ Welp, Jürgen* (Hrsg.), Heidelberg 1993
(zit.: *Bleckmann*, Die Überlagerung des nationalen Strafrechts durch das Europäische Gemeinschaftsrecht, in: Stree/Wessels – FS)

ders. Europarecht, Berlin 1997
(zit.: *Bleckmann*, Europarecht)

Błachut, Przemysław/ Mikuli, Piotr Uwagi o stosowaniu ustaw przez sądy w przypadku ich kolizji prawem wspólnotowym (*Bemerkungen zur Gesetzesanwendung durch Gerichte im Falle ihrer Kollision mit dem Gemeinschaftsrecht*), in: *Kruk, Maria/ Wawrzyniak, Jan* (Hrsg.), Polska w Unii Europejskiej (*Polen in der Europäischen Union*), Kraków 2005
(zit.: *Błachut/Mikuli*, Uwagi o stosowaniu ustaw przez sądy w przypadku ich kolizji z prawem wspólnotowym, in: *Kruk/Wawrzyniak* (Hrsg.))

Bock, Dennis Die erste Europäisierung der Strafrechtswissenschaft: Das gemeine Strafrecht auf römischrechtlicher Grundlage, Zeitschrift für Internationale Strafrechtsdogmatik 2006, S. 7 ff.
(zit.: *Bock*, ZIS 2006)

Bockelmann, Ralf Das Geldwäschegesetz, Aachen 2001
(zit.: *Bockelmann*, Das Geldwäschegesetz)

Bogensberger, Wolfgang Die Bestrafung der Geldwäscherei – Gefahr oder Chance für die Banken?, Österreichisches Bankarchiv 1992, S. 1049 ff.
(zit.: *Bogensberger*, ÖBA 1992)

ders. Rechtliche Maßnahmen der EU zur Bekämpfung der Geldwäsche, in: *Bogensberger, Wolfgang* (Hrsg.), Bekämpfung der Geldwäsche, Köln/Zürich 2002
(zit.: *Bogensberger*, Rechtliche Maßnahmen der EU zur Bekämpfung der Geldwäsche, in: *Bogensberger* (Hrsg.))

Bojarski, Janusz Przestępstwa gospodarcze związane z działalnością banków (*Wirtschaftsdelikte in der Banktätigkeit*), Toruń 2001
(zit.: *Bojarski J.*, Przestępstwa gospodarcze)

ders. Przepisy polskiego prawa karnego dotyczące odpowiedzialności pracowników instytucji finansowych za pranie pieniędzy (*Vorschriften des polnischen Strafrechts zur Geldwäschestrafbarkeit der Mitarbeiter der Finanzinstitutionen*), in: *Adamski, Andrzej* (Hrsg.), Przestępczość gospodarcza z perspektywy Polski i Unii Europejskiej (*Wirtschaftskriminalität aus der Sicht Polens und der Europäischen Union*), Toruń 2003
(zit.: *Bojarski J.*, Przepisy polskiego prawa karnego dotyczące odpowiedzialności pracowników instytucji finansowych za pranie pieniędzy, in: *Adamski* (Hrsg.))

Bojarski, Marek u. a. (Hrsg.) Kodeks karny. Komentarz (*Das Strafgesetzbuch. Kommentar*), Warszawa 2002
(zit.: *Bojarski, M.* u. a. (Hrsg.), Kodeks Karny. Komentarz)

Bottermann, Christoph Untersuchung zu den grundlegenden Problematiken des Geldwäschetatbestandes, auch in seinen Bezügen zum Geldwäschegesetz, Bochum 1995
(zit.: *Bottermann*, Untersuchung)

Bottke, Wilfried Teleologie und Effektivität der Normen gegen Geldwäsche, Zeitschrift für Wirtschafts- und Steuerstrafrecht 1995, S. 87 ff., 121 ff.
(zit.: *Bottke*, wistra 1995)

Böse, Martin Strafen und Sanktionen in der Europäischen Gemeinschaft, Köln 1996
(zit.: *Böse*, Strafen)

ders. Die polizeiliche und justizielle Zusammenarbeit in Strafsachen im Entwurf eines Vertrages über eine Verfassung für Europa, in: *Schwarze, Jürgen* (Hrsg.), Der Verfassungsentwurf des Europäischen Konvents, Baden-Baden 2004
(zit.: *Böse*, Die polizeiliche und justizielle Zusammenarbeit in Strafsachen im Entwurf eines Vertrages über eine Verfassung für Europa, in: *Schwarze* (Hrsg.))

ders. Zuständigkeit der Europäischen Gemeinschaft für das Strafrecht. Zugleich Besprechung von EuGH, Urteil vom 13.9.2005, Goltdammer's Archiv für Strafrecht 2006, S. 211 ff.
(zit.: *Böse*, GA 2006)

Braum, Stefan Das „Corpus Juris" – Legitimität, Erforderlichkeit und Machbarkeit, Juristenzeitung 2000, S. 493 ff.
(zit.: *Braum*, JZ 2000)

ders. Europäische Strafgesetzlichkeit, Frankfurt am Main 2003
(zit.: *Braum*, Europäische Strafgesetzlichkeit)

ders. Europäische Strafgesetzgebung: Demokratische Strafgesetzlichkeit oder administrative Opportunität? Besprechung des Urteils des EuGH vom 13. September 2005, Rs. C-176/03, Zeitschrift für Wirtschafts- und Steuerstrafrecht 2006, S. 121 ff.
(zit.: *Braum*, wistra 2006)

Breitenmoser, Stephan/ Husheer, André Europarecht, Band 1, Genf 2002
(zit.: *Breitenmoser/Husheer*, Europarecht)

Bresler, Fenton Interpol. Der Kampf gegen das internationale Verbrechen von den Anfängen bis heute, München 1993
(zit.:*Bresler*, Interpol)

Brocławik, Katarzyna Prawnokarne aspekty ochrony tajemnicy osób świadczących pomoc prawną (*Strafrechtliche Aspekte der anwaltlichen Geheimhaltung*), Czasopismo Prawa Karnego i Nauk Penalnych 1/2000, S. 201 ff.
(zit.: *Brocławik*, CPKiNP 1/2000)

Brown, Alan Money Laundering: A European and U.K. Perspective, Journal of International Banking Law 1997, S. 306 ff.
(zit.: *Brown*, Journal of International Banking Law 1997)

Bruns, Wilhelm Der strafrechtliche Schutz der europäischen Marktordnungen für die Landwirtschaft, Berlin 1980
(zit.: *Bruns*, Der strafrechtliche Schutz)

Buczkowski, Konrad Przestępstwa gospodarcze (*Wirtschaftsdelikte*), Warszawa 2000
(zit.: *Buczkowski*, Przestępstwa)

Buczkowski, Konrad/ Wojtaszek, Michał Pranie pieniędzy (*Die Geldwäsche*), Warszawa 2001
(zit.: *Buczkowski/Wojtaszek*, Pranie)

Bukovc, Bernhard Die Bekämpfung der Geldwäsche in der Europäischen Union, Krems 1998
(zit.: *Bukovc*, Die Bekämpfung)

Burger, Armin Die Einführung der gewerbs- und bandenmäßigen Steuerhinterziehung sowie aktuelle Änderungen im Bereich der Geldwäsche, Zeitschrift für Wirtschafts- und Steuerstrafrecht 2002, S. 1 ff.
(zit.: *Burger*, wistra 2002)

Burger, Armin/ Peglau, Jens Geldwäsche durch Entgegennahme „kontaminierten“ Geldes als Verteidigerhonorar, Zeitschrift für Wirtschafts- und Steuerstrafrecht 2000, S. 161 ff.
(zit.: *Burger/Peglau*, wistra 2000)

dies. Bombensichere Geldanlage, Jura 2002, S. 854 ff.
(zit.: *Burger/Peglau*, Jura 2002)

Burmeister, Frank/ Uwer, Dirk Auswirkungen des Geldwäschebekämpfungsgesetzes auf die wirtschaftsanwaltliche Beratung, Anwaltsblatt 2004, S. 199 ff.
(zit.: *Burmeister/Uwer*, AnwBl 2004)

Burr, Christian Geldwäsche. Eine Untersuchung zu § 261 StGB, Bonn 1994
(zit.: *Burr*, Geldwäsche)

ders. Die Strafbarkeit wegen Geldwäsche bei Auslandsvortaten Zeitschrift für Wirtschafts- und Steuerstrafrecht 1995, S. 255 f.
(zit.: *Burr*, wistra 1995)

Busch, Dagmar/ Teichmann, Helmut Das neue Geldwäschestrafrecht, Baden-Baden 2003
(zit.: *Busch/Teichmann*, Das neue Geldwäschestrafrecht)

Bussenius, Anne Geldwäsche und Strafverteidigerhonorar, Baden-Baden 2004
(zit.: *Bussenius*, Geldwäsche)

Carl, Dieter Kampf gegen die Geldwäsche, Zeitschrift für Wirtschafts- und Steuerstrafrecht 1991, S. 288 ff.
(zit.: *Carl*, wistra 1991)

ders. EG-Richtlinie zur Bekämpfung der Geldwäsche, Europäisches Wirtschafts- und Steuerrecht, 1991, S. 341 ff.
(zit.: *Carl*, EWS 1991)

Carl, Dieter/ Klos, Joachim Die deutschen Regelungen zur Bekämpfung der Geldwäsche, Österreichisches Bankarchiv 1994, S. 710 ff.
(zit.: *Carl/Klos*, ÖBA 1994)

Carstens, Karl Die kleine Revision des Vertrages über die Europäische Gemeinschaft für Kohle und Stahl, Zeitschrift für ausländisches und öffentliches Recht und Völkerrecht, Band 21 (1961), S. 1 ff.
(zit.: *Carstens*, ZaöRV 21 (1961))

Cebulla, Mario Gegenstand der Geldwäsche, Zeitschrift für Wirtschafts- und Steuerstrafrecht 1999, S. 281 ff.
(zit.: *Cebulla*, wistra 1999)

Cieślak, Marian W kwestii międzynarodowej unifikacji prawa karnego (*Zur internationalen Vereinheitlichung des Strafrechts*), in: Zeszyty Naukowe Wydziału Prawa i Administracji UG 7/1979, S. 67 ff.
(zit.: *Cieślak*, ZNWPiA UG 7/1979)

Czapliński, Władysław — Harmonizacja prawa we Wspólnocie Europejskiej i zbliżanie ustawodawstwa polskiego do prawa wspólnotowego (*Die Rechtsharmonisierung in der Europäischen Gemeinschaft und die Angleichung der polnischen Gesetzgebung an die gemeinschaftliche Gesetzgebung*), in: *Matey-Tyrowicz, Maria* (Hrsg.), System prawa RP w procesie europeizacji (*Das polnische Rechtssystem im Europäisierungsprozess*), Warszawa 2002
(zit.: *Czapliński*, Harmonizacja prawa we Wspólnocie Europejskiej i zbliżanie ustawodawstwa polskiego do prawa wspólnotowego, in: *Matey-Tyrowicz*, (Hrsg.))

ders. — Wybrane regulacje dotyczące Obszaru Wolności, Bezpieczeństwa i Sprawiedliwości (*Ausgewählte Regulierungen im Bereich des Raumes der Freiheit, der Sicherheit und des Rechts*), in: *Barcz, Jan* (Hrsg.), Prawo Unii Europejskiej. Prawo materialne i polityki (*Das Recht der Europäischen Union. Das materielle Recht und die Politiken*), Warszawa 2003
(zit.: *Czapliński*, Wybrane regulacje dotyczące Obszaru Wolności, Bezpieczeństwa i Sprawiedliwości, in: *Barcz* (Hrsg.))

Dannecker, Gerhard — Strafrecht der Europäischen Gemeinschaft, in: *Eser, Albin/Huber, Barbara* (Hrsg.), Strafrechtsentwicklungen in Europa, Band 4.3, Freiburg im Breisgau 1995
(zit.: *Dannecker*, Strafrecht der Europäischen Gemeinschaft, in: *Eser/Huber B.* (Hrsg.))

ders. — Strafrecht in der Europäischen Gemeinschaft. Eine Herausforderung für Strafrechtsdogmatik, Kriminologie und Verfassungsrecht, Juristenzeitung 1996, S. 869 ff.
(zit.: *Dannecker*, JZ 1996)

ders. — Strafrechtlicher Schutz der Finanzinteressen der Europäischen Gemeinschaft gegen Täuschung, Zeitschrift für die gesamte Strafrechtswissenschaft, Band 108 (1996), S. 577 ff.
(zit.: *Dannecker*, ZStW 108 (1996))

ders. Die Entwicklung des Strafrechts unter dem Einfluss des Gemeinschaftsrechts, Jura 1998, S. 79 ff.
(zit.: *Dannecker*, Jura 1998)

Daszkiewicz, Krystyna Kodeks zachwianej równowagi (*Das Gesetzbuch des erschütterten Gleichgewichts*), Prawo i Życie 20/1994, S. 1 ff.
(zit.: *Daszkiewicz*, PiŻ 20/1994)

Dauses, Manfred A. Die Verfassung für Europa – eine Verfassung ohne Staat?, Europablätter 2005, S. 44 ff.
(zit.: *Dauses*, Europablätter 2005)

Delmas-Marty, Mireille (Hrsg.) Corpus Juris der strafrechtlichen Regelungen zum Schutz der finanziellen Interessen der Europäischen Union, Köln 1998
(zit.: *Delmas-Marty* (Hrsg.), Corpus Iuris)

Dine, Janet European Community Criminal Law?, Criminal Law Review 2/1993, S. 249 ff.
(zit.: *Dine*, Criminal Law Review 2/1993)

Dionyssopoulou, Athanassia Der Tatbestand der Geldwäsche, Frankfurt am Main 1999
(zit.: *Dionysspoulou*, Der Tatbestand)

Długosz, Joanna Konstytucja Europejska a prawo karne (*Die Europäische Verfassung und das Strafrecht*), Jurysta 11-12/2004, S. 5 ff.
(zit.: *Długosz J.*, Jurysta 11-12/2004)

dies. Der Raum der Freiheit, der Sicherheit und des Rechts im Vertrag über eine Verfassung für Europa, in: *Długosz, Joanna/Witkowski, Marcin* (Hrsg.), Perspektiven für Europa – eine neue Öffnung?, Frankfurt am Main 2006
(zit.: *Długosz J.*, Der Raum der Freiheit, der Sicherheit und des Rechts im Vertrag über eine Verfassung für Europa, in: *Długosz J./Witkowski* (Hrsg.))

Długosz, Zdzisław Strona przedmiotowa przestępstwa prania brudnych pieniędzy przewidzianego w Art. 299 k.k. (*Der objektive Tatbestand der Straftat der Geldwäsche in Art. 299 KK*), Przegląd Policyjny 4/1999, S. 75 ff.
(zit.: *Długosz Z.*, Przegląd Policyjny 4/1999)

Doliwa, Adam Prawo cywilne – część ogólna (*Zivilrecht – Allgemeiner Teil*), Warszawa 2004
(zit.: *Doliwa*, Prawo cywilne – część ogólna)

Dombek, Bernhard Das Geldwäschegesetz aus der Sicht von Anwälten und Vertretern anderer beratender Berufe, in: *Kahlert, Joachim* (Hrsg.), Geldwäsche. Problemanalyse und Bekämpfungsstrategien, Berlin 1994
(zit.: *Dombek*, Das Geldwäschegesetz aus der Sicht von Anwälten und Vertretern anderer beratender Berufe, in: *Kahlert* (Hrsg.))

Duden Das große Wörterbuch der deutschen Sprache, 2. Auflage, Leipzig 1993
(zit.: *Duden*, Das große Wörterbuch der deutschen Sprache)

Duyne van, Petrus C. Pranie pieniędzy – ocena spowitego mgłą zjawiska, in: *Pływaczewski, Emil* (Hrsg.), Proceder prania pieniędzy. Studia i materiały (*Das Phänomen der Geldwäsche. Studien und Materialien*), Toruń 1993
(zit.: *van Duyne*, Pranie pieniędzy – ocena spowitego mgłą zjawiska, in: *Pływaczewski* (Hrsg.), Proceder)

Działocha, Kazimierz Podstawy prounijnej wykładni Konstytucji (*Die Grundlagen der unionskonformen Verfassungsauslegung*), Państwo i Prawo 11/2004, S. 28 ff.
(zit.: *Działocha*, PiP 11/2004)

Egger Tanner, Christine Die strafrechtliche Erfassung der Geldwäscherei. Zürich 1999
(zit.: *Egger Tanner*, Die strafrechtliche Erfassung)

Einem, Caspar Eine Verfassung für Europa. Anmerkungen zu ausgewählten Aspekten des Verfassungsentwurfs, Europarecht 2004, S. 202 ff.
(zit.: *Einem*, Europarecht 2004)

Emmert, Frank Europarecht, München 1996
(zit.: *Emmert*, Europarecht)

Epping, Volker Die Verfassung Europas?, Juristenzeitung 2003, S. 821 ff.
(zit.: *Epping*, JZ 2003)

Ertl, Birgit Der Kampf gegen Geldwäscherei und Terrorismusfinanzierung, Wien 2004
(zit.: *Ertl*, Der Kampf)

Fabel, Thomas Geldwäsche und tätige Reue, Marburg 1997
(zit.: *Fabel*, Geldwäsche)

Fad, Frank Geldwäsche durch die Annahme bemakelten Geldes durch den Strafverteidiger, Juristische Ausbildung 2002, S. 14 ff.
(zit.: *Fad*, JA 2002)

Fahl, Christian Grundprobleme der Geldwäsche (§ 261 StGB), Jura 2004, S. 160 ff.
(zit.: *Fahl*, Jura 2004)

Filipkowski, Wojciech Zwalczanie przestępczości zorganizowanej w aspekcie finansowym (*Die Bekämpfung der organisierten Finanzkriminalität*), Kraków 2004
(zit.: *Filipkowski*, Zwalczanie)

ders. Wykorzystanie instrumentów pochodnych w procederze prania pieniędzy (*Die Verwendung der abgeleiteten Instrumente im Prozess der Geldwäsche*) Prawo Bankowe 2/2004, S. 72 ff.
(zit.: *Filipkowski*, Prawo Bankowe 2/2004)

ders. Oazy podatkowe w procederze prania brudnych pieniędzy (*Steueroasen im Prozess der Geldwäsche*), Przegląd Ustawodawstwa Gospodarczego 12/2004, S. 14 ff.
(zit.: *Filipkowski*, PUG 12/2004)

Filipkowski, Wojciech/ Prokop, Krzysztof Wolne zawody prawnicze a przeciwdziałanie praniu pieniędzy (*Juristische Freiberufe und die Verhinderung der Geldwäsche*), Państwo i Prawo 2/2006, S. 69 ff.
(zit.: *Filipkowski/Prokop*, PiP 2/2006)

Findeisen, Michael Międzynarodowe przepisy oraz podstawowe zasady postępowania w zakresie zwalczania zjawiska „prania pieniędzy" (*Internationale Vorschriften und grundlegende Verfahrensprinzipien im Bereich der Bekämpfung der Geldwäsche*), Prokuratura i Prawo 6/1995, S. 44 ff.
(zit.: *Findeisen*, Prok. i Pr. 6/1995)

ders. Der Präventionsgedanke im Geldwäschegesetz, Zeitschrift für Wirtschafts- und Steuerstrafrecht 1997, S. 121 ff.
(zit.: *Findeisen*, wistra 1997)

Flatten, Thomas Zur Strafbarkeit von Bankangestellten bei der Geldwäsche, Frankfurt am Main 1996
(zit.: *Flatten*, Zur Strafbarkeit von Bankangestellten)

Forthauser, Roman Geldwäscherei der lege lata et ferenda, München 1992
(zit.: *Forthauser*, Geldwäscherei)

Fülbier, Andreas Die Umsetzung der EG – Richtlinie zur Bekämpfung der Geldwäsche in Frankreich, Europäische Zeitschrift für Wirtschaftsrecht 1994, S. 52 ff.
(zit.: *Fülbier*, EuZW 1994)

Garbarczyk, Grażyna Przestępczość gospodarcza na tle przemian ustrojowych w Polsce (*Wirtschaftskriminalität im Lichte des Systemwechsels in Polen*), Toruń 2002
(zit.: *Garbarczyk*, Przestępczość)

Gentzik, Daniel — Die Europäisierung des deutschen und englischen Geldwäschestrafrechts, Berlin 2002
(zit.: *Gentzik*, Die Europäisierung)

Gilmore, William C. — Brudne pieniądze (*Die bemakelten Gelder*), Warszawa 1999
(zit.: *Gilmore*, Brudne pieniądze)

Glebovskiy, Alexander — Wirtschaftskriminalität, Berlin 2005
(zit.: *Glebovskiy*, Wirtschaftskriminalität)

Golonka, Anna — Konieczność czy przejaw konformizmu? Rozważania na tle obowiązku rejestracji transakcji podejrzanych (*Eine Notwendigkeit oder ein Konformismus? Überlegungen zur Registrierungspflicht verdächtiger Transaktionen*), Palestra 11-12/2005, S. 35 ff.
(zit.: *Golonka*, Palestra 11-12/2005)

dies. — Podmiot przestępstwa „prania pieniędzy" (*Der Täterkeis der Straftat der Geldwäsche*), Czasopismo Prawa Karnego i Nauk Penalnych 1/2006, S. 121 ff.
(zit.: *Golonka*, CPKiNP 1/2006)

Góral, Leszek — Ocena stanu dostosowania polskich rozwiązań finansowo-prawnych w zakresie przeciwdziałania zjawisku prania pieniędzy do standardów prawnych przyjętych w Unii Europejskiej (*Die Bewertung des Standes der Anpassung der polnischen finanzrechtlichen Lösungen im Bereich der Bekämpfung der Geldwäsche)*, Studia Prawno-Europejskie 4/2001, S. 93 ff.
(zit.: *Góral, L.*, Studia Prawno-Europejskie 4/2001)

Góral, Roman — Kodeks karny. Praktyczny komentarz z orzecznictwem (*Das Strafgesetzbuch. Praktischer Kommentar mit Rechtsprechung*), Warszawa 2005
(zit.: *Góral R.*, Kodeks karny)

Górniok, Oktawia Podstawy karania za tzw. pranie pieniędzy w obowiązujących i projektowanych przepisach polskiego prawa karnego (*Grundlagen der Geldwäschestrafbarkeit in geltenden und beabsichtigten Vorschriften des polnischen Strafrechts*), in: *Pływaczewski, Emil* (Hrsg.), Proceder prania pieniędzy. Studia i materiały (*Das Phänomen der Geldwäsche. Studien und Materialien*), Toruń 1993
(zit.: *Górniok*, Podstawy karania za tzw. pranie pieniędzy w obowiązujących i projektowanych przepisach polskiego prawa karnego, in: *Pływaczewski* (Hrsg.), Proceder)

dies. Przestępstwa przeciwko obrotowi gospodarczemu w projekcie kodeksu karnego i noweli do obowiązującego kodeksu karnego (*Wirtschaftsdelikte im Entwurf des Strafgesetzbuchs und der Novelle zum geltenden Strafgesetzbuch*), Przegląd Sądowy 10/1994, S. 67 ff.
(zit.: *Górniok*, Przegląd Sądowy 10/1994)

dies. Zmiany dotyczące przestępstw przeciwko obrotowi gospodarczemu (*Änderungen im Bereich der Wirtschaftsdelikte*), in: Nowa kodyfikacja karna. Zeszyt 7 (*Neue strafrechtliche Kodifikation. Heft 7*), Warszawa 1998
(zit.: *Górniok*, Zmiany)

dies. Prawo karne gospodarcze. Komentarz (*Das Wirtschaftsstrafrecht. Kommentar*), Toruń 1997
(zit.: *Górniok*, Prawo karne gospodarcze. Komentarz)

dies. u. a. Kodeks karny. Komentarz (*Das Strafgesetzbuch. Kommentar*), Gdańsk 1999
(zit.: *Górniok* u. a., Kodeks karny. Komentarz)

dies. Oszustwa na szkodę interesów finansowych Wspólnot Europejskich (*Betrügereien zum Nachteil der finanziellen Interessen der Europäischen Gemeinschaften*), Kontrola Państwowa 3/1999, S. 48 ff.
(zit.: *Górniok*, Kontrola Państwowa 3/1999)

dies. Proces harmonizacji prawa karnego w zakresie przestępstw gospodarczych (*Der Prozess der Harmonisierung des polnischen Strafrechts im Bereich der Straftaten gegen den Wirtschaftsverkehr*), Przegląd Ustawodawstwa Gospodarczego 9/1999, S. 2 ff.
(zit.: *Górniok*, PUG 9/1999)

dies. Przestępstwa gospodarcze. Komentarz (*Wirtschaftsdelikte. Kommentar*), Warszawa 2000
(zit.: *Górniok*, Przestępstwa gospodarcze. Komentarz)

dies. Straftaten gegen den Wirtschaftsverkehr (Kapitel XXXVI k.k.), in: *Wolf, Gerhard* (Hrsg.), Kriminalität im Grenzgebiet, Band 5/6, Berlin 2002
(zit.: *Górniok*, in: *Wolf* (Hsrg.))

dies. Z problematyki prawnokarnej prania pieniędzy na tle ustawy z dnia 16 listopada 2000 r. (*Aus der strafrechtlichen Problematik der Geldwäsche im Lichte des Gesetzes vom 16.11.2000*), Przegląd Sądowy 4/2002, S. 26 ff.
(zit.: *Górniok*, Przegląd Sądowy 4/2002)

dies. (Hrsg.) Prawo karne gospodarcze (*Das Wirtschaftsstrafrecht*), Warszawa 2003
(zit.: *Górniok* (Hrsg.), Prawo karne gospodarcze)

dies. u. a. Kodeks karny. Komentarz (*Das Strafgesetzbuch. Kommentar*), Gdańsk 2005
(zit.: *Górniok* u. a. (2005), Kodeks karny. Komentarz)

Götz, Volkmar Europäische Gesetzgebung durch Richtlinien – Zusammenwirken von Gemeinschaft und Staat, Neue Juristische Wochenschrift 1992, S. 1849 ff.
(zit.: *Götz V.*, NJW 1992)

Götz, Heinrich/ Windholz, Georg Gebührenzahlungen von Mandanten aus rechtswidrigen Vermögenswerten im Sinne des § 261 StGB (sogenannte Geldwäsche), Anwaltsblatt 2000, S. 642 ff.
(zit.: *Götz H./ Windholz*, AnwBl 2000)

Gotzens, Markus/ Schneider, Michael C. Geldwäsche durch Annahme von Strafverteidigerhonoraren?, Zeitschrift für Wirtschafts- und Steuerstrafrecht 2002, S. 121 ff.
(zit.: *Gotzens/Schneider*, wistra 2002)

Gräbitz, Ebenhard Europäisches Verwaltungsrecht. Gemeinschaftsrechtliche Grundsätze des Verwaltungsverfahrens, Neue Juristische Wochenschrift 1989, S. 1776 ff.
(zit.: *Gräbitz*, NJW 1989)

Grabitz, Ebenhard/ Hilf, Meinhard (Hrsg.) Kommentar zur Europäischen Union, München 2000
(zit.: *Grabitz/Hilf* (Hrsg.), Kommentar zur EU)

Gradowski, Marion/ Ziegler, Jörg Geldwäsche, Gewinnabschöpfung. Erste Erfahrungen mit den neuen gesetzlichen Regelungen, Wiesbaden 1997
(zit.: *Gradowski/Ziegler*, Geldwäsche)

Gräfin von Galen, Margarete Bekämpfung der Geldwäsche – Ende der Freiheit der Advokatur?, Neue Juristische Wochenschrift 2003, S. 117 f.
(zit.: *Gräfin von Galen*, NJW 2003)

Gronowska, Bożena Wybrane problemy harmonizacji polskiego prawa karnego z europejskimi standardami ochrony praw człowieka (*Ausgewählte Probleme der Harmonisierung des polnischen Strafrechts mit den europäischen Standards des Menschenrechtsschutzes*), in: *Kustra, Ewa* (Hrsg.), Przemiany polskiego prawa (*Verwandlungen des polnischen Rechts*), Toruń 2002
(zit.: *Gronowska*, Wybrane problemy harmonizacji polskiego prawa karnego z europejskimi standardami ochrony praw człowieka, in: *Kustra* (Hrsg.))

Grotz, Michael — Die internationale Zusammenarbeit bei der Abschöpfung von Gewinnen aus Straftaten, Juristische Rundschau 1991, S. 182 ff.
(zit.: *Grotz*, JR 1991)

Große-Wilde, Franz M. — Geldwäschegesetz – Neue Verpflichtungen für Rechtsanwälte und andere Freiberufler, Monatsschrift Deutschen Rechts 2002, S. 1288 ff.
(zit.: *Große-Wilde*, MDR 2002)

Gröblinghoff, Stefan — Die Verpflichtung des deutschen Strafgesetzgebers zum Schutz der Interessen der Europäischen Gemeinschaften, Heidelberg 1996
(zit.: *Gröblinghoff*, Die Verpflichtung)

Grüner, Gerhard/ Wasserburg, Klaus — Geldwäsche durch die Annahme des Verteidigerhonorars?, Goltdammer's Archiv für Strafrecht 2000, S. 430 ff.
(zit.: *Grüner/Wasserburg*, GA 2000)

Grzegorczyk, Tomasz — Komentarz do Kodeksu postępowania karnego (*Kommentar zur Strafprozessordnung*), Kraków 2003
(zit.: *Grzegorczyk*, KPK-Kommentar)

Grzegorczyk, Tomasz/ Tylman, Janusz — Polskie postępowanie karne (*Die polnische Strafprozessordnung*), Warszawa 2001
(zit.: *Grzegorczyk/Tylman*, Polskie postępowanie karne)

Grzelak, Agnieszka — Wpływ prawa wspólnotowego na prawo karne państw członkowskich (*Der Einfluss des Gemeinschaftsrechts auf das Strafrecht der Mitgliedstaaten*), in: *Biernat, Stanisław* (Hrsg.), Studia z prawa Unii Europejskiej (*Studien aus dem Recht der Europäischen Union*), Kraków 2000
(zit.: *Grzelak*, Wpływ prawa wspólnotowego na prawo karne państw członkowskich, in: *Biernat* (Hrsg.))

dies.	Unia Europejska a prawo karne (*Die Europäische Union und das Strafrecht*), Warszawa 2002 (zit.: *Grzelak*, Unia)
Guldenmund, René/ Harding, Christopher/ Sherlock, Ann	The European Community and Criminal Law, in: *Fennel, Phil* (Hrsg.), Criminal Justice in Europe – a Comparative Study, Oxford 1995 (zit.: *Guldenmund/Harding/Sherlock*, in: The European Community and Criminal Law, in: *Fennel* (Hrsg.))
Hafner, Wolfgang	Im Schatten der Derivate, Frankfurt am Main 2002 (zit.: *Hafner*, Im Schatten)
Hajduk, Tomasz	Nowe ujęcie przepisów Art. 299 K.K. penalizującego wprowadzenie do obrotu pieniędzy pochodzących z nielegalnych źródeł (*Neue Fassung der die Einführung der aus illegalen Quellen stammenden Geldmengen in den Geldumlauf pönalisierenden Tatbestände des Art. 299 KK*), in: *Bojarski, Tadeusz/Skrętowicz, Edward* (Hrsg.), Nowe prawo karne po zmianach (*Das neue Strafrecht nach den Änderungen*), Lublin 2002 (zit.: *Hajduk*, Nowe ujęcie przepisów Art. 299 K.K. penalizującego wprowadzenie do obrotu pieniędzy pochodzących z nielegalnych źródeł, in: *Bojarski T./Skrętowicz* (Hrsg.))
Hauser-Gerharter, Martina	Die Umsetzung der EG-Geldwäscherichtlinie in Deutschland, Österreichisches Bankarchiv 1993, S. 473 ff. (zit.: *Hauser-Gerharter*, ÖBA 1993)
Häde, Ulrich	Initiativen zur Bekämpfung der Geldwäsche, Europäische Zeitschrift für Wirtschaftsrecht 1991, S. 553 ff. (zit.: *Häde*, EuZW 1991)
Hamm, Rainer	Geldwäsche durch die Annahme von Verteidigerhonorar?, Neue Juristische Wochenschrift 2000, S. 636 ff. (zit.: *Hamm*, NJW 2000)

Hassemer, Winfried Strafrecht in einem europäischen Verfassungsvertrag, Zeitschrift für die gesamte Strafrechtswissenschaft, Band 116 (2004), S. 304 ff.
(zit.: *Hassemer*, ZStW 116 (2004))

Hecker, Bernd Europäisches Strafrecht, Berlin 2005
(zit.: *Hecker*, Europäisches Strafrecht)

Hefendehl, Roland Kann und soll der Allgemeine Teil bzw. das Verfassungsrecht missglückte Regelungen des Besonderen Teils retten? Die „Geldwäsche" durch den Strafverteidiger, in: Festschrift für Claus Roxin zum 70. Geburtstag, *Schünemann, Bernd* u. a. (Hrsg.), Berlin 2001
(zit.: *Hefendehl*, Kann und soll der Allgemeine Teil bzw. das Verfassungsrecht missglückte Regelungen des Besonderen Teils retten? Die „Geldwäsche" durch den Strafverteidiger, in: Roxin – FS)

ders. Europäisches Strafrecht: bis wohin und nicht weiter?, Zeitschrift für Internationale Strafrechtsdogmatik 2006, S. 229 ff.
(zit.: *Hefendehl*, ZIS 2006)

Heitzer, Anne Punitive Sanktionen im Europäischen Gemeinschaftsrecht, Heidelberg 1997
(zit.: *Heitzer*, Punitive Sanktionen)

Herdegen, Matthias Europarecht, München 2001
(zit.: *Herdegen*, Europarecht)

Hertweck, Günter Die Bekämpfung der Geldwäsche, Kriminalistik 1996, S. 22 ff.
(zit.: *Hertweck*, Kriminalistik 1996)

Hetzer, Wolfgang Bekämpfung der Organisierten Kriminalität durch Unterbindung der Geldwäsche, Zeitschrift für Wirtschafts- und Steuerstrafrecht 1993, S. 286 ff.
(zit.: *Hetzer*, wistra 1993)

ders. Der Geruch des Geldes – Ziel, Inhalt und Wirkung der Gesetze gegen Geldwäsche, Neue Juristische Wochenschrift 1993, S. 3298 ff.
(zit.: *Hetzer*, NJW 1993)

ders. Finanzbehörden im Kampf gegen Geldwäsche und organisierte Kriminalität, Juristische Rundschau 1999, S. 141 ff.
(zit.: *Hetzer*, JR 1999)

ders. Neue Initiativen gegen Geldwäsche, Europablätter 2005, S. 84 ff.
(zit.: *Hetzer*, Europablätter 2005)

Hofmański, Piotr/ Sadzik, Elżbieta/ Zgryzek, Kazimierz Komentarz do Kodeksu postępowania karnego. Tom 2 (*Kommentar zur Strafprozessordnung. Band 2*), Warszawa 2004
(zit. *Hofmański/Sadzik/Zgryzek*, KPK-Kommentar)

Hombrecher, Lars Geldwäsche (§ 261 StGB) durch Strafverteidiger?, Aachen 2001
(zit.: *Hombrecher*, Geldwäsche)

Hoyer, Petra/ Klos, Joachim Regelungen zur Bekämpfung der Geldwäsche und ihre Anwendung in der Praxis, Bielefeld 1998
(zit.: *Hoyer/Klos*, Regelungen)

Höche, Thorsten Der Entwurf einer dritten EU-Richtlinie zur Verhinderung der Nutzung des Finanzsystems zu Zwecken der Geldwäsche und der Finanzierung des Terrorismus, Zeitschrift für Wirtschafts- und Bankrecht 2005, S. 8 ff.
(zit.: *Höche*, WM 2005)

Höreth, Ulrike Die Bekämpfung der Geldwäsche unter Berücksichtigung einschlägiger ausländischer Vorschriften und Erfahrungen, Tübingen 1996
(zit.: *Höreth*, Die Bekämpfung)

Hruschka, Joachim Zur Logik und Dogmatik von Verurteilungen aufgrund mehrdeutiger Beweisergebnisse im Strafprozeß, Juristenzeitung 1970, S. 637 ff.
(zit.: *Hruschka*, JZ 1970)

Huba, Wacław Przestępstwo prania pieniędzy w świetle prawa i praktyki prokuratorskiej (*Die Straftat der Geldwäsche im Lichte des Rechts und der staatsanwaltschaftlichen Praxis*), Prokuratura i Prawo 11/1996, S. 7 ff.
(zit.: *Huba*, Prok. i Pr. 11/1996)

Huber, Barbara (Hrsg.) Das Corpus Juris als Grundlage eines Europäischen Strafrechts, Freiburg im Breisgau 2000
(zit.: *Huber B.*, Das Corpus Juris)

Huber, Peter Michael Recht der Europäischen Integration, München 2002
(zit.: *Huber P. M.*, Recht)

Hund, Horst Der Geldwäschetatbestand? – missglückt oder missverstanden?, Zeitschrift für Rechtspolitik 1996, S. 163 ff.
(zit.: *Hund*, ZRP 1996)

ders. Der Entwurf der Bundesregierung für ein Gesetz zur Verbesserung der Geldwäschebekämpfung – Darstellung und Kritik, Zeitschrift für Rechtspolitik 1997, S. 180 ff.
(zit.: *Hund*, ZRP 1997)

Hummer, Waldemar/ Simma, Barbara/ Vedder, Christoph Europarecht in Fällen, Baden-Baden 1999
(zit.: *Hummer/Simma/Vedder*, Europarecht)

Ihnen, Hans-Jürgen Grundzüge des Europarechts, München 1995
(zit.: *Ihnen*, Grundzüge)

Ipsen, Hans-Peter Europäisches Gemeinschaftsrecht, Tübingen 1972
(zit.: *Ipsen*, Europäisches Gemeinschaftsrecht)

Jakobs, Günther Strafrecht, Allgemeiner Teil, Berlin 1993
(zit.: *Jakobs*, Strafrecht AT)

Jarass, Hans-Dieter Richtlinienkonforme bzw. EG- rechtskonforme Auslegung nationalen Rechts, Europarecht 1991, S. 220 ff. (zit.: *Jarass*, Europarecht 1991)

Jasiński, Wiesław Polskie rozwiązania organizacyjno-prawne dotyczące ujawniania, zajmowania i przepadku dochodów z prania brudnych pieniędzy w świetle postanowień konwencji Rady Europy z 8 listopada 1990 r. (*Polnische organisationell-rechtliche Lösungen im Bereich der Entdeckung, der Beschlagnahme und der Entziehung der aus einer Geldwäsche stammenden Einkünfte im Lichte der Bestimmungen der Konvention des Europarates vom 8. November 1990*), Przegląd Policyjny 1/1997, S. 17 ff. (zit.: *Jasiński*, Przegląd Policyjny 1/1997)

ders. Pranie brudnych pieniędzy (*Die Geldwäsche*), Warszawa 1998 (zit.: *Jasiński*, Pranie)

ders. Relacje między przestępstwami podatkowymi a praniem pieniędzy (*Verhältnisse zwischen den Steuerdelikten und der Geldwäsche*), Kontrola Państwowa 1/2000, S. 109 ff. (zit.: *Jasiński*, Kontrola Państwowa 1/2000)

ders. System zwalczania prania pieniędzy w państwach dostosowujących prawo do standardów Unii Europejskiej (*Das System der Geldwäschebekämpfung in den ihr Recht an die Standards der Europäischen Union angleichenden Staaten*), Prokuratura i Prawo 4/2000, S. 41 ff. (zit.: *Jasiński*, Prok. i Pr. 4/2000)

ders. Standardy prawne zwalczania prania pieniędzy (*Rechtsstandards der Geldwäschebekämpfung*), Przegląd Ustawodawstwa Gospodarczego 10/2000, S. 18 ff. (zit.: *Jasiński*, PUG 10/2000)

ders. Przeciw szarej strefie. Nowe zasady zapobiegania praniu pieniędzy (*Gegen die graue Zone. Neue Grundsätze der Geldwäschebekämpfung*), Warszawa 2001 (zit.: *Jasiński*, Przeciw szarej strefie)

ders. Nowe rozwiązania prawne w zakresie przeciwdziałania praniu pieniędzy (*Neue Rechtslösungen im Bereich der Verhinderung der Geldwäsche*), Przegląd Ustawodawstwa Gospodarczego 4/2002, S. 2 ff.
(zit.: *Jasiński*, PUG 4/2002)

ders. Ochrona systemu finansowego przed wykorzystywaniem go do celów prania pieniędzy. Dyrektywa z dnia 4 grudnia 2001 roku (*Der Schutz des Finanzsystems vor Geldwäsche. Richtlinie vom 4. Dezember 2001*), Przegląd Ustawodawstwa Gospodarczego 9/2002, S. 11 ff.
(zit.: *Jasiński*, PUG 9/2002)

Jaskolski, Dorothee Violetta Wirtschaftsstrafrecht im polnischen Strafgesetzbuch, Hamburg 2003
(zit.: *Jaskolski*, Wirtschaftsstrafrecht)

Jescheck, Hans-Heinrich Die Strafgewalt übernationaler Gemeinschaften, Zeitschrift für die gesamte Strafrechtswissenschaft, Band 65 (1953), S. 496 ff.
(zit.: *Jescheck*, ZStW 65 (1953))

Joerden, Jan C. Postpendenz- und Präpendenzfeststellungen im Strafverfahren, Juristenzeitung 1988, S. 847 ff.
(zit.: *Joerden*, JZ 1988)

ders. Strafvereitelung durch vorab zugesagte Bestätigung eines falschen Alibis: Straffreiheit durch das Versprechen, sich strafbar zu machen? – BGH, NJW 1998, 1327, Juristische Schulung 1999, S. 1063 ff.
(zit.: *Joerden*, JuS 1999)

ders. Fremd- und Eigenreferenz bei den Anschlussdelikten Begünstigung, Strafvereitelung, Hehlerei und Geldwäsche, in: Grundlagen des Rechts und des Strafrechts, Festschrift für Ernst-Joachim Lampe zum 70. Geburtstag, *Dölling, Dieter* (Hrsg.), Berlin 2003
(zit.: *Joerden*, Fremd- und Eigenreferenz bei den Anschlussdelikten Begünstigung, Strafvereitelung, Hehlerei und Geldwäsche, in: Lampe – FS)

Johannes, Hartmut Zur Angleichung des Straf- und Strafprozessrechtes in der Europäischen Wirtschaftsgemeinschaft, Zeitschrift für die gesamte Strafrechtswissenschaft, Band 83 (1971), S. 531 ff.
(zit.: *Johannes*, ZStW 83 (1971))

Johnigk, Frank Anwaltstätigkeit und 2. EU-Geldwäscherichtlinie, in: *Bogensberger, Wolfgang* (Hrsg.), Bekämpfung der Geldwäsche, Köln/Zürich 2002
(zit.: *Johnigk*, Anwaltstätigkeit und 2. EU-Geldwäscherichtlinie, in: *Bogensberger* (Hrsg.))

Kalwas, Andrzej Ograniczenie tajemnicy zawodowej wolnych zawodów prawniczych w ustawie o przeciwdziałaniu praniu pieniędzy (*Die Einschränkung der beruflichen Geheimhaltung der juristischen Freiberufe im Gesetz über die Verhinderung der Geldwäsche*), Glosa 6/2004, S. 4 ff.
(zit.: *Kalwas*, Glosa 6/2004)

Kargl, Walter Probleme des Tatbestands der Geldwäsche (§ 261 StGB), Neue Justiz 2002, S. 57 ff.
(zit.: *Kargl*, NJ 2002)

Katholnigg, Oskar Kann die Honorarannahme des Strafverteidigers als Geldwäsche strafbar sein?, Neue Juristische Wochenschrift 2001, S. 2041 ff.
(zit.: *Katholnigg*, NJW 2001)

ders. Anmerkungen zur Entscheidung des BGH vom 4.07.2001, Juristische Rundschau 2002, S. 27 ff.
(zit.: *Katholnigg*, JR 2002)

Kaucz, Andrzej / Myrna, Bogdan Zakres penalizacji prania brudnych pieniędzy w Polsce (*Der Rahmen der Geldwäschestrafbarkeit in Polen*), in: *Bogunia, Leszek* (Hrsg.), Nowa kodyfikacja prawa karnego. Tom 12 (*Neue Kodifikation des Strafrechts. Band 12*), Wrocław 2003
(zit.: *Kaucz/Myrna*, Zakres penalizacji prania brudnych pieniędzy w Polsce, in: *Bogunia* (Hrsg.))

Kaufmann, Michael Die Bedeutung der Einbeziehung von Bankmitarbeitern in die strafrechtliche Bekämpfung der Geldwäsche, Frankfurt am Main 2001
(zit.: *Kaufmann*, Die Bedeutung)

Kern, Christine Geldwäsche und organisierte Kriminalität, Regensburg 1993
(zit.: *Kern*, Geldwäsche)

Kilchling, Michael (Hrsg.) Geldwäsche und Gewinnabschöpfung in internationaler Perspektive. Rechtliche und rechtsähnliche Grundlagen für ein vergleichendes empirisches Forschungsprojekt, in: *Albrecht, Hans Jörg* (Hrsg.), Forschungen zu Kriminalität und Kriminalitätskontrolle am Max-Planck-Institut für ausländisches und internationales Strafrecht, Freiburg im Breisgau 1999
(zit.: *Kilchling*, Geldwäsche und Gewinnabschöpfung in internationaler Perspektive. Rechtliche und rechtsähnliche Grundlagen für ein vergleichendes empirisches Forschungsprojekt, in: *Albrecht* (Hrsg.))

ders. Unrechtsmäßige Gewinne und ihre Bekämpfung in Deutschland, in: *Militello, Vincenzo /Arnold, Jörg/ Paoli, Letizia* (Hrsg.), Organisierte Kriminalität als transnationales Phänomen, Freiburg im Breisgau 2000
(zit.: *Kilchling*, Unrechtsmäßige Gewinne und ihre Bekämpfung in Deutschland, in: *Militello/Arnold/Paoli* (Hrsg.))

ders. Die Praxis der Gewinnabschöpfung in Europa, Freiburg im Breisgau 2002
(zit.: *Kilchling*, Die Praxis der Gewinnabschöpfung)

Kijanek, Krzysztof Wielka pralnia Europy (*Die große Wäscherei Europas*), Prawo i Życie 36/1992, S. 1 ff.
(zit.: *Kijanek*, PiŻ 36/1992)

Klemme, Kurt Das Verhältnis von ausländischen Vortaten zu inländischen Anschlusstaten am Beispiel der Geldwäsche, Aachen 1998
(zit.: *Klemme*, Das Verhältnis)

Klimek, Tomasz — Pranie pieniędzy – elementy taktyki zwalczania zjawiska (*Die Geldwäsche – Methoden der Bekämpfung des Phänomens*), Jurysta 11-12/2002, S. 26 ff.
(zit.: *Klimek*, Jurysta 11-12/2002)

Klippl, Irene — Geldwäscherei, Wien 1994
(zit.: *Klippl*, Geldwäscherei)

Knorz, Johannes — Der Unrechtsgehalt des § 261 StGB, Frankfurt am Main 1996
(zit.: *Knorz*, Der Unrechtsgehalt)

Koch, Robert — Einwirkung des Gemeinschaftsrechts auf das nationale Verfahrensrecht im Falle richtiger Vertragsverletzungen im Zivilprozeß, Frankfurt am Main 1994
(zit.: *Koch*, Einwirkungen)

Kolasiński, Błażej — Przeciwdziałanie „praniu brudnych pieniędzy" (*Die Verhinderung der „Geldwäsche"*), Prokurator 1/2002, S. 72 ff.
(zit.: *Kolasiński*, Prokurator 1/2002)

Kornobis-Romanowska, Dagmara — Zasada pierwszeństwa prawa wspólnotowego w praktyce ETS i sądów krajowych (*Der Grundsatz des Vorrangs des Gemeinschaftsrechts in der Praxis des EuGH und der nationalen Gerichte*), Przegląd Prawa Europejskiego 4/2004, S. 35 ff.
(zit.: *Kornobis-Romanowska*, PPE 4/2004)

Körner, Harald Hans — Entscheidungen – Strafrecht, Zeitschrift für Wirtschafts- und Steuerstrafrecht 1995, S. 310 ff.
(zit.: *Körner*, wistra 1995)

ders. — Betäubungsmittelgesetz. Arzneimittelgesetz, München 2001
(zit.: *Körner*, Betäubungsmittelgesetz)

Körner, Harald Hans/ Dach, Eberhard — Geldwäsche. Ein Leitfaden zum geltenden Recht, München 1994
(zit.: *Körner/Dach*, Geldwäsche)

Kreß, Claus — Das neue Recht der Geldwäschebekämpfung – eine Bestandsaufnahme nach nationaler und europäischer Rechtssetzung sowie höchstrichterlicher Rechtsfindung, Zeitschrift für Wirtschafts- und Steuerstrafrecht 1998, S. 121 ff.
(zit.: *Kreß*, wistra 1998)

ders. — Das Strafrecht auf der Schwelle zum europäischen Verfassungsvertrag, Zeitschrift für die gesamte Strafrechtswissenschaft, Band 116 (2004), S. 445 ff.
(zit.: *Kreß*, ZStW 116 (2004))

Krey, Volker/ Dierlamm, Alfred — Gewinnabschöpfung und Geldwäsche, Juristische Rundschau 1992, S. 353 ff.
(zit.: *Krey/Dierlamm*, JR 1992)

Krzemiński, Zdzisław — Prawo o adwokaturze. Komentarz (*Das Rechtsanwaltschaftsgesetz. Kommentar*), Warszawa 1998
(zit.: *Krzemiński*, Prawo o adwokaturze)

Kudlich, Hans — Auf dem Weg zu einem Europäischen Rechtsraum. Das Kolloquium zum strafrechtlichen Corpus Juris zum Schutz der EG-Finanzinteressen in Trier vom 4.-6. März 1999, Juristische Ausbildung 1999, S. 525 ff.
(zit.: *Kudlich*, JA 1999)

Kunicka-Michalska, Barbara — Pranie pieniędzy i związana z tym korupcja w systemie bankowym w Polsce. Zagadnienia podstawowe (*Geldwäsche und die damit zusammenhängende Korruption im Bankensystem in Polen. Grundfragen*), Ediciones Universidad de Salamanca Nr. 38, Salamanca 2002
(zit.: *Kunicka-Michalska*, Pranie)

dies. — in: *Wąsek, Andrzej* (Hrsg.), Kodeks Karny. Część szczególna. Tom 2 (*Das Strafgesetzbuch. Besonderer Teil. Band 2*), Warszawa 2005
(zit.: *Kunicka-Michalska*, in: *Wąsek* (Hrsg.))

Küper, Wilfried Probleme der „Postpendenzfeststellung" im Strafverfahren, in: Festschrift für Richard Lange zum 70. Geburtstag, *Warda, Günter* u. a. (Hrsg.), Berlin 1976
(zit.: *Küper*, Probleme der „Postpendenzfeststellung" im Strafverfahren, in: Lange – FS)

Lackner, Karl/ Kühl, Kristian StGB – Kommentar, 25. Auflage, München 2004
(zit.: *Lackner/Kühl*, StGB-Kommentar)

Lampe, Ernst-Joachim Der neue Tatbestand der Geldwäsche (§ 261 StGB), Juristenzeitung 1994, S. 123 ff.
(zit.: *Lampe*, JZ 1994)

Lang, Grzegorz Kilka uwag na temat wzajemnych relacji Konstytucji RP i prawa Unii Europejskiej (*Einige Bemerkungen zum gegenseitigen Verhältnis der Verfassung der Republik Polen und des Rechts der Europäischen Union*), Studia Europejskie 2/2004, S. 31 ff.
(zit.: *Lang G.*, Studia Europejskie 2/2004)

Lang, Volker/ Schwarz, Anne/ Kipp, Rudolf Regelungen zur Bekämpfung der Geldwäsche, Stuttgart 1999
(zit.: *Lang V./Schwarz/Kipp*, Regelungen)

Larenz, Karl/ Canaris, Claus-Wilhelm Methodenlehre der Rechtswissenschaft, Berlin 1995
(zit.: *Larenz/Canaris*, Methodenlehre)

Laskowska, Katarzyna Pranie brudnych pieniędzy – możliwość przeciwdziałania w Polsce (*Geldwäsche – Möglichkeit der Verhinderung in Polen*), in: *Hofmański, Piotr* (Hrsg.), Z problematyki prawa karnego (*Aus der Problematik des Strafrechts*), Białystok 1994
(zit.: *Laskowska*, Pranie brudnych pieniędzy – możliwość przeciwdziałania w Polsce, in: *Hofmański* (Hrsg.))

Lasok, Dominik — Zarys prawa Unii Europejskiej (*Grundzüge des Rechts der Europäischen Union*), Toruń 1995
(zit.: *Lasok*, Zarys)

Lecheler, Helmut — Einführung in das Europarecht, München 2003
(zit.: *Lecheler*, Einführung)

Leip, Carsten — Der Straftatbestand der Geldwäsche. Zur Auslegung des § 261 StGB, Berlin 1995
(zit.: *Leip*, Der Straftatbestand)

Leipziger Kommentar — Band 1 (§§ 1-31), 11. Auflage, Berlin 2003;
Band 5 (§§ 223-263a), 11. Auflage, Berlin 2005
(zit.: *Verfasser*-LK)

Leitner, Werner — Anmerkungen zur Entscheidung des BGH vom 4.07.2001, Strafverteidiger Forum 2001, S. 388 ff.
(zit.: *Leitner*, StraFo 2001)

Lenz, Carl Otto — Europäische Einigung und Europäisches Strafrecht. Symposium anlässlich der Gründung der Vereinigung für Europäisches Strafrecht, Zeitschrift für die gesamte Strafrechtswissenschaft, Band 105 (1993), S. 230 ff.
(zit.: *Lenz*, ZStW 105 (1993))

Ligeti, Katalin — Strafrecht und strafrechtliche Zusammenarbeit in der Europäischen Union, Berlin 2005
(zit.: *Ligeti*, Strafrecht und strafrechtliche Zusammenarbeit)

Lisiecka, Agnieszka — Prawo wspólnotowe w porządku prawnym państw członkowskich (*Das Gemeinschaftsrecht in der Rechtsordnung der Mitgliedstaaten*), in: *Piontek, Eugeniusz* (Hrsg.), Szkice z prawa Unii Europejskiej. Tom III. Problemy konstytucyjne (*Aufrisse aus dem Recht der Europäischen Union. Band III. Verfassungsrechtliche Probleme*), Kraków 2005
(zit.: *Lisiecka*, Prawo wspólnotowe w porządku prawnym państw członkowskich, in: *Piontek* (Hrsg.))

Löwe-Krahl, Oliver — Die Strafbarkeit von Bankangestellten wegen Geldwäsche nach § 261 StGB, Zeitschrift für Wirtschafts- und Steuerstrafrecht, 1993, S. 123 ff.
(zit.: *Löwe-Krahl*, wistra 1993)

ders. — Das Geldwäschegesetz – ein taugliches Instrumentarium zur Verhinderung der Geldwäsche?, Zeitschrift für Wirtschafts- und Steuerstrafrecht 1994, S. 121 ff.
(zit.: *Löwe-Krahl*, wistra 1994)

Lüderssen, Klaus — Anmerkungen zur Entscheidung des BGH vom 4.07.2001, Strafverteidiger 2000, S. 205 ff.
(zit.: *Lüderssen*, StV 2000)

Lütke, Hans Josef — Geldwäsche bei Auslandsvortat und nachträgliche Gewährung rechtlichen Gehörs, Zeitschrift für Wirtschafts- und Steuerstrafrecht 2001, S. 85 ff.
(zit.: *Lütke*, wistra 2001)

Maiwald, Manfred — Auslegungsprobleme im Tatbestand der Geldwäsche, in: Festschrift für Hans Joachim Hirsch zum 70. Geburtstag, *Weigend, Thomas/Küpper, Georg* (Hrsg.), Berlin 1999
(zit.: *Maiwald*, Auslegungsprobleme im Tatbestand der Geldwäsche, in: Hirsch – FS)

Marek, Andrzej — Komentarz do konwencji w sprawie prania dochodów pochodzących z przestępstwa, ich ujawniania, zajmowania i konfiskaty (*Kommentar zur Konvention über das Waschen, das Aufspüren, die Beschlagnahme und die Einziehung von Erträgen aus Straftaten*), in: *Zielińska, Eleonora* (Hrsg.), Standardy prawne Rady Europy. Tom 3. Prawo karne (*Die Rechtsstandards des Europarates. Band 3. Strafrecht*), Warszawa 1997
(zit.: *Marek*, Komentarz do konwencji w sprawie prania dochodów pochodzących z przestępstwa, ich ujawniania, zajmowania i konfiskaty, in: *Zielińska* (Hrsg.))

ders. Komentarz do Kodeksu Karnego. Część szczególna (*Kommentar zum Strafgesetzbuch. Besonderer Teil*), Warszawa 2004
(zit.: *Marek*, Komentarz do KK)

ders. Prawo karne (*Strafrecht*), Warszawa 2005
(zit.: *Marek*, Prawo karne)

Maroń, Hanna Integracja europejska a prawo karne (*Europäische Integration und das Strafrecht*), Toruń 2003
(zit.: *Maroń*, Integracja)

Martin, Sigmund P. Anmerkungen zur Entscheidung des BGH vom 4.07.2001, Juristische Schulung 2001, S. 1232 ff.
(zit.: *Martin*, JuS 2001)

Maruszewska, Beata Pranie „brudnych" pieniędzy, ustawodawstwo europejskie a polskie inicjatywy (*Geldwäsche, europäische Gesetzgebung und polnische Initiativen*), in: *Mik, Cezary* (Hrsg.), Europeizacja prawa karnego. Wpływ integracji europejskiej na klasyczne dziedziny prawa krajowego (*Die Europäisierung des Strafrechts. Der Einfluss der europäischen Integration auf die klassischen Bereiche des nationalen Rechts*), Toruń 2000
(zit.: *Maruszewska*, Pranie „brudnych" pieniędzy, ustawodawstwo europejskie a polskie inicjatywy, in: *Mik* (Hrsg.), Europeizacja)

Maruszewska-Baranek, Beata Koncepcja europejskiego prawa karnego a problematyka prania brudnych pieniędzy – analiza zagadnienia (*Die Konzeption des europäischen Strafrechts und die Problematik der Geldwäsche – Problemanalyse*), in: *Grabowska, Genowefa* (Hrsg.), Polska i Wielka Brytania wobec Unii Europejskiej. Wybrane zagadnienia prawne (*Polen und Großbritannien angesichts der Europäischen Union. Ausgewählte Rechtsfragen*), Katowice 2002
(zit.: *Maruszewska-Baranek*, Koncepcja europejskiego prawa karnego a problematyka prania brudnych pieniędzy – analiza zagadnienia, in: *Grabowska* (Hrsg.))

Matt, Holger Geldwäsche durch Honorarannahme eines Strafverteidigers. Besprechung von BGH, Urteil vom 4.07.2001, 2 StR 513/00, Goltdammer's Archiv für Strafrecht 2002, S. 137 ff.
(zit.: *Matt*, GA 2002)

ders. Verfassungsrechtliche Beschränkungen der Strafverfolgung von Strafverteidigern, Juristische Rundschau 2004, S. 321 ff.
(zit.: *Matt*, JR 2004)

Mazur, Marcin Pranie pieniędzy – ujęcie kryminologczne (*Die Geldwäsche – eine kriminologische Erfassung*), Czasopismo Prawa Karnego i Nauk Penalnych 1/2006, S. 137 ff.
(zit.: *Mazur*, CPKiNP 1/2006)

Mik, Cezary Problemy dostosowania polskiego systemu prawnego do europejskiego prawa wspólnotowego (*Probleme der Anpassung des polnischen Rechtssystems an das europäische Gemeinschaftsrecht*), Przegląd Legislacyjny 1-2/1998, S. 68 ff.
(zit.: *Mik*, Przegląd Legislacyjny 1-2/1998)

ders. (Hrsg.) Implementacja prawa integracji europejskiej w krajowych porządkach prawnych (*Die Umsetzung des Rechts der europäischen Integration in die nationalen Rechtsordnungen*), Warszawa 1998
(zit.: *Mik* (Hrsg.), Implementacja)

ders. (Hrsg.) Konstytucja Rzeczypospolitej Polskiej z 1997 roku a członkostwo w Unii Europejskiej (*Die Verfassung der Republik Polen von 1997 und die Mitgliedschaft in der Europäischen Union*), Toruń 1999
(zit.: *Mik* (Hrsg.), Konstytucja)

ders. (Hrsg.) Europeizacja prawa karnego. Wpływ integracji europejskiej na klasyczne dziedziny prawa krajowego (*Die Europäisierung des Strafrechts. Der Einfluss der europäischen Integration auf die klassischen Bereiche des nationalen Rechts*), Toruń 2000
(zit.: *Mik* (Hrsg.), Europeizacja)

ders. Europejskie prawo wspólnotowe. Zagadnienia teorii i praktyki (*Europäisches Gemeinschaftsrecht. Theoretische und praktische Anfragen*), Warszawa 2000
(zit.: *Mik*, Europejskie)

Musil, Andreas Umfang und Grenzen europäischer Rechtssetzungsbefugnisse im Bereich des Strafrechts nach dem Vertrag von Amsterdam, Neue Zeitschrift für Strafrecht 2000, S. 68 ff.
(zit.: *Musil*, NStZ 2000)

Müssing, Bernd Strafverteidiger als „Organ der Rechtspflege" und die Strafbarkeit wegen Geldwäsche, Zeitschrift für Wirtschafts- und Steuerstrafrecht 2005, S. 201 ff.
(zit.: *Müssing*, wistra 2005)

Müther, Detlef Verteidigerhonorar und Geldwäsche, Jura 2001, S. 318 ff.
(zit.: *Müther*, Jura 2001)

Namysłowska, Barbara Corpus Iuris, Warszawa 1999
(Hrsg.) (zit.: *Namysłowska* (Hrsg.), Corpus Iuris)

Nelles, Ursula Die europäische „Wäsche von Erträgen aus Straftaten", in: *Nelles, Ursula* (Hrsg.), Money, money, money... Geldwäsche, Gewinnabschöpfung und Rückgewinnungshilfe, Baden-Baden 2004
(zit.: *Nelles*, Die europäische „Wäsche von Erträgen aus Straftaten", in: *Nelles* (Hrsg.))

Nestler, Cornelius Der Bundesgerichtshof und die Strafbarkeit des Verteidigers wegen Geldwäsche, Strafverteidiger 2001, S. 641 ff. (zit.: *Nestler*, StV 2001)

Nettesheim, Martin Die Kompetenzzuordnung im Vertag über eine Verfassung für Europa, Europarecht 2004, S. 511 ff. (zit.: *Nettesheim*, Europarecht 2004)

Niemierka, Slawomir / Smykla, Bernard Przeciwdziałanie praniu brudnych pieniędzy w bankach – aspekty prawne (*Die Geldwäschevorbeugung in Banken – rechtliche Aspekte*), Warszawa 2001 (zit.: *Niemierka/Smykla*, Przeciwdziałanie)

Obwexer, Walter Die neue Verfassung für Europa. Die Ergebnisse der Regierungskonferenz 2003/04 im Überblick, Europablätter 2004, S. 172 ff. (zit.: *Obwexer*, Europablätter 2004)

Oehler, Dietrich Fragen zum Strafrecht der Europäischen Gemeinschaft, in: Festschrift für Hans-Heinrich Jescheck zum 70. Geburtstag, *Vogler, Theo* (Hrsg.), Berlin 1985 (zit.: *Oehler*, Fragen zum Strafrecht der Europäischen Gemeinschaft, in: Jescheck – FS)

ders. Der europäische Binnenmarkt und sein wirtschaftsrechtlicher Schutz, in: Festschrift für Jürgen Baumann zum 70. Geburtstag, *Arzt, Gunther* (Hrsg.), Bielefeld 1992 (zit.: *Oehler*, Der europäische Binnenmarkt und sein wirtschaftsrechtlicher Schutz, in: Baumann – FS)

Oppermann, Thomas Europarecht, München 1999 (zit.: *Oppermann*, Europarecht)

Ortner, Johannes Das Bankgeheimnis. Rechtsvergleich Österreich, Schweiz, Deutschland, Lichtenstein und Luxemburg, Wien 1995 (zit.: *Ortner*, Das Bankgeheimnis)

Ostendorf, Heribert Organisierte Kriminalität – eine Herausforderung für die Justiz, Juristenzeitung 1991, S. 62 ff.
(zit.: *Ostendorf*, JZ 1991)

Oswald, Katharina Die Implementation gesetzlicher Maßnahmen zur Bekämpfung der Geldwäsche in der Bundesrepublik Deutschland, Freiburg im Breisgau 1997
(zit.: *Oswald*, Die Implementation)

Otto, Harro Geldwäsche, § 261 StGB, Jura 1993, S. 329 ff.
(zit.: *Otto*, Jura 1993)

ders. Das Corpus Juris der strafrechtlichen Regelungen zum Schutz der finanziellen Interessen der Europäischen Union, Jura 2000, S. 98 ff.
(zit.: *Otto*, Jura 2000)

ders. Anmerkungen zu den Tatbeständen des Besonderen Teils, in: *Huber, Barbara* (Hrsg.), Das Corpus Juris als Grundlage eines europäischen Strafrechts, Freiburg im Breisgau 2000
(zit.: *Otto*, Anmerkungen zu den Tatbeständen des Besonderen Teils, in: *Huber B.* (Hrsg.))

ders. Das Strafbarkeitsrisiko berufstypischen, geschäftsmäßigen Verhaltens, Juristenzeitung 2001, S. 436 ff.
(zit.: *Otto*, JZ 2001)

Pache, Eckhard Der Schutz der finanziellen Interessen der Europäischen Gemeinschaften, Berlin 1994
(zit.: *Pache*, Der Schutz)

Paligaro, Alexander Grenzen der Strafrechtsvereinheitlichung in Europa, in: *Schünemann, Bernd/Gonzales, Carlos Suarez* (Hrsg.), Bausteine des europäischen Wirtschaftsstrafrechts, Köln 1995
(zit.: *Paligaro*, Grenzen der Strafrechtsvereinheitlichung in Europa, in: *Schünemann/Gonzales* (Hrsg.))

Paprzycki, Lech K. Corpus Iuris a polski kodeks postępowania karnego – problematyka harmonizacji (*Das Corpus Juris und die polnische Strafprozessordnung – die Harmonisierungsproblematik*), Prokuratura i Prawo 3/2000, S. 7 ff. (zit.: *Paprzycki L. K.*, Prok. i Pr. 3/2000)

ders. Corpus Iuris – projekt europejskiego prawa karnego. Zarys problematyki (*Das Corpus Juris – ein Entwurf des europäischen Strafrechts. Grundzüge der Problematik*), Palestra 4/2000, S. 127 ff. (zit.: *Paprzycki L. K.*, Palestra 4/2000)

ders. Między standardem europejskim prawa karnego a europejskim prawem karnym (*Zwischen dem europäischen Strafrechtsstandard und dem europäischen Strafrecht*), Włocławek 2003 (zit.: *Paprzycki L. K.*, Między standardem)

Paprzycki, Lech K./ Paprzycki, Rafal Europejskie – wspólnotowe – prawo karne z polskiej perspektywy (*Europäisches – gemeinschaftsrechtliches – Strafrecht aus polnischer Sicht*), in: W kręgu teorii i praktyki. Księga poświęcona pamięci prof. Andrzeja Wąska (*Im Bereich der Theorie und der Praxis. Festschrift für Prof. Andrzej Wąsek*), *Leszczyński Leszek* u. a. (Hrsg.), Lublin 2005 (zit.: *Paprzycki L. K./Paprzycki R.*, Europejskie – wspólnotowe – prawo karne z polskiej perspektywy, in: Wąsek – FS)

Parzymies, Stanisław Polska wobec projektu Traktatu Konstytucyjnego Unii Europejskiej (*Polen angesichts des Entwurfs eines Verfassungsvertrags der EU*), Sprawy Międzynarodowe 2/2003, S. 92 ff. (zit.: *Parzymies*, Sprawy Międzynarodowe 2/2003)

Paszyński, Marian Traktat Konstytucyjny – od Brukseli do Brukseli (*Der Verfassungsvertrag – von Brüssel bis Brüssel*), Wspólnoty Europejskie 7/2004, S. 12 ff. (zit.: *Paszyński*, Wspólnoty Europejskie 7/2004)

Pawela, Stanisław Przestępstwa przeciwko obrotowi gospodarczemu oraz przestępstwa i wykroczenia skarbowe (*Wirtschaftsdelikte, Finanzdelikte und Finanzübertretungen*), Warszawa 1998
(zit.: *Pawela*, Przestępstwa)

Peglau, Jens BGH-Entscheidungen, Zeitschrift für Wirtschafts- und Steuerstrafrecht 2001, S. 461 ff.
(zit.: *Peglau*, wistra 2001)

Perron, Walter Sind die nationalen Grenzen des Strafrechts überwindbar? Überlegungen zu den strukturellen Voraussetzungen der Angleichung und Vereinheitlichung unterschiedlicher Strafrechtssysteme, Zeitschrift für die gesamte Strafrechtswissenschaft, Band 109 (1997), S. 281 ff.
(zit.: *Perron*, ZStW 109 (1997))

Pieth, Mark Die Aufspürung illegaler Gewinne, Kriminalistik 1994, S. 442 ff.
(zit.: *Pieth*, Kriminalistik 1994)

ders. Internationale Harmonisierung von Strafrecht als Antwort auf transnationale Wirtschaftskriminalität, Zeitschrift für die gesamte Strafrechtswissenschaft, Band 109 (1997), S. 756 ff.
(zit.: *Pieth*, ZStW 109 (1997))

ders. Was ist Geldwäsche, wie funktioniert sie international?, in: Geldwäsche, Problemanalyse und Bekämpfungsstrategien, Berlin 1998
(zit.: *Pieth*, Was ist Geldwäsche)

Pietrzykowski, Krzysztof (Hrsg.) Kodeks cywilny. Komentarz. Tom 1 (*Das Zivilgesetzbuch. Kommentar. Band 1*), Warszawa 1997
(zit.: *Pietrzykowski* (Hrsg.), Kodeks cywilny. Komentarz)

Pływaczewski, Emil Pranie brudnych pieniędzy – możliwości przeciwdziałania (*Die Geldwäsche – Vorbeugungsmöglichkeiten*), Toruń 1993
(zit.: *Pływaczewski*, Pranie)

ders. (Hrsg.) Proceder prania brudnych pieniędzy. Studia i materiały (*Das Phänomen der Geldwäsche. Studien und Materialien*), Toruń 1993
(zit.: *Pływaczewski* (Hrsg.), Proceder)

ders. Rola i zadania Narodowego Banku Polskiego oraz systemu bankowego w procesie zwalczania procederu prania pieniędzy w Polsce (*Die Rolle und Aufgaben der Polnischen Nationalbank und des Bankensystems im Prozess der Geldwäschebekämpfung in Polen*), in: *Pływaczewski, Emil* (Hrsg.), Proceder prania brudnych pieniędzy. Studia i materiały (*Das Phänomen der Geldwäsche. Studien und Materialien*), Toruń 1993
(zit.: *Pływaczewski*, Rola i zadania Narodowego Banku Polskiego oraz systemu bankowego w procesie zwalczania procederu prania pieniędzy w Polsce, in: *Pływaczewski* (Hrsg.), Proceder)

ders. Obowiązki banków i innych instytucji finansowych w świetle niemieckiej ustawy o wykrywaniu zysków pochodzących z ciężkich przestępstw z dnia 25.10.1993 r. (*Die Verpflichtungen der Banken und anderer Finanzinstitute im Lichte des deutschen Geldwäschegesetzes vom 25.10.1993*), Przegląd Ustawodawstwa Gospodarczego 12/1994, S. 23 ff.
(zit.: *Pływaczewski*, PUG 12/1994)

ders. Pranie brudnych pieniędzy (*Die Geldwäsche*), in: *Pływaczewski, Wiesław/Świerczewski, Jan* (Hrsg.), Policja wobec przestępczości zorganizowanej (*Die Polizei angesichts der organisierten Kriminalität*), Szczytno 1996
(zit.: *Pływaczewski*, Pranie brudnych pieniędzy, in: *Pływaczewski W./Świerczewski* (Hrsg.))

ders. Zum gegenwärtigen Stand der Bekämpfung der Geldwäsche in Polen, in: *Hirsch, Hans Joachim* (Hrsg.), Neue Erscheinungsformen der Kriminalität in ihrer Auswirkung auf das Straf- und Strafprozessrecht, Białystok 1996
(zit.: *Pływaczewski*, Zum gegenwärtigen Stand der Bekämpfung der Geldwäsche in Polen, in: *Hirsch* (Hrsg.))

ders. Przeciwdziałanie praniu brudnych pieniędzy z perspektywy międzynarodowej (*Die Verhinderung der Geldwäsche aus internationaler Sicht*), Państwo i Prawo 8/2002, S. 43 ff.
(zit.: *Pływaczewski*, PiP 8/2002)

Pływaczewski, Emil/ Filipkowski, Wojciech Wybrane inicjatywy międzynarodowe w zakresie przeciwdziałania praniu brudnych pieniędzy (*Ausgewählte internationale Initiativen im Bereich der Verhinderung der Geldwäsche*), in: *Adamski, Andrzej* (Hrsg.), Przestepczość gospodarcza z perspektywy Polski i Unii Europejskiej (*Wirtschaftskriminalität aus der Sicht Polens und der Europäischen Union*), Toruń 2003
(zit.: *Pływaczewski/Filipkowski*, Wybrane inicjatytwy międzynarodowe w zakresie przeciwdziałania praniu brudnych pieniędzy, in: *Adamski* (Hrsg.))

Polnische Wirtschaftsgesetze C. H. Beck, 7. Auflage. Warszawa 2005
(zit.: *Polnische Wirtschaftsgesetze*)

Pracki, Henryk Obrót gospodarczy pod ochroną. Zagadnienia prawnokarne (*Der Wirtschaftsverkehr unter Schutz. Strafrechtliche Aspekte*), Warszawa 1995
(zit.: *Pracki*, Obrót)

ders. Przestępstwa gospodarcze w nowym kodeksie karnym (*Wirtschaftsdelikte im neuen Strafgesetzbuch*), in: Nowa kodyfikacja karna. Zeszyt 15 (*Neue strafrechtliche Kodifikation. Heft 15*), Warszawa 1998
(zit.: *Pracki*, Przestępstwa gospodarcze)

Prengel, Marek „Pranie pieniędzy" – formy i zagrożenia społeczne (*Die Geldwäsche – Formen und gesellschaftliche Bedrohungen*), Ruch Prawniczy, Ekonomiczny i Socjologiczny, 3/2000, S. 73 ff.
(zit.: *Prengel*, RPEiS 3/2000)

ders. Wykorzystanie legalnie funkcjonującego sektora bankowego w procederze prania pieniędzy (*Die Verwendung des legalen Bankensystems im Geldwäscheprozess*), Bezpieczny Bank 1-2/ 2001, S. 107 ff.
(zit.: *Prengel*, Bezpieczny Bank 1-2/2001)

ders. Uprawnienia Unii Europejskiej w sprawach karnych (*Die Kompetenzen der Europäischen Union auf dem Gebiet des Strafrechts*), Jurysta 6/2001, S. 19 ff.
(zit.: *Prengel*, Jurysta 6/2001)

ders. Karnoprawna analiza Dyrektywy Rady EWG z 10 czerwca 1999r. w sprawie udaremnienia wykorzystania systemu finansowego do celów prania pieniędzy (*Die strafrechtliche Analyse der Richtlinie des Europäischen Rates vom 10.06.1991*), Prawo Unii Europejskiej 6/2001, S. 13 ff.
(zit.: *Prengel*, Prawo UE 6/2001)

ders. Karnoprawne i prawnofinansowe aspekty międzynarodowego ustawodawstwa dotyczącego przeciwdziałania praniu pieniędzy (*Strafrechtliche und finanzrechtliche Aspekte der internationalen Gesetzgebung im Bereich der Verhinderung der Geldwäsche*), Przegląd Ustawodawstwa Gospodarczego, 11/2001, S. 26 ff.
(zit.: *Prengel*, PUG 11/2001)

ders. Środki zwalczania przestępczości prania pieniędzy w ujęciu prawnoporównawczym (*Eine rechtsvergleichende Erfassung der Maßnahmen zur Bekämpfung der Geldwäschekriminaliät*), Toruń 2003
(zit.: *Prengel*, Środki)

ders. Przestępstwo prania pieniędzy (*Die Straftat der Geldwäsche*), Jurysta 6/2003, S. 15 ff.
(zit.: *Prengel*, Jurysta 6/2003)

ders. Działalność grupy specjalnej ds. przeciwdziałania praniu pieniędzy (*Die Tätigkeit der FATF-Gruppe*), Przegląd Prawa Karnego 22/2003, S. 71 ff.
(zit.: *Prengel*, PPK 22/2003)

ders. Dyrektywa Parlamentu Europejskiego i Rady Europejskiej z 2004 r. w sprawie udaremniania wykorzystywania systemu finansowego w celu prania pieniędzy łącznie z finansowaniem terroryzmu (*Richtlinie des Europäischen Parlaments und des Rates von 2004 zur Verhinderung der Nutzung des Finanzsystems zum Zwecke der Geldwäsche und der Terrorismusfinanzierung*), Bezpieczny Bank 3-4/2004, S. 195 ff.
(zit.: *Prengel*, Bezpieczny Bank 3-4/2004)

ders. Unia Europejska wobec prania pieniędzy (*Die Europäische Union angesichts der Geldwäsche*), Prawo Unii Europejskiej 9/2004, S. 16 ff.
(zit.: *Prengel*, Prawo UE 9/2004)

ders. Europejskie prawo karne. Wprowadzenie (*Europäisches Strafrecht. Einführung*), Prawo Unii Europejskiej 10/2004, S. 2 ff.
(zit.: *Prengel*, Prawo UE 10/2004)

Prittwitz, Cornelius Die Geldwäsche und ihre strafrechtliche Bekämpfung – oder: Zum Einzug des Lobbyismus in die Kriminalpolitik, Strafverteidiger 1993, S. 498 ff.
(zit.: *Prittwitz*, StV 1993)

Przyborowska-Klimczak, Anna/ Skrzydło-Tefelska, Ewa Dokumenty Europejskie. Tom I (*Europäische Dokumente. Band 1*), Lublin 1996
(zit.: *Przyborowska-Klimczak/Skrzydło-Tefelska*, Dokumenty)

Puttler, Adelheid — Sind die Mitgliedstaaten noch Herren der EU? Stellung und Einfluss der Mitgliedstaaten nach dem Entwurf des Verfassungsvertrags der Regierungskonferenz, Europarecht 2004, S. 669 ff.
(zit.: *Puttler*, Europarecht 2004)

Radwański, Zbigniew — Prawo cywilne – część ogólna (*Das Zivilrecht – Allgemeiner Teil*), Warszawa 2005
(zit.: *Radwański*, Prawo cywilne – część ogólna)

Raglewski, Janusz — Czynny żal po popełnieniu przestępstwa „prania brudnych pieniędzy" (*Tätige Reue nach der Begehung der Straftat der „Geldwäsche"*), Palestra 2-3/2000, S. 61 ff.
(zit.: *Raglewski*, Palestra 2-3/2000)

Rebscher, Erich/ Vahlenkamp, Werner — Organisierte Kriminalität in der Bundesrepublik Deutschland, Wiesbaden 1988
(zit.: *Rebscher/Vahlenkamp*, Organisierte Kriminalität)

Reichert, Christoph — Entscheidungen-Strafrecht, Neue Zeitschrift für Strafrecht 2000, S. 316 ff.
(zit.: *Reichert*, NStZ 2000)

Remmers, Burkhard — Die Entwicklung der Gesetzgebung zur Geldwäsche, Frankfurt am Main 1998
(zit.: *Remmers*, Die Entwicklung)

Rengier, Rudolf — Strafrecht, Besonderer Teil 1, München 2003
(zit.: *Rengier*, Strafrecht BT 1)

Richter, Christian/ Kempf, Eberhard — Anmerkungen zur Entscheidung des BGH vom 4.07.2001, Strafverteidiger 2000, S. 140 ff.
(zit.: *Richter/Kempf*, StV 2000)

Rossmüller, Christian/ Scheinfeld, Jörg — Telefonüberwachung bei Geldwäscheverdacht, Zeitschrift für Wirtschafts- und Steuerstrafrecht 2004, S. 52 ff.
(zit.: *Rossmüller/Scheinfeld*, wistra 2004)

Roxin, Claus Strafrecht AT, Band 1, München 1997
(zit.: *Roxin*, Strafrecht AT, Band 1)

Ruffert, Matthias Schlüsselfragen der Europäischen Verfassung der Zukunft. Grundrechte, Institutionen, Kompetenzen, Ratifizierung, Europarecht 2004, S. 165 ff.
(zit.: *Ruffert*, Europarecht 2004)

Salditt, Franz B. Der Tatbestand der Geldwäsche, Strafverteidiger Forum 1992, S. 121 ff.
(zit.: *Salditt*, StraFo 1992)

Satzger, Helmut Die Europäisierung des Strafrechts, München 2001
(zit.: *Satzger*, Die Europäisierung)

ders. Gefahren für eine effektive Verteidigung im geplanten europäischen Strafrecht, Strafverteidiger 2003, S. 137 ff.
(zit.: *Satzger*, StV 2003)

ders. Die Internatonalisierung des Strafrechts als Herausforderung für den strafrechtlichen Bestimmtheitsgrundsatz, Juristische Schulung 2004, S. 943 ff.
(zit.: *Satzger*, JuS 2004)

ders. Internationales und Europäisches Strafrecht, Baden-Baden 2005
(zit.: *Satzger*, Internationales)

Sawicki, Krzysztof Rola banków i nadzoru bankowego w przeciwdziałaniu praniu pieniędzy (*Die Rolle der Banken und der Bankenaufsicht in der Verhinderung der Geldwäsche*), Prokutaror 2/2006, S. 66 ff.
(zit.: *Sawicki*, Prokurator, 2/2006)

Schaefer, Hans Christoph/ Wittig, Günter Geldwäsche und Strafverteidiger, Neue Juristische Wochenschrift 2000, S. 1387 ff.
(zit.: *Schaefer/Wittig*, NJW 2000)

Scherp, Dirk	Internationale Tendenzen in der Geldwäschebekämpfung, Zeitschrift für Wirtschafts- und Steuerstrafrecht 1998, S. 81 ff. (zit.: *Scherp*, wistra 1998)
ders.	Geldwäsche durch Strafverteidiger, Neue Juristische Wochenschrift 2001, S. 3242 ff. (zit.: *Scherp*, NJW 2001)
Schittenhelm, Ulrike	Alte und neue Probleme der Anschlussdelikte im Lichte der Geldwäsche, in: Festschrift für Theodor Lenckner zum 70. Geburtstag, *Eser, Albin/Schlittenhelm, Ulrike/Schumann, Heribert* (Hrsg.), München 1998 (zit.: *Schittenhelm*, Alte und neue Probleme der Anschlussdelikte im Lichte der Geldwäsche, in: Lenckner - FS)
Schmidt, Jens	Geldwäsche und Strafverteidigerhonorar, Juristische Rundschau 2001, S. 448 ff. (zit.: *Schmidt*, JR 2001)
Schönke, Adolf / Schröder, Horst	Kommentar zum Strafgesetzbuch, 27. Auflage, München 2006 (zit.: *Schönke/Schröder/Verfasser*, StGB-Kommentar)
Schriever, Eva/ Tomars, Rebeca	Weitreichende Auswirkungen auf die Anwaltschaft. Vorschlag zu einer 3. Geldwäscherichtlinie, Anwaltsblatt 2004, S. 637 ff. (zit.: *Schriever/Tomars*, AnwBl 2004)
Schroeder, Friedrich-Christian	Einführung zum polnischen Gesetz über den Schutz des Wirtschaftsverkehrs von 1994, Jahrbuch für Ostrecht 1995, S. 271 ff. (zit.: *Schroeder*, Jahrbuch für Ostrecht 1995)
ders.	Die Geldwäsche als Straftat gegen die Durchsetzung des Strafrechts, in: *Hirsch, Hans Joachim* (Hrsg.), Neue Erscheinungsformen der Kriminalität in ihrer Auswirkung auf das Straf- und Strafprozessrecht, Białystok 1996 (zit.: *Schroeder*, Die Geldwäsche als Straftat gegen die Durchsetzung des Strafrechts, in: *Hirsch* (Hrsg.))

Schröder, Christian Europäische Richtlinien und deutsches Strafrecht, Berlin 2002
(zit.: *Schröder*, Europäische Richtlinien)

Schulz, Joachim Europäisches Strafrecht, in: *Rengeling, Hans Werner* (Hrsg.), Europäisierung des Rechts, Berlin 1996
(zit.: *Schulz*, Europäisches Strafrecht, in: *Rengeling* (Hrsg.))

Schünemann, Bernd Europeizacja prawa karnego niebezpieczeństwem dla demokratycznego państwa prawnego? (*Stellt die Europäisierung des Strafrechts eine Gefahr für den demokratischen Rechtsstaat dar?*), Jurysta 7-8/2004, S. 5 ff.
(zit.: *Schünemann*, Jurysta 7-8/2004)

ders. Fortschritte und Fehltritte in der Strafrechtspflege der EU, Goltdammer's Archiv für Strafrecht 2004, S. 193 ff.
(zit.: *Schünemann*, GA 2004)

Schwarze, Jürgen Der Europäische Verfassungsvertrag, Juristenzeitung 2005, S. 1130 ff.
(zit.: *Schwarze*, JZ 2005)

Sherman, Tom International Efforts to Combat Money Laundering. The Role of the Financial Action Task Force, in: *MacQueen, Hector L.* (Hrsg.), Money Laundering, Edinburgh 1993
(zit.: *Sherman*, International Efforts to Combat Money Laundering. The Role of the Financial Action Task Force, in: *MacQueen* (Hrsg.))

Sieber, Ulrich Europäische Einigung und Europäisches Strafrecht, Zeitschrift für die gesamte Strafrechtswissenschaft, Band 103 (1991), S. 957 ff.
(zit.: *Sieber*, ZStW 103 (1991))

ders. Das strafrechtliche Sanktionensystem zum Schutz der europäischen Gemeinschaftsinteressen, in: *van Gerven, Walter/Zuleeg, Manfred* (Hrsg.), Sanktionen als Mittel zur Durchsetzung des Gemeinschaftsrechts, Köln 1996
(zit.: *Sieber*, Das strafrechtliche Sanktionensystem zum Schutz der europäischen Gemeinschaftsinteressen, in: *van Gerven/Zuleeg* (Hrsg.))

ders. Organisierte Kriminalität in der Bundesrepublik Deutschland, in: *Sieber, Ulrich* (Hrsg.), Internationale organisierte Kriminalität, München 1997
(zit.: *Sieber*, Organisierte Kriminalität in der Bundesrepublik Deutschland, in: *Sieber* (Hrsg.))

ders. Memorandum für ein Europäisches Modellstrafgesetzbuch, Juristenzeitung 1997, S. 369 ff.
(zit.: *Sieber*, JZ 1997)

ders. Auf dem Weg zu einem europäischen Strafrecht, in: *Delmas-Marty, Mireille* (Hrsg.), Corpus Juris der strafrechtlichen Regelungen zum Schutz der finanziellen Interessen der Europäischen Union, Köln 1998
(zit.: *Sieber*, Auf dem Weg zu einem europäischen Strafrecht, in: *Delmas-Marty* (Hrsg.))

Siska, Josef Die Geldwäscherei und ihre Bekämpfung in Österreich, Deutschland und der Schweiz, Wien 1999
(zit.: *Siska*, Die Geldwäscherei)

Skomerska-Machowska, Irena Unia Europejska – integracja gospodarcza a prawo karne (*Die Europäische Union – wirtschaftliche Integration und Strafrecht*), in: *Mik, Cezary* (Hrsg.), Prawo gospodarcze Wspólnoty Europejskiej na progu XXI wieku. (*Das Wirtschaftsrecht der Europäischen Gemeinschaft an der Schwelle des 21. Jahrhunderts*), Toruń 2002
(zit.: *Skomerska-Machowska*, Unia Europejska – integracja gospodarcza a prawo karne, in: *Mik* (Hrsg.))

Skorupka, Jerzy Podstawy karnoprawnej ochrony interesów finansowych Wspólnot Europejskich (*Grundlagen des strafrechtlichen Schutzes der Finanzinteressen der Europäischen Gemeinschaften*), Prokuratura i Prawo 6/2004, S. 46 ff.
(zit.: *Skorupka*, Prok. i Pr. 6/2004)

ders. Prawo karne gospodarcze. Zarys wykładu (*Grundzüge des Wirtschaftsstrafrechts*), Warszawa 2005
(zit.: *Skorupka*, Prawo karne gospodarcze)

Słownik języka polskiego, Tom II *Das Wörterbuch der polnischen Sprache. Band II*, Warszawa 1979
(zit.: *Słownik języka polskiego*, Band II)

Snaith, Ian Money Laundering, Financial Services and the European Union. Ever expanding Regulation?, in: *Grabowska, Genowefa* (Hrsg.), Polska i Wielka Brytania wobec Unii Europejskiej. Wybrane zagadnienia prawne (*Polen und Großbritannien angesichts der Europäischen Union. Ausgewählte Rechtsfragen*), Katowice 2002
(zit.: *Snaith*, Money Laundering, Financial Services and the European Union. Ever expanding Regulation?, in: *Grabowska* (Hrsg.))

Sommer, Ulrich Die Europäische Staatsanwaltschaft, Strafverteidiger 2003, S. 126 f.
(zit.: *Sommer*, StV 2003)

ders. Geldwäsche. Das Schnüffeln geht weiter, Anwaltsblatt 2005, S. 50 ff.
(zit.: *Sommer*, AnwBl 2005)

ders. Geldwäscheanmeldungen und Strafprozess, Strafverteidiger Forum 2005, S. 327 ff.
(zit.: *Sommer*, StraFo 2005)

Sozański, Jarosław Nowa Konstytucja Unii Europejskiej a interesy Polski (*Neue Verfassung der Europäischen Union und Interessen Polens*), Jurysta 9-10/2003, S. 4 ff.
(zit.: *Sozański*, Jurysta 9-10/2003)

Spannowsky, Willy Wettbewerbsverzerrende Defizite des gemeinschaftsrechtlichen Sanktions- und Vollstreckungssystems, Juristenzeitung 1994, S. 326 ff.
(zit.: *Spannowsky*, JZ 1994)

Spies, Thomas — Terror und Justiz, Strafverteidiger Forum 2005, S. 324 ff. (zit.: *Spies*, StraFo 2005)

Spiske, Wolfgang — Pecunia olet? Der neue Geldwäschetatbestand § 261 StGB im Verhältnis zu den §§ 257, 258, 259 StGB, insbesondere zur straflosen Ersatzhehlerei, Frankfurt am Main 1998 (zit.: *Spiske*, Pecunia olet?)

Spreizer, Hans-Werner — Die Bekämpfung der Geldwäsche vor dem Hintergrund der dritten EU-Richtlinie zur Geldwäschebekämpfung, Verbraucher und Recht 2006, S. 7 ff. (zit.: *Spreizer*, VuR 2006)

Srebro, Bogusław — Ochrona interesów finansowych Unii Europejskiej (*Der Schutz der Finanzinteressen der Europäischen Union*), Kraków 2004 (zit.: *Srebro*, Ochrona)

Stefański, Jacek T. — Przestępstwo „prania brudnych pieniędzy" (*Die Straftat der Geldwäsche*), Palestra 7-8/1997, S. 37 ff. (zit.: *Stefański J. T.*, Palestra 7-8/1997)

Stefański, Ryszard A. — Przestępstwo „prania pieniędzy" w polskim prawie karnym (*Die Straftat der Geldwäsche im polnischen Strafrecht*), in: Problemy nauk penalnych, prace poświęcone prof. Oktawii Górniok (*Probleme der Strafrechtslehre. Festschrift für Prof. Oktawia Górniok*), *Tyszkiewicz, Leon* (Hrsg.), Katowice 1996 (zit.: *Stefański R. A.*, Przestępstwo „prania pieniędzy" w polskim prawie karnym, in: Górniok – FS)

Stępień, Tadeusz/ Stępień, Krzysztof — Przestępstwa przeciwko obrotowi gospodarczemu (*Straftaten gegen den Wirtschaftsverkehr*), Toruń 2001 (zit.: *Stępień T./Stępień K.*, Przestępstwa)

Stiebig, Volker — Strafrechtssetzungskompetenz der Europäischen Gemeinschaft und Europäisches Strafrecht: Skylla und Charybdis einer europäischen Odyssee?, Europarecht 2005, S. 466 ff. (zit.: *Stiebig*, Europarecht 2005)

Streinz, Rudolf — Der Einfluss des Europäischen Verwaltungsrechts auf das Verwaltungsrecht der Mitgliedstaaten, in: *Schweitzer, Michael* (Hrsg.), Europäisches Verwaltungsrecht, Wien 1991
(zit.: *Streinz*, Der Einfluss des Europäischen Verwaltungsrechts auf das Verwaltungsrecht der Mitgliedstaaten, in: *Schweitzer* (Hrsg.))

ders. — Europarecht, Heidelberg 2001
(zit.: *Streinz*, Europarecht)

Streinz, Rudolf / Ohler, Christoph/ Herrmann, Christoph — Die neue Verfassung für Europa, München 2005
(zit.: *Streinz/Ohler/Herrmann*, Die neue Verfassung)

Suendorf, Ulrike — Geldwäsche. Eine kriminologische Untersuchung, Neuwied 2001
(zit.: *Suendorf*, Geldwäsche)

Systematischer Kommentar — Allgemeiner Teil (§§ 1-79b) , 3. Auflage, Neuwied 1981; Besonderer Teil (§§ 201-266b), 4. Auflage, Neuwied 1991
(zit.: *Verfasser*-SK)

Szmaj, Karol Marcin — Pranie pieniędzy – regulacja karnoprawna i finansowoprawna (*Geldwäsche – strafrechtliche und finanzrechtliche Regelung*), Prawo Bankowe 2/1999, S. 90 ff.
(zit.: *Szmaj*, Prawo Bankowe 2/1999)

Szwarc, Andrzej J. — Corpus Iuris z perspektywy polskiego prawa karnego (*Das Corpus Juris aus der Perspektive des polnischen Strafrechts*), in: Zasady procesu karnego wobec wyzwań współczesności. Księga ku czci prof. Stanisława Waltosia (*Grundsätze des Strafverfahrens angesichts der Herausforderungen der Gegenwart. Festschrift für Prof. Stanisław Waltoś*), *Czapska, Janina/ Gaberle, Andrzej / Świątłowski, Andrzej / Zoll, Andrzej* (Hrsg.), Warszawa 2000
(zit.: *Szwarc A. J.*, Corpus Iuris z perspektywy polskiego prawa karnego, in: Waltoś – FS)

ders. Europeizacja prawa karnego (*Europäisierung des Strafrechts*), in: Nauka wobec współczesnych zagadnień prawa karnego w Polsce. Księga pamiątkowa ofiarowana prof. Aleksandrowi Tobisowi (*Die Lehre angesichts der gegenwärtigen Probleme des Strafrechts in Polen. Festschrift für Prof. Aleksander Tobis*), *Janiszewski, Bogusław* (Hrsg.), Poznań 2004
(zit.: *Szwarc A. J.*, Europeizacja prawa karnego, in: Tobis – FS)

Szwarc, Monika Warunki poprawnej implementacji dyrektyw w porządkach prawnych państw członkowskich w świetle prawa wspólnotowego (*Die Voraussetzungen einer richtigen Umsetzung der Richtlinien in die nationalen Rechtsordnungen der Mitgliedstaaten im Lichte des Gemeinschaftsrechts*), Przegląd Prawa Europejskiego 1/2001, S. 5 ff.
(zit.: *Szwarc M.*, PPE 1/2001)

Szwarc-Kuczer, Monika Ograniczenia stosowania przepisów dyrektyw przez sądy krajowe (*Einschränkungen bei der Anwendung der Richtlinenvorschriften durch nationale Gerichte*), Europejski Przegląd Sądowy 10/2005, S. 34 ff.
(zit.: *Szwarc-Kuczer*, EPS 10/2005)

Tiedemann, Klaus Wirtschaftsstrafrecht im Ausland – Skizzen zur Entwicklung und Reform, Goltdammer's Archiv für Strafrecht 1969, S. 319 ff.
(zit.: *Tiedemann*, GA 1969)

ders. Wettbewerb und Strafrecht, Karlsruhe/Heidelberg 1976
(zit.: *Tiedemann*, Wettbewerb)

ders. Der Allgemeine Teil des europäischen supranationalen Strafrechts, in: Festschrift für Hans-Heinrich Jescheck zum 70. Geburtstag, *Vogler, Theo* (Hrsg.), Berlin 1985
(zit.: *Tiedemann*, Der Allgemeine Teil des europäischen supranationalen Strafrechts, in: Jescheck – FS)

ders. EuGH: Strafrechtlicher Schutz der Finanzmittel der EG, Europäische Zeitschrift für Wirtschaftsrecht 1990, S. 99 ff.
(zit.: *Tiedemann*, EuZW 1990)

ders. Der Strafschutz der Finanzinteressen der Europäischen Gemeinschaft, Neue Juristische Wochenschrift 1990, S. 2226 ff.
(zit.: *Tiedemann*, NJW 1990)

ders. Anmerkung zum Urteil des EuGH vom 27.10.1992, Rs. 240/90, Neue Juristische Wochenschrift 1993, S. 49 ff.
(zit.: *Tiedemann*, NJW 1993)

ders. Europäisches Gemeinschaftsrecht und Strafrecht, Neue Juristische Wochenschrift 1993, S. 23 ff.
(zit.: *Tiedemann*, NJW 1993)

ders. Die Europäisierung des Strafrechts, in: *Kreutzer, Karl F./Scheuing, Dieter H./Sieber, Ulrich* (Hrsg.), Die Europäisierung der mitgliedstaatlichen Rechtsordnungen in der Europäischen Union, Baden-Baden 1997
(zit.: *Tiedemann*, Die Europäisierung des Strafrechts, in: *Kreutzer/Scheuing/Sieber* (Hrsg.))

ders. Der Allgemeine Teil des Strafrechts im Lichte der europäischen Rechtsvergleichung, in: Festschrift für Theodor Lenckner zum 70. Geburtstag, *Eser, Albin/Schlittenhelm, Ulrike/Schumann, Heribert* (Hrsg.), München 1998
(zit.: *Tiedemann*, Der Allgemeine Teil des Strafrechts im Lichte der europäischen Rechtsvergleichung, in: Lenckner – FS)

ders. EG und EU als Rechtsquellen des Strafrechts, in: Festschrift für Claus Roxin zum 70. Geburtstag, *Schünemann, Bernd* (Hrsg.), Berlin 2001
(zit.: *Tiedemann*, EG und EU als Rechtsquellen des Strafrechts, in: Roxin – FS)

Tobis, Aleksander Rola ustawy z dnia 12 X 1994 r. o ochronie obrotu gospodarczego (*Die Rolle des Gesetzes vom 12.10.1995 über den Schutz des Wirtschaftsverkehrs*), Ruch Prawniczy, Ekonomiczny i Socjologiczny 1/1995, S. 19 ff.
(zit.: *Tobis*, RPEiS 1/1995)

Trimbach, Herbert/ Beilke, Steffen Die Ratifizierung der Europäischen Verfassung, Neue Justiz 2005, S. 206 f.
(zit.: *Trimbach/Beilke*, NJ 2005)

Tröndle, Herbert/ Fischer, Thomas Strafgesetzbuch und Nebengesetze. Kommentar, 53. Auflage, München 2006
(zit.: *Tröndle/Fischer*, Kommentar zum StGB)

Usowicz, Ewa Prawnicy nie chcą donosić (*Juristen wollen nicht melden*), Gazeta Prawna 24/2004, S. 26
(zit.: *Usowicz*, Gazeta Prawna 24/2004)

dies. Prawnicy będą zgłaszać „pranie" (*Juristen werden „das Waschen" melden*), Gazeta Prawna 95/2004, S. 18
(zit.: *Usowicz*, Gazeta Prawna 95/2004)

Vogel, Joachim Die Kompetenz der EG zur Einführung supranationaler Sanktionen, in: *Dannecker, Gerhard* (Hrsg.), Die Bekämpfung des Subventionsbetrugs im EG – Bereich, Köln 1993
(zit.: *Vogel*, Die Kompetenz der EG zur Einführung supranationaler Sanktionen, in: *Dannecker* (Hrsg.))

ders. Wege zur europäisch-einheitlichen Regelungen im Allgemeinen Teil des Strafrechts – kompetenzrechtliche, methodische und inhaltliche Grundfragen, Juristenzeitung 1995, S. 331 ff.
(zit.: *Vogel*, JZ 1995)

ders. Geldwäsche – ein europaweit harmonisierter Tatbestand?, Zeitschrift für die gesamte Strafrechtswissenschaft, Band 109 (1997), S. 335 ff.
(zit.: *Vogel*, ZStW 109 (1997))

ders. Harmonisierung des Strafrechts in der Europäischen Union, Goltdammer's Archiv für Strafrecht 2003, S. 314 ff.
(zit.: *Vogel*, GA 2003)

Vogler, Theo Die strafrechtlichen Konventionen des Europarates, Jura 1992, S. 586 ff.
(zit.: *Vogler*, Jura 1992)

Waltoś, Stanislaw/ Wąsek, Andrzej Harmonizacja prawa karnego w Europie z polskiej perspektywy. Część 1 (*Harmonisierung des Strafrechts in Europa aus polnischer Sicht. Teil 1*), Palestra 11-12/1996, S. 9 ff.
(zit.: *Waltoś/ Wąsek*, Palestra 11-12/1996)

dies. Harmonizacja prawa karnego w Europie z polskiej perspektywy. Część 2 (*Harmonisierung des Strafrechts in Europa aus polnischer Sicht. Teil 2*), Palestra 1-2/1997, S. 12 ff.
(zit.: *Waltoś/ Wąsek*, Palestra 1-2/1997)

Wägenbaur, Bertrand Ist der Anwendungsbereich der EG-Richtlinie zur Bekämpfung der Geldwäsche hinreichend bestimmt?, Europäische Zeitschrift für Wirtschaftsrecht 1994, S. 771 ff.
(zit.: *Wägenbaur*, EuZW 1994)

Wąsek, Andrzej Europejski modelowy kodeks karny (*Europäisches Modellstrafgesetzbuch*), in: Nowe prawo karne procesowe. Księga ku czci prof. Wiesława Daszkiewicza (*Neue Strafprozessordnung. Festschrift für Prof. Wiesław Daszkiewicz*), *Nowak, Tadeusz* (Hrsg.), Poznań 1999
(zit.: *Wąsek*, Europejski modelowy kodeks karny, in: Daszkiewicz -FS)

ders. Kodeks Karny. Część szczególna. Tom 2 (*Das Strafgesetzbuch. Besonderer Teil. Band 2*), Warszawa 2005
(zit.: *Verfasser*, in: *Wąsek* (Hrsg.))

Wąsowski, Krzysztof Pranie brudnych pieniędzy (*Die Geldwäsche*), Warszawa 2001
(zit.: *Wąsowski*, Pranie)

Wasmeier, Martin Stand und Perspektiven des EU-Strafrechts, Zeitschrift für die gesamte Strafrechtswissenschaft, Band 116 (2004), S. 320 ff.
(zit.: *Wasmeier*, ZStW 116 (2004))

Wegner, Carsten Die Reform der Geldwäsche – Richtlinie und die Auswirkungen auf rechtsberatende Berufe, Neue Juristische Wochenschrift 2002, S. 794 ff.
(zit.: *Wegner*, NJW 2002)

Weigend, Ewa Das polnische Strafgesetzbuch/Kodeks Karny, Freiburg im Breisgau 1998
(zit.: *Weigend E.*, Das polnische StGB)

dies. Die polnische Strafprozessordnung/Kodeks postępowania karnego, Freiburg im Breisgau 2004
(zit.: *Weigend E.*, Die polnische StPO)

dies. Europeizacja prawa karnego w świetle Konstytuciji Europejskiej (*Die Europäisierung des Strafrechts im Lichte der Europäischen Verfassung*), Państwo i Prawo 6/2005, S. 11 ff.
(zit.: *Weigend E.*, PiP 6/2005)

Weigend, Ewa/ Namysłowska-Gabrysiak, Barbara — Die strafrechtliche Verantwortlichkeit juristischer Personen im polnischen Recht, Zeitschrift für die gesamte Strafrechtswissenschaft, Band 116 (2004), S. 541 ff.
(zit.: *Weigend E./Namysłowska-Gabrysiak*, ZStW 116 (2004))

Weigend, Ewa/ Wróbel, Włodzimierz — Geldwäsche im polnischen Strafrecht, Zeitschrift für die gesamte Strafrechtswissenschaft, Band 108 (1996), S. 416 ff.
(zit.: *Weigend E./Wróbel*, ZStW 1996 (108))

Weigend, Ewa/ Zielińska, Eleonora — Schutz der Wirtschaftsinteressen der Europäischen Union und das polnische Strafrecht, Osteuropa Recht 2001, S. 274 ff.
(zit.: *Weigend E./Zielińska*, Osteuropa Recht 2001)

Weigend, Thomas — Strafrecht durch internationale Vereinbarungen – Verlust an nationaler Strafrechtskultur?, Zeitschrift für die gesamte Strafrechtswissenschaft, Band 105 (1993), S. 774 ff.
(zit.: *Weigend T.*, ZStW 105 (1993))

ders. — Zur Frage eines „internationalen" Allgemeinen Teils, in: Festschrift für Claus Roxin zum 70. Geburtstag, *Schünemann, Bernd* (Hrsg.), Berlin 2001
(zit.: *Weigend T.*, Zur Frage eines „internationalen" Allgemeinen Teils, in: Roxin – FS)

ders. — Der Entwurf einer Europäischen Verfassung und das Strafrecht, Zeitschrift für die gesamte Strafrechtswissenschaft, Band 116 (2004), S. 275 ff.
(zit.: *Weigend T.*, ZStW 116 (2004))

Werner, Gerhard — Die Bekämpfung der Geldwäsche in Deutschland – der gesetzliche Rahmen, in: *Kahlert, Joachim* (Hrsg.), Geldwäsche. Problemanalyse und Bekämpfungsstrategien, Berlin 1994
(zit.: *Werner*, Die Bekämpfung der Geldwäsche in Deutschland – der gesetzliche Rahmen, in: *Kahlert* (Hrsg.))

ders. Bekämpfung der Geldwäsche in der Kreditwirtschaft, Freiburg im Breisgau 1996
(zit.: *Werner*, Bekämpfung)

Westen, Karl B. Kanzleidurchsuchung bei Ermittlungen wegen Geldwäscheverdachts, Neue Juristische Wochenschrift 2003, S. 2694 f.
(zit.: *Westen*, NJW 2003)

Wiktorowicz, Michal Praktyczne uwagi na temat relacji między prawem krajowym a prawem Unii Europejskiej (*Praktische Bemerkungen zum Verhältnis zwischen dem nationalen Recht und dem Recht der Europäischen Union*), Prawo Unii Europejskiej 7-8/2004, S. 2 ff.
(zit.: *Wiktorowicz*, Prawo UE 7-8/2004)

Wilk, Leszek Problem wartości majątkowych pochodzących ze źródeł nielegalnych lub nieujawnionych (*Das Problem der aus illegalen oder nicht ermittelbaren Quellen herrührenden Vermögenswerte*), Radca Prawny 2/2002, S. 66 ff.
(zit.: *Wilk*, Radca Prawny 2/2002)

Willoweit, Dietmar Deutsche Verfassungsgeschichte, München 2001
(zit.: *Willoweit*, Deutsche Verfassungsgeschichte)

Winczorek, Piotr Konstytucja RP a prawo wspólnotowe (*Die Verfassung der Republik Polen und das Gemeinschaftsrecht*), Państwo i Prawo 11/2004, S. 3 ff.
(zit.: *Winczorek*, PiP 11/2004)

Winkler, Klaus Die Strafbarkeit des Strafverteidigers jenseits der Strafvereitelung, Hamburg 2005
(zit.: *Winkler K.*, Die Strafbarkeit des Strafverteidigers)

Winkler, Rolf Die Rechtsnatur der Geldbuße im Wettbewerbsrecht der Europäischen Wirtschaftsgemeinschaft, Tübingen 1971
(zit.: *Winkler R.*, Die Rechtsnatur)

Wittig, Petra — Die staatliche Inanspruchnahme des Rechtsanwalts durch das neue Geldwäschegesetz, Anwaltsblatt 2004, S. 193 ff.
(zit.: *Wittig*, AnwBl 2004)

Wohlers, Wolfgang — Strafverteidigung vor den Schranken der Strafgerichtsbarkeit, Strafverteidiger 2001, S. 420 ff.
(zit.: *Wohlers*, StV 2001)

ders. — Entscheidungen – Strafrecht. Anmerkung, Juristenzeitung 2004, S. 678 ff.
(zit.: *Wohlers*, JZ 2004)

Wohlfahrt, Ernst/ Everling, Ulrich/ Glaesner, Hans-Joachim/ Sprung, Rudolf — Die Europäische Wirtschaftsgemeinschaft. Kommentar, Frankfurt am Main 1960
(zit.: *Wohlfahrt/Everling/Glaesner/Sprung*, EWG-Komm.)

Wojciechowska, Janina — Nowe regulacje prawne wspierające zwalczanie i zapobieganie praniu pieniędzy (*Neue Rechtsvorschriften zur Unterstützung der Bekämpfung und der Vorbeugung der Geldwäsche*), in: Księga pamiątkowa ofiarowana prof. Leszkowi Kubickiemu (*Festschrift für Prof. Leszek Kubicki*), *Kunicka-Michalska, Barbara* (Hrsg.), Warszawa 2003
(zit.: *Wojciechowska*, Nowe regulacje prawne wspierające zwalczanie i zapobieganie praniu pieniędzy, in: Kubicki – FS)

Wojciechowski, Janusz — Kodeks Karny. Komentarz (*Strafgesetzbuch. Kommentar*), Warszawa 2000
(zit.: *Wojciechowski*, Kodeks Karny. Komentarz)

Wojdalska Katarzyna/ Wolf, Gerhard (Hrsg.) — Das Übertretungsgesetzbuch der Republik Polen, Frankfurt an der Oder 2001
(zit.: *Wojdalska/ Wolf* (Hrsg.))

Wolf, Gerhard Das System des Rechts der Strafverteidigung. Die Struktur der gesetzlichen Regelung und ihre Bedeutung für die Praxis, Frankfurt an der Oder 2000
(zit.: *Wolf*, Das System)

Wójcik, Jerzy Wojciech Wzorce przeciwdziałania (*Die Muster der Vorbeugung*), Gazeta Sądowa 12/2000, S. 40 ff.
(zit.: *Wójcik*, Gazeta Sądowa 12/2000)

ders. Tworzenie polskich przepisów przeciwko praniu pieniędzy (*Die Schaffung der polnischen Vorschriften gegen die Geldwäsche*), Gazeta Sądowa 1/2001, S. 56 ff.
(zit.: *Wójcik*, Gazeta Sądowa 1/2001)

ders. Pranie pieniędzy (*Geldwäsche*), Warszawa 2002
(zit.: *Wójcik*, Pranie)

ders. Poznaj swojego klienta (*Lerne deinen Kunden kennen*), Gazeta Sądowa 1/2002, S. 48 f.
(zit.: *Wójcik*, Gazeta Sądowa 1/2002)

ders. Typowanie i rozpoznawanie transakcji podejrzanych (*Typisierung und Aufdeckung der verdächtigen Transaktionen*), Gazeta Sądowa 2/2002, S. 53 ff.
(zit.: *Wójcik*, Gazeta Sądowa 2/2002)

ders. Rozpoznawanie transakcji podejrzanych w praniu pieniędzy (*Das Erkennen von verdächtigen Transaktionen in der Geldwäsche*), in: *Adamski, Andrzej* (Hrsg.), Przestępczość gospodarcza z perspektywy Polski i Unii Europejskiej (*Wirtschaftskriminalität aus der Sicht Polens und der Europäischen Union*), Toruń 2003
(zit.: *Wojcik*, Rozpoznawanie transakcji podejrzanych w praniu pieniędzy, in: *Adamski* (Hrsg.))

ders. Przeciwdziałanie praniu pieniędzy (*Die Geldwäschevorbeugung*), Kraków 2004
(zit.: *Wójcik*, Przeciwdziałanie)

ders. Weryfikacja podejrzenia popełnienia przestępstwa prania pieniędzy (*Die Überprüfung einer Geldwäscheverdächtigung*), Prokuratura i Prawo 9/2005, S. 51 ff.
(zit.: *Wójcik*, Prok. i Pr. 9/2005)

Wöß, Alexander Geldwäscherei und Banken, Wien 1994
(zit.: *Wöß*, Geldwäscherei)

Wróbel, Wlodzimierz in: *Zoll, Andrzej* (Hrsg.), Komentarz do Kodeksu Karnego, Kraków 1999
(zit. *Wróbel*, in: *Zoll* (Hrsg.))

ders. Zasada pierwszeństwa prawa wspólnotowego a prymat Konstytucji w prawie polskim (*Der Grundsatz des Vorrangs des Gemeinschaftsrechts und das Primat der Verfassung im polnischen Recht*), Europejski Przegląd Sądowy 1/2006, S. 1.
(zit. *Wróbel*, EPS 1/2006)

Wyrzykowska, Joanna Polskie prawo w walce z procederem prania pieniędzy (*Das polnische Recht im Kampf gegen die Geldwäsche*), Prokuratura i Prawo 11-12/1999, S. 93 ff.
(zit.: *Wyrzykowska*, Prok. i Pr. 11-12/1999)

Zachert, Hans-Ludwig Erfahrungen mit der Bekämpfung der Geldwäsche in Deutschland, in: *Sieber, Ulrich* (Hrsg.), Internationale organisierte Kriminalität, München 1997
(zit.: *Zachert*, Erfahrungen mit der Bekämpfung der Geldwäsche in Deutschland, in: *Sieber* (Hrsg.))

Zakrzewski, Ryszard Przestępstwa przeciwko obrotowi gospodarczemu w nowym Kodeksie karnym. Część 1 (*Straftaten gegen den Wirtschaftsverkehr im neuen Strafgesetzbuch. Teil 1*), Monitor Prawniczy 12/1997, S. 483 ff.
(zit.: *Zakrzewski*, MP 12/1997)

Zakrzewski, Ryszard / Jasiński, Wiesław — Instrumenty przeciwdziałania praniu pieniędzy w polskim systemie finansowania i ich ocena (*Instrumente der Geldwäschevorbeugung im polnischen Finanzierungssystem und ihre Bewertung*), in: *Pływaczewski, Emil* (Hrsg.), Proceder prania pieniędzy. Studia i materiały (*Das Phänomen der Geldwäsche. Studien und Materialien*), Toruń 1993
(zit.: *Zakrzewski/Jasiński*, Instrumenty przeciwdziałania praniu pieniędzy w polskim systemie finansowania ich ocena, in: *Pływaczewski* (Hrsg.), Proceder)

dies. — Prawno-organizacyjne problemy przeciwdziałania „praniu brudnych pieniędzy" (*Institutionell-rechtliche Probleme der Geldwäschevorbeugung*), Ruch Prawniczy, Ekonomiczny i Socjologiczny 1/1995, S. 31 ff.
(zit.: *Zakrzewski/Jasiński*, RPEiS 1/1995)

Zawłocki, Robert — Obowiązek identyfikacji prania brudnych pieniędzy na tle odpowiedzialności karnej, część 1 (*Die Verpflichtung zur Identifizierung der Geldwäsche im Lichte der strafrechtlichen Verantwortlichkeit, Teil 1*), Monitor Prawniczy 8/2004, S. 363 ff.
(zit.: *Zawłocki*, MP 8/2004)

ders. — Obowiązek identyfikacji prania brudnych pieniędzy na tle odpowiedzialności karnej, część 2 (*Die Verpflichtung zur Identifizierung der Geldwäsche im Lichte der strafrechtlichen Verantwortlichkeit, Teil 2*), Monitor Prawniczy 9/2004, S. 402 ff.
(zit.: *Zawłocki*, MP 9/2004)

ders. — in: *Wąsek, Andrzej* (Hrsg.), Kodeks Karny. Część szczególna. Tom 2 (*Das Strafgesetzbuch. Besonderer Teil. Band 2*), Warszawa 2005
(zit.: *Zawłocki*, in: *Wąsek* (Hrsg.))

Ziaja, Agnieszka Stosowanie prawa wspólnotowego przez sądy polskie (*Die Anwendung des Gemeinschaftsrechts durch polnische Gerichte*), Jurysta 4/2004, S. 6 ff.
(zit.: *Ziaja*, Jurysta 4/2004)

Zielińska, Eleonora Polskie prawo karne a ochrona interesów ekonomicznych Wspólnot Europejskich (*Das polnische Strafrecht und der Schutz der Finanzinteressen der Europäischen Gemeinschaften*), Państwo i Prawo 1/2001, S. 32 ff.
(zit.: *Zielińska*, PiP 1/2001)

dies. Korpus przestępstw europejskich (*Das Corpus der europäischen Straftaten*), in: Współczsne wyzwania europejskiej przestrzeni karnej. Księga pamiątkowa dla uczczenia 70. urodzin prof. Eugeniusza Piontka (*Gegenwärtige Herausforderungen im europäischen Strafrechtsraum. Festschrift für Prof. Eugeniusz Piontek zum 70. Geburtstag*), *Łazowski, Adam/Osrihansky, Rudolf* (Hrsg.), Kraków 2005
(zit.: *Zielińska*, Korpus przestępstw europejskich, in: Piontek – FS)

Zoll, Andrzej (Hrsg.) Kodeks Karny. Część szczególna (*Das Strafgesetzbuch. Besonderer Teil*), Kraków 1999
(zit.: *Verfasser*, in: *Zoll* (Hrsg.))

Zuleeg, Manfred Die Europäische Gemeinschaft als Integrationsverband, in: Festschrift für Karl Carstens zum 70. Geburtstag, *Börner, Bodo/Jahrreiß, Hermann/Stern, Klaus* (Hrsg.), Berlin 1984
(zit.: *Zuleeg*, Die Europäische Gemeinschaft als Integrationsverband, in: Carstens – FS)

ders. Der Beitrag des Strafrechts zur europäischen Integration, Juristenzeitung 1992, S. 761 ff.
(zit.: *Zuleeg*, JZ 1992)

Zünd, André Geldwäscherei. Motive-Formen-Abwehr, in: Jahrbuch für Controlling und Rechnungswesen 1991, S. 253 ff. (zit.: *Zünd*, Jahrbuch für Controlling und Rechnungswesen 1991)

Anhang

1. Die polnische Geldwäschevorschrift, Art. 299 KK*

§ 1: Wer Zahlungsmittel, Wertpapiere oder andere Devisenwerte, Vermögensrechte oder bewegliches oder unbewegliches Vermögen, die aus Vorteilen herrühren, die in Verbindung mit der Begehung einer verbotenen Tat erlangt wurden, annimmt, überweist oder ins Ausland ausführt, bei der Übertragung des Eigentums oder des Besitzes hilft oder andere Handlungen vornimmt, welche die Feststellung ihrer kriminellen Herkunft, ihre Lokalisierung, ihre Aufdeckung, ihre Beschlagname oder die Anordnung ihres Verfalls vereiteln oder wesentlich erschweren können, wird mit Freiheitsstrafe von drei Monaten bis zu fünf Jahren bestraft.

§ 2: Ebenso wird bestraft, wer als Mitarbeiter einer Bank oder eines Kredit- oder Finanzinstituts oder einer anderen Institution, die nach dem geltenden Recht zur Registrierung von Transaktionen sowie von Personen, von denen die Transaktionen ausgeführt werden, verpflichtet ist, entgegen den gesetzlichen Vorschriften in bar Geld oder andere Devisenwerte entgegennimmt, oder deren Transfer oder Wechsel durchführt oder sie unter anderen Umständen entgegennimmt, die einen begründeten Verdacht erwecken, dass sie einen Gegenstand der im § 1 genannten Tat darstellen, oder andere Dienste leistet, die geeignet sind, ihre kriminelle Herkunft zu verschleiern oder sie vor einer Beschlagnahme sicherzustellen.

§ 3: Wer als Verantwortlicher für die Benachrichtigung des Vorstands oder des Finanzaufsichtsorgans von der Durchführung einer finanziellen Operation in einer Bank oder in einem Finanz- oder Kreditinstitut es unterlässt, die Benachrichtigung unverzüglich und in der in den rechtlichen Vorschriften vorgesehenen Form durchzuführen, obwohl die Umstände der Durchführung der finanziellen Operation den begründeten Verdacht erwecken, dass es sich bei der Herkunftsquelle um eine kriminelle, im Sinne des § 1, handelt, wird mit Freiheitsstrafe bis zu drei Jahren bestraft.

§ 4: Der in § 3 bestimmten Strafe unterliegt, wer in einer Bank oder in einem Finanz- oder Kreditinstitut verantwortlich ist für die Benennung einer Person, die

* Übersetzung von *Ewa Weigend*, vgl. *Weigend E.*, Das polnische StGB, S. 176 ff. mit geringfügigen Ergänzungen.

zur Entgegennahme der in § 3 bezeichneten Informationen oder zu ihrer Weiterleitung an einen Berechtigten verpflichtet ist, und den geltenden Vorschriften nicht Genüge tut.

§ 5: Begeht der Täter die Tat im Sinne der §§ 1 oder 2 nach Verabredung mit anderen Personen, wird er mit Freiheitsstrafe von einem Jahr bis zu zehn Jahren bestraft.

§ 6: Der in § 5 bestimmten Strafe unterliegt, wer die Tat im Sinne der §§ 1 oder 2 begangen und dabei einen bedeutenden Vermögensvorteil erzielt hat.

§ 7: Bei der Verurteilung wegen Straftaten im Sinne der §§ 1 oder 2 ordnet das Gericht den Verfall von Gegenständen, die unmittelbar oder mittelbar aus der Straftat herrühren, sowie von den aus der Straftat herrührenden Vorteilen oder ihrem Gegenwert, selbst dann an, wenn diese nicht im Eigentum des Täters stehen. Der Verfall wird weder im Ganzen noch teilweise angeordnet, wenn der Gegenstand, der Vorteil oder der Gegenwert des Vorteils dem Benachteiligten oder einer anderen Person zurückgegeben wird.

§ 8: Wegen einer Straftat im Sinne der §§ 1 bis 4 wird nicht bestraft, wer freiwillig dem für die Strafverfolgung zuständigen Organ Angaben über die an der Begehung der Straftat beteiligten Personen und über die Umstände ihrer Begehung gemacht hat, wenn dadurch die Begehung einer anderen Straftat verhindert wurde. Hat sich der Täter um die Offenbarung dieser Angaben und Umstände bemüht, wendet das Gericht die außerordentliche Strafmilderung an.

2. Die deutsche Geldwäschevorschrift, § 261 StGB*

(1) [1]Wer einen Gegenstand, der aus einer in Satz 2 genannten rechtswidrigen Tat herrührt, verbirgt, dessen Herkunft verschleiert oder die Ermittlung der Herkunft, das Auffinden, den Verfall, die Einziehung oder die Sicherstellung eines solchen Gegenstandes vereitelt oder gefährdet, wird mit Freiheitsstrafe von drei Monaten bis zu fünf Jahren bestraft. [2]Rechtswidrige Taten im Sinne des Satzes 1 sind

1. Verbrechen,
2. Vergehen nach
   a) § 332 Abs. 1, auch in Verbindung mit Abs. 3, und § 334,
   b) § 29 Abs. 1 Satz 1 Nr. 1 des Betäubungsmittelgesetzes und § 29 Abs. 1 Nr. 1 des Grundstoffüberwachungsgesetzes,
3. Vergehen nach § 373 und, wenn der Täter gewerbsmäßig handelt, nach § 374 der Abgabenordnung, jeweils auch in Verbindung mit § 12 Abs. 1 des Gesetzes zur Durchführung der Gemeinsamen Marktorganisationen und der Direktzahlungen,
4. Vergehen
   a) nach den §§ 152a, 181a, 232 Abs. 1 und 2, § 233 Abs. 1 und 2, §§ 233a, 242, 246, 253, 259, 263 bis 264, 266, 267, 269, 284, 326 Abs. 1, 2 und 4 sowie § 328 Abs. 1, 2 und 4,
   b) nach § 96 des Aufenthaltsgesetzes und § 84 des Asylverfahrensgesetzes, die gewerbsmäßig oder von einem Mitglied einer Bande, die sich zur fortgesetzten Begehung solcher Taten verbunden hat, begangen worden sind, und
5. Vergehen nach §§ 129 und 129a Abs. 3 und 5, jeweils auch in Verbindung mit § 129b Abs. 1, sowie von einem Mitglied einer kriminellen oder terroristischen Vereinigung (§§ 129, 129a, jeweils auch in Verbindung mit § 129b Abs. 1) begangene Vergehen.

[3]Satz 1 gilt in den Fällen der gewerbsmäßigen oder bandenmäßigen Steuerhinterziehung nach § 370a der Abgabenordnung für die durch die Steuerhinterziehung ersparten Aufwendungen und unrechtmäßig erlangten Steuererstattungen und -vergütungen sowie in den Fällen des Satzes 2 Nr. 3 auch für einen Gegenstand, hinsichtlich dessen Abgaben hinterzogen worden sind.

(2) Ebenso wird bestraft, wer einen in Absatz 1 bezeichneten Gegenstand
1. sich oder einem Dritten verschafft oder
2. verwahrt oder für sich oder einen Dritten verwendet, wenn er die Herkunft des Gegenstandes zu dem Zeitpunkt gekannt hat, zu dem er ihn erlangt hat.

(3) Der Versuch ist strafbar.

---

* Fassung aufgrund des Siebenunddreißigsten Strafrechtsänderungsgesetzes – §§ 180b, 181 StGB – (37. StrÄndG) vom 11.02.2005, BGBl. I 2005, S. 239 ff.

(4) [1]In besonders schweren Fällen ist die Strafe Freiheitsstrafe von sechs Monaten bis zu zehn Jahren. [2]Ein besonders schwerer Fall liegt in der Regel vor, wenn der Täter gewerbsmäßig oder als Mitglied einer Bande handelt, die sich zur fortgesetzten Begehung einer Geldwäsche verbunden hat.

(5) Wer in den Fällen des Absatzes 1 oder 2 leichtfertig nicht erkennt, daß der Gegenstand aus einer in Absatz 1 genannten rechtswidrigen Tat herrührt, wird mit Freiheitsstrafe bis zu zwei Jahren oder mit Geldstrafe bestraft.

(6) Die Tat ist nicht nach Absatz 2 strafbar, wenn zuvor ein Dritter den Gegenstand erlangt hat, ohne hierdurch eine Straftat zu begehen.

(7) [1]Gegenstände, auf die sich die Straftat bezieht, können eingezogen werden. [2]§ 74a ist anzuwenden. [3]Die §§ 43a[1], 73d sind anzuwenden, wenn der Täter als Mitglied einer Bande handelt, die sich zur fortgesetzten Begehung einer Geldwäsche verbunden hat. [4]§ 73d ist auch dann anzuwenden, wenn der Täter gewerbsmäßig handelt.

(8) Den in den Absätzen 1, 2 und 5 bezeichneten Gegenständen stehen solche gleich, die aus einer im Ausland begangenen Tat der in Absatz 1 bezeichneten Art herrühren, wenn die Tat auch am Tatort mit Strafe bedroht ist.

(9) [1]Nach den Absätzen 1 bis 5 wird nicht bestraft, wer

1. die Tat freiwillig bei der zuständigen Behörde anzeigt oder freiwillig eine solche Anzeige veranlaßt, wenn nicht die Tat in diesem Zeitpunkt ganz oder zum Teil bereits entdeckt war und der Täter dies wußte oder bei verständiger Würdigung der Sachlage damit rechnen mußte, und
2. in den Fällen des Absatzes 1 oder 2 unter den in Nummer 1 genannten Voraussetzungen die Sicherstellung des Gegenstandes bewirkt, auf den sich die Straftat bezieht.

[2]Nach den Absätzen 1 bis 5 wird außerdem nicht bestraft, wer wegen Beteiligung an der Vortat strafbar ist.

(10) Das Gericht kann in den Fällen der Absätze 1 bis 5 die Strafe nach seinem Ermessen mildern (§ 49 Abs. 2) oder von Strafe nach diesen Vorschriften absehen, wenn der Täter durch die freiwillige Offenbarung seines Wissens wesentlich dazu beigetragen hat, dass die Tat über seinen eigenen Tatbeitrag hinaus oder eine in Absatz 1 genannte rechtswidrige Tat eines anderen aufgedeckt werden konnte.

[1] § 43a StGB ist nach der Entscheidung des BVerfG vom 20.03.2002 verfassungswidrig und damit nichtig, vgl. Fn. 637 (Fn. Anmerkung der Verfasserin).

3. Richtlinie 2005/60/EG des Europäischen Parlaments und des Rates vom 26. Oktober 2005 zur Verhinderung der Nutzung des Finanzsystems zum Zwecke der Geldwäsche und der Terrorismusfinanzierung (Amtsblatt Nr. L 309 vom 25/11/2005 S. 0015 – 0036)*

DAS EUROPÄISCHE PARLAMENT UND DER RAT DER EUROPÄISCHEN UNION — gestützt auf den Vertrag zur Gründung der Europäischen Gemeinschaft, insbesondere auf Artikel 47 Absatz 2 Sätze 1 und 3 und auf Artikel 95,
auf Vorschlag der Kommission,
nach Stellungnahme des Europäischen Wirtschafts- und Sozialausschusses[1],
nach Stellungnahme der Europäischen Zentralbank[2],
gemäß dem Verfahren des Artikels 251 des Vertrags[3],

in Erwägung nachstehender Gründe:

(1) Massive Schwarzgeldströme können die Stabilität und das Ansehen des Finanzsektors schädigen und sind eine Bedrohung für den Binnenmarkt; der Terrorismus greift die Grundfesten unserer Gesellschaft an. Neben strafrechtlichen Maßnahmen können Präventivmaßnahmen über das Finanzsystem Ergebnisse bringen.

(2) Die Solidität, Integrität und Stabilität der Kredit- und Finanzinstitute sowie das Vertrauen in das Finanzsystem insgesamt können ernsthaft Schaden nehmen, wenn Straftäter und ihre Mittelsmänner versuchen, die Herkunft von Erlösen aus Straftaten zu verschleiern oder Geld aus rechtmäßigen oder unrechtmäßigen Quellen terroristischen Zwecken zuzuführen. Damit die Mitgliedstaaten zum Schutz ihres Finanzsystems keine Maßnahmen ergreifen, die mit dem Funktionieren des Binnenmarkts, den Regeln des Rechtsstaats und der öffentlichen Ordnung der Gemeinschaft unvereinbar sein könnten, ist ein gemeinschaftliches Vorgehen in diesem Bereich erforderlich.

(3) Ohne eine Koordinierung auf Gemeinschaftsebene könnten Geldwäscher und Geldgeber des Terrorismus versuchen, Vorteile aus der Freiheit des Kapitalverkehrs und der damit verbundenen finanziellen Dienstleistungen, die ein einheitlicher Finanzraum mit sich bringt, zu ziehen, um ihren kriminellen Tätigkeiten leichter nachgehen zu können.

(4) Um dem im Bereich der Geldwäsche entgegenzuwirken, wurde die Richtlinie 91/308/EWG des Rates vom 10. Juni 1991 zur Verhinderung der Nutzung

* Abrufbar unter: http://eur-lex.europa.eu/LexUriServ/site/de/oj/2005/l_309/l_30920051125de00150036.pdf

1 Stellungnahme vom 11. Mai 2005 (noch nicht im Amtsblatt veröffentlicht).

2 ABl. C 40 vom 17.2.2005, S. 9.

3 Stellungnahme des Europäischen Parlaments vom 26. Mai 2005 (noch nicht im Amtsblatt veröffentlicht) und Beschluss des Rates vom 19. September 2005.

des Finanzsystems zum Zwecke der Geldwäsche[4] erlassen. Diese verpflichtete die Mitgliedstaaten, die Geldwäsche zu untersagen und dafür zu sorgen, dass der Finanzsektor, zu dem Kreditinstitute und ein breites Spektrum anderer Finanzinstitute gehören, die Identität seiner Kunden feststellt, angemessene Aufzeichnungen aufbewahrt, interne Verfahren zur Schulung des Personals einführt, Vorkehrungen gegen die Geldwäsche trifft und den zuständigen Behörden Transaktionen meldet, die auf eine Geldwäsche hindeuten.

(5) Geldwäsche und Terrorismusfinanzierung erfolgen häufig grenzübergreifend. Auf nationaler Ebene oder selbst auf Gemeinschaftsebene erlassene Maßnahmen ohne grenzübergreifende Koordinierung und Zusammenarbeit hätten nur sehr begrenzte Wirkung. Die von der Gemeinschaft auf diesem Gebiet erlassenen Maßnahmen sollten daher im Einklang mit anderen Maßnahmen stehen, die im Rahmen anderer internationaler Gremien ergriffen werden. Sie sollten insbesondere weiterhin den Empfehlungen Rechnung tragen, die die Arbeitsgruppe "Financial Action Task Force" (FATF), das führende internationale Gremium auf dem Gebiet der Bekämpfung der Geldwäsche und der Terrorismusfinanzierung, aufgestellt hat. Da die Empfehlungen der FATF im Jahr 2003 umfassend überarbeitet und erweitert worden sind, sollte diese Richtlinie mit diesem neuen internationalen Standard im Einklang stehen.

(6) Das Allgemeine Abkommen über den Handel mit Dienstleistungen (GATS) erlaubt es den Mitgliedern, Maßnahmen zu ergreifen, die nötig sind, um die öffentliche Moral zu schützen und Betrug zu verhindern, und Maßnahmen aus Vorsichtsgründen zu ergreifen, wozu auch die Sicherung der Stabilität und Integrität des Finanzsystems gehört.

(7) Der Geldwäschebegriff war anfangs nur auf das Waschen von Erlösen aus Drogenstraftaten begrenzt, doch seit einigen Jahren geht der Trend zu einer erheblich weiter gefassten Definition der Geldwäsche auf der Grundlage eines breiteren Spektrums von Straftaten, die der Geldwäsche vorangehen. Ein breiteres Spektrum von Vortaten erleichtert die Meldung verdächtiger Transaktionen und die internationale Zusammenarbeit auf diesem Gebiet. Die Definition des Begriffs "schwere Straftat" sollte daher in Einklang gebracht werden mit der Definition dieses Begriffs im Rahmenbeschluss 2001/500/JI des Rates vom 26. Juni 2001 über Geldwäsche sowie Ermittlung, Einfrieren, Beschlagnahme und Einziehung von Tatwerkzeugen und Erträgen aus Straftaten[5].

(8) Ferner werden durch den Missbrauch des Finanzsystems für die Kanalisierung von für terroristische Zwecke bestimmtem kriminellem oder gar sauberem Geld die Integrität, das Funktionieren, der Ruf und die Stabilität des Finanzsystems ernsthaft gefährdet. Daher sollten die Vorsorgemaßnahmen dieser Richtlinie sich nicht nur auf die Handhabung von aus einer Straftat stammendem Geld

[4] ABl. L 166 vom 28.6.1991, S. 77. Geändert durch die Richtlinie 2001/97/EG des Europäischen Parlaments und des Rates (ABl. L 344 vom 28.12.2001, S. 76).

[5] ABl. L 182 vom 5.7.2001, S. 1.

beziehen, sondern auch auf die Beschaffung von Geldern und Vermögenswerten für terroristische Zwecke.

(9) Die Richtlinie 91/308/EWG sieht zwar die Pflicht zur Feststellung der Identität der Kunden vor, geht jedoch relativ wenig auf die Einzelheiten der entsprechenden Verfahren ein. Angesichts der großen Bedeutung dieses Aspekts der Prävention von Geldwäsche und Terrorismusfinanzierung ist es angebracht, in Übereinstimmung mit den neuen internationalen Standards spezifischere und detailliertere Bestimmungen über die Feststellung der Identität der Kunden und wirtschaftlichen Eigentümer und die Überprüfung ihrer Identität einzuführen. Zu diesem Zweck bedarf es einer genauen Definition des Begriffs "wirtschaftlicher Eigentümer". Wenn die Einzelpersonen, die Begünstigte einer Rechtsperson oder einer Rechtsvereinbarung wie beispielsweise einer Stiftung oder eines Trusts sind, noch bestimmt werden müssen und es daher nicht möglich ist, eine Einzelperson als den wirtschaftlichen Eigentümer zu ermitteln, würde es ausreichen, die Personengruppe festzustellen, die als Begünstigte der Stiftung oder des Trusts vorgesehen ist. Dieses Erfordernis sollte nicht die Feststellung der Identität der Einzelpersonen innerhalb dieser Personengruppe beinhalten.

(10) Die dieser Richtlinie unterliegenden Institute und Personen sollten gemäß dieser Richtlinie die Identität des wirtschaftlichen Eigentümers feststellen und überprüfen. Zur Erfüllung dieser Anforderung sollte es diesen Instituten und Personen überlassen bleiben, ob sie dafür die öffentlichen Aufzeichnungen über die wirtschaftlichen Eigentümer nutzen, ihre Kunden um zweckdienliche Daten bitten oder die Informationen auf andere Art und Weise beschaffen, wobei zu berücksichtigen ist, dass das Ausmaß der Sorgfaltspflichten gegenüber Kunden ("customer due diligence") mit dem Risiko der Geldwäsche und der Terrorismusfinanzierung zusammenhängt, was von der Art des Kunden, der Geschäftsbeziehung, des Produkts oder der Transaktion abhängt.

(11) Kreditverträge, bei denen das Kreditkonto ausschließlich der Abwicklung des Kredits dient und die Kreditrückzahlung von einem Konto eingezogen wird, das im Namen des Kunden bei einem dieser Richtlinie unterliegenden Kreditinstitut nach Maßgabe des Artikels 8 Absatz 1 Buchstaben a bis c eröffnet wurde, sollten generell als Beispiel für weniger riskante Transaktionsarten angesehen werden.

(12) Sofern die Kapitalgeber einer Rechtsperson oder Rechtsvereinbarung eine wesentliche Kontrolle über die Verwendung des Vermögens ausüben, sollten sie als wirtschaftliche Eigentümer betrachtet werden.

(13) Treuhänderbeziehungen sind bei kommerziellen Produkten als international anerkanntes Merkmal von eingehend überwachten Finanzmärkten für Großkunden weit verbreitet. Allein aus dem Umstand, dass in diesem spezifischen Fall eine Treuhänderbeziehung besteht, erwächst keine Verpflichtung, die Identität des wirtschaftlichen Eigentümers festzustellen.

(14) Diese Richtlinie sollte auch für die Tätigkeiten der dieser Richtlinie unterliegenden Institute und Personen gelten, die über das Internet ausgeübt werden.

(15) Da Geldwäscher und Geldgeber des Terrorismus wegen der verschärften Kontrollen im Finanzsektor nach alternativen Möglichkeiten zur Verschleierung des Ursprungs von aus Straftaten stammenden Erlösen suchen und da derartige Kanäle zur Terrorismusfinanzierung genutzt werden können, sollten die in Bezug auf die Bekämpfung der Geldwäsche und der Terrorismusfinanzierung bestehenden Pflichten auf Lebensversicherungsvermittler sowie auf Dienstleister für Trusts und Gesellschaften angewandt werden.

(16) Einrichtungen, für die ein Versicherungsunternehmen rechtlich verantwortlich ist und die daher bereits in den Geltungsbereich dieser Richtlinie fallen, sollten nicht in die Kategorie der Versicherungsvermittler einbezogen werden.

(17) Die Ausübung der Funktion eines Leiters oder eines Geschäftsführers einer Gesellschaft macht die betreffende Person nicht automatisch zum Dienstleister für Trusts und Gesellschaften. Daher fallen unter diese Begriffsbestimmung lediglich Personen, die geschäftsmäßig für einen Dritten die Funktion eines Leiters oder Geschäftsführers einer Gesellschaft ausüben.

(18) Es hat sich wiederholt gezeigt, dass bei Barzahlung hoher Beträge ein sehr großes Risiko der Geldwäsche und der Terrorismusfinanzierung besteht. Daher sollten in denjenigen Mitgliedstaaten, die Barzahlungen über den festgesetzten Schwellenbeträgen zulassen, alle natürlichen oder juristischen Personen, die geschäftsmäßig mit Gütern handeln, bei der Annahme solcher Barzahlungen dieser Richtlinie unterliegen. Personen, die mit hochwertigen Gütern wie Edelsteinen, Edelmetallen oder Kunstwerken handeln, sowie Versteigerer fallen in jedem Fall unter diese Richtlinie, sofern an sie Barzahlungen in Höhe von 15000 EUR oder mehr geleistet werden. Um eine wirksame Überwachung der Einhaltung dieser Richtlinie durch diese potenziell große Gruppe von Instituten und Personen sicherzustellen, können die Mitgliedstaaten ihre Kontrollmaßnahmen entsprechend dem Grundsatz der risikobasierten Beaufsichtigung speziell auf diejenigen natürlichen und juristischen Personen, die mit Gütern handeln, konzentrieren, bei denen ein relativ hohes Risiko der Geldwäsche oder der Terrorismusfinanzierung besteht. Angesichts der unterschiedlichen Situationen in den einzelnen Ländern können die Mitgliedstaaten beschließen, strengere Vorschriften zu erlassen, um auf das mit der Barzahlung hoher Beträge verbundene Risiko angemessen zu reagieren.

(19) Nach der Richtlinie 91/308/EWG fallen auch Notare und andere selbstständige Angehörige von Rechtsberufen unter die Geldwäschebekämpfungsvorschriften der Gemeinschaft; diese Regelung sollte in dieser Richtlinie unverändert beibehalten werden; diese Angehörigen von Rechtsberufen im Sinne der von den Mitgliedstaaten vorgenommenen Definition unterliegen den Bestimmungen dieser Richtlinie, wenn sie sich — einschließlich der Steuerberatung — an Finanz- oder Unternehmenstransaktionen beteiligen, bei denen die Gefahr sehr groß ist, dass ihre Dienste für das Waschen von Erlösen aus kriminellen Tätigkeiten oder für die Zwecke der Terrorismusfinanzierung missbraucht werden.

(20) Wenn selbstständige Angehörige von Berufen der Rechtsberatung, die gesetz-

lich anerkannt sind und überwacht werden, wie beispielsweise Rechtsanwälte, die Rechtslage für einen Klienten beurteilen oder einen Klienten in einem gesetzlich normierten Verfahren vertreten, wäre es nach dieser Richtlinie allerdings nicht angebracht, diese Berufszweige im Hinblick auf diese Tätigkeiten zur Meldung des Verdachts auf Geldwäsche oder Terrorismusfinanzierung zu verpflichten. Es müssen Freistellungen von der Pflicht zur Meldung von Informationen vorgesehen werden, die vor, während oder nach einem Gerichtsverfahren oder im Rahmen der Beurteilung der Rechtslage für einen Klienten erlangt wurden. Folglich unterliegt die Rechtsberatung weiterhin der beruflichen Geheimhaltungspflicht, es sei denn, der Rechtsberater ist an Geldwäsche oder Terrorismusfinanzierung beteiligt, die Rechtsberatung wird zum Zwecke der Geldwäsche oder Terrorismusfinanzierung erteilt oder der Rechtsanwalt weiß, dass der Klient die Rechtsberatung für Zwecke der Geldwäsche oder Terrorismusfinanzierung in Anspruch nimmt.

(21) Unmittelbar vergleichbare Dienstleistungen müssen auf die gleiche Weise behandelt werden, wenn sie von Angehörigen eines der von dieser Richtlinie erfassten Berufszweige erbracht werden. Zur Wahrung der in der Europäischen Konvention zum Schutze der Menschenrechte und Grundfreiheiten und im Vertrag über die Europäische Union verankerten Rechte sollten im Fall von Abschlussprüfern, externen Buchprüfern und Steuerberatern, die in einigen Mitgliedstaaten einen Klienten in einem Gerichtsverfahren verteidigen oder vertreten können oder die Rechtslage für einen Klienten beurteilen können, die von diesen in Ausübung dieser Tätigkeiten erlangten Informationen nicht der Meldepflicht nach dieser Richtlinie unterliegen.

(22) Es sollte anerkannt werden, dass die Gefahr der Geldwäsche und der Terrorismusfinanzierung nicht in allen Fällen gleich hoch ist. Gemäß einem risikobasierten Ansatz sollte in den Gemeinschaftsvorschriften der Grundsatz eingeführt werden, dass in bestimmten Fällen vereinfachte Sorgfaltspflichten gegenüber Kunden zugelassen werden.

(23) Die Ausnahmeregelung betreffend die Identifizierung der wirtschaftlichen Eigentümer von Sammelkonten, die von Notaren oder anderen selbstständigen Angehörigen von Rechtsberufen geführt werden, sollte die Verpflichtungen, die diesen Notaren und anderen selbstständigen Angehörigen von Rechtsberufen gemäß dieser Richtlinie obliegen, unberührt lassen. Dazu gehört die Verpflichtung dieser Notare und anderen selbstständigen Angehörigen von Rechtsberufen, die Identität der wirtschaftlichen Eigentümer der von ihnen geführten Sammelkonten selbst festzustellen.

(24) Ebenso sollte in den Gemeinschaftsvorschriften anerkannt werden, dass in bestimmten Situationen ein erhöhtes Risiko der Geldwäsche oder der Terrorismusfinanzierung besteht. Wenngleich das Identitäts- und Geschäftsprofil sämtlicher Kunden festgestellt werden sollte, gibt es Fälle, in denen eine besonders gründliche Feststellung und Überprüfung der Identität des Kunden erforderlich ist.

(25) Dies gilt besonders für Geschäftsbeziehungen zu Einzelpersonen, die wichti-

ge öffentliche Positionen bekleiden oder bekleidet haben und insbesondere aus Ländern stammen, in denen Korruption weit verbreitet ist. Für den Finanzsektor können bei derartigen Geschäftsbeziehungen insbesondere große Gefahren für seinen Ruf und/oder rechtliche Risiken bestehen. Die internationalen Anstrengungen auf dem Gebiet der Korruptionsbekämpfung rechtfertigen auch eine erhöhte Wachsamkeit bei derartigen Fällen sowie die vollständige Beachtung der normalen Sorgfaltspflichten bei der Feststellung der Kundenidentität inländischer politisch exponierter Personen bzw. der verstärkten Sorgfaltspflichten bei der Feststellung der Kundenidentität politisch exponierter Personen, die in einem anderen Mitgliedstaat oder einem Drittland ansässig sind.

(26) Die Einholung der Zustimmung der Führungsebene zur Aufnahme von Geschäftsbeziehungen sollte nicht die Einholung der Zustimmung der Geschäftsleitung beinhalten, sondern der Zustimmung jener Ebene in der Hierarchie, der die Person, die um eine derartige Zustimmung ersucht, unmittelbar untersteht.

(27) Um eine wiederholte Feststellung der Identität von Kunden zu vermeiden, die zu Verzögerungen und Ineffizienz bei Geschäften führen würde, ist es angebracht, unter der Voraussetzung angemessener Sicherungsmaßnahmen auch die Einführung von Kunden zuzulassen, deren Identität bereits andernorts festgestellt worden ist. In Fällen, in denen ein dieser Richtlinie unterliegendes Institut oder eine dieser Richtlinie unterliegende Person auf Dritte zurückgreift, liegt die endgültige Verantwortung für die Anwendung der Verfahren zur Erfüllung der Sorgfaltspflichten gegenüber dem Kunden bei dem Institut oder der Person, bei dem bzw. der der Kunde eingeführt wird. Auch der Dritte, d. h. die einführende Partei, bleibt, soweit er eine unter diese Richtlinie fallende Beziehung zu dem Kunden unterhält, weiterhin für die Erfüllung der Anforderungen dieser Richtlinie einschließlich der Pflicht zur Meldung verdächtiger Transaktionen und zur Aufbewahrung von Aufzeichnungen verantwortlich.

(28) Im Falle von Vertretungs- oder "Outsourcing"-Verhältnissen auf Vertragsbasis zwischen Instituten oder Personen, die dieser Richtlinie unterliegen, und externen natürlichen oder juristischen Personen, die dieser Richtlinie nicht unterliegen, erwachsen diesen Vertretern oder "Outsourcing"-Dienstleistern als Teil der dieser Richtlinie unterliegenden Institute oder Personen Pflichten zur Bekämpfung der Geldwäsche und der Terrorismusfinanzierung nur aufgrund des Vertrags und nicht aufgrund dieser Richtlinie. Die Verantwortung für die Einhaltung dieser Richtlinie sollte weiterhin bei dem dieser Richtlinie unterliegenden Institut oder der dieser Richtlinie unterliegenden Person liegen.

(29) Verdächtige Transaktionen sollten der zentralen Meldestelle (FIU) gemeldet werden, die als nationale Zentralstelle fungiert und deren Aufgabe es ist, Meldungen verdächtiger Transaktionen und andere Informationen, die potenzielle Geldwäsche oder Terrorismusfinanzierung betreffen, entgegenzunehmen, zu analysieren und an die zuständigen Behörden weiterzugeben. Dies sollte die Mitgliedstaaten nicht zur Änderung ihrer bestehenden Meldesysteme verpflichten, bei denen das Meldeverfahren über die Staatsanwaltschaft oder

andere Strafverfolgungsbehörden erfolgt, sofern die Informationen umgehend und ungefiltert an die zentralen Meldestellen weitergeleitet werden, sodass diese ihre Aufgaben ordnungsgemäß wahrnehmen können, was auch die internationale Zusammenarbeit mit anderen zentralen Meldestellen einschließt.

(30) Abweichend von dem allgemeinen Verbot der Durchführung verdächtiger Transaktionen können die dieser Richtlinie unterliegenden Institute und Personen verdächtige Transaktionen vor Unterrichtung der zuständigen Behörden abwickeln, falls die Nichtabwicklung nicht möglich ist oder falls dadurch die Verfolgung der Nutznießer einer mutmaßlichen Geldwäsche oder Terrorismusfinanzierung behindert werden könnte. Dies sollte jedoch unbeschadet der von den Mitgliedstaaten eingegangenen internationalen Verpflichtungen gelten, Finanzmittel oder andere Vermögenswerte von Terroristen, terroristischen Vereinigungen oder denjenigen, die den Terrorismus finanzieren, entsprechend den einschlägigen Resolutionen des Sicherheitsrates der Vereinten Nationen unverzüglich einzufrieren.

(31) Soweit ein Mitgliedstaat beschließt, Ausnahmen nach Artikel 23 Absatz 2 anzuwenden, kann er zulassen oder vorschreiben, dass die Selbstverwaltungseinrichtung, die die in diesem Artikel genannten Personen vertritt, an die zentrale Meldestelle keine Informationen weitergibt, die sie unter den in diesem Artikel genannten Umständen von diesen Personen erlangt hat.

(32) Es hat bereits eine Reihe von Fällen gegeben, in denen Angestellte, die einen Verdacht auf Geldwäsche gemeldet hatten, bedroht oder angefeindet wurden. Wenngleich mit dieser Richtlinie nicht in die Justizverfahren der Mitgliedstaaten eingegriffen werden kann und soll, ist dieser Aspekt von zentraler Bedeutung für die Wirksamkeit des Systems zur Bekämpfung der Geldwäsche und der Terrorismusfinanzierung. Die Mitgliedstaaten sollten sich dieses Problems bewusst sein und alles in ihren Möglichkeiten Stehende dafür tun, dass Angestellte vor derartigen Bedrohungen oder Anfeindungen geschützt sind.

(33) Die Weitergabe von Informationen gemäß Artikel 28 sollte gemäß den Bestimmungen für die Übermittlung personenbezogener Daten an Drittländer erfolgen, die in der Richtlinie 95/46/EG des Europäischen Parlaments und des Rates vom 24. Oktober 1995 zum Schutz natürlicher Personen bei der Verarbeitung personenbezogener Daten und zum freien Datenverkehr[6] festgelegt sind. Des Weiteren dürfen die Bestimmungen des Artikels 28 die einzelstaatlichen Rechtsvorschriften zum Datenschutz und zum Berufsgeheimnis nicht beeinträchtigen.

(34) Personen, die nur Papierdokumente in elektronische Daten umwandeln und im Rahmen eines Vertrags mit einem Kredit- oder Finanzinstitut tätig sind, fallen nicht in den Geltungsbereich dieser Richtlinie; dies gilt auch für jede natürliche oder juristische Person, die Kredit- oder Finanzinstituten nur eine Nachricht übermittelt oder ihnen ein sonstiges System zur Unterstützung der

---

[6] ABl. L 281 vom 23.11.1995, S. 31. Geändert durch die Verordnung (EG) Nr. 1882/2003 (ABl. L 284 vom 31.10.2003, S. 1).

Übermittlung von Geldmitteln oder ein Verrechnungs- und Saldenausgleichsystem zur Verfügung stellt.

(35) Die Geldwäsche und die Terrorismusfinanzierung sind grenzübergreifende Probleme, und daher sollte auch ihre Bekämpfung grenzübergreifend sein. Kredit- und Finanzinstitute der Gemeinschaft, die Zweigstellen oder Tochterunternehmen in Drittländern haben, in denen die Rechtsvorschriften für diesen Bereich unzureichend sind, sollten den Gemeinschaftsstandard zur Anwendung bringen, um zu vermeiden, dass sehr verschiedene Standards innerhalb eines Instituts oder einer Institutsgruppe zur Anwendung kommen, oder, falls diese Anwendung nicht möglich ist, die zuständigen Behörden des Herkunftsmitgliedstaats benachrichtigen.

(36) Es ist wichtig, dass Kredit- und Finanzinstitute in der Lage sind, rasch auf Anfragen zu antworten, ob sie mit bestimmten Personen Geschäftsbeziehungen unterhalten. Um solche Geschäftsbeziehungen feststellen und die betreffenden Informationen rasch zur Verfügung stellen zu können, sollten die Kredit- und Finanzinstitute über wirksame, dem Umfang und der Art ihres Geschäfts entsprechende Systeme verfügen. Insbesondere für Kreditinstitute und größere Finanzinstitute wären elektronische Systeme zweckmäßig. Besonders wichtig ist diese Bestimmung im Zusammenhang mit Verfahren, die zu Maßnahmen wie dem Einfrieren oder der Beschlagnahme von Vermögenswerten (einschließlich Vermögen von Terroristen) entsprechend den einschlägigen nationalen oder gemeinschaftlichen Rechtsvorschriften im Hinblick auf die Terrorismusbekämpfung führen.

(37) Diese Richtlinie legt detaillierte Bestimmungen für die Sorgfaltspflichten gegenüber Kunden fest, einschließlich einer verstärkten Sorgfaltspflicht bei Kunden oder Geschäftsbeziehungen mit hohem Risiko, wobei etwa durch angemessene Verfahren festgestellt werden soll, ob es sich bei einer Person um eine politisch exponierte Person handelt; sie enthält ferner eine Reihe detaillierterer zusätzlicher Anforderungen, etwa im Hinblick auf Strategien und Verfahren zur Gewährleistung der Einhaltung der einschlägigen Vorschriften. Alle dieser Richtlinie unterliegenden Institute und Personen haben alle diese Anforderungen zu erfüllen, während von den Mitgliedstaaten erwartet wird, die Einzelheiten der Umsetzung dieser Bestimmungen auf die Besonderheiten der verschiedenen Berufe und die Unterschiede in Umfang und Größe der dieser Richtlinie unterliegenden Institute und Personen abzustimmen.

(38) Um sicherzustellen, dass die dem Gemeinschaftsrecht auf diesem Gebiet unterliegenden Institute und sonstigen Rechtssubjekte engagiert bleiben, sollten diese, soweit dies praktikabel ist, eine Rückmeldung über den Nutzen ihrer Meldungen und die daraufhin ergriffenen Maßnahmen erhalten. Zu diesem Zweck und um die Wirksamkeit ihrer Systeme zur Bekämpfung der Geldwäsche und der Terrorismusfinanzierung überprüfen zu können, sollten die Mitgliedstaaten einschlägige Statistiken führen und diese verbessern.

(39) Bei der Eintragung oder Zulassung einer Wechselstube, eines Dienstleisters für Trusts und Gesellschaften oder eines Kasinos auf nationaler Ebene sollten

die zuständigen Behörden sicherstellen, dass die Personen, die die Geschäfte solcher Einrichtungen faktisch führen oder führen werden, und die wirtschaftlichen Eigentümer solcher Einrichtungen über die notwendige Zuverlässigkeit und fachliche Eignung verfügen. Die Kriterien, nach denen bestimmt wird, ob eine Person über die notwendige Zuverlässigkeit und fachliche Eignung verfügt, sollten gemäß den einzelstaatlichen Rechtsvorschriften festgelegt werden. Diese Kriterien sollten zumindest die Notwendigkeit widerspiegeln, solche Einrichtungen vor Missbrauch zu kriminellen Zwecken durch ihre Leiter oder wirtschaftlichen Eigentümer zu schützen.

(40) Angesichts des internationalen Charakters der Geldwäsche und der Terrorismusfinanzierung sollten die Koordinierung und die Zusammenarbeit zwischen den zentralen Meldestellen nach dem Beschluss 2000/642/JI des Rates vom 17. Oktober 2000 über Vereinbarungen für eine Zusammenarbeit zwischen den zentralen Meldestellen der Mitgliedstaaten beim Austausch von Informationen[7], einschließlich der Errichtung des EU-Netzwerks "FIU-NET", weitestmöglich gefördert werden. Zu diesem Zweck sollte die Kommission die Hilfe leisten, die erforderlich ist, um eine solche Koordinierung zu erleichtern, einschließlich finanzieller Unterstützung.

(41) Die Bedeutung der Bekämpfung der Geldwäsche und der Terrorismusfinanzierung sollte die Mitgliedstaaten veranlassen, im nationalen Recht wirksame, verhältnismäßige und abschreckende Sanktionen für den Fall vorzusehen, dass die aufgrund dieser Richtlinie erlassenen nationalen Vorschriften nicht eingehalten werden. Sanktionen sollten für natürliche und juristische Personen vorgesehen werden. Da oft juristische Personen in komplexe Aktivitäten der Geldwäsche oder Terrorismusfinanzierung verwickelt sind, sollten die Sanktionen auch im Hinblick auf die Aktivität von juristischen Personen angepasst werden.

(42) Natürliche Personen, die im Rahmen der Struktur einer juristischen Person, jedoch auf selbstständiger Grundlage eine der in Artikel 2 Absatz 1 Nummer 3 Buchstaben a und b aufgeführten Tätigkeiten ausüben, sollten selbstständig für die Einhaltung der Bestimmungen dieser Richtlinie mit Ausnahme des Artikels 35 verantwortlich sein.

(43) Eine Klärung der technischen Aspekte der Bestimmungen dieser Richtlinie kann erforderlich sein, um eine wirksame und hinreichend kohärente Durchführung dieser Richtlinie unter Berücksichtigung der verschiedenen Finanzinstrumente, Berufe und Risiken in den verschiedenen Mitgliedstaaten und der technischen Entwicklungen bei der Bekämpfung der Geldwäsche und der Terrorismusfinanzierung sicherzustellen. Die Kommission sollte daher ermächtigt werden, nach Anhörung des Ausschusses zur Verhinderung der Geldwäsche und der Terrorismusfinanzierung Durchführungsmaßnahmen zu erlassen, etwa bestimmte Kriterien zur Ermittlung von Situationen mit geringem bzw. hohem Risiko, in denen vereinfachte Sorgfaltspflichten gegenüber Kunden ausrei-

[7] ABl. L 271 vom 24.10.2000, S. 4.

chen könnten bzw. in denen verstärkte Sorgfaltspflichten angemessen wären, sofern durch diese Maßnahmen die wesentlichen Bestandteile dieser Richtlinie nicht geändert werden und die Kommission gemäß den darin festgelegten Grundsätzen handelt.

(44) Die zur Durchführung dieser Richtlinie erforderlichen Maßnahmen sollten gemäß dem Beschluss 1999/468/EG des Rates vom 28. Juni 1999 zur Festlegung der Modalitäten für die Ausübung der der Kommission übertragenen Durchführungsbefugnisse[8] erlassen werden. Zu diesem Zweck sollte ein neuer Ausschuss zur Verhinderung der Geldwäsche und der Terrorismusfinanzierung eingesetzt werden, der an die Stelle des durch die Richtlinie 91/308/EWG geschaffenen Kontaktausschusses "Geldwäsche" tritt.

(45) Die Richtlinie 91/308/EWG sollte angesichts der erforderlichen tiefgreifenden Änderungen und aus Gründen der Klarheit aufgehoben werden.

(46) Da das Ziel dieser Richtlinie, nämlich die Verhinderung der Nutzung des Finanzsystems zum Zwecke der Geldwäsche und der Terrorismusfinanzierung, auf Ebene der Mitgliedstaaten nicht ausreichend erreicht werden kann und daher wegen des Umfangs und der Wirkungen der Maßnahme besser auf Gemeinschaftsebene zu erreichen ist, kann die Gemeinschaft im Einklang mit dem in Artikel 5 des Vertrags verankerten Subsidiaritätsprinzip tätig werden. Entsprechend dem in demselben Artikel niedergelegten Verhältnismäßigkeitsprinzip geht diese Richtlinie nicht über das für die Erreichung dieses Ziels erforderliche Maß hinaus.

(47) Bei der Ausübung ihrer Durchführungsbefugnisse im Sinne dieser Richtlinie sollte die Kommission die folgenden Grundsätze beachten: die Notwendigkeit eines hohen Maßes an Transparenz und einer umfassenden Konsultation der dieser Richtlinie unterliegenden Institute und Personen sowie des Europäischen Parlaments und des Rates; die Notwendigkeit, sicherzustellen, dass die zuständigen Behörden in der Lage sind, die konsequente Einhaltung der Vorschriften zu gewährleisten; die Notwendigkeit, bei jeglichen Durchführungsmaßnahmen das Gleichgewicht zwischen Kosten und Nutzen für die dieser Richtlinie unterliegenden Institute und Personen langfristig zu wahren; die Notwendigkeit, die erforderliche Flexibilität bei der Anwendung von Durchführungsmaßnahmen entsprechend einem risikoorientierten Ansatz sicherzustellen; die Notwendigkeit, die Kohärenz mit anderen Gemeinschaftsvorschriften in diesem Bereich sicherzustellen; die Notwendigkeit, die Gemeinschaft, ihre Mitgliedstaaten und deren Bürger vor den Folgen von Geldwäsche und Terrorismusfinanzierung zu schützen.

(48) Diese Richtlinie steht im Einklang mit den Grundrechten und Grundsätzen, die insbesondere mit der Charta der Grundrechte der Europäischen Union anerkannt wurden. Keine Bestimmung dieser Richtlinie darf in einer Weise ausgelegt oder umgesetzt werden, die nicht mit der Europäischen Menschenrechtskonvention vereinbar ist —

---

[8] ABl. L 184 vom 17.7.1999, S. 23.

HABEN FOLGENDE RICHTLINIE ERLASSEN:

KAPITEL I
GEGENSTAND, GELTUNGSBEREICH UND BEGRIFFSBESTIMMUNGEN

Artikel 1

(1) Die Mitgliedstaaten sorgen dafür, dass Geldwäsche und Terrorismusfinanzierung untersagt werden.

(2) Als Geldwäsche im Sinne dieser Richtlinie gelten die folgenden Handlungen, wenn sie vorsätzlich begangen werden:

a) der Umtausch oder Transfer von Vermögensgegenständen in Kenntnis der Tatsache, dass diese Gegenstände aus einer kriminellen Tätigkeit oder aus der Teilnahme an einer solchen Tätigkeit stammen, zum Zwecke der Verheimlichung oder Verschleierung des illegalen Ursprungs der Vermögensgegenstände oder der Unterstützung von Personen, die an einer solchen Tätigkeit beteiligt sind, damit diese den Rechtsfolgen ihrer Tat entgehen;

b) die Verheimlichung oder Verschleierung der wahren Natur, Herkunft, Lage, Verfügung oder Bewegung von Vermögensgegenständen oder von Rechten oder Eigentum an Vermögensgegenständen in Kenntnis der Tatsache, dass diese Gegenstände aus einer kriminellen Tätigkeit oder aus der Teilnahme an einer solchen Tätigkeit stammen;

c) der Erwerb, der Besitz oder die Verwendung von Vermögensgegenständen, wenn dem Betreffenden bei der Übernahme dieser Vermögensgegenstände bekannt war, dass diese Gegenstände aus einer kriminellen Tätigkeit oder aus der Teilnahme an einer solchen Tätigkeit stammen;

d) die Beteiligung an einer der in den vorstehenden Buchstaben aufgeführten Handlungen, Zusammenschlüsse zur Ausführung einer solchen Handlung, Versuche einer solchen Handlung, Beihilfe, Anstiftung oder Beratung zur Ausführung einer solchen Handlung oder Erleichterung ihrer Ausführung.

(3) Der Tatbestand der Geldwäsche liegt auch dann vor, wenn die Handlungen, die den zu waschenden Vermögensgegenständen zugrunde liegen, im Hoheitsgebiet eines anderen Mitgliedstaats oder eines Drittlandes vorgenommen wurden.

(4) Im Sinne dieser Richtlinie bedeutet "Terrorismusfinanzierung" die Bereitstellung oder Sammlung finanzieller Mittel, gleichviel auf welche Weise, unmittelbar oder mittelbar, mit der Absicht oder in Kenntnis dessen, dass sie ganz oder teilweise dazu verwendet werden, eine der Straftaten im Sinne der Artikel

1 bis 4 des Rahmenbeschlusses 2002/475/JI des Rates vom 13. Juni 2002 zur Terrorismusbekämpfung[9] zu begehen.

(5) Ob Kenntnis, Vorsatz oder Zweck, die ein Merkmal der in den Absätzen 2 und 4 genannten Handlungen sein müssen, vorliegen, kann anhand objektiver Tatumstände festgestellt werden.

Artikel 2

(1) Diese Richtlinie gilt für:
   1. Kreditinstitute;
   2. Finanzinstitute;
   3. die folgenden juristischen oder natürlichen Personen bei der Ausübung ihrer beruflichen Tätigkeit:
      a) Abschlussprüfer, externe Buchprüfer und Steuerberater;
      b) Notare und andere selbstständige Angehörige von Rechtsberufen, wenn sie im Namen und auf Rechnung ihres Klienten Finanz- oder Immobilientransaktionen erledigen oder für ihren Klienten an der Planung oder Durchführung von Transaktionen mitwirken, die Folgendes betreffen:
         i) Kauf und Verkauf von Immobilien oder Gewerbebetrieben,
         ii) Verwaltung von Geld, Wertpapieren oder sonstigen Vermögenswerten ihres Klienten,
         iii) Eröffnung oder Verwaltung von Bank-, Spar- oder Wertpapierkonten,
         iv) Beschaffung der zur Gründung, zum Betrieb oder zur Verwaltung von Gesellschaften erforderlichen Mittel,
         v) Gründung, Betrieb oder Verwaltung von Treuhandgesellschaften, Gesellschaften oder ähnlichen Strukturen;
      c) Dienstleister für Trusts und Gesellschaften, die nicht unter die Buchstaben a oder b fallen;
      d) Immobilienmakler;
      e) andere natürliche oder juristische Personen, die mit Gütern handeln, soweit Zahlungen in bar in Höhe von 15000 EUR oder mehr erfolgen, unabhängig davon, ob die Transaktion in einem einzigen Vorgang oder in mehreren Vorgängen, zwischen denen eine Verbindung zu bestehen scheint, getätigt wird;
      f) Kasinos.

(2) Die Mitgliedstaaten können beschließen, dass juristische und natürliche Personen, die eine Finanztätigkeit nur gelegentlich oder in sehr begrenztem Umfang ausüben und bei denen ein geringes Risiko der Geldwäsche oder der Terrorismusfinanzierung besteht, nicht unter Artikel 3 Absätze 1 oder 2 fallen.

---

[9] ABl. L 164 vom 22.6.2002, S. 3.

Artikel 3

Im Sinne dieser Richtlinie bedeutet:

1. "Kreditinstitut" ein Kreditinstitut im Sinne von Artikel 1 Nummer 1 Unterabsatz 1 der Richtlinie 2000/12/EG des Europäischen Parlaments und des Rates vom 20. März 2000 über die Aufnahme und Ausübung der Tätigkeit der Kreditinstitute[10] sowie — im Sinne von Artikel 1 Nummer 3 jener Richtlinie — eine in der Gemeinschaft gelegene Zweigstelle eines Kreditinstituts mit Sitz innerhalb oder außerhalb der Gemeinschaft;
2. "Finanzinstitut":
   a) ein anderes Unternehmen als ein Kreditinstitut, das eines oder mehrere der in den Nummern 2 bis 12 und 14 der Liste in Anhang I der Richtlinie 2000/12/EG aufgeführten Geschäfte tätigt, einschließlich der Tätigkeiten einer Wechselstube ("bureau de change") oder eines Unternehmens, das das Finanztransfergeschäft betreibt;
   b) ein Versicherungsunternehmen, das gemäß der Richtlinie 2002/83/EG des Europäischen Parlaments und des Rates vom 5. November 2002 über Lebensversicherungen[11] ordnungsgemäß zugelassen ist, soweit es Tätigkeiten ausübt, die unter jene Richtlinie fallen;
   c) eine Wertpapierfirma im Sinne von Artikel 4 Absatz 1 Nummer 1 der Richtlinie 2004/39/EG des Europäischen Parlaments und des Rates vom 21. April 2004 über Märkte für Finanzinstrumente[12];
   d) einen Organismus für die gemeinsame Anlage in Wertpapieren, der seine Anteilscheine oder Anteile vertreibt;
   e) einen Versicherungsvermittler im Sinne von Artikel 2 Nummer 5 der Richtlinie 2002/92/EG des Europäischen Parlaments und des Rates vom 9. Dezember 2002 über Versicherungsvermittlung[13], mit Ausnahme der in Artikel 2 Nummer 7 jener Richtlinie genannten Versicherungsvermittler, wenn er im Zusammenhang mit Lebensversicherungen und anderen Dienstleistungen mit Anlagezweck tätig wird;
   f) in der Gemeinschaft gelegene Zweigstellen von in den Buchstaben a bis e genannten Finanzinstituten, deren Sitz sich innerhalb oder außerhalb der Gemeinschaft befindet;
3. "Vermögensgegenstand" Vermögenswerte aller Art, ob körperlich oder nichtkörperlich, beweglich oder unbeweglich, materiell oder immateriell, und Rechtstitel oder Urkunden in jeder, einschließlich elektronischer oder digitaler Form, die das Eigentumsrecht oder Rechte an solchen Vermögenswerten belegen;

---

[10] ABl. L 126 vom 26.5.2000, S. 1. Zuletzt geändert durch die Richtlinie 2005/1/EG (ABl. L 79 vom 24.3.2005, S. 9).

[11] ABl. L 345 vom 19.12.2002, S. 1. Zuletzt geändert durch die Richtlinie 2005/1/EG.

[12] ABl. L 145 vom 30.4.2004, S. 1.

[13] ABl. L 9 vom 15.1.2003, S. 3.

4. "kriminelle Tätigkeit" jede Form der kriminellen Beteiligung an der Begehung einer schweren Straftat;
5. "schwere Straftaten" zumindest:
   a) Handlungen im Sinne der Artikel 1 bis 4 des Rahmenbeschlusses 2002/475/JI;
   b) alle Straftaten im Sinne von Artikel 3 Absatz 1 Buchstabe a des Übereinkommens der Vereinten Nationen von 1988 gegen den unerlaubten Verkehr mit Suchtstoffen und psychotropen Stoffen;
   c) die Handlungen krimineller Vereinigungen im Sinne von Artikel 1 der Gemeinsamen Maßnahme 98/733/JI des Rates vom 21. Dezember 1998 betreffend die Strafbarkeit der Beteiligung an einer kriminellen Vereinigung in den Mitgliedstaaten der Europäischen Union[14];
   d) Betrug im Sinne von Artikel 1 Absatz 1 und Artikel 2 des Übereinkommens über den Schutz der finanziellen Interessen der Europäischen Gemeinschaften[15], zumindest in schweren Fällen;
   e) Bestechung;
   f) alle Straftaten, die mit einer Freiheitsstrafe oder einer die Freiheit beschränkenden Maßregel der Sicherung und Besserung im Höchstmaß von mehr als einem Jahr oder — in Staaten, deren Rechtssystem ein Mindeststrafmaß für Straftaten vorsieht — die mit einer Freiheitsstrafe oder einer die Freiheit beschränkenden Maßregel der Sicherung und Besserung von mindestens mehr als sechs Monaten belegt werden können;
6. "wirtschaftlicher Eigentümer" die natürliche(n) Person(en), in deren Eigentum oder unter deren Kontrolle der Kunde letztlich steht und/oder die natürliche Person, in deren Auftrag eine Transaktion oder Tätigkeit ausgeführt wird. Der Begriff des wirtschaftlichen Eigentümers umfasst mindestens:
   a) bei Gesellschaften:
      i) die natürliche(n) Person(en), in deren Eigentum oder unter deren Kontrolle eine Rechtsperson über das direkte oder indirekte Halten oder Kontrollieren eines ausreichenden Anteils von Aktien oder Stimmrechten jener Rechtsperson, einschließlich über Beteiligungen in Form von Inhaberaktien, letztlich steht, bei der es sich nicht um eine auf einem geregelten Markt notierte Gesellschaft handelt, die dem Gemeinschaftsrecht entsprechenden Offenlegungsanforderungen bzw. gleichwertigen internationalen Standards unterliegt; ein Anteil von 25% plus einer Aktie gilt als ausreichend, damit dieses Kriterium erfüllt wird;
      ii) die natürliche(n) Person(en), die auf andere Weise die Kontrolle über die Geschäftsleitung einer Rechtsperson ausübt(ausüben);
   b) bei Rechtspersonen, wie beispielsweise Stiftungen, und bei Rechtsvereinbarungen, wie beispielsweise Trusts, die Gelder verwalten oder verteilen:
      i) sofern die künftigen Begünstigten bereits bestimmt wurden, die natür-

[14] ABl. L 351 vom 29.12.1998, S. 1.
[15] ABl. C 316 vom 27.11.1995, S. 49.

liche(n) Person(en), die der(die) Begünstigte(n) von 25% oder mehr des Vermögens einer Rechtsvereinbarung oder Rechtsperson ist(sind);

ii) sofern die Einzelpersonen, die Begünstigte der Rechtsvereinbarung oder Rechtsperson sind, noch nicht bestimmt wurden, die Gruppe von Personen, in deren Interesse hauptsächlich die Rechtsvereinbarung oder die Rechtsperson wirksam ist oder errichtet wurde;

iii) die natürliche(n) Person(en), die eine Kontrolle über 25% oder mehr des Vermögens einer Rechtsvereinbarung oder Rechtsperson ausübt (ausüben);

7. "Dienstleister für Trusts und Gesellschaften" jede natürliche oder juristische Person, die geschäftsmäßig eine der folgenden Dienstleistungen für Dritte erbringt:
   a) Gründung von Gesellschaften oder anderen juristischen Personen;
   b) Ausübung der Funktion eines Leiters oder eines Geschäftsführers einer Gesellschaft, eines Gesellschafters einer Personengesellschaft oder Wahrnehmung einer vergleichbaren Position gegenüber anderen juristischen Personen oder Arrangement für eine andere Person, sodass sie die zuvor genannten Funktionen ausüben kann;
   c) Bereitstellung eines Gesellschaftssitzes, einer Geschäfts-, Verwaltungs- oder Postadresse und anderer damit zusammenhängender Dienstleistungen für eine Gesellschaft, eine Personengesellschaft oder eine andere juristische Person oder Rechtsvereinbarung;
   d) Ausübung der Funktion eines Treuhänders eines Direkttrusts oder einer ähnlichen Rechtsvereinbarung oder Arrangement für eine andere Person, sodass sie die zuvor genannten Funktionen ausüben kann;
   e) Ausübung der Funktion eines nominellen Anteilseigners für eine andere Person, bei der es sich nicht um eine auf einem geregelten Markt notierte Gesellschaft handelt, die dem Gemeinschaftsrecht entsprechenden Offenlegungsanforderungen bzw. gleichwertigen internationalen Standards unterliegt, oder Arrangement für eine andere Person, sodass sie die zuvor genannten Funktionen ausüben kann;
8. "politische exponierte Personen" diejenigen natürlichen Personen, die wichtige öffentliche Ämter ausüben oder ausgeübt haben, und deren unmittelbare Familienmitglieder oder ihnen bekanntermaßen nahe stehende Personen;
9. "Geschäftsbeziehung" jede geschäftliche, berufliche oder kommerzielle Beziehung, die in Verbindung mit den gewerblichen Tätigkeiten der dieser Richtlinie unterliegenden Institute und Personen unterhalten wird und bei der bei Zustandekommen des Kontakts davon ausgegangen wird, dass sie von gewisser Dauer sein wird;
10. "Bank-Mantelgesellschaft (shell bank)" ein Kreditinstitut oder ein gleichwertige Tätigkeiten ausübendes Institut, das in einem Land gegründet wurde, in dem es nicht physisch präsent ist, sodass eine echte Leitung und Verwaltung stattfinden könnten, und das keiner regulierten Finanzgruppe angeschlossen ist.

Artikel 4

(1) Die Mitgliedstaaten sorgen dafür, dass die Bestimmungen dieser Richtlinie ganz oder teilweise auf Berufe und Unternehmenskategorien ausgedehnt werden, die zwar keine Institute und Personen im Sinne von Artikel 2 Absatz 1 sind, jedoch Tätigkeiten ausüben, die besonders geeignet sind, für Zwecke der Geldwäsche und der Terrorismusfinanzierung genutzt zu werden.
(2) Beschließt ein Mitgliedstaat, die Bestimmungen dieser Richtlinie auf andere als die in Artikel 2 Absatz 1 genannten Berufe und Unternehmenskategorien auszudehnen, so teilt er dies der Kommission mit.

Artikel 5

Die Mitgliedstaaten können zur Verhinderung der Geldwäsche und der Terrorismusfinanzierung strengere Vorschriften auf dem unter diese Richtlinie fallenden Gebiet erlassen oder beibehalten.

KAPITEL II
SORGFALTSPFLICHTEN GEGENÜBER KUNDEN
ABSCHNITT 1
Allgemeine Bestimmungen

Artikel 6

Die Mitgliedstaaten untersagen ihren Kredit- und Finanzinstituten das Führen anonymer Konten oder anonymer Sparbücher. Abweichend von Artikel 9 Absatz 6 schreiben die Mitgliedstaaten in allen Fällen vor, dass die Inhaber und Begünstigten bestehender anonymer Konten oder anonymer Sparbücher so bald wie möglich, spätestens jedoch bevor solche Konten oder Sparbücher in irgendeiner Weise verwendet werden, der Anwendung der Sorgfaltspflichten gegenüber Kunden unterworfen werden.

Artikel 7

Die dieser Richtlinie unterliegenden Institute und Personen wenden Sorgfaltspflichten gegenüber Kunden in den nachfolgenden Fällen an:

a) Begründung einer Geschäftsbeziehung;
b) Abwicklung gelegentlicher Transaktionen in Höhe von 15000 EUR oder mehr, und zwar unabhängig davon, ob die Transaktion in einem einzigen Vorgang oder in mehreren Vorgängen, zwischen denen eine Verbindung zu bestehen scheint, getätigt wird;
c) Verdacht auf Geldwäsche oder Terrorismusfinanzierung, ungeachtet etwaiger Ausnahmeregelungen, Befreiungen oder Schwellenwerte;

d) Zweifel an der Echtheit oder der Angemessenheit zuvor erhaltener Kundenidentifikationsdaten.

Artikel 8

(1) Die Sorgfaltspflichten gegenüber Kunden umfassen:
   a) Feststellung der Identität des Kunden und Überprüfung der Kundenidentität auf der Grundlage von Dokumenten, Daten oder Informationen, die von einer glaubwürdigen und unabhängigen Quelle stammen;
   b) gegebenenfalls Feststellung der Identität des wirtschaftlichen Eigentümers und Ergreifung risikobasierter und angemessener Maßnahmen zur Überprüfung von dessen Identität, sodass das dieser Richtlinie unterliegende Institut oder die dieser Richtlinie unterliegende Person davon überzeugt ist, dass es bzw. sie weiß, wer der wirtschaftliche Eigentümer ist; im Falle von juristischen Personen, Trusts und ähnlichen Rechtsvereinbarungen schließt dies risikobasierte und angemessene Maßnahmen ein, um die Eigentums- und die Kontrollstruktur des Kunden zu verstehen;
   c) Einholung von Informationen über Zweck und angestrebte Art der Geschäftsbeziehung;
   d) Durchführung einer kontinuierlichen Überwachung der Geschäftsbeziehung, einschließlich einer Überprüfung der im Verlauf der Geschäftsbeziehung abgewickelten Transaktionen, um sicherzustellen, dass diese mit den Kenntnissen des Instituts oder der Person über den Kunden, seine Geschäftstätigkeit und sein Risikoprofil, einschließlich erforderlichenfalls der Quelle der Mittel, kohärent sind, und Gewährleistung, dass die jeweiligen Dokumente, Daten oder Informationen stets aktualisiert werden.

(2) Die dieser Richtlinie unterliegenden Institute und Personen wenden alle in Absatz 1 genannten Sorgfaltspflichten gegenüber Kunden an, können dabei aber den Umfang dieser Maßnahmen auf risikoorientierter Grundlage je nach Art des Kunden, der Geschäftsbeziehung, des Produkts oder der Transaktion bestimmen. Die dieser Richtlinie unterliegenden Institute und Personen müssen gegenüber den in Artikel 37 genannten zuständigen Behörden, einschließlich der Selbstverwaltungseinrichtungen, nachweisen können, dass der Umfang der Maßnahmen im Hinblick auf die Risiken der Geldwäsche und der Terrorismusfinanzierung als angemessen anzusehen ist.

Artikel 9

(1) Die Mitgliedstaaten schreiben vor, dass die Überprüfung der Identität des Kunden und des wirtschaftlichen Eigentümers vor der Begründung einer Geschäftsbeziehung oder der Abwicklung der Transaktion erfolgt.

(2) Abweichend von Absatz 1 können die Mitgliedstaaten zulassen, dass die Überprüfung der Identität des Kunden und des wirtschaftlichen Eigentümers während der Begründung einer Geschäftsbeziehung abgeschlossen wird, wenn sich

dies als erforderlich erweist, um den normalen Gechäftsablauf nicht zu unterbrechen, und sofern ein geringes Risiko der Geldwäsche oder der Terrorismusfinanzierung besteht. In diesem Fall werden die betreffenden Verfahren möglichst bald nach dem ersten Kontakt abgeschlossen.

(3) Abweichend von den Absätzen 1 und 2 können die Mitgliedstaaten in Bezug auf das Lebensversicherungsgeschäft zulassen, dass die Überprüfung der Identität des Begünstigten aus der Police erst dann erfolgt, wenn die Geschäftsbeziehung begründet worden ist. In diesem Fall erfolgt die Überprüfung zu oder vor dem Zeitpunkt, an dem die Auszahlung vorgenommen wird bzw. an dem der Begünstigte seine Rechte aus der Police in Anspruch zu nehmen beabsichtigt.

(4) Abweichend von den Absätzen 1 und 2 können die Mitgliedstaaten die Eröffnung eines Bankkontos unter der Bedingung erlauben, dass ausreichende Garantien bereitgestellt werden, um sicherzustellen, dass Transaktionen von dem Kunden oder für den Kunden erst vorgenommen werden, nachdem eine vollständige Übereinstimmung mit den oben genannten Bestimmungen erreicht worden ist.

(5) Die Mitgliedstaaten schreiben vor, dass für den Fall, dass die betroffenen Institute oder Personen nicht in der Lage sind, Artikel 8 Absatz 1 Buchstaben a bis c nachzukommen, sie keine Transaktion über ein Bankkonto abwickeln, keine Geschäftsbeziehung begründen oder die Transaktion nicht abwickeln dürfen oder die Geschäftsbeziehung beenden müssen; überdies ist eine Meldung über den Kunden an die zentrale Meldestelle (FIU) in Übereinstimmung mit Artikel 22 in Erwägung zu ziehen.
Die Mitgliedstaaten sind nicht verpflichtet, den vorstehenden Unterabsatz auf Notare, selbstständige Angehörige von Rechtsberufen, Abschlussprüfer, externe Buchprüfer und Steuerberater im Rahmen der Beurteilung der Rechtslage für ihren Klienten oder im Rahmen ihrer Tätigkeit als Verteidiger oder Vertreter dieses Klienten in oder in Zusammenhang mit einem Gerichtsverfahren, einschließlich einer Beratung über das Betreiben oder Vermeiden eines Verfahrens, anzuwenden.

(6) Die Mitgliedstaaten schreiben vor, dass die dieser Richtlinie unterliegenden Institute und Personen die Sorgfaltspflichten nicht nur auf alle neuen Kunden, sondern zu geeigneter Zeit auch auf die bestehende Kundschaft auf risikoorientierter Grundlage anwenden.

Artikel 10

(1) Die Mitgliedstaaten schreiben vor, dass die Identität aller Kunden von Kasinos festgestellt und überprüft wird, wenn sie Spielmarken im Wert von 2000 EUR oder mehr kaufen oder verkaufen.

(2) Den Anforderungen an die Sorgfaltspflicht kommen Kasinos, die einer staatlichen Aufsicht unterliegen, jedenfalls dann nach, wenn sie die Registrierung, Feststellung und Überprüfung der Identität ihrer Besucher unabhängig von

der Höhe der gekauften Spielmarken unmittelbar vor oder bei Betreten der Spielbank vornehmen.

ABSCHNITT 2
Vereinfachte Sorgfaltspflichten gegenüber Kunden

Artikel 11

(1) Abweichend von Artikel 7 Buchstaben a, b und d, Artikel 8 und Artikel 9 Absatz 1 gelten die darin genannten Anforderungen nicht für die dieser Richtlinie unterliegenden Institute und Personen, wenn es sich bei dem Kunden um ein unter diese Richtlinie fallendes Kredit- oder Finanzinstitut oder ein in einem Drittland ansässiges Kredit- oder Finanzinstitut handelt, das dort gleichwertigen Anforderungen wie den in dieser Richtlinie vorgesehenen Anforderungen unterworfen ist und einer Aufsicht in Bezug auf deren Einhaltung unterliegt.

(2) Abweichend von Artikel 7 Buchstaben a, b und d, Artikel 8 und Artikel 9 Absatz 1 können die Mitgliedstaaten den dieser Richtlinie unterliegenden Instituten und Personen gestatten, von den Sorgfaltspflichten gegenüber Kunden abzusehen, und zwar in Bezug auf:

a) börsennotierte Gesellschaften, deren Wertpapiere zum Handel auf einem geregelten Markt im Sinne der Richtlinie 2004/39/EG in einem oder mehreren Mitgliedstaaten zugelassen sind, und börsennotierte Gesellschaften aus Drittländern, die Offenlegungsanforderungen unterliegen, die mit dem Gemeinschaftsrecht kohärent sind,

b) wirtschaftliche Eigentümer von Sammelkonten, die von Notaren oder anderen selbstständigen Angehörigen von Rechtsberufen aus Mitgliedstaaten oder Drittländern gehalten werden, sofern diese internationalen Standards entsprechenden Anforderungen bezüglich der Bekämpfung der Geldwäsche oder der Terrorismusfinanzierung unterworfen sind und einer Aufsicht in Bezug auf deren Einhaltung unterliegen und sofern die Angaben über die Identität des wirtschaftlichen Eigentümers den Instituten, die als Verwahrstellen für die Sammelkonten fungieren, auf Anfrage zugänglich sind,

c) inländische Behörden, oder in Bezug auf sonstige Kunden, bei denen ein geringes Risiko der Geldwäsche oder der Terrorismusfinanzierung besteht und die die gemäß Artikel 40 Absatz 1 Buchstabe b festgelegten technischen Kriterien erfüllen.

(3) In den in den Absätzen 1 und 2 genannten Fällen sammeln die dieser Richtlinie unterliegenden Institute und Personen auf jeden Fall ausreichende Informationen, um feststellen zu können, ob der Kunde für eine Ausnahme im Sinne jener Absätze in Frage kommt.

(4) Die Mitgliedstaaten unterrichten einander und die Kommission über Fälle, in denen ein Drittland ihres Erachtens die in den Absätzen 1 oder 2 festgelegten Bedingungen erfüllt, bzw. in anderen Fällen, in denen die gemäß Artikel 40 Absatz 1 Buchstabe b festgelegten technischen Kriterien erfüllt sind.

(5) Abweichend von Artikel 7 Buchstaben a, b und d, Artikel 8 und Artikel 9 Absatz 1 können die Mitgliedstaaten den dieser Richtlinie unterliegenden Instituten und Personen gestatten, von den Sorgfaltspflichten gegenüber Kunden abzusehen, und zwar in Bezug auf:
   a) Lebensversicherungspolicen, wenn die Höhe der im Laufe des Jahres zu zahlenden Prämien 1000 EUR nicht übersteigt oder wenn bei Zahlung einer einmaligen Prämie diese nicht mehr als 2500 EUR beträgt,
   b) Versicherungspolicen für Rentenversicherungsverträge, sofern die Verträge weder eine Rückkaufklausel enthalten noch als Sicherheit für ein Darlehen dienen können,
   c) Rentensysteme und Pensionspläne bzw. vergleichbare Systeme, die die Altersversorgungsleistungen den Arbeitnehmern zur Verfügung stellen, wobei die Beiträge vom Gehalt abgezogen werden und die Regeln des Systems den Begünstigten nicht gestatten, ihre Rechte zu übertragen,
   d) elektronisches Geld im Sinne von Artikel 1 Absatz 3 Buchstabe b der Richtlinie 2000/46/EG des Europäischen Parlaments und des Rates vom 18. September 2000 über die Aufnahme, Ausübung und Beaufsichtigung der Tätigkeit von E-Geld-Instituten[16], sofern der auf dem Datenträger gespeicherte Betrag — falls der Datenträger nicht wieder aufgeladen werden kann — nicht mehr als 150 EUR beträgt oder sofern — falls der Datenträger wieder aufgeladen werden kann — sich der in einem Kalenderjahr insgesamt abgewickelte Betrag auf nicht mehr als 2500 EUR belaufen darf, außer wenn ein Betrag von 1000 EUR oder mehr in demselben Kalenderjahr von dem Inhaber nach Artikel 3 der Richtlinie 2000/46/EG rückgetauscht wird,

   oder in Bezug auf andere Produkte oder Transaktionen mit einem geringen Risiko der Geldwäsche oder der Terrorismusfinanzierung, die die gemäß Artikel 40 Absatz 1 Buchstabe b festgelegten technischen Kriterien erfüllen.

Artikel 12

Wenn die Kommission eine Entscheidung nach Artikel 40 Absatz 4 trifft, untersagen die Mitgliedstaaten den dieser Richtlinie unterliegenden Instituten und Personen die Anwendung der vereinfachten Sorgfaltspflichten gegenüber Kunden auf Kredit- und Finanzinstitute oder börsennotierte Gesellschaften aus dem betreffenden Drittland oder auf andere Einrichtungen aufgrund von Fällen, in denen die gemäß Artikel 40 Absatz 1 Buchstabe b festgelegten technischen Kriterien erfüllt sind.

---

[16] ABl. L 275 vom 27.10.2000, S. 39.

ABSCHNITT 3
Verstärkte Sorgfaltspflichten gegenüber Kunden

Artikel 13

(1) Die Mitgliedstaaten schreiben vor, dass die dieser Richtlinie unterliegenden Institute und Personen auf risikoorientierter Grundlage verstärkte Sorgfaltspflichten gegenüber Kunden zusätzlich zu den in Artikel 7, Artikel 8 und Artikel 9 Absatz 6 genannten Maßnahmen in Fällen anwenden, bei denen ihrem Wesen nach ein erhöhtes Risiko der Geldwäsche oder der Terrorismusfinanzierung bestehen kann, und zwar zumindest in den in den Absätzen 2, 3 und 4 festgelegten Fällen und in anderen Fällen, bei denen ein hohes Risiko der Geldwäsche oder der Terrorismusfinanzierung besteht und in denen die gemäß Artikel 40 Absatz 1 Buchstabe c festgelegten technischen Kriterien erfüllt sind.

(2) In den Fällen, in denen der Kunde zur Feststellung der Identität nicht physisch anwesend war, schreiben die Mitgliedstaaten vor, dass die betreffenden Institute und Personen spezifische und angemessene Maßnahmen ergreifen, um das erhöhte Risiko auszugleichen, indem sie beispielsweise eine oder mehrere der folgenden Maßnahmen anwenden:

a) Gewährleistung, dass die Kundenidentität durch zusätzliche Dokumente, Daten oder Informationen nachgewiesen wird;
b) ergänzende Maßnahmen zur Überprüfung oder Bestätigung der vorgelegten Dokumente oder Verlangen beweiskräftiger Bestätigungen durch ein dieser Richtlinie unterliegendes Kredit- oder Finanzinstitut;
c) Gewährleistung, dass die erste Zahlung im Rahmen der Transaktionen über ein Konto abgewickelt wird, das im Namen des Kunden bei einem Kreditinstitut eröffnet wurde.

(3) In Bezug auf grenzüberschreitende Korrespondenzbankbeziehungen zu Korrespondenzinstituten aus Drittländern schreiben die Mitgliedstaaten ihren Kreditinstituten vor, dass sie

a) ausreichende Informationen über ein Korrespondenzinstitut sammeln, um die Art seiner Geschäftstätigkeit in vollem Umfang verstehen und auf der Grundlage öffentlich verfügbarer Informationen seinen Ruf und die Qualität der Beaufsichtigung bewerten zu können,
b) die Kontrollen zur Bekämpfung der Geldwäsche und der Terrorismusfinanzierung bewerten, die das Korrespondenzinstitut vornimmt,
c) die Zustimmung der Führungsebene einholen, bevor sie neue Korrespondenzbankbeziehungen eingehen,
d) die jeweiligen Verantwortlichkeiten eines jeden Instituts dokumentieren,
e) sich im Falle von "Durchlaufkonten" ("payable through accounts") vergewissern, dass das Korrespondenzkreditinstitut die Identität der Kunden überprüft hat, die direkten Zugang zu den Konten der Korrespondenzbank haben, und diese Kunden ferner einer kontinuierlichen Überwachung unterzogen hat und dass das Korrespondenzkreditinstitut in der Lage ist,

auf Ersuchen des ersten Instituts entsprechende Daten in Bezug auf diese Sorgfaltspflichten gegenüber Kunden vorzulegen.

(4) Hinsichtlich Transaktionen oder Geschäftsbeziehungen zu politisch exponierten Personen, die in einem anderen Mitgliedstaat oder in einem Drittland ansässig sind, schreiben die Mitgliedstaaten den dieser Richtlinie unterliegenden Instituten und Personen vor,
   a) über angemessene, risikobasierte Verfahren zu verfügen, anhand derer bestimmt werden kann, ob es sich bei dem Kunden um eine politisch exponierte Person handelt oder nicht,
   b) die Zustimmung der Führungsebene eingeholt zu haben, bevor sie Geschäftsbeziehungen mit diesen Kunden aufnehmen,
   c) angemessene Maßnahmen zu ergreifen, mit denen die Herkunft des Vermögens und die Herkunft der Gelder bestimmt werden kann, die im Rahmen der Geschäftsbeziehung oder der Transaktion eingesetzt werden,
   d) die Geschäftsbeziehung einer verstärkten fortlaufenden Überwachung zu unterziehen.

(5) Die Mitgliedstaaten untersagen den Kreditinstituten die Aufnahme oder Fortführung einer Korrespondenzbankbeziehung mit einer Bank-Mantelgesellschaft (shell bank) und schreiben vor, dass die Kreditinstitute angemessene Maßnahmen ergreifen, um dafür zu sorgen, dass sie nicht eine Korrespondenzbankbeziehung mit einer Bank eingehen oder fortführen, von der bekannt ist, dass sie zulässt, dass ihre Konten von einer Bank-Mantelgesellschaft genutzt werden.

(6) Die Mitgliedstaaten sorgen dafür, dass die dieser Richtlinie unterliegenden Institute und Personen jeder Gefahr der Geldwäsche oder der Terrorismusfinanzierung aus Produkten oder Transaktionen, die die Anonymität begünstigen könnten, besondere Aufmerksamkeit widmen und erforderlichenfalls Maßnahmen ergreifen, um ihrer Nutzung für Zwecke der Geldwäsche oder der Terrorismusfinanzierung vorzubeugen.

ABSCHNITT 4
Ausführung durch Dritte

Artikel 14

Die Mitgliedstaaten können dieser Richtlinie unterliegenden Instituten und Personen gestatten, zur Erfüllung der Anforderungen nach Artikel 8 Absatz 1 Buchstaben a bis c auf Dritte zurückzugreifen. Die endgültige Verantwortung für die Erfüllung dieser Anforderungen verbleibt jedoch bei den dieser Richtlinie unterliegenden Instituten oder Personen, die auf Dritte zurückgreifen.

Artikel 15

(1) In den Fällen, in denen ein Mitgliedstaat zulässt, dass die in Artikel 2 Absatz 1 Nummer 1 oder 2 genannten und in seinem Hoheitsgebiet ansässigen Kredit- und Finanzinstitute im Inland als Dritte in Anspruch genommen werden, gestattet er den in Artikel 2 Absatz 1 genannten und in seinem Hoheitsgebiet ansässigen Instituten und Personen auf jeden Fall, das Ergebnis der Anwendung der in Artikel 8 Absatz 1 Buchstaben a bis c festgelegten Sorgfaltspflichten gegenüber Kunden nach Artikel 14 anzuerkennen und zu akzeptieren, die gemäß dieser Richtlinie von einem in Artikel 2 Absatz 1 Nummer 1 oder 2 genannten Institut in einem anderen Mitgliedstaat, mit Ausnahme von Wechselstuben und Unternehmen, die das Finanztransfergeschäft betreiben, durchgeführt wurden und die Anforderungen nach den Artikeln 16 und 18 erfüllen, auch wenn es sich bei den Dokumenten oder Daten, die in Bezug auf diese Anforderungen zugrunde gelegt wurden, um andere Dokumente oder Daten handelt als jene, die in dem Mitgliedstaat vorgeschrieben sind, an den der Kunde verwiesen wird.

(2) In den Fällen, in denen ein Mitgliedstaat zulässt, dass die in Artikel 3 Nummer 2 Buchstabe a genannten und in seinem Hoheitsgebiet ansässigen Wechselstuben und Unternehmen, die das Finanztransfergeschäft betreiben, im Inland als Dritte in Anspruch genommen werden, gestattet er diesen auf jeden Fall, das Ergebnis der Anwendung der in Artikel 8 Absatz 1 Buchstaben a bis c festgelegten Sorgfaltspflichten gegenüber Kunden nach Artikel 14 anzuerkennen und zu akzeptieren, die gemäß dieser Richtlinie von derselben Kategorie von Institut in einem anderen Mitgliedstaat durchgeführt wurden und die Anforderungen nach den Artikeln 16 und 18 erfüllen, auch wenn es sich bei den Dokumenten oder Daten, die in Bezug auf diese Anforderungen zugrunde gelegt wurden, um andere Dokumenten oder Daten handelt als jene, die in dem Mitgliedstaat vorgeschrieben sind, an den der Kunde verwiesen wird.

(3) In den Fällen, in denen ein Mitgliedstaat zulässt, dass die in Artikel 2 Absatz 1 Nummer 3 Buchstaben a bis c genannten und in seinem Hoheitsgebiet ansässigen Personen im Inland als Dritte in Anspruch genommen werden, gestattet er diesen auf jeden Fall, das Ergebnis der Anwendung der in Artikel 8 Absatz 1 Buchstaben a bis c festgelegten Sorgfaltspflichten gegenüber Kunden nach Artikel 14 anzuerkennen und zu akzeptieren, die gemäß dieser Richtlinie von einer in Artikel 2 Absatz 1 Nummer 3 Buchstaben a bis c genannten Person in einem anderen Mitgliedstaat durchgeführt wurden und die Anforderungen nach den Artikeln 16 und 18 erfüllen, auch wenn es sich bei den Dokumenten oder Daten, die in Bezug auf diese Anforderungen zugrunde gelegt wurden, um andere Dokumente oder Daten handelt als jene, die in dem Mitgliedstaat vorgeschrieben sind, an den der Kunde verwiesen wird.

Artikel 16

(1) Im Sinne dieses Abschnitts bedeutet "Dritte"die in Artikel 2 genannten Institute und Personen oder entsprechende Institute oder Personen in einem Drittland, die die folgenden Anforderungen erfüllen:
   a) sie unterliegen einer gesetzlich anerkannten obligatorischen Registrierung hinsichtlich ihres Berufs;
   b) sie wenden Sorgfaltspflichten gegenüber Kunden und Anforderungen zur Aufbewahrung von Unterlagen an, die in dieser Richtlinie festgelegt sind oder diesen entsprechen, und sie unterliegen der Aufsicht gemäß Kapitel V Abschnitt 2, was die Einhaltung der Anforderungen dieser Richtlinie betrifft, oder sie sind in einem Drittland ansässig, das Anforderungen vorschreibt, die denen in dieser Richtlinie entsprechen.

(2) Die Mitgliedstaaten unterrichten einander und die Kommission über Fälle, in denen ein Drittland ihres Erachtens die in Absatz 1 Buchstabe b festgelegten Bedingungen erfüllt.

Artikel 17

Wenn die Kommission eine Entscheidung nach Artikel 40 Absatz 4 trifft, untersagen die Mitgliedstaaten den dieser Richtlinie unterliegenden Instituten und Personen, zur Erfüllung der Anforderungen nach Artikel 8 Absatz 1 Buchstaben a bis c auf Dritte aus dem betreffenden Drittland zurückzugreifen.

Artikel 18

(1) Die Dritten stellen dem dieser Richtlinie unterliegenden Institut oder der dieser Richtlinie unterliegenden Person, an das bzw. die der Kunde sich wendet, unverzüglich die gemäß den Anforderungen nach Artikel 8 Absatz 1 Buchstaben a bis c erforderlichen Informationen zur Verfügung.

(2) Maßgebliche Kopien der Daten hinsichtlich der Feststellung und Überprüfung der Identität des Kunden sowie andere maßgebliche Unterlagen über die Identität des Kunden oder des wirtschaftlichen Eigentümers werden von dem Dritten auf Ersuchen unverzüglich an das dieser Richtlinie unterliegende Institut oder die dieser Richtlinie unterliegende Person weitergeleitet, an das bzw. die der Kunde sich wendet.

Artikel 19

Dieser Abschnitt gilt nicht für "Outsourcing"- oder Vertretungsverhältnisse, bei denen auf der Grundlage einer Vertragsvereinbarung der "Outsourcing"-Dienstleister oder Vertreter als Teil des dieser Richtlinie unterliegenden Instituts bzw. der dieser Richtlinie unterliegenden Person anzusehen ist.

KAPITEL III
MELDEPFLICHTEN
ABSCHNITT 1
Allgemeine Bestimmungen

Artikel 20

Die Mitgliedstaaten schreiben vor, dass die dieser Richtlinie unterliegenden Institute und Personen jeder Tätigkeit besondere Aufmerksamkeit widmen, deren Art ihres Erachtens besonders nahe legt, dass sie mit Geldwäsche oder Terrorismusfinanzierung zusammenhängen könnte, insbesondere komplexe oder unüblich große Transaktionen und alle unüblichen Muster von Transaktionen ohne offensichtlichen wirtschaftlichen oder erkennbaren rechtmäßigen Zweck.

Artikel 21

(1) Jeder Mitgliedstaat richtet eine zentrale Meldestelle zur wirksamen Bekämpfung der Geldwäsche und der Terrorismusfinanzierung ein.
(2) Diese fungiert als nationale Zentralstelle. Ihre Aufgabe ist es, offen gelegte Informationen, die potenzielle Geldwäsche oder potenzielle Terrorismusfinanzierung betreffen oder aufgrund nationaler Vorschriften oder Regelungen erforderlich sind, entgegenzunehmen (und, soweit zulässig, um solche Informationen zu ersuchen), sie zu analysieren und sie an die zuständigen Behörden weiterzugeben. Zur Erfüllung ihrer Aufgaben wird sie mit angemessenen Mitteln ausgestattet.
(3) Die Mitgliedstaaten stellen sicher, dass die zentrale Meldestelle rechtzeitig unmittelbar oder mittelbar Zugang zu den Finanz-, Verwaltungs- und Strafverfolgungsinformationen erhält, die sie zur ordnungsgemäßen Erfüllung ihrer Aufgaben benötigt.

Artikel 22

(1) Die Mitgliedstaaten schreiben vor, dass die dieser Richtlinie unterliegenden Institute und Personen sowie gegebenenfalls deren leitendes Personal und deren Angestellte in vollem Umfang zusammenarbeiten, indem sie
   a) die zentrale Meldestelle von sich aus umgehend informieren, wenn sie wissen, den Verdacht oder berechtigten Grund zu der Annahme haben, dass eine Geldwäsche oder Terrorismusfinanzierung begangen oder zu begehen versucht wurde oder wird,
   b) der zentralen Meldestelle auf Verlangen umgehend alle erforderlichen Auskünfte im Einklang mit den Verfahren erteilen, die in den anzuwendenden Rechtsvorschriften festgelegt sind.
(2) Die in Absatz 1 genannten Informationen werden der zentralen Meldestelle des Mitgliedstaats übermittelt, in dessen Hoheitsgebiet sich das Institut oder

die Person, von dem bzw. der diese Informationen stammen, befindet. Die Übermittlung erfolgt in der Regel durch die Person(en), die nach den in Artikel 34 genannten Verfahren benannt wurde(n).

Artikel 23

(1) Abweichend von Artikel 22 Absatz 1 können die Mitgliedstaaten im Falle der in Artikel 2 Absatz 1 Nummer 3 Buchstaben a und b genannten Personen eine geeignete Selbstverwaltungseinrichtung der betreffenden Berufsgruppe als die Stelle benennen, die anstatt der zentralen Meldestelle als Erste zu unterrichten ist. Unbeschadet des Absatzes 2 leitet die benannte Selbstverwaltungseinrichtung die Informationen in diesen Fällen umgehend und ungefiltert an die zentrale Meldestelle weiter.

(2) Die Mitgliedstaaten sind nicht verpflichtet, die Pflichten des Artikels 22 Absatz 1 auf Notare, selbstständige Angehörige von Rechtsberufen, Abschlussprüfer, externe Buchprüfer und Steuerberater anzuwenden, wenn es sich um Informationen handelt, die diese von einem oder über einen ihrer Klienten im Rahmen der Beurteilung der Rechtslage für diesen erhalten oder erlangen oder die sie im Rahmen ihrer Tätigkeit als Verteidiger oder Vertreter dieses Klienten in einem Gerichtsverfahren oder betreffend ein solches, einschließlich einer Beratung über das Betreiben oder Vermeiden eines Verfahrens, vor oder nach einem derartigen Verfahren bzw. während eines derartigen Verfahrens erhalten oder erlangen.

Artikel 24

(1) Die Mitgliedstaaten schreiben vor, dass die dieser Richtlinie unterliegenden Institute und Personen Transaktionen, von denen sie wissen oder vermuten, dass sie mit Geldwäsche oder Terrorismusfinanzierung zusammenhängen, nicht durchführen, bevor sie die erforderliche Maßnahme nach Artikel 22 Absatz 1 Buchstabe a abgeschlossen haben. Gemäß den Rechtsvorschriften der Mitgliedstaaten kann Weisung erteilt werden, die Transaktion nicht abzuwickeln.

(2) Falls von der Transaktion vermutet wird, dass sie Geldwäsche oder Terrorismusfinanzierung zum Gegenstand hat, und falls der Verzicht auf eine Transaktion nicht möglich ist oder falls dadurch die Verfolgung der Nutznießer einer mutmaßlichen Geldwäsche oder Terrorismusfinanzierung behindert werden könnte, benachrichtigen die betreffenden Institute und Personen die zentrale Meldestelle unmittelbar danach.

Artikel 25

(1) Die Mitgliedstaaten sorgen dafür, dass die in Artikel 37 genannten zuständigen Behörden, wenn sie im Rahmen von Prüfungen, die sie bei den dieser Richtlinie unterliegenden Instituten und Personen durchführen, oder bei anderen

Gelegenheiten auf Tatsachen stoßen, die mit Geldwäsche oder Terrorismusfinanzierung zusammenhängen könnten, umgehend die zentrale Meldestelle unterrichten.

(2) Die Mitgliedstaaten sorgen dafür, dass die Aufsichtsorgane, die aufgrund von Rechts- oder Verwaltungsvorschriften die Aktien-, Devisen- und Finanzderivatmärkte zu überwachen haben, die zentrale Meldestelle unterrichten, wenn sie auf Tatsachen stoßen, die mit Geldwäsche oder Terrorismusfinanzierung zusammenhängen könnten.

Artikel 26

Machen dieser Richtlinie unterliegende Institute oder Personen bzw. Leiter oder Angestellte dieser Institute oder Personen im guten Glauben gemäß Artikel 22 Absatz 1 und Artikel 23 Mitteilung von den in den Artikeln 22 und 23 genannten Informationen, so gilt dies nicht als Verletzung einer vertraglich oder durch Rechts- oder Verwaltungsvorschriften geregelten Beschränkung der Informationsweitergabe und zieht für das Institut oder die Person, deren leitendes Personal oder deren Angestellte keinerlei Haftung nach sich.

Artikel 27

Die Mitgliedstaaten ergreifen alle angemessenen Maßnahmen, um Angestellte der dieser Richtlinie unterliegenden Institute oder Personen, die einen Verdacht auf Geldwäsche oder Terrorismusfinanzierung intern oder der zentralen Meldestelle melden, vor Bedrohungen oder Anfeindungen zu schützen.

ABSCHNITT 2
Verbot der Informationsweitergabe

Artikel 28

(1) Die dieser Richtlinie unterliegenden Institute und Personen sowie ihr leitendes Personal und ihre Angestellten dürfen weder den betroffenen Kunden noch Dritte davon in Kenntnis setzen, dass gemäß den Artikeln 22 und 23 Informationen übermittelt wurden oder dass Ermittlungsverfahren wegen Geldwäsche oder Terrorismusfinanzierung durchgeführt werden oder werden könnten.

(2) Das Verbot nach Absatz 1 bezieht sich nicht auf die Weitergabe von Informationen an die in Artikel 37 genannten zuständigen Behörden, einschließlich der Selbstverwaltungseinrichtungen, oder auf die Weitergabe von Informationen zu Zwecken der Strafverfolgung.

(3) Das Verbot nach Absatz 1 steht einer Informationsweitergabe zwischen den derselben Gruppe im Sinne von Artikel 2 Nummer 12 der Richtlinie 2002/87/EG des Europäischen Parlaments und des Rates vom 16. Dezember

2002 über die zusätzliche Beaufsichtigung der Kreditinstitute, Versicherungsunternehmen und Wertpapierfirmen eines Finanzkonglomerats[17] angehörenden Instituten aus Mitgliedstaaten oder aus Drittländern nicht entgegen, sofern sie die Bedingungen nach Artikel 11 Absatz 1 erfüllen.

(4) Das Verbot nach Absatz 1 steht einer Informationsweitergabe zwischen den in Artikel 2 Absatz 1 Nummer 3 Buchstaben a und b genannten Personen aus Mitgliedstaaten oder aus Drittländern, in denen dieser Richtlinie gleichwertige Anforderungen gelten, nicht entgegen, sofern die betreffenden Personen ihre berufliche Tätigkeit, ob als Angestellte oder nicht, in derselben juristischen Person oder in einem Netzwerk ausüben. Für die Zwecke dieses Artikels ist unter einem "Netzwerk" die umfassendere Struktur zu verstehen, der die Person angehört und die gemeinsame Eigentümer oder eine gemeinsame Leitung hat oder über eine gemeinsame Kontrolle in Bezug auf die Einhaltung der einschlägigen Vorschriften verfügt.

(5) Bei den in Artikel 2 Absatz 1 Nummern 1 und 2 sowie Nummer 3 Buchstaben a und b genannten Instituten oder Personen steht das Verbot nach Absatz 1 in Fällen, die sich auf denselben Kunden und dieselbe Transaktion beziehen, an der zwei oder mehr Institute oder Personen beteiligt sind, einer Informationsweitergabe zwischen den betreffenden Instituten oder Personen nicht entgegen, sofern sie in einem Mitgliedstaat oder in einem Drittland gelegen sind, in dem dieser Richtlinie gleichwertige Anforderungen gelten, und sofern sie aus derselben Berufskategorie stammen und für sie gleichwertige Verpflichtungen in Bezug auf das Berufsgeheimnis und den Schutz personenbezogener Daten gelten. Die ausgetauschten Informationen dürfen ausschließlich für die Zwecke der Verhinderung der Geldwäsche und der Terrorismusfinanzierung verwendet werden.

(6) Wenn die in Artikel 2 Absatz 1 Nummer 3 Buchstaben a und b genannten Personen sich bemühen, einen Klienten davon abzuhalten, eine rechtswidrige Handlung zu begehen, so gilt dies nicht als Informationsweitergabe im Sinne von Absatz 1.

(7) Die Mitgliedstaaten unterrichten einander und die Kommission über Fälle, in denen ein Drittland ihres Erachtens die in den Absätzen 3, 4 oder 5 festgelegten Bedingungen erfüllt.

Artikel 29

Wenn die Kommission eine Entscheidung nach Artikel 40 Absatz 4 trifft, untersagen die Mitgliedstaaten eine Informationsweitergabe zwischen den dieser Richtlinie unterliegenden Instituten und Personen und Instituten und Personen aus dem betreffenden Drittland.

[17] ABl. L 35 vom 11.2.2003, S. 1.

KAPITEL IV
AUFBEWAHRUNG VON AUFZEICHNUNGEN UND STATISTISCHE DATEN

Artikel 30

Die Mitgliedstaaten schreiben vor, dass die dieser Richtlinie unterliegenden Institute und Personen die nachstehenden Dokumente und Informationen im Hinblick auf die Verwendung in Ermittlungsverfahren wegen möglicher Geldwäsche oder Terrorismusfinanzierung oder im Hinblick auf die Durchführung entsprechender Analysen durch die zentrale Meldestelle oder andere zuständige Behörden gemäß dem nationalen Recht aufbewahren:

a) bei Kundendaten, die mit der gebührenden Sorgfalt ermittelt wurden, eine Kopie oder Referenzangaben der verlangten Dokumente für die Dauer von mindestens fünf Jahren nach Beendigung der Geschäftsbeziehung mit dem Kunden;
b) bei Geschäftsbeziehungen und Transaktionen die Belege und Aufzeichnungen, als Originale oder als Kopien, die nach den innerstaatlichen Rechtsvorschriften in Gerichtsverfahren anerkannt werden, für die Dauer von mindestens fünf Jahren nach Durchführung der Transaktion oder nach Beendigung der Geschäftsbeziehung.

Artikel 31

(1) Die Mitgliedstaaten schreiben vor, dass die dieser Richtlinie unterliegenden Kredit- und Finanzinstitute, auch — sofern vorhanden — in ihren Zweigstellen und den mehrheitlich in ihrem Besitz befindlichen Tochterunternehmen in Drittländern Maßnahmen anwenden, die zumindest denen entsprechen, die in dieser Richtlinie im Hinblick auf die Sorgfaltspflichten gegenüber Kunden und die Aufbewahrung von Aufzeichnungen festgelegt sind.
Ist die Anwendung entsprechender Maßnahmen nach den Rechtsvorschriften des betreffenden Drittlands nicht zulässig, so verpflichten die Mitgliedstaaten die betreffenden Kredit- und Finanzinstitute, die zuständigen Behörden des jeweiligen Herkunftsmitgliedstaats hiervon zu unterrichten.

(2) Die Mitgliedstaaten und die Kommission unterrichten einander über Fälle, in denen die Anwendung der nach Absatz 1 Unterabsatz 1 erforderlichen Maßnahmen nach den Rechtsvorschriften eines Drittlands nicht zulässig ist und eine Lösung im Rahmen eines abgestimmten Vorgehens angestrebt werden könnte.

(3) Die Mitgliedstaaten schreiben vor, dass in Fällen, in denen die Anwendung der nach Absatz 1 Unterabsatz 1 erforderlichen Maßnahmen nach den Rechtsvorschriften eines Drittlands nicht zulässig ist, die Kredit- und Finanzinstitute

zusätzliche Maßnahmen ergreifen, um dem Risiko der Geldwäsche oder der Terrorismusfinanzierung wirkungsvoll zu begegnen.

Artikel 32

Die Mitgliedstaaten schreiben vor, dass ihre Kredit- und Finanzinstitute Systeme einrichten, die es ihnen ermöglichen, auf Anfragen der zentralen Meldestelle oder anderer Behörden gemäß ihrem nationalen Recht vollständig und rasch darüber Auskunft zu geben, ob sie mit bestimmten natürlichen oder juristischen Personen eine Geschäftsbeziehung unterhalten oder während der letzten fünf Jahre unterhalten haben, sowie über die Art dieser Geschäftsbeziehung.

Artikel 33

(1) Die Mitgliedstaaten stellen sicher, dass sie die Wirksamkeit ihrer Systeme zur Bekämpfung der Geldwäsche oder der Terrorismusfinanzierung überprüfen können, und führen zu diesem Zweck umfassende Statistiken zu den für die Wirksamkeit solcher Systeme relevanten Faktoren.
(2) Diese Statistiken erfassen zumindest die Anzahl der bei der zentralen Meldestelle eingegangenen Verdachtsmeldungen, die im Anschluss daran ergriffenen Maßnahmen und, bezogen auf ein Jahr, die Zahl der untersuchten Fälle, die Zahl der verfolgten Personen, die Zahl der wegen Delikten der Geldwäsche oder der Terrorismusfinanzierung verurteilten Personen und den Umfang der eingefrorenen, beschlagnahmten oder eingezogenen Vermögensgegenstände.
(3) Die Mitgliedstaaten sorgen dafür, dass eine konsolidierte Zusammenfassung dieser statistischen Berichte veröffentlicht wird.

KAPITEL V
DURCHSETZUNGSMASSNAHMEN
ABSCHNITT 1
Interne Verfahren, Schulungen und Rückmeldung

Artikel 34

(1) Die Mitgliedstaaten schreiben vor, dass die dieser Richtlinie unterliegenden Institute und Personen angemessene und geeignete Strategien und Verfahren für die Sorgfaltspflichten gegenüber Kunden, Verdachtsmeldungen, die Aufbewahrung von Aufzeichnungen, die interne Kontrolle, die Risikobewertung, das Risikomanagement, die Gewährleistung der Einhaltung der einschlägigen Vorschriften und die Kommunikation einführen, um Transaktionen, die mit Geldwäsche oder Terrorismusfinanzierung zusammenhängen, vorzubeugen und zu verhindern.
(2) Die Mitgliedstaaten schreiben vor, dass die dieser Richtlinie unterliegenden Kredit- und Finanzinstitute die einschlägigen Strategien und Verfahren ihren

— sofern vorhanden — Zweigstellen und mehrheitlich in ihrem Besitz befindlichen Tochterunternehmen in Drittländern mitteilen.

Artikel 35

(1) Die Mitgliedstaaten schreiben vor, dass die dieser Richtlinie unterliegenden Institute und Personen ihre betroffenen Mitarbeiter durch geeignete Maßnahmen mit den auf der Grundlage dieser Richtlinie geltenden Bestimmungen vertraut machen.
Diese Maßnahmen schließen die Teilnahme der betroffenen Mitarbeiter an besonderen Fortbildungsprogrammen ein, damit sie lernen, möglicherweise mit Geldwäsche oder Terrorismusfinanzierung zusammenhängende Transaktionen zu erkennen und sich in solchen Fällen richtig zu verhalten.
Falls eine natürliche Person, die unter eine der in Artikel 2 Absatz 1 Nummer 3 genannten Kategorien fällt, ihre berufliche Tätigkeit als Angestellter einer juristischen Person ausübt, gelten die in diesem Abschnitt genannten Pflichten nicht für die natürliche, sondern vielmehr für diese juristische Person.

(2) Die Mitgliedstaaten sorgen dafür, dass die dieser Richtlinie unterliegenden Institute und Personen Zugang zu aktuellen Informationen über Methoden der Geldwäsche und der Terrorismusfinanzierung und über Anhaltspunkte erhalten, an denen sich verdächtige Transaktionen erkennen lassen.

(3) Die Mitgliedstaaten sorgen dafür, dass eine zeitgerechte Rückmeldung in Bezug auf die Wirksamkeit von Verdachtsmeldungen bei Geldwäsche oder Terrorismusfinanzierung und die daraufhin getroffenen Maßnahmen erfolgt, soweit dies praktikabel ist.

ABSCHNITT 2
Aufsicht

Artikel 36

(1) Die Mitgliedstaaten sehen vor, dass Wechselstuben und Dienstleister für Trusts und Gesellschaften zugelassen oder eingetragen und dass Kasinos zugelassen sein müssen, um ihr Gewerbe legal betreiben zu können. Unbeschadet künftiger Rechtsvorschriften der Gemeinschaft sehen die Mitgliedstaaten vor, dass Unternehmen, die das Finanztransfergeschäft betreiben, zugelassen oder eingetragen sein müssen, um ihr Gewerbe legal betreiben zu können.

(2) Die Mitgliedstaaten schreiben den zuständigen Behörden vor, die Zulassung oder Eintragung der in Absatz 1 genannten Einrichtungen zu verweigern, wenn sie nicht davon überzeugt sind, dass die Personen, die die Geschäfte solcher Einrichtungen faktisch führen oder führen werden, oder die wirtschaftlichen Eigentümer solcher Einrichtungen über die notwendige Zuverlässigkeit und fachliche Eignung verfügen.

Artikel 37

(1) Die Mitgliedstaaten schreiben vor, dass die zuständigen Behörden zumindest wirksam überwachen, ob alle dieser Richtlinie unterliegenden Institute und Personen die darin festgelegten Anforderungen einhalten, und dass sie die erforderlichen Maßnahmen treffen, um deren Einhaltung sicherzustellen.

(2) Die Mitgliedstaaten sorgen dafür, dass die zuständigen Behörden über angemessene Befugnisse, einschließlich der Möglichkeit, alle Auskünfte in Bezug auf die Überwachung der Einhaltung der einschlägigen Vorschriften zu verlangen und Kontrollen durchzuführen, sowie über die zur Wahrnehmung ihrer Aufgaben angemessenen Mittel verfügen.

(3) Im Falle von Kredit- und Finanzinstituten sowie Kasinos verfügen die zuständigen Behörden über gesteigerte Aufsichtsbefugnisse, insbesondere über die Möglichkeit, Prüfungen vor Ort durchzuführen.

(4) Im Falle der in Artikel 2 Absatz 1 Nummer 3 Buchstaben a bis e genannten natürlichen und juristischen Personen können die Mitgliedstaaten zulassen, dass die in Absatz 1 genannten Aufgaben auf risikoorientierter Grundlage durchgeführt werden.

(5) Im Falle der in Artikel 2 Absatz 1 Nummer 3 Buchstaben a und b genannten Personen können die Mitgliedstaaten zulassen, dass die in Absatz 1 genannten Aufgaben von Selbstverwaltungseinrichtungen durchgeführt werden, sofern diese Absatz 2 genügen.

ABSCHNITT 3
Zusammenarbeit

Artikel 38

Die Kommission leistet die erforderliche Unterstützung, um die Koordinierung, einschließlich des Informationsaustauschs zwischen den zentralen Meldestellen innerhalb der Gemeinschaft, zu erleichtern.

ABSCHNITT 4
Sanktionen

Artikel 39

(1) Die Mitgliedstaaten stellen sicher, dass die dieser Richtlinie unterliegenden natürlichen und juristischen Personen für Verstöße gegen die nach dieser Richtlinie erlassenen nationalen Vorschriften verantwortlich gemacht werden können. Die Sanktionen müssen wirksam, verhältnismäßig und abschreckend sein.

(2) Unbeschadet des Rechts der Mitgliedstaaten, strafrechtliche Sanktionen zu verhängen, sorgen die Mitgliedstaaten entsprechend ihrem nationalen Recht

dafür, dass bei Verstößen gegen die aufgrund dieser Richtlinie erlassenen nationalen Vorschriften gegen Kredit- und Finanzinstitute geeignete Verwaltungsmaßnahmen ergriffen oder verwaltungsrechtliche Sanktionen verhängt werden können. Die Mitgliedstaaten sorgen dafür, dass diese Maßnahmen oder Sanktionen wirksam, verhältnismäßig und abschreckend sind.

(3) Im Falle juristischer Personen stellen die Mitgliedstaaten sicher, dass diese zumindest für Verstöße nach Absatz 1 verantwortlich gemacht werden können, die zu ihren Gunsten von einer Person begangen wurden, die entweder allein oder als Teil eines Organs der juristischen Person gehandelt hat und eine Führungsposition innerhalb der juristischen Person aufgrund

a) der Befugnis zur Vertretung der juristischen Person,
b) der Befugnis, Entscheidungen im Namen der juristischen Person zu treffen, oder
c) einer Kontrollbefugnis innerhalb der juristischen Person innehat.

(4) Neben den in Absatz 3 vorgesehenen Fällen stellen die Mitgliedstaaten sicher, dass juristische Personen verantwortlich gemacht werden können, wenn mangelnde Überwachung oder Kontrolle durch eine in Absatz 3 genannte Person die Begehung von Verstößen nach Absatz 1 zugunsten der juristischen Person durch eine ihr unterstellte Person ermöglicht hat.

KAPITEL VI
DURCHFÜHRUNGSMASSNAHMEN

Artikel 40

(1) Um den technischen Entwicklungen bei der Bekämpfung der Geldwäsche oder der Terrorismusfinanzierung Rechnung zu tragen und eine einheitliche Durchführung dieser Richtlinie sicherzustellen, kann die Kommission nach dem in Artikel 41 Absatz 2 genannten Verfahren die folgenden Durchführungsmaßnahmen erlassen:

a) Klärung der technischen Aspekte der Begriffsbestimmungen in Artikel 3 Nummer 2 Buchstaben a und d sowie Nummern 6, 7, 8, 9 und 10;
b) Festlegung von technischen Kriterien für die Beurteilung der Frage, ob in den Fällen nach Artikel 11 Absätze 2 und 5 ein geringes Risiko der Geldwäsche oder der Terrorismusfinanzierung besteht;
c) Festlegung von technischen Kriterien für die Beurteilung der Frage, ob in den Fällen nach Artikel 13 ein hohes Risiko der Geldwäsche oder der Terrorismusfinanzierung besteht;
d) Festlegung von technischen Kriterien für die Beurteilung der Frage, ob es entsprechend Artikel 2 Absatz 2 gerechtfertigt ist, bestimmte juristische oder natürliche Personen, die nur gelegentlich oder in sehr eingeschränktem Umfang Finanzgeschäfte tätigen, von der Anwendung dieser Richtlinie auszunehmen.

(2) Auf jeden Fall erlässt die Kommission die ersten Durchführungsmaßnahmen zur Umsetzung von Absatz 1 Buchstaben b und d bis zum 15. Juni 2006.

(3) Die Kommission passt die in Artikel 2 Absatz 1 Nummer 3 Buchstabe e, Artikel 7 Buchstabe b, Artikel 10 Absatz 1 und Artikel 11 Absatz 5 Buchstaben a und d genannten Beträge nach dem in Artikel 41 Absatz 2 genannten Verfahren unter Berücksichtigung der Rechtsvorschriften der Gemeinschaft, der wirtschaftlichen Entwicklungen sowie der Änderung internationaler Standards an.

(4) Stellt die Kommission fest, dass ein Drittland die in Artikel 11 Absatz 1 oder 2, Artikel 28 Absatz 3, 4 oder 5 bzw. die in den Maßnahmen nach Absatz 1 Buchstabe b des vorliegenden Artikels oder Artikel 16 Absatz 1 Buchstabe b festgelegten Bedingungen nicht erfüllt oder dass die Anwendung der nach Artikel 31 Absatz 1 Unterabsatz 1 erforderlichen Maßnahmen nach den Rechtsvorschriften dieses Drittlandes nicht zulässig ist, so trifft sie nach dem in Artikel 41 Absatz 2 genannten Verfahren eine entsprechende Entscheidung.

Artikel 41

(1) Die Kommission wird von einem Ausschuss zur Verhinderung der Geldwäsche und der Terrorismusfinanzierung (nachstehend "Ausschuss" genannt) unterstützt.

(2) Wird auf diesen Absatz Bezug genommen, so gelten die Artikel 5 und 7 des Beschlusses 1999/468/EG unter Beachtung von dessen Artikel 8, sofern die nach diesem Verfahren erlassenen Durchführungsmaßnahmen die wesentlichen Bestimmungen dieser Richtlinie nicht ändern.
Die Frist nach Artikel 5 Absatz 6 des Beschlusses 1999/468/EG wird auf drei Monate festgesetzt.

(3) Der Ausschuss gibt sich eine Geschäftsordnung.

(4) Unbeschadet der bereits erlassenen Durchführungsmaßnahmen wird die Durchführung derjenigen Bestimmungen dieser Richtlinie, die den Erlass technischer Regeln und Entscheidungen nach dem in Absatz 2 genannten Verfahren betreffen, vier Jahre nach dem Inkrafttreten dieser Richtlinie ausgesetzt. Das Europäische Parlament und der Rat können die betreffenden Bestimmungen auf Vorschlag der Kommission nach dem Verfahren des Artikels 251 des Vertrags verlängern und überprüfen sie zu diesem Zweck vor Ablauf der Vierjahresfrist.

KAPITEL VII
SCHLUSSBESTIMMUNGEN

Artikel 42

Die Kommission erstellt bis zum 15. Dezember 2009 und in der Folgezeit mindestens alle drei Jahre einen Bericht über die Durchführung dieser Richtlinie und legt ihn dem Europäischen Parlament und dem Rat vor. In dem ersten derartigen Bericht nimmt die Kommission eine spezifische Prüfung der Behandlung von Rechtsanwälten und anderen selbstständigen Angehörigen von Rechtsberufen vor.

Artikel 43

Die Kommission legt dem Europäischen Parlament und dem Rat bis zum 15. Dezember 2010 einen Bericht über die Schwellensätze in Artikel 3 Nummer 6 vor und berücksichtigt dabei besonders den möglichen Nutzen und die möglichen Folgen einer Herabsetzung des in Artikel 3 Nummer 6 Buchstabe a Ziffer i und Buchstabe b Ziffern i und iii genannten Prozentanteils von 25 % auf 20 %. Auf der Grundlage dieses Berichts kann die Kommission einen Vorschlag zur Änderung dieser Richtlinie vorlegen.

Artikel 44

Die Richtlinie 91/308/EWG wird aufgehoben.
Bezugnahmen auf die aufgehobene Richtlinie gelten als Bezugnahmen auf die vorliegende Richtlinie und sind nach der Entsprechungstabelle im Anhang zu lesen.

Artikel 45

(1) Die Mitgliedstaaten setzen die Rechts- und Verwaltungsvorschriften in Kraft, die erforderlich sind, um dieser Richtlinie spätestens bis zum 15. Dezember 2007 nachzukommen. Sie teilen der Kommission unverzüglich den Wortlaut dieser Vorschriften mit und übermitteln ihr eine Tabelle der Entsprechungen zwischen den Bestimmungen dieser Richtlinie und den von ihnen erlassenen innerstaatlichen Vorschriften.
Wenn die Mitgliedstaaten diese Vorschriften erlassen, nehmen sie in den Vorschriften selbst oder durch einen Hinweis bei der amtlichen Veröffentlichung auf diese Richtlinie Bezug. Die Mitgliedstaaten regeln die Einzelheiten der Bezugnahme.

(2) Die Mitgliedstaaten teilen der Kommission den Wortlaut der wichtigsten innerstaatlichen Rechtsvorschriften mit, die sie auf dem unter diese Richtlinie fallenden Gebiet erlassen.

Artikel 46

Diese Richtlinie tritt am zwanzigsten Tag nach ihrer Veröffentlichung im Amtsblatt der Europäischen Union in Kraft.

Artikel 47

Diese Richtlinie ist an die Mitgliedstaaten gerichtet.
Geschehen zu Straßburg am 26. Oktober 2005.

Im Namen des Europäischen Parlaments
Der Präsident
J. Borrell Fontelles

Im Namen des Rates
Der Präsident
D. Alexander

ENTSPRECHUNGSTABELLE

Diese Richtlinie	Richtlinie 91/308/EWG
Artikel 1 Absatz 2	Artikel 2
Artikel 1 Absatz 2	Artikel 1Buchstabe C
Artikel 1 Absatz 2 Buchstabe a	Artikel 1 Buchstabe C Nummer 1
Artikel 1 Absatz 2 Buchstabe b	Artikel 1 Buchstabe C Nummer 2
Artikel 1 Absatz 2 Buchstabe c	Artikel 1 Buchstabe C Nummer 3
Artikel 1 Absatz 2 Buchstabe d	Artikel 1 Buchstabe C Nummer 4
Artikel 1 Absatz 3	Artikel 1 Buchstabe C Nummer 3
Artikel 1 Absatz 4	
Artikel 1 Absatz 5	Artikel 1 Buchstabe C Absatz 2
Artikel 2 Absatz 1 Nummer 1	Artikel 2a Nummer 1
Artikel 2 Absatz 1 Nummer 2	Artikel 2a Nummer 2
Artikel 2 Absatz 1 Nummer 3 Buchstaben a, b und d bis f	Artikel 2a Nummern 3 bis 7
Artikel 2 Absatz 1 Nummer 3 Buchstabe c	
Artikel 2 Absatz 2	
Artikel 3 Nummer 1	Artikel 1 Buchstabe A
Artikel 3 Nummer 2 Buchstabe a	Artikel 1 Buchstabe B Nummer 1
Artikel 3 Nummer 2 Buchstabe b	Artikel 1 Buchstabe B Nummer 2
Artikel 3 Nummer 2 Buchstabe c	Artikel 1 Buchstabe B Nummer 3

Artikel 3 Nummer 2 Buchstabe d	Artikel 1 Buchstabe B Nummer 4
Artikel 3 Nummer 2 Buchstabe e	
Artikel 3 Nummer 2 Buchstabe f	Artikel 1 Buchstabe B Absatz 2
Artikel 3 Nummer 3	Artikel 1 Buchstabe D
Artikel 3 Nummer 4	Artikel 1 Buchstabe E Unterabsatz 1
Artikel 3 Nummer 5	Artikel 1 Buchstabe E Unterabsatz 2
Artikel 3 Nummer 5 Buchstabe a	
Artikel 3 Nummer 5 Buchstabe b	Artikel 1 Buchstabe E erster Gedankenstrich
Artikel 3 Nummer 5 Buchstabe c	Artikel 1 Buchstabe E zweiter Gedankenstrich
Artikel 3 Nummer 5 Buchstabe d	Artikel 1 Buchstabe E dritter Gedankenstrich
Artikel 3 Nummer 5 Buchstabe e	Artikel 1 Buchstabe E vierter Gedankenstrich
Artikel 3 Nummer 5 Buchstabe f	Artikel 1 Buchstabe E fünfter Gedankenstrich und Unterabsatz 3
Artikel 3 Nummer 6	
Artikel 3 Nummer 7	
Artikel 3 Nummer 8	
Artikel 3 Nummer 9	
Artikel 3 Nummer 10	
Artikel 4	Artikel 12
Artikel 5	Artikel 15
Artikel 6	
Artikel 7 Buchstabe a	Artikel 3 Absatz 1
Artikel 7 Buchstabe b	Artikel 3 Absatz 2
Artikel 7 Buchstabe c	Artikel 3 Absatz 8
Artikel 7 Buchstabe d	Artikel 3 Absatz 7
Artikel 8 Absatz 1 Buchstabe a	Artikel 3 Absatz 1
Artikel 8 Absatz 1 Buchstabe b bis d	
Artikel 8 Absatz 2	
Artikel 9 Absatz 1	Artikel 3 Absatz 1
Artikel 9 Absatz 2 bis 6	
Artikel 10	Artikel 3 Absätze 5 und 6
Artikel 11 Absatz 1	Artikel 3 Absatz 9
Artikel 11 Absatz 2	
Artikel 11 Absatz 3 und 4	
Artikel 11 Absatz 5 Buchstabe a	Artikel 3 Absatz 3

Artikel 11 Absatz 5 Buchstabe b	Artikel 3 Absatz 4
Artikel 11 Absatz 5 Buchstabe c	Artikel 3 Absatz 4
Artikel 11 Absatz 5 Buchstabe d	
Artikel 12	
Artikel 13 Absätze 1 und 2	Artikel 3 Absätze 10 und 11
Artikel 13 Absätze 3 bis 5	
Artikel 13 Absatz 6	Artikel 5
Artikel 14	
Artikel 15	
Artikel 16	
Artikel 17	
Artikel 18	
Artikel 19	
Artikel 20	Artikel 5
Artikel 21	
Artikel 22	Artikel 6 Absätze 1 und 2
Artikel 23	Artikel 6 Absatz 3
Artikel 24	Artikel 7
Artikel 25	Artikel 10
Artikel 26	Artikel 9
Artikel 27	
Artikel 28 Absatz 1	Artikel 8 Absatz 1
Artikel 28 Absätze 2 bis 7	
Artikel 29	
Artikel 30 Buchstabe a	Artikel 4 erster Gedankenstrich
Artikel 30 Buchstabe b	Artikel 4 zweiter Gedankenstrich
Artikel 31	
Artikel 32	
Artikel 33	
Artikel 34 Absatz 1	Artikel 11 Absatz 1 Buchstabe a
Artikel 34 Absatz 2	
Artikel 35 Absatz 1 Unterabsatz 1	Artikel 11 Absatz 1 Buchstabe b erster Satz
Artikel 35 Absatz 1 Unterabsatz 2	Artikel 11 Absatz 1 Buchstabe b zweiter Satz
Artikel 35 Absatz 1 Unterabsatz 3	Artikel 11 Absatz 1 Unterabsatz 2
Artikel 35 Absatz 2	
Artikel 35 Absatz 3	
Artikel 36	

Artikel 37	
Artikel 38	
Artikel 39 Absatz 1	Artikel 14
Artikel 39 Absatz 2 bis 4	
Artikel 40	
Artikel 41	
Artikel 42	Artikel 17
Artikel 43	
Artikel 44	
Artikel 45	Artikel 16
Artikel 46	Artikel 16

4. Gesetz vom 16.11.2000 über die Verhinderung der Einführung der aus illegalen oder nicht ermittelbaren Quellen stammenden Vermögenswerte in den Finanzverkehr und der Finanzierung des Terrorismus*

Auszug

Kapitel 1
Allgemeine Vorschriften

Art. 1

Das Gesetz bestimmt die Grundsätze und das Verfahren der Verhinderung der Einführung der aus illegalen oder nicht ermittelbaren Quellen stammenden Vermögenswerte in den Finanzverkehr, der Verhinderung der Finanzierung des Terrorismus sowie die Verpflichtungen der sich am Finanzverkehr beteiligenden Institutionen im Bereich der Sammlung und der Übermittlung von Informationen.

Art. 2

Begriffsbestimmungen:

1) Unter einer verpflichteten Institution sind zu verstehen: Banken, die Polnische Nationalbank (...), Filialen ausländischer Banken, (...), Verrechnungsagenten[1] (...), ausländische juristische Personen, die auf dem Gebiet der Republik Polen eine Maklertätigkeit ausüben, Maklergesellschaften (...), Handelsgesellschaften (...), Das Staatliche Wertpapierdepot AG (...), Versicherungsanstalten, Hauptfilialen ausländischer Versicherungsanstalten, Investmentfonds, Investmentfondsgesellschaften, Genossenschaftliche Kreditsparkassen, das staatliche gemeinnützige Unternehmen Die Polnische Post, Notare im Rahmen

* Ustawa o przeciwdziałaniu wprowadzaniu do obrotu finansowego wartości majątkowych pochodzących z nielegalnych lub nieujawnionych źródeł oraz o przeciwdziałaniu terroryzmu vom 16.11.2000, Dz. U. (*Gesetzblatt*) 2000, Nr. 116, Pos. 1216 mit späteren Änderungen. In dieser Arbeit zitiert als *Gesetz von 2000*. Übersetzung von der Verfasserin.

[1] Zur Definition eines Verrechnungsagenten (*agent rozliczeniowy*) siehe Art. 2 Pkt. 1 des *Gesetzes über die elektronischen Zahlungsinstrumente* (Ustawa o elektronicznych instrumentach płatniczych) vom 12.10.2002, Dz. U. (*Gesetzblatt*) 2002, Nr. 169, Pos. 1385. Laut dieser Vorschrift sind unter diesem Begriff eine Bank oder eine andere juristische Person zu verstehen, die mit einem Unternehmer einen Vetrag über die Annahme von Zahlungen bei der Verwendung von elektronischen Zahlungsinstrumenten geschlossen haben (Fn. Anmerkung der Verfasserin).

von notariellen Handlungen im Bereich des Verkehrs mit Vermögenswerten, Rechtsanwälte im Rahmen ihrer Berufstätigkeiten, Rechtsberater im Rahmen ihrer Berufstätigkeiten außerhalb eines Arbeitsverhältnisses, ausländische Juristen im Rahmen der Rechtshilfe außerhalb eines Arbeitsverhältnisses; Wirtschaftsprüfer und Steuerberater im Rahmen ihrer Berufstätigkeiten, Personen und Institutionen, die Wechselstuben führen, Unternehmer, die Auktionshäuser, Antiquariate führen oder eine Leasing-, Factoringtätigkeit oder eine Tätigkeit im Bereich des Handels mit Metallen, Edelsteinen, Halbedelsteinen, des Kommissionsverkaufs, der Gewährung von Pfanddarlehen (Pfandhäuser) oder der Vermittlung im Immobilienverkehr ausüben, sowie Stiftungen.

2) Unter einer Transaktion sind zu verstehen: Ein- und Auszahlungen in bar und bargeldlos, darunter auch Überweisungen zwischen verschiedenen Konten desselben Bankkontoinhabers bis auf die Überweisungen auf das Einlagekonto, sowie Überweisungen aus dem Ausland, der Währungsumtausch, die Übertragung des Eigentums oder des Besitzes von Vermögenswerten, darunter auch die Übergabe in Kommission oder als Pfand dieser Werte und die Übertragung der Vermögenswerte zwischen Konten desselben Kunden, der Umtausch von Forderungen in Aktien oder Anteile – sowohl im eigenen als auch im fremden Namen sowie auf eigene oder fremde Rechnung.

3)–6) (...)

7) Unter einer terroristischen Handlung sind zu verstehen: Straftaten gegen den Frieden, gegen die Menschlichkeit sowie Kriegsstraftaten, Straftaten gegen die allgemeine Sicherheit und Straftaten nach Art. 134 KK (Anschlag auf das Leben des Präsidenten der Republik Polen) und Art. 136 KK (Tätlicher Angriff auf die und Verunglimpfung der Organe und Vertreter ausländischer Staaten).

8) (...)

9) Unter der Einführung der aus illegalen oder nicht ermittelbaren Quellen stammenden Vermögenswerte in den Finanzverkehr ist ein vorsätzliches Handeln zu verstehen, und zwar
   a) der Umtausch oder der Transfer von Vermögensgegenständen, die aus einer Tätigkeit kriminellen Charakters oder der Teilnahme an solcher Tätigkeit stammen, zum Zwecke der Verheimlichung oder der Verschleierung des illegalen Ursprungs der Vermögensgegenstände oder der Unterstützung von Personen, die an einer solchen Tätigkeit beteiligt sind, damit diese den Rechtsfolgen ihrer Tat entgehen,
   b) die Verheimlichung oder die Verschleierung der wahren Natur, der Quelle, des Aufbewahrungsortes, der Verschiebung oder der Rechte an den Vermögensgegenständen, die aus einer Tätigkeit kriminellen Charakters oder aus der Teilnahme an einer solchen Tätigkeit stammen,
   c) der Erwerb, der Besitz oder die Verwendung von Vermögensgegenständen, die aus einer Tätigkeit kriminellen Charakters oder aus der Teilnahme an einer solchen Tätigkeit stammen,
   d) das Zusammenwirken, der Versuch der Begehung, die Beihilfe oder die Anstiftung zu einer der unter den vorstehenden Buchstaben a-c aufgeführten

Handlungen – auch dann, wenn die Handlungen, in deren Rahmen die aus illegalen oder nicht ermittelbaren Quellen stammenden und in den Finanzverkehr einzuführenden Vermögensgegenstände erworben wurden, im Hoheitsgebiet eines anderen Landes vorgenommen wurden.

Kapitel 2
Zuständige Organe für die Verhinderung der Einführung der aus illegalen oder nicht ermittelbaren Quellen stammenden Vermögenswerte in den Finanzverkehr und der Finanzierung des Terrorismus

Art. 3

1. Als Organe der Regierungsverwaltung (im Weiteren als „Organe der Finanzinformation“ bezeichnet), die für die Verhinderung der Einführung der aus illegalen oder nicht ermittelbaren Quellen stammenden Vermögenswerte in den Finanzverkehr und der Finanzierung des Terrorismus zuständig sind, gelten:
   1) ein im Bereich der Finanzinstitutionen zuständiger Minister als ein Hauptorgan der Finanzinformation;
   2) ein Generalinspekteur der Finanzinformation, im Weiteren als „Generalinspekteur“ bezeichnet.

2.–5. (...)

Art. 4

Zu den Aufgaben des Generalinspekteurs gehören die Erlangung, die Sammlung, die Verarbeitung und die Auswertung von Informationen entsprechend dem in diesem Gesetz bestimmten Verfahren sowie die Aufnahme von Tätigkeiten zum Zwecke der Verhinderung der Einführung der aus illegalen oder nicht ermittelbaren Quellen stammenden Vermögenswerte in den Finanzverkehr und der Finanzierung des Terrorismus, und zwar insbesondere:

1) die Untersuchung der Durchführung von geldwäscheverdächtigen Transaktionen;
2) die Durchführung des Verfahrens zum Abbruch der Transaktion oder zur Kontensperrung;
3) die Übermittlung entsprechender Informationen an die verpflichteten Institutionen über Personen und Institutionen, bei denen ein begründeter Verdacht besteht, dass sie in einem Zusammenhang mit Terroranschlägen stehen;
4) die Bearbeitung und Übermittlung entsprechender, einen Verdacht der Begehung einer Straftat begründender Dokumente an die zuständigen Organe;
5) die Anregung und die Aufnahme anderer Verhinderungstätigkeiten im Bereich der Ausnutzung des polnischen Finanzverkehrs zum Zwecke der Le-

galisierung von aus illegalen oder nicht ermittelbaren Quellen stammenden Vermögenswerten, insbesondere die Schulung des zuständigen Personals im Bereich der ihm auferlegten Aufgaben;

6) die Aufsicht über die Befolgung der gesetzlichen Vorschriften;
7) die Zusammenarbeit mit ausländischen Institutionen, welche im Bereich der Verhinderung der Einführung der aus illegalen oder nicht ermittelbaren Quellen stammenden Vermögenswerte in den Finanzverkehr und der Finanzierung des Terrorismus tätig sind.

Kapitel 3
Registrierungspflicht bezüglich der Transaktionen und der die Transaktionen durchführenden Personen

Art. 8

1. Eine verpflichtete Institution, die eine Disposition oder einen Auftrag eines Kunden zur Durchführung einer Transaktion entgegennimmt, deren Gegenwert 15.000 Euro übersteigt, ist zur Registrierung einer solchen Transaktion verpflichtet. Dies gilt auch dann, wenn diese Transaktion durch mehrere Operationen durchgeführt wird und die Umstände dieser Operationen darauf hinweisen, dass zwischen ihnen eine Verbindung besteht.

1a.–1d. (...)

2. (...)
3. Eine verpflichtete Institution, die eine Disposition oder einen Auftrag eines Kunden zur Durchführung einer Transaktion entgegennimmt, deren Umstände darauf hinweisen, dass die Vermögenswerte aus illegalen oder nicht ermittelbaren Quellen stammen können, ist zu deren Registrierung verpflichtet, ohne Rücksicht auf den Wert dieser Transaktion und ihren Charakter.
4. Das Register der in Abs. 1 und 3 bezeichneten Transaktionen sowie die Dokumente bezüglich der registrierten Transaktionen sind fünf Jahre aufzubewahren. Die Frist wird ab dem ersten Tag des Jahres berechnet, der nach dem Jahr folgt, im welchem der letzte mit der Transaktion verbundene Eintrag vorgenommen wurde. (...)
5. Ausgenommen von der in Abs. 1 bezeichneten Registrierungspflicht sind Unternehmer, die im Bereich der Vermittlung im Immobilienverkehr, mit elektronischen Zahlungsmitteln, (...) tätig sind, Verrechnungsagenten, Rechtsanwälte, Rechtsberater, ausländische Juristen sowie Wirtschaftsprüfer und Steuerberater.

Art. 9

1. Zum Zwecke der Erfüllung der Registrierungspflicht identifizieren die verpflichteten Institutionen ihre Kunden in jedem Falle der Erteilung einer Disposition

oder eines Auftrags zur Durchführung einer Transaktion aufgrund der bei der Erteilung der Disposition oder des Auftrags zur Durchführung einer Transaktion oder beim Vertragsabschluss mit dem Kunden vorgelegten Dokumente.

2.–3a. (...)

4. Die zu identifizierenden Informationen sind fünf Jahre aufzubewahren. Die Frist wird ab dem ersten Tag des Jahres berechnet, der nach dem Jahr folgt, im welchem der letzte mit der Transaktion verbundene Eintrag vorgenommen wurde. (...)

Kapitel 4
Grundsätze der Übermittlung von Informationen an den Generalinspekteur

Art. 11

1. Die verpflichteten Institutionen zeigen dem Generalinspekteur die gem. Art. 8 Abs. 1 und 3 registrierten Transaktionen an. (...)
2. (...)
3. (...)
4. Die aufgrund von Art. 8 Abs. 3 erlangten Informationen über Transaktionen, zu deren Übermittlung Notare, Rechtsanwälte, Rechtsberater und ausländische Juristen verpflichtet sind, können dem Generalinspekteur durch die Einschaltung ihrer örtlich zuständigen Berufskammer übermittelt werden (...).
5. Rechtsanwälte, Rechtsberater, ausländische Juristen, Wirtschaftsprüfer und Steuerberater sind von der Anzeigepflicht bezüglich der durch die Gesetzesvorschriften erfassten Informationen ausgenommen, soweit sie ihren Mandanten aufgrund einer Prozessvollmacht in Verbindung mit dem Verfahrensablauf vertreten oder einen dem Zwecke des Verfahrens dienenden Rat erteilen.

Art. 12

1. (...)
2. Die in Abs. 1 bezeichneten Informationen über die entsprechend dem Art. 8 Abs. 1 und 3 registrierten Transaktionen sind dem Generalinspekteur zu übermitteln:
   1) innerhalb von 14 Tagen nach dem Ablauf eines jeden Kalendermonats – im Falle der in Art. 8 Abs. 1 bezeichneten Transaktionen;
   2) unverzüglich – im Falle der in Art. 8 Abs. 3 bezeichneten Transaktionen;

Art. 13a

1. Eine verpflichtete Institution macht die Informationen bezüglich der durch die Gesetzesvorschriften erfassten Transaktionen auch auf ein schriftliches Verlangen des Generalinspekteurs unverzüglich zugänglich. (...)
2. (...)

Art. 14

1. (gestrichen)
2. Die Staatsanwaltschaft, die Agentur der Innensicherheit und andere Organisationseinheiten, die dem Minister des Inneren unterworfen oder von ihm beaufsichtigt sind, zeigen dem Generalinspekteur alle Fälle der Eröffnung eines Verfahrens wegen einer Straftat aus Art. 299 KK unverzüglich an.
3. Die in Absatz 2 bezeichnete Information soll insbesondere auf die Umstände der Straftatbegehung und die daran beteiligten Personen hinweisen.

Kapitel 5
Verfahren zum Abbruch der Transaktion und zur Kontensperre

Art. 16

1. Eine verpflichtete Institution, die eine Disposition oder einen Auftrag zur Durchführung einer Transaktion entgegengenommen oder eine Transaktion durchzuführen hat, bezüglich deren ein Verdacht besteht, dass sie in einem Zusammenhang mit der Begehung einer Straftat aus Art. 299 KK stehen kann, ist zur unverzüglichen schriftlichen Anzeige bei dem Generalinspekteur verpflichtet (...). Art. 11 Abs. 4 ist nicht anzuwenden.

1a.–3. (...)

Art. 16a

1. Aufgrund von erlangten Informationen hat der Generalinspekteur der verpflichteten Institution solche Personen und Institutionen zu bennenen, bezüglich deren ein begründeter Verdacht besteht, dass sie in einem Zusammenhang mit der Begehung einer Straftat nach Art. 2 Pkt. 7 stehen.
2. Eine verpflichtete Institution zeigt dem Generalinspekteur unverzüglich die Führung eines Kontos für das in Abs. 1 bezeichnete Rechtssubjekt sowie die Transaktionen, in denen das Rechtssubjekt eine Partei ist, an.

Art. 18

1. Wenn aus der in Art. 16 Abs. 1 bezeichneten Anzeige folgt, dass die durchzuführende Transaktion in einem Zusammenhang mit der Begehung einer Straftat aus Art. 299 KK stehen kann, kann der Generalinspekteur innerhalb von 24 Stunden nach der Bestätigung ihrer Annahme der verpflichteten Institution ein schriftliches Verlangen nach Abbruch der Transaktions oder Kontosperrung auf die Dauer von maximal 48 Stunden nach der Bestätigung dieser Annahme übermitteln. Gleichzeitig hat der Generalinspekteur einem zuständigen Staatsanwalt eine Verdachtsanzeige zu erstatten und ihm die Dokumente bezüglich der abzubrechenden Transaktion oder des zu sperrenden Kontos zu übergeben.

2.–5. (...)

Art. 19

1. Im Falle der Erlangung einer in Art. 18 Abs. 1 Satz 2 bezeichneten Anzeige von dem Generalinspekteur kann der Staatsanwalt durch einen Beschluss auf eine bestimmte Dauer, jedoch nicht länger als auf 3 Monate nach der Erlangung dieser Anzeige, die Transaktion abbrechen oder das Konto sperren.

2.–5. (...)

Art. 20a

1. Im Falle der Erlangung einer in Art. 16a Abs. 2 bezeichneten Information kann der Generalinspekteur einer verpflichteten Institution ein schriftliches Verlangen nach Kontosperrung übergeben.
2. (...)

Art. 20c

Eine verpflichtete Institution kann auf Verlangen der die Transaktion in Auftrag gebenden Person oder des Kontoinhabers ihn über den Transaktionsabbruch oder die Kontosperrung informieren sowie das Organ benennen, das den Abbruch der Transaktion oder die Kontosperrung verlangt hat. (...)

Kapitel 6
Aufsicht über die verpflichteten Institutionen

Art. 21

1. Eine Aufsicht über die Erfüllung der Verpflichtungen im Bereich der Verhinderung der Einführung der aus illegalen oder nicht ermittelbaren Quellen stam-

menden Vermögenswerte in den Finanzverkehr oder der Finanzierung des Terrorismus durch die verpflichteten Institutionen, mit Ausnahme der Polnischen Nationalbank, wird vom Generalinspekteur ausgeübt.

2.–5. (...)

Kapitel 7
Schutz und Zugänglichmachen von gesammelten Daten

Art. 28

Die verpflichteten Institutionen bestimmen interne Verfahren im Bereich der Verhinderung der Einführung der aus illegalen oder nicht ermittelbaren Quellen stammenden Vermögenswerte in den Finanzverkehr oder der Finanzierung des Terrorismus, insbesondere im Bereich der Erfüllung der Kundenidentifizierungspflicht sowie der Aufbewahrung von den durch diese Identifizierung erfassten Informationen, gewährleisten die Teilnahme des Personals an Schulungen im Bereich der Identifizierung der Transaktionen, die in einem Zusammenhang mit einer Straftat aus Art. 299 KK stehen können, sowie benennen die für die Erfüllung der im Gesetz bezeichneten Pflichten verantwortlichen Personen. (...)

Art. 29

Die Vorschriften, die das Zugänglichmachen von durch Geheimhaltung erfassten Daten einschränken – mit Ausnahme der der Staatsgeheimhaltung unterstellten Daten –, finden keine Anwendung auf die Offenbarung aller Informationen über die Transaktionen durch die verpflichteten Institutionen in dem in diesem Gesetz bestimmten Rahmen und entsprechend dem bestimmten Verfahren.

Art. 33

1. Vorbehaltlich der Bestimmungen des Abs. 1a übermittelt der Generalinspekteur die erlangten Informationen über die durch die Gesetzesvorschriften erfassten Transaktionen auf einen schriftlichen und begründeten Antrag:
   1) des Ministers des Inneren oder der von ihm bevollmächtigten Personen;
   2) der Chefs: der Agentur für innere Sicherheit, der Agentur des Geheimdienstes und der Militärinformationsdienste oder der von ihnen bevollmächtigten Personen – im Bereich der ihnen zustehenden Kompetenzen.

1a. Die in Art. 8 Abs. 1 bezeichneten Informationen werden durch den Generalinspekteur dem Minister des Inneren und den Chefs: der Agentur für innere Sicherheit, der Agentur des Geheimdienstes und der Militärinformationsdienste auf einen schriftlichen und begründeten Antrag mit Einwilligung des Generalstaatsanwalts übermittelt.

2. Die Informationen über die durch die Gesetzesvorschriften erfassten Transaktionen können durch den Generalinspekteur auf einen schriftlichen und begründeten Antrag folgenden Institutionen zugänglich gemacht werden:
   1) dem Generalinspekteur der Finanzkontrolle, Direktoren der Finanzbehörden, Direktoren der Finanzkontrollbehörden und ihren Stellvertretern – ausschließlich in Angelegenheiten im Bereich von Steuerforderungen;
   2) (...)
   3) (...)
   4) (aufgehoben)
   5) (...)
   6) (gestrichen)
   7) (...)
   8) (...)
   9) (gestrichen)
   10) (...)

3.–7. (...)

Kapitel 8
Strafrechtliche Vorschriften

Art. 35

1. Wer im Namen oder im Interesse einer verpflichteten Institution handelt und, entgegen den gesetzlichen Vorschriften:
   1) die Pflicht zur Registrierung der Transaktionen oder zur Aufbewahrung der Transaktionsregister und der transaktionsbezogenen Dokumente,
   2) die Pflicht zur Kundenidentifizierung entsprechend den Verfahren gem. Art. 28 oder zur Aufbewahrung der durch die Identifizierung erfassten Informationen,
   3) die Pflicht zur Benachrichtigung eines Organs der Finanzinformation über eine Transaktion oder über die Führung eines Kontos für das in Art. 16a Abs. 1 bezeichnete Rechtssubjekt,
   4) die Pflicht zum Abbruch der Transaktion oder zur Kontensperrung,

   nicht erfüllt, wird mit einer Freiheitsstrafe bis zu 3 Jahren bestraft.
2. Ebenso wird bestraft, wer im Namen oder im Interesse einer verpflichteten Person handelt und, entgegen den gesetzlichen Vorschriften, die aufgrund einer gesetzlichen Berechtigung gesammelten Informationen den unberechtigten Personen, den Kontoinhabern oder den Personen, auf die sich die Transaktion bezieht, bekannt gibt oder die Informationen in einer anderen gesetzeswidrigen Weise verwendet.
3. Handelt der Täter einer der in Abs. 1 oder 2 bezeichneten Taten fahrlässig, wird er mit Geldstrafe bestraft.

Art. 36

Wer im Namen oder im Interesse einer verpflichteten Institution handelt und entgegen den gesetzlichen Vorschriften:

1) dem Generalinspekteur die Übermittlung der Informationen oder Dokumente verweigert,
2) dem Generalinspekteur unwahre Angaben bezüglich der Transaktionen, Konten oder Personen übermittelt oder wahre Angaben verheimlicht,

wird mit einer Freiheitsstrafe von 3 Monaten bis zu 5 Jahren bestraft.

Art. 37

Wer eine in Art. 35 Abs. 1 oder 2 oder in Art. 36 bezeichnete Tat begeht und dabei einen bedeutenden Schaden zufügt, wird mit einer Freiheitsstrafe von 6 Monaten bis zu 8 Jahren bestraft.

Art. 37a

1. Wer die Durchführung der in Kapitel 6 bezeichneten Aufsichtsmaßnahmen vereitelt oder erschwert, wird mit einer Geldstrafe bestraft.
2. Ebenso wird bestraft, wer es unterlässt, interne Verfahren im Bereich der Verhinderung der Einführung der aus illegalen oder nicht ermittelbaren Quellen stammenden Vermögenswerte in den Finanzverkehr zu bestimmen.

Kapitel 9
Änderungen in geltenden Vorschriften sowie Übergangs- und Schlussbestimmungen

Art. 43

Im Gesetz vom 6. Juni 1997 – Strafgesetzbuch (Dz. U. Nr. 88, Pos. 553 und Nr. 128, Pos. 840, von 1999 Nr. 64, Pos. 729 und Nr. 83, Pos. 931 und von 2000 Nr. 48, Pos. 548 und Nr. 93, Pos. 1027) erhält Art. 299:

1) § 1 folgende Fassung:
„§ 1: Wer Zahlungsmittel, Wertpapiere oder andere Devisenwerte, Vermögensrechte oder bewegliches oder unbewegliches Vermögen, die aus Vorteilen herrühren, die in Verbindung mit der Begehung einer verbotenen Tat erlangt wurden, annimmt, überweist oder ins Ausland ausführt, bei der Übertragung des Eigentums oder des Besitzes hilft oder andere Handlungen vornimmt, welche die Feststellung ihrer kriminellen Herkunft, ihre Lokalisierung, ihre Aufdeckung, ihre Beschlagname oder die Anordnung ihres Verfalls vereiteln oder

wesentlich erschweren können, wird mit Freiheitsstrafe von drei Monaten bis zu fünf Jahren bestraft.";

2) § 2 folgende Fassung:
„§ 2: Ebenso wird bestraft, wer als Mitarbeiter einer Bank oder eines Kredit- oder Finanzinstituts oder einer anderen Institution, die nach dem geltenden Recht zur Registrierung von Transaktionen sowie von Personen, von denen die Transaktionen ausgeführt werden, verpflichtet ist, entgegen den gesetzlichen Vorschriften in bar Geld oder andere Devisenwerte entgegennimmt, oder deren Transfer oder Wechsel durchführt oder sie unter anderen Umständen entgegennimmt, die einen begründeten Verdacht erwecken, dass sie einen Gegenstand der im § 1 genannten Tat darstellen, oder andere Dienste leistet, die geeignet sind, ihre kriminelle Herkunft zu verschleiern oder sie vor einer Beschlagnahme sicherzustellen.";

3) § 7 folgende Fassung:
„§ 7: Bei der Verurteilung wegen Straftaten im Sinne der §§ 1 oder 2 ordnet das Gericht den Verfall von Gegenständen, die unmittelbar oder mittelbar aus der Straftat herrühren, sowie von den aus der Straftat herrührenden Vorteilen oder ihrem Gegenwert, selbst dann an, wenn diese nicht im Eigentum des Täters stehen. Der Verfall wird weder im Ganzen noch teilweise angeordnet, wenn der Gegenstand, der Vorteil oder der Gegenwert des Vorteils dem Benachteiligten oder einer anderen Person zurückgegeben wird."

5. Gesetz vom 25.10.1993 über das Aufspüren von Gewinnen aus schweren Straftaten (Geldwäschegesetz – GwG)*

§ 1
Begriffsbestimmungen

(1) Kreditinstitute sind Unternehmen im Sinne des § 1 Abs. 1 des Gesetzes über das Kreditwesen mit Ausnahme der in § 2 Abs. 1 Nr. 4, 7 und 8 des Gesetzes über das Kreditwesen erfassten Unternehmen. Die Bundesanstalt für Finanzdienstleistungsaufsicht kann im Einzelfall bestimmen, dass auf ein Unternehmen im Sinne dieser Vorschrift wegen der Art der von ihm betriebenen Geschäfte die Vorschriften dieses Gesetzes nicht anzuwenden sind.

(2) Finanzdienstleistungsinstitute sind Unternehmen im Sinne des § 1 Abs. 1a des Gesetzes über das Kreditwesen mit Ausnahme der in § 2 Abs. 6 Satz 1 Nr. 3 und 5 bis 12 des Gesetzes über das Kreditwesen erfassten Unternehmen. Finanzunternehmen sind Unternehmen im Sinne des § 1 Abs. 3 des Gesetzes über das Kreditwesen. Absatz 1 Satz 2 gilt entsprechend.

(3) Eine im Inland gelegene Zweigstelle eines Kreditinstituts, Finanzdienstleistungsinstituts oder Finanzunternehmens mit Sitz im Ausland gilt als Kreditinstitut, Finanzdienstleistungsinstitut oder Finanzunternehmen im Sinne dieses Gesetzes.

(4) Institute im Sinne dieses Gesetzes sind ein Kreditinstitut, ein Finanzdienstleistungsinstitut, eine Investmentaktiengesellschaft im Sinne des § 2 Abs. 5 des Investmentgesetzes, ein Finanzunternehmen und ein Versicherungsunternehmen, das Unfallversicherungsverträge mit Prämienrückgewähr oder Lebensversicherungsverträge anbietet. Als Versicherungsunternehmen gelten, außer in den Fällen des § 4 Abs. 4, des § 9 Abs. 3 und des § 14, auch Versicherungsmakler, die solche Verträge vermitteln.

(5) Identifizieren im Sinne dieses Gesetzes ist das Feststellen des Namens aufgrund eines gültigen Personalausweises oder Reisepasses sowie des Geburtsdatums, des Geburtsortes, der Staatsangehörigkeit und der Anschrift, soweit sie darin enthalten sind, und das Feststellen von Art, Nummer und ausstellender Behörde des amtlichen Ausweises. Die Identifizierung kann auch anhand einer qualifizierten elektronischen Signatur im Sinne von § 2 Nr. 3 des Signaturgesetzes erfolgen.

(6) Finanztransaktion im Sinne dieses Gesetzes ist jede Handlung, die eine Geldbewegung oder eine sonstige Vermögensverschiebung bezweckt oder bewirkt.

(7) Dem Bargeld gleichgestelltes Zahlungsmittel ist elektronisches Geld im Sinne von § 1 Abs. 14 des Gesetzes über das Kreditwesen.

---

* Gesetz über das Aufspüren von Gewinnen aus schweren Straftaten vom 25.10.1993, BGBl. I 1993, S. 1770 ff., zuletzt geändert durch Art. 11 des Investmentmodernisierungsgesetzes vom 15.12.2003, BGBl. I 2003, S. 2676 ff.

§ 2
Allgemeine Identifizierungspflichten für Institute

(1) Ein Institut hat bei Abschluss eines Vertrages zur Begründung einer auf Dauer angelegten Geschäftsbeziehung den Vertragspartner zu identifizieren. Eine auf Dauer angelegte Geschäftsbeziehung besteht insbesondere bei der Führung eines Kontos und bei den sonstigen in § 154 Abs. 2 Satz 1 der Abgabenordnung genannten Geschäften. Für Versicherungsunternehmen richten sich die Identifizierungspflichten bei Abschluss eines Vertrages nach § 4.

(2) Ein Institut hat bei Annahme von Bargeld, Wertpapieren im Sinne des § 1 Abs. 1 des Depotgesetzes oder Edelmetallen im Wert von 15.000 Euro oder mehr zuvor denjenigen zu identifizieren, der ihm gegenüber auftritt.

(3) Absatz 2 gilt auch, wenn das Institut mehrere Finanztransaktionen im Sinne des Absatzes 2 durchführt, die zusammen einen Betrag im Wert von 15.000 Euro oder mehr ausmachen, sofern tatsächliche Anhaltspunkte dafür vorliegen, dass zwischen ihnen eine Verbindung besteht.

(4) Die Absätze 1 und 2 gelten nicht im Verhältnis von Instituten untereinander. Das Bundesministerium des Innern und das Bundesministerium der Finanzen können zur Bekämpfung der Geldwäsche oder der Finanzierung terroristischer Vereinigungen durch Rechtsverordnung ohne Zustimmung des Bundesrates Ausnahmen von Satz 1 im Hinblick auf Institute in solchen Drittländern bestimmen, die keine den Anforderungen dieses Gesetzes gleichwertigen Anforderungen an Institute stellen.

(5) Absatz 2 gilt nicht, wenn Inhaber oder Mitarbeiter eines Unternehmens auf das Konto des Unternehmens regelmäßig Gelder bar einzahlen oder wenn Bargeld in einem Nachttresor deponiert wird. Unterhält ein nach Absatz 2 verpflichtetes Institut einen Nachttresor, so hat es dessen Benutzer zu verpflichten, darüber nur Geld für eigene Rechnung einzuzahlen.

§ 3
Allgemeine Identifizierungspflichten für andere Unternehmen und Personen

(1) Den allgemeinen Identifizierungspflichten des § 2 Abs. 1 und 2, auch in Verbindung mit Abs. 3, unterliegen bei Ausübung ihrer beruflichen Tätigkeit auch:

1. Rechtsanwälte, Rechtsbeistände, die Mitglied einer Rechtsanwaltskammer sind, Patentanwälte und Notare, wenn sie für ihre Mandanten an der Planung oder Durchführung von folgenden Geschäften mitwirken:
   a) Kauf und Verkauf von Immobilien oder Gewerbebetrieben,
   b) Verwaltung von Geld, Wertpapieren oder sonstigen Vermögenswerten ihres Mandanten,
   c) Eröffnung oder Verwaltung von Bank-, Spar- oder Wertpapierkonten,
   d) Beschaffung der zur Gründung, zum Betrieb oder zur Verwaltung von Gesellschaften erforderlichen Mittel,

e) Gründung, Betrieb oder Verwaltung von Treuhandgesellschaften, Gesellschaften oder ähnlichen Strukturen,

oder wenn sie im Namen und auf Rechnung ihrer Mandanten Finanz oder Immobilientransaktionen durchführen,

2. Wirtschaftsprüfer, vereidigte Buchprüfer, Steuerberater und Steuerbevollmächtigte,
3. Immobilienmakler und
4. Spielbanken gegenüber Kunden, die Spielmarken im Wert von 1.000 Euro oder mehr kaufen oder verkaufen; der Identifizierungspflicht kann auch dadurch nachgekommen werden, dass die Kunden bereits beim Betreten der Spielbank identifiziert werden.

Sonstige Gewerbetreibende, soweit sie in Ausübung ihres Gewerbes handeln und nicht den Pflichten zur Identifizierung nach § 2 unterliegen sowie Personen, die entgeltlich fremdes Vermögen verwalten und nicht der Pflicht zur Identifizierung nach Satz 1 in Verbindung mit § 2 unterliegen, in Ausübung dieser Verwaltungstätigkeit, haben bei Annahme von Bargeld im Wert von 15.000 Euro oder mehr denjenigen zu identifizieren, der ihnen gegenüber auftritt. Dies gilt auch für die von diesen Unternehmen und Personen zur Entgegennahme von Bargeld Beauftragten, soweit sie in Ausübung ihres Berufes handeln.

(2) Absatz 1 Satz 2 und 3 findet auf gewerbliche Geldbeförderungsunternehmen keine Anwendung.

§ 4
Identifizierung beim Abschluss von Lebensversicherungsverträgen

(1) Schließt ein in § 1 Abs. 4 genanntes Versicherungsunternehmen einen Lebensversicherungsvertrag oder einen Unfallversicherungsvertrag mit Prämienrückgewähr ab, so hat es zuvor den Vertragspartner zu identifizieren, wenn die Höhe der im Laufe des Jahres zu zahlenden periodischen Prämien 1.000 Euro übersteigt, wenn bei Zahlung einer einmaligen Prämie diese mehr als 2.500 Euro beträgt oder wenn mehr als 2.500 Euro auf ein Beitragsdepot gezahlt werden. Dies gilt auch, wenn der Betrag der im Laufe des Jahres zu zahlenden periodischen Prämien auf 1.000 Euro oder mehr angehoben wird.

(2) Absatz 1 gilt nicht für Versicherungsverträge, die zur betrieblichen Altersversorgung aufgrund eines Arbeitsvertrages oder der beruflichen Tätigkeit des Versicherten abgeschlossen worden sind, sofern weder bei einer vorzeitigen Beendigung ein Rückkaufswert fällig wird noch diese Versicherungen als Sicherheit für ein Darlehen dienen können.

(3) Kommt in den in Absatz 1 genannten Fällen der Vertrag über einen Versicherungsvertreter zustande oder wird er über einen solchen abgewickelt, so kann die Identifizierung auch durch den Versicherungsvertreter erfolgen. Kommt der Vertrag über einen Versicherungsmakler zustande oder wird er über einen solchen abgewickelt, so ist dieser zur Identifizierung verpflichtet. Der Versiche-

rungsmakler hat die Aufzeichnungen über die Identifizierung des Kunden an das Versicherungsunternehmen weiterzuleiten.

(4) Die Pflicht zur Identifizierung nach Absatz 1 gilt als erfüllt, wenn das Unternehmen bei Vertragsabschluß feststellt, dass der Vertragspartner ihm die Befugnis eingeräumt hat, die vereinbarte Prämie im Wege des Lastschrifteinzugs von einem Konto des Vertragspartners, dessen Eröffnung der Pflicht zur Feststellung der Identität nach Artikel 3 Abs. 1 der Richtlinie 91/308/EWG unterliegt oder von einem in einer Rechtsverordnung nach Absatz 5 bezeichneten Konto einzuziehen. Ist der Einzug der Prämie von dem vom Versicherungsnehmer benannten Konto nicht möglich, hat das Unternehmen die Identifizierung gemäß Absatz 1 nachzuholen. Wird in einem Versicherungsvertrag, der zur betrieblichen Altersversorgung auf Grund eines Arbeitsvertrages oder einer beruflichen Tätigkeit des Versicherten abgeschlossen wird, vereinbart, dass die Prämienzahlung über ein im Vertrag bezeichnetes Konto des Vertragspartners erfolgen soll, gilt die Identifizierung nach Absatz 1 als erfüllt, wenn das Unternehmen feststellt, dass die Prämienzahlung tatsächlich über das vereinbarte Konto erfolgt.

(5) Das Bundesministerium des Innern wird ermächtigt, im Einvernehmen mit dem Bundesministerium der Finanzen durch Rechtsverordnung weitere Konten zu bestimmen, bei deren Einschaltung in die Abwicklung der Prämienzahlung Absatz 4 Anwendung findet, wenn deren Eröffnung einer Pflicht zur Feststellung der Identität des Verfügungsberechtigten unterliegt.

§ 5
Zentrale Analyse- und Informationsstelle für Verdachtsanzeigen

(1) Das Bundeskriminalamt – Zentralstelle für Verdachtsanzeigen – unterstützt als Zentralstelle im Sinne des § 2 Abs. 1 des Bundeskriminalamtgesetzes die Polizeien des Bundes und der Länder bei der Verhütung und Verfolgung der Geldwäsche und der Finanzierung terroristischer Vereinigungen. Das Bundeskriminalamt – Zentralstelle für Verdachtsanzeigen – hat

1. die nach § 11 übermittelten Verdachtsanzeigen zu sammeln und auszuwerten, insbesondere Abgleiche mit bei anderen Stellen gespeicherten Daten zu veranlassen,
2. die Strafverfolgungsbehörden des Bundes und der Länder unverzüglich über die sie betreffenden Informationen und die in Erfahrung gebrachten Zusammenhänge von Straftaten zu unterrichten,
3. die Geldwäsche-Verdachtsanzeigen in einer Statistik zu erfassen, die insbesondere anonymisierte Angaben über die Anzahl der Meldungen, die einzelnen zugrunde gelegten Vortaten und über die Art der Behandlung durch die Zentralstelle enthält,
4. einen Jahresbericht zu veröffentlichen und
5. die nach diesem Gesetz Meldepflichtigen regelmäßig über Typologien und Methoden der Geldwäsche zu informieren.

(2) Das Bundeskriminalamt – Zentralstelle für Verdachtsanzeigen – arbeitet mit den für die Verhütung und Verfolgung der Geldwäsche und der Finanzierung terroristischer Vereinigungen zuständigen Zentralstellen anderer Staaten zusammen. Es ist zentrale Meldestelle im Sinne des Artikels 2 Abs. 3 des Beschlusses des Rates der Europäischen Union (2000/642/JI) über Vereinbarungen für eine Zusammenarbeit zwischen den zentralen Meldestellen der Mitgliedstaaten beim Austausch von Informationen vom 17. Oktober 2000 (ABl. EG Nr. L 271 S. 4).

(3) Soweit es zur Erfüllung seiner Aufgaben nach den Absätzen 1 und 2 erforderlich ist, kann das Bundeskriminalamt – Zentralstelle für Verdachtsanzeigen – personenbezogene Daten nach Maßgabe der §§ 7 bis 14 und 27 bis 37 des Bundeskriminalamtgesetzes erheben, verarbeiten und nutzen; für den Fall der Datenerhebung gilt § 7 Abs. 2 Satz 3 des Bundeskriminalamtgesetzes entsprechend. In § 7 Abs. 2 des Bundeskriminalamtgesetzes treten an die Stelle der Aufgabe als Zentralstelle nach § 2 Abs. 2 Nr. 1 des Bundeskriminalamtgesetzes die Aufgaben nach den Absätzen 1 und 2. § 14 Abs. 1 des Bundeskriminalamtgesetzes findet mit der Maßgabe Anwendung, dass auch eine Übermittlung an Zentralstellen anderer Staaten (Absatz 2 Satz 1) zulässig ist. Das Bundeskriminalamt – Zentralstelle für Verdachtsanzeigen – kann die Bundesanstalt für Finanzdienstleistungsaufsicht um Auskünfte nach § 24c Abs. 3 Satz 1 Nr. 2 des Gesetzes über das Kreditwesen ersuchen, soweit dies zur Erfüllung seiner Aufgaben nach den Absätzen 1 und 2 erforderlich ist.

(4) Das Bundeskriminalamt – Zentralstelle für Verdachtsanzeigen – darf die von einer Zentralstelle eines anderen Staates übermittelten Daten nur zu den durch die übermittelnde Zentralstelle vorgegebenen Bedingungen verwenden. Es kann seinerseits bei der Übermittlung von Daten an eine Zentralstelle eines anderen Staates Einschränkungen und Auflagen für die Verwendung der übermittelten Daten festlegen.

§ 6
Identifizierung in Verdachtsfällen

Stellt ein Institut oder ein Unternehmen oder eine Person in den Fällen von § 3 Abs. 1 Tatsachen fest, die darauf schließen lassen, dass die vereinbarte Finanztransaktion einer Geldwäsche nach § 261 des Strafgesetzbuches oder der Finanzierung einer terroristischen Vereinigung nach § 129a, auch in Verbindung mit § 129b des Strafgesetzbuches, dient oder im Fall ihrer Durchführung dienen würde, so besteht die Pflicht zur Identifizierung nach § 2 Abs. 2, auch in Verbindung mit Abs. 3, § 3 Abs. 1 Satz 1 Nr. 4, Satz 2 und 3, § 4 Abs. 1 und 3 auch, wenn die dort genannten Beträge unterschritten werden.

§ 7
Absehen von Identifizierung

Von einer Identifizierung nach § 2 Abs. 1 und 2, auch in Verbindung mit Abs. 3, § 3 Abs. 1, § 4 Abs. 1 und 3 sowie nach § 6 Satz 1 kann abgesehen werden, wenn der zu Identifizierende bei dem zur Identifizierung Verpflichteten persönlich bekannt und wenn er bei früherer Gelegenheit identifiziert worden ist oder wenn der zu Identifizierende für ein gewerbliches Geldbeförderungsunternehmen auftritt.

§ 8
Feststellung der Identität des wirtschaftlich Berechtigten

(1) Ein nach § 2 Abs. 1, § 3 Abs. 1, § 4 Abs. 1 und 3 und § 6 Satz 1 zur Identifizierung Verpflichteter hat sich bei dem zu Identifizierenden zu erkundigen, ob dieser für eigene Rechnung handelt. Gibt der zu Identifizierende an, nicht für eigene Rechnung zu handeln, so hat der zur Identifizierung Verpflichtete nach dessen Angaben Namen und Anschrift desjenigen festzustellen, für dessen Rechnung dieser handelt. Muss ein Institut im Rahmen einer bestehenden Geschäftsbeziehung oder bei der Durchführung einer Transaktion im Sinne des § 2 Abs. 2, auch in Verbindung mit Abs. 3, aufgrund der äußeren Umstände Zweifel daran hegen, dass der Kunde für eigene Rechnung handelt, hat dieses angemessene Maßnahmen zur Feststellung der Identität des wirtschaftlich Berechtigten zu ergreifen. Handelt der zu Identifizierende für eine nicht rechtsfähige Vereinigung, so ist deren Name und der Name und die Anschrift von einem ihrer Mitglieder festzustellen.

(2) Absatz 1 gilt nicht im Verhältnis von Instituten untereinander. Das Bundesministerium des Innern und das Bundesministerium der Finanzen können zur Bekämpfung der Geldwäsche oder der Finanzierung terroristischer Vereinigungen durch Rechtsverordnung ohne Zustimmung des Bundesrates Ausnahmen von Satz 1 im Hinblick auf Institute in solchen Drittländern bestimmen, die keine den Anforderungen dieses Gesetzes gleichwertigen Anforderungen an Institute stellen.

§ 9
Aufzeichnungs- und Aufbewahrungspflicht

(1) Die nach § 2 Abs. 1 und 2, auch in Verbindung mit Abs. 3, § 3 Abs. 1, § 4 Abs. 1 und 3, § 6 Satz 1 und § 8 Abs. 1 Satz 2 bis 4, getroffenen Feststellungen sind aufzuzeichnen. Die Feststellungen nach § 1 Abs. 5 sind durch Aufzeichnung der dort genannten Angaben oder durch Anfertigung einer Kopie der Seiten des zur Feststellung der Identität vorgelegten Ausweises, die diese Angaben enthalten, aufzuzeichnen. Wird nach § 7 von einer Identifizierung abgesehen, so sind der Name des zu Identifizierenden sowie der Umstand aufzuzeichnen, daß er dem zur Identifizierung Verpflichteten persönlich bekannt ist oder daß der

zu Identifizierende für ein gewerbliches Geldbeförderungsunternehmen aufgetreten ist. Besteht eine Pflicht zur Identifizierung nach § 2 Abs. 5 Satz 1 erste oder zweite Alternative nicht, so hat das Institut den Namen des Einzahlenden auf dem Einzahlungsbeleg aufzuzeichnen. Der Einzahlende muß dem Institut zuvor namentlich zusammen mit der Erklärung des Unternehmens bekanntgegeben worden sein, dass das Unternehmen durch ihn in Zukunft wiederholt Bargeld auf ein eigenes Konto einzahlen wird. Der Einzahlende ist bei der ersten Einzahlung zu identifizieren.

(2) Die Aufzeichnungen können auch als Wiedergaben auf einem Bildträger oder auf anderen Datenträgern gespeichert werden. Es muss sichergestellt sein, dass die gespeicherten Daten
  1. mit den festgestellten Angaben übereinstimmen,
  2. während der Dauer der Aufbewahrungsfrist verfügbar sind und jederzeit innerhalb angemessener Frist lesbar gemacht werden können.

(3) Die Aufzeichnungen sind sechs Jahre aufzubewahren. Die Aufbewahrungsfrist im Falle des § 4 Abs. 1 beginnt mit dem Schluss des Kalenderjahres, in dem die Geschäftsbeziehung mit dem Vertragspartner endet. In den übrigen Fällen beginnt sie mit dem Schluss des Kalenderjahres, in dem die jeweilige Angabe festgestellt worden ist.

§ *10*
Heranziehung und Verwendung von Aufzeichnungen

(1) Die nach § 9 Abs. 1 gefertigten Aufzeichnungen dürfen nur zur Verfolgung einer Straftat nach § 261 des Strafgesetzbuches und der in § 261 Abs. 1 Satz 1 Nr. 1 bis 5 des Strafgesetzbuches genannten Straftaten für Zwecke eines Strafverfahrens herangezogen und verwendet werden.

(2) Soweit in einem Strafverfahren wegen einer in Absatz 1 bezeichneten Straftat eingeleitet wird, ist dieser Umstand zusammen mit den zugrundeliegenden Tatsachen der Finanzbehörde mitzuteilen, sobald eine Finanztransaktion im Sinne von § 1 Abs. 6 festgestellt wird, die für die Finanzverwaltung für die Einleitung oder Durchführung von Besteuerungs- oder Steuerstrafverfahren Bedeutung haben könnte. Zieht die Strafverfolgungsbehörde im Strafverfahren Aufzeichnungen nach § 9 Abs. 1 heran, dürfen auch diese der Finanzbehörde übermittelt werden. Die Mitteilungen und Aufzeichnungen dürfen für Besteuerungsverfahren und für Strafverfahren wegen Steuerstraftaten verwendet werden.

§ *11*
Anzeige von Verdachtsfällen

(1) Ein Institut oder ein Unternehmen oder eine Person in den Fällen von § 3 Abs. 1, auch wenn die Beträge im Sinne des § 6 Satz 1 unterschritten werden, hat bei Feststellung von Tatsachen, die darauf schließen lassen, daß eine

Finanztransaktion einer Geldwäsche nach § 261 des Strafgesetzbuches dient oder im Falle ihrer Durchführung dienen würde, diese unverzüglich mündlich, fernmündlich, fernschriftlich oder durch elektronische Datenübermittlung den zuständigen Strafverfolgungsbehörden und in Kopie dem Bundeskriminalamt – Zentralstelle für Verdachtsanzeigen – anzuzeigen. Ein Institut ist darüber hinaus zur Anzeige im Sinne von Satz 1 auch verpflichtet, wenn Tatsachen darauf schließen lassen, dass eine Finanztransaktion der Finanzierung einer terroristischen Vereinigung nach § 129a, auch in Verbindung mit § 129b des Strafgesetzbuches, dient oder im Fall ihrer Durchführung dienen würde. Eine angetragene Finanztransaktion darf frühestens durchgeführt werden, wenn dem Institut, dem Unternehmen oder der Person im Sinne des § 3 Abs. 1 Satz 1 Nr. 3 und 4, Satz 2 und 3 die Zustimmung der Staatsanwaltschaft übermittelt ist oder wenn der zweite Werktag nach dem Abgangstag der Anzeige verstrichen ist, ohne dass die Durchführung der Transaktion strafprozessual untersagt worden ist; hierbei gilt der Sonnabend nicht als Werktag. Ist ein Aufschub der Finanztransaktion nicht möglich, so darf diese durchgeführt werden; die Anzeige ist unverzüglich nachzuholen.

(2) Eine Anzeige nach Absatz 1 ist schriftlich zu wiederholen, sofern sie nicht bereits fernschriftlich oder durch elektronische Datenübermittlung erfolgt ist.

(3) Abweichend von Absatz 1 Satz 1 sind die in § 3 Abs. 1 Satz 1 Nr. 1 und 2 genannten Personen nicht zur Anzeige verpflichtet, wenn dem Geldwäscheverdacht Informationen von dem oder über den Mandanten zugrunde liegen, die sie im Rahmen der Rechtsberatung oder der Prozessvertretung dieses Mandanten erhalten haben. Die Anzeigepflicht bleibt bestehen, wenn die in Satz 1 genannten Personen wissen, dass der Mandant ihre Rechtsberatung bewusst für den Zweck der Geldwäsche in Anspruch nimmt.

(4) Abweichend von Absatz 1 Satz 1 übermitteln die in § 3 Abs. 1 Satz 1 Nr. 1 und 2 genannten Personen die Anzeige an die für sie zuständige Bundesberufskammer. Die Kammer kann zur Anzeige Stellung nehmen. Sie leitet die Anzeige mit ihrer Stellungnahme entsprechend Absatz 1 Satz 1 an die dort genannten Stellen weiter. Für Notare, die nicht Mitglied einer Notarkammer sind, tritt an die Stelle der Bundesnotarkammer die für die Berufsaufsicht zuständige oberste Landesbehörde.

(5) Ein Institut oder ein Unternehmen oder eine Person im Sinne von § 3 Abs. 1 darf den Auftraggeber der Finanztransaktion oder einen anderen als staatliche Stellen nicht von einer Anzeige nach Absatz 1 oder Absatz 2 oder von einem daraufhin eingeleiteten Ermittlungsverfahren in Kenntnis setzen.

(6) Die Pflicht zur Anzeige nach den Absätzen 1 und 2 schließt die Freiwilligkeit der Anzeige im Sinne des § 261 Abs. 9 des Strafgesetzbuches nicht aus.

(7) Der Inhalt einer Anzeige nach Absatz 1 darf nur für die in § 10 Abs. 1 und 2 Satz 3 bezeichneten Strafverfahren und für Strafverfahren wegen einer Straftat, die im Höchstmaß mit einer Freiheitsstrafe von mehr als drei Jahren bedroht ist, für Besteuerungsverfahren und für die Aufsichtsaufgaben der zuständigen Behörden nach § 16 Nr. 1 bis 4 verwendet werden.

(8) Das Bundesministerium des Innern und das Bundesministerium der Finanzen können zur Bekämpfung der Geldwäsche oder der Finanzierung terroristischer Vereinigungen durch Rechtsverordnung mit Zustimmung des Bundesrates einzelne typisierte Finanztransaktionen bestimmen, die als verdächtig im Sinne von Absatz 1 Satz 1 gelten und die die Institute nach den Absätzen 1, 2 und 5 anzuzeigen haben. Die Rechtsverordnung soll befristet werden.

(9) In Strafverfahren, zu denen eine Anzeige nach Absatz 1 erstattet wurde, teilt die zuständige Staatsanwaltschaft dem Bundeskriminalamt – Zentralstelle für Verdachtsanzeigen – die Erhebung der öffentlichen Klage und den Ausgang des Verfahrens entsprechend § 482 Abs. 2 der Strafprozessordnung mit.

§ *12*
Freistellung von der Verantwortlichkeit

Wer den Strafverfolgungsbehörden Tatsachen anzeigt, die auf eine Straftat nach § 261 des Strafgesetzbuches oder der Finanzierung einer terroristischen Vereinigung nach § 129a, auch in Verbindung mit § 129b des Strafgesetzbuches, schließen lassen, kann wegen dieser Anzeige nicht verantwortlich gemacht werden, es sei denn, die Anzeige ist vorsätzlich oder grob fahrlässig unwahr erstattet worden.

§ *13*
Anzeige von Verdachtsfällen durch die zuständige Behörde

Stellt die zuständige Behörde (§ 16) Tatsachen fest, die auf eine Straftat nach § 261 des Strafgesetzbuches oder der Finanzierung einer terroristischen Vereinigung nach § 129a, auch in Verbindung mit § 129b des Strafgesetzbuches, schließen lassen, so hat sie diese unverzüglich den zuständigen Strafverfolgungsbehörden anzuzeigen.

§ *14*
Interne Sicherungsmaßnahmen

(1) Folgende Unternehmen oder Personen müssen Vorkehrungen dagegen treffen, dass sie zur Geldwäsche missbraucht werden können:
1. Kreditinstitute,
2. Versicherungsunternehmen im Sinne des § 1 Abs. 4,
3. Versteigerer,
4. Finanzdienstleistungsinstitute,
4a. Investmentaktiengesellschaften,
5. Finanzunternehmen im Sinne des § 1 Abs. 3 Satz 1 Nr. 2 bis 5 des Gesetzes über das Kreditwesen.
6. Edelmetallhändler,
7. Spielbanken,

8. Unternehmen und Personen in den Fällen von § 3 Abs. 1 Satz 1 Nr. 2 und 3, und, wenn sie die dort genannten Geschäfte regelmäßig ausführen, in den Fällen von § 3 Abs. 1 Satz 1 Nr. 1 und Satz 2 und 3.

(2) Vorkehrungen im Sinne des Absatzes 1 sind
1. die Bestimmung eines der Geschäftsleitung unmittelbar nachgeordneten Geldwäschebeauftragten, der Ansprechpartner für die Strafverfolgungsbehörden und das Bundeskriminalamt – Zentralstelle für Verdachtsanzeigen – sowie die nach § 16 zuständigen Behörden ist,
2. die Entwicklung interner Grundsätze, angemessener geschäfts- und kundenbezogener Sicherungssysteme und Kontrollen zur Verhinderung der Geldwäsche und der Finanzierung terroristischer Vereinigungen,
3. die Sicherstellung, dass die Beschäftigten, die befugt sind, bare und unbare Finanztransaktionen durchzuführen, zuverlässig sind, und
4. die regelmäßige Unterrichtung dieser Beschäftigten über die Methoden der Geldwäsche und die nach diesem Gesetz bestehenden Pflichten.

(3) Falls eine Person im Sinne von Absatz 1 Satz 1 Nr. 3, 6 oder 8 ihre berufliche Tätigkeit im Rahmen eines Unternehmens ausübt, obliegt die Verpflichtung nach Absatz 1 diesem Unternehmen. Die nach Absatz 1 verpflichteten Unternehmen und Personen dürfen die Vorkehrungen nach Absatz 2 mit vorheriger Zustimmung der nach § 16 zuständigen Behörde durch andere Unternehmen oder Personen treffen lassen. Die Zustimmung darf nur erteilt werden, wenn die anderen Unternehmen oder Personen die Gewähr dafür bieten, dass die Vorkehrungen ordnungsgemäß getroffen werden.

(4) Die nach § 16 zuständige Behörde kann im Einzelfall Anordnungen treffen, die geeignet und erforderlich sind, um Vorkehrungen im Sinne des § 14 Abs. 2 Nr. 2 zu schaffen. Sie kann bestimmen, dass auf einzelne oder auf Gruppen der in Absatz 1 Nr. 3 bis 6 und 8 genannten Unternehmen und Personen wegen der Art der von diesen betriebenen Geschäfte und der Größe des Geschäftsbetriebs die Vorschriften der Absätze 1 und 2 ganz oder teilweise nicht anzuwenden sind. Für die in § 3 Abs. 1 Satz 1 Nr. 1 und 2, auch in Verbindung mit Absatz 3 Satz 1 dieser Vorschrift, genannten Personen und Unternehmen treffen diese Anordnungen die zuständige Bundesberufskammer oder die zuständige oberste Landesbehörde nach § 11 Abs. 4 Satz 4.

§ *15*
Zweigstellen und Unternehmen im Ausland

Ein Unternehmen im Sinne des § 14 Abs. 1 Nr. 1 bis 6 hat dafür zu sorgen, daß die Verpflichtungen der §§ 2 bis 4, 6, 8, 9 und 14 auch von seinen Zweigstellen im Ausland erfüllt werden; das gleiche gilt für die von ihm abhängigen Unternehmen im Ausland, die mit ihm unter einheitlicher Leitung zusammengefaßt sind (§ 18 des Aktiengesetzes). Soweit dies nach dem Recht des anderen Staates nicht zulässig ist, ist die zuständige Behörde innerhalb von sechs Monaten nach dem Inkrafttreten dieses Gesetzes zu unterrichten. Erfolgt die Eröffnung der Zweigstelle oder die Zusammenfassung unter der einheitlichen Leitung nach dem Inkrafttreten dieses Gesetzes, so ist die zuständige Behörde innerhalb von drei Monaten nach der Eröffnung oder der Zusammenfassung unter der einheitlichen Leitung zu unterrichten.

§ 16
Zuständige Behörde

Zuständige Behörde für die Durchführung dieses Gesetzes ist

1. für die Kreditanstalt für Wiederaufbau das Bundesministerium der Finanzen,
2. für die übrigen Kreditinstitute, mit Ausnahme der Deutschen Bundesbank, die Finanzdienstleistungsinstitute und Investmentaktiengesellschaften die Bundesanstalt für Finanzdienstleistungsaufsicht,
3. für Versicherungsunternehmen die jeweils zuständige Aufsichtsbehörde für das Versicherungswesen, für Versicherungsmakler die Bundesanstalt für Finanzdienstleistungsaufsicht,
4. im übrigen die jeweils nach Bundes- oder Landesrecht zuständige Stelle.

§ 17
Bußgeldvorschriften

(1) Ordnungswidrig handelt, wer vorsätzlich oder leichtfertig
   1. entgegen
      a) § 2 Abs. 1 Satz 1 oder Abs. 2, auch in Verbindung mit Abs. 3, jeweils auch in Verbindung mit § 3 Abs. 1 Satz 1, oder
      b) § 3 Abs. 1 Satz 2 oder § 4 Abs. 1

      eine Person nicht identifiziert,
   2. entgegen § 9 Abs. 1 Satz 1, 3 und 4 eine Feststellung nicht, nicht richtig oder nicht vollständig aufzeichnet oder
   3. entgegen § 9 Abs. 3 Satz 1 Aufzeichnungen nicht aufbewahrt.

(2) Ordnungswidrig handelt, wer
   1. entgegen § 8 Abs. 1 Satz 1 sich nicht erkundigt oder entgegen § 8 Abs. 1 Satz 2 oder 4 Namen und Anschrift nicht feststellt,
   2. entgegen § 11 Abs. 5 den Auftraggeber oder einen anderen als staatliche Stellen in Kenntnis setzt oder
   3. entgegen § 15 Satz 2 oder Satz 3 die zuständige Behörde nicht oder nicht rechtzeitig unterrichtet.

(3) Die Ordnungswidrigkeit kann in den Fällen des Absatzes 1 mit einer Geldbuße bis zu hunderttausend Euro, in den Fällen des Absatzes 2 mit einer Geldbuße bis zu fünfzigtausend Euro geahndet werden.

(4) Die jeweils in § 16 Nr. 2 und 3 bezeichnete Behörde ist auch Verwaltungsbehörde im Sinne des § 36 Abs. 1 Nr. 1 des Gesetzes über Ordnungswidrigkeiten. Für Steuerberater und Steuerbevollmächtigte ist Verwaltungsbehörde im Sinne des § 36 Abs. 1 Nr. 1 des Gesetzes über Ordnungswidrigkeiten das

Finanzamt. Soweit nach § 16 Nr. 4 die jeweils nach Bundes- oder Landesrecht zuständige Stelle zuständig ist, ist sie auch Verwaltungsbehörde im Sinne des § 36 Abs. 1 Nr. 1 des Gesetzes über Ordnungswidrigkeiten; dies gilt nicht für die in § 3 Abs. 1 Satz 1 Nr. 1 genannten Personen.

(5) Soweit nach Absatz 4 Satz 2 das Finanzamt Verwaltungsbehörde ist, gelten § 387 Abs. 2, § 410 Abs. 1 Nr. 1, 2, 6 bis 11, Abs. 2 und § 412 der Abgabenordnung sinngemäß.

Stichwortverzeichnis

S

T

U

V

W

Z

Jens Michael Bülte

Die Geldwäschegesetzgebung als Ermächtigungsgrundlage für den Informationsaustausch zwischen den Steuerbehörden und den Strafverfolgungsorganen

Zugleich eine verfassungsrechtliche Betrachtung der §§ 30 Abs. 4, 370a AO, 261 StGB und 10, 11 GwG

Frankfurt am Main, Berlin, Bern, Bruxelles, New York, Oxford, Wien, 2007.
XLIII, 333 S.
Europäische Hochschulschriften: Reihe 2, Rechtswissenschaft. Bd. 4495
ISBN-10: 3-631-56163-6 / ISBN-13: 978-3-631-56163-8 · br. € 56.50*

Im Steuerstrafrecht kollidieren zwei Rechtsgebiete, die zwar als Bereiche des Eingriffsrechts dem Rechtsstaatsprinzip streng verpflichtet sind, doch aufgrund unterschiedlicher Zielsetzungen verschiedenen Maximen folgen. Insbesondere die steuerliche Mitwirkungspflicht kollidiert mit dem strafrechtlichen Verbot der Selbstbelastung. Das Steuergeheimnis wird in vielen Fällen durchbrochen, etwa durch das Offenbarungsrecht für die Strafverfolgung oder die Offenbarungspflicht bei Geldwäscheverdacht. Aus der bedenklichen Weite des § 261 StGB, Meldepflichten nach dem Geldwäschegesetz und der Fremdnutzung von Daten, ergeben sich erhebliche Gefahren. Mittel zur Bekämpfung der Organisierten Kriminalität drohen zur Durchsetzung von Steueransprüchen und allgemeinen Strafverfolgung mißbraucht zu werden.

Aus dem Inhalt: Kollision von Strafrecht und Steuerrecht: Analogieverbot, Selbstbelastungsverbot, Zweifelsgrundsatz · Durchbrechungen des Steuergeheimnisses · Geldwäschegesetzgebung als Mittel zur Bekämpfung der Organisierten Kriminalität und zur Umgehung strafrechtlicher Verfahrensgarantien; auch über das Steuerrecht

Kolibri 360 GmbH
Ferdinand-Jühlke-Straße 7
99095 Erfurt, Deutschland
produktsicherheit@kolibri360.de

Druck:
CPI Druckdienstleistungen GmbH
im Auftrag der
Kolibri 360 GmbH
Ferdinand-Jühlke-Str. 7
99095 Erfurt